洞头年鉴

2017 总第27卷

DONGTOU YEARBOOK

温州市洞头区委史志编纂委员会
温州市洞头区委史志办公室 编

方志出版社
Publishing House of Local Records

图书在版编目（C I P）数据

洞头年鉴. 2017 / 温州市洞头区委史志编纂委员会，温州市洞头区委史志办公室编. --北京：方志出版社，2017.12
ISBN 978-7-5144-2851-3

Ⅰ. ①洞… Ⅱ. ①温… ②温… Ⅲ. ①洞头区 - 2017- 年鉴 Ⅳ. ①Z525.54

中国版本图书馆CIP数据核字（2017）第321702号

洞头年鉴（2017）

编　　者：温州市洞头区委史志编纂委员会
　　　　　温州市洞头区委史志办公室
责任编辑：刘方圆
出 版 人：冀祥德
出 版 者：方志出版社
　　　　　地址　北京市朝阳区潘家园东里9号（国家方志馆4层）
　　　　　邮编　100021
　　　　　网址　http://www.fzph.org
发　　行：方志出版社图书经销中心
　　　　　电话（010）67110500
经　　销：各地新华书店
印　　刷：温州市北大方印务有限公司
开　　本：889×1194　　1/16
印　　张：27.75
字　　数：814千字
版　　次：2017年12月第1版　　2017年12月第1次印刷
印　　数：001～650册

ISBN 978-7-5144-2851-3　　定价：178.00元

温州市洞头区委史志编纂委员会

《洞头年鉴》编辑部

地　　址　温州市洞头区北岙街道县前路20号4楼

电　　话　0577—63481819

邮　　箱　dtxfzb@126.com

编辑说明

一、《洞头年鉴》是中共温州市洞头区委、温州市洞头区人民政府主办、由温州市洞头区委党史区志办公室承编的年度资料性文献。可为领导决策服务，为社会各界了解洞头、建设家乡提供区情信息，为开展乡土教育提供教材，为研究区情、编修续志积累资料。

二、《洞头年鉴（2017）》以马克思列宁主义、毛泽东思想、邓小平理论、“三个代表”重要思想、科学发展观、习近平新时代中国特色社会主义思想为指导，运用辩证唯物主义和历史唯物主义的观点和方法，实事求是记载2016年度洞头经济、政治、文化、社会生活等方面的基本概貌和发展状况，记述2016年洞头大事、要事、特事、新事，反映各行各业的新变化、新经验、新探索。以记述正面为主，不回避负面，务求真实性、实用性。

三、《洞头年鉴（2017）》记述时限为2016年1月1日至12月31日，个别资料时间有延溯。记述范围为2016年的洞头区境。文中根据需要设置相关链接，在卷首设置有关组织机构全称、简称对照表。

四、《洞头年鉴（2017）》采用分类编辑法，全书主体内容设栏目、分目、条目三个层次，部分分目设子分目。全书共含33个栏目、208个分目、66个子分目、1177个条目（图标）。条目标题加“[ ]”表示；配照片255幅、表格67张。卷首设《大事记》《区情概览》等2个栏目，百科设《中共温州市洞头区委》等29个栏目，卷尾设《附录》《索引》2个栏目，全书共814千字。

五、本卷年鉴框架结构基本保持稳定，略有调整。“武装”栏目改“军事”栏目，并将其中“公安消防”分目调整至“公安”分目下；“法治”栏目“党委法治工作”与“社会治安综合治理工作”分目合并为“政法委及综治”。

六、本卷部分照片由区委宣传部、区传媒中心等提供，因无法具名摄影者，在此一并致谢！

七、《洞头年鉴（2017）》采用记述体。文字、称谓、数字、纪年、标点符号等，均按国家有关规定书写。有些计量单位如亩遵从习惯。作者署名在条目文尾，一个分目下连续多个条目均为同一作者的，署名于最后条目文尾。

八、《洞头年鉴（2017）》各项资料均由洞头区各有关部门、单位提供，因统计口径等原因，个别数据不尽一致，正式引用时以《2016年洞头区国民经济与社会发展统计公报》《洞头统计年鉴（2017）》为准。部分数据、表格，均在文尾注明引述来源。

九、《洞头年鉴（2017）》采用的文稿均由区属部门单位、街道（乡镇）落实专人撰写提供，供稿单位领导审核，并由《洞头年鉴》编辑部编辑修改、总纂，经区委史志编委会领导审定后付印。

活力洞头

2016年4月7日，全国公路自行车冠军赛（温州站）城市绕圈赛在洞头区举行。全国30支代表队的260名运动员参赛（陈宣锟/摄）

洞头海岛荣誉

- 全国平安建设先进县
- 国家卫生县城
- 国家计划生育优质服务示范县
- 全国双拥模范县“三连创”
- 国家级海洋公园
- 国家海洋生态文明建设示范区
- 国家生态文明建设示范区（国家生态县）
- 国家级生态保护与建设示范区
- 国家义务教育发展基本均衡县（市、区）
- 中国“十大美丽海岛”
- 国家AAAA旅游风景区
- 中国七夕文化之乡
- 中国羊栖菜之乡
- 全国海钓基地
- 中国十大摄影发烧风景区
- 中国最佳海岸摄影地

- 浙江省重点风景名胜区
- 浙江省森林城市
- 浙江省园林城市
- 浙江省旅游发展十佳县（市、区）
- 浙江省最值得去的五十个景区之一
- 浙江省平安县“十一连创”
- 浙江省美丽乡村先进县
- 浙江省综治工作先进县（区）
- 浙江省文明县城
- 浙江省教育基本现代化县（区）

全面推进平安建设
着力构建和谐社会

① ② ③

④

①2016年5月7日，浙江省第二届体育社团运动会风筝比赛
②2016年1月1日，第九届“体彩杯”中国·洞头横渡半屏海峡冬泳邀请赛
③2016年7月23-24日，“四海一家·垂钓洞头”第九届全国海钓邀请赛
④大门大桥通车。起于乐清翁垟，终点位于小门岛西南部，按照一级公路标准建设。全长约10.14千米，按双向四车道设计，海上部分长约6146米，桥面宽32.2米

王少敏/摄

陈宣锟/摄

①	②
③	④

①②2016年2月2日，77省道延伸线终点路段——洞头峡跨海特大桥正式通车。大桥总长2638.5米，按双车道二级公路标准建设
③2016年2月2日，洞头至温州市区151路公交车开通。全长61.8千米，为温州最长公交线路。温州火车站广场始发，终点站洞头新城燕子山公园。共设置24个停靠点
④海上帆船傲帆项目

林苗琳/摄

林思敏/摄

①	②
③	④

①2016年6月16日，洞头区重大项目“集中签约、集中开工、集中启用（建成）”活动。共集中签订项目8个，集中开工、启用项目22个，总投资146亿元

②新城新貌

③7月7日，浙江金海蕴生物股份有限公司在全国中小企业股份转让系统即“新三板”挂牌

④生态洞头

汤敏/摄

刘海鸣/摄

人文洞头

中国·洞头
第七届
Peace Festival
Of Dongtou.China
元觉沙角天后宫
妈祖
MAZU
平安节
2016年4月29日
农历3月23日
同谒妈祖共享平安

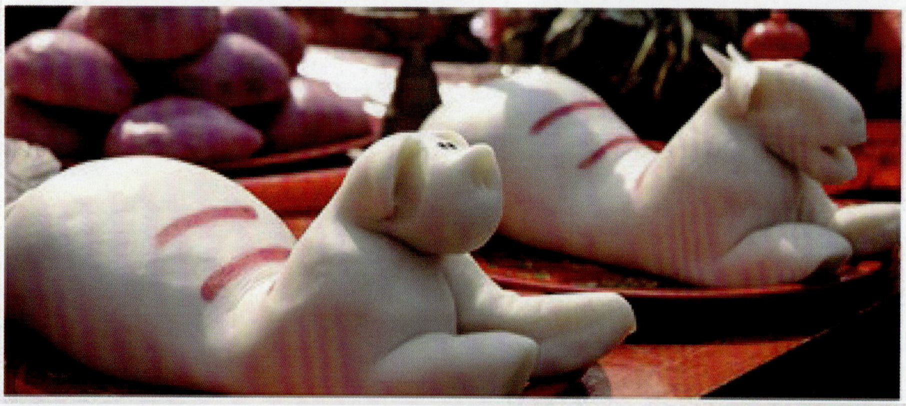

■第七届中国·洞头妈祖平安节活动

2016年4月29日，第七届中国·洞头妈祖平安节在元觉街道沙角村天后宫和北岙街道东沙村妈祖宫分会场举行祈福祭拜大典。全国各地近2000名游客、信众欢聚一堂，共谒妈祖、共享安福。其间，组织民俗表演、尝平安宴、平安巡游、文化体验及海上迎亲、古韵旗袍秀等活动。

陈承卫大型油画展

2016年9月20日，“描摹世界-蔚蓝初心”温州（洞头）籍青年油画家陈承卫大型油画展在温州展览馆展出，展出作品60余件。主要展现陈承卫早期作品、《自传体》系列与《大民国》系列。其间，赠送洞头先锋女子民兵连一幅海岛女民兵写实画。

陈承卫先生
“
蔚蓝初心
描摹世界

■全国百家媒体“海上花园·大美洞头”采访暨摄影大赛

2016年6月3日，全国百家媒体“海上花园·大美洞头”采访暨摄影大赛在洞头望海楼举行。新华社、北京晚报、新民晚报、扬子晚报、羊城晚报等全国百家媒体总编、名记者和中国摄影家协会摄影名家参加活动。活动聚焦温州“三个城市”建设进程，采访、拍摄温州（洞头）半岛工程、状元岙深水港等重点工程和温州城市建设新亮点。

■洞头区第三届“最美洞头人”评选活动

2016年8月18日，洞头区第三届“最美洞头人”颁奖仪式在区市民文体中心举行。村（居）支书李玉红、教师吕良栋、护士王小华、工人张于宝、乡村医生叶翠娥、老人董绍新、媳妇吕丹丹、邻居郑红芬、洞头区微动力志愿者服务队获“第三届最美洞头人”称号。

美丽洞头

■温州（洞头）半岛工程通车十周年系列活动采访暨摄影大赛部分获奖作品

半屏山仙境 （黄忠进/摄）

名楼云涌（叶凌志/摄）

①	②	③
④	⑤	⑥

①《缥缈》（丁剑鸣/摄）
②《风驰电掣 破洞而出》（苏巧将/摄）
③《旭日东升》（吴志伟/摄）
④《酷暑练兵迎“八一”》（苏巧将/摄）
⑤《绿色向大海延伸》（应 敏/摄）
⑥《“6.6”放鱼日》（刘 伟/摄）

"海上花园·大美洞头"十大海岸美景

鸟岛渔港

五岛沿线 滩涂

迎风屏

海霞军事主题公园

双抱人岩

花岗村

红石滩

临海悬崖栈道

马岙潭沙滩

望海楼

温州（洞头）半岛工程通车十周年系列活动采风暨摄影大赛媒体刊载部分

海上花园 别样洞头

沈阳晚报

海上花园

清新洞头

江海晚报

洛阳晚报

海上花园 大美洞头

2016年7月28日，中央军委委员，国务委员兼国防部部长常万全上将（中）调研洞头海上民兵建设情况

（区人武部供稿）

2016年3月2日，教育部副部长郝平（前右1）检查洞头春季开学工作情况

（区传媒中心供稿）

2016年7月7日，浙江省委常委、常务副省长袁家军（前右2）率队到洞头开展下访接访活动

（林苗琳/摄）

2016年3月8—9日，浙江省委常委、组织部部长廖国勋（前左2）调研洞头基层党建工作

（区传媒中心供稿）

2016年7月14日，省政府副省长郑继伟（前左3）调研洞头文化、教育工作。图为了解温州医科大学仁济学院项目情况

（林苗琳/摄）

2016年6月23日，省人大常委会副主任毛光烈（前中）调研民族宗教工作。图为毛光烈在寮顶村随机入户，了解村民生活情况。

（苏婷婷/摄）

2016年4月19日，省人大常委会副主任袁荣祥（前中）率队督查洞头开展大气污染防治执法和“五水共治”工作。图为省督察组走访查看农村污水管网建设情况　　（苏婷婷/摄）

2016年12月22日，省政协副主席黄旭明（右2）调研洞头区农村生活污水治理等工作

（区传媒中心供稿）

2016年7月10日，市委书记徐立毅（左3）调研洞头区招商引资和项目推进工作

（苏巧将/摄）

2016年10月27日，市委副书记、市长张耕（右3）到洞头调研指导

（区媒体中心供稿）

■ 数字洞头

2016年是“十三五”规划的开局之年，温州市洞头区紧紧围绕海上花园建设目标，坚持稳增长、扩投资、优环境、促改革、惠民生，实施全域景区化、推进供给侧结构性改革等系列工作，国民经济在新常态下取得均衡、协调、持续发展。

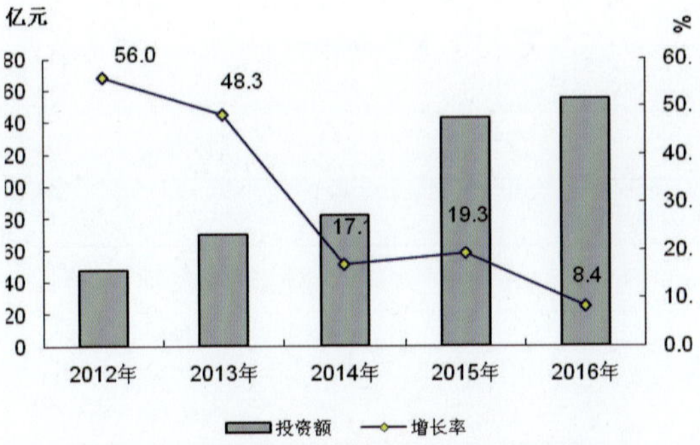

2012—2016年限额以上固定资产投资及增速

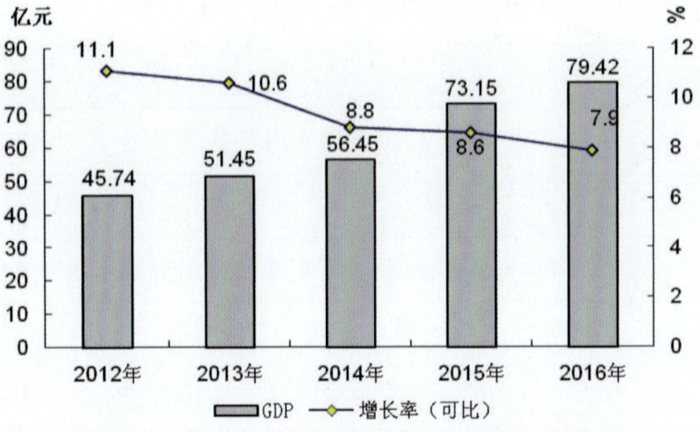

2012—2016年地区生产总值及增速

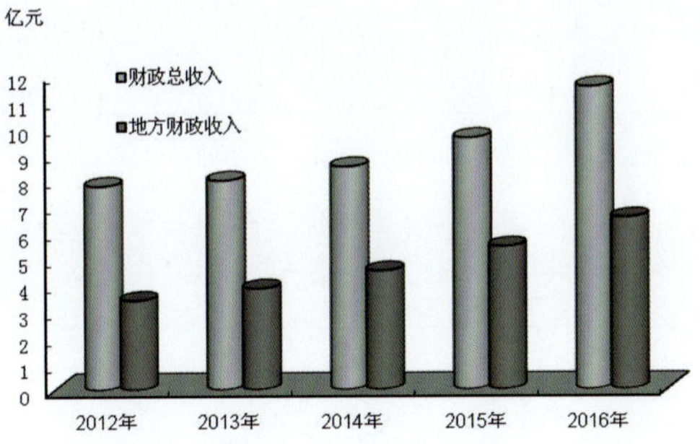

2012—2016年财政收入（亿元）

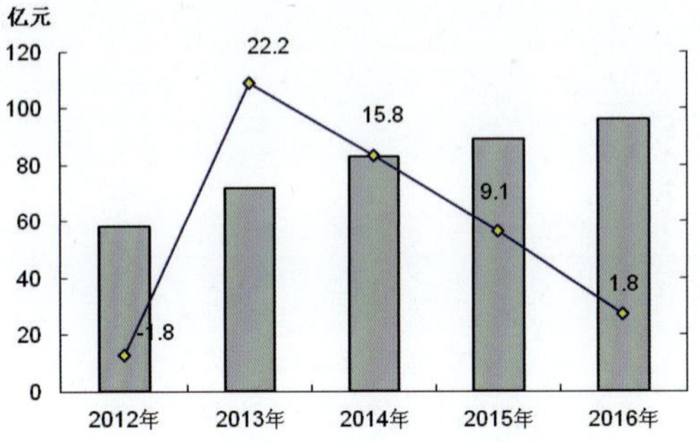

2012—2016年商品销售总额及增速

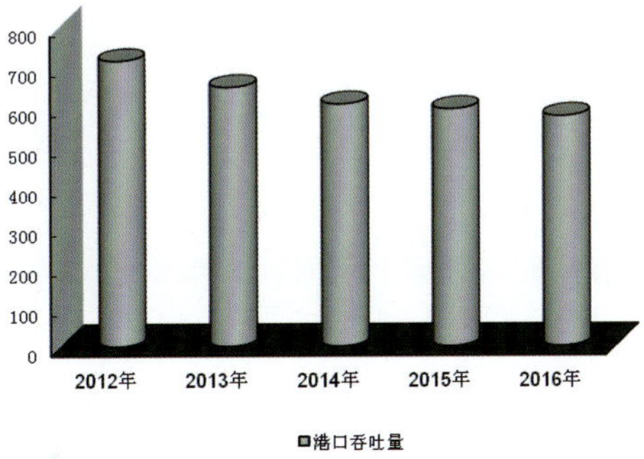

2012—2016年港口吞吐量（万吨）

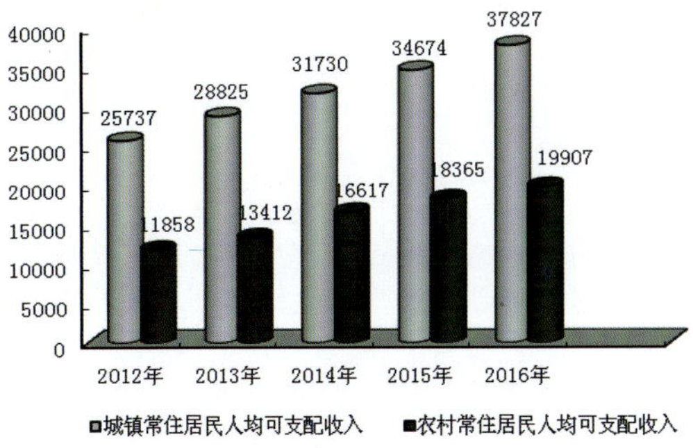

2012—2016年居民收入（元）

有关组织机构全称、简称对照表

全　　称	简　　称
中共温州市洞头区委	区委或洞头区委或全区
中共温州市洞头区委办公室 温州市洞头区政策研究办公室	区委办（政研室）
温州市洞头区人大常委会	区人大常委会
温州市洞头区人民政府	区政府或洞头区
温州市洞头区人民政府办公室（温州市洞头区人民政府法制办公室） 温州市洞头区人民政府应急管理办公室	区府办（法制办、应急办）
政协温州市洞头区委员会	区政协
中共温州市洞头区纪律检查委员会（温州市洞头区监察局）	区纪委（监察局）
中国人民解放军浙江省温州市洞头区人民武装部	区人武部
温州市洞头区人民法院	区法院
温州市洞头区人民检察院	区检察院
中共温州市洞头区委组织部	区委组织部
中共温州市洞头区委宣传部	区委宣传部
中共温州市洞头区委统一战线工作部 温州市洞头区民族宗教事务局	区委统战部（民宗局）
中共温州市洞头区委政法委员会 中共温州市洞头区委维护社会稳定工作领导小组办公室 温州市洞头区社会管理综合治理委员会办公室	区委政法委（维稳办、综治办）
温州市洞头区机构编制委员会办公室	区编委办
中共温州市洞头区直属机关工作委员会	区直机关工委
中共温州市洞头区委、温州市洞头区人民政府信访局	区信访局
中共温州市洞头区委老干部局	区委老干部局
温州市洞头区委党史区志办公室	区委史志办
温州市洞头区精神文明建设指导委员会办公室	区文明办
温州市洞头区委温州市洞头区人民政府渔农村工作办公室（温州市洞头区农林水利局）	区委渔农办（农林水利局）
温州市洞头区发展和改革局	区发改局
温州市洞头区经济商务和信息化局	区经信局
温州市公安局洞头区分局	区公安分局
温州市洞头区财政局 温州市洞头区地方税务局	区财政局、地税局
温州市洞头区人力资源和社会保障局	区人力社保局

全　　称	简　　称
温州市洞头区国土资源局	区国土资源局
温州市洞头区住房和城乡规划建设局	区住建局
温州市洞头区交通运输局	区交通运输局
温州市洞头区公路运输管理局	区公路管理局
温州市洞头区道路运输管理局	区道路运输管理局
温州市洞头区港口航道管理局	区港航局
温州市洞头区海洋与渔业局	区海洋渔业局
温州市洞头区文化广电新闻出版局（温州市洞头区体育局）	区文体局
温州市洞头区卫生和计划生育局	区卫生计生局
温州市洞头区环境保护局	区环保局
温州市洞头区安全生产监督管理局	区安监局
温州市洞头区市场监督管理局	区市场监管局
温州市洞头区综合行政执法局	区综合执法局
温州市洞头区风景与旅游发展委员会	区旅委
温州市洞头区传媒中心（温州市洞头区广播电视台）	区传媒中心（区广电台）
温州市洞头区行政审批管理办公室	区审管办（公共资源办）
温州市洞头区公共资源交易管理委员会办公室	
温州市洞头区供销合作社	区供销社
温州市洞头区瓯飞办公室	区瓯飞办
温州市洞头区人民政府金融工作办公室	区金融办
温州市洞头区科学技术协会	区科协
温州市洞头区文学艺术界联合会	区文联
温州市洞头区残疾人联合会	区残联
温州市洞头区工商业联合会	区工商联
温州市洞头区红十字会	区红十字会
温州市洞头区社会科学界联合会	区社科联
温州市洞头区关心下一代工作委员会	区关工委
浙江省温州市洞头区国家税务局	区国税局
温州市住房公积金管理中心洞头分中心	公积金洞头分中心
国网温州市洞头区供电公司	国网洞头供电公司
温州市洞头区烟草专卖局	区烟草专卖局
温州市洞头华数广电网络有限公司	洞头华数公司
温州市洞头区公安边防大队	区边防大队
温州市公安消防洞头区分局	区公安消防局
武警洞头区中队	武警中队

总　目

目　录

中共温州市洞头区委员会

温州市洞头区人民代表大会

温州市洞头区人民政府

政协温州市洞头区委员会

社会团体

法　治

军　事

农业·水利

海洋与渔业

工 业

交通·信息化

基础设施建设

城乡建设与管理

商 贸

旅 游

大门海洋经济示范区

财税·审计

金 融

经济管理监督

环境保护·国土资源

教　育

科技·气象

文化·传媒

人力资源与社会保障

民 政

卫生·体育

社会·民生

街道·乡镇

人　物

附　录

索　引

2016年洞头大事记

喜事连连 · 王洁灵

“海霞精神”

爱岛尚武 励志奉献

“五岛连桥”精神

小县办大事 小岛创大业

1月

1日，第九届“体彩杯”中国·洞头横渡半屏海峡冬泳邀请赛，吸引省内外27支队伍近400位冬泳爱好者参赛。

4日，浙江省扩大有效投资重大项目集中开工仪式举行。洞头区列入的有区域北片污水处理厂、霓屿义务教育学校和国家海洋公园主题岛建设等3个项目，总投资超5.5亿元。区领导董智武、王蛟虎、张志宏等在瓯江北口大桥项目温州分会场参加开工仪式。

14日，省“三改一拆”“五水共治”第三督查组到洞头区督查“无违建区”创建工作。

18日，中共洞头区委十届十次全体（扩大）会议召开。会议审议通过《中共温州市洞头区委关于制定温州市洞头区国民经济和社会发展第十三个五年计划的建议》。区委书记董智武作主旨报告，区委副书记、区长王蛟虎主持。

21日，大门大桥试通车。大门大桥是浙江省“十一五”规划重点工程，总投资20.36亿元，是温州市首座特大型跨海大桥，也是国内首座大口径水管和220千伏高压线同步过桥的综合性特大桥。起于乐清翁垟，终点位于小门岛西南部，按照一级公路标准建设。全长约10.14千米，按双向四车道设计，海上部分长约6146米，桥面宽32.2米。2010年2月开工建设，2015年1月25日全桥合龙贯通。

28日，洞头区政府第九次全体会议召开。会议表决通过《政府工作报告（审议稿）》《温州市洞头区国民经济和社会发展第十三个五年规划纲要草案（送审稿）》，并研究部署政府系统勤政廉政工作。

同日，洞头区纪委十届六次全体（扩大）会议召开。

29日，洞头区成为浙江省第二批基本实现教育现代化县（市、区）。

2月

2日，77省道延伸线终点路段——洞头峡跨海特大桥建成正式通车。大桥总长2638.5米，按双车道二级公路标准建设，设计速度每小时80千米，工程造价4.62亿元。2012年7月开工建设，2015年9月基本完工。

同日，洞头至温州151路公交线路开通。全长61.8千米，为温州最长公交线路。温州火车站广场始发，终点站洞头新城燕子山公园，共设置24个停靠站点，线路全程61.8千米，单程130—140分钟，首班06:30，末班18:00，每间隔60分钟发班；线路票价2—10元，采用阶梯票价。

4日，区委印发2016年度重点工作“八大攻坚”行动实施方案。主要包括实体经济发展、扩大有效投资、招商项目落地、城市建设、环境综合整治提升、民生实事项目、平安夺金鼎、深化重点领域改革等八大方面的攻坚行动。

6日，洞头区政府与中国意大利和平统一促进会签约霓屿意大利风情小镇开发项目。

同日，市政协主席余梅生、副市长苗伟伦等一行到洞头区督查重点工程建设情况。

14日，区委、区政府印发《关于开展“重点工作落实年”和“行政服务优化年”作风效能建设专项整治活动的实施意见》。旨在解决“决策部署执行难、建设项目推进难、招商项目落地难、基层群众办事难、扶企政策落实难”问题。

2016年2月17日，洞头区海洋经济工作暨作风效能建设大会

17日，洞头区海洋经济工作暨作风效能建设大会召开。会议表彰2015年度十强企业（区长质量奖）、考核优秀单位、各类先进集体、十大优秀企业家、十佳村干部等先进集体及个人。会议强调：抓重点攻难点塑亮点，深入推进“八大攻坚”行动；转作风提效能优环境，扎实开展“重点工作落实年”“行政服务优化年”活动。

20日，市委副书记、代市长张耕到洞头调研指导。考察状元岙港区、城市核心区、连港蓝色海岸带的规划建设情况。

22—23日，温州市重大旅游项目推进会在洞头举行。

25日，省委党史研究室副主任曾林平一行到洞头调研洞头党史二卷编纂工作情况。

△浙江迪特高强度螺栓有限公司车间主任滕宝贵获 “全国优秀农民工”称号。

3月

1—4日，温州市洞头区政协七届五次会议召开。委员158名。区政协主席叶国胜作常务委员会工作报告，政协副主席吴金弟作提案工作情况报告。大会共收到委员提案81件。

2—5日，温州市洞头区第十三届人民代表大会第五次会议召开。大会代表155名。区人大常委会主任叶永辉作人大常委会工作报告，区委副书记、区长王蛟虎作政府工作报告。会议通过各项决议。大会共收到议案建议143件。

2日，教育部副部长郝平一行到洞头检查春季开学工作。

8—9日，省人大常委会代表与选举任免工委主任臧平到洞头调研指导换届选举工作，并赴北岙街道城中社区调研人大代表联络站建设和运行情况。

8—9日，省委常委、组织部部长廖国勋到洞头考察。

9日，省水利厅厅长陈龙到洞头调研水利工作。实地察看环岛西片工程、南塘湾防洪排涝工程。

同日，省红十字会党组书记、常务副会长王冬梅一行到洞头调研指导。

15日，省“无违建县（市、区）”验收考核组到洞头开展考核工作。

17日，洞头区委全面深化改革领导小组会议召开。区委书记董智武要求突出改革重点，深化经济体制、社会体制、生态文明体制和行政体制等四个领域改革。

22日，省卫生计生委党组副书记、副主任张平一行到洞头调研，为“十三五”期间基层医疗卫生工作发展规划征询意见、建议。

23日，省政协副主席陈艳华率队到洞头监督检查“五水共治”工作。

同日，洞头区“五水共治”工作会议召开。区委副书记、区长王蛟虎作动员讲话。

△洞头区连续11年被中共浙江省委建设平安浙江领导小组评为“平安县（市区）”。

4月

1日，德国吉森市教育代表团31名学生到东屏小学参观考察海洋文化教育。

7日，2016全国公路自行车冠军赛（温州站）城市绕圈赛在洞头区举行，全国30支代表队的260名运动员参赛。市人大常委会副主任卓高柱等出席开幕式。

15日，洞头区被省人民政府评为2015年“基本无违建县（市、区）”，区委副书记、区长王蛟虎代表洞头区上台接受表彰。

19日，省人大常委会副主任袁荣祥率队到洞头开展大气污染防治执法检查和“五水共治”工作专项监督。

26—28日，省第27督查组到洞头督查“三改一拆”“四边三化”“五水共治”工作。

28日，洞头区召开发展村级集体经济暨基层党建工作专题会议。会议研究发展村级集体经济，部署村级组织换届准备工作，统筹推进基层党建各项工作。

29日，第七届中国·洞头妈祖平安节在元觉街道沙角村天后宫、北岙街道东沙村妈祖宫举行。全国各地近2000名游客、信众共谒妈祖。

2016年5月30日，市领导到洞头开展慰问活动

5月

6日，区“两学一做”专题党课暨学习教育部署会召开。区委书记董智武授课。

同日，省卫生计生委巡视员叶真一行赴洞头指导“双下沉、两提升”工作。

7日，浙江省第二届体育社团运动会风筝比赛在洞头举行。

13日，市委决定：吴志安任中共温州市洞头区委委员、常委。

18—21日，区委书记董智武率区党政考察团赴杭州、舟山两地，学习考察当地产业发展、城市规划建设、文化旅游、环境卫生整治、社会综合治理等领域的先进理念、成功经验。

24日，市委第四农村基层作风巡查组进驻洞头并召开见面会，部署农村基层工作作风建设工作。

24—25日，中国少年先锋队温州市洞头区第四次代表大会举行。

25日，区委理论学习中心组扩大学习会暨“讲政治，有信念”专题讲座，邀请省委党史研究室副主任王祖强作辅导。

26日，洞头区举办改革开放新时期党史专题培训编写培训会，区委副书记王文胜到会并讲话。省委党史研究室三处处长俞红霞应邀作党史编写专题辅导讲座。

26—27日，省政府参事室党组书记、主任潘海生率队到洞头调研休闲渔业工作。

29日，省妇联主席劳红武一行到洞头调研指导妇女工作。

30日，市领导葛益平、施艾珠、郑朝阳、夏克栋等到洞头教育幼儿园、城关第一小学开展慰问活动。

31日，市委常委、温州军分区司令员任明龙率督查组到洞头开展人大、统战工作专项督查。

△洞头区获2015年度省级“法治政府建设（依法行政）先进单位”称号。

△市人大常委会副主任卓高柱率队到洞头检查旅游“一法一条例”贯彻实施情况。

6月

3日，全国百家媒体“海上花园，大美洞头”采访暨摄影大赛在洞头举行。78幅作品聚焦反映温州城市建设新亮点。

6日，全国首个“放鱼日”暨温州市水生生物增殖放流月启动仪式在洞头国际放生台举行，80万尾鲷鱼苗被放入大海。

同日，洞头区列入国家级非物质文化遗产代表性项目名录的《洞头海洋动物故事》《洞头妈祖祭典》编撰成书并首发。

15—16日，温州市洞头区工会第八次代表大会召开。

16日，洞头区召开重大项目“集中签约、集中开工、集中启用（建成）”活动暨招商引资推进会。共集中签约项目8个，集中开工、启用项目22个，总投资146亿元。

17日，共青团中央统战部副部长王阳率队到洞头调研青少年校外

“6·6”放鱼日暨温州市水生生物增殖放流月活动

2016年6月29日，洞头区庆祝中国共产党成立95周年大会

阵地建设等工作。

20日，中共洞头区委第十届十一次全体（扩大）会议召开。会议审议通过《中共温州市洞头区委关于补短板的实施意见》。

同日，洞头区“三年行动计划”推进会召开。

22日，市委常委、组织部部长姚高员带队调研洞头农村基层作风巡查工作开展情况。

23日，省人大常委会副主任毛光烈率省人大调研组赴洞头调研民族宗教工作。实地走访洞头先锋女子民兵连展览馆、东屏街道寮顶民族村、中普陀等。

28日，洞头区启动“党员很美”系列活动暨红色公益众筹平台。

29日，洞头区召开庆祝中国共产党成立95周年大会。区委书记董智武讲话，区委副书记、区长王蛟虎主持。区领导叶永辉、叶国胜、张志宏、汪慧平、张贤孟、林新磊、吴志安等参加。

7月

1日，市委决定：张龙任中共温州市洞头区委委员、常委（挂职）。

7日，省委常委、常务副省长袁家军率队赴洞头开展下访接待活动，并对洞头经济社会发展情况进行调研指导。

同日，浙江金海蕴生物股份有限公司在全国中小企业股份转让系统即“新三板”挂牌，简称“海蕴生物”，证券代码“837552”。

10日，市委书记徐毅赴洞头区调研指导大小门岛开发建设、招商引资和重大项目规划建设等工作。

13日，省人大常委会委员、环资委副主任委员陶君毅率队到洞头调研“一打三整治”、海洋渔业发展情况。

14日，省政府副省长郑继伟调研指导洞头文化、教育工作。

同日，市委书记徐立毅率全市“比学树”活动现场观摩团走进洞头，市四套班子领导和全市各县（市、区）主要领导参加。丽水36-1气田开发工程项目、东海第一临海悬崖栈道工程、洞头新城开发项目（引海入城项目）参与现场点评。

19—21日，省第27督查组到洞头开展第二轮“三改一拆”“四边三化”“五水共治”工作督查。

23—24日，“四海一家·垂钓洞头”第九届全国海钓邀请赛在洞头举行，香港、澳门、台湾及福建、广东、浙江等地24支队伍70多名专业选手参赛。

27日，市政府副市长王祖焕率队调研大门围垦区建设工作。实地察看黄岙二期围垦、大门港口物流区促淤堤等。

28日，国务委员、国防部部长常万全上将到洞头调研指导国防动员工作，并考察洞头先锋女子民兵连。

同日，市政协副主席章方璋到洞头开展“一打三整治”、海洋渔业发展情况调研活动。

同日，区第十三届人民代表大会常务委员会第四十六次会议通过，任命：张龙、赵国成为温州市洞头区人民政府副区长。

29日，著名军事专家、海军网络安全和信息化专家咨询委员会主任、高级研究员尹卓少将到洞头“百岛讲坛”授课。

△区民政局获“全国双拥模范单位”称号。

8月

1日，洞头区广播电视台和洞头区新闻中心整合为温州市洞头区传媒中心，并正式挂牌成立。

8日，省建设厅副厅长沈敏率队到洞头调研“无违建”工作情况。

10日，洞头区公安边防大队公边33142艇列编仪式在洞头渔政码头举行。

12日，区委副书记、区长王蛟虎主持召开区政府第61次常务会议，讨论研究户籍制度改革、城镇危旧房改造、新时期爱国卫生工作、东岙湾生态修复和环境提升项目等相关事宜。

13日，洞头全域景区化概念规划设计国际方案征集专家评审会召开。上海同济城市规划设计研究院设计的方案获第一名。

18日，洞头区举行第三届“最美洞头人”颁奖仪式。获奖的有人物8名、集体1个。区委书记董智武出席并致辞。

25日，洞头梦幻海湾度假城概念性规划委托设计签约仪式举行。项目意向单位温州市国光房地产开发有限公司负责人与美国HHCP国际设计公司代表签订相关项目策划及概念性总平面规划设计合同。设计合同主要集中在洞头环岛西片围垦区。

30日，区委常委（扩大）会议专题研究全域景区化工作。

△ 全国百家媒体、百万网友和旅游、美食专家分别评出“海上花园·大美洞头”系列，临海悬崖栈道（东屏街道）、海霞军事主题公园（北岙街道海霞村）、五岛沿线、滩涂（霓屿街道）等跻身十大海岸美景，以及姜丝猫耳朵、养生糖姜茶、文武状元汇等选为十大人文美食。

△温州港状元岙港区二期工程第一施工标段（7号泊位码头）——5万吨级集装箱泊位（码头结构按靠泊10万吨级集装箱船舶设计）建成。于2014年12月23日开工，该泊位长343米，宽50米，4#栈桥长346.7米，宽20米，合同总价约1.96亿元。

9月

7日，市慈善总会会长黄德康一行到洞头调研慈善工作开展情况。

8日，洞头区推进全域景区化工作会议召开。

同日，洞头区召开公务用车制度改革工作推进会。

13日，市人大常委会副主任潘孝政到洞头调研渔家乐乡村旅游工作。

20日，“描摹世界　蔚蓝初心”温州（洞头）籍青年油画家（美国肖像画协会会员）陈承卫大型油画展在温州展览馆展出作品60余件。

21日，中宣部党建杂志社在洞头先锋女子民兵连建立首个浙江省工作联系点。

10月

10日，省委第四巡视组对洞头区巡视“回头看”工作动员会召开。省委第四巡视组组长龚吟怡作动员讲话，省委巡视工作领导小组办公室副主任邱克明强调巡视要求，市委常委、纪委书记宋志恒提出工作要求，区委书记董智武主持会议并作表态发言。

11日，洞头区科技创新大会召开。会上6家单位交流发言。区委书记董智武强调要补齐短板，走出一条具有海岛特色的科技创新路子。

12日，国台办新闻局局长马晓光率队赴洞头开展对台开放合作工作调研。

18日晚，洞头区举行纪念中国工农红军长征胜利80周年暨“文化洞头·活力乡村”合唱比赛。

19日，洞头区“大拆大整”专项行动动员大会召开。

27日，市委副书记、市长张耕到洞头调研指导。强调要充分发挥区域特色优势，加强规划建设、提升产业结构，切实提高宜居、宜游品质，保障全域景区化发展需求，实现与温州都市区一体化发展。

28日，全区人大换届选举工作会议召开。区委书记董智武参加会议并讲话，区人大常委会主任叶永辉作部署。区委常委、组织部部长吴志安主持。

31日，全区领导干部会议召开。会议传达学习中共十八届六中全会精神，并结合洞头实际开展部署。区委书记董智武主持会议并讲话。区委副书记、区长王蛟虎作传达。

△省发改委副主任、省能源局局长吴胜丰一行到洞头调研清洁能源发展情况。

11月

1日，全区深化农村移风易俗工作会议召开。

3日，温州市人大常委会副主任潘孝政率队到洞头调研海洋资源保护开发工作。

2016年10月11日，洞头区科技创新大会

10—11日，闽浙赣皖毗邻地区军队、地方气象联防协会第四十四届年会在洞头举行。15个理事单位、90个成员单位170名代表参加。中国工程院院士陈联寿等出席。

17日，洞头区委召开领导干部会议，宣布区委区政府主要领导职位调整变动决定。经省委、市委决定：王蛟虎任中共温州市洞头区委书记；董智武任中共平阳县委委员、常委、书记，免去董智武的中共温州市洞头区委书记、常委、委员职务；林霞担任中共温州市洞头区委委员、常委、副书记，提名为区长候选人。市委常委、组织部部长姚高员出席会议并讲话。

18日，市委决定：叶海峰任中共温州市洞头区委常委；朱大志任中共温州市洞头区委委员、常委。

24日，市委副书记钱三雄到洞头督查“大拆大整”推进和小城镇综合治理工作。

26日，洞头第一中学举行庆祝建校60周年活动。

27日，区委书记王蛟虎主持召开专题会议，研究洞头先锋女子民兵连建设工作。强调要集思广益把海霞这面旗帜坚定不移传承下去，进一步打响海霞品牌，为全域景区化建设、海上花园建设锦上添花。

29日，以“养海护生，感恩海洋”为主题的洞头区第六届放生节在洞头国际放生台举行，30万尾黑鲷优质鱼苗放流入海。区领导林霞、张龙等参加。

12月

1日，马来西亚彭亨州高级商务代表团一行到洞头考察。

6日，省农村文化礼堂建设考察评估组实地考察洞头区省级农村文化礼堂先进县（区）建设情况。

2016年12月21日，市委常委、组织部部长姚高员调研洞头基层党组织建设工作

9日，区十三届人大常委会召开第四十九次会议。会议决定任命：董步显为温州市洞头区人民政府副区长，赵均宙为温州市洞头区人民政府副区长、温州市公安局洞头分局局长。

12日，洞头区党政考察团赴龙湾考察“大拆大整”工作。

13日，洞头区全域景区化相关规划及政策研究成果汇报会召开。区委书记王蛟虎强调要不断夯实建设基础，紧抓“海上花园”战略构想和发展期望，目标一致、步伐统一，坚持一张蓝图绘到底，全面推进全域景区化。

14日，洞头区东屏街道东岙村和大门镇小荆村入选浙江省美丽乡村特色精品村。

15日，“钟情蓝色海岸 聚焦海上花园——全省政府官方发布系统看洞头全域景区化”暨洞头区网络文化节活动举行。

19日，洞头区人民医院血透中心正式投用。

21日，市委常委、组织部部长姚高员一行调研洞头基层党组织党建工作。

22日，省政协副主席黄旭明一行到洞头调研农村生活污水治理等工作。

23日上午，区委召开十届十四次全体会议，传达学习中央经济工作会议精神，听取党代会筹备工作情况。区委书记王蛟虎主持会议。

28—30日，中国共产党温州市洞头区第一次代表大会召开。应到代表215名，实到209名。区委书记王蛟虎代表洞头区委作题为《实施三区战略 建设海上花园 为高水平全面建成小康社会而努力奋斗》的工作报告；区委常委、纪委书记汪慧平代表洞头区纪委作纪检工作报告。王蛟虎当选新一届中共洞头区委书记，林霞、王文胜为区委副书记，汪慧平、叶海峰、朱大志、吴志安、刘素婷为区委常委。汪慧平当选为新一届区纪委书记。

29日，洞头区“六五”普法总结表彰暨“七五”普法部署会召开。

△洞头先锋女子民兵连纪念馆入选全国红色旅游经典景区名录。

（史　志）

栏目编辑　卓桂荣

区情概览

归艇鱼满筐 · 叶锡静

“海霞精神”

爱岛尚武 励志奉献

“五岛连桥”精神

小县办大事 小岛创大业

基本地情

【历史沿革】 据九亩丘出土文物考证，早在3000多年前，洞头列岛就有人类活动。

春秋战国，为瓯越之地。秦，属闽中郡。

西汉始元二年（公元前85），属回浦县，隶会稽郡。

东汉建武元年至三年间（25—27），改回浦县为章安县。永和三年（138）析章安县东瓯乡置永宁县，遂为永宁县地，仍隶属会稽郡。

三国，属吴国永宁县地。太平二年（257），分会稽郡东部置临海郡，永宁县属之。

东晋太宁元年（323），分临海郡立永嘉郡，以永宁县为郡治。宁康二年（374）分永宁县置乐成县，今洞头区境遂为乐成县地。

隋开皇九年（589），改永宁县为永嘉县，隶处州，今洞头区境为永嘉县地。开皇十二年（592），改处州为括州。

唐武德五年（622），分括州置东嘉州，分永嘉县复置乐成县，今洞头区境又为乐成县地，隶东嘉州。武德七年（624），又撤乐成县并入永嘉县，今洞头区境地复为永嘉县地。贞观元年（627），废东嘉州，永嘉县隶括州。上元二年（675），分括州置温州，设州治于永嘉。载初元年（689），复置乐成县，隶温州，今洞头区境复为乐成县地。

五代十国时，乐成县属吴越国。后梁开平二年（908）改乐成为乐清，今洞头区境为乐清县地，仍属温州。南宋咸淳元年（1265）属瑞安府。元，属温州路。明，属温州府。

清雍正六年（1728），置玉环厅，隶温州府，今洞头区境划玉环厅第二十都。

民国元年（1912），改玉环厅为玉环县，隶瓯海道，今洞头

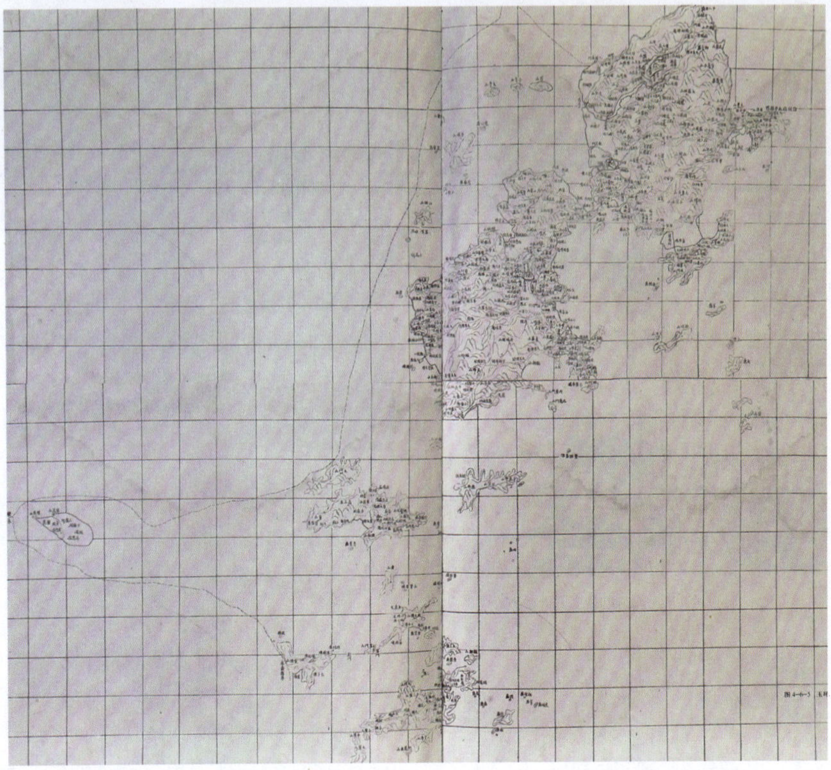

清光绪十九年（1893）玉环厅地图

区境为玉环县第四区。民国22年（1933），同属玉环县第四区的灵昆岛改属永嘉县。民国25年（1936），洞头境为玉环县三盘区。

1949年10月8日，洞头境首次解放。

1952年1月15日，洞头全境最后解放，仍属玉环县。

1953年6月10日，中央人民政府批准洞头置县，隶浙江省温州地区专员公署。

1958年5月29日，国务院批准撤销洞头县建制。7月1日起，划归玉环县。

1959年1月7日，国务院决定撤销玉环县建制。4月1日，洞头划归温州市。

1964年10月31日，国务院批准恢复洞头县建制，隶温州地区专员公署。

1965年3月1日起，县人民委员会正式对外办公。

1981年9月22日，温州地区和温州市合并，洞头改隶浙江省温州市。

2015年7月23日，国务院批准洞头撤销县建制，设为温州市洞头区，并将温州市龙湾区灵昆街道划归洞头区管辖。9月2日，温州市洞头区正式挂牌成立。

【位置面积】 洞头区总面积2777.3平方千米，其中陆地面积143.3平方千米。位于北纬27°40′00″—28°5′00″，东经120°52′30″—121°30′00″，地处浙东南沿海瓯江出海口。南与瑞安市的北麂、北龙乡（大北列岛）隔海相望；西与龙湾永强相对；北望乐清市、玉环县。

【地形地貌】 洞头列岛主要有侵蚀剥蚀高丘陵和低丘陵以及洪积平原、海积平原等堆积地貌。其中高丘陵（海拔250米以上）主要分布于大门岛以及鹿西、霓屿、状元岙等岛的中部和洞头岛的西部，山坡较陡，一般30°—40°，特别是边缘地带，常有大于40°的陡坡或陡崖出现；顶部较平缓，坡度一般15°—25°。最高山峰烟墩山位于大门岛，海拔高391.8米。高丘陵以凸形坡及直线型坡为主，部分地段为复合型坡。低丘陵（海拔<250米）主要分布于洞头岛、半屏岛、三盘岛、小门岛以及鹿西、霓屿、状元岙等岛的边角部位，山顶部较平缓，为10°—25°，山坡坡度25°—35°，局部坡麓地带有超过35°的陡坡及陡崖。低丘陵的山坡地形以凸形坡和直线型坡为主，局部为阶梯状复合型坡。堆积地貌主要分布于大门岛、灵昆岛、洞头岛，分布零星。其中洪积平原零星分布于大岛屿的沟谷及山麓地带，上游坡度10°—15°，下游坡度3°—10°。海积平原主要分布于洞头岛、灵昆岛、大门岛及小门岛，在霓屿岛及半屏岛亦有小块分布，地势平坦。境内无大河发育，溪流多发源于山体中部，向四周呈辐射状独流入海，其特点是数量多、流域面积小，长度短，比降大，枯水期多断流。

【行政区划】 1953年7月，洞头置县后，下设3个区、1个镇、18个乡。此后，行政区划多次变更，至1990年底，全县设1个区、2个镇、11个乡、90个建制村、10个居委会。

1991年3月18日，北岙镇下街居委会析为创新居委会和赴学居委会。

1992年4月3日，大门乡尾岙村更名为大门乡美岙村。同年5月18日，经浙江省民政厅批准，撤销大门区公所；将大门乡、浪潭乡并入黄岙镇，同时更名为大门镇。至此，洞头县辖2个镇、9个乡、90个建制村、11个居委会。

1994年1月25日，元觉乡状中、状南、状北3个村合并为状元村。元觉乡改设为7个建制村。同年7月30日，双朴乡增设双兴村，双朴乡改设为14个建制村。至此，全县建制村89个。

1995年2月23日，鹿西乡烟墩岗村撤销，并入鹿西村；鹿西乡改设为6个建制村。至此，全县建制村88个。

1996年8月17日，经浙江省民政厅批准，洞头乡改为建制镇，同时更名为东屏镇。至此，全县设3个镇、8个乡、88个建制村、11个居委会。

2001年11月16日，经浙江省人民政府批准：撤销双朴乡、三盘乡、北沙乡并入北岙镇；撤销半屏乡并入东屏镇；撤销霓南乡、霓北乡，合并为霓屿乡。至此，全县设3个镇、3个乡、88个建制村、11个居委会。

2002年4月30日，北岙镇的埭口村、苔岙村、双兴村撤销，合并为北岙镇城南社区居委会。至此，洞头县设3个镇、3个乡、85个建制村、12个居委会。同年11月2日，霓屿乡官财岙村改名为同兴村。

2003年4月29日，北岙镇的岭背、上街、新街、中街、后街、创新、赴学等7个居委会撤销，重新调整组建为岭背、上新、城中、银海等4个社区居委会。北岙镇改设为23个建制村5个居委会。同时，东屏镇寮顶村更名为寮顶民族村。至此，全县设3个镇、3个乡、85个建制村、9个居委会。

2004年6月，大门镇沙岩居委会撤销。同年7月14日，北岙镇新城社区居委会成立。同年12月15日，东屏镇前坑寮村、惠头寮村合并，并更名为惠民村。至此，全县设3个镇、3个乡、84个建制村、9个居委会。

2005年3月1日，北岙镇桐桥村

更名为海霞村。截至2005年底，全县设3个镇、3个乡、84个建制村、9个居委会。

2006年末，辖3个镇、3个乡：北岙镇、大门镇、东屏镇，元觉乡、霓屿乡、鹿西乡；84个行政村、7个社区、2个居民区（新增1个社区，减少1个居民区）。

2011年，经省政府批复：一、撤销北岙镇建制，在原北岙镇行政区域内设立北岙街道办事处。调整后，北岙街道办事处辖6个社区、23个行政村。街道办事处驻镇前街1号。二、撤销东屏镇建制，在原东屏镇行政区域内设立东屏街道办事处。调整后，东屏街道办事处辖16个行政村。街道办事处驻府前路51号。三、撤销元觉乡建制，在原元觉乡行政区域内设立元觉街道办事处。调整后，元觉街道办事处辖7个行政村。街道办事处驻繁府路15号。四、撤销霓屿乡建制，在原霓屿乡行政区域内设立霓屿街道办事处。调整后，霓屿街道办事处辖10个行政村。街道办事处驻滨海北路2号。调整后，洞头县辖北岙、东屏、元觉、霓屿等4个街道办事处和大门镇、鹿西乡。

2015年7月23日，国务院正式批复同意撤销洞头县，设立温州市洞头区，将温州市龙湾区灵昆街道划归洞头区管辖。以原洞头县和龙湾区灵昆街道的行政区域为洞头区的行政区域。洞头区辖北岙、灵昆、东屏、元觉、霓屿等5个街道，大门镇、鹿西乡。其中，灵昆街道辖9个行政村、4个社区。至此，全区辖93个行政村、7个社区。温州市洞头区人民政府驻北岙街道县前路12号。

【人口状况】 2016年，洞头区总人口153846人，比上年增加777人。其中，户籍人口50158户，比上年增加376户；男性78813人，女性75033人。男女比例为105.04。全区全年出生1943人，死亡930人（男520人，女410人），死亡率6.05‰。

【方言】 洞头区居民大多原是从闽浙沿海地区迁徙而来，故以操闽南话和温州话两种方言为主。洞头区居民方言使用的分布特点，大致为南片岛屿居民大多数以操闽南话方言为主；西、北两片岛屿居民均操温州话方言；而中片岛屿居民两种方言交错夹杂。按行政区域分，北岙、东屏居民大多数操闽南话方言，灵昆、大门、鹿西居民均操温州话方言，而霓屿和元觉居民夹杂操闽南话方言、温州话方言。按常住人岛分，洞头岛、半屏岛、南策岛、大瞿岛、胜利岙岛、花岗岛、青山岛等7个岛屿居民以操闽南话方言为主，灵昆岛、大门岛、鹿西岛、小门岛、大三盘岛、屿仔岛等6个岛屿居民以操温州话方言为主，而霓屿岛、状元岙岛居民夹杂两种方言。闽南话方言使用范围约40平方千米，占全区陆地面积30%左右，使用人口约占全区总人口44%左右；而温州话方言使用范围约100平方千米，占全区陆域面积70%左右，使用人口约占全区总人口56%左右。

主要资源

【海洋生物资源】 洞头海域渔业资源丰富，能捕捞的鱼类300多种，其中常见40余种。主要鱼类有：小黄鱼、黄姑鱼，棘头梅童鱼、鲚鱼、鳓鱼、鮸鱼、鲳鱼、鲈鱼、魟鱼、黄鲫、龙头鱼、海鳗、带鱼、马鲛鱼、白姑鱼、石斑鱼、竹荚鱼、鲨鱼、鳐鱼、东方鲀、鲻鱼、鲥鱼、海鲫等。岩礁潮带生物159种，占总数48.4%；泥质潮间带生物142种，占总数44.1%；沙滩潮间带生物33种，占总数10.2%。主要常见品种有：泥蚶、缢蛏、泥螺、彩虹明樱蛤、青蛤、疣荔枝螺、瘤荔枝螺、锯缘青蟹、龟足、藤壶、弹涂鱼、粗脚厚纹蟹、棒锥螺、棘刺牡蛎、艾氏活额寄居蟹、痕掌沙蟹、海蟑螂、厚壳贻贝、石花菜、海萝、鼠尾藻、孔石莼、紫海胆、瓦氏马尾藻、紫菜、羊栖菜等。浮游植物8 1 种，以近岸广温广盐种为主；浮游动物78种（类）（不包括鱼卵仔鱼），以近海暖水类群和近海暖温带类群为主；底栖生物45种，以沿岸广温低盐种和近岸广温广盐种为主。

紫菜养殖

南北爿山省级海洋自然保护区珍稀鸟类48 种，其中国家二级保护动物有黄嘴白鹭、普通鵟、红隼和游隼等4 种；省重点保护动物有中白鹭、白鹭、夜鹭棕背伯劳、红尾伯劳和黑枕黄鹂等6种，新发现灰鹬、斑鸫、纯色山鷦莺3种鸟类。

【港口资源】 洞头港口资源丰富，拥有状元岙、大小门岛等，可利用岸线30多千米，其中可建万吨级以上泊位的深水线15千米，可布置1万—20万吨级泊位90多个，是温州深水大港的重要港口。且水域条件、集疏运条件好，横穿洞头列岛中部的北水道是巨轮进出温州的咽喉，南面黑牛湾是瓯江口外靠近远洋航线的最大天然锚地。目前在建的状元岙港区共规划4个码头作业区，25个泊位，总长度7100米，设计年吞吐能力7000万吨，其中集装箱500万标箱。已建成7#、8#、9#泊位5万吨级（兼靠10万吨级）集装箱专用泊位。大小门岛港区划分为小门岛、大门东和大门西3个作业区，规划港口岸线14.6千米，可形成年通过能力1.15亿吨。目前建有亚洲最大的天然气液化储运基地。

【矿产资源】 全区境内甲类矿产资源贫乏，已发现的矿产类型有花岗岩、建筑用凝灰岩、海砂、蛎壳、黏土以及矿泉水等6种，矿床地40处。

花岗岩，主要有大门、青山岛、隔头、北策、牛鼻孔、大爬山、大瞿等岩体，岩性包括钾长花岗岩、花岗岩、辉绿岩等。花岗岩开采利用以及大门钾长花岗岩为主，其次有隔头花岗岩、北策辉绿岩。大门钾长花岗岩可开采资源量约为3.18亿立方米，是理想天然防酸、防腐石材；辉绿岩主要分布在北策岛中部，是理想中档板材荒料基地；花岗岩主要分布在北岙街道隔头，估算资源量29.8万立方米。

建筑凝灰岩，区内建筑凝灰岩分布较广，产于上侏罗统火山碎屑岩中，主要住人岛均有分布，有青山岛、灵昆岛、霓屿岛、沙岙屏、铁炉头、小三盘、北岙后石子矿，以及大门、霓屿、本岛等开采点。根据石料的块度大小不同，主要用于工民建、围垦、填海造地等。

海砂，区内海砂分布于灵昆岛瓯江北口、南口和大门岛南侧、西侧海域。灵昆岛瓯江北口，呈东西向条状分布，面积0.7平方千米，由细沙组成，夹杂少量淤泥；灵昆岛瓯江南口、东南口，面积17.95平方千米。大门南侧海域储量较大，距离乌仙头咀约1500米，矿区沿东西向展布，面积约5.6平方千米，砂层有细粉砂、中细砂、淤泥混砂等，海砂矿物成分以长石为主，石英次之，砂层直接赋存表面，呈松散—稍密状，可采性较好。

蛎壳，区内蛎壳矿产资源丰富，主要分布于大门岛北、霓屿东部、三盘门、大瞿西、黑牛湾等五个矿区（海域）。蛎壳层厚度一般在3米左右，最厚可达6.5米，探明蛎壳资源量2149.9万吨，估算资源量1653.9万吨。

状元岙港区

【旅游资源】 洞头素有“百岛之县”“东海明珠”美称。洞头是全国唯一以区域冠名的国家AAAA级旅游景区、全国海钓基地、中国十大摄影发烧风景地、中国最佳海岸摄影地，是浙江省重点风景名胜区、浙江省最值得去的50个景区之一。全区七大景区400多个景点，风光迷离，山海兼胜，人文荟萃，气候宜人，富有“岛奇、礁美、滩佳、鱼鲜、生态优”特色，融海上游览、海上运动、海上体验、海洋文化、渔乡风情于一体，与雁荡山、楠溪江构成温州“山—江—海”旅游金三角。

仙叠岩，位于洞头区城东南2.7千米处，景区巨石摩天，危石层叠，险峻多姿，蔚为奇观，是听涛、观海、赏石的绝佳去处。观音训狮、海天独径、祭海石猪、金鹰迎客、蛤蟆欲仙、仙童戴帽、十二生肖等景观，栩栩如生，千姿百态。珍珠礁岩石错落有致，十八钓鱼台拾阶而起，可垂钓写生、捡螺拾贝。被誉为“中国岩雕第一人”的中国美院洪世清教授创作的30余处岩雕作品，加上名家书写的诗词作品摩崖，更增添赏石品画的雅趣。

仙叠岩

大沙岙海滨浴场，呈半环抱形，沙滩平坦开阔，沙质属铁板砂，细柔而不松软，走在上面犹如踏在地毯上，舒适惬意。这里是晒日光浴、游泳冲浪的好地方，还可进行沙滩排球、自行车赛，晚间可举行篝火晚会，放歌劲舞，尽情欢乐。沙滩四周奇礁兀立，有海豹回头、猛虎下岗、将军观天、龟石岩等景观。浴场边的南炮台山是东海海防要塞，可观鸥鸟、听松涛，一洗尘嚣，是赏海上日出的好去处。

半屏山，位于洞头区城南3千米处，民谣曰“半屏山，半屏山，一半在大陆，一半在台湾”，大陆半屏山即为此。景区东部沿岸断崖峭壁，犹如刀削斧劈，直立千仞。连绵数千米的海上天然岩雕长廊在全国堪称一绝，被誉为“神州海上第一屏”。有惟妙惟肖的迎风屏、赤象屏、鼓浪屏、孔雀屏、渔翁扬帆、黄金印、虾将岩、乌龙腾海等四屏十八景，荡舟观浪，听涛赏景，堪称奇绝。景区西部的大沙龙沙滩曲长宽阔，可捡螺、拾贝、戏耍、冲浪。

大瞿景区，位于洞头城区西南约9千米，与附近的双峰山、南摆屿、乌岛等组成岛礁景区，面积约6.05平方千米，有“七十二胜景”。岛上山奇石巧、林密花香，被誉为“海上绿洲”，岛东南部石景荟萃，有千奇百怪的“千佛山”、生动传神的大卫岩，以及百鱼图、石佛观海、仙童击鼓、大象吸水等景观。大瞿山顶有明末抗清名将郑成功练兵的校场遗址。位于大瞿岛东南方的双峰山、北摆山、南摆山为鸥鸟、鹭鸶等候鸟的聚集地。

竹屿景区，位于洞头城区东侧约6.5千米海域处，面临浩瀚东海，由大竹屿、小竹屿、虎头屿、北猫屿、笔架屿等数十座岛礁组成，景区面积约3.8平方千米。域内天蓝海碧，鸥鸟翔集。游人可观奇礁怪石，听海涛潮响，更能一览虎头屿国际灯塔雄姿。大竹屿有数千平方米的天然大草坪，被誉为东海第一大天然草坪，宜开展孤岛生存、探险野营、海上生态观光等活动。

大门景区，面积约4.5平方千米，以马岙潭度假区为核心，呈辐射状向大门岛东南延伸，包括石和尚、龟岩峰、舢舨岩、马岙潭沙滩、观音礁等十多个景点。这里候鸟翔集、沙滩平坦、山青水蓝、石奇滩佳，享有“温州夏威夷”美誉，是观看日出日落、避夏消暑、度假休闲，以及品尝生猛海鲜的好去处。

鹿西鸟岛，位于鹿西岛东北面，即北爿山屿、南爿山屿，合称南北鸟岛，岛上阳光充足，周边鱼类繁多，每年都有数以万计的海鸟在此安家筑巢，繁衍生息，形成极为罕见的鸟岛奇观。岛上鸟儿或戏波弄影，或恣意嬉戏，或翩翩起舞，鸟鸣处处，涛声阵阵，恰似一首和谐的百岛奏鸣曲，刹那间又万鸟齐飞，遮天蔽日，恢宏壮观，碧海蓝天，珍禽展翅，辉波荡漾，构成一幅大自然的精美画卷。

洞头先锋女子民兵连纪念馆，2000年（建连40周年）时建造。初建于1976年，2010年、2015年两度修缮。展示了女子民兵连成长的不寻常历程。女子民兵连成立于20世纪60年代，是一支有着辉煌历史的

竹屿

洞头先锋女子民兵连纪念馆

连队，铸就了“爱岛尚武，励志奉献”的海霞精神，其事迹曾被写成长篇小说《海岛女民兵》，拍成电影《海霞》，载入《中国共产党历史》（第二卷）。为国家、省、市爱国主义教育基地，省党史教育基地，首批国家级国防教育基地，全国红色旅游经典景区。

望海楼，始建于公元434年，距今已有1500多年历史。位于洞头本岛海拔227米的烟墩山，是洞头旅游标志性建筑。建有望海楼主楼、颜延之雕像、诗词碑廊、同辉亭、泓澄亭、心赏亭等景观。主楼设海洋民俗文化展厅和观景厅，是观赏百岛美景、领略渔村风情的窗口。楼内有启功、沈鹏、韩美林、李铎、朱关田等名家墨宝。作为洞头历史文化的窗口和百岛旅游第一景的望海楼，以其历史悠久、建筑雄伟、海洋民俗文化气息浓郁，跻身国内名楼之列，被誉为“气吞吴越三千里，名贯东南第一楼”，2012年11月加入中国名楼协会。

海霞军事主题公园，是全国第一座海防军事主题公园，建有“海霞电影棚”“军事演练区”“华山险道”“丛林战道”“国防知识画廊”“军事器材展览室”“CS真人模拟对抗赛”等，还陈列着退役的战机、军舰、火炮，并有军事拓展等项目。这里，岗楼林立、碉堡成群、战壕纵横，是见证“洞头先锋女子民兵连”成长历史、解读“海霞精神”的军事旅游胜地，在这里将让您亲身体验军旅生活，圆一个保疆卫国的军人梦。

望海楼

中普陀寺，是集佛陀教育、文化旅游、慈善安养为一体的修炼经法圣地。寺院分弘法、修行及综合服务三个区，建筑整体格调体现唐代和明清建筑风格中的清、畅、哀、亮、微、妙、和、雅之韵，突出实用庄严。目前弘法区建有大雄宝殿、天王殿、钟楼、鼓楼、圆通殿、念佛堂、戒台、放生池等。大圆通殿内供奉着高9米、由13吨纯铜铸造而成的千手千眼观世音坐像，是众多普陀寺中之最。寺内观音圣像陈列馆，收藏的观音佛像、图片、字画等，在各地观音寺院中最为丰富。

大龙山永福寺，是仿明清建筑风格的佛教寺院，是释迦牟尼佛之道场，具有300多年历史。庄严肃穆的殿堂楼阁从翠山碧岭中拔地而起，325尊樟刻和石刻佛像、释迦牟尼佛和十八罗汉威仪端详，尽显海天佛国之风采，是领略海岛风光、感受佛教文化的绝佳去处。

白马古道，连接小朴村和望海楼，属于望海楼森林绿道的一部分，由清风圃、托楼廊、涵秀台和木栈道组成，全长1300米。沿道上下间，浓荫遮蔽；廊台高低处，岛礁入眼，是登山健体、观涛览胜的首选地。小朴村建有白马寺，传承马灯民俗活动。过去村民外出，这里是通道之一。

灵昆九村生态园， 位于灵昆街道九村，占地面积200余亩。园区内分为科普教育区、亲子互动文化区、水上娱乐运动区、拓展培训区、林果采摘区、民俗文化区、欧陆风情街、野炊烧烤区、休闲垂钓区；3D油画区、真人CS区等20多个区域，可垂钓、采摘、划船、与小动物玩耍等。是一座以农业为主题的生态休闲园。

灵昆街道九村生态园

【气候】洞头区属于亚热带海洋性季风气候区。冬无严寒，夏少酷暑，春季温暖，秋季干爽；夏冬季长，春秋季短，四季分明；全年光照充足，雨水丰沛，温暖湿润。年平均气温17.9 ℃，最冷月（1月）平均气温8.1℃，最热月（8月）平均气温27.6℃，年极端最高气温34.7℃，出现在2005年8月，年极端最低气温-2.2℃，出现在1993年1月。年平均降水量1410.6毫米，年平均雨日148.1天，降水量年际差异显著，最大年降水量1913.1毫米，出现在2005年，最小年降水量785.8毫米，出现在2003年；全年降水量分布不均匀，6月最多，月降水量为192.5毫米；11月至次年1月降水量较少，仅占年降水量的13%左右。春夏之交进入梅雨期，出现连阴雨、气温高、雨势强、湿度大的梅雨天气，为期约1个月；5—9月是本区的主汛期，降水量为806.4毫米，占全年降水量的57%，是全年主要的降水期。年平均相对湿度80%，最小相对湿度24%。年均日照时数1878.3小时；年平均蒸发量1541.5毫米；年平均风速4.2米/秒，最多风向为北偏东北风。年雷暴日数38.8天；平均无霜期322天，最短无霜期281天，最长无霜期365天。主要气象灾害有热带气旋、暴雨、大雾、霾、干旱、大风、强对流天气（雷暴、冰雹、龙卷风）等。其中台风影响最早在5月，最迟在12月。台风影响盛期在7—9月，平均2.1个，占全年（2.7个）77.8%，其中8月最多，平均每年0.9个。

历史人文

【历史文化】洞头列岛早在3000多年前即有人类活动，北岙街道风门村的九亩丘遗址和大门岛的岙底等处，曾出土新石器晚期的石斧、石刀及石矛。据相关志书记载，古时洞头岛被称为“中界山”，大门岛名为“青岙山”。南北朝刘宋时，洞头隶属永嘉郡的永嘉县。公元423年，永嘉太守谢灵运卸任后由颜延之接替，乘船巡察到过大门岛，并在岛上筑“望海亭”以观海景，距今已有1580多年。唐代时洞头属乐成县。公元825年，温州刺史张又新到洞头、大门等地，寻望海亭遗址，触景生情，作诗两首。从颜延之建亭到张又新寻亭，其间378年，人去亭毁，只见灵海翠峰，积水沧浪，诗人无比感慨。《全唐诗》收有张又新诗作17首，写洞头的占2首。清朝也有诗人对洞头的描写。如诗人王步霄的《三盘颂》，就是对洞头百岛的赞美。

颜延之塑像

【名人名诗】

望海亭

（唐）张又新

碧海泓澄匝翠峰，昔贤心愿已成空。
只今亭馆无遗迹，积水沧浪一望中。

三盘颂

（清）王步霄

沧海几度变桑田，海外桃源别有天。
云满碧山花满谷，此间少住亦神仙。

海蜇诗

（清）王步霄

美利东南甲玉川，贩夫坐贾各争先。
南商云集帆樯满，泊遍秋江海蜇船。

三盘山

（清）吕荣

见说三盘峻，沧溟一览收；
却愁行处险，聊作望中游。
雪浪云边叠，烟霞日下浮；
地遥身未历，心为坑勾留。

《渔船叹》

（清）玉环同知陆玉书

冲风冒雨趁来潮，猎食渔船拼力摇。
雾里帆樯云里棹，汗淋头面水淋腰。
直将生命争鱼虾，能耐饥寒度暮朝。
举网不空喧妇子，竟忘辛苦说逍遥。

《双昆》

（清）张振夔

群山叠嶂夹江流，潮势东来地欲浮。
人拟关梁开外市，天教砥柱奠中州。
明知沧影终如电，不信桑田已有畴。
共目恬波清似镜，萑苻时事碍行舟。

【民间歌谣】

洞头岛屿歌①

温州对出洞头山，百个岛屿好名声。
先出朝凤又朝龙，无故也出君王城。
也有铜盘鼠头凤，连出双凤无正宫。
有鞍无马难得跑，大鞍出跑小南宁。
大小民府无官做，冬瓜虽大不扒藤②。
北麂给贼先霸占，土地宫帝无显灵。
铜钟无锤敲不响，壳菜无肉空挂名。
牛皮做鼓敲无声，畚箕没耳挑难成。
大小街鱼没上市，大瞿校场没练兵。
东边也出一石佛，石佛拜海明又明。
大小中鱼得着水，一年四季无鱼腥。
巴仑无肉煮不熟，白鹭无翅难飞行。
判官无庙难下海，柴梳无篦难梳成。
连出三策无巡按，将军骑马步难行。
泽国江山一字水，双排丞相分两边。
四将盘花战一将，五将盘花一条龙。
也出东洋斧头屿，此斧出战不伤人。
斧头内面一竹屿，篾刀劈开作两爿。
竹屿内面筎箩屿，万船过此提不能。
筎箩屿内仙叠石，仙人叠石真出神。
铁桶江山永不变，回头一看是半屏。
若问此诗啥人作，洞头渔岙路蛮人③。

①闽南话方言歌谣，每句中都包含地名。

②扒藤：抽藤。

③路蛮人：即周鸣岐，民间艺人，后被日寇杀害。

大门山地名谣④

大门高，小门低，
横岐东南是鹿西。
黄大岙无风打大暴，
金鸡头金鸡不会叫。
浪潭岩头打大浪，
无风也会兴浪杠。
观音礁观音不上天，
沙岙凉床无人眠；
尾岙米桶吃不完，
豆腐岩豆腐卖不焉⑤。
老鼠尾老鼠躲岩边，
杨梅田唔有杨梅结。
洞桥头洞桥无人行，
唔有船儿渡人龙船坑。
百花庙龟岩对甲山，
小门山嘴大篓岩。
营盘基营盘不扎兵，
乌仙头仙人不上天。
大荆出王，小荆出将，
长沙山头出个石和尚，
兰湖洞背出个老幺娘。

④温州话方言歌谣，每句都含有地名。

⑤焉：臭。

人际社交⑥

一台戏大家唱，一只船大家撑。
瞒天瞒地，瞒不着隔壁邻舍。
千年亲戚，万年厝边。
落难全靠亲兄弟，驶船全靠四边风。
海水阔阔，总有一日会流拢。
人靠嘴水，船靠潮水。
唇和舌也会相碍。
亲兄弟，明账目。

观象测潮⑦

初一十五，吃饱下涂。
月上山，潮涨滩；月光正，潮涨平。
春分、秋分，日夜平分。
未吃端午粽，破衣破袄不愿放。
初八廿三“半晡”平。
清明谷雨，大小做母。
三月洋，海水当眠床。
初三“帝”⑧，“帝”到无水洗脚白。

⑥⑦闽南话方言。

⑧“帝”：闽南话方言，退潮。

【海岛习俗】 温州（洞头）婚嫁习俗。洞头婚嫁礼仪随着社会的发展，人们生活水平的不断提高而发生着变化。旧时男女婚姻由“父母之命，媒妁之言”而定，从媒人上门说亲到结婚有很多礼节，共有十四个步骤：一是合婚，媒人说媒，测算男女双方的“生月”；二是定亲，择定吉日，男方准备“盘担”到女方家；三是送日，结婚前一个月，择取结婚佳期；四是纳彩，俗称“挑盘”，一般在结婚前1～3天进行；五是分汤圆，结婚前三天，新郎家挨家挨户分送汤圆；六是修面，通常在结婚前一天下午5—6时，为新娘开颜修面，俗称“摘面”；七是唱哭嫁歌，从新娘梳头开始，到跪拜祖宗牌位、辞别亲人、跨炉火、上花轿，一直到花轿上路一半止；八是娘舅礼，外甥结婚，娘舅送大礼；九是安床，迎娶前一晚，请两位属龙属虎的人到新房进行“安床”；十是迎娶；十一是新娘酒；十二是闹洞房与冬瓜诗，冬瓜诗是客人自由发挥的诗作，孩子们向新娘要糖果，俗称“讨冬瓜”；十三是“缘茶”与“拜公”，婚后第三天早晨，家人烧好“缘茶”，在厅桌摆上汤圆和糖果等，新娘新郎要祭拜祖宗，俗称“拜公”；十四是“三人返”，婚后第十四天早晨，女方家请新娘、新郎赴宴，也称“请女婿”或“回门”。

上梁。“上梁”是新宅落成的一个重要标志，“梁”是一根4米长的横木，用来连接房柱支撑屋顶，梁一上就意味着房子主体工程结束。过程虽简单，但对木匠师傅、新宅主人而言却是大事。对木匠师傅来说，中梁要计算准确，安放稳当。对主人家人而言，上梁意味着新房已建成，家宅平安，人财两旺。因此，上梁前必须选吉日良辰，“拜梁”抛红圆，梁上“钉八卦”、挂“五谷种”。安放“中梁”时，鞭炮一响木匠师傅的锤子随即敲响，主人在屋顶向四方抛红圆，口里念着吉祥语，这时新房四周大人和小孩开始抢红圆，场面十分热闹。上梁关系到房东一家人命运前程，寄托老百姓安居乐业美好愿望。

送顺风。洞头“送顺风”习俗，过去是给新下山（第一次去捕鱼生产）小伙子送纸蓬包，内装红枣、桂圆、荔枝等。后送顺风扩展到工厂、商店开张，姑娘出嫁、入学、参军等领域。传说财神赵公明运送银子，把船化成纸船，纸船恰巧被一小学童发现并拴住，不能航行。神仙托梦给学校先生，先生给学童送点礼品，放掉纸船，神仙驾船顺风顺水。“送顺风”习俗由此沿袭传承，给新入学的孩子送书包、文具盒、笔，给读大学、参军的人送脸盆或旅行袋，给出嫁姑娘添妆等。

海岛祝寿礼俗。为五十岁以上的老人过生日称为“做寿”，在洞头流传有二三百年历史。旧时民间过生日有“渡坎儿”说法，“坎儿”是指每个人在寿命上的关口。从五十岁起，每隔十年左右就有一个坎。在洞头，为老人做寿是家族中一件大事。祝寿中所有活动全都围绕着老人进行，如为其发送请帖，布置寿堂，举办寿宴，叩拜祝福等，或有请法师作敬，献三牲敬天公，请戏班唱祝寿戏餐。出嫁的女儿们要送上祝寿礼金，挑送礼盒笼，内侄送寿礼。祝寿时，寿星老坐厅堂正位，接受亲友和晚辈的祝福和叩拜，辈分不同，拜礼有别。来宾每人都向寿星老献一份祝寿礼金，仪式完毕，开始举行寿宴，回礼给左邻右舍和来贺寿的亲朋好友。

迎头鬃。“迎头鬃”大约始于清咸丰年间，其实质是对渔业生产先进的表彰仪式。“迎头鬃”活动在每年鱼汛结束时，评出海洋捕捞作业产量最高的渔船，被评上者称作“扛头鬃”。然后选定吉日举行“迎头鬃”仪式，届时，当地渔行主和乡绅们率领众人给“扛头鬃”渔船送去“头鬃旗”和“红包”，且端上用红布披盖着的大猪头，一路上敲锣打鼓燃放鞭炮，送到“扛头鬃”渔船老大家中。船老大会举办酒席宴请大家，席间交谈往年生产经验和新年生产打算。然后在船上祭拜海神，再把“头鬃旗”升到桅上。渔民们都把“扛头鬃”视为极高荣誉。

做祭。“做祭”是专门为去世的亲人而设的一种特别形式的民俗。最重要的一次是去世亲人的周年忌日，在其后每年祭日都要祭祀。每逢上辈人忌日，家里的儿子或孙子要祭拜，已出嫁的姐妹或姑母一家要回家参与祭拜，即使因各种原因不能亲自前来，也要由家人作代表，带上冥币、纸制手提袋等。中午要在自己家中逝世亲人木主牌或祖宗炉前摆上菜肴，点烛拈香祭拜，以示不忘上辈人养育之恩与骨肉亲情，略表做晚辈孝顺之心及怀念之情。祭祀对象一般上溯三代。在洞头民间，各家各户不论家庭经济状况如何，上辈人的“祭”一定要做，否则视作不孝，会受到亲戚、邻居指责。

拜天公。农历正月初九“拜天公”是海岛居民新年伊始最隆重、最神圣的祭祀活动。据说这一天是天公诞辰，所谓“天公”，指玉皇大帝，也泛指居住在九重天上的天神。经考证始于明末清初，闽南、瓯越一带沿海移民择居洞头列岛时

“迎头鬃”习俗

始。一般在初八夜十二时过后，听到公鸡第一声报晓，各家各户当家人和参拜天公的家庭成员起床。大家穿戴整齐，洗脸净手后，打开大门，一家人十分虔诚地摆设“拜天公”的用具和供品。祭拜始，由当家人点亮大红蜡烛，点燃一大把香，分发给参拜的家庭各位成员，由当家人领头，一齐跪在地上，脸朝上天，参拜“天公”，祈求各自心愿或表示对天公的感恩。拜毕，把香插在香炉内，待香烛燃烧过半，开始烧化供奉“天公”用的神币大金和金元宝。烧化完毕，开始鸣鞭炮，宣告“拜天公”结束。“拜天公”有两种形式，一种是各家各户单独祭拜，一种是左邻右舍或姓氏宗族共同结合进行“团祭”（天公会）。

【人文美食】 姜丝猫耳朵。主料：番薯粉、番薯。辅料：花生、芝麻、红枣、红糖、白糖、姜丝。制作方法：1.番薯煮熟，与番薯粉充分揉和，作为外皮；花生细切，与芝麻、白糖，少许白肉拌和成馅。2.像包饺子一样包成小三角形，中间微凹陷，形如猫耳朵。3.汤烧沸，将猫耳朵、红糖、姜丝下锅煮熟即可。

养生糖姜茶（俗称姜茶）。主料：鸡蛋、生姜。辅料：荔枝干、桂圆干、橘饼、核桃仁、芝麻、红枣。制作方法：姜去皮切碎，生鸡蛋打散后，加入切碎的橘饼、核桃仁，混入碎姜，再撒一把炒香的黑芝麻，继续搅拌。油锅热后，倒入煎熟，起锅备用。把荔枝干、桂圆干在水中煮开，放入煎好的鸡蛋同煮片刻，再加红糖或即可。

文武状元汇。主料：虾蛄、水潺（龙头鱼）。辅料：芹菜、黑木耳。制作方法：1.虾蛄和水潺洗净切段，虾蛄去边甲，水潺去头。2.冷锅热油，放入姜、蒜爆香，加水，不放油或尽量少放。3.水开后放进虾蛄、水潺煮熟，再放进芹菜、黑木耳，以盐和鸡精调味即可。

紫菜团团圆。主料：紫菜、猪肉。辅料：干贝、马蹄。制作方法：1.紫菜用清水泡软后，与猪肉、马蹄、干贝同剁，剁得尽量细。2.将主辅料倒在盆里，加一小勺盐。用手抓匀。3.用勺子挖出一点，放在手心搓成圆形，码在盘子上，猛火蒸10分钟再改中小火蒸5分钟即可。

鲈鱼豆腐汤。主料：野生鲈鱼。辅料：豆腐。制作方法：1.将豆腐切成1厘米厚的薄片，盐水渍5分钟，沥干待用；鲈鱼去鳞和内脏。2.油入锅中加热，将鲈鱼双面煎黄，加入葱、姜和适量的，大火煮10分钟转小火煲30分钟。3.然后加入豆腐，再煮5分钟左右，加盐、胡椒粉、鸡精调味，撒上葱花即可。

琥珀蛏子羹。主料：鲜蛏。辅料：番薯粉、芹菜、黑木耳。制作方法：1.蛏子洗净，倒入开水，烫到七成熟；去壳取肉，放入少量盐和姜汁去腥；再放入少许鸡精或味精、糖、葱末、酒等拌匀。2.取蛏子分量一半的番薯粉，与蛏子拌匀，要保持蛏肉的完整。3.水烧开后，将拌匀的蛏子撮成小块放入，等汤水烧开蛏肉上浮，然后放小半勺盐和味精，即可关火。4.去掉汤表层上的沫沫，洒上葱花即可，喜欢吃醋的人还可以放一勺醋。

渔家风情饭（茭子饭）。主料：糯米。辅料：茭子草、虾米、墨鱼干、干贝。制作方法：1.茭子草编织成包。2.辅料切丁，与浸泡过的糯米搅拌均匀后入包。3.入锅蒸熟即可。

安康息火汤（鮟鱇萝卜丝）。主料：鮟鱇鱼。辅料：白萝卜丝、黑木耳。制作方法：1.鮟鱇鱼切块，与白萝卜丝、黑木耳同入锅。2.猛火烧沸后，以文火慢熬至汤呈乳白色。

青椒墨鱼饼。主料：墨鱼饼。辅料：青椒、红椒、白菜梗、黑木耳。制作方法：1、主料制作：将墨鱼卵用刀切碎，抓捏成糊状，加少许调料入味。锅下底油，入墨鱼卵糊摊平，煎至双面微黄，再入笼蒸熟。2、把墨鱼饼切成菱状或条状，与辅料同炒。

笠贝枸杞盅。主料：笠贝。辅料：枸杞、小白菜。制作方法：1.笠贝烧熟脱壳。2.取适量贝壳、贝肉与枸杞、小白菜同入盅，蒸熟即可。

2016年洞头区发展综述

【概况】2016年，洞头区辖街道5个（其中灵昆街道属托管）、镇1个、乡1个，社区7个，行政村93个。户籍总人口15.3846万人，人口自然增长率5.42‰。全年实现地区生产总值73.15亿元，比上年增长7.9%。从分产业看，第一产业实现增加值6.04亿元，增长4.0%；第二产业实现增加值29.65亿元，增长4.9%，其中工业完成增加值16.78亿元，增长6.4%；第三产业实现增加值43.73亿元，增长10.6%。是年，洞头区创成省首批“基本无违建区”。

【经济建设】2016年，全区实现农林牧渔业总产值127046万元，比上年增长6.4%。其中，水产品总产量18.66万吨，比上年增长4.2%;渔业总产值11.48亿元，比上年增长5.8%。实现捕捞产量16.82万吨，捕捞产值7.77亿元，分别增长4.3%、2.5%，引进远洋捕捞企业，实现全市远洋捕捞“零突破”。养殖方面，黄鱼生态养殖形成一定规模，贝类岛礁增养殖、海参深水桶养等试验成功，紫菜、羊栖菜产量产值稳步提升。全区实现养殖产量1.84万吨，养殖产值3.71亿元，分别增长3.4%、13.6%。

全年规模以上工业实现产值53.88亿元，比上年下降4.7%，规模以上工业增加值8.79亿元，增长6.8%。六大行业三升三降，其中机械汽配、电子电器、水产品加工产值分别增长4.0%、11.8%、15.0%；医药工业、化学工业和建材工业产值分别下降4.9%、13.0%和9.3%。全区30家规模以上工业企业实现利润总额1.56亿元，利润总额净增3.39亿元。

全年完成限额以上固定资产投资154.55亿元，比上年增长8.4%。考核完成口径56.45亿元，比上年下降6.7%，其中民间投资20.04亿元，下降3.2%；由于市级建设项目推进缓慢，缺乏大项目支撑，基础设施投资仅完成32.26亿元，下降30.6%。第一产业投资3.64亿元，增长198.4%；工业投资10.89亿元，增长548.9%，工业投资中工业技改投资完成7.75亿元，增长511.5%，增速均居全市第一；第三产业投资41.92亿元，下降27.3%。全年限额以上投资施工项目119个，比上年减少18个，其中新开工项目57个，增加8个。全年完成房地产投资2.88亿元，比上年下降25.8%，房地产开发投资占限额以上固定资产投资比重1.9%，较上年回落0.8个百分点。实施房地产项目11个，完成房屋施工面积63.58万平方米，比上年下降5.5%；商品房现（期）房销售明显下降，销售总面积5.33万平方米，比上年下降7.5%。

全年实现社会消费品零售总额28.71亿元，比上年增长9.3%；完成商品销售总额96.01亿元，比上年增长1.8%。全区外贸进出口总额11.77亿元，比上年增长18.3%，其中自营出口额3.03亿元，增长9.9%。按企业类型分，外贸企业自营出口额1.02亿元，增长289.0%；生产企业自营出口1.46亿元，下降25.1%；三资企业自营出口额0.55亿元，增长4.1%。全年共接待游客541.14万人次，比上年增长20.7%，实现旅游总收入24.54亿元，比上年增长20.8%。签约总投资3.57亿美元的欢乐海岸项目。

全区海运企业16家，总运力规模48.5万载重吨，继续保持全市第一，拥有万吨级以上船舶8艘（其中5万吨级以上1艘）；全国首艘14000立方米 LNG运输船建造完工并海试。全社会客运量1043万·人次，比上年下降2.0%，客运周转量16968万人·千米，下降4.5%；全社会货运量1414万吨，增长5.7%，货物周转量192.46亿吨·千米，增长10.1%；港口货物吞吐量574万吨，下降3.1%。

全年通信行业业务收入10004万元，比上年下降9.0%。固定电话用户14803户，比上年增加710户；移动电话用户115586户，比上年增加2334户；互联网用户121603户，比上年增加16822户；本地电话交换机容量1304门，移动电话装机容量40万门。

全年全社会用电量27857万千瓦时，比上年增长13.8%，其中第一产业用电量116万千瓦时，下降8.2%；第二产业用电量11370万千瓦时，增长 15.3%；其中工业用电量9369万千瓦时，增长19.0%；第三产业用电量6476万千瓦时，增长19.6%；居民生活用电量9895万千瓦时，增长9.0%。

全区实现财政总收入11.51亿元，比上年增长20.1%，其中一般公共预算收入6.52亿元，增长20.0%，同口径增长27.6%，两项收入增速均居全市首位。全区一般公共预算支出20.34亿元，增长8.2%。全区年末金融机构人民币存款余额70.99亿元，比年初增长2.2%。金融机构人民币贷款余额61.79亿元，比年初增长7.6%；中长期贷款余额30.56亿元，增长12.6%。

全区新增高成长科技型企业2家，省科技型企业8家，市科技（创新）型企业11家，市级企业研发中心企业1家。浙江金海蕴生物股份有限公司成为我区首家“新三板”挂牌上市的省科技型企业。实施科技发展计划项目32项，科技成果鉴定23项，专利申请284项，授权171项，其中发明13项。实现新产品产值6.87亿元，新产品产值率14.8%。

【政治建设】2016年，洞头区坚持五大发展理念，努力打造温州城市东拓主平台、海洋产业集聚区、海岛旅游度假区、生态文明示范区，围绕建设海上花园发展战略，全面实施重点工作“八大攻坚”行动。研究通过补短板实施意见。召开全区海洋经济工作暨作风效能建设大会、区委十届十一次全体（扩大）会议等。深入开展“两学一做”学习教育，建成区党员志愿服务总站。累计建成村民中心25家、农村文化礼堂30家。开展“重点工作落实年、行政服务优化年”活动，全年督查和跟踪问效区委区政府重大决策逾期事项9个、重大审批推进缓慢项目10个、“僵尸项目和蜗牛工程”26个，通报单位3家，问责工作人员7人。全年立案36件，移送司法机关1人，党政纪处分30人次。

完成洞头区第十四届人大代表换届选举工作。区人大常委会依法召开常委会会议8次、主任会议14次，听取和审议专项报告24个，作出决议决定16个、审议意见8个。全年任命24人、免职22人。加强养殖产业、旅游工作、安全生产、温商回归、财政竞争性存放工作绩效评价等工作监督。跟踪监督学前教育、旅游工作、财政和审计、卫生医疗、“五水共治”、重点工程建设和环境保护法执法检查。全年收到建议146件，代表建议办理满意率100%。全年开展调查、考察和监督检查90次。

区政协产生区级委员158人。共召开常委会议5次、主席会议6次。组织调研考察 18次。围绕智慧城市、推进医养结合、提升旅游景区、发展时尚产业等议题建言献策，提出对策建议87条。开展国家级海洋公园建设、畜牧业整治、城市管理“治乱”、环境综合整治提升、民宿经济发展等实地跟踪考察督查。开展五水共治专项监督，围绕农村生活污水处理、“河长制”落实促流域治水等方面跟踪监督。全年立案交办提案81件，满意率100%，会商率85.29%。社情民意《关于我省发展碳汇渔业的建议》被省政协采用，获省政府副省长孙景淼批示。

落实法治洞头建设实施意见，深化平安建设和法治建设，连续11年被评为省平安县（区），创成全国无邪教创建示范县（区），平安区考核位居全省第六。围绕“决战峰会安保、决胜平安金鼎”大会战工作目标，深化“网格化管理、组团式服务”工作。开展“平安夺金鼎、护航G20”攻坚行动。建立立体治安防控体系，重点推进闸门工程建设和网格化管理，“两抢”案件零发案、万人刑事发案率全市最低。制定法治宣传教育第七个五年规划（2016-2020年），建立重点单位法治宣传教育责任清单制度。

【**文化建设**】2016年，洞头区意识形态工作纳入区级考核项目。建立“七五”普法讲师团、普法联络员和普法志愿者等队伍。新建农村文化礼堂5家，累计建成农村文化礼堂30家。荣获2016年度全省文化礼堂先进区。组织开展温州（洞头）半岛通车十周年“海上花园·大美洞头”主题系列活动，组织评选首届“诚信人物”10名和第三届最美洞头人9名。组建洞头区传媒中心，实现全媒体运作。创成省级文明村4个、市级文明村12个。海霞品牌建设获2016年度温州市基层宣传思想文化工作十大示范项目。

举办“文化洞头·活力乡村”村际文化系列活动、温州市首届闽南语歌曲大奖赛、新春民族音乐会等专场比赛活动12个。全年艺术表演84场、送电影1224场、送书13400册、送戏100场、送展览讲座121场。创作海岛特色摄影、小品、舞蹈等作品100件，获国家、省、市各级各类奖项69个。拥有省文化信息资源共享基层支中心1个，省、市级文化强镇各1个，省级、市级文化示范村（社区）各8个、28个，区级文化示范村（社区）29个。建成九亩丘文创园。新增街道（乡镇）文化中心3个，社区文化中心8个，城市书房1个，图书流通点2个。

组织开展第七届妈祖平安节、七夕节、迎头鬃、放生节、开渔节等民俗传承活动。编撰“浙江省非物质文化遗产代表作丛书”——《洞头海洋动物故事》和《洞头妈祖祭典》国遗丛书。请谱、六月六习俗、海岛祝寿礼俗等3个项目入选温州市第十批非遗项目名录，7人被

文化礼堂活动

评为温州市第四批非遗代表性传承人，鹿西小学（鸟灯舞）基地被评为温州市第四批非遗基地。

完成23万字《中国共产党洞头历史》（1949—1978）编纂，由中共党史出版社出版。整理编印《中国共产党洞头县历次代表大会文献选编》《中共洞头县委重要文件选编（1987—1993）》。征编洞头区改革开放时期党史专题17个。启动中共洞头历史大事记（1949—2002）编撰，搜集整理《中共洞头历史大事记（1949—2002）》（征求意见稿）15万字。编纂完成83.5万字的《洞头年鉴（2016）》并由方志出版社公开出版。编辑《洞头史志》2期15万字。

【社会建设】 2016年，全区全日制学校在校学生11053人，拥有学校21所，其中中等职业教育学校2所，普通中学8所，小学11所。专任教师1013人，其中中等职业教育学校教师60人，中学教师473人，小学教师480人。全年各类学校招生2955人，毕业2909人。累计创成省等级幼儿园20所。学前教育达标街道（乡镇）比例86%。海霞中学、实验小学创建市首批新优质学校，通过省标准化学校评估验收3所，省义务教育标准化学校比例100%。小学、初中均衡系数分别为0.33、0.24，小学和初中入学率、巩固率均保持100%。

2016年末，全区共有医疗卫生机构72家，其中医院2家，社区服务中心6家，社区服务站13家；全区卫生技术人员546人，其中执业（助理）医师202人，平均每万人拥有医生13.1人；注册护士162人，平均每万人拥有护士10.5人；病床221张，平均每万人拥有病床数14.4张。区人民医院中医馆和4个社区卫生服务中心中医诊疗区建成投用。医院年诊疗31.78万人次，比上年增长0.8%。连续11年实现孕产妇“零死亡”。全年法定报告传染病1141例，总发病率884.50/10万。

全区全年城镇新增就业1383人，实现再就业375人。城镇登记失业率2.10%。举办大型专场招聘会5场。全年劳动合同签订率97.6%。全区城乡居民基本养老保险参保34300人、城镇职工基本医疗保险参保15733人、失业保险参保7339人、工伤保险参保22265人、生育保险参保10895人、城乡居民合作医疗参保103308人、城乡居民农村社会养老保险参保41838人。全年发放城镇最低生活保障金53人31.41万元、农村最低生活保障金1916人930.9万元、医疗救助2200人420万元。拥有中心敬老院3个，民办养老机构6个，居家养老服务照料中心55个，养老机构床位数901张。

全年城镇常住居民人均可支配收入37827元，比上年增长9.1%，增速居全市第二。农村常住居民人均可支配收入19907元，比上年增长8.4%，增速居全市第六。城乡收入比为1.90，与上年基本持平。全年城镇居民人均消费支出23596元，农村居民人均消费支出16182元，比上年分别增长12.2%、8.1%。

【生态文明建设】 2016年，洞头区组织开展生态文明规划修编，制定出台《温州市洞头区生态环境保护“十三五”规划》《国家生态文明建设示范区创建三年行动计划》，编制洞头区国家生态保护与建设示范区生态修复整治规划，推进国家海洋公园、国家海洋生态文明示范区、国家生态保护与建设示范区建设。加强海洋生态修复，加快南北爿山省级海洋特别保护区建设，增殖放流各类苗种1.3亿尾。推进海洋生态廊道建设、沙滩整治修复，蓝色海湾整治项目获得中央财政3亿元补助。布设区级监测站位29个，开展近岸海域海洋环境等6大类区级监测。

深化“三改一拆”、“五水共治”、“大拆大整”、美丽乡村、生态屏障、生态人文等行动。启动4个“景边村”和2个整岛拆迁改造，推进大门镇、鹿西乡小城镇环境综合整治，水环境质量考核全市前列。全市“五水共治”年度考核排名第三。全年拆除违法建筑4.3万平方米。创成省首批“基本无违建区”。全年空气质量有效监测天数353天，其中空气质量达到及好于二级天数349天，空气质量优良率98.9%，比上年提升3.2%，年均PM2.5指数29微克每立方米，空气质量级别处于二级良。空气质量和生态质量公众满意度均居全省第七。

拥有国家级生态街道（乡镇）5个，省级生态街道（乡镇）1个，市级生态村72个（市级生态村覆盖率85.7%），区（县）级生态村5个；国家级绿色学校1家，省级绿色学校8家，市级绿色学校10家；省级绿色社区3个，市级绿色社区5个；国家级绿色家庭1个，省级绿色家庭23个，市级绿色家庭10个。实施整村推进工程，培育精品村3个、美丽庭院380户、精品民宿47家。

（史 志）

温州市洞头区主要机构及负责人名录

■中共温州市洞头区委

书　记　董智武（2016.10免）
　　　　王蛟虎（2016.10任）
副书记　王蛟虎（2016.10免）
　　　　林　霞（女，2016.11任）
　　　　王文胜
常　委　张志宏（2016.11免）
　　　　钱敏云（女，2016.5免）
　　　　王小甫（2016.11免）
　　　　汪慧平
　　　　张贤孟（2016.11免）

林新磊（2016.11免）
李　建（2016.6免）
严卫星（挂职，2016.7免）
叶海峰（2016.11任）
吴志安（2016.5任）
朱大志（2016.11任）
刘素婷（女，2016.12任）
张　龙（挂职，2016.7任）

■温州市洞头区第十三届人民代表大会常务委员会

主　任　叶永辉
副主任　褚建华　林海珊（女）
　　　　叶明理　张孚标
党组书记　叶永辉（2016.12免）
　　　　　叶国胜（2016.12任）
副书记　褚建华

■温州市洞头区人民政府

区　长　王蛟虎（2016.11免）
代区长　林　霞（女，2016.11任）
常务副区长　张志宏（2016.11免）
　　　　　　叶海峰（2016.11任）
副区长　严卫星（挂职，2016.7免）
　　　　张　龙（挂职，2016.7任）
　　　　叶海峰（—2016.11）
　　　　叶锦丽（女）
　　　　吴志安（2016.7免）
　　　　徐　彬（挂职，2016.7免）
　　　　刘素婷（女）
　　　　赵国成（挂职，2016.7任）
　　　　董步显（2016.12任）
　　　　赵均宙（2016.12任）
区长助理　尹永彪（挂职，2016.8—11）
党组书记　王蛟虎（2016.11免）
　　　　　林　霞（女，2016.11任）
副书记　张志宏（2016.12免）
　　　　叶海峰（2016.12任）

■政协第七届温州市洞头区委

主　席　叶国胜
副主席　吴金弟（2016.7免）
　　　　杨艾立（女，2016.12免）
　　　　张释忠　叶明久
秘书长　洪文才

党组书记　叶国胜（2016.12免）
　　　　　王文胜（2016.12任）
副书记　吴金弟（2016.7免）

■区纪委（监察局）

书　记　汪慧平
副书记　吕子山（2016.11免）
　　　　徐志光（2016.12任）
　　　　纪玉华（女）
常　委　叶先锋（2016.8免）
　　　　郭陆军（2016.3任）
区监察局局长　吕子山（2016.11免）
副局长　叶先锋（2016.8免）
　　　　苏　娅（女，2016.3任）
办公室主任　罗　明
干部管理室主任　邵进宝
宣传教育室主任　周秋艳（女）
信访室（申诉复查室）主任
　　　　郭陆军（2016.3免）
　　　　黄相华（2016.3任）
党风政风监督室（区政府纠正行业不正之风办公室）（暂缺）
案件监督管理室主任　王祖杰
第一纪检监察室主任
　　　　吴志文（2016.3任）
第二纪检监察室主任　陈其钦
第三纪检监察室主任（暂缺）
案件审理室主任　陈松飞
派驻第一纪检组（驻区委办纪检组）组长　颜厥苗
　副组长　郑元军
派驻第二纪检组（驻区府办纪检组）组长　柯友疆
　副组长　黄途强
派驻第三纪检组（驻区委组织部纪检组）组长　张道乐
　副组长　黄海碧
派驻第四纪检组（驻区委宣传部纪检组）组长　蔡后亮
　副组长　张剑辉
派驻第五纪检组（驻区委统战部纪检组）组长　陈后银
　副组长　叶建水
派驻第六纪检组（驻区司法局纪检组）组长　宋　浩
派驻第七纪检组（驻区财政局纪检组）组长　张海文
派驻第八纪检组（驻区市场监管局纪检组）组长　苏　盛
驻区人民法院纪检组组长　叶美征
驻区人民检察院纪检组组长　叶明鹏
驻公安洞头分局纪检组组长　陈后群

区直机关纪工委书记　金献平
驻区审管办（公共资源办）纪检组组长　张孚庆

■区委工作部门

区委办公室（政研室、考核办）
主　任　陈永胜
副主任　童王平（2016.3免）
　　　　陈宣陆　邱亚顿
　　　　陈坤杯（2016.3任）
政研室主任　陈永胜
副主任　陈坤杯（2016.3免）
　　　　吴励光（2016.3任）
室务会议成员　颜厥苗
　　　　童景景（2016.3免）
　　　　童王平（2016.3任）
　　　　朱岳奇
　　　　许生然（2016.12免）
　　　　赵　婧（女，2016.12任）
考核办（区委区政府督查室）主任
　　　　童景景（2016.3免）
　　　　童王平（2016.3任）
副主任　朱岳奇
国家保密局局长　陈宣陆
机要局局长　许生然（2016.12免）
　　　　　　赵　婧（女，2016.12任）
派驻第一纪检组组长　颜厥苗

区委组织部

部　长　钱敏云（女，2016.6免）
　　　　吴志安（2016.6任）
常务副部长　蔡国华（2016.12免）
　　　　陈荣荣（女，2016.12任）
副部长　陈后安（2016.12后，兼）
　　　　陈荣荣（女，兼，—2016.12）
　　　　曾海端（兼，2016.7免）
　　　　杨小军（2016.7任）
　　　　林　敏（女，兼）

部务成员　陈景克（兼）
　　张道乐
　　曾海端（兼，2016.7任）
“两新”工委书记
　　陈后安（2016.12免）
副书记　杨小军（2016.7任）
派驻第三纪检组组长　张道乐

区委宣传部
部　长　张贤孟（2016.12免）
　　朱大志（2016.12任）
常务副部长　张海珍（女）
副部长　洪　震
　　方均坦（2016.8任）
　　刘东升（兼）
部务成员　蔡后亮
　　童景景（2016.3—12）
　　方荣巩（2016.12任）
　　陈志华（2016.12免）
　　陈坤沈　林振权
　　庄海东（2016.5免）
派驻第四纪检组组长　蔡后亮

区委统战部[民宗局、外侨办（侨联）]
部　长　林新磊（2016.12免）
常务副部长　张海山
副部长　唐建业　许生然
部务成员　郑建林　蔡旭华
　　彭德金　陈后银
民宗局局长　张海山
副局长　彭德金
外侨办主任　张海山
副主任　蔡旭华
侨联主席　张海山
副主席　蔡旭华
派驻第五纪检组组长　陈后银

区委政法委员会（维稳办、综治办）
书　记　王文胜
副书记　王小甫（2016.12免）
　　张志宏（2016.12免）
　　叶海峰（2016.12任）
　　赵均宙（2016.12任）
　　黄根忠　王仁建
　　张　杰（2016.7任）
委　员　王昌海
　　庄成强（2016.3任）
　　张于斌
维稳办主任　黄根忠
副主任　王昌海
综治办主任　张　杰（2016.7任）
副主任　张亚勤（女，2016.3任）
610办公室（4月改称防范办）主任
　　王仁建
副主任　叶明铁（2016.3免）

区委台湾工作办公室（区政府台湾事务办公室）
主　任　潘国波

区机构编制委员会办公室
主　任　陈景克
副主任　张志强　周志勇

区直属机关工作委员会
书　记　曾海端
副书记　曾健康　金献平
纪工委书记　金献平

区信访局
局长、党组书记　褚志攀
副局长　林焕勇（2016.3免）
　　王　政（2016.3任）　李明营

区委老干部局
局　长　林　敏（女）
副局长　陈秋菊（女，兼，2016.5任）

区委史志办公室
主　任　卓桂荣
副主任　曾焕定

区精神文明建设指导委员会办公室
主　任　刘东升
副主任　林振权

区委渔农村工作办公室（农林水利局）
主任（局长）、党组书记
　　叶国进（2016.12免）
　　梁祥赞（2016.12任）
副主任（副局长）
　　陈声为（2016.3免）
　　方跃罴（2016.3任）
　　庄明贵　张孚专
　　颜厥果（2016.3任）
总工程师　林忠荣
纪检组组长　颜厥果（2016.3免）
畜牧办主任　朱志德

区档案局（档案馆）
局　长、党组书记　唐建松（2016.8免）
　　郑元永（2016.8任）
副局长　陈小芳（女）　郑元良

区关心下一代工作委员会办公室
主　任　林　敏（女）
副主任　陈秋菊（女）

■区人大常委会工作部门
办公室主任　詹景伟
副主任　柯受营（2016.3任）
　　许　环（女）
法制工作委员会主任　倪日新
副主任　柯受营（2016.3免）
　　韩辉辉（2016.3任）
财政经济工作委员会主任
　　侯合海（2016.12免）
　　张于斌（2016.12任）
教科文卫体工作委员会主任
　　柯受华（2016.5免）
　　张瑞静（女，2016.5任）
代表工作委员会主任　陈胜宝
城建环保工作委员会主任　方君旺
农业和资源保护工作委员会主任
　　郭杭峰（2016.3免）
　　戴华姆（2016.3任）
预算工作委员会主任
　　王　锡（2016.12免）
　　陈后平（2016.12任）

■政协洞头区委工作部门
办公室主任　洪文才
副主任　林秀莲（女）

提案委员会主任　柯友疆（2016.2免）
郑铲非（2016.4任）
经济建设委员会主任　陈信敏
人口资源环境委员会主任　林建斌
科教文卫体和文史委员会主任
颜厥明
社会法制和港澳台侨委员会主任
陈仁毅
委员工作委员会主任　张忠强

■区人民法院

院　长　李德通
副院长　吴兴国　黄明华
叶定光（2016.5任）
执行局局长　叶定光（2016.5免）
吴志法（2016.5任）
政治处主任　应建国
审委会专职委员　池进峰
吴志法（2016.5免）
倪海平（2016.5任）
大门法庭庭长　朱　江
党组书记　李德通
副书记　吴兴国
派驻纪检组组长　叶美征

■区人民检察院

检察长　金　依（女，2016.2免）
胡　刚（2016.3任）
代检察长　胡　刚（2016.2任）
副检察长　陈志前　朱建忠
检委会专职委员　刘荣胜　林　涛
反渎职侵权局局长　陈阳熹
政治处主任　刘友山
大门检察室主任　郭　杰
党组书记　金　依（女，2016.2免）
胡　刚（2016.2任）
副书记　陈志前
派驻纪检组组长　叶明鹏

■区政府工作部门

区政府办公室（法制办）
主　任、党组书记　邱瑞琳
副主任、党组副书记　洪宁群
副主任　金威华（2016.8任）
郑祥飞
陈旭阳（2016.8免）
柯繁荣（2016.3任）
高海龙
郑雪园（女，2016.3免）
柯位宪（兼，2016.12免）
南海滨（兼）
倪建锋（兼，2016.12任）
法制办主任　邱瑞琳
副主任　柯繁荣（2016.3免）
叶明铁（2016.3任）
派驻第二纪检组组长　柯友疆

区发展和改革局（统计局、粮食局）
局　长、党组书记　黄建敏
副局长、党组副书记　许生星
副局长　施晓微（女）　李光林
林声俊
总统计师　李丽琼（女）
重点办主任　许生星

区经济商务和信息化局
局　长、党委书记　吕建伟
副局长　陈青翩
张茂海（2016.3任）
陆益辉（2016.3任）

区教育局
局　长、党委书记　郑元阳
副局长　郭建忠　季晓瀚（女）
副局长、督导室副主任　陈声为
洞一中校长　杨朝生

区科技局
局　长、党组书记　曹其忠
副局长　曾国军
江卫兵（2016.3任）
纪检组组长　江卫兵（2016.3免）

温州市公安局洞头区分局
局　长、党委书记
王小甫（2016.12免）
赵均宙（2016.12任）
政　委、党委副书记
毛坚钢（2016.6免）
朱彬彬（女，2016.6任）
常务副局长、党委副书记　张剑亮
副局长　刘　吉　季晓春　庄志剑
纪委书记　陈后群
政治处主任　张志勤
刑侦大队长　陈海轮
交警大队长　林英杰
治安大队长　吕辉敦
区交警大队政治教导员　杨倪祥

区民政局
局　长、党组书记　甘寒冬
副局长、党组副书记　陈宗永
副局长　张海环
纪检组组长　陈亚环（女）
社工办副主任　彭胜强

区司法局
局　长、党组书记
张于斌（2016.12免）
林文军（2016.12任）
副局长　方跃周
许曹权（2016.7任）
庄海东（2016.5任）
派驻第六纪检组组长　宋　浩

区财政局（国资办）、地税局
局　长、党组书记、国资办主任
吕东辉
副局长、党组副书记
陈后平（2016.12免）
副局长　颜跃平　董希勇　曾国雄
国资办副主任　汪秀琪
总会计师　汪秀琪（2016.3免）
彭晓东（2016.3任）
总经济师　洪　磊（2016.5任）
派驻第七纪检组组长　张海文
稽查局局长　洪　磊（2016.5免）
财政监督局局长
彭晓东（2016.3免）
预算局局长　朱红波（女）
预算执行局局长　邱蔡芬芬（女）

区人力资源和社会保障局
局　长、党组书记
陈荣荣（女，2016.12免）

陈后安（2016.12任）
副局长　张海勇　叶元暖　林德荣
纪检组组长　王祖妙
区社会保险基本管理中心主任
张海勇

区国土资源局
局　长、党委书记　徐战洪
副局长　刘　君　董　良
纪委书记　唐海滨
土地储备中心主任
柯受志（2016，6免）
不动产登记中心主任
柯受志（2016.6任）
国土资源监察大队长　郭建新

区住房和城乡规划建设局
局　长、党组书记　庄峥嵘
副局长、党组副书记　林海轮
副局长　许曹权（2016.7免）
庄瑞兴　黄进兴
总工程师　朱忠义（2016.5免）
纪检组组长　黄海卫

区交通运输局
局　长、党组书记
林文军（2016.12免）
柯位宪（2016.12任）
副局长　林生宝
陈赛玉（女，2016.12免）
总工程师　谢　铭
纪检组组长　黄天南
港航管理局局长　柯立军
公路管理局局长　林宣志
道路运输管理局局长　林加群

区海洋与渔业局
局　长、党委书记　张方任
副局长、党委副书记
侯合海（2016.12任）
副局长　虞建锋（2016.8免）
张孚洪　林永志
陈国伟（2016.3任）
纪委书记　陈国伟（2016.3免）

区文化广电新闻出版局（体育局）
局　长、党组书记　甘海选（女）
副局长、党组副书记　苏宇咏
副局长　张奇峰　陈晓莉（女）

区卫生计生局
局　长、党委书记
许生坚（2016.12免）
党委书记　王　锡（2016.12任）
副局长　梁友谊　郭坤碟　叶　成
纪委书记　许小萍（女，2016.7免）
区人民医院院长　陈海友

区审计局
局　长、党组书记　许战胜
副局长　朱顺义
总审计师　洪剑胜
纪检组组长　金海娇（女）

区环境保护局
局　长、党组书记
方均坦（2016.8免）
朱志飞（女，2016.8任）
副局长　林加锋　邱东平

区安全生产监督管理局
局　长、党组书记　陈继海
副局长　徐国建
江　济（2016.3任）
纪检组组长　江　济（2016.3免）

区市场监督管理局
局　长、党组书记　陈青委
副局长、党组副书记　郭程亮
副局长　曾华海　张向阳
郑晓华　杨空军
派驻第八纪检组组长　苏　盛

区综合行政执法局
局　长、党组书记　郑灵巧
副局长　陈礼遵　陈建海
林焕勇（2016.3任）

区风景与旅游发展委员会
主　任、党委书记　郭金平
副主任　金均民
陈孔湖（2016.7免）
郭练武（2016.7任）
许小萍（女，2016.7任）
总工程师　邱　珮
纪委书记　邓伦斌（2016.7免）

区广播电视台（5月机构合并）
台　长、党组书记
郑铲非（2016.3免）
童景景（2016.3任）
副台长　陈后品　施国强
纪检组组长　王建财（2016.7免）
总编辑　郑巨峰（2016.7免）

区传媒中心（5月，由原区广播电视台、区新闻中心机构合并）
主　任、台　长、党组书记
童景景（2016.7—2016.12）
方荣巩（2016.12任）
副主任、副台长　陈后品　施国强
郑巨峰（2016.7任）

区机关事务管理局
局　长、党组书记　南建东
副局长　朱海斌　杨正辉
郭显玉（2016.12任）

区行政审批管理办公室（公共资源办）
主　任、党组书记　张立志
副主任　叶海燕（女）
方秀菊（女）
公共资源交易中心主任　吕　靖
派驻纪检组组长　张孚庆

区供销合作社
主　任、党组书记　陈坤能
副主任　童庆栓　艾国旗（女）
邓伦斌（2016.7任）

区工务局
局　长、党组书记
柯位宪（2016.12免）
倪建峰（2016.12任）

副局长　方跃罴（2016.3免）
陈色伍　林海志
叶文海（2016.3任）

区金融工作办公室
主　任　南海滨
副主任　周建顺（2016.3任）

瓯江口产业集聚区大门岛分区（大门海洋经济示范区）管委会
主　任（副县长级）、党委书记
李　毅
副主任、党委副书记
金威华（2016.8免）
朱文杰（2016.8任）
副主任　朱显妙（2016.7免）
叶先锋（2016.8任）
郭练武（2016.7免）
总工程师　胡　麟（2016.8免）
纪委书记　王振宇（2016.8免）
颜贤权（2016.8任）

瓯飞办公室
主　任　颜厥炎（2016.12免）
副主任　张　光　沈莎丽（女）
总工程师　王建财（2016.7任）

■垂直机构

区国家税务局
局　长、党组书记
徐郑克（2016.4免）
谢雁翎（女，2016.5任）
副局长　黄日民　王国栋　林志祥
纪检组组长　黄建生（2016.3免）
唐东敏（2016.3任）

温州市住房公积金管理中心洞头分中心
主　任　柯位和
副主任　林进国

区海事处
处　长　温从宝
副处长　吴海峰　宋秀泮
陶伟强（2016.4免）

区海洋与渔业环境监测站（海洋预报台）
站　长　任　钢（2016.8任）
副站长　任　钢（2016.8免）

区盐务管理局
局　长　徐宝存

国网浙江省电力公司洞头区供电公司
总经理、党委副书记　陈培毅
副总经理、党委书记　孙一心
副总经理　林加阳　林世溪
周启东

区气象局
局　长　章立浩（2016.7任）
副局长　章立浩（2016.7免）
钟万强（2016.6免）
张天河（2016.6任）
王忠东（2016.6任）

区烟草专卖局
局　长（经理）、党组书记　周　海
副局长、纪检组组长　曹醒初
副经理　林炳群

中国电信洞头分公司
总经理、党委书记　卢杰慧
副总经理、纪委书记
王南雷（2016.3免）
滕剑闯（2016.3任）
副总经理　滕剑闯
许鸿斌（2016.3任）
肖仁杰（2016.1任）

中国邮政集团公司温州市洞头区分公司
副总经理
陈素娟（女，主持工作）

中国移动洞头分公司
总经理　金小海（2016.3免）
白福进（2016.3任）

中国联通洞头区分公司
总经理　叶海晖

洞头华数公司
董事长、总经理　倪　颖

中国人民银行洞头区支行
行　长、党组书记　夏剑武
副行长　黄招勇　王剑斌
纪检组组长　王剑斌

中国农业银行洞头支行
行　长　吴海和
副行长　郭邵滨
纪委书记　高建伟

中国建设银行洞头支行
行　长　李焕章
副行长　郑胜雄
邵子乐（2016.4任）

中国工商银行洞头支行
副行长　伍小健（主持工作）

中国银行股份有限公司洞头区支行
行　长　钱　峰
副行长　林保能
吴敏捷（2016.10任）

浙江温州洞头农村信用合作联社（1月更名）
理事长　陈剑林
主　任　曾华越
副主任　朱建松
监事长　施世来

中国邮政储蓄银行洞头支行
副行长　谢宇红（女，主持工作）

洞头富民村镇银行
董事长　胡旭虹
行　长　王加耀
副行长　柯受国
温作旺（2016.6任）

温州银行洞头支行
行 长 王 洁（2016.4免）
陈 勇（2016.4任）
副行长 池进水

中国人民财产保险股份有限公司洞头支公司
经 理 朱建东（2016.1免）
副经理 金雪对（2016.1任）
张丽彬（女）

中国人寿保险股份有限公司洞头支公司
总经理 胡晋军

中国人寿财产保险有限公司洞头支公司
经 理 吕丽贞（女，2016.2免）
颜素贞（女，2016.3任）

中国太平洋财产保险公司洞头支公司
总经理 林海燕（女）
副总经理 张乎俊（2016.4任）

■军事机构

区人民武装部
部 长、党委副书记
李 建（2016.6免）
政 委、党委书记 李授雄
副部长 俞 俊

区公安边防大队
大队长 丁伟勇（2016.3免）
林世峰（2016.7任）
政 委 王进军

温州边防检查站洞头分站
政 委 李平平（2016.7任）
站 长 （暂缺）
副站长 吴昌柱（2016.1任）

温州市公安消防局洞头区分局
局 长 汪 克
政 委 钟伟平（2016.7免）
袁隆胜（2016.7任）

武警洞头区中队
中队长 雷新年
政治指导员 方林晓（2016.5免）
施佳杰（2016.5任）

温州军分区海防营海防一连
连 长 王伟华
指导员 陈思涛（2016.7免）
傅春辉（2016.7任）

温州军分区雷达所
所 长 王人超
指导员 王 龙（2016.6免）
卢冠斌（2016.6任）

■社会团体

区总工会
主 席、党组书记 蔡柔雄
副主席 林郁峰（女）

共青团洞头区委员会
书 记、党组书记 何掌霞（女）
副书记 曾中扬（2016.5任）

区妇女联合会
主 席、党组书记 赵秀娟（女）
副主席 陈冬梅（女，2016.3任）

区科学技术协会
主 席 戴华姆（2016.3免）
郭杭峰（2016.4任）

区文学艺术界联合会
主 席 陈志华

区残疾人联合会
副主席、理事长、党组书记 吴兹敏

区工业商业联合会（总商会）
第一副主席、副会长、党组书记
郑建林

区红十字会
常务副会长 陈后春

区社会科学联合会
主 席 陈坤沈

■街道（乡镇）

北岙街道
党工委书记 梁祥赞（2016.12免）
许生坚（2016.12任）
副书记 周方前
苏友山（2016.7任）
张瑞静（女，2016.5免）
彭增炜
卢晓伟（挂职，2016.7免）
委 员 叶星杰（2016.8免）
苏友曦（2016.8任）
苏友山 李乎权
许晓斐（女）
蔡鹏程（女，2016.8任）
王海峰（2016.9免）
郑 群（2016.3免）
曾文虎（2016.3任）
纪工委书记 叶生杰（2016.8免）
苏友曦（2016.8任）
人大工委主任 倪建锋（2016.12免）
颜厥炎（2016.12任）
副主任 潘国辉
办事处主任 周方前
常务副主任 苏友山（2016.7免）
副主任 李乎权 郭海祝 林赞峰
颜贤权（2016.8免）
郑振华（2016.8任）
人武部部长 王海峰（2016.10免）

灵昆街道
党工委书记 韩包强
副书记 陈精益 倪瑞瑜
委 员 黄祥崇 张爱淑（女）
周国伟 曹朝晖
翁彩敏（女） 王光强
戈庆宝
朱建松（2016.8任）
纪工委书记 张爱淑（女）
人大工委主任 刘君可

副主任　黄建海
办事处主任　陈精益
常务副主任　黄祥崇
副主任　周国伟　翁彩敏（女）
　　陈　辉（2016.11免）
　　陈运林
　　朱建松（2016.8任）
人武部部长　曹朝晖

大门镇
党委书记　李　毅
副书记　金威华（2016.8免）
　　叶先锋（2016.8任）
　　杨小军（2016.7免）
　　陈春飞
委　员　朱文杰（2016.8免）
　　王邦敏　王振宇
　　郭剑锋（2016.11任）
　　苏友曦（2016.8免）
　　陈丽芬（女）
　　童艳艳（女，2016.7任）
　　王志敏（2016.8任）
纪委书记　王振宇（2016.8免）
　　颜贤权（2016.8任）
人大主席　朱小才
副主席　陈献明
镇　长　金威华（2016.8免）
　　叶先锋（2016.12任）
常务副镇长　朱文杰（2016.7—8）
　　王振宇（2016.8任）
　　郑建伟（2015.6免）
副镇长　朱文杰（2016.7免）
　　方秀菊（女）
　　苏友曦（2016.7免）
　　王志敏（2016.8免）
　　胡　麟（2016.12任）
　　温正局（2016.12任）
　　林　浙（2016.12任）
人武部部长　王邦敏

东屏街道
党工委书记　郭显玉（2016.12免）
　　童景景（2016.12任）
副书记　周必东（2016.3免）
　　郭显玉（2016.3免）
　　陈声伟（2016.7任）
委　员　陈声伟　高浩程　林维敏
　　蔡志文　林阿华　柯朝旭
纪工委书记　高浩程
人大工委主任　郭显玉（2016.3免）
　　周必东（2016.3任）
副主任　陈强胜
办事处主任　郭显玉（2016.3免）
　　郑雪园（女，2016.3任）
常务副主任　陈声伟（2016.7免）
　　朱显妙（2016.7任）
副主任　蔡志文　叶礼健
　　杨祝琦（女）
人武部部长　柯朝旭

元觉街道
党工委书记　赵海山
副书记　苏剑群（2016.8免）
　　陈旭阳（2016.8任）
　　石耀光（2016.12免）
委　员　李军民　陈志锋　林慷慨
　　徐克金　陈　义　詹育代
纪工委书记　林慷慨
人大工委主任
　　赵海山（2016.12免）
　　石耀光（2016.12任）
副主任　方跃平
办事处主任　苏剑群（2016.8免）
　　陈旭阳（2016.8任）
常务副主任　李军民
副主任　陈志锋
　　苏　娅（女，2016.3免）
　　陈爱花（女，2016.3任）
人武部部长　陈　义

霓屿街道
党工委书记　方荣巩（2016.12免）
　　郭海辉（2016.12任）
副书记　郭海辉（—2016.12）
　　陈志华（2016.12任）
　　苏宇曲（2016.12免）
　　吴琼瑜（挂职）
委　员　苏宇曲（2016.12免）
　　林忠星（2016.12免）
　　彭世伟　陈兵宽　林　凌
纪工委书记　彭世伟
人大工委主任
　　方荣巩（2016.12免）
　　林忠星（2016.12任）
副主任　陈立曼
办事处主任　郭海辉（2016.12免）
　　陈志华（2016.12任）
常务副主任　林忠星（2016.12免）
副主任　郭志涛　叶艳芳（女）
人武部部长　林　凌

鹿西乡
党委书记　朱志飞（女，2016.8免）
　　苏剑群（2016.8任）
副书记　郑元永（2016.7免）
　　张　杰（2016.7免）
　　陈孔湖（2016.7任）
　　叶生杰（2016.8任）
委　员　沈加亮
　　蔡鹏程（女，2016.8免）
　　郭建国（2016.11任）
　　张　杰（2016.7免）
　　朱明炬
　　郑振华（2016.8免）
　　林芬赟（女，2016.8任）
　　南　海（2016.11任）
　　杨建国（2016.11任）
纪委书记　郑振华（2016.8免）
　　南　海（2016.11任）
人大主席　朱志飞（女，2016.12免）
　　虞建锋（2016.12任）
副主席　张　光（2016.1免）
　　郭建国（2016.1任）
乡　长　郑元永（2016.8免）
　　陈孔湖（2016.8任）
常务副乡长　陈春飞（2016.1免）
　　沈加亮（2016.1任）
副乡长　郑振华（2016.8免）
　　南　海（2016.12免）
　　方智森（2016.12任）
　　许荣华（2016.12任）
人武部部长　朱明炬

（谢海燕　陈来霞）
栏目编辑　卓桂荣

中共温州市洞头区委

朝朝满载·陈钦煅

“海霞精神”

爱岛尚武 励志奉献

“五岛连桥”精神

小县办大事 小岛创大业

概　述

【概况】2016年，区委常委会坚决贯彻落实省市重大决策部署，抢抓撤县设区的历史性机遇，围绕建设海上花园发展战略，全面实施重点工作“八大攻坚”行动，团结拼搏，克难攻坚，开拓奋进，经济社会总体保持平稳较快发展态势，实现了“十三五”良好开局。全年实现生产总值79.42亿元，同比增长7.9%；财政总收入首次突破10亿元，达11.51亿元，一般公共预算收入6.52亿元，分别增长20.1%和27.6%，增幅均排名全市第一；社会消费品零售总额28.7亿元，增长9.3%；城镇常住居民人均可支配收入37827元，农村常住居民人均可支配收入19907元，分别增长9.1%和8.4%。

是年，建成大门大桥和洞头峡大桥。瓯江南口大桥基本建成，瓯江北口大桥开工建设。330国道灵霓海堤段建成，1月24日实现试通车。启动建设新城二期引海入城和环岛西片蓝海工程。重大项目“集中签约、集中开工、集中启用（建成）”活动，涉及30个项目总投资146亿元。5个PPP项目162亿元签约落地，海洋生态廊道PPP项目入选财政部第三批示范项目。全年实现温商回归到位资金18.46亿元，中石化LNG项目获得国家能源局核准，中海油36-1气田终端处理厂顺利运营，石化产业协议投资208亿元，全年石化产业产值29.5亿元，占规上工业总产值63%。金海蕴生物成功挂牌“新三板”，实现区企业资本市场上市挂牌零的突破。全年新增国家级高新技术企业2家、省级科技型企业8家，高新技术增加值增长20%。

全年，接待国内外游客530.9万人次，实现社会旅游综合收入24.07亿元，均增长20%以上。建成东海第一临海悬崖栈道，投用海悦城水乐园、中鹿台湾观光工场等特色项目。打造凸垄岩海、花岗渔村、白迭汐语等整村民宿项目。引进2家万吨级远洋捕捞企业，发展鹿西白龙屿生态海洋牧场、黄鱼岛等生态养殖项目，提升紫菜、羊栖菜养殖效益，洞头区被确定为国家健康养殖示范区。

开展“平安夺金鼎、护航G20”攻坚行动，构建“八网合一”基层治理网、“四级联动”矛盾化解网、“一乡一品”志愿服务网，建成街道（乡镇）社会治安综合治理平台。“两抢”案件零发案、万人刑事发案率全市最低。连续11年被评为省平安区。

全区拆除违法建筑4.3万平方米。启动4个“景边村”和2个整岛拆迁改造，完成南策岛整岛拆迁。水环境质量考核全市前列。实施美丽渔村精品工程和古渔村保护。加强海洋生态修复，加快南北爿山省级海洋特别保护区建设。推进海洋生态廊道建设、沙滩整治修复，蓝色海湾整治项目获得中央财政3亿元补助。创成省首批“基本无违建区”。

实施智慧海岛城市和新闻媒体资源融合发展改革。深化省海岛综合开发与保护试验区建设和国家公立医院综合改革。率先创新民宿“一照多址”登记模式。深入开展国家生态与保护示范区、国家海洋生态文明示范区、国家海洋公园建设，生态环境质量公众满意度居全省第七、温州第二。建成市民活动中心、市民文体中心，成功承办全国公路自行车冠军赛（温州站洞头赛区）和第九届全国海钓邀请赛。

重要会议

【中国共产党温州市洞头区第一次代表大会】2016年12月28—30日，中国共产党温州市洞头区第一次代表大会▲在洞头剧院召开。出席会议正式代表209名，列席代表67名。会议主题是：高举中国特色社会主义伟大旗帜，深入贯彻习近平总书记系列重要讲话精神，认真落实中央和省、市委各项决策部署，实施三区战略，建设海上花园，为高水平全面建成小康社会而努力奋斗。会议听取和审议王蛟虎所作的《实施三区战略 建设海上花园 为高水平全面建成小康社会而努力奋斗》工作报告和汪慧平所作的《聚焦主责主业 强化党内监督 为“实施三区战略 建设海上花园”提供坚强保障》。大会通过《中国共产党温州市洞头区第一次代表大会关于一届区委工作报告的决议》《中国共产党温州市洞头区第一次代表大会关于温州市洞头区纪律检查委员会工作报告的决议》。会议选举产生中国共产党温州市洞头区第一届委员会和洞头区纪律检查委员会委员。选举产生中国共产党温州市洞头区第一届委员会委员36名、候补委员7名；选举产生中国共产党温州市洞头区第一届纪律检查委员会委员20名；大会选举王蛟虎、林霞、王文胜、汪慧平、叶海峰、朱大志、吴志安、刘素婷为中共洞头区委第一届委员会常务委员，王蛟虎为区委书记，林霞、王文胜为副书记。选举产生洞头区出席中共温州市第十二次党代会代表12名。大会收到党代表提案76件。

▲中国共产党温州市洞头区第一次代表大会：按照中组部有关规定和省委组织部答复要求，行政区划名称变更的党代表大会名称应重新排列，遂更改于此。

【区委十届十次全体（扩大）会议】 2016年1月18日，洞头区委十届十次全体（扩大）会议召开，认真贯彻落实中央和省市委一系列决策部署，回顾总结2015年工作，研究部署2016年任务，精心谋划“十三五”发展，并审议通过《中共温州市洞头区委关于制定温州市洞头区国民经济和社会发展第十三个五年规划的建议》。区委常委会主持会议。区委书记董智武代表区委常委会向全会作报告，并就《中共温州市洞头区委关于制定温州市洞头区国民经济和社会发展第十三个五年规划的建议（讨论稿）》起草情况向全会作说明。王蛟虎、王文胜、张志宏、王小甫、汪慧平、张贤孟、林新磊、李建、严卫星等区委常委；区委委员、候补委员；区纪委委员；区人大常委会副主任，区政府副区长，区政协副主席；区人武部政委，区法院院长，区检察院检察长；其他副县长级以上领导干部等160多人参加会议。

【省委巡视组对洞头区巡视“回头看”工作动员会】 2016年10月10日，省委第四巡视组对洞头区开展巡视“回头看”工作动员会召开。会上，省委第四巡视组组长龚吟怡作动员讲话，省委巡视工作领导小组办公室副主任邱志明就配合做好巡视工作提出要求，温州市委常委、纪委书记宋志恒代表温州市委就洞头区配合做好巡视“回头看”工作作讲话，洞头区委书记董智武主持会议并作表态发言。动员会后，董智武代表洞头区委向省委巡视组汇报工作。省委第四巡视组全体成员、洞头区四套班子成员等近百人参加会议。

【全区海洋经济工作暨作风效能建设大会】 2016年2月17日，洞头区海洋经济工作暨作风效能建设大会在洞头剧院召开。会议表彰2015年度工作中涌现出的各类先进集体（41个）、先进个人（90人）以及考核优秀单位（19家）、十强企业、十大优秀企业家、十佳村干部等，组织观看《正作风、提效能、优环境、促发展》专题片。全区各街道（乡镇）和9家单位作表态发言。区委书记董智武讲话。叶永辉、叶国胜、王文胜、张志宏、王小甫、汪慧平、张贤孟、李建等近1000人参加会议。

【全区综合环境提升整治攻坚行动动员会】 2016年2月24日，洞头区综合环境提升整治攻坚行动动员会议在区行政审批中心召开。董智武、叶永辉、叶国胜、王文胜、张志宏、张贤孟等区领导及各单位负责人参加会议。区委书记董智武强

2016年10月10日，省委第四巡视组对洞头区巡视“回头看”工作动员会

调要按照“面上洁净、镇村出彩、沿线美丽、全域共美”要求，推进全域景区化，深入开展以洁化、序化、绿化、美化、亮化“五大行动”为重点攻坚行动，有效解决群众关注的突出问题和薄弱环节，使城乡环境更加优美、城市品位更加优化。会后，区四套班子领导等参加植树活动。

【全区发展村级集体经济工作会议暨基层党建工作专题会议】 2016年4月28日，全区发展村级集体经济暨基层党建工作专题会议召开。会议研究发展村级集体经济，部署村级组织换届准备工作，统筹推进基层党建各项工作。区委书记董智武讲话、区委副书记王文胜主持会议。会上，小三盘村、城南社区、岙仔村、东岙顶村、昌鱼礁村等5个单位就党建引领村级集体经济发展作典型发言，区委渔农办（农林水利局）和东屏街道就村级集体经济发展、北岙街道就村级组织换届准备作表态发言。董智武强调要毫不动摇地发展壮大村级集体经济，夯实农村经济基础和政权基础；精心做好村级组织换届准备工作，营造风清气正的环境；统筹推进农村基层党建重点工作，增强凝聚力、战斗力、执行力。

【洞头区“两学一做”学习教育专题党课暨部署会】 2016年5月6日，区“两学一做”学习教育专题党课暨部署会召开。区委书记董智武作动员讲话，并结合实际作专题党课。部署会指出“两学一做”学习教育，既是抓党建的有力抓手，也是促发展的有力保障，要扎实搞好学习教育，使从严管党治党的要求落实到每个支部、扎根到每个党员。区委常委、宣传部部长张贤孟主持会议。叶永辉、叶国胜、张志宏、王小甫、汪慧平等出席会议。

2016年5月6日，区“两学一做”专题党课暨学习教育部署会

【全区重大项目推进会】 2016年6月16日，洞头区举行重大项目“集中签约、集中开工、集中启用（建成）”活动暨招商引资推进会，总投资额146亿元。大会现场王蛟虎代表区政府与各投资主体签约项目8个，总投资额73亿元。会后集中开工启用项目22个，共安排状元南片市政基础设施工程、海洋生态廊道工程、鹿西海上度假公园综合开发项目、三盘岛下尾“金海岸”项目、大门镇交通工程、海港城海洋度假酒店、久一重工厂房工程、永宏公司跨境电商服务中心、锦之美汽车4S综合服务中心、220千伏大门输变电工程等重点项目10个，总投资额约52亿元。集中启用（建成）项目12个，总投资约21.36亿元。董智武、王蛟虎、叶永辉、叶国胜等区四套班子领导出席，区委副书记王文胜主持。

【区委十届十一次全体（扩大）会议】 2016年6月20日，中共温州市洞头区委十届十一次全体（扩大）会议在区行政审批中心召开。会议学习贯彻习近平总书记系列重要讲话精神，全面贯彻落实省委十三届九次全会、市委十一届十一次全会精神，研究部署区补短板工作。会议审议通过《中共温州市洞头区委关于补短板的实施意见》。区委常委会主持会议。区委书记董智武代表区委常委会向全会作工作报告。王蛟虎、叶永辉、叶国胜、王文胜、张志宏、王小甫、汪慧平、张贤孟、林新磊、吴志安等区四套班子领导出席。

【全区“三年行动计划”推进会】 2016年6月20日，洞头区召开“三年行动计划”推进会。区领导董智武、叶永辉、叶国胜、王文胜、张志宏、王小甫、汪慧平、张贤孟、林新磊、吴志安等出席会议。会议按照市委部署要求，结合洞头实际，研究制定22个第一批区重点工作“三年行动计划”。其中，亮点区块（功能平台）建设4个（新城区开发建设、小门临港石化产业起步区开发、主题岛保护开发、环东沙港蓝色度假小镇创建培育），产业培育提升3个（精品民宿发展、大门花岗岩产业集聚区建设、现代渔业培育），城乡建设管理5个[综合交通建设、海岛智慧城市建设管理、文明城市创建提升、停车场建设、古渔村（历史文化村落）保护开发]，综合环境提升5个（国家AAAAA级旅游景区创建、国家海洋公园建设提升、国家生态文明建设示范区创建、全域景区化提升、大门黄岙集镇环境提升），公共服务供给4个（优质教育发展、医疗卫生服务能力提升、养老服务、农贸市场改造升级），基层基础建设1个（强村惠民）。区委书记董智武要求实施“三年行动计划”作为补短板的主抓手、抓落实的主载体，以及实现“十三五”发展目标的重要路径和方法，推动各级重大决策部署在基层落地生根。

【洞头区庆祝中国共产党成立95周年大会】 2016年6月29日，洞头区召开庆祝中国共产党成立95周年大会。大会重温党史，回顾和总结近年来洞头区在党的领导下所取得的发展成果，动员和激励全区各级党组织和广大党员解放思想、振奋精神、开拓创新、克难奋进，为加快同城发展、建设海上花园作出新贡献。区委书记董智武讲话。区委副书记、区长王蛟虎主持会议。与会全体党员重温入党誓言。会议表彰先进基层党组织10个、优秀共产党员35名、优秀党务工作者15名。会后，温州市委党校研究室主任胡润泽教授作《党史精要》主题讲座。

【洞头区推进全域景区化工作会议】 2016年9月8日，洞头区推进全域景区化工作会议在洞头剧院召开。区委书记董智武讲话，区委副书记、区长王蛟虎主持会议。叶永辉、王文胜等区四套班子领导，区人武部政委、法检两长、区直属各单位主要负责人等170人参加会议。董智武强调：充分肯定过去全域景区化成效，正视发展差距；认清全域景区化重大意义，凝聚思想共识；把握全域景区化基本导向，破除认识误区；抓住全域景区化关键环节，力求创新突破；强化全域景区化保障措施，形成工作合力。

2016年11月17日，全区领导干部会议

【全区“大拆大整”专项行动动员大会】 2016年10月19日，洞头区大拆大整专项行动动员大会在洞头剧院召开。区委书记董智武强调要深刻吸取事故教训，迅速贯彻全市统一行动，坚决果断以铁的手腕抓好大拆大整专项行动，以铁的纪律确保专项行动落到实处，为加快同城发展、建设海上花园奠定更加坚实的基础。区领导叶永辉、叶国胜、王文胜、张志宏、汪慧平、吴志安等出席会议。法检两长、区直有关单位主要负责人等170多人参加会议。各街道（乡镇）班子成员及中层以上干部，有关基层站所负责人，村居两委主要负责人等在街道（乡镇）分会场收听收看会议。会后，与会区领导实地督查北岙街道岭背社区两幢危旧房屋拆除。

2016年9月8日，洞头区推进全域景区化工作会议

【洞头区领导干部会议】 2016年10月31日，洞头区委召开全区领导干部会议，传达学习中共十八届六中全会精神，部署贯彻落实中央全会精神。会议强调，学习好、宣传好、贯彻好党的十八届六中全会精神，是当前和今后一个时期的重要政治任务。各街道（乡镇）各部门要紧盯经济、生态、党建、平安四张报表，狠抓年内重点工作落实，冲刺四季度、力争“全年红”。加快推进全域景区化，扎实开展“大拆大整”专项行动，全力保障社会平安稳定，深入谋划2017年工作，善始善终抓好“两学一做”学习教育，高标准严要求抓好换届工作。区委书记董智武主持会议并讲话。

区委副书记、区长王蛟虎作传达，区领导叶永辉、叶国胜、王文胜等参加会议。

2016年11月17日，全区领导干部会议召开，宣布区委区政府主要领导职位调整变动的决定。市委常委、组织部部长姚高员出席并讲话。市委组织部副部长、市委“两新”工委书记滕荣权宣读省委、市委干部任免文件。经省委、市委决定：王蛟虎任中共温州市洞头区委书记；免去董智武的中共温州市洞头区委书记、常委、委员职务；林霞担任中共温州市洞头区委委员、常委、副书记，提名为区长候选人。区四套班子领导叶永辉、叶国胜、王文胜等出席会议。参加会议的还有区人武部政委、区法院院长、区检察院检察长、区长助理；区直各单位主要负责人；各街镇党工委（乡镇党委）、办事处（政府）主要领导；曾担任过区级领导职务的老同志。

（区委办）

重要决策

【补短板实施意见】 按照《中共浙江省委关于补短板的若干意见》《中共温州市委关于补短板的实施意见》文件精神，2016年6月20日，中国共产党温州市洞头区第十届委员会第十一次全体会议通过《中共温州市洞头区委关于补短板的实施意见》。重点补齐规划建设管理、干部创新理念、综合交通基础设施、海洋经济发展、公共服务有效供给、科技创新、综合环境提升、低收入渔农户增收致富、基层社会治理、改革落地等“十块短板”。要求按照“抓当年、谋明年、想三年”思路，组织实施系列“三年行动计划”，明确目标要求、重点任务、时间进度、责任主体和保障措施，做到补短板工作主题化、载体化、具体化。同时建立督查考核机制，制定奖惩办法。

【加强城市规划建设管理工作实施意见出台】 为进一步加强洞头城市规划建设管理工作，全面提升城市发展质量和发展能级，全面启动差异化、特色化的全域景区化城市建设，以全域景区化的空间特征融入温州中心城区发展，2016年9月，区委、区政府出台《关于加强城市规划建设管理工作的实施意见》（洞委发〔2016〕32号）。该意见涵盖总体要求、统筹城市发展布局、优化城市规划设计、提升城市建设品质、创新城市管理方式、保障措施等内容。该意见提出至2020年，初步建立由点至面的全域景区化空间规划体系，初步构建完善的现代基础设施体系与公共服务体系，城市规划建设管理工作进一步加强，城市功能品质进一步提升，海岛城市特色风貌进一步彰显，努力打造宜居、宜游、宜业并举，生产、生活、生态融合的温州海上花园。

【区域医疗卫生一体化改革】 2016年9月26日，为进一步深化医药卫生体制改革，扎实推进区域医疗卫生资源优化整合，大力提升基层医疗卫生机构服务能力和服务水平，着力构建合理有序的分级诊疗体系，根据《浙江省人民政府关于印发浙江省深化医药卫生体制改革综合试点方案的通知》（浙政发〔2016〕19号）、《浙江省人民政府办公厅关于推进分级诊疗制度建设的实施意见》（浙政办发〔2016〕63号）精神，区委办、区府办下发《关于建立区域融合型医疗卫生联合体推进城乡医疗卫生一体化发展改革的实施方案》（洞委办发〔2016〕78号），主要任务是推进行政管理体制、人事管理体制、医疗医保医药“三医”联动、医疗卫生机构薪酬制度等改革，建立统一业务管理和培训体系、统一医技检查检验诊断体系、统一信息化平台、责任医生签约服务制度和绩效考核与财政奖补机制。

【街道（乡镇）“四个平台”建设】 根据省委《关于全面加强基层党组织和基层政权建设的决定》（浙委发〔2015〕10号）、省委办公厅、省政府办公厅《关于加强乡镇（街道）“四个平台”▲建设完善基层治理体系的指导意见》（浙委办发〔2016〕69号）等文件精神以及省市有关部门的工作要求，2016年12月15日，洞头区制定《关于构建乡镇（街道）“四个平台”完善基层治理体系的实施意见》（洞委办发〔2016〕92号）。主要任务是围绕推进基层治理体系和治理能力现代化，构建“四个平台”体系（综治工作平台、市场监管平台、综合执法平台、便民服务平台），强化五项配套措施（平台统筹协调机制、网格综合治理机制、分流交办机制、执法协调指挥机制、属地考评管理机制）。落实简政放权、放管结合、优化服务（简称“放管服”）改革要求，全面提升基层社会管理和服务群众水平。

▲街道（乡镇）“四个平台”：按大口子综合管理原则，对街道（乡镇）和部门派驻机构承担的职能相近、职责交叉、协作密切的日常管理服务事务进行归类，整合形成综治工作、市场监管、综合执法、便民服务四个功能性工作平台。

（杨志平）

重要调研

【常万全到洞头调研国防动员工作】 2016年7月28日，中共中央军事委员会委员，中华人民共和国中央军事委员会委员，国务委员、国务院党组成员兼国防部部长常万全到洞头调研海上民兵建设情况，并考察洞头先锋女子民兵连。常万全一行到洞头海事码头检阅海上民兵队伍和部分渔船，并到洞头先锋女子民兵连驻地，参观洞头先锋女子民兵连纪念馆。常万全要求深入贯彻党中央关于经济建设和国防建设融合发展的决策部署，大力弘扬抓经济不忘国防、抓发展不忘战备的优良传统，在经济社会发展中统筹考虑国防要求，为推动军民融合深度发展作出更大贡献。常万全强调，要积极适应海上维权斗争特点，把握现代战争规律，创新发展海上人民战争的战略战术。要把军事需求作为动员建设和准备的根本牵引，加强军地对接，细化责任分工，不断增强动员准备的指向性、实效性。要从确保能打胜仗的要求出发，充分发挥军警民整体合力，积极做好力量编组、联演联训、综合保障等各方面工作，不断提高国防动员整体能力。要高度重视加强全民国防教育，着力增强全民的国家意识、国土意识、国防意识，在全社会形成关心国防、支持国防、建设国防、保卫国防的浓厚氛围。东部战区、军委办公厅、军委国防动员部和浙江省领导参加调研。

【廖国勋到洞头考察】2016年3月8—9日，省委常委、组织部部长廖国勋到洞头考察。廖国勋先后考察"小岛迁，大岛建"示范项目——蓝港花苑、洞头先锋女子民兵连连部建设情况，并到望海楼调研洞头历史文化及城市建设。市委书记徐立毅，市委常委、市委秘书长仇杨均及区委书记董智武，区委副书记、区长王蛟虎等陪同。

【徐立毅调研洞头】2016年7月10日，市委书记徐立毅到洞头区开展调研。徐立毅一行先后察看大门大桥工程建设、温州中石油燃料沥青有限公司、浙江中燃华电能源有限公司、东屿村整村征迁及综合材料生态处置中心建设运营情况、大门石化产业基地总体建设情况等，与当地干部、企业负责人座谈谋划发展。徐立毅要求洞头提升理念、精准发力，狠抓项目推进和招商引资，注重质量，优化结构，提升效益，建成一批支撑力大、功能性好、导向性强的重大项目，引领带动经济转型发展。要充分发挥列岛的独特优势，坚定不移发展旅游。要正确处理保护与开发的关系，统筹人口与产业布局，以更高水准搞好旅游规划，打造"海上花园"。要加强与雁荡山、楠溪江联动，形成"山、江、海"旅游金三角。市委常委、秘书长仇杨均，区领导董智武、王蛟虎、张志宏、林新磊等参加调研。

【张耕调研洞头】2016年2月20日，市委副书记、代市长张耕一行到洞头考察状元岙港区、城市核心区、连港蓝色海岸带规划建设情况。市委常委任玉明，市政府秘书长谢树华参加调研。张耕指出：洞头要增强城区意识，紧抓撤县设区重大机遇，进一步找准目标定位，全速推动建设步伐，大幅提高城乡建设水平，全面融入温州中心城区发展，成为温州转型发展的重要能级。要立足优势和特色产业，创新体制机制，提振发展信心，加强谋划能力，进一步提升海洋经济发展水平。要完善基础条件，推动洞头全岛景区化，优化宣传和营销方式，进一步打响洞头旅游品牌，加快打造海上花园。

2016年10月27日，市委副书记、市长张耕到洞头调研，市政府秘书长彭立华参加调研，区领导董智武、王蛟虎、张志宏等陪同。张耕一行察看大门大桥工程、LNG和大门港口物流区促淤堤工程、小门西片围垦项目，走访浙江中燃华电能源有限公司、温州中石油燃料沥青有限公司等企业，深入了解开发建设情况。并主持召开工作汇报会，研究解决洞头区建设中遇到的实际困难和问题。张耕指出，要充分发挥区域特色优势，加强规划建设、提升产业结构，切实提高宜居、宜游品质，保障全域景区化发展需求，实现与温州都市区一体化发展。

（赵文辉）

区委办（政研室）工作

【概况】2016年，区委办公室完成区党代会、全委会及各类分析会、动员会、部署会等文稿材料350余篇，累计编发洞办通报33期，刊发区委常委会纪要29期，区委专题会议纪要5期。落实办文"第一读者""三核三校"等制度，完善会务工作会前、会中、会后三步走规范化流程，继续推行并会、套会、半节会。全年办理会议活动377件次，其中重大会议58次；办理紧急件826件，传阅件687件。全年区委制发文件400件，其中，洞委21件，洞委发87件、洞委办6件，洞委办发95件、洞委办传79件、洞办通报33件、纪要34件、办函45件。收到各类公文2838件，其中，各街道（乡镇）、区级部门重要登记文件23件，上级部门2815件。参见《附录》栏目"重要文件选目"。完善区四套班子办公室主任、区委常委所在单位办公室主任联席会议，细化区四套班子工作任务清单，做到"每月一大表、每周一小表"。制定改革工作要点和年度考核办法，谋划区级改革项目库，抓好市级1+3重点改革项目和74项区级改革项目，做好改革满意度评估工作，全年市级以上媒体刊发洞头区改革经验做法35余篇。6项改革获省试点推进。办好《领导参阅<社情关注>》等6大信息栏目，建立村居企业基层信息直报点。全年编报区本级信息146期，上报省市845期（则），其中省市录用553期，《温州信息》刊出29期；获市领导批示10件，其中《洞头区培训+考察组合式学习补齐干部领导力短板》《洞头区全面吹响全域景区化号角打造海上花园城市》等5篇信息获市委主要领导批示肯定，《洞头区“四化促四零”全力争创省无违建区》等做法获全省推广。

（杨志平）

【重大改革】 2016年，洞头区注重目标导向、问题导向、效果导向，突出重点领域和关键环节改革，梳理重点突破改革项目18项、改革要点74项，出台改革落地生根等系列文件。健全工作机制，明确牵头领导和责任单位，确定路线图和时间表，全方位推进改革项目落地生根。重点推进市级“1+3”品牌改革项目。实施智慧海岛城市改革，建成区智慧城市管理中心、大数据中心和智慧民生服务、城市运行管理、城市应急智慧三大平台，整合10余家部门信息数据、视频资源和指挥系统，实现信息实时共享，城市可视管理、统一联动指挥。完成微信公众号、智慧海岛APP开发，创新在线审批、网上办证等服务。获批省综合医改先行先试地区，省卫计委推荐申报全国医联体建设试点。深入推进“多规合一”建设项目审批改革，核减基本农田保护数273.33公顷，核减率21.5%，核减比例居全省之首。原建设项目预选址审批30个工作日缩短至3天，获省领导肯定。实施新闻媒体资源融合发展改革，整合区广播电视台、新闻中心等单位，融合报纸、广播、电视、网站等媒体资源，组建区传媒中心，实体化运作文化传媒产业公司。深化省海岛综合开发与保护试验区建设，创新海岛空间开发管理机制，开展城镇低效用地再开发、荒滩未利用地开发试点。成立区海洋资源储备中心和产权交易中心，推行海域使用直通车制度。创新无居民海岛开发保护机制，以海岛使用权证替代土地使用权证开展相关审批，实行梯度开发。创新以海域海岛资源为抵押物的融资贷款机制，整合成立区级统一的筹融资平台，3年筹措到位资金超50亿元。深化农村垃圾减量化资源化处理试点。加快多层次资本市场建设，实现全市首家国企挂牌“新三板”，PPP模式在省PPP论坛做典型交流。海洋生态廊道PPP项目入选财政部PPP示范项目目录。蓝色海湾整治修复项目获中央财政近3亿元补助，再创浙江海洋单体项目中央补助之最。全省率先创新民宿“一照多址”登记模式。深化社会治理网格化服务，建立涉法涉诉涉访终结机制，实现“平安洞头”十一连创。深入开展国家生态与保护示范区、国家海洋生态文明示范区、国家海洋公园建设，生态环境质量公众满意度居全省第七、温州第二。加快综合行政执法改革，形成违法建筑防控和治理长效机制，创成全省首批“基本无违建县（市、区）”。

（赵文辉）

【目标督查】 2016年，区考核办研究出台部门、街道（乡镇）考核办法和相关配套考核细则文件，实施全员绩效考核。围绕省、市、区重点工作任务，创新督查方式，打破督查部门“单打独斗”和职能部门重复、交叉督查的惯有模式，以大督查推动决策落实和工作深化。协调推进市两次“比学树”活动和“大拆大整”“大建大美”等两大专项工作，负责“大拆大整”办公室实体化运作。以每月督查聚焦、季度督查通报、年中现场督查调研等形式，突出对有效投资、环境整治、平安夺鼎等“八大攻坚”目标任务全程跟踪督查。与电视台合作创办督查聚焦栏目，每月一个攻坚主题，运用媒体力量帮助督查推动，全年安排6期。完善考核督办内部办理规则，加强对领导批示件、交办单、专题调研、重要会议议定事项等工作进度的跟踪督查和情况通报，及时准确反映工作动态和实绩。全年编发督查通报87期，领导批示276期，会议交办单20期，督查专报135期。

（童攀攀）

【政策研究】 2016年，区委政研室形成区四套班子领导牵头调研重点课题15个，推荐区领导调研课题参加省市优秀成果评选10余篇。是年，区委政研室单独承担完成《开化县“多规合一”改革试点简介》《招商引资创新案例分析和若干思考》《武汉农村土地确权登记颁证工作的经验做法》《全省海洋港口一体化改革简介及若干思考》等调研课题，其中《分权下的“多规合一”探索与实践——洞头区“多规合一”实践思考及对温州的建议》获温州市发展研究奖，在省《政策瞭望》刊发调研文章1篇，《决策科学》刊发调研文章5篇，在《洞头政研》刊发8篇。牵头完成《进一步建立健全改革工作机制切实推进改革举措落地生根的通知》《关于补短板的实施意见》《关于加快推进全域景区化的实施意见》等草案文件，协助工业企业“退二进三”、养老服务业发展、精品民宿发展、全域景区化发展等方案起草，助推体制机制建设。组织开展重点政策监测、优秀调研成果评选等活动，编印《洞头区重点调研课题文集

（2015卷）》《2016年洞头区优秀社科论文集》，撰写温商回归、实体经济等重点政策监测报告。

（赵文辉）

【保密工作】2016年，区国家保密局强化落实保密工作责任制，把保密工作列入全区街道乡镇、区直单位年度考绩负面清单。组织全区64个机关单位、街道（乡镇）组织开展保密工作检查暨自查自评工作，现场检查50余次。联合开展G20杭州峰会维稳、第三届世界互联网大会义乌峰会等重点时段系列保密检查指导活动。修订完善区保密工作制度体系，形成12大项115条保密规定。更新审查全区涉密人员库人员。举办保密宣传展览等活动。完成区政府第三会议室配备手机屏蔽柜。全年协助完成机要涉密视频会议54次。

（童攀攀）

纪检监察

【概况】2016年，洞头区委着重围绕党风廉政建设责任制考核、正风肃纪、省委巡视组巡视、区纪委派驻（出）机构设置等重要工作、重大事项召开专题会议17次，专题会议研究部署作风巡查工作5次。推行党风廉政建设“两个责任”清单管理模式，实行“签字背书”制度。全面实行部门单位班子成员向单位党委（党组）会议报告“一岗双责”落实情况制度。制定出台派驻（出）机构“1+7”工作制度，建立片区协作机制。印发《乡镇（街道）纪委（纪工委）、副书记提名考察办法（试行）》《区纪委派驻纪检组组长提名考察办法（试行）》，建立健全派驻（出）机构、乡镇（街道）纪委（纪工委）工作和内设科室绩效考核办法。

区纪委（监察局）运用“互联网+反腐倡廉”宣传教育模式，开展“条例”“准则”网络擂台赛。区委领导带头开展“一把手”谈《中国共产党问责条例》活动。在全区开展以“晒家规家训 讲我家故事”为主题的优秀家规家训征集评选等活动。打造“百岛清风文苑”“红色印迹馆”等廉政思想教育基地，建设石子岙廉政文化主题礼堂。

2016年1月28日，区纪委十届六次全体（扩大）会议

全年处置反映问题线索47件，立案36件，其中本级立案18件，涉及乡科级干部3件；处分党员干部31人次，其中党纪处分26人，政纪处分5人。全年受理信访件60件，办结58件，其中，初信初访22件（包含市纪委重要交办件3件），重复件15件，业务外23件。区纪委（监察局）组织开展“清风除弊”系列行动，督查G20杭州峰会、抗台、公车改革等工作落实情况。全年开展专项督查11次，出动人员58人次，检查单位183家，查纠问题19个，处理15人。

是年，纪玉华获评省纪检监察系统先进工作者、丁国欣获省纪检监察系统嘉奖。

【区纪委十届六次全体（扩大）会议】2016年1月28日，中共温州市洞头区纪委十届六次全体（扩大）会议在洞头剧院召开。区委书记董智武讲话，区委常委、区纪委书记汪慧平主持会议。会议听取并审议通过汪慧平代表区纪委常委会所作的《聚焦主责主业 坚守责任担当 努力开创党风廉政建设和反腐败工作新局面》工作报告。董智武、王蛟虎、张志宏、王小甫、汪慧平、林新磊、褚建华、吴金弟等区四套班子领导，区纪委委员、区直有关单位主要负责人等170多人参加。

【省委巡视组对洞头区巡视“回头看”工作动员会】（参见《中共温州市洞头区委》栏目“重要会议”分目）

【党风廉政建设责任制考核】2016年，洞头区按照“可细化、可量化、可固化”标准，推行党风廉政建设“两个责任”清单管理模式，实行“签字背书”制度。把责任分解到区委、区政府领导和区直牵头部门，形成科学定责、强化履责、严格追责的责任网络。全面实行部门单位班子成员向单位党委（党组）会议报告“一岗双责”落实情况，全区57个部门单位召开党委（党组）会议听取班子成员报告“一岗双责”落实情况。召开6

个街道（乡镇）和6个重点部门落实主体责任情况报告会，并实行当场评议。修改完善党风廉政建设责任制考核办法，科学设置考核指标体系，进一步细化考核标准。全年下发整改通知书62份，查纠问题98个，对2家单位和4人实施评先评优“一票否决”。15个单位被评为2016年度落实党风廉政建设责任制考核优秀单位。

【廉政风险防控】2016年，区委制定出台《关于落实党风廉政建设党委主体责任和纪委监督责任的实施办法（试行）》（洞委办发〔2016〕15号）《2016年党风廉政建设和反腐败工作组织领导与责任分工》（洞委办发〔2016〕36号），区纪委建立与法院、检察院、公安、审计等单位一对一协作配合机制。主动介入民间金融风险处置，对涉险党员干部和公职人员开展劝诫、警告谈话17人次。探索廉政谈话教育主体责任与监督责任同部署、同落实的新机制。制定开展廉政谈话提醒教育活动实施方案，全年区委、区政府班子成员累计开展廉政谈话提醒教育73人次，区纪委累计开展75人次，各乡镇及各部门累计开展956人次。组织开展区纪委监察局机关内设科室和派驻机构廉政风险排查，建立廉政风险信息库和廉政风险评估预警机制。开展招投标市场专项整治，整治范围延伸至乡镇（街道）。组建专项督查工作组，重点督察项目7个，发现并整改落实问题3个。开展问题线索排查，收集线索21条，问责5人。

【“两个年”▲作风效能建设专项整治活动】2016年2月，为贯彻市委“敢担当、树标杆”作风建设五大行动总体部署，区委制定出台《关于开展“重点工作落实年”和“行政服务优化年”作风效能专项整治活动的实施意见》（洞委发（2016）2号）。整个专项整治活动着眼“区委、区政府重大决策部署执行难、重点建设项目推进难、招商引资项目落地难、基层群众办事难、扶企政策落实难”等作风效能建设“五难”顽疾进行。活动邀请企业为部门“挑刺”，解决企业反映的问题39个，通报批评单位3家，问责处理14人。开展重点工作逾期问题自查自纠活动，全面排查2013年以来各部门、街道（乡镇）在落实省市和区委、区政府交办的重点工作中落实打折、执行不力的项目，共梳理逾期事项36项。采取“协商退地法”“破产清算法”“进度督办法”等方式，分类处置“僵尸项目、蜗牛工程”26个，倒逼部分项目业主单位启动建设。“多规合一”审批运用平台对21个项目实行在线全流程管理。确定88名网上审批代办员统一为群众提供网上申报代办服务；办理跨层级联动审批600多件，网上跨部门联审事项2089件。

▲ “两个年”：重点工作落实年和行政服务优化年。

【作风巡查】2016年，区纪委（监察局）严格按照市委作风巡查“1+2”文件精神，在“全覆盖”基础上实施“精准化”巡查，突出问题导向，采取“分片联系、重点巡查”模式，通过“一部门一方案”“一村一方案”，开展“点穴式”“回访式”巡查。出台《温州市洞头区作风巡查工作实施办法》，明确街道（乡镇）、基层站所、村居每三年巡查一轮，每年巡查不少于15个区直单位。建立完善巡查结果“一报告四清单”（巡查报告、发现问题清单、信访问题移交清单、意见建议清单、线索处理清单）、分类处置机制、巡查成果运用机制。全年巡查区直单位15个、街道（乡镇）2个、村（居）20个、重点项目1个，延伸检查下属单位54个（含基层站所22个），梳理问题347个，督促整改304个；谈心提醒263人次，批评教育24人次。督促收回资金270余万元，立案查处5起，移送司法机关1起。

【“民主评议行风暨千人评机关中层科室和基层站所”活动】2016年，根据市委办公室、市政府办公室《关于印发<2016年度全市万人评机关中层处室和基层站所活动工作方案>的通知》（温委办发〔2016〕47号）要求，区政府纠风办开展“民主评议行风暨千人评机关中层科室和基层站所”活动。全区44个部门单位、38个机关中层科室、20个行政审批窗口及69个基层站所参

2016年12月23日，全区作风巡察工作汇报会

加，参评覆盖面100%。活动发放重点测评调查问卷500多份，电话访问服务对象1万多人次，组织参与网络投票评选800多人次。经综合评审，“满意部门单位”7家，“满意率相对较低部门单位”3家；“满意机关中层科室”4个；“满意行政审批窗口”2个，“不满意行政审批窗口”1个；“满意基层站所”6个，“不满意基层站所”3个。

【洞头区专职纪检监察干部业务培训班】2016年4月21日，洞头区专职纪检监察干部业务培训班开班。来自全区各单位专职纪检监察干部近50名参加。培训是乡镇（街道）纪检监察干部专职专用和全区派驻机构改革后，第一次专职纪检监察干部集中学习。培训为期一天半，课程内容包括党风廉政建设专题、电教片观看、军事训练、信访专题、纪律审查专题、作风巡查专题等。区委常委、纪委书记汪慧平出席开班仪式。

【区纪委派驻（出）机构管理】2016年，全区设立派驻机构12家，负责监督全区54家区级党和国家机关。出台派驻（出）机构“1+7”工作制度，建立片区协作机制，旨在发挥派驻监督职能作用。制度包括《驻在单位“三重一大”事项监督办法》《信访举报工作规程》《报告工作暂行办法》《问题线索管理暂行办法》《年度工作考核和主要负责人述职述廉办法》《工作例会制度》《干部请假休假及因公外出报告制度》等。出台《乡镇（街道）纪（工）委书记、副书记提名考察办法（试行）》和《区纪委派驻纪检组组长提名考察办法（试行）》，严格提名考察办法的程序、步骤等。建立健全派驻（出）机构、乡镇（街道）纪委（纪工委）工作和内设科室绩效考核办法。推行“岗位实战培训”，抽调21名派驻机构工作人员挂职锻炼。组织43名派驻机构专职纪检监察干部举行业务培训。

（曾　加）

组织与党建

【概况】2016年，洞头区基层党组织405个，党员6823名。其中，党委22个、党总支27个、党支部356个。非公有制经济单位党委1个、党总支1个、党支部23个、联合支部17个，企业党员433名。另有，部门党委8个，各类党组33个，区委派出工委6个。是年，全区党员中，女性党员1956名、少数民族150名；45岁及以下2845名，大专及以上2908名。全年发展党员58人，其中女性党员12人，占20.7%；年龄在35岁以下的党员26人，占44.8%；具有高中中专以上文化程度的57人，占98.3%；其中具有大专以上文化程度的51人，占87.9%。全区建有党员服务中心100个，党员服务站（点）100个。全年新建村民中心4个，累计25个。全区发展党员志愿者服务队121支，党员志愿队伍队员1383名，“红色驿站”30个。全年全区获省优秀共产党员2名、市优秀共产党员4名。

是年，区委常委会专题研究基层党建15次，按季召集基层党建例会，召开纪念建党95周年、“两学一做”学习教育动员会等大型党建会议。区委完善年度述职评议、季度现场会、考核排名约谈、基层党建工作事项考察及班子成员履行党建工作责任报告等制度。制定《关于实施强村惠民三年行动计划的意见》。开展经济薄弱村整转、示范村打造、红色大走访等“三大行动”。全区所有52个经济薄弱村脱贫。优化洞头区村级绩效考核工作，完善“考、督、用、选、汰”制度体系建设。强化结果运用，评选“十佳村干部”10名，奖励村居年度绩效考核119万元，推荐优秀等次村干部进入乡镇领导班子，首次专项考录优秀等次村干部进入事业单位。强化村党组织领导地位，新设村支部书记专项津贴，每人每月100元。探索村干部“干事清单”制度，梳理组织运转、联系走访、服务群众共12个方面24条内容，从“派、考、责、退”4个环节推进落实。实施党员“星级”管理，劝退除名信教党员2名。全年关爱基金拨款38.72万元，慰问困难党员、老党员436人，慰问额度每人800元—1000元。

全年领导干部实现职级晋升43人，其中晋升为副处级10人，晋升为正科级14人，晋升为副科级19人。全年提任科（局）级干部34人，其中正科11人、副科23人。其中“80后”干部占41.2%，女干部占23.5%，街道（乡镇）等基层一线或具有相关经历干部占73.5%；提任乡镇事业编制人员3人、优秀村干部1人。全年调整交流科（局）级干部51人，其中正科26人，副科25人。选派4名“85后”区直机关党员担任“村第一书记”，分批次抽调25名“80后”干部参与“大拆大整”、海创园建设、东岣整村搬迁等赛场比拼。开展“区管干部”最满意工作填报。调整不适宜担任现职干部和“为官不为”干部9人，占全区科（局）级干部总数2.9%。实行新任公务员财产收入申报制度。首批43名新录用公务员报告财产收入状况，384名区管干部报告个人事项，清理52例股权163.5万元。组织区领导、街道（乡镇）及部门“一把手”76人参加复旦大学领导干部能力提升研修班。加强领导干部党性教育和法律法规、转型升级、“互联网+”、社会治理、生态建设等理论学习，全年科（局）级以上领导干部53名、优秀股级干部主体班

43名，参加省市各类专题培训班82名。修订《温州市洞头区人才公寓租赁管理办法》，受益市级人才住房政策67人。当选为市“两代表一委员”人才4名，首名引进博士、省特级教师等当选区“两代表” 6人。郑大志技能大师工作室获评为优秀市级大师工作室。

【“两学一做”学习教育】 2016年，洞头区委按照中共中央印发《关于在全体党员中开展“学党章党规、学系列讲话，做合格党员”学习教育方案》，在全体党员中开展“两学一做”学习教育。召开区“两学一做”专题党课暨学习教育部署会。全年区委常委开展学习讨论11次，其中区委理论中心组（扩大）学习会4次。全区398个基层党组织6828名党员参加“讲政治、有信念”“讲规矩、有纪律”“讲道德、有品行”“讲奉献、有作为”专题讨论4个，以及窗口单位和服务行业“高效服务当先锋”活动、“96345”党员志愿服务、党组织“三张清单”（问题清单、整改清单、责任清单）和党员“一张清单”整改落实、深化党员参教信教问题整治等活动。组织“两学一做”网络知识擂台赛等，开展“红色大比武”活动。运用梯队化宣讲队伍、网格化宣讲平台、特色化宣讲载体，创设“巡讲课堂”，整合组建“先锋巡讲团”，编制“课程菜单”，由各级党组织按需“点单”；针对科局以上领导干部开设“百岛讲坛”；针对机关、街道（乡镇）党员开设“百千读书班”，利用23个“小班化”组织，创新“轮流坐桩点单、特色学习比拼”模式开设“书记党课”，推行“普通党员10分钟微党课”模式，累计讲课35次。巡讲团成员235人，举办各类巡讲56期，参与党员3500余人次。推动街道（乡镇）党支部“联村联路”共建活动、机关事业单位“互比互学”系列活动、国有企业党支部“党员综合素养提升月”活动、离退休党员干部“护党组合拳”活动等；区四套班子成员带头开展“拉标杆、补短板”活动，落实“微服暗访、随机调研”制度，开展随机调研，形成问题清单，党员领导干部示范带头查摆问题、整改问题，区委梳理出包含干部创新理念短板、基层社会治理短板等10个专项短板清单，相关责任部门认领并全部限期解决。全年开展调研65次，发现问题112个，解决95个。

2016年5月25日，区委理论学习中心组“两学一做”学习教育专题讲座

【洞头区“两学一做”学习教育专题党课暨部署会】（参见《中共温州市洞头区委》栏目“重要会议”分目）

【区委“讲政治、有信念”专题讲座】 2016年5月25日，区委召开理论学习中心组扩大学习会暨“讲政治，有信念”专题讲座。省委党史研究室副主任、新闻发言人王祖强作“基础在学关键在作——‘两学一做’学习教育”专题讲座，围绕党章党规学什么，系列讲话学什么，合格党员怎么做等三大方面，系统梳理“两学一做”学习教育主要内容，对“两学一做”学习教育进行全面剖析与解读。区委书记董智武主持会议。叶永辉、王文胜、张志宏、王小甫、汪慧平、张贤孟、林新磊、李建等区四套班子领导、区人武部政委、法检两长及相关单位负责人参加。

【换届选举工作】 2016年，洞头区认真贯彻落实中央和省委、市委关于换届工作总体部署，严格执行政策规定和基本要求，审查“两代表、一委员”▲资格975人，其中区党代表资格356人、区人大代表资格326人、区政协委员资格293人。加强领导、统筹协调区、乡（镇）两级人大换届选举工作，及时研究解决选举中重要问题。严格依法履行程序，强化工作监督。依法合理划分选区，做好选民登记、代表候选人推荐、资格审查等工作。全区各街道（乡镇）、村（居）12.6万多选民参加选举产生新一届区、乡（镇）人大代表。

制订施实乡镇换届选举方案，开展专题调研、谈心谈话、分析研判等。选优配强乡镇党委书记，增强乡镇领导班子整体功能。严肃换届纪律，开展换届政策和纪律学习宣传，组织观看“一片”《镜鉴——湖南衡阳、四川南充“两案”警示录》，实行换届纪律承诺制度，畅通“12380”等举报渠道。采取发提醒卡、签承诺书、发倡议书等形式，做好“四必看”“四必训”“四必谈”。

村级组织换届前期准备，坚持以“战斗力”为标准，以实干为导向，坚持宁缺毋滥，设置人员资格审查等“三道防线”，对违法违纪行为“零容忍”“零例外”，建立民情观察团全程监督。开展“五清”（清零、清风、清账、清仓、清障）行动，领导包案重难点村12个、委托审计行政村84个、级化解信访积案10个村、清除复杂情况涉及4个村案件4个。

▲“两代表、一委员”：区党代表、区人大代表、区政协委员。

【《进一步加强社会组织党的建设工作意见》出台】 2016年6月30日，区委出台《关于进一步加强社会组织党的建设的工作意见》（洞委办发〔2016〕39号）。旨在理顺社会组织党建工作管理体制，形成以“个民协党总支、民办教育党总支、在外商会党委及社会组织联合党委等4个党委（或党总支）+下属支部”为基本框架的社会组织管理体系。该意见提出：做到扩大组织覆盖，实现工作全覆盖，建立“三个同步”机制（在社会组织登记时，同步采集员工信息，摸清党员底数；年检时，同步检查党建工作，督促落实重点任务；评估时，同步将党建工作纳入评估重要指标，指导推动党建工作开展），健全“覆盖检修”制度（每年对党的组织和工作覆盖情况进行检查，及时修正存在问题）。强化党组织书记队伍建设，壮大党务工作者队伍，加强党员教育管理，严格党内组织生活。推行“党建+章程”“党建+决策”“党建+教育”“党建+文化”“党建+人才”“党建+服务”“党建+公益”。进一步理顺社会组织党建工作管理体制。

【《关于实施强村惠民三年行动计划的意见》出台】 2016年4月27日，为贯彻落实市委十一届十次全会、区委十届十次全会精神，夯实农村经济基础，提升乡村发展能力，巩固农村基层组织和基层政权，洞头区委出台《关于实施强村惠民三年行动计划的意见》（洞委办发〔2016〕23号）。该意见提出通过三年努力，消除所有省定集体经济薄弱村，培育形成一批“发展强、党建强”的“双强村”。其中，2016年人口规模在1500人以上的村，村集体经济年收入达到20万元以上、经营性年收入达到5万元以上，其他村村集体经济年收入达到10万元以上、经营性年收入达到5万元以上；至2018年，促进村级集体经济健康稳步发展，村级综合经济实力持续增强。全区52个经济薄弱村当年全部脱贫。

【新录公务员财产申报制度试行】 2016年12月15日始，区委组织部试行新录用公务员实行财产收入申报制度。财产收入申报内容包括公务员本人及配偶的房产、车辆、股票、基金等金融理财产品，本人收入、劳务所得和配偶经商办企业等情况。全年新录用公务员申报财产43名。

【《洞头区村干部职务退出办法（试行）》出台】 2016年9月27日，为加强对村干部的管理监督，规范和约束村干部行为，区委组织部制定《洞头区村干部职务退出办法（试行）》（洞组发〔2016〕30号）。适用对象为全区所有村干部，包括村党组织、村民委员会、村务监督委员会、村集体经济组织班子成员。启动退出程序围绕阻挠重大项目建设或重大工程推进等十种情形展开。街道党工委（乡镇党委）对村干部辞职承诺情形和退出情形进行调查核实，提出村干部职务调整、终止或罢免的建议。根据其担任的职务性质，依法依规对村干部职务进行调整、终止或罢免等程序启动退出。

【基层党建百日攻坚“三大行动”】 2016年9月23日，为促进农村基层党建工作发展，推动基层党组织和基层政权建设，按照“整乡推进、整县提升”要求，区委组织部开展经济薄弱村整转、示范村打造、红色大走访等“三大行动”，时限100天。经济薄弱村整转行动包含实施推进“一村一策”、探索村级集体经济新路子、健全帮扶会商机制；示范村创建行动包含打造示范村“五有两带一中心”▲、强化村级刚性制度执行、创建“一村一品”党建品牌；“红色大走访”行动包含科学调整联系网格、实现挂钩联系每月“一访”、记录好民情走访情况、实行联系挂钩“两亮相”。全区创成市、区两级示范村11个，其中市级样板村1个、市级示范村5个，通过达标验收村72个，验收通过整转软弱落后村数6个。

▲“五有两带一中心”：“五有”即有村入口景观、有乡村特色文化、有村级精神口号、有党员志愿服务队、有经营性收入；“两带”即“村级中心带”“红色景观带”；“一中心”即村民中心。）

【“两新”基层组织建设】 2016年，洞头区委“两新”工委新建非公企业党组织8家，覆盖企业38家；新建社会组织党组织7家，其中拓展组建4家，覆盖社会组织35家；选派

2016年6月28日，洞头区红色公益众筹平台启动

党建指导员7名，实现全面覆盖。培育“双强”好书记，温州金源化工有限公司党总支书记郑晓华入选浙江省“千名好支书”，“两新”组织2名党员被评为“百岛先锋”优秀党员。鹿西乡新鹿党支部被评为“百岛先锋”先进基层党组织。培育区级示范项目品牌6个，打造示范点2个，恒博党支部和溢香国际大酒店党支部党建项目创成市级“一企一品”。试行两新组织党员积分管理，制定《洞头区两新组织党员积分管理实施细则（试行）》。南塘电子电器科技园14家企业联合成立党总支。

【基层党建业务“年终考”】 2016年12月19日晚，洞头区开展基层党建工作业务“年终考”。考试采用“统一时间、统一出卷、统一阅卷”方式，由区委组织部统一出卷，考试时间一个半小时。卷页内容主要涉及十八届六中全会精神、浙江“二十条”、温州“三十条”、“两学一做”学习教育和“整乡推进、整县提升”、村级组织换届等，试卷分机关卷和乡村卷。6个街道（乡镇）党委书记、副书记、党委班子成员、全体驻联村干部、村支部书记和区派第一书记，及全区所有机关、学校、两新党组织书记800余人参加考试。区委组织部巡考督查。

【红色公益众筹平台开通】 2016年6月28日，“党员很美”系列活动暨红色公益众筹平台启动仪式举行。活动现场开通红色公益众筹平台，开展红色公益众筹项目认领，其中，“圆梦助学”由北岙街道电子电器科技园党总支认领；“爱心餐”由溢香国际大酒店有限公司党支部认领；“关爱残疾人”由温州华港石化码头有限公司认领。为七支党员志愿者服务队授旗。服务队将根据群众需求，直接进村入户为百姓提供服务。机关、街道（乡镇）党员代表500人参加仪式。

【郑晓华入选浙江省“千名好支书”】 2016年6月，为扎实开展“两学一做”学习教育，给广大党员和基层干部树立标杆，省委组织部公布“千名好支书”评选活动名单，温州金源化工有限公司党总支书记郑晓华名列其中。郑晓华，女，1968年1月出生，中共党员，现任温州金源化工有限公司党总支书记兼公司行政副总经理，先后被评为省级“811”环境保护新三年行动先进个人、市优秀党务工作者，所在企业党组织先后获浙江省“双强百佳党组织”、温州市“发展强、党建强”先进企业等称号。近年来，郑晓华率领公司党总支坚持以党建为引领，以党建促进企业文化建设上台阶，建立“三位一体”职工文化乐园，创成国家级“职工书屋”，组织开展运动会、安全知识竞赛、歌咏比赛等文体活动。推行员工孝工资，每月孝敬职工长辈，弘扬孝道精神和感恩文化。组织“慈善一日捐”“希望工程”捐款活动等。

“千名好支书”是继2015年后再次评选，范围从第一批的建制村、城市社区扩大至包括“两新”组织、机关事业单位等基层党组织书记。此次评选名单温州市共15名。

（武晓峰）

宣传工作

【概况】 2016年，洞头区宣传思想文化工作围绕“把牢方向、做大品牌、提升优势、补齐短板”工作思路，以“学标杆、补短板”比学赶超活动为契机，围绕中心、服务大局，统筹兼顾、突出重点，坚持服务基层、便民惠民，增强宣传思想文化的整体实力和影响力。全年在中央、省市各级媒体上发表外宣报道1500余条，洞头发布、微信、微博等区级官方媒体刊发新闻报道2万余条。

依托“百岛讲坛”“百千读书班”“望海楼”等平台，开展十八届六中全会精神、供给侧改革、智慧城市等理论学习，累计开展区委理论中心组学习36次、百岛讲坛8场、“百千读书班”200余场。开展“三问自己·如何担当”和“大拆大整促转型发展”等解放思想大讨论，举办第五届微党课比赛。组建理论微宣团、“老街坊”宣讲团等队伍，以习近平总书记系列重要讲话、“两学一做”、最美洞头人故事等为主题，开展进机关、进乡镇、进企业、进学校、进文化礼堂宣讲，累计开展基层宣讲500多场，受众近4万人次。

融合新闻媒体资源，组建洞头区传媒中心。策划“三改一拆”“五水共治”“全域景区化”和“大拆大整”等重点工作宣传报道。开展网络一把手访谈和聚焦蓝色家园——全省发布系统看洞头活动；组织区网络微联盟与市民监督团共同开展聚焦“城市治乱”——我们在行动主题活动，推动城市文化建设。组织全区新闻发言人培训、网络文化传播培训班等活动。以海霞精神和五岛连桥精神为引领，开展第三届最美洞头人评选表彰活动。以第十四个公民道德宣传日为契机，组织开展道德歌曲大家唱、文明礼仪知识竞赛、道德讲堂集中宣讲、道德模范关爱帮扶等“十个一”系列活动。以实施春泥计划为抓手，深化未成年人思想道德建设，全年开展各类活动近1000场次。

开展“德行洞头”文化礼堂“七个一”载体建设，新建文化礼堂5家，累计建成文化礼堂30家，占全区村居数量32.26%。送讲座入村居、服务进礼堂，农村文化礼堂平台点单30余场。全年开展文化礼堂春福季、故事季、才艺季、村晚季四季主题等各类活动300多场，举办“你最有才”农村文化礼堂达人秀活动，丰富文化礼堂文化文艺活动。组织开展第三届“洞头区优秀民间艺人”评选活动。

是年，洞头区获全省农村文化礼堂建设先进区、区委宣传部获温州网络文化传播先进集体等称号。洞头先锋女子民兵连纪念馆入选全国红色旅游经典景区名录，“海霞”品牌获温州市基层宣传思想文化工作十大示范项目。

【洞头获评浙江省农村文化礼堂建设先进区】 2017年1月12日，在浙江省宣传思想工作会议上，洞头区获评2016年度浙江省农村文化礼堂先进县（市、区）。近年来，区委宣传部积极开展“德行洞头”礼堂文化建设，以民间固有“德文化”为内生载体，充分整合现有道德文化资源，通过“建立一个道德公益基金”“设定一批村民道德奖项”“打造一条家规家训展示带”“形成一条道德宣传廊”“配备一支志愿者服务队”“推进一批‘文化礼堂+’共建机制”“开展一系列道德实践活动”等“七个一”建设载体，增强文化礼堂凝聚力，打造农村群众“精神家园”。围绕“文化地标、精神家园”主题，融入当地民俗文化、特色文化、非遗文化资源，先后建成以“勤、和、诚、爱、礼、善、孝、渔”等为特色主题的农村文化礼堂30家，并坚持从丰富内容、培育队伍、打造特色、增强生命力等方面入手，深入推进文化礼堂“建管用育”水平。累计投入159.145万元。2016年12月6日，省农村文化礼堂建设考察评估组实地考察评估洞头区省级农村文化礼堂先进县（区）建设情况。

2016年6月14—16日，洞头区领导干部媒介素养提升培训班

【《洞头区“十三五”文化礼堂建设规划》编制完成】 2016年，为加快洞头农村文化礼堂建设，全面贯彻落实省委、省政府《关于推进农村文化礼堂建设的意见》，区委宣传部开展区“十三五”文化礼堂建设规划编制工作。按照“有文化礼堂、有展示展览、有文体团队、有文化走亲、有礼仪传习、有素质培训、有村规民约、有长效机制”标准，在整合农村散落的古祠堂、旧校舍、旧村部大楼以及闲置文化场所等基础上，目标提出2016年建成4家文化礼堂（北岙街道九厅村、大门镇朝阳社区、东屏街道岙仔村、霓屿街道石子岙村）、2017年建成3家（北岙街道双垅村、东屏街道蓝港社区、鹿西乡东臼村）、2018年建成3家（东屏街道后寮村、元觉街道活水潭村、霓屿街道正岙村）、2019年建成2家（大门镇观音礁村、东屏街道东岙村）、2020年建成2家（大门镇豆岩村、东屏街道后坑村）。

【媒体融合改革】 2016年6月始，为打破传统媒体格局，融合广播、电视、报纸、网站各类媒介资源，形成信息共享与互融，洞头区整合广播电台、电视台、报纸、洞头新闻网，及洞头发布、洞头新闻中心两大微信微博等，组建洞头区传媒中心。建立新闻编辑流水线、“全媒体记者联动”工作机制，实现媒介资源高效利用。拓宽全媒体对外传播渠道的发布，形成各媒介之间相辅相成、各展所长、相互借力、共同提高新局面，初步形成“中央厨房”躯壳，实现全媒体运作。同时，建立覆盖全区的微博矩阵和微信联盟，加强对舆论场的指导与监督，充分把握新媒体话语权和主动权，发挥全媒体运作优势，借全媒体发布平台，统一发声，构建“全民记者”网络，搭建传媒融合发展基础平台，实现融媒发展。

【温州（洞头）半岛通车十周年“海上花园·大美洞头”主题系列活动】2016年4—11月，区委宣传部组织策划温州（洞头）半岛通车十周年“海上花园·大美洞头”主题系列活动。联合温州日报、温州晚报、中央、省驻温媒体等推出《洞头“思”路·融入——半岛通车十周年特别报道》《洞头思路·拥抱——半岛通车十周年特别报道》《大美洞头、海上花园》等特刊、系列报道及相关宣传活动。活动期间，全国近百家媒体到洞头参观考察，其中浙江日报、温州日报、扬子晚报、北京晚报、钱江晚报、温州晚报等整版刊登报道洞头。中国网、人民网、新浪网、搜狐、浙江在线、温州网、今日头条APP等全国各大媒体关注、报道或转载温州（洞头）半岛通车十周年相关新闻。同时开展摄影大赛，全国媒体总编、名记者和摄影名家还和市内外专家等评出洞头十大海岸美景。活动编辑出版《温州（洞头）半岛工程通车十周年系列活动集萃》画册。该活动由洞头区委、区政府、中国晚报摄影学会、温州日报报业集团主办，洞头区委宣传部、温州晚报承办。

【洞头先锋女子民兵连纪念馆入选全国红色旅游经典景区名录】（参见《军事》栏目“洞头先锋女子民兵连建设”分目）

【第三届“最美洞头人”评选】2016年3月，洞头区第三届“最美洞头人”评选活动启动。活动分单位推举、媒体报道、网络投票和评审联评等环节。最终村（居）支书李玉红、教师吕良栋、护士王小华、工人张于宝、乡村医生叶翠娥、老人董绍新、媳妇吕丹丹、邻居郑红芬、洞头区微动力志愿服务队获第三届“最美洞头人”称号；林忠民、陈灿渊、刘纪宁、洞头顺风车联盟志愿队、浙江永宏电器股份有限公司研发中心等获“最美洞头人”提名奖。8月18日，举行颁奖典礼，区领导董智武、张贤孟、林海珊、叶锦丽、张释忠等出席。该活动由区委宣传部、文明办主办。

【九亩丘海创园】2016年9月，为落实区委区府提出的全域景区化，打造集文化、旅游、民俗、众创、海洋等元素为一体的文旅综合服务中心，建设九亩丘海创园。该项目规划使用南塘工业园区原有工业厂房。位于南塘工业园区溢香国际大酒店后面，飘香路1号，八幢建筑总面积72000平方米。该园属海洋文化创意园功能版块，以发展文化创意产业、众创空间、影视服务产业和休闲旅游产业等为重点，项目规划使用原有旧工业厂房8幢，总占地面积3.42公顷，总建筑面积7.24万平方米。九亩丘海创园一号楼和二号楼共18000平方米。第一栋一楼为东海贝雕博物馆、海陶互动工坊；二楼为古船木艺术展馆、贝雕工艺体验区；三楼为洞头海创工坊，主要有多家洞头民间手工艺技术非遗传人工坊和一个活态非遗展示馆，民间手工艺包括了根雕、渔民话、壳画、船模、瓦画等项目；四楼为众创工坊、创客空间项目；五楼为彩石镶嵌精品收藏版家俬以及瓯塑等温州名贵家具用品展示。第二栋是现代创意和现代服务综合体，共5楼，将作为中国（洞头）摄影之家综合服务中心。园内东海贝雕艺术博物馆是浙江省非物质文化生产

九亩丘海创园

性保护基地、市创意旅游基地、市社科普及示范基地。该园在全市第二批“比学树”活动中受到市委主要领导高度肯定。

【第三届洞头区“优秀民间艺人”评选】2016年5月25日，第三届洞头区“优秀民间艺人”评选活动启动。参评对象为全区开展和从事民间工艺美术品制作，民间戏曲、音乐、舞蹈创作演出，民间文学（传说、故事等）、俚语、歌谣收集整理研究，海岛民俗研究等及获相关艺术门类省级以上会员民间艺人。参评对象在市级以上专业性报刊发表或参加市级以上演出、展出，结集出版的作品（由国家正规出版社出版）。由街道（乡镇）、部门推荐或由民间艺人自荐，专家委员会审核。吴秀云、李怀玉、杨松苗、陈钦煅等4人获第三届“洞头区民间文艺家”。该活动由区委宣传部主办。

【领导干部媒介素养提升培训班】2016年6月14—16日，洞头区领导干部媒介素养提升培训班联合市第七期领导干部媒介素养提升培训班、鹿城区领导干部媒介素养提升培训班在温州市委党校联合开班。培训内容包括新媒体环境下的舆情对接、新媒体时代的网上舆情应对和网络舆情应对模拟演练、新闻发布模拟演练。30个区重点部门单位负责人及新闻（网络）发言人参加。

（郭佩佩）

2016年洞头百岛讲坛一览

表1

时　间	主　题	主讲人
4月15日	我国智慧城市建设的理论与实践	吴崇宇
5月6日	改革供给侧质量，助力区域经济发展	熊　伟
6月13日	当前宗教工作的形势和任务	陈振华
6月29日	艺术创造 文化国家——公共艺术与城市文化	王中作
7月29日	我国周边安全形势与南海问题	尹　卓
10月14日	PPP项目操作实务案例分析	林游海
10月28日	健全落实社会治安综合治理领导责任制规定	章公华
12月2日	宪法，无用之用	潘　昀

统战工作

【概况】2016年，区委统战部深入开展“同心同行·共建和谐”活动，组织“和谐寺观教堂”创建和星级评选活动，推进“三改一拆”涉宗违建处置“回头看”及稳控工作。完成宗教活动场所和甲类民间信仰场所测绘，办理土地证5家。民间信仰甲类场所创建25处。严格民间信仰活动安全责任落实，实行宗教活动街道（乡镇）审批、民宗局备案制度。

举办培训党外干部班。组织党外人士参与协商通报会、意见征求会、考察重点项目等活动。组织参加瓯海、洞头、永嘉三地新联会联谊，开展茶文化交流会等公益联谊活动6场。协同召开党外干部联席会议，明确党外干部培养、推荐等制度。现配备党外干部政府部门6个、街道（乡镇）3个、群团组织2个。

健全三级（区、街道、社区）民族工作网络，建立社区“民族工作服务站”和外来流动少数民族群众数据库。推进民族“四微”（微组织、微窗口、微热线、微平台）工作。帮助寮顶回族村发展项目，争取中央、省基础设施帮扶资金30万，提升村庄民族特色及整体品位。

启动助企服务行动，区四套班子领导结对100家非公企业，开展走访调研活动，举办企业家座谈会、“百岛商人”论坛等4场次。将服务非公经济健康发展纳入区对街道（乡镇）年度考核指标。全年研究解决企业困难21个。联合建立护航非公经济健康发展合作机制，达成协议27条，设立非公经济检察服务站、经侦联络室和法律服务中心。举办护航非公经济健康发展座谈会，聘请10名检察官为非公企业联络员。促成区政府与意大利和平统一促进会签订霓屿意大利风情小岛项目，前期到位资金5180万元。协助做好中玺·月琴湾项目意向投资华侨对接、洽谈，推动股权转让，项目到位资金3000万元。全年累计接待海外侨领、侨商9批次60余人。前往北京、杭州等地协助举办专题招商活动3场次。全年走访企业13次，解决涉侨企业问题5件。

洞头区首个海外社团美国温州灵昆商会于纽约成立。开展“洞头文化之旅”活动，吸引在温就业外籍人士、华人到洞头体验海岛民俗文化30多人；配合开展德国师生吉森市教育代表团参观交流、“温州之美·让世界看见”美国旅游作家协会、马来西亚高级商务团洞头行等联络联谊活动，吸引涉外涉侨来宾7批次60余人。温籍香港同胞到洞头参观2批次50余名。建立英、日、韩外语交流小组，成立外语服务志愿队伍，服务本区涉外工作。

以“两岸半屏山旅游经贸文化交流”系列活动为载体，开展对台招商引资，实地考察台商集聚区，

2016年10月12日，国台办新闻局局长、国台办发言人马晓光调研洞头对台开放工作

派员参加浙洽会、广交会等，协助举办洞头第七届妈祖平安节活动。签订锂离池制造项目合作协议3.6亿元和年贸易销售物流项目合作意向书3亿元。中鹿旅游·台湾观光工场正式营业，永宏两岸商贸服务中心建设主体工程结顶。全年邀请中国台湾地区8批112人，台湾入境游客4077人次。

开展“企会联村，助力精准扶贫”活动，促成6家商会结对帮扶6个村、温州金源化工有限公司结对6个村。全年慰问走访重点侨眷、留学生家庭、困难家庭等85户次。香港洞头同乡会，北京、贵州洞头商会为霓屿困难户董伟丽家庭捐赠9万余元。全年慰问少数民族困难群众65人，发放慰问金6万余元。为侨界老人免费体检53人。

【毛光烈调研洞头民族宗教工作】（参见《社会·民生》栏目“民族宗教工作”分目）

【马晓光到洞头调研对台开放工作】 2016年10月12日，国台办新闻局局长、国台办发言人马晓光率队到洞头调研对台开放工作。调研组一行参观中鹿旅游·台湾观光工场、半屏山两岸交流基地、永宏集团等地，考察洞头对台贸易合作平台、永宏跨境电商服务中心暨永宏两岸商贸服务中心项目等建设情况。省台办主任庄跃成、副主任何永明，市台办主任苏爱萍，区领导王蛟虎、叶锦丽等参加。

【第七届中国·洞头妈祖平安节】（参见《街道·乡镇》栏目“元觉街道”分目）

【温州中鹿旅游·台湾观光工场开业】（参见《旅游》栏目“旅游项目开发”分目）

【两岸半屏山旅游经贸文化交流活动】 2016年9月24日，台湾经贸合作投资考察团和台湾青年创业参访团到洞头开展2016浙江·台湾合作周暨洞头对台经贸合作洽谈考察活动。考察参访团一行先后参观望海楼、中普陀、仙叠岩东海第一临海栈道、半屏岛旅游综合开发项目与中鹿旅游·台湾观光工厂。推介会上，浙江永宏电气股份有限公司与台湾统振股份有限公司签订年贸易销售3亿元投资合作意向书。双方同意两岸由对台小额贸易资质企业共同参与，开辟台商生产生活急需的原辅材料、消费品以及民众所需的农产品物流新渠道。

【区民营企业适应经济新常态培训班】 2016年5月25—26日，洞头区举办区民营企业适应经济新常态培训班。邀请知名企业管理培训企业——浙江瑞铃企业管理股份有限公司职业经理人任鑫苗培训授课，培训开设《揭开精益的神秘面纱》《生产效率提升途径》《如何开展创新5S》《生产效率提升途径》《现场管理人员必备技能教导》《精益管理机制建立》等课程。工商联系统企业家、员工109名参加培训。培训由区工商业联合会、区人力资源社会保障局、区总工会、共青团洞头区委员会、区企业家联合会、区新生代企业家协会联合举办。

2016年5月25—26日，区民营企业适应经济新常态培训

【全区党外干部培训班】2016年7月18—22日，区委统战部组织50余名党外干部、党外代表人士在省级机关党校开展党外专题培训。培训内容包括中央统战工作会议精神解读，参观钱江新城CBD核心区，团队合力提升正能量（团体训练），智慧E谷及现代企业现场教学，梦想小镇、未来科技城现场教学，旨在提高党外领导干部参政议政能力水平。

【宗教专题“百岛讲坛”】（参见《社会·民生》栏目“民族宗教工作”分目）

（方 芳）

【区党外知识分子联谊会】2016年，全区共有党外知识分子联谊会会员60人，理事24人，其中人大代表5人、人大常委2人；政协委员19人、政协常委6人；副科级以上领导干部11人。4月26日，召开区知联会理事会议和会员大会，近40名会员参加；协同区新联会组织开展重大病困难群体慰问活动。推荐7名党外干部参加市中青年党外代表人士培训班、青年党外骨干分子培训班、区党外干部培训班等。全年会员提交提案、议案21件，涉及环境综合整治提升、海岛文化品牌打造、企业经营管理等领域。

（金霞霞）

机关党务工作

【概况】区直机关工委辖部门机关党委8个、机关党总支11个、党支部156个，党员2453名（其中，大专及以上学历党员1748名，35岁及以下党员512名）。

2016年，区直机关工委完善《洞头区直机关（单位）党组织工作目标管理考核办法》，考核结果优秀机关党委3家、优秀党总支4家、优秀党支部40家。发展党员20名，其中，35周岁以下11名，大专以上学历18名，“两新”领域4名。年终推荐优秀党组织62家，评议推选基层优秀党员243名。全年慰问党员270人28余万元，其中1万元补助1人，2000元以上补助30人。

区直机关工委抽调人员设立6个督导小组，指导各级党组织开展“学党章党规、学系列讲话、做合格党员”学习教育。通过优化微型党课巡讲和党组织书记宣讲，开展菜单式党员大课堂、大小党课和微型党课等学习。建立三个“先锋讲坛”，按机关党委书记、党总支书记、党支部书记不同层面设立，每季度开展1—2次活动。开展全系统党员大排查，发现并重新取得联系党员7名。组建三类先锋志愿队44支，其中，机关党委8支、党总支11支、党支部联合组队25支。机关党员志愿者登记注册538名。组建巾帼先锋队，组织“机关女党员联村行”主题活动，机关单位女性党员93名结对村居妇代会主任，开展“送文化、送科技、送信息、送服务、送温暖”等帮扶活动。开展“党员很美”系列活动，启动红色公益众筹平台，认领“圆梦助学”“爱心餐”“关爱残疾人”等红色公益众筹项目。组织34名入党积极分子参加市委党校第三期入党积极分子培训班。推选11篇优秀论文并参加省、市直机关党建理论研究评选，获市级党建理论研究会三等奖4篇，汇编2013—2015年机关党建优秀论文。全年发送廉政短信5000多条、推荐廉政文章6篇。

【红色教育品牌】2016年，区直机关工委组织开展各类主题教育活动。组织150多个机关党支部2400多名党员参观红色印迹馆，开展重温红色记忆、新党员宣誓、老党员重温入党誓词等“忆往昔、看今朝、展未来”主题活动；收到“看今朝，我的红色记忆”征文53篇；引导广大党员为洞头“十三·五”规划、“海上花园”建设等发展献金点子80多条。开展“党团共建 追忆海霞足迹”活动。在区直机关开设“红色讲坛”，每两个月一期，邀请高校学者、党史研究部门专家教授讲课。是年，“红色教育品牌”获市机关党建工作品牌二等奖。

【“两学一做”知识擂台赛】2016年7月7日，洞头区“两学一做”知识擂台赛举行。大赛以“学党章党规、学系列讲话，做合格党员”为主题，

洞头区“两学一做”知识擂台赛决赛

分为初赛、决赛两个阶段。初赛采取微信公众号网络夺擂赛，每周1期共4周，64家单位2284人次参加夺擂，产生擂主8名。决赛为现场攻擂赛，分必答题、抢答题及风险题三个环节，区委老干部局等8只队伍参加，比赛设一等奖、二等奖、三等奖和组织奖等。最终区教育局队获一等奖。擂台赛由区纪委、区委组织部、区直机关工委主办。

党员干部"红色精神"演讲比赛

【"红色精神"演讲比赛】 2016年8月10日，为深化"两学一做"学习教育，区直机关工委组织举办全区党员干部"红色精神"演讲比赛。比赛分为预赛和决赛，预赛23名选手参加，决出12名优秀选手参加决赛。大赛评出一等奖1名、二等奖2名、三等奖3名，优胜奖6名。教育系统褚薇薇获一等奖。

【机关党务干部研修班】 2016年10月18—21日，机关党务干部研修班在省级机关党校举办，全区机关党组织50多名党支部书记、副书记参加。培训采取集中授课与现场教学方式进行，邀请省直机关工委研究室主任谢国民作《机关党支部工作十二条》专题讲座，杭州市直机关工委党建专家陈永法教授授课《党建实务》，国家二级心理咨询师邢静南讲解《积极心态，快乐工作》。培训还组织新农村党建现场教学。

（张晓炜）

群众信访

【概况】 2016年，洞头区信访工作以信访法治化建设为主题，以解决信访问题为重点，以构建大督查格局为抓手，强机制、控源头、化积案、抓督查，全区信访工作平稳有序，全年无发生到市级（含）以上非正常上访，G20杭州峰会实现"零查控""零非访""零滋事"，各个重点时段进京"零上访"。全年，局本级受理群众来信来访500件（人次），信访总量与上年同期相比上升32.9%，其中接待群众来访106批460人次，同比批次下降7%，人次上升36.4%；受理群众来信40件，同比上升2%。群众集体来访30批338人次，同比分别上升50%和101%；重复访18批66人次，同比批次下降28%、人次下降12%。全年交办来信来访77件次，其中本级署名有效初信初访37件，重复信7件；上级转办署名有效初信26件，重复信7件，按时报结率100%。7月，省委常委、常务副省长袁家军率队到洞头开展下访接访活动。

2016年7月7日，省委常委、常务副省长袁家军到洞头开展下访接访活动

【袁家军到洞头开展下访接访活动】 2016年7月7日，省委常委、常务副省长袁家军率队到洞头开展下访接访活动。袁家军一行在区行政服务中心开展约访接待活动。信访群众就东屏街道大瞿村村民要求加快蓝港花苑三期农房集聚建设，完善农房集聚点配套设施建设，解决好渔民补晒网场建设、小船只停靠码头、渔港疏浚和大门镇居民反映社区卫生服务中心建设等问题陈述相关诉求，涉及的相关职能部门做补充说明，袁家军详细询问有关情况，并现场向约访群众作出答复。袁家军一行还前往望海楼、临海栈

道、洞头先锋女子民兵连纪念馆等地，调研洞头城市规划建设、重点项目建设和民兵工作。温州市委副书记、市长张耕，市委常委、常务副市长陈作荣，洞头区委书记董智武，区委副书记、区长王蛟虎，区委副书记王文胜，区委常委、常务副区长张志宏陪同调研。

【统一政务咨询投诉举报平台建设】 2016年，为整合优化各类政务咨询投诉举报载体，建设统一政务咨询投诉举报平台，根据国务院、省政府相关文件精神和工作要求区编委办、区信访局梳理全区政务咨询投诉举报热线号码24条，涉及部门16个。制定《温州市洞头区统一政务咨询投诉举报平台建设实施方案》。把“12345”区长热线及全区所有非紧急类热线电话进行整合，整合后的“12345”热线及统一政务咨询投诉举报平台统一纳入区智慧城市管理中心。区信访局增挂区统一政务咨询投诉举报平台管理办公室。

【初信初访首办责任制】 2016年，区信访局按照信访事项简易办理办法，通过规范办理流程、缩短流转时间、提供便捷查询，对群众署名的有效初信初访，以邮寄和发送手机短信方式，告知群众查询码，实现群众初次信访查询、跟踪、督办、评价，推进信访工作公开化、程序化和法制化。开展法定途径分类处理信访投诉请求清单梳理，24个区级机关单位制定并公布单位法定途径分类处理信访投诉请求清单，群众信访投诉请求依法合理分流。全年初信初访按期处理率100%，信访件办理无差错。

【信访积案化解】 2016年，洞头区坚持领导信访包案制度，开展区级领导包案处理疑难信访问题专项行动，集中交办省级积案1件，市级积案6件，区级疑难信访问题22件。实施集中攻坚、分类处理、限期化解，建立案件化解动态管理台账，实行办结销号，月反馈、季通报制度。全年完成积案化解7件，化解完成率233%。开展村级组织信访积案“清仓”专项行动，市级交办的10件村级组织信访积案全部化解到位。

【信访工作督查】 2016年，区信访局开展信访督查“六查两落实”专项行动和信访督查“百千万”专项行动为载体，通过电话督查、书面督查、实地督查、联合督查等方式，对信访件办理、非访处置、重点工作落实等方面进行全面督查。全年开展电话督查22件，书面督查2件，实地督查5次，联合督查3次，以督促办，推动信访工作责任落实，群众评价不满意件督查反馈100%。

【信访机制建设】 2016年，洞头区信访工作纳入“平安建设”考核体系，作为“平安建设”考核一个子项目。街道（乡镇）实施以负面清单为主，按照考核细则开展考评；区直部门实施以目标管理考核办法开展考评。建立信访应急工作处置机制，制定《区处置越级上访事件应急预案》，按上访地和人数实施分类处置，明确处置原则、指挥体系、单位职责、处置程序、后勤保障等工作要求，使越级上访处置工作有章可循，最大限度降低越级上访危害和影响，维护社会和谐稳定。G20杭州峰会信访维稳期间，坚持日常排查和滚动排查相结合，对排查出的重点人员10人制订专人稳控方案。组建卡口临检、查控劝返等6个专项工作组，抽调数十名干部进驻周边卡口及杭州等地开展劝返工作。实现“零非访”“零查控”“零滋事”。

（林玉燕）

史志工作

【概况】 2016年，区委史志办围绕“一突出、两跟进”党史工作要求，贯彻《全国地方志事业发展规划纲要（2015—2020年）》，弥补短板，夯实基础，发挥史志“存史、育人、资政、教化”作用。《中国共产党洞头历史（1949—1978）》（简称洞头党史二卷）编纂完成，整理编印《中国共产党洞头县历次代表大会文献选编》《中共洞头县委重要文件选编（1987—1993）》。推进洞头区改革开放新时期党史专题编写工作，64家单位承编100个专题。举办洞头区改革开放新时期党史专题编写培训会。启动中共洞头历史大事记（1949—2002）编撰工作，确定编写内容，规定编写要求，全年搜集整理征求意见稿15万字。编纂出版《洞头年鉴（2016）》，计83.5万字。编辑《洞头史志》2期约15万字。

【曾林平调研指导洞头党史二卷编纂工作】 2016年2月25日，浙江省委党史研究室副主任曾林平一行到洞头调研洞头党史二卷编纂工作进展情况。调研组一行听取洞头党史二卷编纂情况汇报，与全体编写人员开展交流，阅看洞头党史二卷（第五稿）样本，并提出指导意见。温州市委党史研究室副主任赵万磊陪同调研。

【《中国共产党洞头历史》（1949—1978）出版】 2016年12月，《中国共产党洞头历史》（1949—1978）出版发行。该书启动于2011年初，历时近6年打磨而成，历经五稿，通过区委编纂委员会评审和区委常委会审查批准，报省市委党史研究室、中共党史出版社审核通过。时间断限为1949年至1978年（中华人民共和国成立以来至中共十一届三中全会召开），其时间跨越29年。该书反映这29年间中国共产党洞头党组织领导洞头海岛人民进行社会主义革命和建设的历史进程及其自身建设的正本史书，是一部了解洞头党的历史的红色“家谱”，也是加强党的传统教育和青少年学党史、知党情的教科书。洞头党史二卷全书共分4编18章43节125个目及附录，计23万字，开本170毫米×240毫米1/16，定价48元，由中共党史出版社出版，温州市北大方印务有限公司印刷。主编杨志林，副主编卓桂荣、洪震、庄明松。

【《洞头年鉴（2016）》出版】 2016年12月，《洞头年鉴（2016）》出版。该书由洞头区委、洞头区人民政府主办，洞头区委史志办公室编纂，交由方志出版社正式公开出版。全书拓展信息资料，挖掘信息广度和深度，增加专辑、突出年度重要事件，条目数量、文字量较2015年增加25%以上。全书34个栏目、217个分目、71个子分目、1079个条目，卷首设专辑、大事记、区情概览等3个栏目，百科设中共温州市洞头区委等29个栏目，卷尾设附录、索引2个栏目，计83.5万字。16开精装本，定价178元。主编卓桂荣，副主编曾焕定。

【《中国共产党洞头县历次代表大会文献选编（1956—2011）》编印】 2016年6月，区委史志办整理编辑的《中国共产党洞头县历次代表大会文献选编（1956—2011）》内部发行。该书实录1956年5月中国共产党洞头县第一次代表大会至2011年12月中国共产党洞头县第十次党代会期间的会议决议、代表名单及县委工作报告、纪检工作报告，县委书记、副书记、常委名录等文献资料。展现洞头解放后在历届党委领导下率领全县人民进行社会主义建设的恢宏奋斗历程以及在不断实践与探索中所取得的巨大成就。该书的编印，为洞头党史、党建研究和编史修志工作提供翔实的史料依据。全书39.7万字。

【《中共洞头县委文件选编（1987—1993）》内部发行】 2016年12月，为方便洞头党史的了解与研究，同时为编写地方党史提供直观的基础素材，区委史志办、区档案局（馆）组织编辑发行《中共洞头县委文件文献选编（1987—1993）》。该书收录洞头县委主要文件和县委负责人的讲话及上级有关批示、批复。该文件选编为第三辑，时间跨度自1987年1月至1993年12月，共60万字。

【洞头区改革开放新时期党史专题编写培训会】 2016年5月26日，洞头区改革开放新时期党史专题编写培训会召开。全区64家党史专题编撰单位分管领导和编撰人员参加。区委副书记王文胜出席会议并讲话。省委党史研究室三处处长俞红霞作辅导讲座。洞头区改革开放新时期党史专题（第一批）征集共100个，上限以中共十一届三中全会为起点，即1978年12月，下限至2002年11月（中共十六大），2015年12月启动。

【史志宣传教育】 2016年，区委史志办开展《地方志工作条例》颁布10周年有奖知识竞赛题，在《温州日报·洞头新闻》刊登并发放竞赛题报纸1万份，来自吉林、广东、福建等地500多人参加答卷。结合“两学一做”学习教育，联合区委宣传部开展洞头区中国共产党建党95周年知识竞赛，参加答题610人。组织开展史志宣教“六进”活动，全年赠送史志等书籍1500册。牵头组织开展机关党员干部观看中共党史题材《冲锋号》和文献纪录片《没有共产党就没有新中国》，共7场次875人次。开展纪念中国工农红军长征胜利80周年宣传活动。卓桂荣撰写的《创新整合路径 加快“海霞”红色旅游新发展》分别刊登在浙江党史期刊《足迹》《温州史志》刊物上。杨志林撰写的《洞头与灵昆的分合》刊登在《温州史志》刊物上。全年工作信息稿浙江党史网采用4篇、温州史志网和温州史志采用10篇。

2016年5月26日，洞头区改革开放新时期党史专题编写培训会

【《东岙顶村志》出版】（参见《街道·乡镇》栏目“东屏街道”分目）

（谢海燕）

老干部管理

【概况】2016年，全区离休干部15人。其中，居住本地6人，安置和居住在异地9人；机关10人、事业2人、企业3人；享受副处级待遇7人，享受正科级待遇8人。中共党员10人，占67%，全区离休干部平均年龄约88岁。副处级以上退休干部15人。

全年，区党政领导先后为老干部通报洞头区教育工作、平安创建工作、党风廉政建设和反腐败工作等情况。区委老干部局组织开展十八届六中全会精神等辅导2场、参加区政府工作报告意见征求会、区“两会”等重大会议活动8场次、阅文活动4次和专题座谈3场。组织老干部参观考察大门经济社会发展、洞头旅游发展、城镇建设以及看温州变化等活动6次。7月1日，区委副书记、区长王蛟虎走访慰问离休干部。

是年，区委老干部局开展春节、“七一”、高温送清凉、重阳节等走访慰问活动10次110余人次，发放帮扶资金11.2万元。发放“两项”经费、疗养活动经费等近7万元。开展岭背、上新、城中、银海、新城等五个社区“四就近”调研。组织开展环境综合整治、平安宣传、赠写春联、下基层送健康、关爱帮扶等老干部志愿服务活动32场次，参加志愿者300余人次，服务基层群众800余人次。开展重大节日走访慰问年满70周岁退休人员524人（含政转企退休干部）。组织生日慰问退休人员120人、敬老月慰问年满85周岁高龄退休人员20人、住院慰问退休人员30人。赠订《温州都市报》《浙江老年报》1000余份，累计经费80万元。是年，核发退休人员抚恤费23人，退休干部住房补助55人，补助金额12万元。

洞头区关爱帮扶志愿服务队被市委老干部局评为三位一体“五优”团队，陈秋菊被评为浙江省老干部工作先进个人。

【离退休干部活动】2016年，区委老干部局、区人力资源社会保障局组织开展全区离退休干部“助力十三五·我为洞头发展献一策”意见征集活动，收到意见建议37条，评选优秀意见建议18条，编印《老干部献策专报》，获区委副书记、区长王蛟虎批示。举办“学党史·颂党恩·谈发展变化”离退休党员干部诗歌朗诵比赛。组建老干部“家风家规家训”巡讲团，全年巡讲6场次。组织老同志开展“走进渔农村 征集微心愿”主题活动，征集并派送微心愿36个，慰问困难群众及老党员75人次，发放慰问物资及资金近11万元，并与2名困难群众结成对子。区人力资源社会保障局组织“夕阳红”护林队开展植树护绿活动。

离退休党员干部诗歌朗诵比赛

【老干部活动中心活动】2016年，区老干部活动中心提供活动场地服务46场次，接待老同志23000余人次。举办“松龄杯”洞头区老干部门球比赛、“与奥运同行·喜迎G20峰会”老干部台球赛暨第二届洞头区老干部台球赛、迎元旦老干部台球比赛等赛事活动5场次。联合区门球协会举办老干部门球竞赛规则与裁判法培训。组织老干部台球队赴温州、台州等地开展交流、比赛活动3场次。在困难帮扶志愿队、老干部台球队、老干部门球俱乐部等3个老干部团队成立临时党组织。

【老年大学活动】2016年，区老年大学组织学员开展春秋游活动、趣味性体育比赛、“庆重阳”系列活动、知识竞赛等活动9场次，参与“假日学校”、扶贫帮困等社会公益活动13场次，服务基层群众500余人次。根据学员实际需求把门球班调整为手工班。举办防诈骗知识、消防安全知识等专题讲座。7月承办“两学一做”暨纪念建党95周年专场文艺演出。10月组织开展“金点子”征集活动。11月举办“不忘初心 继续前进”老干部书画摄影展活动，展出书画作品86幅。

（翁玲玲　朱峰）

精神文明建设工作

【概况】2016年，洞头区制订《温州市洞头区文明城市创建巩固提升三年行动计划（2016—2018年）》《洞头区市民文明素质提升实施方案》。出台《洞头区深化移风易俗工作实施方案》，实施“六大行动”（核心价值引领行动、婚丧礼俗倡导行动、殡葬改革民生行动、文化礼堂教化行动、乡风评议推动行动、五美乡村创建行动），促进移风易俗。全年推荐家训故事12条。在海霞村打造家风家训示范区、在银海社区建成家风家训一条街、在下社村打造家风家训示范村。

区文明办完成南塘湾道德主题园二期工程建设，组织开展第14个公民道德宣传日“十个一”系列活动。编印《德行洞头》道德故事书，收录道德人物事例46例。制作《城市管理“治乱”》视频广告，在洞头电视台长期播放，在楼宇电视、单位LED轮播。开展“礼让斑马线 文明伴我行”文明交通主题实践活动、“文明服务 文明礼仪”宣传教育实践活动。组织洞头区首届“诚信人物”评选活动，编印洞头诚信人物故事集，发布诚信“红黑榜”2期。制作分发3000个“文明餐桌”提示牌，实现全区10桌以上餐饮企业和食堂的文明用餐提示牌张贴悬挂率100%。围绕“美丽洞头 文明旅游”主题，开展文明旅游知识宣传普及行动、文明旅游主题实践教育行动、文明旅游市场整治行动。联合举办第三届“最美洞头人”颁奖典礼。收到2016年好人推荐事迹88篇，洞头区关爱帮扶志愿服务队入选“浙江好人榜”。全年发放遵德守礼提示牌进社区、进公园、进村居，编发手机彩信3期。开展“万朵鲜花送雷锋”活动，为104位身边好人送上鲜花。

复评考核66家区级文明单位。全年通过创建考核省文明村4个、市文明村12个，全区市级以上文明村占比50%。创成区级文明村8个，全区各级文明村占比59.52%。通过创建考核省级文明单位3个、创成市级文明单位7个、区级文明单位5个。是年，上新社区晋级市五星级幸福社区、城中社区创成市四星级幸福社区，岭背社区和银海社区通过市四星级幸福社区创建考核，全区提前两年实现城市社区100%创成市星级幸福社区目标。制定洞头区文明村创建评选办法。中仑村、打水鞍村、沙角村、下社村、小荆村创成温州市“五美乡村”示范村（精品村、达标村）。推荐海霞村甲山村、东浪村、石浦村、寨楼村、长沙村、金岙村、花岗村、沙岗村、深门村、东臼村、山坪村等12个村为温州市第十三批文明村并通过省、市级考核。

未成年人思想道德建设突出“阵地网络”建设布局、“三色文化”品牌项目、“春泥+”五定服务等项目。优化整合百岛梦幻冰雪王国、海悦城水乐园、特殊儿童关爱中心等新建场所和文化礼堂、春泥课堂等未成年人阵地建设。全年新建特殊儿童关爱中心1所、快乐小屋青少年社工事务所1所、开心农场2个、单位（文明单位）阵地56个、文化礼堂4个、少年海事学校1所、未成年人蓝色海洋实践基地1个。全区现有各类活动场所500多个。

是年，区文明办获2015年度温州市精神文明建设先进集体、2015年度温州市未成年人思想道德建设工作先进单位称号。

【“三色文化”项目】2016年，全区“春泥计划”开展各类活动近1000场次。区文明办围绕“三色文化”品牌项目，联合组织未成年人开展“中国梦”主题教育、“小海霞走天下”主题游园会、好人宣讲进校园、走进军营体验红门生活等红色海霞文化活动；海洋动物故事征集、青少年海事实践活动等蓝色海洋文化活动；“治五乱、我能行”主题实践、“我为自行车洗把脸”、“礼让斑马线 文明伴我行”、文明旅游志愿服务、“同在蓝天下欢乐生态行”、寻找春天等绿色生态文化活动。

【“春泥+”服务项目】2016年，区文明办通过文明单位征集筛选56个适合未成年人参观、教育、体验的活动项目，形成《文明单位 共助春泥》服务项目书；“春泥计划+公益课堂”定点服务，借助村居文化礼堂、春泥课堂等场所在周末和寒暑假开办春泥公益课堂20多个；“春泥计划+公益夏令营”定时服务，组织开展“心成长”青少年公益情商提升夏令营、渔村夏令营、新海霞少年安全自护圆梦夏令营近10个；委托社会公益组织定向服务“春泥计划+流动学堂”。联合开展社团展示活动、暑期春泥行、社区主任小助理、校园周边环境联合整治等活动。

【《温州市洞头区文明城市创建巩固提升三年行动计划（2016—2018年）》出台】2016年7月29日，区委、区政府制订《温州市洞头区文明城市创建巩固提升三年行动计划（2016—2018年）》（洞委办发〔2016〕54号）。该计划主要内容包括是深入学习贯彻习近平总书记系列重要讲话精神、扎实推进社会主义核心价值观落细落小落实、大力培育文明道德风尚、着力推动志愿服务健康发展、全面加强诚信制度建设、全面提升社会治理水平、着力提升民生保障能力、扎实推进乡风文明建设、不断深化群众性文明创建活动、切实加强未成年人思想道德建设等。至2018年，达到省示

南塘湾道德主题园

范文明城区标准，各级文明村镇占比达到55%以上，处全市领先。

【南塘湾道德主题园二期工程完工】2016年12月，南塘湾道德主题园二期工程完工。该工程利用公园原有草坪绿地、石头雕塑、长廊亭阁等载体，增设导览图标识1个，道德故事立柱6组，大型好人榜1组，文明行为雕塑7组，指路牌4个。

【第十四个公民道德宣传日】2016年9月19日，在南塘湾道德主题园举办第十四个公民道德宣传日启动仪式，主题为“做一个文明有礼的洞头人”，区委常委、宣传部部长张贤孟出席活动，各文明单位相关负责人100余人参加。活动从9月持续到12月，包括开展LED电子显示屏公益广告宣传、道德模范关爱帮扶活动、道德讲堂集中宣讲活动、公民道德实践活动、一档“洞头好人”广播节目、文明礼仪知识竞赛、道德歌曲大家唱活动、主题绘画活动、完善道德主题园建设等系列活动。

【洞头区首届“诚信人物”评选活动】2016年6月始，区文明委组织开展洞头区首届“诚信人物”评选活动。该活动在计生卫生、教育、市场管理、交通运输等8个部门系统中分别开展“诚信好医生”“诚信好学生”“诚信好店长”“诚信好居民”“诚信好的哥”“诚信好农户”“诚信好导游”“诚信好员工”等评选，共产生候选人55名，经联审、评审、“文明洞头”微信公众号点赞、媒体公示，最终推选首届十大诚信人物10人和提名奖21人。周明福、叶珠权、陈首、曾素凤、朱诗怡、张小微、许丽芳、黄先进、叶炅、郭杰华等获温州市洞头区首届“诚信人物”；林忠民等21人获温州市洞头区首届“诚信人物”提名奖。

【洞头区关爱帮扶志愿队入选“浙江好人榜”】2016年1月，洞头区关爱帮扶志愿队入选由浙江省委宣传部、浙江省文明办联合举办的“发现最美浙江人——浙江好人榜”。全省自2014年设立以来，每月推选产生一批。洞头区关爱帮扶志愿队成立于2013年10月，由银行退休干部、机关退休干部、医院退休医生、杂货铺店主、企业员工等组成，发展至今51人，最大成员年龄82岁。每位成员坚持每月100—200元捐入关爱帮扶志愿队公益基金。志愿者服务队以“自愿参加、无偿服务、老有所为、志在奉献”为原则，践行“奉献、友爱、互助、进步”志愿服务精神，积极承接老干部志愿活动，参与关心下一代工作，联合社会各界投入困难学生助学、重病患者筹钱捐助、走访帮扶贫困家庭等社会公益活动。累计收到各界捐款21.02万元，捐款13.52万元，走访近500次，为160个困难家庭（学生）提供帮助。

【《德行洞头》编辑发行】2016年6月，区文明办联合区委宣传部收录洞头区各届道德模范、最美洞头人、浙江好人、身边好人先进事迹46例，并编印发行《德行洞头》故事书1000册，通过文字记录洞头好人的先进事迹。

【区级文明村新命名8个】2016年4月20日，洞头启动区级文明村评选活动，创建村围绕环境、风尚、人文、秩序和创新发展等内容开展创建活动，经自愿申报、实地考核、台账检查、媒体公示、命名等程序。12月29日，区委、区政府命名海霞村、大长坑村、甲山村、长沙村、花岗村、沙岗村、昌鱼礁村、山坪村等8个村为新一批洞头区文明村。至此，全区各级文明村占比达到59.52%。

【区级文明单位新命名5个】2016年4月20日，洞头启动区级文明单位评选活动。创建工作涵盖领导机制建设、环境建设、勤俭节约活动、优质服务、学雷锋及志愿服务活动、道德讲堂建设、文明有礼培育、文明风尚传播、“我们的节日”活动、文化建设、帮扶共建和创建工作等十二项内容，经自愿申报、实地考核、台账检查、媒体公示等程序。12月29日，区委、区政府命名区海洋渔业局、洞头航标管理站、区房屋交易中心、温州银行洞头支行、中国银行洞头支行等5个单位为新一批洞头区文明单位。

【省文明村（单位）创建通过考核7家】 2016年，区文明办组织开展浙江省文明村（单位）评选活动，通过听取汇报、查看台账、实地测评、集中展示评审、媒体公示等环节，经党风廉政、综合治理、计划生育、环保、安监、国土、市场监管和税务等“一票否决”部门审核确认，中仑村、小朴村、下社村、潭头村和洞头海事处、区审管办（公共资源办）、洞头农村信用合作联社等7个村（单位）通过浙江省文明村（单位）考核验收。

【创成温州市文明村（单位）11家】 2016年2月18日，根据温州市文明委《关于温州市文明村镇、文明单位、幸福社区评选复评结果的通报》（温文明委〔2016〕2号），北岙街道小朴村、北岙街道小三盘村、东屏街道中仑村、霓屿街道同兴村等4个村创成第十二批温州市文明村；区府办、区委宣传部、区检察院、区委统战部、公积金洞头分中心、区公路管理局、温州状元岙国际码头有限公司等7家单位创成第17批温州市文明单位。

（林永新）

档案工作

【概况】2016年，《洞头区档案事业发展“十三五”规划》通过评审。印发《洞头区区直单位、街道（乡镇）档案工作基本规范》。开展“档案自查自纠规范月”活动，建立问题清单，确定整改内容。区档案局结合“6.9国际档案日”“档案法”宣传月、“12.4”法制宣传日等开展系列宣传活动，举办“记忆中的洞头”专题图片展览等，接待群众咨询800余人次。组织自行车环岛宣传，发放资料1500余份；在中心城区设电子标语，开展微信晒档案等活动。8月28日，档案馆新馆主体工程结顶。

【《洞头区档案事业发展“十三五”规划》通过评审】2016年12月1日，《洞头区档案事业发展“十三五”规划》通过评审。区委、区政府，区人大教科文卫体工委、区政协科教文卫体和文史委、区政府法制办、区档案局、区发改局等单位负责人和专家参加。该规划提出的主要任务是：推进档案法制建设、档案资源体系建设、档案安全保障、档案信息化建设水平、提高档案利用服务能力、强化档案队伍建设。至2020年，全区初步实现以信息化为核心的档案管理现代化，基本建成与全面建设小康社会相适应、有效服务政府治理和“五位一体”建设的档案事业发展体系。

【印发档案工作基本规范】 2016年6月1日，区档案局印发《洞头区区直单位、乡镇（街道）档案工作基本规范》（洞档〔2016〕8号）。该规范包含7章25条内容，明确档案收集、档案管理、档案利用、档案移交、违法违纪责任等。特别是对实体档案、电子档案及密级档案移交作进一步可操作性规定。

【档案资源开发利用】 2016年，区档案馆接待查阅利用353人次，54162件次、453卷次、照片1999张、视频539.8GB、资料36册，复印1182页、拷贝317391页。全年接收大门大桥通车仪式、全国公路自行车冠军赛（温州站）城市绕圈赛等“三重一特”活动照片档案1246张，接受捐赠民国38年《童氏宗谱》一册。编辑《洞头“十二五”》，编录《远去的村影》，寻访拍摄88个姓氏，640册家谱文献，形成76万字的《洞头谱牒文献集成》，挖掘馆藏荣誉篇等12个专题馆藏资源。

【档案信息化建设】2016年，制定《洞头区档案信息化“十三五”规划》《洞头区数字档案馆建设方案》。集中式数字档案室系统投入使用，在全市率先开展运用电子文件在线归档工作，全区档案信息化全覆盖；新增知识青年、社区矫正、法律援助办案件等5个专题档案数据库；推广掌上查档APP，上传共享目录6类61949条。完成网络系统等级保护后续整改，安全审计系统日志服务器完成安装。添置磁盘阵列，对档案服务器进行扩容。购置数据安全检测预警及保全

洞头区档案事业发展“十三五”规划评审会

系统，实时对数据进行检测、备份。全年完成异地异质备份数据9619.29GB。

【《远去的村影》入选省百项档案编研精品图书】 2016年12月，浙江省档案局公布2016年度浙江省百项档案编研精品目录，洞头区档案局编研的《远去的村影》入选。该书着眼于留住历史的记忆，记录时代的变迁，服务乡村记忆工程建设。对79个自然村的方位、环境、沿革、今貌考证清晰，叙述完整，兼之图像鲜艳，编排合理，给人以赏心悦目之感。全书12万字，由中国文史出版社出版。

【《洞头“十二五”》内部发行】 2016年，区档案局联合区委宣传部、区社科联编辑完成《洞头“十二五”》。该书以文字配图表形式回眸反映“十二五”期间洞头国民经济社会发展、民生改善、平安创建等方面取得的成就。内容分荣誉名片、数据洞头、报道潮踪、大美洞头、领导关怀、时政风采、经济建设、文化进步、社会民生、大事纪略等10个篇章。主编：杨志林、陈海鸥。

（陈素芳）

机构编制

【概况】 2016年，洞头区政府职能转变加快推进，政府机构改革稳步实施，事业单位改革有序开展，机构编制规范管理。同时着力行政执法资源融合，助力深化综合行政执法体制改革。理顺灵昆街道区域管理体制，落实基层站所设置。全年办结部门机构编制申请件33项，入编353人次，出编145人次，核准91个单位用编计划295名。全年网络中文域名申请8家，挂标注册13家。

【政府职能转移】 2016年8月，洞头区成立区政府向社会组织转移职能试点工作领导小组，落实各成员单位工作任务。全年分两批公布区政府职能向社会组织转移事项共涉181项，具备承接条件的社会组织60家。区编委办协同区财政局拟订社会组织承接政府职能转移奖励机制及资金保障措施等配套政策。

【统一政务咨询投诉举报平台建设】 （参见《中共温州市洞头区委》栏目“群众信访”分目）

【权力责任清单梳理】 2016年，区编委办积极实施《温州市洞头区部门职责管理暂行办法》（洞政办发〔2015〕132号），实行部门、街道（乡镇）权力清单动态调整，完善权力清单比对规范机制，促进权力清单再“瘦身”。在全市率先编制公布部门责任清单强身和乡镇（街道）责任清单，梳理公布村（社区）服务事项，梳理街道（乡镇）责任清单事项161项、社区服务事项520项，实现区权责清单全覆盖。

【区传媒中心成立】 2016年6月，为深入贯彻落实中央和省、市委关于推动传统媒体和新兴媒体融合发展战略部署，充分运用新技术、新应用创新媒体传播方式，加快推进洞头传统媒体向现代传媒转型发展，巩固壮大宣传思想文化阵地，提高媒体传播力、公信力、影响力和舆论引导能力，洞头区按照“撤一建一”原则，整合区广播电视台，撤销区新闻中心，组建温州市洞头区传媒中心。6月，公布《温州市洞头区推进新闻媒体资源融合发展改革实施方案》（洞委办发〔2016〕33号），确定主要职责、领导职数、内设机构、人员编制等内容。7月，印发《温州市洞头区传媒中心主要职责内设机构和人员编制规定》（洞委办发〔2016〕52号）。8月，区传媒中心组建挂牌。

【乡镇（街道）四个平台建设】 （参见《中共温州市洞头区委》栏目“重要决策”分目）

【事业单位改革与管理】 2016年，成立区城关小学、区智慧城市管理中心、区政协委员服务中心；单独设立6个乡镇（街道）安监所；整合区广播电视台，撤销区新闻中心，组建温州市洞头区传媒中心；撤销区电子政务中心和区民情处置中心；温州市洞头区纪委（监察局）案件检查后勤服务中心更名为温州市洞头区纪委（监察局）纪律审查后勤服务中心。区外宣管理服务中心、区新闻中心合署办公调整为单独设置。配置优化医疗卫生机构资源，推进公立医院改革，调整区中医院与大门镇社区卫生服务中心合署办公，挂温州市中医院洞头分院牌子；完成事业单位法人年度报告公示134家，变更登记121家，新设立6家，换证127家，公示率和换证率100%。开展各类事业单位统一登记试点单位工作。2家幼儿园登记为民办事业单位法人。组织实施机关群团统一社会信用代码赋码工作，办理转发证书单位70家（其中机关58家、群团11家、其他1家）。全年实地核查新设立事业单位7家，重点核查已登记事业单位10家。

【编制管理】 2016年3月，开展事业单位机构编制专项检查，核查全区事业单位234家。全年开展控编减编和实名制专项督查2次，形成调查报告，为领导决策提供依据。健全编外用工数据管理，规范机关事业单位编外用工，做好国有企业员工规范管理，全年核准全区编外用工184名。

（朱　涵）

栏目编辑　卓桂荣

温州市洞头区人民代表大会

归艇鱼满筐・叶锡静

“海霞精神”

爱岛尚武 励志奉献

“五岛连桥”精神

小县办大事 小岛创大业

概　述

【概况】2016年，区人大常委会依法召开常委会会议8次、主任会议14次，听取和审议专项报告24个，作出决议决定16个、审议意见8个。

全年收到代表建议146件，所提问题得到解决或基本解决（A类）59件，占40.41%；正在解决或列入计划解决（B类）67件，占45.89%；受目前条件限制暂时不能解决、留作参考或不可行（C类）20件，占13.7%；代表对办理情况表示满意128件，占87.68%，基本满意18件，占12.32%。开展国民经济与社会发展计划执行情况、财政预算执行情况和预算审查等法定监督项目，加强养殖产业、旅游工作、安全生产、温商回归、财政竞争性存放工作绩效评价等工作监督。开展液化气价格调研、扶贫专项调研、文化建设工作调研、教育教学质量调研以及民间信仰事务管理调研。跟踪监督学前教育、旅游工作、财政和审计、卫生医疗、“五水共治”、重点工程建设和环境保护法执法检查。定期接待走访选民，组织代表开展各类工作座谈会、专项调研、考察及督查活动等。与省市联动开展大气污染防治法执法检查活动。完成区第十四届人大代表换届选举工作，依法选举产生代表165名。3月始，区人大常委会启动宪法宣誓。

重要会议

【区十三届人民代表大会第五次会议】2016年3月2—5日，区第十三届人民代表大会第五次会议在北岙举行，出席代表155名，列席人员135名。会议听取和审查区人民政府区长王蛟虎所作的《政府工作报告》、区人大常委会主任叶永辉所作的《区人大常委会工作报告》、区人民法院院长李德通所作的《区人民法院工作报告》、区人民检察院代检察长胡刚所作的《区人民检察院工作报告》。会议审查、批准《洞头区国民经济和社会发展第十三个五年规划纲要》《洞头区2015年国民经济与社会发展计划执行情况和2016年国民经济与社会发展计划草案的报告》《洞头区2015年预算执行情况和2016年预算草案的报告》。会议以无记名投票选举胡刚为温州市洞头区人民检察院检察长，选举区第十三届人民代表大会常务委员会委员6名。会议议案27件、建议116件，闭会期间代表建议2件。其中重点建议5件合并为1件。

【全区人大换届选举工作】2016年10月28日，区委召开全区人大换届选举工作会议。区委书记董智武参加并讲话，董智武要求严把人选政治标准关、严把提名推荐程序关、严把考察和审查关。强调要严明换届纪律，全面营造换届选举的好风气。严格落实责任，确保换届工作规范有序到位。区人大常委会主任叶永辉作工作部署。区委常委、组织部部长吴志安主持会议。区领导汪慧平、褚建华等参加会议。2017年1月，全区完成第十四届人大代表换届选举工作，依法选举产生代表165名，其中，党政干部43名，占26%；妇女58名，占35.2%；非中共党员61名（其中民主党派人士1名），占37%；工人农民86名（其中一线工人农民32名），占52.1%；专业技术人员25名，占15.2%。此外，连任代表43名，占26.1%。大学本科68名，占40.12%；大专及高职51名，占30.9%；高中、中专、职高及其以下46名，占27.9%；18—35周岁的32名，占代表总数19.4%；36—55周岁127名，占代表总数77%；56周岁以上的6名，占代表总数3.6%。

2016年3月2—5日，洞头区第十三届人民代表大会第五次会议

洞头区第十三届人民代表大会第五次会议确定的重点建议

表2

标题	领衔代表
关于扶持民办学前教育发展的建议5件代表建议合并成1件重点建议	
《关于要求解决民办幼儿园教师享受公办教师“五险一金”等同等待遇的议案》（27号）	柯冬琳
《关于加大对鹿西民办学前教育机构支持力度的建议》（62号）	陈余飞
《关于解决洞头区民办幼儿园教师“五险一金”问题的建议》（127号）	郑海珍
《关于解决洞头区民办幼儿园教师“五险一金”问题的建议》（132号）	曾燕辉
《关于解决洞头区民办幼儿教师享受与公办教师相同退休待遇的建议》（136号）	南建军

【区人大常委会会议】2016年，区十三届人大常委会举行常委会会议8次，会议情况具体如下：

2月17日，区十三届人大常委会召开第四十三次会议，审议通过《温州市洞头区人民代表大会常务委员会关于召开温州市洞头区第十三届人民代表大会第五次会议的决定》；听取区人大常委会办公室关于温州市洞头区人民代表大会常务委员会工作报告稿的说明，审议并原则通过区人大常委会工作报告稿；审议并原则通过洞头区第十三届人民代表大会第五次会议选举办法（草案）；审议决定区十三届人大五次会议列席人员名单；审议并原则通过区十三届人大五次会议主席团和秘书长等有关名单（草案）；听取和审议区政府《关于温州市洞头区“十三五”规划纲要（草案）的说明》《关于温州市洞头区2015年国民经济和社会发展计划执行情况与2016年国民经济和社会发展计划草案的报告》以及《关于温州市洞头区2015年预算执行情况和2016年预算草案的报告》；听取和审议区检察院提请的人事任职议案和金侬检察长提请的辞职报告；审议区人大常委会主任会议提请的议案，决定区人民检察院副检察长胡刚为温州市洞头区人民检察院代理检察长。

3月29日，区十三届人大常委会召开第四十四次会议，听取区人大常委会《关于区十三届人大五次会议代表议案建议的初审报告》并作出决定；听取和审议区政府《关于“六五”普法工作情况及“七五”普法工作安排的报告》和区人大常委会相关调查报告；听取和审议区政府《关于科技创新工作情况的报告》和区人大常委会相关调查报告；听取和审议区人大常委会主任会议提请的人事任免议案。

5月30—31日，区十三届人大常委会召开第四十五次会议，听取和审议区政府《关于教育质量情况的报告》和区人大常委会相关调查报告；听取和审议区政府《关于扶贫开发工作情况的报告》和区人大常委会相关调查报告；听取和审议区政府《关于贯彻实施旅游法情况的报告》和区人大常委会相关调查报告；听取和审议区政府《关于区人大常委会2015年度提出的部分审议意见落实情况的报告》，并就区政府落实学前教育工作、旅游工作、2014年财政和审计工作、环境保护法贯彻实施等审议意见的落实情况进行满意度测评；审议《温州市洞头区人民法院关于提请增加人民陪审员名额的议案》，作出增加区法院人民陪审员名额的决定；审议并表决通过区人大常委会主任会议和区法院提请的人事任免议案。

7月27—28日，区十三届人大常委会召开第四十六次会议，听取和审议区政府《关于洞头区2016年上半年国民经济和社会发展计划执行情况的报告》《关于温州市洞头区2016年上半年财政预算执行情况的报告》以及《关于洞头区2015年度本级预算执行与其他财政收支的审计工作报告》；听取和审议区政府《关于2015年温州市洞头区财政决算的报告》，作出关于批准2015年财政决算的决议；审议并表决通过区政府和区检察院提请的有关人事任免议案。

9月29—30日，区十三届人大常委会召开第四十七次会议，听取和审议区政府《2016年重点工程建设情况汇报》和区人大常委会相关调查报告；听取和审议区政府《关于环境保护状况和环境保护目标完成情况的报告》；听取和审议区政府《关于区人大常委会2015年度提出的部分审议意见落实情况的报告》，并就区政府落实医疗卫生服务体系建设、重点工程建设、“五水共治”推进等审议意见的情况进行满意度测评；听取和审议区检察院陈阳熹、陈松听、蔡宏伟等三位检察官所作的履职报告，以及区人大常委会《关于对区检察院部分检察官开展履职评议情况的报告》，并就区检察院部分检察官履职情况以无记名投票方式进行满意度测评；审议通过区、乡两级人民代表大会换届选举有关决定草案；审议并表决通过区政府提请的有关人事任免议案。

11月23—24日，区十三届人大常委会召开第四十八次会议，听取和审议区政府《关于2016年交通工作情况的报告》和区人大常委会相关调查报告；听取和审议区政府《关于“七五”普法规划编制情况的报告》，作出开展第七个五年法治宣传教育的决议；听取和审议区政府《关于2016年人大代表建议办理情况的报告》；听取和审议区政府《关于2016年度预算调整方案的议案》，作出批准洞头区2016年度预算调整方案的决议；听取和审议区政府《关于新城二期景观绿化工程等PPP项目政府付费列入财政中长期预算的议案》，作出新城二期景观绿化工程等PPP项目政府付费列入财政中长期预算的决议；审议并表决通过王蛟虎的辞职报告，接受王蛟虎辞去温州市洞头区人民政府区长职务，报区人民代表大会备案；审议并表决通过区人大常委会主任会议和区政府提请的有关人事任免议案，决定任命林霞为温州市洞头区人民政府副区长，代理温州市洞头区人民政府区长职务。

12月9日，区十三届人大常委会召开第四十九次会议，审议并表决通过区人大常委会主任会议提请的《关于叶永辉等选举委员会成员辞职有关事项的报告》和有关人事任免议案；审议并表决通过区政府提请的有关人事任免议案；审议并表决通过侯合海、王锡的辞职报告，接受侯合海、王锡辞去温州市洞头区第十三届人大常委会委员职务的请求，报区人民代表大会备案。

12月22日，区十三届人大常委会召开第五十次会议，审议并表决通过区人大常委会主任会议以及区政府提请的有关人事任免议案。

调查考察

【概况】 2016年，区人大常委会开展液化气价格、扶贫专项、文化建设工作、教育教学质量以及民间信仰事务管理等考察活动。定期接待走访选民，组织多级代表开展各类工作座谈会、专项调研等。协助省、市人大开展《浙江省消防条例（修订草案）》《温州市物业管理条例（草案）》等法规草案立法调研。全年调查和考察40次，撰写调研报告8篇。

【考察科技创新工作】 2016年3月，区人大常委会听取和审议区政府关于科技创新工作情况的报告。3月中旬，区人大常委会组织调查考察组考察科技创新工作情况，听取相关情况汇报，召开座谈会，走访部分街道和企业。针对科技创新工作不足和问题，要求：区政府及相关部门重视科技创新工作，加强科技宣传，引导企业经营者增强科技意识，提升科技创新水平，注重政策扶持，加大招商引智力度；加强产业发展平台、科技研发平台和企业创新创业平台建设；注重项目管理，重视知识产权，促进科技成果转化；完善考核机制，引导金融资本、社会资本参与科技创新，创新服务机制。

【考察“六五”普法工作】 2016年3月，区人大常委会听取和审议区政府关于“六五”普法工作情况和“七五”普法工作安排的报告。3月中旬，区人大常委会组成调查考察组考察“六五”普法工作情况，听取相关情况汇报，召开座谈会，走访部分街道（乡镇）和机关单位。针对普法工作存在认识、体制、形式等问题，要求：区委、区政府及相关部门站在“四个全面”的高度去认识普法工作，完善普法思想教育机制，努力形成人人自觉学法守法用法和依法行政、公正司法的社会环境，扩大法治文化的辐射效应，增强法治文化的影响力、渗透力和感染力。树立“大普法”观念，加强各部门之间沟通，整合资源，发动一切力量开展普法工作，杜绝法制宣传教育盲区和盲点，促进全民素质的整体提高。把握法制宣传教育工作的规律和特点，因地制宜、因时制宜、因人制宜，推动普法工作创新。加强专职普法队伍建设，配齐、配强普法干部，安排相应的专项经费，保证普法教育依法治理工作顺利开展。

【考察教育质量情况】 2016年5月，区人大听取和审议区政府关于教育质量情况的报告。5月中旬，区人大组织调查考察区教育质量情况，听取相关情况汇报。针对教育质量存在不足和问题，要求：区政府及相关部门树立长远发展的理念，高起点规划教育布局，合理规划乡村幼儿园或村幼儿教学点，推进优质教育发展，加大与名校合作办学力度，鼓励引进、创办优质民办中小学校，满足群众对优质教育资源的需求。强化教师责任意识，提高教师思想政治素质和职业道德水平。加强师资培训，深化校长任期和交流轮换制，解决师资结构性缺编问题，提高教师整体水平。加强学生行规养成教育，提高学生实践能力，促进学生身心全面健康的发展。努力提高教师的社会地位，重视社区教育工作，积极构建学校、家庭、社会三者有机结合的教育合力，形成和谐、有序的教育环境。

【考察交通工作】2016年11月，区人大常委会听取和审议区政府关于2016年交通工作情况的报告。组织考察交通工作情况，听取相关情况汇报，开展座谈，实地察看。针对交通工作不足和问题，要求：区政府及相关部门高起点编制全区“十三五”交通运输发展规划，构建网络完善、结构合理、衔接紧密、安全高效的综合交通运输体系。推进对外交通建设进程，打造现代综合交通运输体系，完善客运枢纽站场建设，通过站场延伸产业来反哺客运公交发展。推动邮轮泊港相关工作的落实，促进港口物流和仓储业发展，推进海运企业转型升级，完善海运业发展扶持政策，提升重点物资运输的保障能力。加强行业安全监管执法，加强交通运输队伍业务建设。

监督检查

【概况】2016年，区人大常委会推进法治建设，促进社会和谐发展。开展国民经济与社会发展计划执行情况、财政预算执行情况和预算审查等法定监督，加强养殖产业、旅游工作、安全生产、温商回归、财政竞争性存放工作绩效评价等工作监督。开展交通工作、重点工程建设、城市管理综合行政执法工作调研及其他城市管理与城乡环境建设各项督查活动。开展国家级海洋公园建设、“五水共治”专项工作督查、环境状况和环境保护目标完成情况监督检查，协助省、市人大常委会开展《政府信息公开条例》执行情况法律监督等工作。依法开展备案审查工作，完善干部任职考核工作，评议部分检察官履职工作。全年开展监督检查50次。

【旅游法执法检查】2016年5月，区人大常委会听取和审议区政府关于贯彻实施《中华人民共和国旅游法》情况的报告。针对存在协调机制不够健全、资源融合不够深入、服务努力水平不够、主体特色不突出等问题，要求：区政府及有关部门要充分运用新闻媒体和借助“七五普法”宣传等形式加强旅游相关法规的宣传学习，开展从业人员法律知识培训，增强法律意识；注重旅游规划与和其他领域规划协调衔接，实行可持续发展，科学规划空间布局，实现可持续开发；构建全域景区化，促进旅游业和现代渔业、乡村、文化等产业的深度融合发展，延伸产业链，培育新的经济增长点，加快旅游兴区步伐；增加服务意识，加强旅游市场规范化管理。

【监督扶贫开发工作】2016年5月，区人大常委会听取和审议区政府关于重点工程建设情况的报告。要求：完善社会保障机制，降低低保准入门槛，扩大社会救助面，提高救助标准，减轻贫困群体的生存压力。不断改进和优化政策扶持机制、工作运行机制和社会帮扶机制，创新完善扶贫方式，推进精准扶贫。加快贫困地区基础设施建设，努力解决制约发展的瓶颈问题。切实加强以村级组织建设，发展壮大村集体经济，加大金融服务扶贫支持力度。大力扶持养殖加工行业，解决低收入劳动力就业问题，增强贫困地区自我循环发展能力，建立扶贫对象贷款贴息政策。实施旅游富民工程，努力把生态资源优势转化为现实生产力，鼓励发展羊栖菜、紫菜等海产品电子商务，带动渔农村扶贫开发取得新成效。

【监督财政运行情况】2016年7月，区人大常委会听取区政府关于2016年上半年国民经济和社会发展计划执行情况的报告和2016年上半年财政预算执行情况的报告，听取和审议《关于2015年温州市洞头区财政决算的报告》。要求：区政府及财政部门增强预算法律意识，自觉维护财政秩序，提高预算编制的准确性、科学性、完整性，加强国有资本预算管理，提高国有资产配置和使用效率，确保国有资产保值增值。实施积极财政政策，并加大省市财政对接力度，向上积极争取政策和资金，加强社会保障基金管理，强化征缴管理，严格支出监管，完善城乡社会保障体系；要统筹整合各类财政资金，重点保障学前教育、居家养老、医疗卫生等当前急需的民生项目。严格债务资金使用，加强债务风险防范，健全债务偿还机制，实现债务动态管控。区政府对审计查出的问题要专题研究、专项督查、整改落实；要认真落实审计责任追究制度，对重大违法违规、整改不力和屡改屡犯的部门和单位，要依法严肃查处，追责问效。

【监督环境保护工作】2016年9月，区人大常委会听取和审议区政府关于环境保护状况和环境保护目标完成情况的报告。要求：区政府及相关部门要加大环境保护和治理力度，抓好重点领域、重点行业的污染综合整治，重视近海海域水质保护，规范料场开采，及时做好裸露山体的生态修复，严格落实扬尘治理措施，大力推进绿色施工。严把项目建设准入关，避免引入对生态环境破坏较大的污染企业。大力发展循环经济，倡导清洁生产，注重创新运作，努力实现经济发展与环境保护的双赢。加强环保基础设施建设，抓好生活垃圾应急处置、建筑垃圾消纳、新老城排水管网建设、企业污水污气排放、固废处置等环保基础性工作。建立健全环境保护机制，提高公众环保意识，加强队伍能力、环境监测能力和监察机构标准化建设等监管力量建设，确保环境监管反应及时、监管到位、不留死角，推进全区环保工作再上新台阶。

区人大常委会主任叶永辉率区人大代表考察重点工程建设

【监督重点工程建设】 2016年10月，区人大常委会听取和审议区政府关于重点工程建设情况的报告。要求：区政府及相关部门要全面梳理推进缓慢的重点工程，落实工作责任，细化目标任务，组织破难攻坚，强化跟踪监督，确保重点项目高效推进，加大“僵尸项目、蜗牛工程”处置力度，盘活闲置土地；做好项目前期调研、谋划、审批等工作，做深做细政策处理；加大项目安全监督，确保重点工程建设质量安全，完成工程建设年度任务；引进符合本地产业发展定位项目。

【履职评议区人民检察官】 2016年，区人大常委会对区人民检察院部分检察官开展履职评议工作。履职评议时间为5—12月，分为准备动员、调研走访、集中评议、整改落实四个阶段。评议随机确定3名检察官作为被评议对象。总体评价优秀票最高93.2%，最低90.9%，无差评。评议期间，未收到被评议检察官存在违法违纪和违反廉洁司法规定的检举投诉，未发现被评议检察官自2014年以来办人情案、关系案、金钱案和其他违法履职的情况。区人大常委会建议：区检察院要教育和督促全体检察干警牢固树立社会主义法治理念，着力提升法治素养和业务能力，以高度负责、敢于担当的精神办好每一个案件。被评议检察官要认真对待评议结果，端正思想认识，发挥优势、补齐短板，努力做到司法为民、公正司法。注重文明办案、规范执法，完善案件审批和错案纠错机制，确保办理的每一个案件经得起法律和历史的检验。

人事任免

【概况】 2016年，温州市洞头区第十三届人民代表大会第五次会议补选温州市洞头区十三届人民代表大会常务委员会委员6人，补选温州市洞头区人民检察院检察长1人。全年共任命24人，免职22人。

决定任命：

林霞为温州市洞头区人民政府副区长。

张龙为温州市洞头区人民政府副区长。

赵国成为温州市洞头区人民政府副区长。

董步显为温州市洞头区人民政府副区长。

赵均宙为温州市洞头区人民政府副区长、温州市公安局洞头区分局局长。

胡刚为温州市洞头区人民检察院副检察长、检察委员会委员、检察员。

褚建华为温州市洞头区选举委员会主任。

颜贤权为温州市洞头区大门镇选举委员会主任。

戴华姆为温州市洞头区人大常委会农资工作委员会主任。

张瑞静为温州市洞头区人大常委会教科文卫体工作委员会主任。

张于斌为温州市洞头区人大常委会财经工作委员会主任。

陈后平为温州市洞头区人大常委会预算工作委员会主任。

颜厥炎为温州市洞头区人大常委会北岙街道工作委员会主任。

石耀光为温州市洞头区人大常委会元觉街道工作委员会主任。

林忠星为温州市洞头区人大常委会霓屿街道工作委员会主任。

周必东为温州市洞头区人大常委会东屏街道工作委员会主任。

柯受营为温州市洞头区人大常委会办公室副主任。

韩辉辉为温州市洞头区人大常委会法制工作委员会副主任。

陈后安为温州市洞头区人力资源和社会保障局局长。

梁祥赞为温州市洞头区农林水利局局长。

朱志飞为温州市洞头区环境保护局局长。

林文军为温州市洞头区司法局局长。

柯位宪为温州市洞头区交通运输局局长。

叶定光为温州市洞头区人民法院副院长。

决定免去：

吴志安的温州市洞头区人民政府副区长职务。

严卫星的温州市洞头区人民政府副区长职务。

徐彬的温州市洞头区人民政府副区长职务。

张志宏的温州市洞头区人民政府副区长职务。

王小甫的温州市公安局洞头区分局局长职务。

吕子山的温州市洞头区监察局局长职务。

郭杭峰的温州市洞头区人大常委会农资工作委员会主任职务。

柯受华的温州市洞头区人大常委会教科文卫体工作委员会主任职务。

侯合海的温州市洞头区人大常委会财经工作委员会主任职务。

王锡的温州市洞头区人大常委会预算工作委员会主任职务。

柯受营的温州市洞头区人大常委会法制工作委员会副主任职务。

倪建锋的温州市洞头区人大常委会北岙街道工作委员会主任职务。

赵海山的温州市洞头区人大常委会元觉街道工作委员会主任职务。

方荣巩的温州市洞头区人大常委会霓屿街道工作委员会主任职务。

陈荣荣的温州市洞头区人力资源和社会保障局局长职务。

叶国进的温州市洞头区农林水利局局长职务。

许生坚的温州市洞头区卫生和计划生育局局长职务。

方均坦的温州市洞头区环境保护局局长职务。

张于斌的温州市洞头区司法局局长职务。

林文军的温州市洞头区交通运输局局长职务。

吴志法的温州市洞头区人民法院审判监督庭长职务。

黄剑影的温州市洞头区人民检察院检察员职务。

决定：

接受王蛟虎辞去温州市洞头区人民政府区长职务，报区人民代表大会备案。

接受金依辞去温州市洞头区人民检察院检察长、检察委员会委员、检察员职务，报区人民代表大会备案。

接受侯合海、王锡辞去温州市洞头区人民代表大会常务委员会委员职务，报区人民代表大会备案。

副区长林霞代理温州市洞头区人民政府区长职务。

副检察长胡刚代理温州市洞头区人民检察长职务。

人大代表

【概况】 2016年，洞头区共有区级以上代表175人，其中省人大代表1人，市人大代表19人，区人大代表155人。

【代表名录】

省人大代表：叶永辉。

市人大代表:朱铭源、胡剑谨、张国光、姜增尧、董智武、黄志强、虞友义、叶永辉、吕东辉、刘乐飞、江丽萍、张海欧、王蛟虎、陈永胜、侯合海、李天伟、蔡继勇、潘永福、钱云双。

区人大代表：王蛟虎、方君育、叶丽月、朱扬华、庄艳萍、刘素婷、许曹春、李玉红、吴艳萍、汪秀秀、宋克全、张孚世、陈定生、陈雪丽、林海珊、郑华端、赵海平、柯受华、郭历生、梁祥赞、彭桂香、韩远泉、褚和平、蔡素枝、颜孙胜、王　锡、许生福、苏丽洁、吴良孟、张于珍、张于泉、张孚标、陈佩秋、林志杰、林宝民、林彩英、周方前、郑海珍、郑碎娟、南少奇、倪日新、倪建锋、徐松龙、郭　诚、郭华斌、郭建强、黄慧兰、梁亦传、童林梅、褚建华、王体祥、余新庭、张亦杰、金温顺、周玉林、胡良献、黄成芳、韩包强、曾益林、杨朝生、庄　淼、张志宏（诚意药业）、郑雪园、王加制、王兴荣、方君旺、吕东辉、朱丰荣、李　毅、沈胜东、陈华荣、林　秀、林秀兰、林宣新、林银凤、黄日新、曹少斌、董智武、王信暖、朱小才、朱伟岳、张冰心、陈民存、陈有微、陈建华、陈银安、林生东、金威华、南建军、钱敏云、黄建敏、黄香彩、王文胜、池进良、苏彩平、何掌霞、陈　集、陈胜宝、林丽丽、林忠锋、周世雄、郭显玉、曾焕团、叶小其、张军猛、陈昆雄、陈炳雄、陈强胜、金上震、柯受营、洪求伟、郭杭峰、曾燕辉、方跃平、叶秀霞、叶明理、叶明喜、吕子远、朱余建、庄恭俊、吴金寿、沈根英、邵云方、赵海山、侯立新、侯合海、詹景伟、方荣巩、叶永辉、叶艳芳、沈上法、张高艳、陈立曼、柯冬琳、洪　玮、黄忠兰、程银友、童孝衡、蔡国华、蔡柔雄、潘　峰、潘步总、石献珠、朱志飞、刘纪东、李德通、吴遵岳、张志宏（区政府）、陈庆杰、陈齐武、陈余飞、郑松英、赵秀娟、郭建国、赖碎和。

（邱瑞菁）

栏目编辑　卓桂荣

温州市洞头区人民政府

千帆竞发·陈钦煅

“海霞精神”

爱岛尚武　励志奉献

“五岛连桥”精神

小县办大事　小岛创大业

概　述

【概况】2016年，洞头区实现生产总值79.42亿元，同比增长7.9%；财政总收入首次突破10亿元，达到11.51亿元，一般公共预算收入6.52亿元，分别增长20.1%和27.6%，增幅均排名全市第一；社会消费品零售总额28.7亿元，增长9.3%；城镇常住居民人均可支配收入37827元，农村常住居民人均可支配收入19907元，分别增长9.1%和8.4%。中石化LNG项目获得国家核准，电子电器科技园建成投用，诚意药业主板上市获证监会审核通过，金海蕴和永宏电气成功挂牌新三板。仙叠岩和半屏山景区完成改造提升，华中水乐园、冰雪王国等项目投入运营。总投资3.57亿美元的欢乐海岸项目正式签约，环岛西片梦幻海湾度假城项目完成概念策划。洞头先锋女子民兵连纪念馆入选全国红色旅游经典景区。全年接待游客541万人次，实现社会旅游综合收入24.5亿元，同比分别增长20.7%和20.8%。新增民宿124家、床位950张。

瓯江南口大桥基本建成、北口大桥开始主体施工，330国道灵霓海堤段、大门隧道建成通车，新垄隧道、霓新隧道贯通。编制全域景区化概念规划，完成城市特色风貌色彩规划和村庄布局规划。率全市之先实施城镇危旧房货币化改造。创成省首批“基本无违建区”。深化“五水共治”，获评省农村生活污水治理优胜区。五岛公路入选省级精品示范道路，东屏街道和东岙村、小荆村分别获评省美丽乡村示范乡镇、特色精品村。成立传媒中心、智慧城市管理中心、不动产登记中心。民宿合作社实行“一照多址”登记模式。蓝色海湾整治项目获中央财政补助3亿元，海洋生态廊道项目入选财政部第三批PPP示范项目。生态环境质量公布满意度居全省前列。两岸旅游文化经贸合作交流，达成6.6亿元项目合作意向。签约金科海上风电、浙能热电联产等8个招商项目，全年实现温商回归到位资金18.46亿元。市民文体中心投用。创成省级卫生应急工作示范区，获评省文化礼堂建设先进区。成功承办全国公路自行车冠军赛（温州站洞头城市绕圈赛）和第九届全国海钓邀请赛。实现“平安夺金鼎”目标，圆满完成护航G20杭州峰会安保任务。相关事业单位公车改革完成。

（郑　冰）

2016年7月27日，洞头区半年度重点工程建设暨有效投资推进会

重要会议

【区重点工程建设暨有效投资推进会】 2016年7月27日，洞头区召开半年度重点工程建设暨有效投资推进会。会议总结上半年重点工程建设和有效投资工作情况，分析存在问题，部署工作任务。区委书记董智武，区委副书记、区长王蛟虎参加会议并讲话。叶永辉、张志宏、王小甫、林新磊、吴志安等区四套班子领导参加会议。区发改局（重点办）、经信局（工业区指挥部）、交通运输局（交通指挥部）、农林水利局（海涂围垦指挥部）、海洋与渔业局（海港指挥部）、旅委、工务局、大小门投资公司及各街道（乡镇）作工作汇报。10月13日，洞头区召开第三季度重点工程建设暨有效投资推进会，总结第三季度重点工程建设和有效投资工作情况，分析存在问题，部署工作任务。区委书记董智武，区委副书记、区长王蛟虎参加会议并讲话。叶永辉、叶国胜、王文胜等区领导出席会议。

【区经济社会发展情况通报会】 2016年8月2日，洞头区召开上半年经济社会发展情况通报会。区委副书记、区长王蛟虎，区领导叶国胜、张志宏、张龙、褚建华、林海珊、张孚标、叶海峰、叶锦丽、赵国成、杨艾立、张释忠、叶明久等出席会议。会议要求重点发展海洋强区，坚持海洋特色发展，重视海洋牧场建设、海洋修复、“两菜”（羊栖菜、紫菜）养殖推广、增养流放等方面。同时，要着重考虑产业精细化发展，做好衔接准备。

【全域景区化规划政策研究】 2016年12月13日，洞头区召开全域景区化相关规划及政策研究成果汇报会。区委书记王蛟虎指出，全域景区化是建设海上花园的必由之路，实现海上花园不但要在全域空间上推进景区化，还要在各个领域丰富海上花园的内涵；全域景区化是充分发挥“五海”资源优势的主要抓手，要把海洋、海岛、海湾、海鲜、海霞这“五海”禀赋打造成为全域景区化的巨大优势；全域景区化同时也是实施旅游兴区战略的关键所在，旅游兴则百姓富，要基于战略考虑，全面推进全域景区化。王蛟虎要求，全域景区化概念规划是对洞头一张蓝图画到底的技术性规划。相关部门要研究谋划，充分吸收意见建议，让规划接地气、易操作。同时，成果来之不易，相关部门、街道乡镇要思想统一，协调配合，不断做精做好旅游产业、临海产业。王蛟虎强调，要树立规划就是规矩的意识，保证规划与政策顺利实施，实现一张蓝图绘到底；要强化规划刚性约束，加强成果运用、审批管理和批后监管工作；要积极推动多规合一，以规划为统领，重在实践与实施，紧抓目标，提振精气神，谋深谋实规划。区委副书记、代区长林霞主持会议。区领导叶永辉、叶海峰、张龙、叶明理、张孚标、赵国成、张释忠、叶明久等参加会议。

2016年12月13日，洞头全域景区化相关规划及政策研究成果汇报会

【区政府全体会议】 2016年1月28日，洞头区召开区政府第九次全体

2016年8月9日，洞头区政府第十次全体会议

会议。会议讨论并表决通过《政府工作报告（审议稿）》和《温州市洞头区国民经济和社会发展第十三个五年规划纲要草案（送审稿）》，研究部署全区政府系统勤政廉政工作。区委副书记、区长王蛟虎讲话，区委常委、常务副区长张志宏主持会议。副区长叶海峰、叶锦丽、吴志安、刘素婷等出席会议。8月9日，洞头区召开区政府第十次全体会议。会议回顾总结上半年政府工作，部署下半年工作任务。区委副书记、区长王蛟虎要求，全区政府系统广大干部要咬定目标，提速冲刺，确保圆满完成全年政府工作目标。区领导张志宏、张龙、叶海峰、叶锦丽、刘素婷、赵国成等出席会议。

【区政府常务会议】2016年，区政府召开常务会议16次。

1月12日，区长王蛟虎主持召开区政府第52次常务会议。会议研究讨论2016年度国民经济和社会发展主要指标和重点项目计划安排、2016年度财政预算指标安排、《温州市洞头区政府产业基金暂行管理办法》、东屏街道中心街二期改造置换实施细则、耕地占补平衡工作、相关规划调整等事宜。原则通过国家AAAAA级旅游景区周边村景观提升（洞头村至东岙顶村沿线）城市设计及半屏规划研究工作。

1月25日，区长王蛟虎主持召开区政府第53次常务会议。会议讨论研究并原则同意《2016年政府工作报告》《国民经济和社会发展第十三个五年规划纲要（草案）》《2015年国民经济和社会发展执行情况及2016年国民经济和社会发展计划草案》《2015年财政预算执行情况和2016年财政预算草案》《洞头区2016年政府和社会资本合作项目（第一批）名单》《关于加快发展现代职业教育的实施意见》，会议讨论研究医疗救助同城化事宜。

2月5日，区长王蛟虎主持召开区人民政府第54次常务会议。会议研究并通过《洞头区国有土地上危旧住宅房屋改造货币化安置试点办法》。会议要求，开展农村垃圾减量化资源化处理试点工作，要按照试点标准、试点规范等工作要求，合理做好试点村的选址、管理运行，探索改革农村垃圾传统处理方式的有效办法和模式。科学有序推进试点工作，以从源头上减少农村环境污染、从机制上完善农村卫生长效保洁制度、从根本上改善农村人居环境。会议研究推进政府法律顾问制度相关事宜。

3月14日，区长王蛟虎主持召开区政府第55次常务会议。会议研究并讨论新城二期中心轴地下空间规划、洞头区关于贯彻2016年温州中学等4所普通高中面向市区统筹招生工作的实施意见等相关事宜。

4月12日，区长王蛟虎主持召开区政府第56次常务会议。会议研究讨论大竹峙岛保护和利用规划和污水处理厂、新城二期景观绿化、生态廊道等PPP项目实施方案情况汇报，及灵昆街道需协调对接事项任务分解情况等相关事宜。

5月9日，区长王蛟虎主持召开区政府第57次常务会议。会议研究讨论污水处理厂、新城二期景观绿化、生态廊道等PPP竞争性磋商文件和项目合同、洞头区南片交通基本设施提升工程PPP项目实施、洞头文化创意产业园建设等相关事宜。

6月8日，区长王蛟虎主持召开区政府第58次常务会议。会议研究并讨论洞头区文体中心（市民活动中心二期）运营管理方案等相关事宜。

7月6日，区长王蛟虎主持召开区政府第59次常务会议。会议研究并讨论区域医疗卫生一体化发展改革等相关事宜。

7月25日，区长王蛟虎主持召开区政府第60次常务会议。会议专题学习《洞头区行政诉讼（复议）案件情况分析》，并讨论研究《2015年洞头区财政决算的报告》等相关事宜。

8月12日，区长王蛟虎主持召开区政府第61次常务会议。研究讨论户籍制度改革、城镇危旧房改造、新时期爱国卫生工作、东岙湾生态修复和环境提升项目等相关事宜。

8月30日，区长王蛟虎主持召开区政府第62次常务会议。会议研究《关于加强海岸线统筹管理和保护工作的实施办法》《洞头区“无违建区”创建实施方案》《关于加快推进全域旅游管理服务标准化的实施方案》等事宜，讨论加强海岸线统筹管理和保护、“无违建区”创建实施和推进旅游管理服务标准等工作。

9月23日，区长王蛟虎主持召开区政府第63次常务会议。会议研究并讨论“退二进三”政策及南塘片区三年行动计划方案等相关事宜。

9月29日，区长王蛟虎主持召开区政府第64次常务会议。会议研究区文体中心（市民活动中心二期）委托运营管理相关方案、小门岛石化产业基地起步区相关组团招商项目等内容。

10月27日，区长王蛟虎主持召开区政府第65次常务会议。会议研究讨论《洞头区生态环境保护“十三五”规划》《关于加快推进残疾人全面小康和进程的实施意见》《洞头区科学技术奖励办法》《洞头区文体发展“十三五”规划》等相关事宜。

11月22日，区长王蛟虎主持召开区政府第66次常务会议。会议研究讨论《洞头区2016年预算调整方案》等事宜。

12月26日，代区长林霞主持召开区政府第67次常务会议。会议研究讨论《洞头区海水养殖（海区布局）规划（2016—2020年）》《洞头区城镇住房保障“十三五”规划》等议题。

【区长办公会议】 2016年，区政府召开区长办公会议12次。

2月5日，区长王蛟虎主持召开第63次区长办公会议。会议讨论研究2016年度重点建设项目计划及相关分项推进计划、中燃华电市政配套费、北方电子（工业小区M-B3地块）、明远新材（南塘工业区A-02b地块）、信达电器、远鹏水产等四家公司土地开发建设展期和竣工验收等相关事宜，讨论研究培育新城农贸市场相关工作举措、洞头新闻综合频道落地覆盖灵昆街道、鹿西“明珠花苑”农房集聚项目建设相关事宜、区政府党组班子民主生活会会前征求意见整改落实措施等。

3月14日，区长王蛟虎主持召开区政府第64次、第65次区长办公会议。会议讨论研究2016年洞头区政府和社会资本合作（PPP）项目计划任务分配方案，会议讨论研究金海岸大酒店产权式酒店竣工延期、南炮台山临海悬崖栈道施工招标、大门大桥一期小门连接线临时便道建设项目招投标等相关事宜。

4月1日，区长王蛟虎主持召开区政府第66次区长办公会议。研究讨论区化概念规划设计招标方案等相关事宜。

5月9日，区长王蛟虎主持召开区政府第67次区长办公会议。会议研究讨论大华玻璃幕墙公司、机械汽配园回填料调剂，元觉街道小北岙采矿权挂牌，回收新城二期D006地块国有建设用地使用权等事宜。

6月12日，区长王蛟虎主持召开区政府第68次区长办公会议。会议研究并讨论重点工程推进工作相关事宜。

7月5日，区长王蛟虎主持召开区政府第69次区长办公会议。会议研究并讨论G20峰会洞头区环境质量保障方案、洞头区创建浙江省食品安全区工作方案等相关事宜。

7月25日，区长王蛟虎主持召开区政府第70次区长办公会议。会议研究并讨论洞头区工程招投标领域、市对区耕地保护考核任务、区人民医院改扩建工程等相关事宜。

8月15日，区长王蛟虎主持召开区政府第71次区长办公会议。会议研究并讨论美丽乡村示范区创建相关工作、鹿西乡加油站建设等相关事宜。

9月2日，区长王蛟虎主持召开区政府第72次区长办公会议。会议研究讨论区产业平台提升、智慧城市建设机构设置等相关事宜。

9月26日，区长王蛟虎主持召开区政府第73次区长办公会议。会议研究并讨论蓝色海湾整治建设、77省道延伸线八标段项目部驻地及堆场临时用地使用费相关等相关事宜。

11月4日，区长王蛟虎主持召开区政府第74次区长办公会议。研究讨论森林洞头建设、危旧房改造等事宜。

11月28日，代区长林霞主持召开区政府第75次区长办公会议。传达学习上级会议精神，部署近期重点工作。

（陈洪亮）

重要文件

【概况】 2016年，区政府制发文件422件，其中，洞政发40件，洞政函113件，洞政干10件，洞政办发142件，洞政办函27件，会议纪要90件。收到各类公文2105件，其中各街道（乡镇）和区直部门578件，上级文件1527件。参见《附录》栏目“重要文件选目”。

【加快特色小镇规划建设实施意见】 为加快特色小镇建设，根据《浙江省人民政府关于加快特色小镇规划建设的指导意见》（浙政发〔2015〕8号）和《温州市人民政府关于加快特色小镇规划建设的实施意见》（温政发〔2015〕44号）等要求，2016年7月18日，区政府制定出台《关于加快特色小镇规划建设的实施意见》（洞政发〔2016〕21号）。该实施意见确定重视规划引领、注重有效投资、突出产业特色原则，明确特色小镇创建内容。规定组织申报、研究审核、年度考核、验收命名等创建步骤。并在财政、用地、项目、人才等方面给予政策支持。实施意见提出力争通过3至5年努力，在全区范围内基本建成3—5个特色产业鲜明、体制机制灵活、人文气息浓厚、生态环境优美、多种功能叠加、示范效应明显的特色小镇（区）。其中，争取创成省级特色小镇1个、市级特色小镇2个，原则上要求每个街道（乡镇）至少创建1个区级特色小镇（区）。

【《进一步降低企业成本优化发展环境的若干意见》实施】 为深入贯彻落实国家、省、市有关经济工作会议精神，积极应对当前复杂严峻宏观形势，降低企业生产经营成本，减轻企业负担，优化发展环境，促进地区经济平稳健康创新发展，2016年6月6日，区政府出台《关于进一步降低企业成本优化发展环境的若干意见》（洞政发〔2016〕15号）。该意见主要涵盖降低企业税费负担、降低制度性交易成本、降低企业用工成本、降低企业资源要素成本、降低企业融资成本、落实财政扶持政策、保障措施等7方面39项内容。该意见自正式发文之日起实施，至2018年12月31日止。

（郑丹华）

民生实事项目

【概况】 2016年，区政府为民办实事项目纳入区政府重点工作推进计划，列入“八大攻坚行动”专项督查内容，全年为民办实事项目投入1.45亿元，其中财政预算安排5169.5万元。

2016年洞头区政府为民办实事项目及完成情况

表3

实施项目	实施内容	完成情况
便捷交通出行	开通洞头至温州城区公交线路、北岙至灵昆客运班线	开通洞头至温州城区151公交线路。设灵昆街道停靠站，日发班次52个，平均每15分钟就有一班车从北岙开往灵昆
	优化调整大门、鹿西对外海上客运航线，实现岛际水上客运公交化	调整大门、鹿西海上客运航线，大门潭头至元觉直达客渡航班增至每日三班，车渡每日两班，大门潭头—鹿西—元觉客渡、车渡每日环线各一班
强化医疗保障	整合优化城乡医疗卫生资源，组建医疗联合体，推进城乡医疗卫生一体化发展	整合优化城乡医疗卫生资源，组建医疗联合体，制定实施方案，推进城乡医疗卫生一体化发展
	完成区人民医院院区改造提升工程，建设投用ICU、急救中心、康复中心、内镜中心、血透室、临床技能培训中心等	完成区人民医院院区改造提升工程，建设投用ICU、急救中心、康复中心、内镜中心、血透室、临床技能培训中心等
强化医疗救助	实施同城化医疗救助制度，突破病种限制，一般困难群众年医疗费用救助封顶线从5万元提高到8万元	全区实施同城化医疗救助制度，突破病种限制，一般困难群众年医疗费用救助封顶线从5万元提高到8万元，全年共救助480人次
优化养老服务	加强居家养老照料中心规范化建设，完善助餐服务功能，照料中心村居覆盖率50%以上	印发《洞头区全面推进居家养老服务工作的实施意见》（洞政办发〔2016〕89号），制定居家养老服务照料中心星级评定标准，五星级照料中心建设补助30万以上，运行补助7万元/年。全年新建居家养老服务照料中心15家，全区累计59家，村居覆盖率57.28%
实施扶残助残工程	全区16—60周岁持证残疾人免费参加城乡居民养老保险，参保率100%	全区16—60周岁2024名持证残疾人全部免费参加城乡居民养老保险，参保率100%
稳定农贸市场物价	继续培育新城农贸市场，建立覆盖全区的农副产品配送网络，促进农副产品物价稳定	培育新城农贸市场，引入海鲜批发、小海鲜经营，开展各类宣传促销活动；建立覆盖全区的农副产品配送网络，建设农村农副产品小超市，平价菜进社区工作；建立主要农副产品价格公告制度，各农贸市场每日发布主要农副产品价格
实施城区市政配套改造提升工程	完成上新、城中社区旧住宅区改造	4月初开始项目初步设计，7月完成设计评审（因项目实施范围大，需详细排查设计情况），8月中旬完成立项，9月进场施工，预计2017年4月完工
	修复新城一期城南大道、新城大道等主干道路面、破损雨污管	9月完成项目立项，截至年底已进场施工
实施城乡亮化工程	在五岛公路沿线村庄出入口建造照明设施	完成五岛公路沿线村庄出入口、通景公路照明设施建设
	对城区背街小巷300处盲区进行路灯添置，方便群众夜间出行	添置城区背街小巷300处盲区路灯
实施城乡洁化工程	全面实施城乡环卫保洁一体化，实现全区域市场化环卫保洁	城区重点区域实行16小时保洁，其他区域8—12小时保洁，城区道路机械化清扫率72.38%，其中主干道机扫率100%
建设智慧城市	建成智慧城市指挥平台，集中处理城市运行管理问题，提高公共服务能力	成立洞头区智慧城市管理中心。完成智慧海岛城市一期项目建设，建立数据中心和智慧民生服务平台、应急指挥平台、城市运行平台，实现全区城市综合业务的统一受理、协同、考核，以及城市运行体征数据统一汇总展示、分析及预警

（郑　程）

区府办工作

【概况】2016年，区府办组织起草、修改各类讲话、汇报、总结等材料600余份；审核制发文件400余件，承担各类协调事项300余件，安排各类重要会议、活动30余次；全年编发政务要闻46期，上报省府信息703条（篇），其中省市府办采用166条，省领导批示8条，市领导批示3条，区府办获2016年省政务信息工作优秀（三等奖）；完成《全区经济社会发展思路研究》等调研报告10余篇。全年受理各类民情诉求1979件，受理件办结率99.2%，群众满意度98.87%，其中，办理区长信箱553件、收集民情问题1097件（含街道乡镇民情处置）、承办市长专线（网络问政）429件。全区主动公开政府信息36779条，接收信息公开32件，其中区府办接收依申请公开8件，无因依申请公开而引起的行政复议。

开展区政府重要决策“一月一督查”，推行分级督查，民生实事类项目实行每月1—2次现场督查，重点建设项目、重要创建工作开展实时跟踪督查。同时，健全第三方评价机制，发挥媒体监督，建立民情监督员队伍，重大决策和重要部署工作实行区领导或分管领导挂牌督办，督查情况纳入部门年度目标绩效考核体系。全年区政府重要决策督查项目436项，其中按计划要求完成的328项、占75.2%，延期完成的24项、占5.5%；按计划推进的84项、占19.2%。

（庄瑞鹏、郑 程、郑德江）

突发公共事件应急管理

【概况】2016年，全区发生突发公共事件150起（不包含安全生产事故），均为一般性事件，死亡3人（道路交通事故死亡2人，渔船捕捞作业及运输生产事故死亡1人）。发生各类安全生产事故2起，同比下降90.9%；死亡3人，同比下降57.1%。社会安全形势为历年最好。全年受理应急联动报警1377起，同比下降5.16%，群众满意度99.86%。

区应急办升格为副科级机构。调整区社会应急联动单位响应级别，建立洞头区级危化应急专业队。全年更新《温州市洞头区自然灾害救助应急预案》《温州市洞头区重大食品安全事故应急预案》等区级专项预案20个，制定《温州市洞头区危旧房屋安全应急处置预案》和雾霾天气灵霓道路通行应急预案，《灵霓北堤防风浪通行安全应急预案》降为部门预案。建立航空应急救援体系，完成大门、鹿西2个离岛直升机应急救援点建设。举办防汛业务、应急救援技能等应急培训85次。开展公路塌方、在建水上工程、矿山火灾、地震桌面推演等各类应急演练174次。组织开展国土地质灾害隐患点整治34处（滑坡17处，崩塌16处，泥石流1处）。鉴定避灾安置场所安全情况76处，调整和修缮部分避灾点。是年，洞头区获国家级地质灾害防治高标准“十有县”称号。结合“5.12防灾减灾宣传周”“9·18人防宣传周”等活动，开展“应急包进家庭”活动试点，全年开展各类宣传培训194次，发放防震减灾、突发事件应急小手册、卫生应急宣传知识等各类应急宣传资料4万余份。全年制作发放应急联动车辆标识4000个，更新应急联动背心100件。

【洞头区获“2016年度全国地质灾害防治高标准‘十有县’”称号】（参见《环境保护·国土资源》栏目“国土资源”分目）

【洞头区危险化学品专业应急救援队成立】2016年7月12日，洞头区危险化学品专业应急救援队成立揭牌仪式在市公安消防局洞头区分局举行。应急救援专家现场授课。救援队成立，旨在提高应对处置突发事件能力，有效处置突发事件、最大限度地保障人民群众生命财产安全。财政安排30万元专项资金用于购置重型生化服等各种专业设备。

2016年7月，洞头区危险化学品专业应急救援队成立

【大门、鹿西直升机应急救援点建设】2016年12月12日，大门、鹿西直升机应急救援点开工建设。该应急救援点属岛屿自然灾害临时安置点场平工程，位于大门镇潭头码头和鹿西车渡码头。大门镇潭头码头建设场地面积294平方米，包括结构建筑、标线及配套设施；鹿西车渡码头建设场地面积900平方米，包括标线及配套设施。工程建设单位为温州市洞头区交通工程建设指挥部，设计单位为洞头区规划建筑设计院，施工单位为温州正博建设工程有限公司，温州雄邦项目管理有限公司负责施工监理。工程于2017年2月25日完工。投资经费27万元。

（林逾静）

电子政务

【概况】2016年，洞头区电子政务完善浙江政务服务网建设、提升电子政务系统平台建设水平、打造数据管理中心，大力推进智慧城市项目建设。电子政务网络覆盖全区所有部门、街道（乡镇）、社区（村），形成三级联网，网络覆盖率100%，电子政务网接入单位107个，裸光纤80余条，接入终端6000余台。

【智慧城市项目建设】2016年，完成基础设施建设一期项目，初步整合共享部门数据资源，建成智慧城市数据中心人口、企业、GIS和视频四大基础数据库。搭建智慧民生服务、城市运行管理和城市应急指挥三大平台，试点开发智慧旅游、智慧交通、智慧海洋等智慧应用。引入智慧城市管理架构，成立统一管理机构，投用统一指挥大厅等硬件设施。项目建设单位为电信股份有限公司温州分公司和杭州天翼智慧城市科技有限公司联合体，项目建设资金3200多万元，采取企业一次性投入建设，政府以购买服务方式分5年回购。

【OA办公系统应用】 截至2016年底，洞头区政府协同办公（OA）系统拥有注册用户2125人，日均在线数500人；电子公文交换平台涵盖区、街道（乡镇）和部门、社区（村），交换单位165个，全年总发布电子公文1.4万份，累计传输电子公文约7.4万份。开发手机OA系统，实现远程随时随地签批文件。

【门户网站建设】 2016年，“中国洞头”门户网站发布各类政务动态信息7761条，日点击率2万余次。39个政府部门网站向浙江政务服务网政府用户平台迁移，实现部门网站集约化。

【政务服务网建设】 2016年，洞头区依托浙江政务服务网公开发布权力清单、责任清单、负面清单、部门专项资金管理清单。全区37家部门单位公开行政权力4651项、“最多跑一次”事项公开2批次1130项、公共服务事项公开567项。

（陈晓明）

行政审批服务管理

【概况】 2016年，区审管办（公共资源办）审批收件27192件，办结27042件，办结率99.49%，提前办结14854件，提前办结率98.71%；完成各类交易493项，总交易额8.35亿元。其中工程建设交易99项，交易额6.28亿元，比预算价降低13.05%，节支0.94亿元；政府采购376项，交易额1.08亿元，比预算价降低11.44%，节支0.14亿元；产权交易4项，成交额1732.62万元，增幅0；土地交易14宗，成交额8145.02万元，增幅0.68%。

是年，区审管办（公共资源办）获评温州市行政审批与公共资源交易创新服务先进集体。

【审批服务】 2016年，区审管办成立区行政审批服务队，开展基建项目行政审批优质服务活动，主动上门对接服务重点建设项目。把服务窗口延伸到群众家门口，解决离岛偏远群众办事难问题。推出预约上门服务制度，方便群众办事。群众可通过现场预约、服务专线（59398585/558585）预约、“洞头便民服务厅”微信公众号预约3种模式申请办件；推广“网上受理，办件送达”审批服务，将EMS服务引入区行政服务中心，3月始实行“邮政送达，政府买单”。

【商事制度改革】 2016年，区审管办落实注册资本“认缴制”“五证合一、一照一码”“先照后证”“简易注销登记”等改革措施，把食品流通许可证、餐饮服务许可证合为食品经营许可证，降低市场准入门槛。民宿登记允许以合作社、个体工商户、公司等组织形式登记，率先在全省范围内推广民宿合作社 “一照多址”登记模式；推进全程电子化登记，运用“互联网+政务”，实现企业“网上申请、网上受理、网上审核、电子营业执照、快递送达”一条龙电子化登记；推行跨层级联动“同区通办”审批，依托网上审批系统平台，下放审批权限，把大门镇、鹿西乡辖区内的食品经营许可、个体工商户登记、企业设立登记受理、审核、现场核查、发证等事项委托大门市场监管所办理；全面落实“先照后证”改革，制定出台《工商登记后置审批事项目录清单》，实现商事主体资格登记和经营资格登记分离，同时落实“先照后证”改革后“双告知”制度。

【审批监督管理】 2016年，区审管办开展长期显示“补件”“公示”“勘察”办件督查，对不受理、不审批的办件几时介入督查，确保“否决事项双告知”制度执行到位；实行电子评价和短信评价制度，以及每月档案内审和电话回访制度，全程跟踪每件办件。修订行政审批窗口考核方案，每月考评，考评结果与评优评先、奖金挂钩，实行每周巡查制度，定期督查窗口及工作人员日常工作表现，并将结果及时挂群公示；制定《2016年度洞头区民主评议行风暨千人评审批类窗口考评方案》，审批中心所有窗口列入行风评议，及时通报评议结果，强化结果运用。

【工程建设领域招投标市场专项治理】 2016年7月，区审管办牵头成立专项检查小组，对2013年以来未按规定招投标的项目进行排查，对省委巡视组点名的8个建设项目重点检查，并延伸检查建设项目63个，分析研判工程70余个，其中重点对30余个疑似未按规定项目逐一审查和专项审计。对2013—2016年应进未进平台事项开展梳理，同时申请全面取消招投标代理会员制，规范专家评标库管理。全年限额以上直接发包占中心平台总直接发包项目交易额39%，比上年同期下降25%，数量较2015年减少67.7%。

【电子招投标平台建设启动】 2016年1月，区审管办按照国家、省市统一标准、数据规范和要求，以“全流程、全范围”为目标，整合全区公共资源交易信息资源，启动电子招投标平台建设。截至年底，完成软件开发与测试、硬件采购和机房建设，做好与省市数据对接。投入资金52万元。委托杭州擎洲软件公司建设运营。

（苏姗姗）

机关事务管理

【概述】2016年，区机关事务管理局接待来宾384批3782人次，先后完成省委巡视组、市委考察组巡视、考察期间后勤保障工作，配合做好中央、省市领导考察调研、“比学树”等重大活动后勤保障。推广节能技改，实现全年人均综合能耗同比下降2.02%，人均水耗同比下降2.98%，单位建筑面积能耗同比下降1.84%。完善安保软硬件设施建设，添置防爆毯等反恐器材，完成“G20”杭州峰会期间等重点时期机关大院及行政服务中心安保任务。落实区政府机关食堂菜品留样备检制度，开发菜肴新搭配、新品种。完成区行政服务中心后勤配套设施建设，包括行政服务中心“微型消防站”、行政服务中心地下智能停车识别系统、行政服务中心食堂“阳光厨房”等系列项目。全年公务用车安全行车总计730余万千米，有力保障25次大型会议、活动用车。

【公务用车制度改革】2016年4月，为推进公务用车制度改革，规范公务用车运行管理，有效降低行政成本，洞头区按要求启动公务用车改革，制定实施方案、区域内岛际间（离岛后）车费报销办法和区域外公共交通包干报销办法，组建公务用车管理服务平台，明确公务用车服务保障范围和服务流程，严格把握“车贴审查、车辆留用、人员分流、车辆上缴”等环节。9月开始执行。全区涉改65家单位、参改人员1240名、司勤人员112名、涉改车辆239辆。全区公车改革后总支出2586.90万元，同比减少298.10万元，车改节支率10.33%。截至年底，全区公车改革后保留公务用车185辆（不含事业单位），其中应急公务调研车63辆、执法执勤用车68辆、特种专业技术用车54辆。

【办公用房“五统一”管理】2016年，区机关事务管理局完成原民政大楼、原社保大楼、老法院办公楼修缮工程和原审批大楼等7处办公用房修缮，统一调配单位办公用房18家，调剂面积约2.24万平方米。推进办公用房统一权属登记，建立区级机关办公用房数据库，对办公用房实行动态管理，分批分期做好产权转移变更登记。全年移交房产70处，产权登记24处，建筑面积约13.04万平方米，占全区办公用房面积84.3%。完成区机关4幢宿舍楼住户搬离腾空，腾空率100%。

2016年9月8日，洞头区公务用车制度改革工作推进会

【公共机构节能】2016年，区机关事务管理局启动全区首个公共机构光伏发电项目——洞头区第二中学分布式光伏发电项目建设。在区行政服务中心停车场引进安装洞头首家集新能源汽车充电、车牌识别停车、照明节能为一体智能型停车场，建设新能源汽车充电桩22个。安装推广5个街道（乡镇）、单位会议室LED节能灯，实现全区公共机构LED节能灯普及率65%以上。

【洞二中太阳能分布式光伏发电项目开工】2016年11月，全区首个公共机构光伏发电建设项目——洞头区第二中学太阳能分布式光伏发电项目施工。该项目建设面积约3500平方米，装机容量约0.5兆瓦，年发电量约50万千瓦时。总投资250万元，项目以BOO方式由上海中楷（集团）有限公司投资建设、运营维护，实行合同能源管理。

【“健康驿站”投用】2016年12月，洞头区机关单位干部职工健康体检场所“健康驿站”建成投用，全天候开放。“健康驿站”配有医用人体秤、全自动血压计、血糖血脂分析仪、心血管功能检测仪、心里与精神压力测试系统评估一体机等各种体检器材。“健康驿站”是根据慢性病防控工作的现实需求，旨在改善人们生活方式，将传统的医生管理病人模式转变成医患结合、病人自助参与的新模式。

（叶明磊）

栏目编辑　卓桂荣

政协温州市洞头区委

夕照渔村 · 陈建辉

“海霞精神”

爱岛尚武 励志奉献

“五岛连桥”精神

小县办大事 小岛创大业

概　述

【概况】2016年，区政协召开常委会议5次、主席会议6次。组织调研考察国家级海洋公园建设、畜牧业整治、城市管理“治乱”工作、环境综合整治提升、“大拆大整”、民宿经济发展等18次，完成《立足海岛特色，做优民宿经济》等调研课题3篇。区政协七届五次全委会期间，收到提案87件，立案81件，其中，委员个人提案65件，联名提案16件。全年立案交办提案81件，满意率100%，会商率85.29%。

区政协认真履行政治协商、参政议政职能，围绕全区经济社会发展大局，完善协商机制，提升协商实效。组织参加区党外代表人士、党外干部培训。加强与在外委员、洞头籍企业家沟通联系，组织开展异地商会、在外知名人士走访活动。编辑出版《余之介》文史资料，完成《政协主席谈政协》等文史资料编写工作。全年区政协共编发社情民意16期，3期专报被省市政协采用。其中《关于我省民宿经济发展的建议》《瓯江口非法采砂屡禁不止亟待深层治理》被市政协采用；《关于我省发展碳汇渔业的建议》被省政协采用，并获省政府副省长孙景森批示。

重要会议

【政协第七届洞头区委员会第五次会议】2016年3月1—4日，政协第七届洞头区委员会第五次会议在北岙召开。参加委员158名、列席146名，邀请市民代表旁听100名。会议审议通过叶国胜代表政协第七届

2016年3月1—4日，政协第七届洞头区委员会第五次会议

洞头区委员会常务委员会所作的工作报告和吴金弟代表政协第七届洞头区委员会常务委员会所作的提案工作情况报告。12名委员就时尚产业发展、基层法治文化建设、打造智慧城市建议、旅游景区提升等方面作大会发言。会议提交提案87件，审查立案81件，其中联名提案16件。

【区政协主席会议】2016年，区政协召开主席会议6次。

2月5日，召开区政协七届四十六次主席会议。会议协商通过关于召开政协第七届温州市洞头区委员会第五次会议的决定（草案）；协商通过政协第七届温州市洞头区委员会第五次会议报告人建议名单、政协第七届温州市洞头区委员会第五次会议议程（草案）、日程（草案）、政协第七届温州市洞头区委员会第五次会议提案截止日期（草案）、调整、增补政协温州市洞头委员会区委员会委员建议名单、政协第七届温州市洞头区委员会第五次会议邀请在主席台就座人员建议名单、政协第七届温州市洞头区委员会第五次会议各次大会执行主席及主持人建议名单、政协第七届温州市洞头区委员会第五次会议大会副秘书长建议名单、政协第七届温州市洞头区委员会第五次会议列席人员建议名单、政协第七届温州市洞头区委员会第五次会议委员和列席人员编组名单、政协第七届温州市洞头区委员会第五次会议各组召集人建议名单、关于授权主席会议审议政协第七届温州市洞头区委员会第二十九次常委会议未尽事宜；通过相关人事任免；研究政协第七届温州市洞头区委员会第二十九次常委会建议议程等。

3月31日，召开区政协七届四十七次主席会议。会议审议区政协常委会2016年工作要点、重点提案和对口提案；审议人事事项等。

5月13日，召开区政协七届四十八次主席会议。会议研究决定区政协机关“两学一做”学习教育事宜；研究区政协班子调研课题等。

7月20日，召开区政协七届四十九次主席会议。会议研究免去吴金弟党组副书记职务，提议常委会免去其副主席职务；研究第32次常委会议程等。

12月6日，召开区政协七届五十次主席会议。会议根据区委提议，协商同意杨艾立不再担任政协温州市洞头区委员会副主席职务；协商通过第三十三次常委会建议议程。

【区政协常委会议】2016年，区政协召开常委会议5次。

2月5日，召开区政协七届二十九次常委会议。会议协商通过关于召开政协第七届温州市洞头区委员会第五次会议的决定（草案）；协商通过政协第七届温州市洞头区委员会第五次会议报告人建议名单、政协第七届温州市洞头区委员会第五次会议议程（草案）、日程（草案）、政协第七届温州市洞头区委员会第五次会议提案截止日期（草案）；协商通过调整、增补政协温州市洞头区委员会委员建议名单、政协第七届温州市洞头区委员会第五次会议邀请在主席台就座人员建议名单、政协第七届温州市洞头区委员会第五次会议各次大会执行主席及主持人建议名单、政协第七届温州市洞头区委员会第五次会议大会副秘书长建议名单、政协第七届温州市洞头区委员会第五次会议列席人员建议名单、政协第七届温州市洞头区委员会第五次会议委员和列席人员编组名单、政协第七届温州市洞头区委员会第五次

区政协赴大门开展“六送下乡”活动

会议各组召集人建议名单、关于授权主席会议审议政协第七届温州市洞头区委员会第二十九次常委会议未尽事宜；会议研究人事任免等。

3月3日，召开区政协七届三十次常委会议。会议听取各组对区政府、区政协、区法院、区检察院报告以及区“十三五”规划纲要讨论情况汇报；听取各组对区政协七届五次会议决议（草案）讨论情况汇报；审议通过区政协七届五次会议决议（草案）、区政协提案委员会关于提案审查情况报告（草案）。

4月1日，召开区政协七届三十一次常委会议。会议协商通过温州市洞头区政协常委会2016年工作要点、温州市洞头区政协2016年重点提案和对口提案；审议通过人事任免等。

7月25日，召开区政协七届三十二次常委会议。会议传达学习换届工作相关文件精神；听取《2016年上半年政协常委会工作报告》；审议通过相关人事任免，同意吴金弟辞去政协第七届温州市洞头区委员会副主席职务。

12月8日，召开区政协七届三十三次常委会议。协商同意杨艾立不再担任政协第七届温州市洞头区委员会副主席职务。

重要活动

【湾区经济保护和开发调研】2016年，区政协围绕湾区经济保护和开发，成立专题课题调研组，多次深入大小门石化产业基地、大小门岛港区LNG项目、大门港口促淤堤项目等考察调研，形成加快洞头区湾区经济发展调研报告，提出“优化发展环境，做大临港产业；整合港口资源，打造温州大港；补齐交通短板，凸显区位优势；突出海岛特色，做强‘湾区旅游’等方面建议，助推洞头经济发展。

区政协主席叶国胜率政协委员参加“五水共治”民主监督“万千行”活动

【经济社会发展专题资政会】2016年8月3日，区政协召开洞头经济社会发展专题资政会，常务副区长张志宏代表区政府通报洞头区上半年经济社会发展情况及下一步工作任务，区委副书记、区长王蛟虎参加会议。区政协领导班子和各委（室）主任围绕洞头撤县设区之后经济和社会发展与区领导面对面协商，提出“走差异化、发展之路，重视海洋牧场建设、启动洞头峡大桥景观绿化、做好政府PPP项目策划包装”等20多条意见建议。

【“五水共治”民主监督“万千行”活动】2016年，区政协组织委员参与“五水共治”民主监督“万千行”活动，制订“‘五水共治’万千行”专项集体民主监督方案，组建6个民主监督小组，以小分队、小团组形式，不打招呼、不定时间、不设路线，实地明察暗访，着重围绕农村生活污水处理、“河长制”落实促流域治水等方面，采用协商、考察、座谈等方式，深入农村污水治理工程、海滨河和长坑河等河道，开展专项跟踪监督，就“环境综合治理提升”“大拆大整”“畜牧业整治”“河道整治”等工作建言献策，助推“五水共治”工作。

【环境综合整治民主监督】2016年4月22日，区政协组织委员开展环境综合整治提升工作监督。督查组实地查看霓屿坝头、下社番薯岙外侧空地、桐岙村海鲜点、状元南片洞头峡大桥桥头、望海楼景区东郊村段、白迭隧道转弯处、沙岙村口、小长坑村及蓝港花苑周边环境治理、违章建筑整治、交通秩序整治等情况。针对个别周边环境卫生长效管理机制落实不到位，部分群众随意堆放杂物，偏僻周边存在垃圾堆放等问题提出建议意见。

【“一打三整治”联合监督】2016年6月14日，区政协联合区人大开展“一打三整治”工作监督。督查组一行查看区渔船安全救助信息中心，观看渔港实景显示和渔船船位动态展示及出海巡查海洋海岛生态保护情况。针对存在问题要求相关部门加大执法管理力度，强化海洋生态整治修复，把洞头打造成全国最具标杆意义的国家级海洋公园。

【《余之介文集》出版】2016年1月，《余之介文集》正式出版，该书由区政协文史资料委员会编辑，辑入余之介的自传、政论杂文、史地专著等作品，收录余之介战友、同事、亲属的回忆文章，真实再现了这位19世纪20年代投身革命，并长期从事党的统一战线工作的共产党员革命的一生。该书为1/32开本，由中国文史出版社出版。全书共计29万字。特邀主编邱国鹰。

提案工作

【提案办理】2016年，区政协七届五次会议提交提案87件，审查立案81件，交39个部门单位办理。委员提案反馈率100%，满意率91.36%。提案者对第一次办理结果表示满意74件，占91.36%；基本满意的7件，占8.64%。确定《关于加快区域医疗联合体（医疗集团）建设，提升区域医疗能力的建议》等3件重点提案。坚持区政协领导领衔督办制度，通过调研考察、跟踪督办等促进办理落实。《关于扶持渔民画发展的建议》等5件提案作为对口提案，加强协商沟通，召开专题协商会，落实相关跟踪督办措施。区政协督办《关于要求在77省道一侧设立灵昆农产品集散中心的提案》，搭建协商平台，实地考察督促提案办理落实情况。

2016年温州市洞头区政协重点提案目录

表4

案　由	提案人	主办单位	会办单位
关于加快区域医疗联合体（医疗集团）建设，提升区域医疗能力的建议（第80号）	洋海境	区卫生计生局	—
关于洞头打造“智慧城市”的建议（第32号）	陈赛玉	区经信局	区府办、区科技局、电信洞头分公司
关于要求在77省道一侧设立灵昆农产品集散中心的提案（第9号）	周树和	瓯江口管委会	灵昆街道

政协委员

【概况】2016年末，洞头区市政协委员10名，其中女委员3名，占30%；区政协委员158名，其中女委员43名，占27.22%。

【委员名录】市政协委员：

叶国胜、林新磊、蔡柔雄、陈盈盈、许曹鲁、吴华征、罗进勇、周素友、林海珊、释芳振。

区政协委员：甘世长、石耀光、叶　明、叶松飞、叶国胜、纪玉华、苏宇曲、李阿安、李金星、杨小军、吴兹敏、余汉江、余余钱、沈加亮、张　杰、张和平、张忠强、张海山、张海珍、张瑞静、陈后安、陈国平、陈建明、范亚成、林小华、林秀莲、林郁峰、周必东、郑安良、郑若斌、郑祥飞、柯华荣、柯伟浩、俞　俊、袁顺仕、倪瑞瑜、黄立华、黄正定、黄蓓蕾、童王平、蔡成德、王传富、王振炎、方　萍、甘良益、石建光、叶明久、叶珠权、朱灵奇、朱荷莲、任秉钧、许丽芳、吴思强、沈　峰、陈占基、陈宪平、陈胜周、陈信敏、陈勤祥、陈增松、林孙林、林海萍、金小海、金秀燕、周树和、郑元龙、郑西平、郑建林、黄忠兴、黄莉莉、曾华越、虞建华、薛立华、叶凌志、庄明松、许志攀、苏　娅、李伯庆、杨迎炜、张志强、陈　肃、陈成乔、陈素祯、陈献英、林加雄、南薇薇、施丽萍、洪文才、郭顺清、唐　琳、董飞存、颜厥明、庄小萍、庄海民、刘德成、许曹鲁、李慧玲、吴金弟、吴朝阳、陈增远、林　丽、林少珍、林建斌、林高承、周爱民、郑子阳、郑立婷、洪正金、曾华铭、戴华娒、王秀兰、王爱兰、叶明收、庄永育、孙月芬、苏丽华、杨艾立、杨细珠、张正强、张高永、陈群斌、林玲玲、林碎春、郑晓华、季晓瀚、郑海凡、洋海境、柯友疆、侯合丽、黄丽燕、梁友谊、童海光、曾　嵘、曾春萍、王祖成、叶建水、朱永光、朱建忠、苏友谊、余雪琴、应　钧、张秀钗、张释忠、陈仁毅、陈后群、陈素萍、陈赛玉、林海燕、卓桂贞、郑声良、郭银生、唐建业、黄明华、释延源、释芳振、谢阿伍、蔡旭华、潘国波。

（戴冰凌）

栏目编辑　曾焕定

社会团体

繁忙的渔村 · 陈姝樾

“海霞精神”

爱岛尚武 励志奉献

“五岛连桥”精神

小县办大事 小岛创大业

总工会

【概况】洞头区第八届工会委员会两委委员30人。截至2016年底，全区基层工会283家，工会会员1.32万人（不含联合工会会员人数），其中行业工会6家、机关事业单位工会102家、乡镇（街道）总工会6家、社区工会18家、村级工会18家、企业工会133家。

2016年，区总工会集中开展工会"组建季"活动，全区新增工会13家，涵盖单位48家，新增职工会员近700名。续签协议建会企业73家，续签率98.6%。推荐省五一劳动奖章1人，市级以上工人先锋号3家。组织全区重点工程11个项目参与重点工程示范性立功竞赛，覆盖职工1368人。组建职工志愿者巡防队20余支参加"护航G20"职工治安巡防排查行动。开展"中国梦·劳动美"职工美术书法摄影评展、劳模风采展，流动"职工大讲堂"进企业宣讲等活动。组织区第四届千名职工环岛跑比赛、温州市职工文艺宣传基层行洞头专场、"书香润职工"送书进职工书屋、文化礼堂等文体活动，累计参与职工群众1万多人次。联合组织区消防技能、应急救护和市场营销技能三项大赛，参与职工近1万人次。

开展"劳资争议大排查、矛盾纠纷大化解、维权帮扶大关爱"，排查化解劳动争议3起，为农民工讨回薪款8万余元。全年举办各类普法维权宣传10余场次，覆盖职工3000多人次。组织慰问活动4次，覆盖全区34家单位1550名职工，慰问用品10万元。帮扶116名困难职工30.36万元，免费为区重点企业106名优秀员工赠送返乡车票，办理职工综合医疗互助保障2.19万人次，互助保障赔付资金61万余元，惠及职工294人。全年组织各基层单位56批次1993名职工参与休养。探索工会干部队伍创新管理机制，配备兼职副主席2名，考录3名职业化工会工作者专职下挂基层街道（乡镇）。是年，温州金海岸开元度假村成为温州市劳动模范疗休养基地。

【洞头区工会第八次代表大会】2016年6月15—16日，温州市洞头区工会第八次代表大会在洞头剧院举行，全区130位职工代表参加。会议听取区总工会七届委员会工作报告、区总工会七届委员会财务工作报告及区总工会七届经审委员会工

2016年6月15—16日，洞头区工会第八次代表大会

作报告。会议选举产生新一届工会领导班子，选举兼职区总工会副主席2名。市政协副主席、市总工会主席王益琪，区委书记董智武，区委副书记、区长王蛟虎等出席。

【千名职工环岛跑比赛】 2016年4月28日，“加快同城发展、建设海上花园”千名职工环岛跑比赛在国际放生台举行。全区41个代表队925名选手参加。比赛分为6个组别、4条路线，总赛程在1500米到5000米之间。卓桂华、林帆、丁保根分别获男子老中青三组冠军，张良彩、张乐微和杨燕辉分别获女子老中青三组冠军。区领导董智武、王文胜、张志宏、汪慧平、严卫星、张孚标、徐彬、张释忠等参加。

【洞头区民宿联合工会成立】 2016年9月19日，温州市洞头区民宿联合工会成立。全区14家民宿业主23名职工代表参加会议，选举产生洞头区民宿联合工会第一届委员会、经费审查委员会和女职工委员会组成人员。民宿联合工会是温州市首个民宿业联合工会组织。目前洞头区民宿220家，床位2130张。

【洞头区劳模协会成立】 2016年9月12日，洞头区劳模协会成立大会召开。会议总结区劳模联谊会五年工作成绩，部署工作任务。大会听取和审议温州市洞头区劳模工作报告、劳模协会章程（草案）、劳模协会选举办法（草案）等，选举产生温州市洞头区劳动模范协会第一届理事会理事。区委副书记王文胜出席会议。

【区第32届“海疆杯”篮球赛】 2016年7月10—14日，区第32届“海疆杯”篮球赛暨第三届“篮协杯”篮球赛在新城广场和洞头一中篮球场举行。12支代表队200余名职工参加比赛。经过5天36场比赛的激烈角逐，教育代表队获冠军，霓屿街道代表队和公安代表队分获亚军、季军。赛事由区总工会、区文体局主办，区篮协承办。

2016年7月10—14日，区第32届“海疆杯”篮球赛

【金海岸开元度假村获“温州市劳动模范疗休养基地”称号】 2016年5月24日，“温州市劳动模范疗休养基地”授牌仪式在温州金海岸开元度假村举行。金海岸开元度假村被温州市总工会授予“温州市劳动模范疗休养基地”，成为洞头区首家疗休养基地。温州金海岸开元度假村是一个以度假养生、休闲娱乐、户外运动和亲子旅游为主题的特色综合性度假酒店。全年接待省内工会职工疗休养团队近60批次5000余人。

（胡俊彪）

共青团

【概况】 2016年底，洞头区青年团员8911人，其中女团员4241人；全年新发展团员350人，其中女团员183人；全区基层团委15个，团工委24个，团总支11个，团支部392个，其中新增基层团委1个、团工委10个。全区少先队员7626名，少先队辅导员245名，少先队大队部16个，少先队组织建队率100%。

团区委全年组织开展团干部读书会、“海霞青春集训营”、青年学坛、流动团校等各类教育培训17次，培训各级团干部约1000人次。组织开展专题调研、座谈活动12场次，形成调研报告6篇。实施团干部“1+100”联系服务青年制度，全区各级团干部联系青年7105名。坚持“建活”并重，全区373家基层团组织优秀率60.2%，达标率87.5%。

是年，团区委获市级“五四红旗团委”称号。

【王阳调研洞头】 2016年6月17日，团中央统战部副部长王阳率队到洞头调研。调研组一行人先后走访红色印迹馆、洞头先锋女子民兵连纪念馆、青少年活动中心、东岙村等地，察看了解海霞营地青少年校外阵地、洞头区队长学校及新青年下乡思想政治基地建设和快乐小屋志愿服务、“旅行家”智慧旅游休闲驿站、羊栖菜体验店等青年创业项目。区领导王文胜、林新磊等参加调研。

【青年创业创新】 2016年，团区委组织实施共青团“电子商务进万村工程”“硕博服务团助力小微企业”计划，联合区经信局、区供销

2016年6月17日，团中央统战部副部长王阳到洞头调研

社运作“一村一店一网”项目，引导青年投身电子商务创业创新，覆盖村级服务网点102个，评选优秀创业创新项目65个。筹建青年众创空间，依托南塘工业园、杨文工业园、电子商务产业园等三大园区搭建青年电商创业平台，入驻青年企业14家，累计孵化创业项目5个，产值约1亿元。组建青年企业家协会网商联盟，成立青年创业学院。举办网络创业创新技术培训和青年创业创新沙龙9期，培训创业青年1000余人次。推出“丰收青年卡”“青春‘贷’动梦想”计划和“扬帆工程”项目，解决青年电商创业融资难题，为15家青年电商企业授信350万元，帮扶创业贷款项目65笔，惠及就业青年300多人。

【青年志愿服务】 2016年，团区委依托志愿汇APP平台，推行志愿服务星级认证和积分制管理。成立大沙岙景区幸福志愿站。以“三大专项志愿行动”为抓手，开展“弘扬志愿精神·助力大拆大整”五个一活动，成立“大拆大整”青年突击队32支，开展“大拆大整”政策微宣讲21场，14个志愿服务组织结对挂钩28个重点村（居）。开展城市管理“治乱”志愿行动，通过“治五乱·宣传进校园”“斑马线·礼让送鲜花”“啄木鸟·市容美化清理”“随手拍·设施破乱整治”“排队日·文明乘坐公交车”“爱心助考·为学子护航”等形式，组织志愿者参与城市精细化管理工作。开展“整治综合环境·共建海上花园”专项行动，发放倡议书1200份，参与2000余人。举办“青春护航G20·平安志愿我先行”平安志愿者誓师大会，成立区平安志愿者大队，7个街道（乡镇）组建中队，各村（居）成立分队。开展平安宣传、治安巡逻防控、矛盾调解等11项平安志愿服务活动200余次。

【中国少年先锋队温州市洞头区第四次代表大会】 2016年5月24—25日，中国少年先锋队温州市洞头区第四次代表大会举行，全区825名少先队员代表参加。大会听取并审议通过相关工作报告，选举产生洞头区第四届少工委，何掌霞、季晓瀚当选为主任。大会表彰洞头区第六届“十佳少先队员”“十佳少先队辅导员”和“少先队事业功臣”。区领导董智武、叶永辉、王文胜、王小甫、汪慧平、张贤孟、林新磊、吴金弟等出席。

【“万朵鲜花送雷锋”活动】（参见《文化·传媒》栏目“广播电视”分目）

【胡婷婷当选十四届浙江团省委常委】 2016年12月8日，共青团浙江省第十四次代表大会一次全会选举产生常委14名，洞头先锋女子民兵连副政治指导员兼团支部书记胡婷婷名列其中。胡婷婷，女，汉族，浙江洞头人，中共党员，于2007年11月加入洞头先锋女子民兵连，凭借极高的悟性和自我奉献精神，从一名普通民兵快速成长为连队骨干，历任班长、排长、副政治指导员兼团支部书记等职务。参加洞头先锋女子民兵连建连50周年、55周年军事演习、南京军区郭兴福教学法50周年纪念活动和浙江省四套班子军事日活动等大型活动。先后获洞头县“优秀女民兵”“优秀骨干女民兵”称号。并在南京军区郭兴福教学法50周年纪念活动集训中获集体三等功。2013年，参加中国共产主义青年团第十七次全国代表大会。

【第三届洞头区“互联网+”青年创业创新大赛】 2016年7—8月，洞头区举办“农信杯”洞头区第三届“互联网+”青年创业创新项目大赛。经选拔，15个参赛项目入围决赛，结果虾卜网店项目获一等奖，嘉冠盆栽管家、荷忆·花居民宿项目获二等奖，洞头生态旅游圈开发、半山云居、洞头东屏旅行家民宿客栈项目获三等奖。大赛评出创新奖3名，人气奖1名。15个获奖项目获300万元信贷扶持和省扬帆工程50万元无息资助资金扶持。活动由团区委、区委渔农办、区委人才办、区科技局、区工商联、洞头农村信用联社共同主办。

【“五四”青年节“快闪影片”活动】 2016年4月24日，“五四”青

2016年7—8月，区第三届"互联网+"青年创业创新项目大赛

年节系列活动之"快闪"活动在东屏街道举行。此次"快闪"活动分儿时记忆、青春激扬、红歌嘹亮三个篇章。活动旨在通过青春时尚的方式，集结机关、企业、学校、农村等青年，用歌声、舞蹈展现洞头青年朝气蓬勃、奋发向上的精神风貌，向社会传递青春正能量。活动由团区委、东屏街道办事处主办，东屏街道团工委、区流行音乐学会承办。

（陈茜茜）

妇女联合会

【概况】 2016年，洞头区共有街道（乡镇）妇联7个、妇工委1个、单位妇委会25个、行政村（居委会）妇女代表会87个、社区妇联6个。街道（乡镇）妇联主席7名，机关企业单位妇工委、妇委会主任26名。

是年，成立洞头区海霞关爱基金和巾帼创业创新促进会，设立洞头区巾帼创业创新实训基地，举办"农信杯"洞头区首届巾帼创业创新大赛系列活动和月嫂、电子商务、乡村旅游等培训。组织"巾帼文明岗"互学互比活动，评选巾帼民宿示范点5个，最美巾帼民宿15家。开展"巾帼护航G20·美丽行动促发展"系列活动，启动妇儿十大公益服务项目，推进公益课堂进妇女之家、女童保护、早教课堂、女性课堂等霞光关爱项目实施。全年举办女性课堂12期，受益女性1000余人次。评选"最美妇女主任""最美女性社会组织带头人""最美巾帼创业能手"等最美系列20名。

【《温州市洞头区妇女发展规划（2016—2020年）》印发】 2016年12月8日，洞头区印发《温州市洞头区妇女发展规划（2016—2020年）》（洞政发〔2016〕39号）。该规划包含指导思想、基本原则和总体目标，发展领域、主要目标和主要措施及实事项目等内容，主要涉及妇女与政治、妇女与经济、妇女与文化、妇女与社会保障、妇女与健康、妇女与法律保护等六大领域78项主要指标，提出实施妇女健康保健、妇女权益保障、妇女创新创业、女职工爱心帮扶、妇女工作者职业素养提升、网上妇女之家平台建设等6项主要实事项目。目标提出至2020年，全区妇女发展整体水平高于全市平均水平。

【《温州市洞头区儿童发展规划（2016—2020年）印发】 2016年12月8日，洞头区印发《温州市洞头区儿童发展规划（2016—2020年）》（洞政发〔2016〕39号）。该规划包含指导思想、基本原则和总体目标，重点领域、主要目标和策略措施，事实项目及组织实施，监测和评估等内容，主要涉及儿童与健康、儿童与教育、儿童与社会环境、儿童与法律保护、儿童与社会福利等五大领域66项主要指标，提出出生缺陷精准干预、留守儿童关爱、青少年儿童自身保护、儿童心理健康建设、普惠性幼儿园建设、家庭教育服务体系建设等6项主要实事项目。目标提出至2020年，全区儿童发展整体水平高于全市平均水平。

【劳红武到洞头调研妇女工作】 2016年5月25日，省妇联主席劳红武一行到洞头调研妇女工作。实地察看元觉街道妇女之家、东屏街道巾帼民宿示范点，了解基层妇女队伍建设和妇女之家联盟阵地运行、洞头女性社会组织队伍建设和女性创业就业情况。看望慰问洞头先锋女子民兵连官兵、海霞妈妈志愿队和微动力志愿者服务队队长。劳红武要求基层妇联组织大胆创新，找准时机，以点带面，促进整体提升，做好"会改联"试点工作，吸纳更多优秀女性加入妇联组织，发挥基层妇联组织作用，切实增加妇女群众对妇联组织的认同感和归属感。

【海霞关爱基金成立】 2016年9月21日，洞头区海霞关爱基金成立。该基金旨在帮扶辖区内家庭生活困难的妇女和儿童。仪式现场开展捐赠活动，并颁发荣誉捐赠证书。女性安康保险、贫困生助学等6个关爱项目举行现场结对仪式。区领导王文胜、张志宏、张贤孟、张孚标、叶明久等参加仪式，市妇联主席林琼应邀出席。截至年底，全区90个单位和个人共募捐款76.7万元。

2016年5月25日，省妇联主席劳红武调研洞头妇女工作

【洞头区巾帼创业创新促进会成立】2016年10月10日，洞头区巾帼创业创新促进会成立。该促进会由全区从事家政（月嫂）、种植养殖、渔家乐（民宿）、电子商务、特色手工（艺）、来料加工等六大行业领域创业妇女组成。旨在构建创业创新平台，团结凝聚广大巾帼创业者，鼓励和带动更多妇女投身创业实践。截至年底，会员500余名。

【基层妇女干部集中培训】2016年4月21—22日，洞头区举办基层妇女干部培训班。培训课程包含基层妇联组织建设绩效考核方案专题学习，洞头旅游产业、电商产业优惠政策解读，电商知识培训等，并考察特色民宿及渔家乐，参观爱国主义教育基地。全区6个街道（乡镇）妇联主席，93个村居（社区）妇代会主任参加。

【基层妇联组织建设省级试点工作结束】2016年，为深化基层妇联组织建设省级试点工作，洞头区制定出台《洞头区基层妇联组织建设工作绩效考核方案（试行）》（洞妇〔2016〕16号），争取财政专项资金35万，落实村妇代会主任考核奖励机制。8个试点街道（乡镇）增加执委7名、兼职副主席2名。全区新建妇女小组182个，吸纳妇女3722人。完成23个村“会改联”工作，覆盖率26.4%。走访8个试点村妇女（家庭）2050个。探索“妇女之家联盟”发展机制，建成4个妇女之家联盟分站。3月15日，洞头区召开加强和改进基层妇联组织建设工作推进会，表彰试点工作先进村（居）和先进个人。省妇联副主席张丽萍、省妇联妇女研究中心主任来祥康应邀出席。7月14日，洞头区召开加强和改进基层妇联组织建设省级试点工作总结推进会，总结试点经验，全面铺开基层妇联组织改革工作。

【巾帼创业创新】2016年，洞头区建成市首个巾帼创新创业公益服务平台，“海霞创客园”网上展示和“海创汇”线下实体展销为百余个巾帼创业项目实现资源对接。举办“农信杯”首届巾帼创业创新大赛系列活动，评选出“互联网+创新项目”“十佳巾帼民宿”等优秀项目与团队42个，颁发奖金奖品6万元，授信获奖项目创业贷款300万元、小额贴息贷款50万元、创业孵化等优惠政策。培育入驻九亩丘海创园项目4个。入围全市“最美巾帼民宿”20强民宿3家。成立女性创业创新服务中心，联合温州源大创业学院设立巾帼创业创新实训基地，联合开展女性就业招聘会2场、举办技能培训等13场，取得职业技能证书372人。推出“巾帼创业小额贷”，为3000名妇女提供贷款近1.9亿元。落实女性创业资金专项扶持17个项目16.2万元。

【妇女儿童权益保障】2016年，区政府印发妇女儿童发展“十三五”规划，区妇联完成区“十二五”妇女儿童发展两个规划监测及评估报告。完成2012—2015年洞头区离婚率逐年攀升专题调研报告，推进婚姻家庭调处服务中心进驻民政婚姻大厅。联合区卫生部门完成妇女“两癌”免费普查7476人，为1000名贫困母亲免费购买女性健康险。慰问留守儿童、“两癌”母亲、弱势家庭等383人次，累计资金50.76万元。

【家庭文明促进】2016年，区妇联成立家庭教育讲师团，开展送教进基层活动32场，受众家长近5500人次。新建企业家长学校2所，早期家庭教育指导服务中心1个。启动首届家庭文化节，开展“最美家庭”评选、最美家风家训书法作品征集、家庭才艺大赛等活动。获市级才艺大赛一等奖家庭1个、三等奖1个；获市级“最美家庭” 8个。开展以“家风家训 伴我成长”为主题的最美家风家训基层巡展，受众3000余人。全年组织巾帼志愿者、亲子志愿者开展“城市助美”等系列活动165场，参与巾帼志愿者3950人次。

【在外洞商子女“寻根之旅”夏令营】2016年7月25—28日，在外洞商子女“寻根之旅”夏令营开营。洞商子女20人参加。该夏令营包含参观红色印迹馆、“印象洞头”课、望海楼“一览百岛”、举行沙滩运动会、渔家劳作、参观仙叠岩景区、海悦城水乐园、梦幻冰雪王国、贝艺制作等活动。开营仪式上，为洞商子女代表赠送《记忆洞头》《海洋故事集》等洞头特色文化书籍。活动由区招商局、区旅委、区妇联主办。

（王　曼）

2016年7月，在外洞商子女“寻根之旅”夏令营

科学技术协会

【概况】 2016年，洞头区科协所属区级学（协）会10个，街道（乡镇）科协6个。

举办科技活动周、全国科普日系列大型品牌活动及社区科普益民行动，分发科普历书和宣传折页1000份；开展“科普一日游”、“科学探究小达人”系列讲座、青少年科技节、科技创新大赛等实践活动；开展科技惠农帮扶活动，联合组织省市农业专家前往大门解决种植户技术难题。展示各类科普知识展板250多块（版），发放宣传资料3600余册（份）。新建标准科普画廊（宣传栏）4座，维修和提升改进2座。评定（晋升）农职称30人，其中农民助理技师15人，农民技术员15人。

是年，北岙街道上新社区被命名为省级科普示范社区；北岙街道岭背社区、打水鞍村和霓屿街道下郎村被命名为市级科普示范村（居）。鹿西乡海成南美白对虾养殖基地被命名为“2016年度温州市农村科普示范基地”。东屏街道农函大辅导站被评为“温州市科普兴村计划农函大示范辅导站”。

【洞头区海洋藻类资源开发论坛】 2016年7月22日，区科协牵头霓屿街道、省海洋水产养殖研究所在洞头剧院举办海洋藻类资源开发论坛，江苏省海洋水产研究所所长、宁波大学骆其君教授等省内外专家学者受邀参加，本地企业家、养殖户代表50人参加。与会者就紫菜、羊栖菜等藻类资源开发遇到的热点难点建言献策。论坛围绕“紫菜养殖新技术运用”“如何选育藻类”“如何更好发挥养殖的经济和生态效益”“产业互联网+”等话题展开交流讨论。

【青少年科教活动】 2016年5月，区科协联合区妇联组织60名留守儿童前往灵昆九村生态园开展“同在蓝天下·欢乐生态行”体验拓展活动；组织鹿西小学生参观鹿西村海洋生物科普展览馆。7月，组织上新社区20名新居民子女、留守儿童到区科普活动中心参加科普体验活动。11月，中科院老科学家科普报告巡讲活动走进灵昆一小和元觉义校，来自科普演讲团的2位科学家与两校300多名青少年共同探讨航天科技的应用和动物行为等科普话题。联合市科协“科普大篷车”进元觉文化礼堂，通过科普展品、科普表演秀等形式，为元觉义校师生参与体验科技活动。12月，联合区食安办编印食品安全科普读本，在全区中小学累计发放读本1.07万册。

【青少年科技创新大赛】 2016年9月，区科协联合区教育局组织开展洞头区青少年科技节活动。青少年科技活动包括小学生现场电脑“手抄报”制作比赛、中学生现场网页制作比赛、少儿“七巧科技”竞赛等，评选出一等奖32名、二等奖53名、三等奖122名。青少年科技创新大赛包含科技创新项目竞赛活动（包括创造发明、机器人创意、科学论文等竞赛）和科技实践活动、科学幻想绘画等展示活动，评出科技创新项目一等奖6名、二等奖10名、三等奖20名；少年儿童科学幻想绘画作品一等奖9名、二等奖17名、三等奖36名；优秀科技实践活动一等奖1名、二等奖2名、三等奖3名。温州市第31届青少年科技创新大赛上，洞头区获论文项目二等奖2名，三等奖2名；发明项目二等奖2名，三等奖1名；科技实践活动三等奖1名；科学幻想绘画三等奖6名；科技辅导员创新成果竞赛项目一等奖1名。

【全国科普日活动】 2016年9月17—23日，区科协组织洞头区2016年全国科普日活动，主题为“创新放飞梦想，科技引领未来”。开展科普社区益民行动、青少年科教实践等活动项目14项，发放科普资料9600册（份），科普挂图360张，展板50块，科普小礼品500多件，解决群众生活难题26个，义诊389人次。在洞头中普陀寺举办以“普及科学放生，保持生态自然和谐”为主题的科学放生讲座。首次组织参加温州市世纪广场“科普日”启动仪式，在活动现场设置海洋生物活体、洞头特色贝雕作品展，开展海洋生物知识咨询等活动。

【科技（科普）周活动】2016年5月14—21日，区科协联合多部门举办以“创新引领·共享发展”主题的科技（科普）周活动。5月16日，市科协主席张建民，区领导严卫星、林海珊、张释忠等参加。期间，开展洞头区科技成果展、科普文艺表演、海洋生物活体展、航空模型表演、现场科普咨询等系列活动。在大门镇观音礁、岙底村开展科普宣传、反邪教宣传活动，举办“健康保健知识讲座”，邀请医疗专家义诊、赠送药品216人。在北岙街道打水鞍等社区开展防震减灾和知识产权主题宣传和食品安全科普讲座，展示各类知识展板250多块（版），发放宣传资料3600余册（份）、科技咨询300多人次。

【科技学会服务】2016年5月，区护理学会开展纪念“5·12”国际护士节系列活动，包括护理专业学术讲座、护患沟通情节剧比赛等。6月，区安全生产协会开展“安全生产月”和生产经营单位安全管理知识培训，组织开展各场所安全生产应急救援预案演练，分发各类资料1000余份；10月，区会计学会组织会计再继续教育培训和金融知识进社区活动；区药品行业协会以“关爱孤寡老人”为主题走进打水鞍福利院开展义务活动；区老科协开展送医送药下乡义诊活动，体检义诊村民400余名，血化验200余人，免费送药价值2.1万元。12月，区羊栖菜协会加入区科协团体会员。

（罗国丰）

工商业联合会

【概况】2016年，区工商联执委会会员32人，基层商会7个，即北岙商会、灵昆商会、大门商会、东屏商会、元觉商会、霓屿商会、鹿西商会；行业商会2个，即电器商会、羊栖菜商会；异地商会5个，即上海商会、杭州商会、乐清商会、贵州商会、北京商会。区工商联（总商会）召开七届七次执委会，区新生代企业家协会召开第一届第二次理事会议，区大门商会、东屏商会、霓屿商会、鹿西商会、北京洞头企业商会、杭州洞头商会完成换届选举工作。新生代企业家协会更名为新生代企业家联谊会。

是年，成立促进“两个健康”工作领导小组，联合区检察院、司法局、公安分局先后建立护航非公经济健康发展合作机制，达成27条协议。在工商联、基层商会设立非公经济服务站（点）。区工商联对接银企实施“青蓝接力”工程，组建新生代企业家培养导师队伍，建立新生代培养人才库60人。建立九亩丘海创园洞头区新生代创业基地。组织20名新生代企业家在井冈山举行新生代企业家“四信”教育培训。《温州日报》洞头新闻版面开设“创新企业风采”专栏，宣传洞商好故事。联合区金融办举办企业与资本市场对接会暨企业挂牌上市业务培训。录制法治访谈节目普及涉企法律知识。联合区司法局赴北京洞头企业商会开展“法律服务进商会”活动，签订友好合作伙伴关系框架协议，成立北京洞头企业商会法律服务工作站。联合开展“法律宣讲企业行”活动。牵头开展非公经济领域“诚信好员工”评选活动。

区工商联组织会员单位、基层商会、协会商会参与各类公益活动捐款161万元。其中，慈善一日捐活动，43家企业捐款48.38万元。浙江方舟机械有限公司和浙江吉龙电子科技有限公司挂牌成立未成年人观护帮教基地。灵昆商会“八一”建军节慰问区边防大队边防武警官兵。浙江永宏电气股份有限公司、电器商会、温州金源化工有限公司、浙江恒博电器制造有限公司、杭州商会等开展“爱心助学”活动。基层商会会长与结对村支部书记签订为期三年的合作协议，帮助结对村低收入农户脱贫致富。

2016年11月，科普大篷车进校园活动

【工商联参政议政】 2016年，区工商界人大代表、政协委员围绕创业创新、转型升级等问题提出意见、建议。撰写各类议案、提案26件，其中区工商联郑西平等执笔的《关于保护企业发展营造良好经济发展环境的建议》获评市工商联系统参政议政优秀成果奖，周树和撰写的《关于要求在77省道一侧设立灵昆农产品集散中心的提案》被列为区级重点提案。

【美国温州灵昆商会成立】 2016年12月27日，美国温州灵昆商会成立。首届会长徐时初带领理事长张相和、执行会长吴晓永、常务副会长兼财务长谢建丰、常务副会长诸国丰及全体理事宣誓就职。商会宗旨是促进中美经济展和中美人民友谊与中美经贸往来。美国国会众议员孟昭文、市议员顾雅明等到场祝贺。温州同乡会会长黄根弟、温州侨团领袖傅林敏芝、林家骥等出席成立典礼仪式。

【区民营企业适应经济新常态 培训班】（参见《中共温州市洞头区委员会》栏目“统战工作”分目）

【非公经济领域“诚信好员工”评选】 2016年，区工商联在非公经济领域组织开展“诚信好员工”评选活动。13个基层商会、行业协会参与评选活动。最终洞头新境界旅游有限公司张丽凡、浙江方舟工程机械设备有限公司郭杰华、浙江恒博电气制造有限公司曾华银、温州星贝海藻食品有限公司张小微和洞头创新黄岗岩精炼厂陈时焕等5人推荐参加市“诚信人物”评选。

【第三届洞头区“互联网+”青年创业创新大赛】（参见《社会团体》栏目“共青团”分目）

（黄希景）

文学艺术联合会

【概况】 洞头区文联所属11家文艺协会，即作家协会、书法工作者协会、摄影家协会、美术工作者协会、音乐工作者协会、舞蹈工作者协会、民间文艺工作者协会、诗歌协会、诗词协会、戏曲家协会、朗诵协会。全区现有各级会员606人，其中国家级13名，省级47名，市级147名。

2016年，编辑《百岛》刊物4期。组织开展“灵昆杯”全市摄影大赛、“翰墨飘香——首届内外洞头人书法联展”“海上花园杯”洞头摄影书画大赛和“鹿岛杯”全市摄影大赛。举办“小众散文名家写洞头”活动、“走读海岛”系列文学创作活动文艺名家讲坛，邀请全国知名作家曹凌云走读海岛，作品在温州人杂志社开辟专栏刊登。协助办好陈承卫回报家乡油画展。组织文艺志愿者“春福六送文化礼堂”暨最美广场活动。名师挂钩结对6对。举办暑期少儿文艺大奖赛，开设书法、美术、摄影、作文、朗诵、舞蹈等多个项目分赛区。全年组织灵昆岛、大门岛系等列采风活动6次。协助东屏街道办好“醉美民宿”摄影创作活动、元觉街道文化“六个好”建设。建成洞头首个文学艺术长廊，办好文艺名家讲坛，推出书法、音乐、戏曲、美术等多期文艺讲坛。浙江省作家协会《江南》杂志社8月23日在洞头主办第四届郁达夫小说奖审读委会议。

是年，洞头区实验小学学生张青窈获第三届“浙江省少年文学新星”称号。

【文艺创作】 2016年，区所属文艺协会在国家级刊物或展演比赛中获奖作品22件、省级48件、市级155件。出版庄杰孝专辑《庄杰孝海洋文学系列》，陈爱琴编著《洞头妈祖祭典》，施立松《一个人的抗战》《山水间》作品集，编辑出版全国名家写洞头汇编集册《群岛记》，陈赛玉完成《9号街区》创作。洞头区实验小学601班张青窈同学创作长篇小说《星梦天使》入选《浙江少年文学新星丛书》。

【《庄杰孝海洋文学系列》专辑出版】 2016年1月，《庄杰孝海洋文学系列》专辑出版。其中，包括长篇小说、神话、海洋风俗文学、中短篇小说、散文诗歌评论等共计13部，有《远征太平洋》《大海洋龙女》《海盗的女人》《征战大西洋》《苦雪》《苦妇》《女海盗》《漂海女》《海幽灵的苦笑声》《神秘之光》《海魂》《海洋美女》等，总700多万字，由中国文史出版社出版，定价627.80元。

【《一个人的抗战》《山水间》出版发行】 2016年10月、11月，施立松创作的纪实文学《一个人的抗战》和散文集《山水间》相继出版。《一个人的抗战》是浙江文艺出版社年度重点选题，温州市文联原创扶持项目，全书20余万字，定价26元。《山水间》收录作者近年来创作和发表在《人民日报》《散文》《散文选刊》等报刊的旅游散文80余篇，26万余字，由百花洲文艺出版社出版，定价35元。

【陈承卫大型油画展】（参见《文化·传媒》栏目“文化”分目）

【“走读海岛”大家行启动】 2016年5月23日，洞头区启动第三个中国文艺志愿者服务日活动暨“走读海岛”活动。洞头区海洋公园建设促进中心与温州人杂志社签订合作协议，区文联聘请中国民间文艺家协会会员、浙江省文联委员、温州市文联秘书长、温州市网络作家协会主席曹凌云为特邀作者。此次“走读海岛”活动从6月始，至2018年2月结束，作家将陆续走读洞头大瞿岛、虎头屿、鹿西岛等20个岛屿。每篇形成3000—4000字篇幅，在温州人杂志社开辟专题专栏，每月定期刊登，活动结束集结成册公开出版发行。区委常委、宣传部部长张贤孟，温州市文联副主席谢子康出席。活动由市文联主办，区文联、区海洋渔业局承办。

“小众名家写洞头”采风创作活动

【“小众”散文名家到洞头采风】 2016年6月30日—7月3日，全国文学公众号——小众▲，旗下18位名家到洞头开展采风创作活动，并举行首届“小众”散文奖、诗作奖颁奖典礼，著名散文家杨显惠、青年诗人张二棍分获首届小众散文奖、诗作奖。其间，名家们深入花岗村、小朴村、洞头先锋女子民兵连纪念馆，并到海边、滩礁、临崖等地采风。

▲“小众”：是近几年发展的纯文学公众号，在文学界内享有很高的声誉和口碑，订户中仅全国知名作家就有3000多人。同时，国内主流的文学刊物、杂志等也都是小众的拥护者。

（施立松）

2016年温州市洞头区部分文艺创作成果

表5

作　品	作　者	体　裁	获奖、展演及入选情况
《天堂》	施立松	文学	全国海洋散文大赛征文三等奖
《鹿西特色小镇》	潘国祥	文学	浙江省新农村建设特色小镇歌词大类铜奖
《台风将至》	黄昭勇	美术	入选浙江省首届水彩画写生作品展
《潮潮满载》	陈钦煅	美术	入选“翰墨青州·2016中国农民画作品展”
《休渔时节》	陈建辉	美术	入选“翰墨青州·2016中国农民画作品展”
《渔娃喜洋洋》	林满慧	美术	入选“翰墨青州·2016中国农民画作品展”
《鱼跃蟹欢》	罗纯香	美术	入选“翰墨青州·2016中国农民画作品展”
《喜事连连》	王洁灵	美术	入选“翰墨青州·2016中国农民画作品展”
《丰收的喜悦》	许爱花	美术	入选“翰墨青州·2016中国农民画作品展”
《渔家喜事多》	叶爱珠	美术	入选“翰墨青州·2016中国农民画作品展”
《潮潮满载》	陈钦煅	美术	入选“希望的田野·2016中国农民画作品展”
《休渔时节》	陈建辉	美术	入选“希望的田野·2016中国农民画作品展”
《渔娃喜洋洋》	林满慧	美术	入选“希望的田野·2016中国农民画作品展”
《鱼跃蟹欢》	罗纯香	美术	入选“希望的田野·2016中国农民画作品展”
《喜事连连》	王洁灵	美术	入选“希望的田野·2016中国农民画作品展”
《丰收的喜悦》	许爱花	美术	入选“希望的田野·2016中国农民画作品展”
《渔家喜事多》	叶爱珠	美术	入选“希望的田野·2016中国农民画作品展”
《帆起满载望家归》	陈钦煅	美术	“美丽乡村——浙江省农民画展”优秀奖（最高奖项）
《渔排放歌》	许爱花	美术	“美丽乡村——浙江省农民画展”优秀奖（最高奖项）

续表5

作品	作者	体裁	获奖、展演及入选情况
《七彩梦》	吴秀云	美术	"美丽乡村——浙江省农民画展" 优秀奖（最高奖项）
《晒丰收》	王洁灵	美术	入选"美丽乡村——浙江省农民画展"
《渔村喜事多》	叶爱珠	美术	入选"美丽乡村——浙江省农民画展"
《满网鱼虾 心欢乐》	罗纯香	美术	入选"美丽乡村——浙江省农民画展"
《鸡鸭欢 紫菜香》	杨金花	美术	入选"美丽乡村——浙江省农民画展"
《全家乐》	詹海萍	美术	入选"美丽乡村——浙江省农民画展"
《渔歌满东海》	王思恩	美术	入选 "美丽乡村——浙江省农民画展"
《修梦》	林美君	美术	入选 "美丽乡村——浙江省农民画展"
《和谐》	林彬	美术	入选 "美丽乡村——浙江省农民画展"
《海蓝蓝 鱼儿欢》	马诗琪 方桦宇	美术	入选"美丽乡村——浙江省农民画展"
《抱着幸福归》	叶锡静	美术	入选"美丽乡村——浙江省农民画展"
《敲鲇引鱼》	陈海英	美术	入选"美丽乡村——浙江省农民画展"
《渔乡庆丰年》	陈海贞	美术	入选"美丽乡村——浙江省农民画展"
《半屏山》	黄昭勇	美术	入选温州市纪念中国共产党成立95周年 暨红军长征胜利80周年美术作品大展
《开渔盛况迎东风》	叶爱珠	美术	入选温州市庆祝建党95周年视觉艺术优秀作品展
《渔乡双丰收》	许爱花	美术	入选温州市庆祝建党95周年视觉艺术优秀作品展
《海区又绿羊栖菜》	杨金花	美术	入选温州市庆祝建党95周年视觉艺术优秀作品展
贝雕作品	陈灿渊	美术	"匠 无界"浙江非物质文化遗产传统工艺品及 相关衍生品设计大赛提名奖（浙江省文化厅）
《日拥望海楼》	陈裕法	摄影	全国名楼风采摄影展金奖
《渔歌新唱》	陈裕法	摄影	中国风能摄影大赛一等奖
《妈祖平安节》	黄忠进	摄影	浙江省特色小镇优秀摄影作品征集优秀奖
《风起云涌》	叶凌志	摄影	中国历史文化名楼摄影展铜奖
《海岛风光》	金如龙	摄影	省摄影高端理论培训班学员优秀摄影作品大赛三等奖
《转型》	金如龙	摄影	2016浙江省特色小镇摄影比赛优秀奖
《春到小镇》	金如龙	摄影	"两美"浙江档案摄影大赛优秀奖
《我为"五水共治" 来宣传》	金如龙	摄影	浙南美丽水乡摄影大赛优胜奖
《垂钓天海间》	陈裕法	摄影	2016浙江省特色小镇摄影比赛优秀奖
《海外仙山》	陈友华	摄影	2016浙江省特色小镇摄影比赛优秀奖
《妈祖平安节》	黄忠进	摄影	2016浙江省特色小镇摄影比赛优秀奖
《我家在洞头 环岛皆风景》	金如龙	摄影	"海上花园 大美洞头"摄影比赛优秀奖
《灵昆多肉基地》	金如龙	摄影	2016 "灵昆杯" 全市摄影大赛优秀奖
《围观与调解》	金如龙	摄影	温州市第四届视觉艺术优秀作品大赛入选
《我为"五水共治" 来宣传》	金如龙	摄影	庆祝建党95周年温州市视觉艺术优秀作品展入选
《海岛女民兵》	黄忠进	摄影	庆祝建党95周年温州市视觉艺术优秀作品展入选

续表5

作品	作者	体裁	获奖、展演及入选情况
《操练》	陈斌	摄影	庆祝建党95周年温州市视觉艺术优秀作品展入选
《星空下的守候》	林加杰	摄影	庆祝建党95周年温州市视觉艺术优秀作品展入选
《利剑行动》	陈裕法	摄影	庆祝建党95周年温州市视觉艺术优秀作品展入选
《海岛卫士》	林岁坚	摄影	庆祝建党95周年温州市视觉艺术优秀作品展入选
《义诊》	林诗芸	摄影	庆祝建党95周年温州市视觉艺术优秀作品展入选
《胜利的欢呼》	陈伟军	摄影	温州市第四届视觉艺术优秀作品大赛入选
《垂钓天海间》	陈裕法	摄影	温州市第四届视觉艺术优秀作品大赛入选
《春之韵》	黄忠进	摄影	温州市第四届视觉艺术优秀作品大赛入选
《海岛风能》	林加杰	摄影	温州市第四届视觉艺术优秀作品大赛入选
《兴奋激发》	庄丽琴 陈 菲	舞蹈	2016年浙江省文化礼堂排舞大赛金兰花奖
《衣衫》	洪星星 陈献英	舞蹈	2016年温州市群众舞蹈大赛铜奖
《小海蜇的蓝色畅想》	洪星星 林 雪 陈蓉蓉	舞蹈	浙江省幼少儿舞蹈大赛表演铜奖、创作铜奖
《喇叭裤》	洪星星 庄艳艳 陈蓉蓉	舞蹈	浙江省文化礼堂排舞大赛金奖
《魅力洞头》	洪星星 陈献英	舞蹈	浙江省第十届排舞大赛金奖
《一条红领巾》	陈 茉 南亦晗	舞蹈	温州市少儿文艺大赛小铜鹿奖
《小海蜇的蓝色畅想》	林 雪 洪星星等	舞蹈	温州市电视舞蹈大赛表演铜奖
行书条幅	王晓光	书法	入选沙孟海奖第九届全浙书法大展
行书条卷	王晓光	书法	入选浙江省第七届陆唯钊杯中青展
书法作品	林晓坚	书法	入选浙江省第四届温泉杯书法大赛作品展
书法作品	林晓坚	书法	温州市首届农民书法展三等奖
《可爱的家乡》	词邱国鹰 曲董夫腾	声乐	浙江省第二届村歌大赛金奖
《京胡与乐队》	彭木平	声乐	温州市国乐乡村器乐大赛银奖
《烤船谣》	张海军	声乐	浙江省原生态民歌大赛银兰花奖
《鸟儿在风中歌唱》	张馨尹	声乐	温州第二届青年歌唱家大赛银奖
《臭脚》	王金明 曾秀红	相声	首届温州市曲艺新作大赛铜奖
《安全生产重如山》	王金明 洪星星	音舞快板	温州市“交运杯”文艺作品创作大赛一等奖
《当土匪遇上小白兔》	蔡海滨	戏剧小品	温州市第二届戏剧小品大赛金奖
《非常完美》	林冬梅 陈金杭	戏剧小品	温州市第二届戏剧小品大赛铜奖
《剩女晓兰》	王金明	快板书	首届温州市曲艺新作大赛银奖

（区文体局、区文联提供）

残疾人联合会

【概况】 2016年，洞头区持证残疾人3286人，其中肢体残疾1584人，视力残疾241人，听力残疾362人，言语残疾104人，智力残疾448人，精神残疾407人，多重残疾140人。全区低保残疾人770人，占全区低保人数37.5%。

是年，区政府出台加快推进残疾人全面小康进程实施意见、残疾人事业发展“十三五”规划等，实行困难残疾人生活补贴和重度残疾人护理补贴。实施智障、脑瘫、孤独症儿童等“残疾儿童抢救性工程”，以及国家彩票公益金“助视、助听、助行、助学、助医”等重点康复项目，投入康复资金140余万元，资助1650余人，占第二代残疾人数据库人数30%，康复服务率86%。实现残疾人就业857人，新增就业 47 人，扶持就业创业 98 人次，发放就业创业补助资金45万元。全区劳动年龄段残疾人就业率70%。全年征收残保金392.16万元（含历年催缴残保金36.25万元），同比增加57.23万元。组织省市残疾人职业技能、实用技术培训 75 人。实现残疾儿童从学前教育到高等教育全程资助。全区持证适龄残疾儿童少年入学率98.14%，残疾学生及贫困残疾人家庭子女助学补助152人38.61万元。

开展残疾人困难补贴和重度残疾人护理补贴专项督查，追加234名41.8万余元。纳入一户多残残疾人230户，发放资金 27.5 万元。救助因病残疾人家庭33名20万元。全区残疾人医疗保险和养老保险实现全覆盖。全年接待残疾人来访120人次，法律咨询68人次，法律援助1件，发放临时救助18万元。建成残疾人小康·阳光庇护中心4家。其中省级命名1家、市级命名1家、区命名2家，享受庇护照料服务残疾人87人。动态更新登记持证残疾人3128名，入户率98.18%。是年，2人分获市残疾人技能竞赛一等奖和二等奖，2人获省残疾人工匠大赛第三名。

【加快推进残疾人全面小康进程实施意见】 2016年11月2日，根据省、市政府相关文件精神，区政府出台《关于加快推进残疾人全面小康进程的实施意见》（洞政发〔2016〕34号）。该意见包含全面加强残疾人基本民生保障、全力推进残疾人就业创业、加快推进残疾人基本公共服务、发挥社会力量和市场机制作用、推进残疾人全面小康进程的组织领导等具体措施与实施目标。并提出至2020年，全区建成比较完善的残疾人社会保障和基本公共服务体系，促进残疾人共享经济社会发展成果、共享全面小康。

【《洞头区残疾人事业发展“十三五”规划》印发】 2016年12月28日，区残联联合区发改局制定《关于印发洞头区残疾人事业发展“十三五”规划的通知》（洞发改〔2016〕62号）。该规划包含基本理念、总体目标、重点任务、主要措施、组织实施和发展保障等方面。为确保总体目标、重点任务的实现，提出实施兜底保障、康复服务、特殊教育、就业扶贫、托养庇护、文化体育、权益保障、无障碍环境建设、社会助残、基层建设等“十大提升计划”。规划至2020年，全区残疾人全面小康实现程度达到96%以上。

【实施困难残疾人生活补贴和重度残疾人护理补贴】 2016年9月28日，区财政局、区民政局、区残联联合出台《关于印发洞头区困难残疾人生活补贴实施细则（试行）和洞头区重度残疾人护理补贴实施细则（试行）的通知》（洞民〔2016〕36号），1月1日起实施。《细则》规定：困难残疾人生活补贴主要补助残疾人因残疾产生的额外生活支出，补贴对象为家庭人均收入在低保标准150%以下的残疾人，或本人收入在低保标准150%以下的劳动年龄段残疾人；重度残疾人护理补贴主要补助残疾人因残疾产生的额外长期照护支出，补贴对象为残疾等级被评定为一级、二级且需要长期照护的重度残疾人，以及非重度智力、精神残疾人。重度残疾人护理补贴，对于重度残疾人在区残联批准由机构托养照料服务的，在补贴标准基础上上浮100%，超过比省、市规定的上浮50%的规定。通过自愿申请，街道（乡镇）受理并初审。两项补贴资格审定合格的残疾人自递交申请当月计发补贴。残疾人两项补贴采取社会化形式，通过银行转账方式按月发放。残疾人两项补贴可叠加。全年纳入困难残疾人生活补贴1290余名，重度残疾人和精神、智力残疾人护理补贴1227名，投入资金650余万元。

【残疾人特殊救助新政策】 2016年5月，区残联推出残疾人特殊救助政策。政策规定：持有洞头区第二代《残疾人证》，在2015年11月—2016年10月期间，因疾病产生医疗费用的残疾人，可享受特殊救助。即残疾人因病经医保报销和商业保险赔付、民政部门或社会组织医疗（康复）和生活救助后，个人负担部分超过5000元（含）以上，按比例分档予以救助，最高救助资金累计不超过1.2万元。对于医保报销、商业赔付、按照有关政策规定应得到政府或社会组织救助（补助）未办结的，不予以受理。5月和10月集中受理，6月和11月发放救助资金。新政策规定后，原实施特殊救助个人自负部分从1万元降到5000

元，报销比例上升5%。全年因病家庭实施救助33人20万元。

【第26次全国助残日】 2016年5月15日，第26次全国助残日，主题是“关爱孤残儿童，让爱洒满人间”。区残联联合区慈善总会、区教育局等举办慈善助残公益行活动，组织观看鹿城区心灵馨残疾人艺术团演出，并开展“共享芬芳·心随影动”“共享幸福·共飨家宴”“慈善助残·点亮星光”“益启行·陪你听海”“福彩牵手·关爱残疾孩子”“倾情关注，走近特殊重点残疾户”等主题活动。期间，首批11名残疾人家属代表接受特殊救助约9万元。

【“慈善助残 阳光暖居”公益行动】 2016年12月22日，洞头区举行残健共融·益起行“慈善助残 阳光暖居”公益行动。活动现场，117户贫困残疾人家庭接受电视机、冰箱、电热水器等捐助，总价值8万余元。区残工委成员单位、助残志愿者和全区500余名残疾人参加。活动由区残联、区慈善总会主办。

【4家残疾人小康·阳光庇护中心建成】 2016年，建成残疾人小康·阳光庇护中心4家，即省级洞头区爱之家残疾人阳光庇护中心、市级洞头区恒博电气制作有限公司残疾人工疗车间、区级大门镇残疾人阳光庇护中心和霓屿街道锦花残疾人阳光庇护中心。享受庇护照料服务残疾人87名。

（陈时秒）

2016年11月3日，洞头区“社科普及周”活动

2016年12月22日，洞头区“慈善助残 阳光暖居”公益行动

社会科学联合会

【概况】 2016年，洞头区社科联有社科团体成员单位16个，即：区法学会、区反邪教协会、区海霞文化研究会、区教育学会、区海洋文化研究会、区民间文艺工作者协会、区朗诵艺术协会、区财政税务学会、区国际税收研究会、区会计学会、区乡村文化建设促进会、区羊栖菜协会、区渔民协会、区护理学会、温州市心理学会洞头分会。市级社科基地6家，即望海楼、洞头先锋女子民兵连纪念馆、洞头东海贝雕艺术博物馆、蓝港文化礼堂、霓屿文化礼堂、打水鞍文化礼堂。类型包括历史古迹、纪念馆、博物馆和文化礼堂。

是年，区社科联编印《2015年度洞头区重点调研课题集》《洞头“十二五”》。编辑《洞头区2016年优秀社科论文集》，收录党政类论文11篇、政研类论文41篇。开展“社科知识润岛城”活动。

【区社科联获评全国社科组织先进单位】 2016年10月19日，在全国大中城市社科联第27次工作会议上，区社科联获“全国社科组织先进单位”称号。是年，区社科联联合开展“海霞精神的功能与传播研究”“农村基层作风建设长效机制”等10多项重大课题，鼓励出版《洞头谱牒》《海岛老厝》《海霞之歌》等专著。出台区社科社团管理办法、社科普及基地申报和管理办法等，命名区级社科普及示范基地8家。开展“社科普及周”活动，安排四大项52个活动，提升民众人文修养。

【社科普及周活动】 2016年11月3日，区“社科普及周”活动在霓屿文化礼堂启动。活动以“坚定文化自信·共建海上花园”为主题，通过开展主题讲坛、义务咨询、社科图书阅读、科普讲座送基层、社科知识有奖竞答、社科普及研讨、社科进校园等系列活动50项，参加活动5000余人次。区社科联、霓屿街道、区文化馆评为市社科普及周先进集体。

【《海霞之歌》出版】 2016年7月，区海霞文化研究会、区社科联、区委宣传部、区旅委联合编写《海霞之歌》由现代出版社出版。该书收录部分传颂“海霞”歌曲、曲艺、诗词和新时期演绎的经典老歌、优秀新歌，还有以“海霞”为题材的影视剧等。全书36万字，定价36元。主编陈海鸥。

（郑跃帅）

红十字会

【概况】 2016年，洞头区现有基层红十字会组织25个。其中街道（乡镇）红十字会6个，学校红十字会16个，非公企业红十字会2家，社区红十字服务工作站1个。全年募集爱心基金27万元，救助重大疾病患者和贫困特困家庭141人，发放救助款物26.8万元。全区造血干细胞捐献志愿者94人，资料入库人数22人，初配成功2例。

是年，区红十字会建立公务员应急救护培训学分制，43人参训。应急救护培训26期2143人，救护员培训518人。邀请市心理健康教育专家开展心理健康专题讲座和心理咨询。围绕第17个世界急救日主题，联合开展“大手牵小手·亲子学急救”活动。建立鹿西红十字直升机停机坪。新增温州医科大学仁济学院、快乐之本红十字志愿服务队，全区授旗红十字志愿者队伍8支，注册志愿者110名。霓屿街道3岁女孩陈慧芯成为洞头区首例眼角膜捐献者。在区人民医院成立首个器官捐献宣传基地。承办温州市红十字大学生青年领袖训练营。

是年，区红十字会获市红会系统年度综合考评优秀单位。2人分获市红十字应急救护师资教学技能大赛二、三等奖。

【省红十字会系统领导干部研修班到洞头考察调研】 2016年7月6日，省红十字会常务副会长王冬梅率省红十字会系统领导干部研修班到洞头考察红十字服务工作。考察组实地察看了解大沙岙红十字服务站、红十字海霞应急救援队设置和运行情况。对区红十字软实力做好做大、基层功能落实等提出意见建议。

【“红十字工作示范街道（乡镇）”创建】 2016年4月，为推动街道（乡镇）红十字会规范化建设，洞头区启动“红十字工作示范街道（乡镇）”创建工作。围绕街道（乡镇）红十字会事业发展环境、组织建设、救灾救助、关爱生命、宣传传播、规范管理等内容开展评估，大门、元觉等4个街道（乡镇）通过达标创建。

【区第二届职工应急救护技能大赛】 2016年5月11日，区红十字会、区总工会、区人社局、区卫计局等9个部门联合举办区第二届职工应急救护技能大赛。比赛设专业级和业余组两个组别，内容包括“心肺复苏”和“创伤救护的止血、包扎、固定、搬运技能操作”两个项目。11支专业组队伍和16支业余组队伍参赛。最终，区人民医院2队和区教育局代表队分获专业组和业余组一等奖。

（蔡淑娟）

栏目编辑　曾焕定

2016年3月，省红十字会常务副会长王冬梅调研半屏山应急救护培训基地

法治

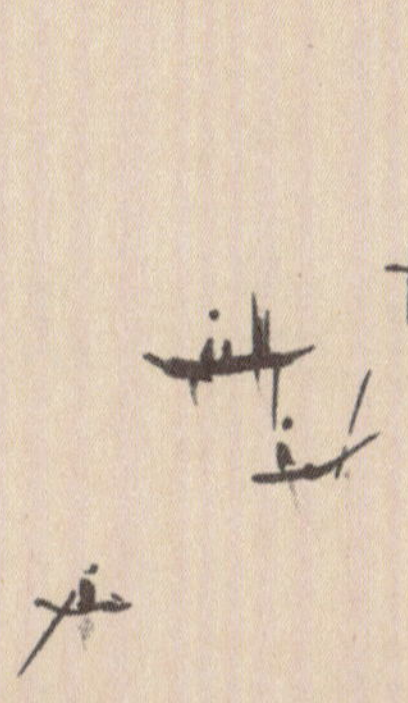

沙滩渔韵味浓 · 陈晨

“海霞精神”

爱岛尚武　励志奉献

“五岛连桥”精神

小县办大事　小岛创大业

概 述

【概况】2016年，洞头区法治工作以平安建设“十二连创”为主线，以平安“夺金鼎”为目标，优化基层社会治理，提升平安基层基础，以合力攻坚的态势、务实管用的措施、严肃问责的纪律，全面推进平安综治维稳各项工作。全年未发生影响稳定的政治性事件、重大群体性事件及群死群伤的治安灾害事故，社会大局保持稳定。

开展矛盾纠纷大排查、领导干部大接访、“拔钉清障、打黑除恶”、平安隐患整治等系列攻坚行动。以及“平安夺金鼎、护航G20”攻坚行动，打造“力量下沉、团队作战”工作格局（常委带队、“1+N”挂钩），“挂图作战、立查立改”工作机制（任务书、清零销号），“专群联手、贴身管控”工作方法（微信群、工作专班），“刚性追责、顶格处理”工作纪律，确保G20峰会期间“不惹事、不出事”。构建“八网合一”基层治理网、“四级联动”矛盾化解网、“一乡一品”志愿服务网，建成街道（乡镇）社会治安综合治理平台，引导海霞妈妈、好厝边等民间力量参与平安创建。建立立体治安防控体系，重点推进闸门工程建设和网格化管理，“两抢”案件零发案、万人刑事发案率全市最低。推进十大重点领域安全专项整治，突出抓好油气管网、危化民爆、烟花爆竹、消防等安全生产，各类事故起数持续下降。探索建立民间金融长效监管机制，确保社会平稳可控。制定法治宣传教育第七个五年规划（2016—2020年），建立重点单位法治宣传教育责任清单制度。建立“七五”普法讲师团、普法联络员和普法志愿者等队伍。全年举办各类法治讲座96场，开展现场法律咨询110场，分发宣传资料51100余份、宣传品22900余份，发送微博410条、微信231期。

是年，洞头连续11年被评为省平安区（县）、全省综治工作先进县（区）、全国无邪教创建示范县。平安区考核位居全省第六。

政法委及综治

【概况】2016年，洞头区深入实施法治洞头建设实施意见，制定年度工作要点和成员单位责任分工。根据实际重新修订法治考核细则，实现过程管理、按实绩赋分。重点围绕“12·4”国家宪法日暨全国法制宣传日，利用微信平台等渠道开展法治宣讲活动。持续开展街道（乡镇）、基层站所（庭、队）法治创建工作，东屏街道获评市级创建法治乡镇（街道）工作示范单位，区公安分局刑侦大队、洞头区市场监管局稽查大队创成市级创建法治基层站所（庭、队）工作示范单位。是年，洞头区连续三年被评为市创建法治县（市、区）工作先进单位。

区委政法委以“决战峰会安保、决胜平安金鼎”大会战为工作目标，持续推进平安建设、法治建设和队伍建设。以信息化为引领，深化“网格化管理、组团式服务”工作，推动24个重点部门网格常态运作。深化“平安通续建工作，为基层网格管理员配备“平安通”185台，覆盖所有村居（社区），实现信息采集、流转、处置一体化。推广平安浙江APP应用，安装注册平安浙江APP 15172个，受理处置爆料信息234条，办结率98.72%。深化综治“一张网”建设，完成街道（乡镇）社会服务管理中心规范化建设和区级、街道

（乡镇）社会治理综合指挥平台建设。深化“智慧警务”，加大重点部位、重点街道（乡镇）、重点村居视频监控建设，投入资金220万元，新增监控点位147个。开展全民大巡防，组建103个村居开展分片分段式巡逻。完成G20杭州峰会、第三届世界互联网大会等重大活动维稳安保任务。开展治安乱点地区排查整治、在温特殊人群和肇事肇祸精神病人管控，以及开展危爆物品寄递物流清理整治。推行“以奖代补”信息全员采集和网上流转交办，全年录用信息8824条，平台信息录入10533件，问题化解率98.5%。

是年，洞头区创成全国创建无邪教示范县，平安区考核位居全省第六。区综治办被省委、省政府评为2014—2015年度全省社会治安综合治理先进集体，区委政法委、元觉街道获评市社会治安综合治理先进集体。

（赵婧　林兴栋　方攀）

【区委建设法治洞头工作领导小组全体扩大会议】 2016年7月15日，洞头区召开区委建设法治洞头工作领导小组全体扩大会议。区领导董智武、王蛟虎、叶永辉、叶国胜、王文胜、张志宏、张孚标，各街道（乡镇）及部门负责人参加。会议指出，要深化思想认识，准确把握新形势下法治工作新要求。抓住党的领导、执法、司法、守法、普法、基础等关键环节，不断开创法治工作新局面。加强民主政治建设，推进法治政府建设，维护社会公平正义，充分发挥领导干部的表率示范作用，并持续深化法治社会建设，不断夯实法治基层基础。同时，要凝聚各方合力，推动法治洞头建设各项工作落实到实处，加强组织领导，完善督考机制，营造法治氛围。

【重点单位法治宣传教育责任清单制度】 2016年11月7日，为进一步明确法治宣传教育重点对象、重点领域主管单位及其工作责任，洞头区制定建立重点单位法治宣传教育责任清单制度意见。确定区委组织部、区委宣传部、区委政法委、区委渔农办（农林水利局）、区经信委、区教育局、区公安分局、区民宗局、区民政局、区司法局、区人力社保局、区海洋渔业局、区文体局、区法制办、区市场监管局、区综合执法局、区旅委、区金融办、团区委等19个单位负责所管理对象或所主管行业法治宣传教育工作的组织实施，承担或会同有关单位共同承担相应的工作责任。其他区直有关单位按照各自职责，落实法治宣传教育工作责任。按要求建立工作项目、内容订单、以案释法、考核评价等制度。

【党内规范性文件审查】 2016年，制定出台规范性文件备案审查衔接联动机制，实现党委、人大、政府备案工作机构协作配合。借助党内规范性文件备案审查信息表，规范文件报备程序，强化文件审查力度。全年界定以区委、区委办名义发文的是否属党内规范性文件206件，开展党内规范性文件发文前前置审查36件，查出问题80余条，并对接部门及时修改完善。全年上报市委办公室党内规范性文件备案22件。

（赵　婧）

【“平安洞头”建设】 2016年，区委政法委紧盯平安考评全省位次“保10争5”和围绕平安夺金鼎，护航G20目标，建立G20杭州峰会维稳安保工作统筹协调小组和“1+N”挂钩联系街道（乡镇）制度，以及“清单任务、查补短板”工作机制。实施“专群联手、精准防控”工作模式，发挥村居干部、志愿者、网格员等社会力量，及时处置化解网络舆情6件，辟谣信息84条。打造灵霓大堤和大门大桥南北两座“闸门工程”，沿线强化“警灯工程”，日均查车3000余辆、核验乘客5000余人，拦截重点人员32人次（其中本地籍7人次、外地籍25人次）。开展矛盾纠纷大排查、领导干部大接访、“拔钉清障、打黑除恶”、平安隐患整治等系列攻坚行动。积极发挥“海霞妈妈”“好厝边”等志愿者队伍作用，为全区185个网格全部配备“平安通”，组织开展平安建设宣传系列活动，平安“三率”考核连续6年“零失分”。连续十一年被评为省平安区（县）。

【平安隐患整治攻坚月行动】 2016年6月27日，区委、区政府印发开展平安隐患整治攻坚月行动实施方案。平安隐患整治攻坚月行动为期30天。攻坚重点为排查整治反恐防暴、治安安全、生产安全、重口管控、消防安全、生态安全、食药安全、校园安全、基层治理、平安三率等领域。采取建立工作专班、集中统一培训、滚动排查整治、严格督查考核等措施。其间，排查问题隐患10284条，整改销号10208条，整改率99.26%。

【社会治安综合治理专题讲座】 2016年10月28日，洞头区举办“百岛讲坛”暨社会治安综合治理专题讲座。市委政法委副书记、市综治办主任章公华作《健全落实社会治安综合治理领导责任制规定》专题解读。区领导叶国胜、王小甫、汪慧平、张贤孟、张龙及各部门、街道（乡镇）主要负责人等参加。区委副书记王文胜主持。

【区委政法委获评浙江省社会治安综合治理先进集体】2016年3月，区委政法委被省委、省政府授予2014—2015年度全省社会治安综合治理先进集体称号。近年来，区委、区政府立足海岛民情，着眼基层矛盾化解，打造海岛“枫桥经验”升级版。结合海岛实际，全面构建全岛监控网、网格群防网、街面巡逻网、闸门堵截网等“四网一体”，不断完善渔政、海监、海事等联动执法机制，开通海上统一报警电话，打造立体式防控体系。突出机制创新，稳步推动基础建设规范化、基层社会治理“一张网”。全力构建“法治+调处网”模式，持续壮大完善区乡村和行业四级大调解组织网络，塑造“洪老师”“王翠香”等民间调解品牌。持续开展矛盾纠纷大排查、“拔钉清障、打黑除恶”等系列攻坚行动。2016年，洞头区群众安全感满意度位居全省前列，成为全省最具安全感的地方之一。

（林兴栋 方攀 许望）

2014—2015年度全省社会治安综合治理先进集体牌匾

法治政府建设

【概况】2016年，洞头区印发《2016年洞头区法治政府建设工作要点》《洞头区政府行政规范性文件管理办法》《洞头区人民政府特邀行政执法监督员管理办法》《洞头区重大行政执法决定法制审核办法》等。全年组织参加行政执法证申领综合法律知识考试145人次，其中申领成功32人。清理执法证件518张，注销与调离证件90张，清理无效主体3个。区政府连续二年被省政府授予法治政府建设（依法行政）先进单位称号。

【行政规范性文件管理】2016年，区政府修订《洞头区政府行政规范性文件管理办法》（洞政发〔2016〕31号），严格落实行政规范性文件“三统一”，按照规范性文件制定管理办法要求，做到部门起草、公开征求意见、集体审议、编号公布、备案审查。全年区政府出台规范性文件42件，由区法制办公开征求意见29件，提交市政府办公室备案42件，出具规范性文件合法性审查意见书42件。

【行政执法监督】2016年，区法制办出台《洞头区人民政府特邀行政执法监督员管理办法》，建立区政府特邀行政执法监督员队伍。对区人力社保局开展重点领域行政执法监督检查。印发《关于推进行政执法全过程记录工作的通知》，推进行政执法全过程记录。落实重大行政执法决定法制审核制度，印制《洞头区重大行政执法决定法制审核办法》，创新提出将法律顾问引入重大行政处罚、行政强制的审核。开展行政执法案卷评查，抽取行政执法部门行政许可案卷106卷、行政处罚（含行政强制）案卷69卷，共查出行政许可案卷问题283条、行政处罚（强制）案卷问题362条。启动行政处罚网上办理系统，全区所有执法部门开展权力事项推送和处罚测试件运行。

【行政争议化解】2016年，区法制办运行府院联席会议、化解行政争议工作联席会议、行政复议与行政审判联席会议等联席会议，加强政府和法院之间工作衔接，合力化解行政争议。健全矛盾纠纷化解机制，完善人民调解、行政调解、仲裁调解、司法调解、法律援助“五位一体、六大衔接”劳资纠纷联调联处，建立海渔事重特大纠纷案件联调机制。全年收到行政复议申请13件，受理12件，办结11件，其中维持2件、驳回1件、终止8件。强化行政首长出庭应诉制度，全区行政诉讼案件43件，均有行政负责人出庭应诉。市、区法院受理区政府作为被告的行政案件19件，胜诉率100%。

【洞头区政府获评省法治政府建设（依法行政）先进单位】2016年5月，区政府获2015年度省级法治政府建设（依法行政）先进单位称号，连续第二年获该项荣誉。区政府按照《浙江省法治政府建设实施标准》，加强法治政府建设。落实行政规范性文件“三统一”制度，做到“事前审查无遗漏，事后复查有行动”，提升全区规范性文件管理质量。通过优化应诉案件办理程序，提升行政诉讼胜诉率。通过与原告面对面地质证、辩论，着力解决行政机关负责人出庭不出声问题，行政机关负责人出庭应诉率100%，高于全市平均67.88%。清理1986年以来以区政府名义发布的规范性文件227件，其中继续有效的187件、废止和宣布失效的40件。查出行政许可案卷问题90条、行政处罚案卷问题119条、行政强制案卷问题19条、行政征收案卷问题132条。建立以政府法制机构人员为主体、吸收专家和律师参与的政府依法决策智囊团。全年参加各类涉法会议133次。选聘10名优秀律师为区政府法律顾问，实现区、乡、村三级法律顾问全覆盖。行政诉讼败诉率降至8.33%，低于全省的14.23%、全市平均水平的20.16%。

（林生敏）

公　安

·概述·

【概况】 2016年，区公安分局围绕“护航G20”“平安夺金鼎”核心目标，完成全国“两会”、“G20杭州峰会”、第三届互联网大会等各类重大会议情报安保任务。全年无发生重特大交通事故。

组织开展“春雷”“百日严打整治”“清障护航”等专项行动，严厉打击各类违法犯罪活动。全年收集上报各类情报信息1076条，打击处理拦路讨薪等违法行为8人、环境犯罪11人。接警10795起，同比下降16.36%；破获各类刑事案件147起，破案率52.13%，高出全市平均水平19.77%；抓获犯罪嫌疑人136名，人案比（抓获的人数与发案数的比例）48.23%，高出全市平均水平20.59%；“命案、两抢”连续六年保持“零发案”；立

2016年7月29日，洞头G20杭州峰会安保联勤指挥部启动

案侦办各类经济犯罪案件23起。破案23起，抓获犯罪嫌疑人26人、刑事拘留25人次、取保候审9人次、逮捕 22人次，移诉25人。全年打击处理“黄赌毒”违法犯罪嫌疑人183名。批准刑拘171人、取保候审129人、监视居住3人、提请逮捕71人；移送起诉163件193人。批准行政拘留465人次，罚款91人次（其中单位被处罚款2家）。行政诉讼应诉案件4件。

全年审批办理准迁证285件，户籍变更6353人，户籍补录6人，发放居民身份证11857张、临时身份证354张。公安网上办事大厅受理办结2528件。受理中国公民因私出国2812人次，往来香港、澳门通行证3039人次，大陆居民往来台湾通行证1385人次。登记管理境外来洞头人员554人。持续列控重点人员4人次，吸附稳控赴省进京访1批次，成功化解陈某某重点信访件。社会安全感、群众对公安工作满意度实现全市“双第一”。

是年，区公安分局获评省服务保障G20杭州峰会工作突出贡献集体、市信访先进集体。治安大队被评为市维稳工作先进集体，北岙派出所获评市服务保障G20杭州峰会工作突出贡献集体。

【区公安分局获评省服务保障G20杭州峰会工作突出贡献集体】 2016年9月19日，省委、省政府表彰服务保障G20杭州峰会工作突出贡献集体，区公安分局名列其中。G20杭州峰会安保任务启动后，区公安分局结合“春雷”“清雷”等省市专项行动，控风险、补短板、强管控、除隐患，推行“最高规格”督战模式，层层压实责任链条。采取“约谈先行”缓冲模式，筑牢“五位一体”防控体系，创新“流动人口”管控机制，实现重点人稳控有力、重点事预控有效、重点物监管严密、重点隐患整治到位、重点行业（部位）管控无缝，确保峰会安保“杭州不惹事、洞头不出事”目标。持续列管民爆储存、使用单位12家、散装汽油销售单位4家，排摸登记管控“低慢小”飞行器7架。加强涉枪涉危物品收缴力度，收缴非法枪支10支、非法危险物品606.9当量。加大部门联动，组织滚动排查、定向整治和综合治理，累计整改交通安全隐患37处、查处酒驾等重大交通违法犯罪297起，整治消防安全隐患1559处，肃清风险隐患，确保交通、消防重大伤亡事故“零发案”。

【民间金融风险化解】2016年，区公安分局贯彻“情勤联导、以打促清、打击促稳”策略，推进民间金融风险化解。全年接报处理“呈会”警情360起，配合区处置工作组现场接待群众咨询2万人次，调解100多起，其中调解成功90多起。“呈会”案件立案19起，破获19起，打击处理涉嫌民间金融犯罪嫌疑人22名，其中涉嫌非法吸收公众存款罪、集资诈骗罪22人；刑拘22人次、取保8人次、逮捕20人次、移诉23人。

·社会防控·

【警灯工程建设】2016年，区公安分局强化“警灯工程”建设，调整大门大桥岗亭1个，保持原有“警灯工程”执勤单位6个，其中固定岗亭2个、流动岗亭4个，实现学校和重点企业治安岗亭全覆盖。做好原有77个治安联防岗亭日常维护，有效预防“两抢”案件的发生。全年通过“警灯工程”抓获逃犯3名、采取强制措施6人、行政处罚违法人员61人，全年刑事、治安接警同比下降30.62%。

【缉枪治爆专项行动】2016年，区公安分局坚持严管、严防、严打相结合方针，深化“缉枪治爆”行动。全年收缴炸药8千克，黑火药706千克，雷管746枚，军用子弹32发，其他子弹16000发，枪支11支及一批管制刀具，查处涉危违法犯罪14人。

【网络安全管理】2016年，区公安分局围绕涉G20、互联网安保、民间金融风险等社会热点重点开展巡查，做好互联网网上有害信息、网上情报、舆情信息的收集和落地查证，有效处置岙仔隧道交通事件、微信公众号炒作村民因民间金融风险导致自杀事件等网上涉警涉稳舆情11起，编报网警情况反映25期，开展专项舆情引导24次。全年发现并上报情报2199条，被市局录用114条。

·交通管理·

【道路交通安全管理】2016年，区公安分局以“控大压量、排堵保畅”为重点，实施“交通假日警务”战略，组织开展各项道路交通秩序整治。至年末，全区机动车保有量19857辆，其中汽车14619辆、摩托车5601辆、挂车39辆，全年淘汰“黄标车”31辆。全年接到涉及交通事故警情3863起，同比上升6.9%。立案交通事故20起、死7人、伤19人、直接经济损失16万元。四项指数分别为：事故数下降13.04%、死亡人数持平、伤人数下降5%、直接经济损失下降10.65%。处理简易程序交通事故3040起，其中伤人事故326起。查获各类道路交通违法行为40511人次，其中，罚款32962人次、行政拘留61人次、暂扣驾驶证75本。

【交通违法整治】2016年，区公安分局以“平安建设”和“交通治乱”为抓手，落实五条常态措施，采取统一行动、夜间路检行动及“查酒驾小分队”整治等措施。全年查处酒后驾驶80人次，醉酒驾驶49次，查处酒后违法行为同比上升10.26%；查处无证驾驶210人次，超速行驶4863人次，其他违法行为27764人次；暂扣车辆1757辆，滞留证件317本。

（翁定福）

·公安消防·

【概况】2016年，洞头区围绕“平安洞头”夺金鼎和G20杭州峰会安保工作，大力开展五大重点领域消防安全。印发渔家乐小餐饮消防安全整治、民宿行业大管控、网店行业大规范、两类民房电气线路改造整治、居住出租房及合用场所登记管理等、渔家乐小餐饮场所消防安全整治，以及社会福利机构消防安全专项治理实施方案。全年检查各类单位3052家，督促整改火灾隐患6470处，下发责令整改通知书2866份，办理行政处罚案件74起，责令“三停”20家，临时查封25家，行政强制2家，拘留12人，罚款金额31.195万元，火灾事故调查12起。提请政府挂牌督办整治重大火灾隐患单位59家。完成市级挂牌的洞头二轻市场区域火灾隐患整治，消除十余年重大区域火灾隐患顽疾。联合区公安、住建部门整治高层建筑消防安全问题29幢。

区公安消防分局修订完善重点

消防演练

单位预案48家、辖区单位熟悉495家，重点单位演练138次。G20杭州峰会和第三届世界互联网大会安保期间，拉动微型消防站60余次，指导政府专职消防队10次，开展驻点执勤26批176人次。全年接警164次，出动车辆199车次，出动官兵1054人次，营救被困人员11人，疏散2人，抢救财产价值272.9万元。成立“海霞妈妈”“好厝边”消防宣传志愿队伍。组织开展“119”消防宣传月活动、消防宣传“进学校”“进军训”“进党校”“进文化礼堂”和消防宣传车进村入企等活动241场次，发放宣传资料6万余份，发送短信3万余条。

是年，“海霞妈妈”志愿服务队获评浙江省和温州市“119宣传大使”及首届“浙江119消防奖”先进集体，消防大队获评区2011—2015年度法治宣传教育先进集体，连续4年获评区拥政爱民先进单位。

【大门镇消防执法大队成立】 2016年8月26日，大门镇消防执法大队成立。区委常委、常务副区长张志宏，市消防支队政治处主任潘长聪等出席揭牌仪式。大门镇消防执法大队由原来的镇专职消防队和镇消防安全管理工作站合并而成。

2016年11月7日，首届浙江119消防奖颁奖现场

单位性质是股级事业单位。执法大队隶属镇政府和洞头区消防大队双重领导，主要负责消防隐患排查、消防监督执法以及火灾扑救、社会救助工作任务。配备人员名、消防车2辆。

【“海霞妈妈”志愿服务队获评首届浙江119消防奖先进集体】 2016年11月7日，由浙江省公安厅主办，浙江公安消防总队承办的首届浙江119消防奖颁奖典礼暨119消防宣传月活动启动仪式在杭州举行，“海霞妈妈”志愿服务队获首届“浙江119消防奖”先进集体。该活动自2015年11月启动后，全省各地按照自下而上、逐级推荐方式，共推荐上报先进集体45个参加评选。经过事迹展播、网民投票、专家评审等环节，最终评选出先进集体30个。“海霞妈妈”志愿者服务队多年来活跃在消防志愿者岗位，在辖区内开展消防义务宣传活动。不间断地深入企业、商场、学校、社区、医院、公共娱乐场所等消防安全重点单位和人员密集场所，带着消防宣传册，开展消防志愿活动，宣传消防知识，解答群众消防安全疑难问题。特别是每年的119、安全生产月等重点时期，更能频繁看到这支消防志愿者队伍的身影。累计参与消防公益活动宣传200余次。

2016年8月26日，大门镇消防执法大队成立

【《温州市洞头区消火栓管理办法》出台】 2016年7月19日，依据《中华人民共和国消防法》《浙江省消防条例》《浙江省城市供水管理办法》《消防给水及消火栓系统技术规范》等，结合洞头实际，区政府制定《温州市洞头区消火栓管理办法》（洞政办发〔2016〕62号）。该办法明确了规划、建设和公安机关、消防机构与城市管理部门各自职责和任务。市政消火栓建设经费纳入城市市政道路总投资，维护保养经费纳入城市维护费；单位消火栓的建设经费和维护保养经费由单位承担。该办法于2016年8月18日施行。

【护航G20杭州峰会五大重点领域消防安全专项整治】 2016年7月12日，根据上级部署要求，区委办、区府办制定《洞头区护航G20杭州峰会开展五大重点领域消防安全专项整治工作方案》（洞委办发〔2016〕43号）。整治内容包括开展老旧民房电气线路大改造、居住出租房、合用场所大提升、民宿行业大管控、网店行业大规范、重点隐患区域、单位大整治活动。分为动员部署、制定方案，全面排查、铁腕整治，重点布控、严管冲刺，持续发力、巩固成效四个阶段。活动至年底结束。下发责令限期改正通知书1849份，停水电206家，强制查封431家，拘留10人。区公安消防分局联合旅游部门排查全区渔家乐小餐饮场所151家（按工商提供的花名册）。全区火灾同比下降39.47%，没有发生亡人火灾和有影响的火灾事故，实现重点单位和不放心场所零冒烟、火灾事故零增长、亡人火灾零发生、队伍管理零事故的“四零”目标。期间，开展宣传活动20余场，参与群众超过9000人，发放各类宣传资料1万份，发送消防提示短信2万余条；开放消防站、消防教育馆20余次，接待人数200余人；举办社会单位消防灭火逃生演练40余场，累计培训1000余人。

【渔家乐小餐饮场所消防安全整治】 2016年，为确保G20杭州峰会期间全区火灾形势稳定，区政府制定渔家乐小餐饮场所消防安全整治工作方案，允许功能调整，为住宅内开设餐饮扫清前置障碍。同时，组织开展渔家乐小餐饮场所消防安全整治工作。分动员排摸阶段、集中整治阶段、考核验收阶段三个阶段。通过隐患排查、隐患整治、形成长效机制等整治措施，引导现有建筑面积200平方米以上的渔家乐小餐饮场所通过消防许可，其余小餐饮场所基本达到消防安全要求。全年审批小餐饮11家。

【“119”消防宣传月】 2016年11月9日，洞头区“119”消防宣传月暨“今冬明春火灾防控工作”启动。活动主题是“消除火灾隐患，共建平安社区”。活动结合“大拆大整”消防专项行动和冬春火灾防控，推进居住出租房、合用场所、民宿巡防检查，彻底整治火灾隐患。并开展消防知识有奖竞答、消防器材真假辨识、微型消防站技能竞赛、现场咨询等。

（王鑫鑫）

检 察

【概况】 2016年，区检察院受理审查逮捕案件67件73人，批准逮捕51件54人。受理移送起诉案件161件212人，依法提起公诉149件178人，全年未发生错捕、无罪判决及撤诉案件。处置各类信访事项54件，全年未发生涉检赴省信访事件。受理未成年刑事案件6件6人，其中作相对不起诉1件1人，附条件不起诉2件2人。全年司法信息公开各类法律文书141份，程序性信息792条，重大案件信息8条。

区检察院推行客观性证据审查模式，执行批捕案件每人提审制度。对不构成犯罪、证据不足、无逮捕必要性作不批准逮捕14件17人；对犯罪情节轻微、达成刑事和解、社会危害性低的作相对不起诉24件27人。全年对刑事案件提出抗诉2件2人，市中级人民法院采纳意见，均予以改判。开展羁押必要性专项检察9件，提出检察建议均予以采纳。落实刑罚执行监督10件，其中刑罚财产刑执行检察7件，社区矫正人员收监执行3件。全年监督社区矫正人员1112人次，未发生社区矫正人员脱管、漏管案件。民事行政诉讼受理生效裁判监督案件1件；依法履职开展羁押必要性专项检察9件。

设立灵昆街道检察联络站，协助大门司法所调解各类纠纷19起。对涉罪非公企业作相对不诉2件5人。配合审核“两代表一委员”600余人次。专题向区人大常委会作检察官履职评议报告，接受人民监督员监督案件4件，邀请人民监督员评议检委会案件。

组织开展检察开放日、“诚信发展·检察伴你行”活动和“护航G20，普法在行动”“预防校园暴力”等专题法治教育进校园活动。全年在省级以上刊物发表理论调研文章12篇，30余篇稿件被市级以上新闻媒体刊登，其中《三项举措为未成年人重新插上“梦的翅膀”》被评为全国检察机关“未检30周年”新媒体作品优秀奖。

是年，区检察院获市级文明单位称号。

【打击金融犯罪】 2016年，区检察院全力维护民间金融秩序，全年受理提请逮捕案件23件23人，审查移送起诉案件28件28人；移送市检察院审查起诉4件4人，均开庭审理。联合区公安分局、区法院召开民间金融风险处置联席工作会议，及时会商处置工作情况。其中《践行“绿色司法”加速民间金融风险处置》简报信息被市委办、区委办采纳。

【查办职务犯罪】 2016年，区检察院立案查处贪污贿赂案件5件5人，办理渎职侵权犯罪案件3件3人，其中立案查处区霓屿街道工作人员郭某特大贪污案、浙江省监狱管理局信息处副处长楼某受贿案等，为国家和集体挽回经济损失100余万元。落实《刑法修正案（九）》及相关司法解释工作要求，依法撤销涉嫌行贿案件4件。

职务犯罪警示教育活动

【职务犯罪预防】2016年，区检察院加强职务犯罪预防个案专项总结，撰写预防调查、案件剖析、预防宣讲等10篇材料被省检察院“五库建设”和预防职务犯罪专刊采用。对工程建设领域背后的职务犯罪现象，向相关单位提出建议。开展非罪行贿档案查询和应用，提供非罪行贿档案查询246人次。组织霓屿街道、元觉街道干部开展警示教育活动。

【检察领域专项活动】2016年，区检察院开展保障律师会见权和文明办案两个专项活动。走访律师事务所及代表律师，就执法办案、律师权益保障问题，听取意见和建议。会同区法院制定《刑事案件电子卷宗移送的实施办法》，实现刑事案件卷宗信息在法检部门办案中的高效传递和资源共享，为律师等第三方阅卷提供服务。围绕“五水共治”、“一打三整治”、以及保护“舌尖上的安全”等领域开展对破坏渔场渔业资源、破坏环境资源、危害食品药品安全、三类犯罪专项立案监督活动。建立区海洋渔业局、市场监管局、环保局、国土局等部门合作机制，提出检察建议1份，立案监督涉嫌破坏环境资源案件2件4人，为国家挽回经济损失10万余元。

【区检察院门户网站入选全国“百佳”检察门户网站】2016年12月30日，由正义网与中国信息化研究与促进网联合主办的全国“百佳”检察门户网站评选结果揭晓。区检察院门户网名列其中。评选内容从信息公开、互动交流、便民服务、网民浏览体验等方面设定53项考评指标。活动于8月启动，经过初评、复评、定评三个阶段，以指标总得分排名为主要依据，共评选出10家省级优秀检察门户网站、30家市级优秀检察门户网站以及60家区县级优秀检察门户网站。

（陈剑韬）

法院

【概况】2016年，区法院受理各类案件2252件，同比上升14.03%，结案2214件（含旧存，下同），同比上升21.25%。受理刑事案件136件，结案147件，判处177人；受理民商事案件1354件，结案1346件；受理行政案件46件，审结47件；受理执行案件709件，执结667件，执结额1.25亿元。全年网上庭审直播8次。推进公开透明网络司法拍卖，累计拍卖128次，成交额5432.13万元。全年公布裁判文书725份，上网率84.5%。

是年，成立家事审判合议庭，建立专业审判、心理疏导、跟踪回访等机制。推进庭审记录改革，庭审记录改革适用率84.3%。行政诉讼案件行政负责人出庭应诉率100%。全年向党政机关和有关单位发送各类司法建议5份，反馈率和采纳率均100%。启用“一人一案一账号”执行案款管理系统，严格落实立案登记制，推行干警轮流值班导诉。联合区司法局设立法律援助中心法院工作站，探索创新预约立案、上门立案及表格式诉状。

新增区人民陪审员13名（全区

职务犯罪案件庭审

全省优秀法院牌匾

共75名）。联合区纪委开展职务犯罪案件旁听庭审警示教育活动，180余人参与旁听。加强人大代表、政协委员联络工作，推进手机短信平台建设，编发《审判工作动态》，不定期通报法院工作情况。坚持海岛巡回审判，设立灵昆审判站。开展各类主题普法宣传活动，解答群众法律咨询200余人次，发放宣传资料1000份。全年举办辖区中学校园法治讲座3次，举行公众开放日4次旁听案件庭审200余人次。

是年，区法院被浙江省高级人民法院授予全省优秀法院、纪检监察工作先进集体、刑事审判工作先进集体、先进政工集体等称号。

【司法体制改革】 2016年2月24日，为保证公正司法、提高司法公信力，确保司法改革工作顺利推进，区法院成立司法改革领导小组，由区法院院长李德通担任组长，下设办公室及人事管理改革、财物管理改革、执行业务改革、审判业务改革等四个工作组。成立家事审判合议庭，建立专业审判、心理疏导、跟踪回访等机制。推进家事审判改革，联合区检察院出台《关于刑事案件电子卷宗移送的实施办法（试行）》，建立刑案纸质电子卷宗同步移送系统。拟制《温州市洞头区人民法院司法体制改革工作实施方案（送审稿）》，通过省高院、区委审核。7月29日，召开司法体制改革动员大会，印发《温州市洞头区人民法院司法体制改革工作实施方案》。成立家事审判方式和工作机制改革领导小组。按照首批法官入额实施方案和相关业绩考核办法，遴选首批15名员额法官。召开庭审实质化改革专题推进会，成立洞头区庭审实质化改革工作领导小组。制定出台《关于建立健全“大立案、大服务、大调解”三大机制建设工作方案》《关于轻微刑事案件速裁机制的若干规定（试行）》。

【金融审判】 2016年，区法院受理民间金融活动中涉及非法吸收公众存款、集资诈骗、洗钱等案件25件26人，依法审结30件35人（含旧存），其中判处三年以上有期徒刑的30人。引导当事人及家属主动退赔、配合追缴，做好判决后赃物、赃款的追缴，最大限度地为受害人挽回经济损失。完善部门联动机制，联合区公安分局、区检察院定期召开专题研讨会。全年受理金融借款合同案件122件，办结134件，结案标的1.03亿余元。

【案款管理系统建设】 2016年，为提高诉讼管理效率，区法院启用“一人一案一账号”案款管理系统，无缝对接审判执行系统和银行信息系统。制定执行案款管理办法，规范执行案款收取，执行通知书上列明执行案款专户的开户银行、账号、户名。执行法官发放案款一般不得超过7个工作日，若因客观原因不能在一月之内发放的应说明理由并经院领导审批，并交财务部门备案。同时定期通报执行案款账务情况。全年执行款平均发放时间11.06天，执行案件669件，执行到位1.25亿元。

【审判执行】 2016年，区法院建立微信公众号“老赖曝光台”，加大对失信被执行人曝光力度，在区医院、车站、超市、银行等公共场所调整设立曝光台24处，实行全天候滚动曝光。开展涉金融债权专项执行活动，执结涉金融案件93件，执行到位金额2559万元。7月，首次向特殊主体被执行人发出拘传令。出台涉特殊主体案件▲专项执行活动实施方案，全年执结涉特殊主体案件16件，执行到位金额745万元。化解一起标的额3900万余元执行案件引起的涉诉信访。建立非执行部门工作人员参与执行备勤制度，全年共参与备勤365人次，布控到位46人，实际拘留29人。打击规避、抗拒执行行为，移送公安机关2件2人，立案侦查1件1人。

▲涉特殊主体执行案件：主要是指涉党政机关、党员、公职人员及人大代表、政协委员等特殊主体的执行案件。

【破产案件审判服务】2016年，区法院受理破产案件6件，审结1件，其中执行移送破产案件2件。出台《破产指定管理人选任结果资格审查办法》。联合区金融办、人行召开金融审判联席会议，促成债权人中国农业银行股份有限公司温州洞头支行与洞头区某新城商贸城开发有限公司就破产申请达成和解。11月，经洞头区鸽礁水产食品有限公司破产清算一案管理人申请，区法院作出答复同意该公司继续营业，支持企业发展。

【涉特殊主体集中执行大行动】2016年11月9日，区法院开展涉特殊主体集中执行大行动。组织干警20人，出动警车10辆次。强制腾空厂房1.6万平方米。传唤6人，拘传4人，罚款6人，其中进行财产申报8人，被执行人当即履行22万元，达成和解还款协议300余万元。

【首份“人身安全保护令”】2016年5月16日，区法院依法发出反家庭暴力法正式施行后第一张“人身安全保护令”▲。5月11日，原告孙某起诉要求与其丈夫余某离婚并提出人身安全保护申请，称其丈夫余某在婚姻关系存续期间经常对其及子女实施家庭暴力，并当场提供区公安分局出具的告诫书、就医门诊病历、医疗发票等材料。经审查，法官认为孙某及婚生子女确实存在遭受家庭暴力的现实威胁。5月16日，区法院开庭审理该起离婚纠纷案件，并当庭作出禁止被告余某在6个月内跟踪、骚扰、威胁、殴打孙某及婚生子女的裁定。除向原被告双方送达此“人身安全保护”裁定书，并将此裁定书送至当事人所在村居、辖区公安派出所和区妇联，形成保护、监督的合力，确保原告及子女的安全。

▲2016年3月1日，《中华人民共和国反家庭暴力法》正式施行，规定当事人因遭受家庭暴力或者面临家庭暴力现实危险，可以依法向法院申请“人身安全保护令”。指法院为保护家庭暴力受害人及其子女和特定亲属的人身安全、确保婚姻案件诉讼程序的正常进行而作出的民事裁定。

（林　超）

司法行政

【概况】2016年，区司法行政法律服务中心接待人数5000余人次，接听来电咨询111件、接待来访咨询483件；受理法律援助案件184件，办理公证案件1253件、涉及6500余人。霓屿司法所创成首家省级四星级司法所。全年各级人民调解组织调解纠纷1708件，调解成功1684件，调处成功率99%，协议金额16万元，其中，街道（乡镇）（包括警调）、村居（社区）调处社会矛盾纠纷1416件，占93%；成功调解非正常死亡23件、海渔事纠纷107件，协议金额1.1亿元；成功调解涉及民间金融风险纠纷49件。

区司法局联合区工商联制定在法律服务非公有制经济发展中加强合作意见，成立非公经济法律服务中心和北京洞头企业商会法律服务工作站。离岛工作站落实“法律援助户”制度。组织律师、公证部门为“无违建区”“五水共治”“大拆大整”及重大项目等工作提供法律服务。实现村居、校园和行业协会商会法律顾问全覆盖，协助区政府聘请10名法律顾问，部门法律顾问聘请率95.6%，街道（乡镇）法律顾问聘请率100%。全年律师代理诉讼案件135件，收费153.1万元，其中民事案件110件、刑事案件11件、行政案件7件、非诉讼案件7件。

探索社区矫正工作新机制，完善市、区、乡三级社区矫正指挥中心信息化硬件建设，7个司法所全部实现视频连线。推行社区矫正APP手机绑定，解决“八小时”外和节假日期间监管难等问题。社区服刑人员手机配备率100%，电子腕带配备率15%。全年新接入矫96名，期满解矫80名，变更居住地12名，发现漏罪1名，收监执行2名，受警告处罚34名，无脱漏管和重新犯罪情况出现。截至年底，全区接收社区服刑人员708名，解除社区矫正614名，在册社区服刑人员94名。刑释解矫人员676人，帮教率98.5%，安置率97.6%。

制定出台法治宣传教育第七个五年规划（2016—2020年），建立重点单位法治宣传教育责任清单制度，明确19个重点成员单位普法责任。建立“七五”普法讲师团、普法联络员和普法志愿者等队伍。全年举办各类法治讲座96场，开展现场法律咨询110场，分发宣传资料51100余份、宣传品22900余份，发送微博410条、微信231期。全年创成区级及以上“民主法治村（社区）”89个，其中国家级1个、省级9个、市级30个。

是年，区普法办获2011—2015年全国法治宣传教育先进单位，区司法局获2011—2015年省法治宣传教育先进集体、市人民调解工作先进单位。区法律援助中心获全市政法系统“十佳”政法单位。

【法治宣传教育第七个五年规划（2016—2020年）印发】2016年11月7日，区委办、区府办转发区委宣传部、区司法局《关于在全区公民中开展法治宣传教育的第七个五年规划（2016—2020）》。法治宣传教育对象是一切有接受教育能力的公民，重点对象是国家工作人员、青少年、企业经营管理人员、新居民和村（社区）干部等。该规划主要任务包括深入学习宣传习近平关于全面依法治国的系列重要论述和以宪法为核心的中国特色社会主义法律体系、深入推进洞头特色法治文化建设、深入优化法治宣传格局、深入推进多层次多领域依法治理。主要目标是国家工作人员的法治能力、青少年的法治信仰、企业经营管理人员的法治观念、新居民的法治素养、村（社区）干部的法治意识明显提升，全社会厉行法治的积极性和主动性明显提高；法治文化建设蓬勃发展，宣传形式和有效载体日益丰富，工作机制进一步健全，法治宣传教育体系更加完善，社会化、常态化的普法格局基本形成。

【区普法办获评2011—2015年度全国法治宣传教育先进集体】 2016年5月26日，第八次全国法治宣传教育工作会议表彰2011—2015年全国法治宣传教育先进集体和先进个人，洞头区普法办名列其中。“六五”普法期间，区委、区政府把普法工作纳入经济社会发展总体布局，制订“六五”普法规划，落实“谁主管、谁负责”“谁执法、谁普法”普法责任机制，普治工作纳入目标责任制考核。区人大、区政协不定期开展督导。整合全区普法资源，创新开展“法律六进月月行”主题活动，组织“法贺新春”“法护春苗”“法润百岛”“法在身边”等“一季一主题”宣传；开展“法律六进”活动2705场，举办法治讲座540场，开展广场活动538场；开展法治文化活动182场，建法治文化基地15个，拍摄法治微电影2部，建立公共场所普法视频193个；创成市级法治街道（乡镇）工作示范单位3个、市级以上依法行政示范单位5个、区级以上民主法治村（社区）89个、区级以上诚信守法企业6个。

【公证数据网上保管服务】 2016年3月25日，洞头公证处推广公证数据保管业务在社区矫正工作的运用。公证数据网上保管服务包括单位或个人的语音、网页、手机拍照、云桌面等易消失的数据。24小时内通过互联网或手机终端按相应提示操作，在该公证处指定的服务器中储存并保管，实施完毕时可获得一份电子数据保管证明。全年运用数据保管业务6件。

【区司法局获评2011—2015年省法治宣传教育先进集体】 2016年7月13日，省委办公厅、省政府办公厅通报表彰2011—2015年全省法治宣传教育先进集体和先进个人，区司法局名列其中。2011—2016年期间，区司法局利用“12·4”国家宪法日和各种法律颁布纪念日，针对领导干部、公务员、青少年、渔农民、新居民等不同普法对象的法律需求，创新开展“法律六进月月行”主题活动，组织“法贺新春”“法护春苗”“法润百岛”“法在身边”等“一季一主题”宣传。拍摄法治微电影2部，建立公共场所普法视频193个；升级海霞法治网，打造“洞头普法”微博微信，开辟洞头新闻报“与法同行”和广播电台“法治新时空”专栏。依托民间力量打造普法特色志愿者队伍6支。

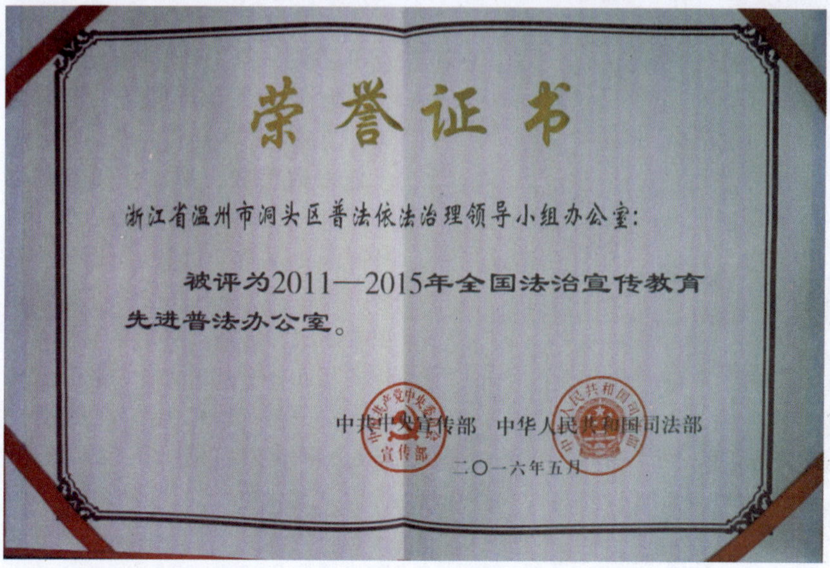

2011—2015年全国法治宣传教育先进普法办公室获奖证书

【校园法律顾问实现全覆盖】 2016年5月9日，全区19所学校聘请校园法律顾问，校园法律顾问实现全覆盖。区司法局采取“法律顾问团”模式，实行统一聘请，统一管理，为全区中小学校提供起草、修改和审查法律文书，协助开展法治实践、法治宣传、矛盾纠纷化解等法律服务，推进学校依法办学、依法治校。

【受理全市首例法律援助APP案件】 2016年，区司法局推广法律援助APP。全区村居（社区）公告栏张贴宣传二维码开展法律援助APP宣传，市民可通过手机在线申请法律援助（预审）、在线咨询法律问题、在线选择法律援助律师、享受免费法律服务，法律援助律师可以在线办案。市民通过账号注册，实名认证，准确填写案件标题、案情简介，上传身份材料、事实材料和经济困难证明照片，即可轻松在线申请法律援助。7月14日，受理市首例通过法律援助APP申请法律援助案件，并指派法律援助律师。

洞头区"法律进景区(点)"活动

【洞头普法彩信手机报运行】 2016年2月2日，区司法局创办的洞头普法彩信手机报正式运行。普法手机报是以手机为媒介传播信息，依托移动通信资源、以图文并茂的形式，开设法治一线、法治视点、要闻聚焦等板块，反映本地法治最新动态，传达国家政策法律法规，讲述平常老百姓工作生活常常碰到的法律难题。全区各级领导干部、普法联络员、村干部和部分居民可不定期收到普法信息。

【"法律进景区(点)"活动】 2016年，区普法办、区司法局组织法律进景区，助推全域景区化活动。全年举办旅游相关法律知识讲座8场，组织送法进景区宣传25场，"洞头普法"微信开展旅游法律知识有奖问答送景区门票活动2期，参加500余人；编制旅游法解读手机彩信2期。通过搭建微信虚拟旅游调解室，建立旅游行业消费维权服务站，组织法律服务人员为冰雪王国、水乐园等重点旅游项目征地拆迁、公开招投标等提供法律服务，接受法律咨询33件，与2家涉旅企业签订法律顾问协议，协助处理涉法事务8件，处置涉及旅游矛盾纠纷13件。

【洞头区非公有制经济法律服务中心成立】 2016年8月1日，区司法局联合区工商联成立洞头区非公有制经济法律服务中心和北京洞头企业商会法律服务工作站，制定在法律服务非公有制经济发展中加强合作意见，搭建非公企业和非公人士法律服务平台，承担非公有制企业的法律服务需求收集，协调异地商会法律服务。编印发放《电子商务企业企业发展政策和法律风险案例摘编》，组织电子商务企业法律风险调查，规范商会人民调解。全年进民营企业活动宣传讲座4次，咨询35人次。

"12·4"国家宪法日广场宣传活动

【温州医科大学司法鉴定中心入驻洞头】 2016年11月23日，温州医科大学司法鉴定中心入驻洞头区司法行政法律服务中心，开展司法鉴定咨询服务，受理司法鉴定案件。确定每月5日和20日，采取"定期制"模式由专业鉴定人员为群众提供服务，满足群众法律服务需求。

【"12·4"国家宪法日宣传活动】 2016年12月，区司法局联合区法院、区检察院、区信访局等39家单位在街心公园开展"12·4"国家宪法日广场宣传活动。主题是"大力弘扬法治精神 协调推进'四个全面'战略布局"。活动通过现场法律咨询、法律问卷调查、展示宣传图板、分发宣传资料等形式，开展环境保护、安全生产、劳动合同及"三改一拆""五水共治"等以宪法为核心的社会主义法律体系宣传，为现场市民提供免费的法律、公证咨询服务，解答民间债务纠纷、遗产继承、村土地纠纷等。引导群众关注"洞头普法"微信公众号，开展线上线下"12·4"宪法知识有奖问答活动。活动展示展板47块，分发各类法治宣传资料及宣传品6000余份，接受法律咨询服务10余人次。

（林声响）

栏目编辑　卓桂荣

军　事

螺贝春秋 · 王思恩

“海霞精神”

爱岛尚武　励志奉献

“五岛连桥”精神

小县办大事　小岛创大业

国防后备力量建设

【概况】2016年，区人武部围绕“五部”（应急应战的指挥部、地方党委的军事部、后备力量的建设部、同级政府的兵役部、军民融合的协调部）职能定位，停止民兵训练基地后勤房屋有偿外租活动。完成民兵组织整顿工作，推动女子连特战转型。召开洞头先锋女子连建连56周年座谈会。开展改革强军主题教育、条令学习月、“知恩、知足、知责、知止”大讨论等。全年慰问部队官兵、困难退伍军人250人次，发放慰问金、慰问品共计125.25万元。全年基础设施建设投入152万元。

是年，中央军委委员，国务委员、国防部长常万全上将、省军区副政委张晓林、东部战区司令员刘粤军上将、省人大常委会副主任毛光烈、常务副省长袁家军等军地领导到洞头先锋女子民兵连考察工作。

【常万全到洞头调研考察】（参见《中共温州市洞头区委》栏目“重要调研”分目）

【洞头区人民武装部挂牌】2016年3月17日，洞头区人民武装部正式挂牌，全体干部职工举行简朴挂牌仪式。洞头撤县设区后，报请中国人民解放军总参谋部批准，中国人民解放军浙江省洞头县人民武装部改为中国人民解放军浙江省温州市洞头区人民武装部。

【张晓林到洞头检查指导工作】2016年7月13日，省军区副政委张晓林率队到洞头检查指导工作。检查组一行看望全体干部职工，听取区人武部迎接国防动员部安全检查准备情况汇报。对营区硬件设施情况进行检查，现场指出安全隐患，要求及时规范整修，不让隐患留有死角。军分区政委潘学军、政治部主任吴仿根陪同检查。

【有偿服务活动全面停止】2016年，为贯彻落实中央军委《关于军队和武警部队全面停止有偿服务活动的通知》（军发〔2016〕58号）

2016年7月13日，省军区副政委张晓林到洞头检查指导工作

精神，区人武部成立全面停止有偿服务活动领导小组，制定实施方案，开展自查自纠，检查整治辖区内国防坑道等场所。联合地方网监部门控制网络舆情，消除社会负面影响，协调涉法诉讼项目司法工作。截至8月底，完成整治民兵训练基地伙房底层南边4间营房和民兵训练基地伙房的有偿服务工作。

民兵·预备役

【概况】 2016年，区人武部完成全区民兵组织整顿工作，组建基干民兵队伍应急、支援、储备三大类35支1896人。各街道（乡镇）落实“两室一库”建设，实现所有街道（乡镇）武装部二星级达标。推进103个行政村（社区、居委会）民兵连规范化建设。开展新兴民间救援力量、大型工程机械和特种专业救援装备器材潜力调查，完成人员整组。组织民兵配合参与迎接G20杭州峰会治安巡逻。

【民兵训练】 2016年4—5月，按照民兵军事训练工作指示，区人武部组织辖区民兵应急分队干部骨干和所有行政村民兵连长军事技能训练。组织全区专武干部参加军分区组织的专武干部业务技能比武考核。6—9月，组织新招录女民兵开展集中训练。10月上旬，10名女民兵骨干赴福建某部开展特战训练；11月8—9日，组织3个街道重要目标防卫分队协同军分区配属的海防二连，在状元岙港区开展连续2天的重要目标防卫红蓝军实兵对抗演练。11月中旬，组织洞头先锋女子民兵连开展为期一个月的封闭式训练。

【民兵突击队建设】 2016年，区人武部组织民兵参加G20杭州峰会治安巡逻，组织区民兵应急连和各街道（乡镇）民兵应急排参加防台防汛常态备勤，防抗超强台风“莫兰蒂”期间，东屏街道民兵应急分队参与营救山体滑坡被困人员车辆，先进事迹获东部战区微信平台宣传报道。海上民兵分队收集上报情报信息13条，被海军部队采用2条。

国防动员

【概况】 2016年，区人武部根据省市国防动员委员会统一部署，启用新软件系统，通过温州军分区国防动员潜力数据统计采集工作审核。组织区国防坑道和工事普查，建立档案资料。重点摸清被非法侵占、遭到破坏和已申请报废的国防工程情况。细化作战方案预案，修订完善应急行动预案。推进战备规范化建设，完成“三室三库”和海上民兵应急连战备器材室建设。

【海上侦察力量建设】 2016年，区人武部结合报情情况和作业海区分布，调整优化海上民兵信息船8艘，其中骨干信息船3艘、普通信息船5艘。依托区海洋渔业局值班室建立海上情报信息网。调整加强海上民兵信息员队伍，申请专项经费9万元，购置工作手机21部，进一步扩展民兵情报信息网。

【海上动员力量建设】 2016年，区人武部调整优化海上动员力量渔船编组，补充调整带船专武干部和退伍兵，加强任务渔船常态化规范化管理。4月，组织常态备勤动员渔船接受国防动员部、省军区、军分区电话抽点。6月，任务分队随船专武干部、退伍军人12人参加省军区组织的海上民兵跨区联训，突出基础训练和编队指挥、指挥通信器材操作使用、海上目标识别等专业训练，并组织连续6小时以上乘坐渔船海上适应性训练。7月底，组织300吨以上渔船5艘45人在洞头海事码头拉动点验。

国防教育

【概况】 2016年，区人武部组织开展军训及“国防教育宣传日”“国防教育宣传月”等活动，在广播、电视上开办国防教育专栏和专题节目，在洞头先锋女子民兵连微信公众号上开展国防知识有奖竞答活动，定期公开展播爱国主义教育和主旋律红色影片。邀请著名军事专家尹卓将军给区四套班子领导和干部群众上国防形势辅导课。全年中小学校、企事业单位军训3500余人。

【尹卓国防形势专题讲座】 2016年7月29日，洞头区“百岛讲坛”特邀著名军事专家、海军网络安全和信息化专家咨询委员会主任尹卓少将到洞头作国防形势专题教育讲座。讲座围绕中国周边安全形势与南海问题进行分析，主要从美国战略重点的东移与中国战略机遇期的出现、中美战略力量体系对抗中中国战略利益的拓展、南海问题的历史法理依据和中国政府基本立场三个方面展开。区四套班子领导、区党政机关企事业单位副科以上领导干部、街道（乡镇）主要负责人、驻军单位官兵代表近1000人参加。讲座历时3小时。

【郝平到洞头调研国防教育工作】 2016年3月2日，教育部副部长郝平到洞头检查春季开学工作情况。同时郝平一行到洞头先锋女子民兵连，听取国防教育工作情况介绍。省教育厅副厅长于永明、副市长郑朝阳，区领导王蛟虎、张贤孟、叶锦丽等陪同。

2016年7月29日，著名军事专家尹卓在百岛讲坛作国防形势专题教育讲座

军民联防

【概况】2016年，区人武部组织驻岛部队和广大民兵支援海岛建设，参与防台防汛、山体滑坡、突发事件等急难险重任务，全区基干民兵和洞头先锋女子民兵连官兵应对突发事件、参与防台防汛、抢险救灾行动共出动民兵3000余人次，累计转移疏散群众5000余人次。组织民兵护村队、联防队参与景区秩序维护、G20杭州峰会期间巡查、交通秩序维护等。开展扶贫帮困等活动。全区31个部门、15个非公企业、15个社区（村居）委会与6支驻岛部队建立军民共建关系。

【拥军优属活动】2016年，区人武部组织慰问洞头籍团职干部军属8户、基层营连主官3名和困难战士家庭1名。看望北岙街道银海社区陈松荣遗属，送上慰问金1万元。慰问大门镇困难退役军人李忠夫，送上救助慰问金1.5万元。组织洞头先锋女子民兵连官兵到区敬老院慰问孤寡老人，送上生活慰问品，为老人家测血压，并表演文艺节目。同时，还慰问海防营雷达所，与哨所官兵和驻洞某雷达站官兵春节联欢。

【基础设施建设】2016年，区政府投入21万元整理升级机房和高清视频系统。投入30余万元整修营院环境和各类库室。投入101万元维护整治民兵武器仓库，完善各类库室和安防设施，改善值班人员学习、生活、工作环境，消除安全隐患。

洞头先锋女子民兵连建设

【概况】2016年，区人武部编制洞头先锋女子民兵连五年建设规划、拟定《女民兵招录细则》《洞头先锋女子民兵连日常管理规定》《洞头先锋女子民兵连特战训练大纲》，制订洞头先锋女子民兵连参与地方平安建设实施方案。严格骨干队伍征集标准，严把行业系统编兵入队关口。开展洞头先锋女子民兵连新招录女民兵3个月集中训练，组织女民兵骨干特战训练。区人武部联合举办洞头先锋女子民兵连建连56周年系列活动。洞头先锋女子民兵连纪念馆全年接待省部级以上领导22批，开展爱国主义教育、国防教育和军事训练908批2.4万余人次。为中央军事委员会委员、国务委员兼国防部部长常万全等各级领导考察连队展示当代女民兵新风采。参与景区秩序维护、G20杭州峰会期间巡查、突发事件处置、防台抢险救灾等活动。

【常万全考察洞头先锋女子民兵连】（参见《中共温州市洞头区委》栏目“重要调研”分目）

【洞头先锋女子民兵连纪念馆入选全国红色旅游经典景区名录】2016年12月30日，国家发改委、中宣部、国家旅游局等14个单位联合发布《关于印发全国红色旅游经典景区名录的通知》（发改社会〔2016〕2662号），公布300处全国红色旅游经典景区，洞头先锋女子民兵连纪念馆入列其中。洞头先锋女子民兵连纪念馆始建于1976年，2000年和2015年先后重新修建，现占地面积870平方米。馆内存有大量的实物图片，反映洞头先锋女子民兵连1960年6月建连以来弘扬励志奉献的海霞精神，注重海疆海防，渐成国防基层战线一面永不褪色的旗帜的历程。是国家国防教育示范基地、省市爱国主义教育基地、省级党史教育基地。近年来，洞头区以“海霞故乡·百岛洞头”为旅游宣传主题口号，推介“海霞足迹寻踪游”“海霞军事主题游”“海霞青少年夏令营游”等旅游线路，实现教育效益、社会效益、经济效益三提高。至年底，已建成以洞头先锋女子连纪念馆为核心的海霞红色旅游文化创意园一期工程、完成海霞红色旅游文化创意园、海霞军事主题公园改扩建、海霞精品村“三线落地”等工程，海霞红色旅游发展成功入选国家红色旅游十三五发展规划。

【洞头先锋女子民兵连被确立党建杂志社浙江省首个工作联系点】2016年9月，中宣部党建杂志社社长刘汉俊一行到洞头先锋女子民兵连调研。决定在洞头先锋女子民兵连建立中宣部党建杂志社首个浙江省

2016年7月，《党建》杂志社在洞头先锋女子民兵连设立首个浙江省工作联系点

工作联系点，持续开展帮扶共建活动，弘扬“海霞精神”，不断赋予优良传统以新的时代内涵。并向洞头先锋女子民兵连捐赠价值万余元党建类图书。

【区委女子民兵连建设专题】 2016年11月27日，区委书记王蛟虎主持召开专题会议，研究洞头先锋女子民兵连建设工作。会议听取洞头先锋女子民兵连建设情况汇报，专题研究连队训练基地建设、五年规划等工作，并协调解决建设中碰到的难题，指导部署下阶段工作。王蛟虎强调，要集思广益、研究做好洞头先锋女子民兵连建设工作，把海霞这面旗帜坚定不移地传承下去，打响海霞品牌，为全域化景区建设、海上花园建设锦上添花。区领导林霞、张贤孟、张龙、叶海峰及人武部政委李授雄参加会议。

【洞头先锋女子民兵连建连56周年座谈会】 2016年6月30日，洞头区举办洞头先锋女子民兵连建连56周年纪念活动。活动组织新老“海霞”参观纪念馆，召开座谈会，旨在强化奉献意识，提高荣誉感、责任感，让“海霞精神”薪火相传，同时与会者共商连队建设发展。区委常委、宣传部部长张贤孟，区人武部政委李授雄，区海霞文化研究会特邀顾问乔吉林（市委原常委、军分区原司令员）、吴祖熙（市委原常委、市政府原常务副市长）、汪月霞（女子连原首任连长、市人大常委会原副主任）、区海霞文化研究会顾问、区海霞文化研究会成员以及部分老民兵、女子连官兵参加活动。活动由区人武部、区委宣传部主办，区海霞办、区海霞文化研究会、女子连承办。

（邱少华）

2016年6月30日，洞头先锋女子民兵连建连56周年纪念活动

武警工作

【概况】 2016年，武警洞头区中队紧紧围绕强军目标，贯彻落实《军队基层建设纲要》精神，固本强技，管训结合，不断遂行处突反恐、抢险救灾等各项任务能力。G20杭州峰会安保任务受到总队和支队嘉奖各1人。开展“主题教育”“两学一做”专题教育。组织改革强军大家谈、“投身改革强军实践、争做‘四有’革命军人”主题演讲比赛。组织官兵举行向军旗宣誓仪式，参观洞头先锋女子民兵连并看望慰问老同志汪月霞。参加“青春万米跑”活动、第七届中国·洞头“妈祖”文化节及旅游节等。

【军事训练】 2016年，区武警中队严格落实训练制度，坚持训练前有摸底、有教案、有示教，训练中有示范、有会操、有讲评，训练后有考核、有评定、有排名。通过“五小练兵”和训练竞赛，有效提高训练质量。全年取得支队冬季体能竞赛第三名、第五名，勤训轮换第四名、第六名，应急班比武第三，支队“四会”教练员集训第一名，支队“四会”教练员比武中士官组第五名。全年参加各类集训10人次、参加区重大活动和抢险救援出动400人次。

【G20杭州峰会执勤处突】2016年，区武警中队在G20杭州峰会执勤任务中，出动官兵参加勤务，从前期的支队培训到后期执勤任务，因表现出色，刘勇健、马祥分别受到总队、支队嘉奖。9月，抽调官兵担负温州大学军训任务，恰逢17号台风“鲇鱼”突袭，中队官兵兵分两路，赶往平阳水头支援抢险，受到领导肯定。

（沈 平）

边防工作

【概况】2016年，洞头边防大队探索适应海岛经济发展新环境的边防工作新模式，主动服务“海上花园”建设大格局，打造“一队一品牌，一所一特色”目标，部队建设受到省公安厅领导肯定。3人参加公安部第四支赴利比里亚维和警察防暴队集中培训，其中参加执行国际维和任务2人。公边33142艇列编服役，瓯江口新区管委会为边防大队灵昆所购置70余万元的移动警务车辆。完成G20杭州峰会、第三届世界互联网大会、市扩大有效投资重大项目集中开工仪式等重大边防安保工作。全年800余名群众到部队走访参观。

是年，省公安厅党委委员、纪委书记张钢到洞头边防大队燕子山所调研指导工作。边防大队燕子山所宋波当选全国公安边防部队第三届“带兵模范”，并获一等功。林洁获2015年全省“一打三整治”工作先进个人。

【公安边防大队33142艇列编服役】2016年8月10日，洞头公安边防大队公边33142艇在洞头中心渔港渔政码头正式列编服役。区委副书记、政法委书记王文胜，区委常委、公安分局局长王小甫、瓯江口产业集聚管委会副主任彭建锦、市边防支队副政委卢金跃、区人大常委会副主任张孚标、副区长刘素婷、区政协副主席张释忠、区人武部政委李授雄等出席，区公安分局、民政局、交通运输局、海洋渔业局、海事处、各街道（乡镇）分管领导、洞头先锋女子民兵连和群众代表等60余人参加。公边33142艇从2015年开始建造，全长28米，宽5.2米，设计排水量约70吨，设计航速18节，配备气胀式救生筏以及武器、导航、通信等设备，可以在7级海况下正常巡逻执法。

2016年8月10日，洞头公安边防大队公边33142艇列编服役

【宋波当选全国公安边防部队第三届“带兵模范”】2016年11月22日，全国公安边防部队第三届“带兵模范”评选结果揭晓，温州边防支队燕子山边防派出所班长宋波当选全国公安边防部队第三届“带兵模范”。1985年出生的山东汉子宋波，现任温州边防支队燕子山边防派出所班长。2004年入伍以来，一直扎根海岛，先后荣立个人三等功2次，获评优秀士兵3次，被总队授予优秀共产党员称号，被支队评为“十佳优秀带兵班长”，被洞头区评为“十佳优秀人民子弟兵”。当班长至今，所带的380名战士中有21人成为军事训练尖子和带兵骨干，6人立功，60人入党，16人考上军校。与战士们一起训练、学习，刻苦钻研军事业务理论、警务实战技能等知识。所在辖区海岸线长，港口、码头、岙口十多个，并分布多个无人岛。经常放弃周末休息时间在辖区里清理排查。在他的带动下，全班战士足迹遍布辖区每个无人岛。为深入掌握战士基本情况，自主设计制作《兵情日记》《动态跟踪记录表》，把每名战士家庭情况、兴趣爱好、近期表现等记录在日记和记录表中。集多年带兵生涯，总结“察言观色知兵法”，深受战友喜爱。

【陈豪、王佳浩参加国际维和任务】2016年3月，温州边防支队洞头边防大队灵昆所陈豪、王佳浩参加中国政府第四支赴利比里亚维和警察防暴队国际维和任务。第四支赴利比里亚维和警察防暴队由浙江公安边防总队组建。防暴队主要负责维和任务区——首都蒙罗维亚重要目标警卫、城市武装巡逻、重大群体性事件处置等任务。期限为一年。其间，共同完成各类维和任务627批次16821人次，妥善处置群体性事件16起。联合国授予全体140名队员“和平勋章”。陈豪，男，汉族，中共党员，1990年11月出生，2008年12月入伍，2014年6月入党，浙江温州人，大学本科学历，现任温州边防支队洞头边防大队灵昆所干事（正连职），兼任中国第四支

联合国官员为中国国际维和警察防暴队员授勋

驻利比里亚维和警察防暴队一分队队员，武警中尉警衔。王佳浩，男，汉族，中共预备党员，1992年9月出生，2011年12月入伍，2016年10月入党，浙江台州人，大学专科学历，现任温州边防支队洞头边防大队灵昆所二期士官，兼任中国第四支驻利比里亚维和警察防暴队三分队队员，武警中士警衔。

【边防执法】 2016年，洞头边防大队G20杭州峰会安保期间，启动战时工作机制，设立“一部三组”，对辖区涉毒、盗抢等167名重点人员，实行24小时动态管控。查获邪教法轮功人员3名、抓获逃犯2人，调处各类矛盾纠纷50余起，检查车辆1600余辆、核查人员2000余人，消除隐患100多起。处置鹿西乡渔民中毒、灵昆所辖区交通事故等引发舆论炒作的非正常死亡事件12起，因劳资纠纷、打架斗殴、寻衅滋事引发的矛盾纠纷58起。协助查获走私成品油案件4起、涉案成品油847吨。全年接处警1202起。

【案例举要】 2016年12月，洞头边防大队灵昆所根据情报线索，抓获犯罪嫌疑人吕某某（男，36岁，安徽省灵璧县人）、王某某（男，35岁，安徽省郎溪县）等二人，成功破获一起重大盗窃案件，涉案价值50多万元。经审讯，该吕某某等二人对2016年8月以来，伙同戴某（男，28岁，安徽省郎溪县人）等人在瓯江口新区上海建工工地，利用水泥罐车后轮不上磅减轻车辆重量方式多次盗窃水泥的犯罪事实供认不讳。现该吕某某等二人已被依法刑事拘留，戴某被网上追逃。

（王增环）

人民防空

【概况】 2016年，洞头区编制完成人民防空“十三五”发展规划。区人防办参与编制《洞头新城二期地下空间控制性详细规划》，推进洞头人防基本指挥所和应急指挥中心项目建设。深化人防审批制度改革，拓宽审批服务渠道，开展项目审批微信预约和上门服务，取消人防工程施工图设计审批和施工图设计中介服务事项。全年人防审批23件，依法收取人防易地建设费678.54万元，竣工备案8526.24平方米，人防窗口回访满意率100%。组建心理防护专业队，全区人防专业队总人数247人。G20 杭州峰会期间组织开展人防工程“三清三查三确保”专项活动。组织区人防指挥部全体成员单位观摩“浙江金盾—16”人防实战化演习。完成电信洞头分公司监控接入区人防指挥所，多功能防空防灾预警报知系统与区妇联LED大屏合建，与洞头溢香国际大酒店签订共建共管人防（民防）应急疏散场所协议。

【《洞头区人民防空“十三五”发展规划》编制完成】 2016年7月15日，区人防办完成《洞头区人民防空“十三五”发展规划》编制。该规划主要任务是建设人民防空组织指挥体系、人民防空指挥信息化建设、人防工程建设及平战结合、重要经济目标（关键基础设施）防护、人口疏散体系建设、准军事化文明机关建设、人民防空建设与社会经济融合发展和人民防空宣传教育。至“十三五”期末，人民防空工程总建筑面积达到15万平方米，人均建筑面积1平方米。逐步形成完善的城市防护体系，工程体系布局合理、功能齐全、比例协调。该规划由区人防办委托南京解放军理工大学地下空间研究中心编制。

【人防宣传教育】 2016年，区人防办组织开展“3·1国际民防日”、“5·12防灾减灾日”、“9·18”等人防主题日宣传活动，在人本超市、府前小广场、城南社区百姓舞台开展大型宣传活动，在海霞中学开展人防法律法规进校园活动，在北岙街道打水鞍村开展应急技能培训，在北岙街道城南社区开展“9·18”防空应急疏散演练等活动。全年累计发放宣传资料3000余份、急救包150份，制作横幅12条、图片展板20余块。同时在北岙街道城南社区开展人防宣传教育“进社区”工作示范点创建，探索制定人防宣教“五进”工作示范点创建内容。

（王勋）

栏目编辑　曾焕定

农业 · 水利

盼 · 王思惠

“海霞精神”

爱岛尚武 励志奉献

“五岛连桥”精神

小县办大事 小岛创大业

农　业

·概述·

【概况】2016年，洞头区围绕“统筹城乡发展、打造精品农业、构建生态林业、创建现代水利”工作目标，推动农村水利各项事业快速发展。积极实施美丽乡村建设，打造美丽乡村精品线1条、示范乡镇2个、美丽乡村综合体1个、精品村3个。创建省级农业科技示范基地2个、生态循环农业主体4个，完成灵昆街道市级农业标准化示范推广项目建设。全年实现农业产值10271万元，增长9.6%；林业产值547万元，增长29.6%；牧业产值5267万元，增长5.3%。全区新增农村产权交易4001.94万元，新增交易宗数56宗，农房抵押贷款余额11360万元，受益农户635户。

·美丽乡村建设·

【概况】2016年，制定《温州市洞头区古渔村（历史文化村落）保护开发三年行动计划（2016—2018年）》。投入713万元保护建设东屏街道垅头村、北岙街道白迭村、北岙街道东沙村等3个历史文化村落。投入93万元保护和修缮观音礁村火焰头烽火台，洞头村岙内叶宅、上社村摩崖石刻、风门村九亩区文化遗址、九仙村杨府爷庙等15个历史文化点（项）。整合美丽乡村建设资金2426万元，建成鹿西山坪露营平台、扎不断道坦岩、鹿西村生态公园、昌鱼礁村景观林等重要节点项目，推进沿线6个重点村的环境综合整治。启动鹿西休闲渔业体验岛美丽乡村精品线施工设计。开展美丽乡村精品村、美丽庭院（样板户）创建，投入240万元培育“荆秀家园”大荆村、“秀美渔村”昌鱼礁村、“九仙桃源”九仙村等3个精品渔村和380户美丽庭院户。创成省级生态循环农业主体项目2个（洞头县金地园种植专业合作社、洞头东屏天欣生态养猪场），以及省级优质健康农产品示范乡镇（霓屿街道）；投入280万元建设大门镇微生物发酵资源化快速成肥机器垃圾分类处理终端，覆盖涉农建制村20个。

【古渔村（历史文化村落）保护开发三年行动计划（2016—2018年）公布】2016年7月18日，洞头区制定出台《温州市洞头区古渔村（历史文化村落）保护开发三年行动计划（2016—2018年）》（洞委办发〔2016〕47号）。该行动计划目标：2016年建成省第二批历史文化村落保护利用一般村3个（东岙村、东沙村、沙角村），建成区古渔村保护利用3个（九仙村、东郊村、东岙顶村）。目标提出至2018年，建成省第四批历史文化村落保护利用重点村1个（东岙村）、一般村2个（花岗村、外埕头村），古渔村保护利用7个（小朴村、海霞村、营盘基村、石浦村、沙岙村、潭头村、扎不断村）。主要任务是推进整体保护、实施重点村落保护工程、挖掘和传承优秀传统文化、改善村落人居环境、发展文化休闲旅游业。

【东屏街道获评浙江省美丽乡村示范乡镇】（参见《街道·乡镇》栏目“东屏街道”分目）

·农村扶贫工作·

【概况】2016年，洞头区异地搬迁安置东屏蓝港花苑一期588人及蓝港花苑二期208人，启动东屏蓝港花苑三期项目建设。公示霓屿布袋岙安置房一期项目、乐康嘉园项目等搬迁计划，启动大门长沙和欣项目、霓屿安置房二期项目建设。转化经济薄弱村23个，其中1500人以上经济薄弱村转化8个。巩固来料加工57

个。成立扶贫资金互助会，规范管理扶贫资金互助组织8家。发放丰收爱心卡115户452万元。实施渔农村劳动力素质提升培训工程，培训渔农民814人，其中渔农村实用人才培训352人，渔农民就业技能培训422人。培训低收入农户200人次，转移就业60人、发展产业80户。动态调整“4600低收入农户”对象，调查结果显示，全区（不含灵昆街道）低收入农户1510户3285人，其中因病致贫约901人。

【《关于实施强村惠民三年行动计划的意见》出台】（参见《中共温州市洞头区委》栏目“组织工作”分目）

【市政协台联界委员到洞头开展扶贫结对】2016年2月23日，温州市政协台联界委员到洞头开展扶贫结对及考察调研。委员们到北岙街道双垅村察看基础设施建设、产业发展现状，了解当前落地重点工程项目及帮扶工作开展情况，并开展扶贫认捐。

·农业执法·

【概况】2016年，区农林局开展“绿剑”春季、夏季、秋季专项执法6次，对种子、农药、肥料、饲料等农业投入品开展执法检查。农产品安全监管专项行动6次，日常执法巡查活动23次，出动执法检查人员116人次，检查监管对象133户次。农产品质量安全定量监测抽样送检288批次，合格率100%。完成农药残留快速检测4157批次，合格率99.71%。农药和叶面肥隐性成分检测送样10批次。

·农业机械·

【概况】2016年，落实农机安全生产目标管理责任制，构筑三级农机安全生产保障网络，明确农机安全目标任务。签订拖拉机驾驶员责任书86份，微耕机操作人员55份。开展农机安全生产打非治违和隐患排查治理行动，签订告知单50份。组织安全片组活动4次，悬挂横幅18条，发放农机安全挂图10套40张、农机安全宣传图册200份、宣传资料1800份，发送农民信箱信息1000余人次。开展农业机械免费实地检验试点，检验拖拉机88台，检验率85%。排查外省籍拖拉机42辆，驾驶员37人。是年，农机购置补贴机具62台，受益农户56户，购机补贴资金6.2万元。

·林业·

【概况】2016年，全区林相改造3990亩，建成彩色健康林4218亩，村庄绿化面积112亩，建设节点彩化8处。森林抚育5215亩。种植区花三角梅3500株，经济林果苗4.5万株，赠送珍贵彩色树种2000余株。累计义务植树10000余人次，种植苗木3万余株。建设森林消防“引水上山”工程建设试点蓄水池10个。开展“利剑1号”清火行动、林区禁种铲毒等专项行动，出动警力96人次，车辆34台次。强化坟区网格化管理，清明节期间设置临时检查点171个，严格野外用火管理。开展森林消防宣传进学校、社区礼堂等活动。元旦、春节、清明节等森林消防重要节点开展重点宣传，制作宣传资料1.1万份、森林消防通告600份。全年区森林公安局办理各类案件10起，其中林业行政案件8起、刑事案件2起，罚款近6万元。

·畜牧业·

【概况】2016年，全区生猪年末存栏480头、羊120头、家禽4600只，全年猪肉产量144吨、蛋产量266吨。制定出台《温州市洞头区畜禽养殖管理办法》。组织百日巡查“回头看”行动，关停并拆除生猪存栏5—50头养殖户5户。推进美丽生态牧场建设，洞头东屏天欣生态养猪场美丽生态牧场通过验收。实施春、秋集中免疫和夏、冬紧急免疫，开展主要动物流行病学调查。全年采样送检生猪血样180个、家禽血样360份，样品累计数540份，各项动物疫病抗体检测指标处较高水平，重大动物疫病监测预警体系运行良好。开展H7N9亚型流感筛查和羊小反刍兽疫普查、净化，分别采集样品460组、送检165份，市农产品检测中心检测未发现呈现阳性。规范开展动物检疫许可，全面落实动物检疫电子出证，2016年共产地检疫生猪339批次、2242头，屠宰检疫生猪5523头。依法开展动物卫生监督执法，“瘦肉精”快速检测共抽检样品179份、畜产品定量检测10份，全部合格。监督无害化处理病死猪245头。查处调入动物未附有动物检疫合格证明案1起。

【《温州市洞头区畜禽养殖管理办法》出台】2016年6月21日，根据国务院《畜禽规模养殖污染防治条例》《浙江省畜禽养殖污染防治办法》和相关文件精神，区政府出台《温州市洞头区畜禽养殖管理办法》（洞政办发〔2016〕53号）。该办法适用范围为辖区内所有畜禽养殖场（户）。其中，养殖场是指生猪存栏200头以上（其他畜禽存栏数量按照省畜禽养殖业污染物排放标准规定的换算比例折算），养殖户另行发文确认。内容包含分类管理措施、达标验收、养殖备案管理、网格化监管、政策措施等。明确“一区一策”散养户整治方案和线下网格化监管机制，确立全区畜牧业分类管措施、养殖管理备案制度、养殖场达标验收办法和线下网格化管理机制。7月20日，开始实施。

【东屏天欣生态养猪场通过省美丽生态牧场验收】2016年12月13日，省畜牧兽医局公布2016年浙江省美丽生态牧场创建名单（浙牧畜发〔2016〕56号），洞头东屏天欣生态养猪场名列其中。该养猪场位于东屏街道后寮村，占地1000平方米，年生猪存量300头，出栏量800头。按照省农业厅《浙江省美丽生态牧场创建标准（试行）》要求，坚持美丽、生态、循环发展理念，明确创建内容、落实创建措施，基本实现场区布局合理、设施制度完善、生产全程清洁、产出安全高效、资源循环利用、整体绿化美化目标。11月通过省市验收。

【H7N9亚型流感防控】 2016年1月和11月，值流感高发期，区畜牧业部门组织开展H7N9亚型流感筛查。及时摸清禽类养殖情况，采集禽类样品460组送往市农产品检测中心检测。通过地检测样品抗体分布水平分析，全面了解全区H7N9亚型流感防控风险，有针对性加强H7N9亚型流感防控技术指导。同时，密切卫生部门之间信息共享和互通，发挥基层重大动物疫病监测网络作用。

水　利

·概述·

【概况】 2016年，洞头区按照省、市“三年解决突出问题，明显见效”工作目标，坚持水岸同治、陆海共治治水理念，打好“五水共治”攻坚战。全区列入省、市、区“五水共治”重点建设项目分别为8项、49项和30项，累计完成有效投资14.2亿元，其中省市项目6.4亿元。实施污染源治理、防洪防潮安全、水环境保护、浅海开发利用、海岸景观建设和水乡文化提升“六大治水工程”。水利工程质量监督实施水利质监APP在线监督，全年未发生质量安全事故。滩涂围垦造地完成环岛西片围涂工程投资6310万元。完成状元南片垦区回填工程投资9650万元。年度全市“五水共治”考核排名第三。

·五水共治·

【袁荣祥到洞头开展“五水共治”专项监督】 2016年4月19日，省人大常委会副主任袁荣祥率队到洞头开展大气污染防治执法检查和“五水共治”工作专项监督，督查组前往南塘工业园区、北岙街道、东屏街道等地，实地走访察看南塘美丽水乡示范项目、金源化工废气治理、诚意药业工业废气及污水治理、海霞村污水处理设施、五村联建农村生活污水治理设施工程及海洋公园建设等项目，听取情况介绍。市人大常委会副主任潘孝政，区领导董智武、叶永辉、严卫星、叶明理、叶锦丽等参加。

【陈艳华督查洞头“五水共治”工作】 2016年3月23日，省政协副主席陈艳华率省政协“五水共治民主监督万千行”督导组到洞头督查“五水共治”工作。督查组一行实地查看海滨河、南塘河、城南污水处理厂等处，听取了解洞头新城二期防洪排涝、南塘河附近企业截污纳管情况等。市政协副主席潘长旺及区领导叶国胜、刘素婷等陪同。

【省督导组督查洞头“五水共治”工作】 2016年4月27—29日，省督导组第27组一行到洞头督查“三改一拆”“四边三化”“五水共治”工作。督查组一行听取工作汇报，实地走访新城区河道护岸工程、城南污水处理厂以及街道4个、村居9个。区领导董智武、王文胜、叶明理、叶海峰、叶明久等参加。省督导组还相继于7月19—21日、11月8—10日对洞头开展第二轮、第三轮督查。

【省督查组督查洞头“无违建河道”创建工作】 2016年1月14日，省第三督查组一行到洞头区督查“无违建”区创建工作。督查组一行人查看“无违建”管控处置数字平台、南塘湾公园、蓝港花苑、东岙村等地，实地察看“无违建河道”创建、“小岛迁、大岛建”城中村改造、“无违建”创建等项目。

【陈龙调研洞头水利工作】 2016年3月9日，省水利厅厅长陈龙一行到洞头调研水利工作。调研组实地察看环岛西片工程、南塘湾防洪排涝工程。陈龙强调水利工作要围绕“五水共治”决策部署，认真谋划、提前谋划、全面谋划，强力推进民生水利、生态水利建设。市水利局局长项国生、副局长张维林、总工程师王林素，区领导董智武、王蛟虎、王文胜、刘素婷等陪同。

【《洞头区水系综合治理规划》公布施行】 2016年3月1日，区人民政府批复实施《洞头区水系综合治理规划》。该规划治理主要范围为环岛西片、大门岛、状元南片共三片区域，规划排涝标准为20年一遇，规划流域陆地面积为100.3平方千米。状元南片治理规划工程包括海滨河河道整治，治理河道总长4214米，岸线总长8078米，治理中心湖泊岸线1627米，以及河道湖泊护岸绿化景观治理。环岛西片规划工程包括围区内新建4条排涝河道，总长8521米；新建2处人工湖，湖面积22680平方米；新建一座排涝水闸，规模为2米×3米，设计排涝流量108立方米/秒。大门岛规划工程包括新建4条排涝河道，总长8970米，新建水闸一座，规模为5米×4米。规划总投资55132万元，“十三五”期间主要实施状元南片治理工程，规划投资24799万元。该规划基准年为2014年，近期规划水平年为2020年，中远期规划水平为2030年。

【《温州市洞头区水利工程标准化管理实施方案（2016—2020年）》公布实施】2016年7月6日，区政府制发《温州市洞头区水利工程标准化管理实施方案（2016—2020年）》（洞政办发〔2016〕59号）。该方案实施对象为全区所有小（二）型水库、5万立方米以上屋顶山塘、二十年一遇及以上标准海塘、中型水闸、水文站等已建水利工程。内容涵盖管理责任、安全评估、运行管理、维修养护、监督检查、隐患治理、应急管理、教育培训、制度建设、考核验收等。按照“一年打造示范，两年全面攻坚，三年基本完成，四年强化巩固，五年总结提升”的创建总体要求，目标通过三年时间，全区小（二）型水库标化率达到100%；二十年一遇及以上标准海塘标化率达到100%；中型水闸及水文站标化率均达到100%；实现全区重点水利工程标准化工作全覆盖。2016年，完成水库1座、山塘1座、海塘2处5.4千米和中型水闸1座创建；2017年，完成水库3座、海塘3处3.1千米和水文测站1座创建；2018年，完成水库2座和海塘2处2.9千米创建；2019—2020年，全面提升全区水利工程管理水平。

·防汛防旱防台·

【概况】2016年，全区汛期汛情基本平稳，无严重洪涝灾情。成功抵御1号台风“尼伯特”、14号台风“莫兰蒂”、16号台风“马勒卡”、17号台风“鲇鱼”、18号台风“暹芭”等多个台风及暴雨影响，转移各类危险区域人员24090人次，累计直接经济总损失132.4万元。是年，全区累计降雨量1748.6毫米，较常年（1390.2毫米）偏多358.4毫米。汛期（4月15日至10月15日），全区总降雨量1108.4毫米。台风期雨水量情况：从主汛期7月15日至10月15日，总降雨量575.8毫米。各街道（乡镇）均未出现旱情。

【洞头（新）水文站投入试运行】2016年5月，洞头（新）水文站建设工程竣工，7月投入试运行。截至12月下旬，各类设备运行正常，各项数据采集及时准确。经测，2016年总降雨量1588.0毫米。该工程位于北岙后二期围垦东西大堤交汇处的单屿山脚，概算388.19万元。2015年5月开工建设。工程设计防洪标准百年一遇，主要由引桥、雨量观测场、潮位台、人工潮水位观测通道以及防撞墩组成。工程建设单位为温州市洞头区水库管理站，设计单位为温州市水利电力勘测设计院，监理单位为中水淮河安徽恒信工程咨询有限公司。

【水政管理】2016年，区农林水利局审查、审批开发建设项目水土保持方案21件，取水许可年审年检17件，征收水土保持补偿费13.9万元、水资源费27.6万元。开展执法巡查48次。对年取水量5万立方米以上的7家取水户通过技改安装监控设施纳入省水资源管理实时监控平台。组织开展第二十四届“世界水日”、3月22—28日第二十九届“中国水周”水法律法规宣传。主题是“节俭养德、节水为荣”。张贴水法主题宣传画、挂宣传标语横幅、图片展示，开展宣传咨询、有奖问答等。

·水利工程建设·

【概况】2016年，洞头区列入省、市、区重点水利工程主要有围垦、垦区排涝、垦区回填等项目，共投资约2亿元，实际完成年度计划投资2.559亿元。建成新城二期海景河、海滨河、新西河、大朴溪，完成年度投资3500万元。开工建设新城二期排涝泵站工程和状元岛河道水系治理工程（水工部分）。

【滩涂围垦造地工程】2016年，环岛西片围涂工程完成堤顶防浪墙、路面、外护墙等施工，完成年度投资6310万元；完成状元南片垦区回填工程土工布、无纺土工膜、真空膜铺设，排水板插设，抽真空和料场石料开采，完成投资9650万元，为年度计划投资120.6%。

【状元岛河道水系治理工程（水工部分）动工】2016年12月30日，状元岛河道水系治理工程（水工部分）开工建设。该工程位于状元南片围区，批复概算总投资20483.73万元，施工工期2年，主要建设范围为河道护岸工程，总长4.2千米，包括基础处理、挡墙工程、亲水平台及土石方开挖回填等，工程设计排涝标准为20年一遇，工程等别为IV等，主要建筑物级别4级，临时建筑物级别5级。施工单位为浙江省围海建设集团股份有限公司，监理单位为浙江华东工程咨询有限公司，设计单位为中国市政工程华北设计研究总院有限公司。

【新城二期排涝泵站工程开工】2016年3月21日，新城二期排涝泵站工程开工建设。该工程位于新城二期王山头地块内，泵站厂区宽46.9米，长63.4米；进水池长度20.8米，宽度13.8米；主厂房长30.30米，宽10.25米；副厂房布置于主厂房南侧，长15.85米，宽25.80米，三层（局部四层）；室外地面高程5.70米，室内地面高程6.00米。厂区内布置环形区间道路，宽度5.0米，厂区周边设置围墙。进水池上游设置C30砼钢筋扶壁式翼墙，扩散角20°，工程总投资估算4685.58万元。施工单位为温州宏源水利水电建设有限公司，监理单位为温州市远见工程咨询有限公司，设计单位为温州市水利电力勘测设计院。

（庄倩倩）

栏目编辑　曾焕定

海洋与渔业

丰年·马诗琪　方梓宇

“海霞精神”

爱岛尚武　励志奉献

“五岛连桥”精神

小县办大事　小岛创大业

概 述

【概况】 2016年，全区实现渔业产量18.66万吨，同比增长4.22%；实现渔业产值11.48亿元，同比增长5.84%。其中，实现捕捞产量16.82万吨，捕捞产值7.77亿元；实现养殖产量1.84万吨，产值3.71亿元。渔港工程建设全年完成投资2369万元，累计完成工程投资191亿元。发放渔业油补资金8900万元，惠及渔民约1万人。全年，征收海域使用金2930.13万元，新增海域使用权10宗，续期4宗，新确权海域使用面积228.2832公顷，新增用地44.7328公顷。增殖放流各类水产苗种1.3亿尾（粒）。全年查处各类海洋与渔业违法案件201件，取缔涉渔“三无”渔船24艘，清理非法网具4514顶，没收违禁渔获物约65吨。查处非法采砂、倾废等破坏海洋生态环境案件4起。全年发生渔业安全生产事故1起，死亡1人，同比均下降66.7%。

出台洞头区现代渔业发展三年行动计划和国家级海洋公园建设三年行动计划。温州市（洞头国家级海洋公园核心区）蓝色海湾整治项目，获中央海域与海岛保护补助资金3亿元。成立洞头区水科所博士后工作站。水产品加工企业——金海蕴公司成功挂牌“新三板”。

是年，洞头区获全省“一打三整治”县级考核优秀单位。区海洋与渔业局获省县级海洋与渔业工作先进单位、省“一打三整治”专项执法先进集体、被区委、区政府记集体三等功。

【《温州市洞头区国家级海洋公园建设三年行动计划（2016—2018年）》出台】 2016年8月2日，根据《洞头国家级海洋公园总体规划》，区委、区政府制定《温州市洞头区国家级海洋公园建设三年行动计划（2016—2018年）》（洞委办发〔2016〕59号）。该行动计划提出主要任务是构建生态红线保障体系、全面改善海岛环境质量、提高海洋公园管护能力、建设洞头特色海洋文化。至2018年，无居民海岛保护与开发取得阶段性成果，国家级海洋公园主题岛建设加快推进，“蓝色海湾”整治修复成效明显，基本建成海洋公园管护体系。

【温州市蓝色海湾整治项目获中央海域与海岛保护补助3亿元】 2016年7月，洞头区以温州市人民政府名义申报的温州市（洞头国家级海洋公园核心区）蓝色海湾整治项目，获财政部中央海岛和海域保护资金补助3亿元。该项目是2016年全国和全省首批获中央财政支持的蓝色海湾整治项目，也是洞头区历史上额度最大的项目补助。洞头国家级海洋公园核心区蓝色海湾整治项目总投资4.76亿元，采取中央补助3亿元（分两年拨付）、地方政府配套0.72亿元、社会资本投入0.78亿元等渠道筹措资金，预计2017年年底完成项目建设及验收工作。该项目包括海洋环境综合治理、沙滩整治修复和生态廊道建设三大工程。其中海洋环境综合治理项目总投资5700万元，主要开展海洋环境跟踪监测、污染整治和洞头中心渔港、东沙渔港清淤疏浚。沙滩整治修复项目总投资9000万元，主要整治修复东岙、中心渔港海岸沙滩。海洋生态廊道项目总投资32900万元，主要建设海洋生态廊道，实施沿岸特色景观提升，改善人居环境，建设湿地公园。截至年底，海洋环境综合治理工程清淤64万立方米；沙滩整治修复项目东岙沙滩修复工程完成设计环评和招投标工作，半屏山沙滩整治修复完成项目建议书编制；海洋生态廊道生态项目半屏段生态廊道完成农村污水治理工程，文化提升工程建设完成工程量70%。

【洞头区海洋生态廊道整治修复工程入选国家第三批PPP示范项目】（参见《财税·审计》栏目“财政”分目）

海洋渔业

【概况】2016年，全区渔业产量18.66万吨，同比增长4.22%；实现渔业产值11.48亿元，同比增长5.84%。其中，捕捞产量16.82万吨，捕捞产值7.77亿元；养殖业2488人，比上年减少161人。

是年，洞头区围绕现代渔业发展目标，以渔业供给侧改革为切入点，加强渔业资源保护，促进传统产业提升，培育渔业发展新业态，开展国家级健康养殖示范区和省级渔业转型发展先行区创建，成为全市唯一指定创建单位。发展新型生态养殖，推进鹿西白龙屿生态海洋牧场项目建设，累计投放200万尾大黄鱼，实现销售产值1955万元。开工建造远洋捕捞拖网渔船6艘。引进温州市大洲远洋渔业有限公司，公司注册资金1.42亿元，实现远洋渔业“零”突破。启动霓屿海区委托管理试点。

全区渔用船只1520艘，其中:捕捞渔船716艘，休闲渔船23艘，渔运船等渔业辅助船51艘，养殖渔船750多艘。海洋捕捞渔船总功率6.11万千瓦。作业类型包括拖网、张网、刺网、灯围和沿岸小作业等，作业海域主要集中在温台渔场和洞头近岸区域。全区渔业从业人员9531人。其中，专业从业人员7605人，比上年减少223人。捕捞作业3989人，比上年增加26人；养殖业2488人，比上年减少161人；加工业643人，比上年减少125人；其他485人，比上年增加37人。

【《温州市洞头区现代渔业发展三年行动计划（2016—2018年）》印发】2016年8月2日，为加强渔业资源保护，合理利用水域资源，推进渔业可持续发展，区委、区政府制定《温州市洞头区现代渔业发展三年行动计划（2016—2018年）》（洞委办发〔2016〕57号）。该行动计划包含总体思路、基本原则和建设目标等，主要任务是转型升级海洋捕捞、全力培育新型养殖、优化发展加工流通、力推渔旅融合发展、加强基础设施建设。通过三年努力，羊栖菜、紫菜产业发展瓶颈取得重大突破，生态养殖形成较大的品牌和规模效益，远洋捕捞达到规模发展程度，创成省级渔业转型发展先行区，基本建成现代渔业发展体系。

【洞头区水科所博士后工作站成立】2016年10月30日，洞头区水科所博士后工作站成立。该站是省人力资源与社会保障厅公布的第二批博士后流动工作站，为温州市首个事业单位博士后工作站，是洞头区2016年度深化改革的重点项目之一。该站作为培养、吸引高层次创新人才载体，通过与高校、科研院所深度合作，致力于羊栖菜产业技术研究和开发，促进产学研创融合，加速科技成果转化，构筑海洋科研新高地。

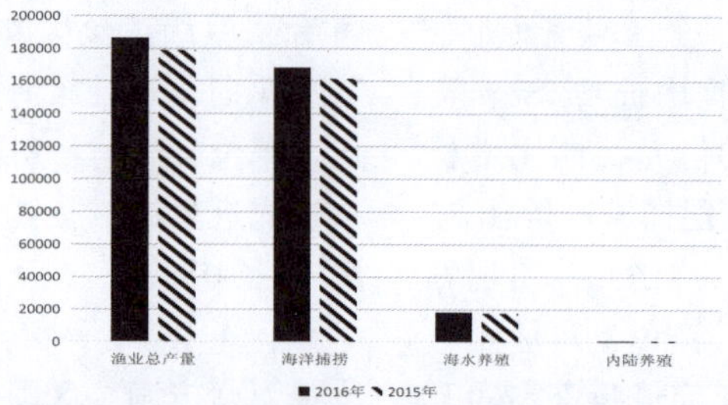

图1 2015—2016年洞头去水产总量对比图

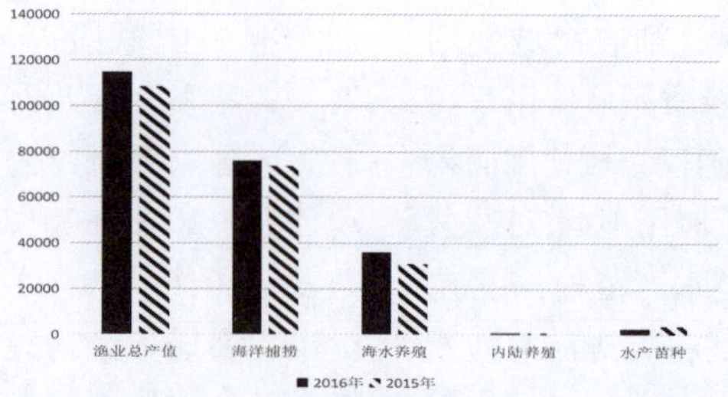

图2 2015—2016年洞头区渔业总产出对比图

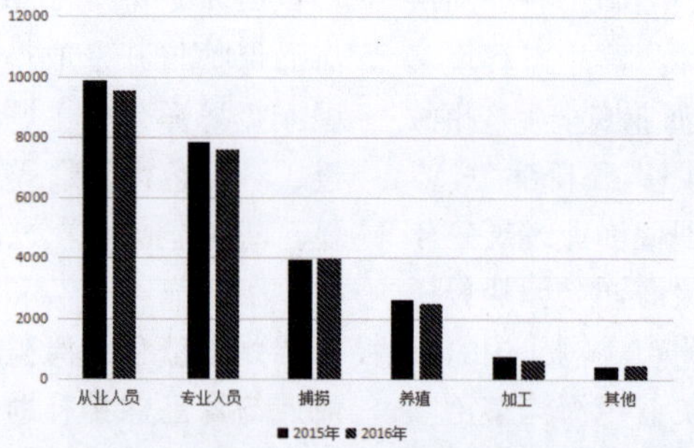

图3 2015—2016年洞头区渔业劳动力结构变动情况表

2015—2016年洞头区渔业船舶变动情况

表6

项目				内容	2015年	2016年	同比趋势	
							增减数	增减
合计				艘	1541	1520	-21	-1%
				总吨位	45366.5	38934.9	-6431.6	-14%
				千瓦	95516.41	82418.65	-13097.49	-14%
机动渔船	生产渔船	小计		艘	1459	1468	9	1%
				总吨位	37199.5	33573.9	-3625.6	-10%
				千瓦	75677.31	68423.65	-7253.66	-10%
		捕捞渔船（按功率分）	小计	艘	755	716	-39	-5%
				总吨位	36538	32838	3700	10%
				千瓦	69187.35	61099.93	8087.42	12%
			441千瓦以上	无				
			184—440千瓦	艘	236	202	-34	-14%
				总吨位	33424	29760	-3664	-11%
				千瓦	59093	51118	-7975	-13%
			44—183千瓦	艘	20	20	—	—
				总吨位	873	877	4	1%
				千瓦	1992.8	2003.8	11	1%
			43千瓦以下	艘	499	494	-5	-1%
				总吨位	2241	2201	-40	-2%
				千瓦	8101.55	7978.13	-123.42	-2%
		养殖渔船		艘	704	752	48	7%
				总吨位	661.5	735.9	74.4	11%
				千瓦	6489.96	7323.72	833.76	13%
	辅助渔船			艘	82	52	-30	-37%
				总吨位	8167	5361	-2806	-34%
				千瓦	19839.1	13995	-5844.1	-29%
非机动渔船				艘	392	357	-35	-9%
				总吨位	588.8	494.8	-94	-16%

2015—2016年洞头区海洋捕捞产量结构情况

表7 单位：吨

项目		内容	2015年	2016年	同比趋势	
					增减数	增速
海洋捕捞产品产量	合计		161215.77	168171.76	6955.99	4.31%
	鱼类	小计	152157.67	158752.88	6595.21	4.33%
		海鳗	2734.65	2534.3	-200.35	-7.32%
		鳓鱼	575.5	548.65	-26.85	-4.67%
		鳀鱼	23748.3	25408.4	1660.1	6.99%
		远东拟沙丁鱼	12233	10791	-1442	-11.7%
		鲱鱼	0	0	—	—
		石斑鱼	0	0	—	—
		鲷	42	47	5	11.9%
		蓝圆鲹	332	856.5	524.5	158%
		白姑鱼	171	192	21	12.28%
		黄姑鱼	139	147	8	5.76%

续表7 单位：吨

项目		内容	2015年	2016年	同比趋势	
					增减数	增速
海洋捕捞产品产量	鱼类	鮸鱼	7	8	1	14.28%
		大黄鱼	0	0	—	—
		小黄鱼	1209.36	1203.5	−5.86	−1%
		梅鱼	3065.3	2597.9	−467.4	−15.24%
		方头鱼	0	0	—	—
		带鱼	10277.65	9394.75	−882.9	−8.59%
		金线鱼	65	66	1	1.54%
		梭鱼	92	95	3	3.26%
		鲐鱼	6115.5	7451.7	1336.2	21.84%
		鲳鱼	2767.8	2556.16	−211.64	−7.6%
		马面鱼	556.8	622.2	65.4	11.74%
		马鲛鱼	4041.04	4739.19	698.15	17.27%
		鲻鱼	9583.6	9528	−55.6	−0.58%
		龙头鱼	10540.9	9781.11	−759.79	−7.2%
		金枪鱼	32	31	−1	−3.13%
		竹筴鱼	390	0	−390	−100%
	虾类	小计	3213.95	2898.13	−315.82	−9.86%
		毛虾	1765.9	908.6	−857.3	−48.54%
		对虾	355.5	50.08	−305.42	−85.9%
		鹰爪虾	204.05	97.35	−106.7	−52.29%
		虾姑	264.3	130.6	−133.7	−50.58%
	蟹类	小计	1757.15	1859.21	102.06	5.81%
		梭子蟹	1025.5	1265.06	239.56	23.36%
		青蟹	100	158	58	58%
	贝类		888.33	876.63	−11.7	−1.31%
	头足类	小计	3142.67	3747.81	605.14	19.25%
		乌贼	1168.1	1065.52	−102.58	−8.78%
		鱿鱼	1873.57	1680.88	−192.69	−10.28%
		章鱼	69	162.41	93.42	135.37%
	其他		56	37.1	−18.9	−33.75%
海洋捕捞分作业产量	合计		161215.77	168171.76	6955.99	4.3%
	拖网		123121.13	129771.35	6650.22	5.4%
	围网		300	410	110	36.67%
	刺网		17359.29	12897.68	−4461.61	−25.7%
	张网		20338.35	24927.73	4589.38	22.56%
	其他		97	165	68	70.1%

海水养殖

【概况】2016年，全区实现养殖产量1.84万吨，产值3.71亿元，海水养殖总面积4.91万亩，其中，紫菜养殖面积3.2万亩，产值1.37亿元；羊栖菜养殖面积1.1万亩，产值6000多万元；网箱养殖4400口，产值5000多万元。鹿西白龙屿生态海洋牧场大黄鱼实现销售产值2000余万元，鹿西黄鱼岛深水网箱项目在鹿西四屿试养2万尾。苗种种质优化繁育，持续培育推广“浙东1号”紫菜、“鹿丰1号”羊栖菜，“岱衢族”大黄鱼等优良品种。拓展养殖海区空间，推广深水彩玻杆和全浮流翻转式紫菜养殖技术，累积紫菜深水养殖海区3500亩。羊栖菜育苗11940万株，紫菜6980万贝壳。规范管理养殖海区，修订并出台《洞头区海水养殖（海区布局）规划》，启动霓屿海区委托管理试点，带动村级集体经济发展。

2015--2016年洞头区海水养殖面积产量产值情况

表8

类别		内容	2015年	2016年	同比趋势	
					增减数	增速
按品种划分	合计	吨	17596.86	18198.66	601.8	3.42%
		万元	30842.84	35962.4	5119.56	16.7%
		亩	44433	49078	4645	10.45%
鱼类	小计	吨	3252.78	3245.65	-7.13	-0.22%
		万元	4887.2	8005.3	3118.1	63.8%
		亩	1071	1094	23	2.15%
	鲈鱼	吨	380	408.47	28.47	7.49%
		万元	881.28	768.75	-112.53	-12.77%
		亩	210	123	-87	-41.43%
	石斑鱼	吨	6	0	-6	-100%
		万元	30	0	-30	-100%
		亩	10	0	-10	-100%
	美国红鱼	吨	1340.78	1214.48	-126.3	-9.42%
		万元	1517.92	1841.59	323.67	21.32%
		亩	314	379	65	20.7%
	鲷鱼	吨	134	17.65	-116.35	-86.83%
		万元	416	72.28	-343.72	-82.63%
		亩	111	15	-96	-86.49%
	大黄鱼	吨	0	460.35	460.35	—
		万元	0	3304.27	3304.35	—
		亩	0	140	140	—
	鮸状黄姑鱼	吨	19	0	-19	-100%
		万元	8	0	-8	-100%
		亩	16	0	-16	-100%
	鮸鱼	吨	571	829.3	258.3	45.24%
		万元	827	1672.07	845.07	102.19%
		亩	155	225	70	45.165
虾类	小计	吨	242.5	181	-61.5	-25.36%
		万元	1166.5	777	-389.5	-33.39%
		亩	463	293	-170	-36.72%
	南美白对虾	吨	177.5	88.5	-89	-50.14%
		万元	718	356	-362	-29.76%
		亩	398	245	-153	-38.445
蟹类	小计	吨	102.5	56.5	-46	-44.88%
		万元	1129	793	-336	-29.76%
		亩	528	315	-213	-40.34%
	梭子蟹	吨	43	0	-43	-100%
		万元	271	0	-271	-100%
		亩	168	0	-168	-100%
	青蟹	吨	59.5	56.5	-3	-5.04%
		万元	858	793	-65	-7.58%
		亩	360	315	-45	-12.5%
贝类	小计	吨	3335	3435	100	3%
		万元	5405.4	6444	1038.6	19.21%
		亩	6347	4262	-2085	-32.85%
	泥蚶	吨	612	668	56	9.15%
		万元	1668.4	2031	362.6	21.73%
		亩	740	272	-468	-63.24%
	蛤类	吨	561	663	102	18.18%
		万元	823.7	1360	536.3	65.11%
		亩	630	95	-535	-84.92%
	蛏子	吨	2131	2104	-27	-1.27%
		万元	2792.5	3053	260.5	9.33%
		亩	4947	3895	-1052	-21.27%

续表8

类别	内容		2015年	2016年	同比趋势	
					增减数	增速
藻类	小计	吨	10664.08	11280.51	616.43	5.78%
		万元	18254.74	19943.1	1688.36	9.25%
		亩	36024	43114	7090	19.68%
	紫菜	吨	1547.95	1982.96	435.01	28.1%
		万元	11883.5	13730.2	1846.7	15.54%
		亩	24052	31685	7633	31.74%
	羊栖菜	吨	8768.13	9017.55	249.42	2.84%
		万元	6097.24	5977.9	−119.34	−1.96%
		亩	11668	11129	−539	−4.625
	海带	吨	348	280	−68	−19.54%
		万元	274	235	−39	−14.23%
		亩	304	300	−4	−1.32%
按海水养殖类型划分	小计	吨	17596.86	18198.66	601.8	3.42%
		万元	30842.84	35962.4	5199.56	16.6%
		亩	44433	49078	4645	10.45%
	海上养殖	吨	13847.86	14449.16	601.3	4.34%
		万元	22933.44	27654.4	4720.96	20.59%
		亩	36956	44048	7092	19.19%
	滩涂养殖	吨	2370	1690	−680	−28.69%
		万元	3374.9	1865	−1509.9	−44.74%
		亩	5107	3600	−1507	−29.51%
	其他	吨	1379	2059.5	680.5	49.35%
		万元	4534.5	6443	1908.5	42.09%
		亩	2370	1430	−940	−39.66%
按海水主要养殖方式划分	小计	吨	17596.86	18198.66	601.8	3.42%
		万元	30842.84	35962.4	5119.56	16.6%
		亩	44433	49078	4645	10.45%
	池塘	吨	1384	2059.5	675.5	48.81%
		万元	4542	6443	1901	41.85%
		亩	2378	1430	−948	−39.87%
	普通网箱	吨	3175.78	3148.65	−27.13	−0.85%
		万元	4656.2	7423.3	2767.1	59.43%
		口	4580	4670	90	1.97%
	深水网箱	吨	0	20	20	—
		万元	0	288	288	—
		立方米	0	44208.06	44208.06	—
	筏式	吨	10664.08	11280.51	616.43	5.87%
		万元	18254.74	19943.1	1688.36	9.25%
		亩	36024	43114	7090	19.68%
	吊笼	吨	3	0	−3	−100%
		万元	15	0	−15	−100%
		亩	8	0	−8	−100%
	底播	吨	2370	1690	−680	−28.69%
		万元	3374.9	1865	−1509.9	−44.74%
		亩	5107	3600	−1507	−29.51

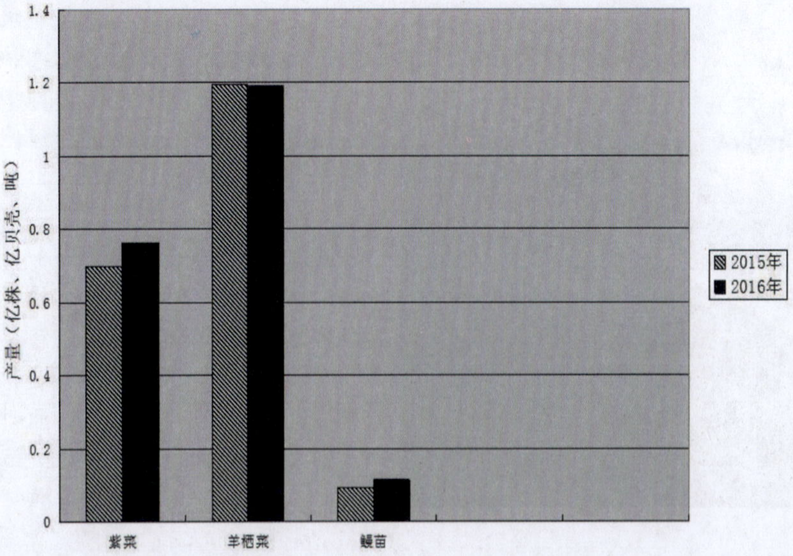

图4　2015—2016年洞头区苗种生产对比图

【《温州市洞头区海水养殖（海区布局）规划》通过评审】2016年8月10日，《温州市洞头区海水养殖（海区布局）规划（2016-2020年）》（评审稿）通过省市专家组评审。该规划编修结合洞头实际，确定养殖海区布局，明确各养殖区块养殖模式，提出规划实施的保障措施。全区规划海水养殖区67块，总面积为3375.9842公顷（含备案养殖区）。浅海养殖区共50块，面积3015.3932公顷，其中，浅海长期养殖区22块，面积1789.0226公顷；浅海临时养殖区10块，面积748.0946公顷；浅海备案养殖区18块，面积478.2760公顷。滩涂养殖区共17块，面积360.5910公顷，其中，滩涂长期养殖区4块，面积67.5413公顷；滩涂临时养殖区9块，面积73.5070公顷；滩涂备案养殖区4块，面积219.5427公顷。目标至2020年，全区稳定海水养殖区平面分布面积3000公顷，养殖产量2万吨，产值4亿元。

【羊栖菜养殖技术应用】2016年，区海洋与渔业局开展养殖羊栖菜新品种选育、纯化及品质和遗传稳定性研究。纯化羊栖菜新品系4种、开辟羊栖菜科研实验田4海亩（1000米苗绳长度计为1海亩），经济技术指标达到预期要求。取得授权国家实用新型专利8项、发明专利4项、发表科技论文6篇。推广种菜养殖技术4家，示范推广羊栖菜新品种累计2000余片。开展羊栖菜养殖新技术推广应用，实现养殖新技术推广全覆盖。

水产品流通加工

【概况】2016年，全区水产品加工企业21家，从业人员643人，年水产品加工能力24110吨。水产制冷冰库21座，一次冷藏能力5920吨。全区通过省级无公害产地认定16家，无公害产品认定16个。

【浙江金海蕴生物有限公司成功挂牌“新三板”】（参照《工业》栏目“概述”分目）

【紫菜智能烘干设备研发成功】2016年6月，温州星贝海藻食品有限公司紫菜智能烘干设备研发成功。该公司于2012年开始组建坛紫菜智能烘干机科研团队，历经4年试验研究，已申请国家发明专利。该设备是一款环保、节能、清洁的新型专用生产设备，其工作原理为油电混合式供热，通过特制不锈钢换热器高效换热，经直吹式运风系统（已申请国家专利）对坛紫菜热风干燥，加之科学风道设计，使每层物料受热均匀。运用负压风机将尾气进行二次干湿分离换热，提高热使用效率，以达到环保节能目的。设备操作简单，是对50多年来坛紫菜采用土炉燃煤、烧柴干燥加工方式的变革。

【省级无公害产品认定5个】2016年，洞头区通过省级无公害产品认定5个，即浙江东一海洋经济发展有限公司的大黄鱼、洞头区灵潭藻类养殖专业合作社的紫菜、洞头区源泰贝藻养殖专业合作社的海带、温州市宏达海藻有限公司的羊栖菜和洞头区鑫锐海水养殖专业合作社的紫菜。

渔港工程建设

【概况】2016年，洞头区渔港建设累计完成投资1.63亿元。其中，鹿西渔港工程建成，全年投资1172万元，累计完成工程投资17661万元。东沙渔港疏浚工程完工，完成投资1197万元，累计完成工程总投资1500万元。洞头中心渔港泊稳条件提升工程完成可行性研究。鹿西渔港港区道路工程完成施工图设计。

【东沙渔港疏浚工程竣工】2016年7月，东沙渔港疏浚工程竣工。全年，完成投资1197万元，清理港池淤泥64万立方米，港池平均水位提升2.7米。该工程于2015年12月开工建设，工程概算1754.94万元。该工程建设单位为温州市洞头区渔港工程建设指挥部，温州交通建设集团有限公司负责施工，温州港湾工程咨询监理有限公司负责监理。

鹿西渔港工程

【鹿西渔港工程竣工】2016年12月，鹿西渔港工程竣工。该工程是省重点工程建设项目，于2011年10月获省发改委（浙发改设计〔2011〕138号）批复初步设计，批复概算投资17248万元。主要建设斜坡式防波堤1085米，码头156米、4个泊位，护岸180米，管理房587平方米及水电配套设施等。2011年12月开工建设。全年完成投资1172万元，累计完成工程投资17661万元。该工程建设单位为温州市洞头中心渔港开发有限公司，设计单位为中交第三航务工程勘察设计院有限公司，葛洲坝集团第五工程有限公司负责施工，天津天科工程监理咨询事务所负责监理。

渔港综合管理

【概况】2016年，洞头区深化省级渔港综合管理改革试点渔港设施物业化管理。实施渔船安全“定人联船”，全区756艘海洋捕捞渔船编成定人联船组合，实现人对人、点对点精细化管理。落实海上渔船编组生产制度，全区212艘60马力以上捕捞渔船编成24组。全年，开展海陆检查256次，其中联合执法50次，登检渔船816艘次。开展以救生设备为重点的船用产品专项整治，全年配备救生衣243件、救生圈145个、灭火器232只、火箭信号弹116支、号灯304盏、号型53个、渔船专用配电箱60个、渔用对讲机22台、应急示位标254台、雷达应答器254台、AIS29台、北斗终端1台。共举办渔业培训班11期，培训986人。借助区渔船安全救助中心信息平台，依托渔船北斗定位系统、渔船自动识别避碰系统及小型渔船手机定位工程，实现“一键式”预警信息全覆盖，共发送安全宣传、温馨提示等信息5.9万条。

【深化省级渔港综合管理改革试点】2016年9月1日，为深化实施省级渔港综合管理改革试点，洞头区启动渔港设施物业化管理工作。渔港物业化管理地点为洞头中心渔港和东沙一级渔港。管理内容包括协助渔业主管部门做好渔港区域内日常场地秩序管理、维护经营生产秩序等管理；防波堤灯塔、钢引桥、栏杆（护栏）、码头范围内的照明灯、水管、电线（缆）、防撞橡胶垫等渔港配套附属设施设备日常零星保养维护及管理；渔港防波堤、桥梁、护岸、码头、港池水域和港区岸线保洁、港区垃圾清扫清运以及环卫设施清洗维护管理等。渔港设施物业化管理中标单位为温州星河物业管理有限公司，合同期限一年。

【港口和海上安全巡查】2016年，区海洋渔业局实施重点时段、重点区域和重点渔船分类监管，开展海陆检查256次，其中联合执法50次，登检渔船816艘次，查处非法网具4236顶，排除安全隐患222个，立案143起，取缔涉渔“三无”船舶（指无船名船号、无船舶证书、无船籍港的船舶）24艘。开展“三大一严”（“大抽检、大排查、大整治、严打击”）等专项执法行动，分批开展水产品抽检活动，全年出动执法人员280人（次），检查食品生产经营单位数（家次）135家，抽查初级水产品109个，样品合格率100%。推进渔业标准化、无公害农产品、无公害农产品产地建设，完善区（县）二级初级水产品生产经营主体数据库。全区211个养殖主体、3家水产加工企业信息纳入全省渔业主体调查信息系统。

海洋渔业执法管理

【概况】2016年，区海洋渔业局推进“一打三整治”工作，打好伏季休渔保卫战、幼鱼保护攻坚战，保护幼鱼资源。首次尝试使用无人航空器开展海域海岛巡航行动。全年办理各类案件201起，罚款716万元。清理整治非法网具4514顶，查扣取缔涉渔“三无”船舶24艘，没收违禁渔获物约65吨。移送司法部门案件11件，受理5件。参与省市联合执法行动，查获跨海区作业渔船并立案侦查6艘。开展大规模清网行动4次，参加执法人员和护渔人员269人次，清理禁用渔具2493顶，清

2016年5月23日，省海洋与渔业局副局长陈远景到洞头督查幼鱼保护工作

除竹竿3689根，规范近岸渔业生产秩序。制定《加强海岸线统筹管理和保护工作实施意见》。布设区级监测站位29个，开展近岸海域海洋环境监测等六大类区级监测。加大非法采砂等破坏海洋生态环境行为查处力度，查获非法采砂船3艘、非法倾废船4艘。

【深化“一打三整治”专项执法行动】 2016年，区海洋渔业局深化“一打三整治”工作，主要整治渔船和船员持证、渔船船用终端设备使用、渔船“三超”生产和非法载客、渔船安全设施设备配备、渔船编组生产、渔船定人联船制度、渔船安全生产责任制落实、街道（乡镇）及合作社（渔业公司）渔船安全台账建立等情况。重点排查整治外海作业捕捞渔船、渔业运销船、休闲渔业船舶等。启动“伏季休渔保卫战、幼鱼保护攻坚战”。全年，开展海陆执法检查154次，登检渔船267艘，检查场所71个，清理没收网具4514顶，办理各类案件201起，罚款716万元。查扣取缔涉渔“三无”船舶24艘，没收违禁渔获物约65吨。处置违规转载违禁渔获物车辆12辆。查处非法采砂及破坏海洋生态案件8件，罚款511.2万元，渔港内船舶倾废案件4起，罚款1.35万元。

【陈远景到洞头督查幼鱼保护工作】 2016年5月23日，省海洋与渔业局副局长陈远景率队到洞头开展幼鱼保护暨非法网具整治工作督查。督查分岸上和海上同步推进，岸上督查组先后到洞头中心渔港、东沙渔港开展督查，现场督导渔业部门及时清理发现港内违规网具100顶。海上督查组沿洞头区近岸海域巡查，主要检查作业渔船渔获物幼鱼比例、捕捞网具最小网目尺寸情况，在鹿西海域查获2艘携带违反最小网目尺寸网具的拖网渔船。市海洋与渔业局党组书记陈芳铭、区领导董智武、刘素婷等陪同。

伏季休渔执法检查

【伏季休渔保卫战、幼鱼保护攻坚战】 按照全省保护幼鱼攻坚战和伏季休渔保卫战工作部署，2016年5月20日始，洞头区启动“伏季休渔保卫战、幼鱼保护攻坚战”，至年底结束。“幼鱼保护攻坚战、伏季休渔保卫战”主要包括伏季休渔管理、幼鱼保护、禁用渔具取缔、涉渔“三无”船舶打击取缔、安全生产管理、渔船建造改造等六大执法任务。区海洋渔业局联动街道（乡镇）、市场监管、公安边防等单位，突出“巡海、查港、清岸”三线并进，强化对重点环节的执法检查。其间，开展执法行动256次，办理各类案件201起，罚款716万元，清理整治非法网具4514顶，查扣取缔涉渔“三无”船舶24艘，没收违禁渔获物约65吨。

渔业科技服务

【概况】 2016年，区海洋渔业局扶持建设渔业科技示范基地2个，即洞头区网箱优良品种养殖特色精品园，面积70亩；浅海藻类养殖基地，面积200亩，加大渔业技术示范推广服务，确定坛紫菜、羊栖菜和大黄鱼为主导养殖品种，浅海藻类养殖模式与技术、浅海贝藻立体养殖模式与技术及配合饲料替代冰鲜饵料投喂技术为主推模式与技术。扶持树立科技示范户80户，示范面积1.06万亩，辐射带动周边养殖户1843户2万余亩。全年，开展鱼类病害远程诊断病例5例，水产苗种检疫2批次。投入76万元完成洞头区渔船终端更新换代项目工程，全区227艘185马力以上渔船更换新型北斗定位系统终端。完成雷达监控点建设，编制完成《温州市洞头区智慧海洋项目建设规划》文本。在10艘海上生产编组带头船上开展海上宽带项目试点应用。

【渔船救助信息系统】 2016年，区海洋渔业局渔船救助信息系统接警56次，其中，有效报警21起，参与救助12次，救助38人；接到区应急联动系统110转接报警26次，出警处置14次；接到12345转报及其他各类涉海涉渔举报26起。通过系统平台及手机平台发布抢险救援、安全提醒、其他服务信息近6.1万条。跟踪不开机渔船140艘，整改103艘。

【渔业实用技术培训】 2016年，区海洋渔业局举办渔养民实用技术培训5期，培训渔业从业人员307人次。内容涉及坛紫菜养殖技术、浅海藻类养殖技术、渔业生产安全、养殖生产基本技能及现代企业经营管理。组织全区渔技指导员和街道（乡镇）责任渔技员到省总站开展为期5天系统业务培训，选派站（所）技术骨干参加各级业务培训，提高渔技人员技术水平。举办渔用终端实际操作培训班4期，培训船老大260余名。

【洞头区智慧海洋项目建设规划（2017—2019）编制完成】 2016年12月，《温州市洞头区智慧海洋项目建设规划（2017—2019）》编制完成。该规划以完善的海洋信息采集与传输体系为基础，以构建自主安全可控的海洋云环境为支撑，把海洋安全、管控、开发三大领域的装备和活动进行体系性整合，运用物联网、大数据和互联网+技术，实现海洋资源共享、海洋活动协同，挖掘新需求，创造新价值，实现生态海洋、经济海洋、科技海洋、文化海洋等战略目标，提升海洋监管与服务水平，满足海洋环境健康生态与可持续发展。提出主要任务是：建设一个数据中心（云中心）；两个数据平台（综合数据平台、物联感知平台）；一个业务应用平台。目标至2019年，构建起开放、高效、便捷、安全的数据和应用平台，应用先进信息技术，全面推进海洋与渔业信息化水平，显著提高信息化对海洋事业管理的支撑能力，全面提升海洋与渔业公共信息服务能力。

海洋管理

【概况】 2016年，洞头区启动实施蓝色海湾整治项目，争取国家海洋局专项资金补助3亿元，首批到位资金1.5亿元。制定《国家级海洋公园建设三年行动计划》《加强海岸线统筹管理和保护工作实施意见》。开展近岸海域海洋环境监测等六大类区级监测。实施渔业增殖放流和涉海项目海洋环境影响生态补偿，累计放流各类鱼苗1.3亿单位。完成海洋环境生态补偿4例，补偿形式为黑鲷、泥蚶等苗种放流和红树林种植。完成瓯江北口大桥、小门岛LNG等项目围海预审。探索海域使用权证直接办理房产证改革。做好金科海上风电项目等重点工程用海选址跟踪服务，启动大门黄岙二期3宗海域使用权挂牌出让，状元南片填海竣工验收，新增建设用地198.6公顷。挂牌出让三盘渔家乐休闲中心等用海项目4宗185.48公顷，成交价款1732万元。海域使用权抵押登记为重点工程建设融资1102万元。

【《加强海岸线统筹管理和保护工作实施意见》公布】 2016年9月6日，区政府制定出台《加强海岸线统筹管理和保护工作实施意见》（洞政办发〔2016〕94号）。该意见提出的主要任务是：开展海岸线保护与利用规划管理、强化自然海岸线保护、实施海岸线生态整治修复、深化近岸水域环境整治、规范海岸线资源利用、落实海岸线资源动态监管等。提出的目标是打造形态优美、空间协调、特色突出的最美海岸线，把洞头建设成为最具标杆意义的国家级海洋公园样板区。到2020年，实现自然岸线保有率不低于80%，整治和修复海岸线不少于50千米。

【《温州市洞头区国家级海洋公园建设三年行动计划（2016—2018年）》出台】 （参见本栏目“概述”分目）

【“6·8”中国海洋宣传日活动】 2016年6月8日，洞头“6·8”中国海洋宣传日活动在洞头国际放生台举行，500多人参加。活动现场放流鱼类苗种205万尾。同时开展海洋环保环岛宣传，成立蓝色海岸护海义工队。举办以推动海洋健康为主题的微电影24小时主题极拍大赛和仪式。

（叶胜果）

栏目编辑　曾焕定

工　业

渔家乐融融 · 詹海萍

“海霞精神”

爱岛尚武 励志奉献

“五岛连桥”精神

小县办大事 小岛创大业

概　述

【概况】2016年，洞头区实现工业总产值56.69亿元（不含灵昆），同比下降6.3%，其中（含灵昆）规模以上工业产值57.36亿元；规模以上工业增加值8.56亿元，工业用电量9369万千瓦时，比上年增长19%，增速居全市第二。工业性投资10.89亿元，同比增长548.9%，工业企业技改投资7.75亿元，同比增长511.5%，该两项增数居全市第一。六大行业实现产值52.48亿元，占工业总产值92.57%，其中，机械汽配、电子电器、水产品加工行业产值同比增速分别为4.0%、11.8%、15.0%；医药工业、化学工业、建材工业同比下降4.9%、13%、9.3%。规上工业企业31家，占工业总产值95%以上。其中，主营业务收入超30亿元企业1家、超亿元企业11家；31家规上企业中亏损4家，亏损额同比减少69.4%，利税总额同比增长177.1%，利润总额同比增长185.0%，主营业务收入同比增长66.1%，主营业务收入利润率比上年提高4.75个百分点。全区新增高新技术企业2家。高新技术、装备制造业、战略新兴产业增加值增速分别为21.6%、22.5%、22.8%，处全市前列。全区（含灵昆）技改投资完成9.07亿元。全年科技活动支出同比增长32.3%，比全市平均水平高8.7个百分点。企业清洁生产审核验收合格6家。全区单位GDP能耗降低2.0%。

【2015年度洞头区“十强”企业】2016年2月，区委、区政府通报表彰2015年度“十强”企业，即浙江诚意药业股份有限公司、温州中石油燃料沥青有限责任公司、浙江中燃华电能源有限公司、温州金源化工有限公司、浙江永宏电器有限公司、温州市东启汽车零部件制造有限公司、浙江华胜海运有限公司、洞头县宏泰混凝土有限公司、浙江方舟工程机械设备有限公司、温州市三峻轿车配件有限公司。

【浙江迪特高强度螺栓有限公司获2015年度“区长质量奖”】2016年2月，洞头区通报表彰2015年度“区长质量奖”▲单位，浙江迪特高强度螺栓有限公司获“区长质量奖”，奖励20万元。浙江迪特高强度螺栓有限公司系国家高新技术企业，成立于1985年，注册资金1500万元，30年来专注于10.9级、12.9级高强度螺栓、螺母、垫圈的研发、生产、销售、服务；产品在低冷、高湿、强腐等恶劣环境下使用性能稳定，广泛应用于风电、桥梁、船舶、塔桅、石化、工程机械等行业。近年来，该公司依靠科技自主创新，不断改进工艺流程，采购国内外先进的加工及检测、实验设备。自主承担温州市科技项目《集成化清洁环保连续热处理技术及工艺的研究》《13.9级高强度螺栓研发》《高耐磨螺栓技术开发》等多个项目的研发，逐步形成企业规模化、产品集成化、管理现代化经营格局。公司2000年通过ISO 9001：2000质量管理体系认证；2000—2011年，被县委、县政府授予“十强企业”称号；2007年，通过JJF1112-2003计量检测体系认证并获浙江省清洁生产单位；先后获洞头县名牌商标、温州市知名商标、温州市名牌产品、浙江省科技型企业、温州市创建信用企业先进单位、浙江省成长型中小企业、浙江省工商企业守合同、重信用AAA级单位和洞头县AA级纳税信用企业等荣誉。

▲区长质量奖：区政府设立的最高质量荣誉，主要授予洞头区实

施卓越绩效管理模式，在工业、工程建设、服务等行业内处于领先地位，并取得显著社会效益和经济效益的企业。

【《洞头区工业和信息化发展“十三五”规划》编制完成】2016年12月，洞头区完成《洞头区工业和信息化发展“十三五”规划》编制。该规划共6章，包括发展条件与宏观趋势、总体思路及发展目标、以智能制造为方向，提升海岛工业经济、以信息经济为引领，迈上信息化新水平、搭建产业平台，落实重大项目和规划实施保障等。确定坚持创新发展、协调发展、绿色发展、开放发展、共享发展原则。发展目标提出至2020年，全区工业总产值突破200亿元，年均增长20%；工业增加值突破48亿元，年均增长24%，占GDP的比重达到40%左右；工业利税总额实现13亿元，年均增长20%，工业税收对财政收入的贡献率逐年提高；规上工业全员劳动生产率达到36万元/人·年，争取实现年产值超十亿元的企业数达到3家、超亿元企业数达到25家；新增“小升规”企业累计24家，规上企业数达56家。R&D投入占地区生产总值的比重达到1.65%，高新技术产业增加值占规上工业增加值的比重达到30%；新增培育国家高新技术企业3家、省级科技型企业40家、省级以上名牌产品和商标6只；信息基础设施建设水平全市领先。推进形成“北翼集聚、本岛提升、西片联动”的工业总体格局。

【《温州市洞头区“十三五”节能专项规划》编制完成】2016年12月，洞头区完成《温州市洞头区“十三五”节能专项规划》编制。该规划共7章，包括“十二五”节能工作回顾，“十三五”节能形势分析、指导思想、基本原则和目标、重点领域节能、节能重点工程、节能工作保障措施、灵昆街道及瓯江口集聚区能源消费情况及预测等。力争到2020年，规模以上工业到位增加值能耗比2015年下降20%以上，部分行业和规模以上企业节能指标达到温州市先进水平；城镇新建民用建筑实现绿色建筑全覆盖；所有燃煤锅炉改为燃气锅炉或电加热（除工业园区集中供热外）；交通运营车辆、运营船舶到位运输周转量能耗下降7%、3.5%、港口生产单位吞吐量综合能耗下降3.5%；公共机构单位建筑面积能耗下降8%。建立起比较完善的节能统计分析与评价考核体系。

【浙江金海蕴生物股份有限公司挂牌“新三板”】2016年7月7日，浙江金海蕴生物股份有限公司在全国中小企业股份转让系统即“新三板”▲举行挂牌仪式，正式登陆“新三板”，实现洞头区企业上市“零突破”，也是温州首家“新三板”挂牌上市的国资控股公司。该公司是由温州市金融投资集团有限公司与浙江海蕴生物有限公司通过以企引企、强强联合组建的国有控股的股份制有限责任公司。位于洞头区南塘工业园区。公司下设食品分厂和饲料分厂，其中即食羊栖菜是该公司近几年利用当地资源开发的主要产品。浙江金海蕴生物股份有限公司简称“海蕴生物”，证券代码“837552”。近年公司加强企业规范管理，加大科技投入，2011至2015年期间投入技改资金1800万，研发即食羊栖菜生产流水线，并且开发羊栖菜面、羊栖菜提取物等新产品。2015年公司实现销售收入2785万元，利润总额175万元，税收282万元。

▲“新三板”：全国中小微企业股份转让系统，与沪市和深市主板、创业板相比，“新三板”主要为创新型、创业型、成长型中小微企业发展服务，具有挂牌门槛低、时间周期短、融资效率高等特点。

2016年洞头区工业企业分布情况

表9

指　标	工业单位数（个）	年产值（万元）	比上年±%
总　计	—	566890	-6.3
一、按规模分组			
年销售收入2000万元及以上	27	468614	-6.8
2000万元以下	—	102902	—
个体工业	—	29110	—
二、规模以上工业按登记注册类型分组			
国有工业	1	16211	7.3
有限责任公司	3	273016	-16.9
私营工业	20	124733	-4.9
港、澳、台商投资公司	2	21837	-1.5

说明：未含灵昆街道

2016年洞头区规模以上工业企业产值情况

表10 单位：万元

序 号	企业名称	工业产值
1	国网浙江省电力公司温州市洞头区供电公司	16210.8
2	温州金源化工有限公司	20240.7
3	浙江诚意药业股份有限公司	32816.9
4	浙江永宏电气股份有限公司	20512.6
5	温州市三峻轿车配件有限公司	5377.2
6	浙江吉龙电子科技有限公司	1663.1
7	温州北方电子机械有限公司	1853.9
8	温州武荣科技有限公司	2975.0
9	温州小岛特细纤维材料有限公司	4447.6
10	浙江宏泰混凝土有限公司	9015.6
11	温州佳海食品有限公司	5380.8
12	浙江方舟工程机械设备有限公司	4025.5
13	温州久一重工有限公司	842.5
14	温州仕博汽车零部件有限公司	2460.0
15	一能电气有限公司	11046.4
16	温州市丰源混凝土有限公司	12960.5
17	温州市海岳混凝土制品有限公司	6079.3
18	温州市万年混凝土有限公司	38839.7
19	浙江曼瑞德舒适系统有限公司	5899.0
20	浙江金海蕴生物股份有限公司	2860.5
21	温州市东启汽车零部件制造有限公司	9083.2
22	温州蓝天管件阀门有限公司	4497.9
23	浙江良泰水产有限公司	2409.2
24	浙江恒博电气制造有限公司	7686.0
25	浙江迪特高强度螺栓有限公司	4949.8
26	温州江东能源发展有限公司	13172.6
27	温州市瑞泰紧固件有限公司	1904.1
28	洞头县丽水油气作业有限公司	119399.6
29	温州中石油燃料沥青有限责任公司	150755.6
30	浙江弘博新材料科技有限公司	17440.7
31	浙江固力混凝土有限公司	2006.4

2015—2016年洞头区街道（乡镇）工业总产值情况

表11 单位：万元

街道（乡镇）	2015年	2016年	同比±%
合计	520047	474970	-8.7
北岙街道	99668	89919	-9.8
大门镇	284711	184990	-35.0
东屏街道	34160	38311	12.2
元觉街道	23296	30057	29.0
霓屿街道	73124	125836	72.1
鹿西乡	5088	5857	15.1

2016年洞头区新增规模以上工业企业一览

表12

序 号	企业名称	所属地区
1	浙江伟望精密工业有限公司	北岙街道
2	温州三疆能源发展有限公司	元觉街道
3	浙江曼瑞德舒适系统有限公司	灵昆街道
4	温州金马文具用品制造有限公司	灵昆街道

企业平台管理

【概况】2016年，洞头电子电器科技园建成投用，机械汽配产业园完成桩基施工，大门花岗岩产业集聚区一期50亩土地完成出让，霓屿海藻深加工创业园推进前期工作。南塘、杨文工业园区新引进企业4家。康隆、固德等医药公司入驻海创园，温州市星仔岛电子商务有限公司、温州市天露服饰有限公司等入驻电商园，香港然明投资公司完成商务部外资企业设立备案。推进大门海洋经济示范区平台建设，温州北方电子机械有限公司旧厂房改造完成，华电LPG A罐处验收阶段。引导企业“小升规”，全年培育企业4家。邀请入驻专家与汽车制造、电子电器、机械制造等领域企业就产学研合作开展交流。电子电器科技园8家企业获评省市科技型企业，其中省级科技型企业7家、市级科技创（新型）1家。

【洞头电子科技园建成投用】（参见本栏目“主要行业”分目“电子电器行业”子分目）

【南塘、杨文工业园区建设】 2016年，杨文、南塘工业园区企业实现工业产值约14亿元，利税约1.3亿元。引进浙江伟望精密工业有限公司、温州三疆能源发展有限公司、浙江曼瑞德舒适系统有限公司、温州金马文具用品制造有限公司等4家企业。建成海创园“退二进三”项目新样板。盘活DAP、圣傲姬等闲置厂房。开展“僵尸项目”“蜗牛工程”处置和“四无”整治等，重点攻坚低效工业用地处置11宗，倒逼“四无”企业整改、关停和拆除。全年淘汰关停“低小散”企业（作坊）18家，整治提升23家。

【花岗岩加工产业集聚区建设】 2016年，区经信局组织对大门镇花岗岩产业发展摸底调查，结合“四无”生产经营单位整治活动，加强监管，推进大门镇花岗岩行业试点工作。按照“改造提升一批、整合入园一批、合理转移一批、关停淘汰一批”原则，集中整治搬迁改造大门镇花岗岩石材加工小微企业30家，完成花岗岩加工产业集聚区一期3.33公顷土地出让。

【市级领军、高成长型工业企业培育8家】 2016年5月17日，区政府出台《2016年度洞头区市级领军、高成长型工业企业培育工作实施方案》（洞政办发〔2016〕40号）。培育市级领军工业企业对象为浙江诚意药业有限公司、温州金源化工有限公司；培育市级高成长型工业企业对象为浙江永宏电气股份有限公司、温州市东启汽车零部件制造有限公司、浙江方舟工程机械有限公司、温州市三峻轿车配件有限公司、温州小岛特细纤维材料有限公司、一能电气有限公司。培育内容涵盖强化精准服务，建立企业专属服务绿色通道；开展分类培育，促进企业专精特新发展；强化创新驱动，推动供给侧结构性改革；降低企业成本，增强企业综合竞争力；拓宽融资渠道，引导企业对接资本市场；强化人才支撑，培养一批新生代企业家；开展质量培训，不断推进企业品牌建设等。截至年底，全区新增年销售产值超亿元企业1家，新增新三板挂牌企业1家。

【企业技改】 2016年，全区企业技改项目9个，投资7.75亿元，同比增长511.5%，投资经费和增长率位居全市第一。其中，中海石油（中国）有限公司丽水作业公司海上平台改造及压缩机调整井建设项目投入6.76亿元，占比87.3%。

2016年洞头区工业企业投资技改项目情况

表13　　单位：万元

序号	企业名称	项目名称	技改投资
1	洞头远鹏水产有限公司	迁建年产450吨羊栖菜生产线	152
2	浙江诚意药业有限公司	口服固体制剂车间技改项目	435
3	浙江诚意药业有限公司	煤改气及配套设施技改项目	180
4	浙江迪特高强度螺栓有限公司	迪特公司改扩建项目	560
5	温州市三峻轿车配件有限公司	三峻公司改扩建及生产流水线技改项目	50
6	温州伟望塑业电气有限公司	南塘机械汽配园	4000
7	洞头联盛电子科技有限公司	南塘电子电器科技产业园（二期）	530
8	中海石油（中国）有限公司丽水作业公司	海上平台改造及压缩机调整井建设项目	67624
9	浙江中燃华电能源有限公司	中油华电小门岛石化基地LPG技改项目	3926
合计	—	—	77457

企业节能降耗

【概况】 2016年，区经信局加大重点用能企业管理，加强项目节能评估审查，建立区节能工作联络平台，开展重点用能企业节能考核。全年通过省市清洁生产审核验收企业6家。关停淘汰“低小散”企业（作坊）18家，完成“低小散”块状行业整治提升企业41家、规上企业综合评价29家。全年审批项目1个。联合开展“节能领跑，绿色发展”主题节能宣传周、“绿色发展，低碳创新”主题低碳日和节能知识进校园、进单位活动，发放宣传资料2000余份、宣传品800余份，提供咨询服务50人次。

【通过省市清洁生产审核验收企业6家】 2016年，洞头区开展重点用能企业节能考核，6家企业通过省市清洁生产审核验收。即温州市洞头信达电器有限公司、温州君威涂料有限公司、温州市洞头溢香国际大酒店有限公司、温州市三峻轿车配件有限公司、温州市恒立新材料有限公司和温州市洞头海洋资源加工厂。全区累计32家。

2016年洞头区规模以上工业企业能源消费情况

表14

序号	能源名称	消费量	计量单位
1	当量能源消费	49001.47	吨标准煤
2	等价能源消费	62012.63	吨标准煤
3	当量万元产值能耗	0.0909	吨标准煤/万元
4	等价万元产值能耗	0.1151	吨标准煤/万元
5	原煤	7542	吨
6	原油	727040	吨
7	汽油	153	吨
8	煤油	140	吨
9	柴油	2850	吨
10	燃料油	6906	吨
11	液化石油气	320	吨
12	电力	7532	万千瓦时
13	生物质废料用于燃料	552	吨

说明：各能源品种消费量为叠加汇总、实物量

助企扶工

【概况】2016年，洞头区制定《洞头区南塘片区工业企业“退二进三”三年行动计划（2016—2018年）》《关于鼓励工业企业“退二进三”的实施意见》。组织开展“两个年”专项行动，实施驻企服务员制度，出台企业降成本政策，全年兑现政策扶持资金2508万元，减免企业税费8696万元。建立小微企业“精准服务体系”，开通小微企业“服务直通车”，协调企业解决难题94个。组织审核区信用联社申报省小微企业贷款风险补偿金。全年办理区级企业应急转贷专项资金11笔3750万元，开展政银企融资对接服务活动，促成银行授信24.95亿元。

【工业企业“退二进三”政策】2016年9月30日，为促进产业结构调整和生态环境建设，实现城市转型发展，根据《浙江省人民政府关于全面推进城镇低效用地再开发工作的意见》（浙政发〔2014〕20号）文件精神，洞头区制定《关于鼓励工业企业“退二进三”的实施意见》（洞政发〔2016〕32号）。“退二进三”范围是杨文片区和南塘片区（含城南片）内，依法取得工业、仓储等功能的国有土地使用权人，按照城乡规划要求，可向国土资源、住建等有关部门提出改变建筑物用途或土地用途申请，从事除房地产开发销售和住宅项目以外的商业、商务、娱乐康体、公共设施营业网点、其他服务设施及文化设施、教育科技、体育、医疗卫生、社会福利等第三产业经营活动。该意见规定实施方式分为就地转型、收购储备、兼并重组、异地置换、存量控制等。意见涵盖工业企业“退二进三”的流程、实施政策及其他事项等。意见即日起实施。

【《洞头区南塘片区工业企业“退二进三”三年行动计划（2016—2018年）》】2016年9月30日，区政府常务会议研究通过《洞头区南塘片区工业企业“退二进三”三年行动计划（2016—2018年）》。该计划旨在加快推进南塘片区工业企业“退二进三”，改善生态环境和城市功能，促进产业转型升级。重点打造海洋文化创意、商务经济总部、旅游休闲观光、健康养生产业等四大产业。至2018年底，完成项目投资总额11亿元，实现产值30亿元，引进总部企业50家、电商企业100家，打造亿元楼2幢以上。

（吴生瑶　林思敏）

主要行业

·机械汽配行业·

【概况】2016年，洞头区机械汽配行业实现总产值6.77亿元，同比增长4.0%。温州市示范性小微企业园机械汽配产业园完成桩基施工。温州东启零部件制造有限公司参与制定T/ZZB0083—2016《汽车用真空助力器》浙江制造团体标准发布。浙江伟望精密工业有限公司获国家高新技术企业和省著名商标、洞头区长质量奖等荣誉。温州市海力砂轮制造有限公司“海力”牌商标被认定为“2015年度浙江省著名商标”。温州市三峻轿车配件有限公司、浙江迪特高强度螺栓有限公司当年度工业产值和销售收入均超出上年度20%以上。

【参与制定“浙江制造”标准发布】（参见《经济监督管理》栏目“市场监督管理”分目）

【“海力”牌商标获评2015年度浙江省著名商标】2016年1月6日，浙江省著名商标评审委员会发布《关于认定“浙建集团”等317件商标为2015年度浙江省著名商标的通知》（浙工商标〔2016〕4号），温州市海力砂轮制造有限公司“海力”牌商标被认定为“2015年度浙江省著名商标”，这是洞头区首个获省著名商标的小微企业。温州市海力砂轮制造有限公司是中国机床工具工业协会磨料磨具分会会员单位，创办于1992年，2008年迁入洞头区杨文工业区。公司主要生产纤维增强树脂薄片切割片砂轮，钹形砂轮，应用于冶金、机械、造船、装潢等工业领域。公司年产砂轮1万吨左

右，销售全国20多个省、市，公司通过MPA德国认证并承接OEM定牌加工业务，出口30多个国家和地区。截至年底，全区共有省著名商标10枚、市知名商标12枚。

中科院院士康乐、杨焕明调研浙江诚意药业有限公司

·电子电器行业·

【概况】 2016年，洞头区电子电器业实现总产值5.41亿元，同比增长11.8%，连续四年实现稳增长。洞头电子电器科技园竣工投用，累计入驻企业15家。浙江永宏电气股份有限公司与台湾统振集团签订锂电池项目合作合作意向书。浙江恒博电气制造有限公司、浙江永宏电气股份有限公司当年度工业产值和销售收入均超出上年度20%以上。

【洞头电子科技园建成投用】 2016年6月，洞头电子科技园竣工启用，累计完成投资1亿多元，总建设用地面积3.41公顷，建筑面积8.3万平方米，已建厂房面积5.7万平方米，入驻企业12家。即温州欧克邦尼电气有限公司、浙江广和电器有限公司、洞头胜裕机电有限公司、洞头县新博电子有限公司、洞头华强电器机械厂、温州市洞头华侨电器有限公司洞头县信达电器有限公司、洞头县华顺自控电器有限公司、洞头县西泰德电器机械有限公司、洞头亿通自动化设备厂、洞头佳能机电制造有限公司、洞头县自动化开关厂。该园区以电子电器、机电及配套行业企业为主，采用"总部+生产基地"建设模式。

·医药行业·

【概况】 2016年，洞头区医药行业实现总产值3.28亿元，同比下降4.9%。诚意药业主板上市获证监会审核通过。7月12—15日，浙江诚意药业股份有限公司接受美国食品药品监督管理局cGMP（现行药品生产质量管理规范）现场检查，检查范围涵盖质量、生产、设备设施、实验室控制、物料及包装标签等六大体系。浙江诚意药业股份有限公司举行50周年庆典活动。

【浙江诚意药业股份有限公司50周年庆典暨浙江海洋生物医药论坛】 2016年10月19日，浙江诚意药业股份有限公司举行50周年庆典活动。活动期间，举行浙江海洋生物医药论坛、庆典大会和慰问演出。1966年10月，驻洞头部队卫生队为缓解当地缺医少

2016年洞头区工业六大行业产值情况

表15

六大行业 \ 类别	产值（万元）	同比增长（%）	占总产值（%）
合 计	524827	-7.4	92.6
其中：机械汽配	67744	4.0	12.0
电子电器	54137	11.8	9.5
医药工业	32817	-4.9	5.8
化学工业	321032	-13.0	56.6
水产品加工	17860	15.0	3.2
建材工业	31238	-9.3	5.5

药，创办铜山制药厂。3年后，小作坊生产出盐酸黄连素针剂和碳酸氢钠片剂。1991年，企业更名为“温州市第三制药厂”。2001年4月，公司改制，成立浙江诚意药业有限公司。2013年5月，企业变更为股份公司，更名为浙江诚意药业股份有限公司。公司申报的“度洛西汀化学药大品种创新研究”“盐酸氨基葡萄糖关键技术研究及产业化生产”等项目，列入国家“重大新药创制”科技重大专项子课题，并获中央财政科技经费资助。

·化学工业·

【概况】2016年，洞头区化学工业实现总产值32.10亿元，同比下降13%。温州中石油燃料沥青有限责任公司全年税收入库2.54亿元，同比增长2.0%，位列企业纳税综合排名第一位。浙江弘博新材料科技有限公司首次年销售产值突破亿元。

·水产品加工行业·

【概况】2016年，洞头区水产品加工行业实现总产值1.79亿元，同比增长15%。浙江金海蕴生物股份有限公司在全国中小企业股份转让系统即“新三板”挂牌，实现洞头区企业上市“零突破”。温州佳海食品有限公司2014—2016年连续三年实现工业产值和销售收入双超20%以上。

【浙江金海蕴生物股份有限公司挂牌“新三板”】（参见本栏目“概述”分目）

（林思敏）

·供电行业·

【概况】2016年，洞头区（不包括灵昆街道）全社会用电量2.79亿千瓦时，同比增长13.8%；售电量2.66亿千瓦时，同比增长13.81%；线损率4.4%；供电可靠率99.9104%，电压合格率99.91%；电网最高负荷6.19万千瓦；实现全年安全生产无事故，连续安全生产6122天。区供电公司内部累计审核合同273份，涉及金额7501.28万元。开展违反违章现场安全稽查1526次，查处违章作业228起。全年发生配电网故障36起，同比下降35.7%。

是年，国网洞头供电公司获浙江省电力公司综合及业绩对标“双标杆”、安全生产劳动竞赛“先进县供电企业”称号。

【电力供应】2016年，全区第一、二、三产业占全社会用电比重分别为0.42%、40.82%、23.25%，第一产业比重同比下降0.1个百分点，第二、三产业比重同比分别上升0.53百分点和1.14百分点。其中，第一产业用电量115.71万千瓦时，同比下降8.23%；第二产业用电量1.14亿千瓦时，同比增长15.3%；第三产业用电量6476.18万千瓦时，同比增长19.65%。城乡居民生活用电比重35.52%，同比下降1.57%；用电量9895万千瓦时，同比增长9%。

2016年洞头区行业用电分类情况

表16

项目＼类别	2016年累计用电量	2015年累计用电量	同比增长（%）	占比（%）
全社会用电总计	27856.5448	24477.51	13.80	100
A.全行业用电合计	17961.5430	15399.60	16.64	64.48
第一产业	115.7057	126.08	−8.23	0.42
第二产业	11369.6561	9860.85	15.30	40.82
第三产业	6476.1812	5412.67	19.65	23.25
B.城乡居民生活用电合计	9895.0018	9077.91	9.00	35.52
城镇居民	5340.9002	4345.09	22.92	19.17
乡村居民	4554.1016	4732.81	−3.78	16.35

【电网建设】2016年，110千伏百岛变第二回电缆线路投入运营。完成2015年度第一、二批新增城农网升级改造工程全部17个子项，投入资金7195万元，其中对老旧线路设备改造项目4项，新建线路项目10项。台区（一台变压器的供电范围或区域）增设增容改造项目3项（涉及53个台区），基本实现新城一期10千伏线路落地电缆化及“双环网”“双接线”供电模式，提升城市市容市貌。全年完成固定资产投资4949.43万元（其中配网项目4604.78万元）。

新城电动汽车快充站

【110千伏百岛变第二回电缆线路投运】 2016年7月7日，110千伏百岛变第二回电缆线路正式投入运营。该项目涉及电缆线路长度15千米，实现110千伏电网全线同杆双回，增强抗台风等气候灾害能力。项目概算总投资7336万元，负责单位为国网温州供电公司，由温州电力建设有限公司建设，温州电力设计有限公司设计，浙江电力建设监理有限公司监理。

【新城电动汽车快充站建成】 2016年11月15日，温州市首座岛屿电动汽车快充站——洞头区新城电动汽车快充站建成。该站位于洞头百岛110千伏变电站外停车场，总投资220万元，共计车位8个，配置8台一体式直流充电机，可同时满足8辆电动汽车的充电需求。其中，4个车位配置60千瓦一体式直流充电机，其余车位配置120千瓦直流充电机（一桩二充）。工程建成后，有利于推广"电动汽车+旅游景区"绿色出行模式，倡导海岛使用绿色新能源，助推洞头生态环境保护。

【"电能替代"三年行动方案】 2016年7月5日，国网洞头供电公司联合区经信局、区发改局等6个部门制定《关于实施"电能替代"三年行动方案》。该行动方案重点开展电能替代潜力摸排和示范试点、加快重点领域电能替代推广、推进燃煤锅炉电能替代、推进新技术和新产品推广应用。提出目标是：2016年完成电能替代量500万千瓦时，2017年550万千瓦时，2018年600万千瓦时。

【优质服务】 2016年，区供电公司完成洞头3771线综合检修、大门变电站35千伏开关改造。推进"互联网+"营销服务体系建设，累计微信绑定1.26万户，掌上电力APP注册5306户，"95598"网站注册1156户。实现低压5类、高压6类业务流程线上办理，电子渠道使用客户数1.92万户，线上办电渗透率81.21%。主动对接光伏项目并网管理，光伏用户接入9户。完成G20杭州峰会期间电网保等重大节日及活动保供电任务。

（池　莉）

电力检修

·供水行业·

【概况】 2016年，洞头水务发展公司供水服务基本覆盖洞头全区域，服务人口约10万。除大门镇、鹿西乡外，水源主要来自温州状元水厂成品水，进水单价1.8元/立方米。截至年底，本岛片户表数39700户，实际用水户32000户；供水管网总长290千米，管径75以上150千米。全年供水量506.40万立方米，日供水约1.4万立方米，营业收入2038.17万元。

是年，完成供水信息系统防入侵网络设备建设，并通过二级等级测评。整改公司各厂区、泵站红外线、监控、防盗、报警等设施建设及泵站部分设施，基本完成21个高位水池监控系统建设。在线实时监控掌握水质变化动态，按规范要求取样检测源水、滤前水、滤后水、出厂水相关指标。王山头临时加压泵站余氯值实行在线检测基础上，增加人工检测频次。老城区、霓屿、元觉、三盘、东屏、北沙、半屏和小三盘片管网水每月两次设点取样，检测项目18项。全年出厂水九项综合合格率和管网水七项合格率均100%。更换2009年之前周期水表1200余只，完成旧城区风岙巷、小岙自然村管网和长坑水库取水头部改造。全年处理服务热线1600多起，修复管道累计400多处，抢修到位及时率100%。

（林思茹）

栏目编辑　曾焕定

交通·信息化

载歌载舞庆丰年·张丽萍

“海霞精神”

爱岛尚武 励志奉献

“五岛连桥”精神

小县办大事 小岛创大业

交　通

·概述·

【概况】2016年，编制《洞头区道路运输业"十三五"发展规划》。完成区本级交通工程年度投资额2.78亿元。大门大桥试通车，洞头峡跨海特大桥通车，洞头至温州151路公交线路和洞头至温州火车南站客运直达班线开通，元觉至鹿西班线实现直航，大门对外客运班线试营。S215省道延伸线（洞头段）纳入省道规划调整。完成本岛微公交线网布局，改造提升公交站点50多个。推进大门沙岙至岙底隧道、主要岛屿环岛公路、绕城北高速疏港东延线等项目前期工作。洞头区南片交通基础设施提升工程PPP项目完成竞争性磋商工作。

是年，五岛公路（含环岛公路）入选浙江首批20条省级精品示范道路"最美名单"，获评"浙江最美绿化通道"。全市公路边"三化"考核排名第一。生态美丽示范路三盘大桥至半屏大桥段全市评比第一。

【洞头直达温州火车南站客运班线开通】2016年1月15日，洞头至温州火车南站客运班线开通。客运班线采取直达运行，从洞头新城客运站始发，沿灵霓大堤—瓯海大道—火车南站，全程约90分钟，票价30元。新城、元觉、霓屿客运站可购票上车，中途不设停靠点。火车南站返程班车经温州新城客运站配客，沿机场大道返回洞头（如班车实载率较高，则中途不再进站配客，走瓯海大道直达返回），行程约120分钟；客运班线每天投入运行18个班次，洞头始发早班6: 30，末班15:30；温州火车南站始发早班11:40，末班18:00。

【洞头至温州151公交线路开通】2016年2月2日，洞头至温州首条公交线路正式开通。151公交线路始发站为洞头燕子山公园，终点站为温州火车站广场，途径三盘路口、花岗渔村、沙角村、活水潭村、沙岗村、内深门、外深门、石子岙路口、霓北中学、桐岙村、下社村、瓯江口新区、北段码头、双昆村、上岙、龙东、下村、状元、雁湖社区、市质监局、世纪广场、火车站。全场61.8千米，设有26个站点，约120分钟左右车程。公交设置有人售票，起步价2元，最高价10元。始发早班车6:30，末班车18:10，每35—40分钟滚动循环发车。

【洞头五岛公路（含环岛公路）入选"浙江精品示范道路"】2016年11月，浙江首批20条省级精品示范道路评选结果揭晓，洞头区五岛公路（含环岛公路）入选，为温州市唯一入选道路。省级精品示范道路评比对象是列入省级精品示范道路创建名单的40条省内高速公路、国省道及县道，活动由浙江省"三改一拆"办牵头组织省级各专业牵头部门以及交通规划设计、城乡规划、园林绿化等方面专家，通过现场检查、资料评审和网络投票方式综合评出。洞头五岛公路西起灵霓线东、经元觉片、三盘大桥至环岛路，该工程线路总长28.6千米，其中七座桥梁全长3.04千米。包括道路两侧绿道建设，公路边三化、亮化和环境整治等。创建期间，集中开展拆违治乱和环境卫生大整治，联动执法92次，拆除占道经营点486处，整治景区沿线流动摊贩95处。累计投入3500万元，建设休憩点6个。公路绿化养护与补植投入7000多万元，建成环海西湖亮丽工程和15千米交通绿道慢行工程。同时获评“浙江最美绿化通道”。

【洞头区道路运输业“十三五”发展规划专家咨询会】 2016年10月28日，区运管局组织召开洞头区道路运输业“十三五”发展规划专家咨询会。会上，项目组对“十二五”时期行业发展回顾、成就、存在问题做简要说明，总体介绍“十三五”道路运输行业规划编制情况。与会人员围绕洞头区“十三五”期间加快城区公交化改造、线网布局等中心问题开展讨论研究，提出修改意见建议。浙江省交通职业技术学院、浙江省交通规划设计研究院专家学者何佳伟等参加。

·交通设施建设·

【概况】 2016年，大门大桥、洞头峡跨海特大桥竣工通车。交通绿道网建设工程基本完成，其中美丽示范路三盘大桥至半屏大桥段全市评比第一，完成投资545万元。投资4660万元的新垄隧道及连接线工程隧道主洞贯通。77省道布袋岙接线公路工程完成接线路基、隧道二衬施工，投资额2120万元。农村公路改造提升工程完成大门公路路面修复、五岛公路与77省道连接线平面交叉安全设施建设；大门5条通村环线、元觉、霓屿前片区进入施工阶段；北岙片区进入施工招标，完成投资额5525万元。推进三盘公务艇改造提升工程。枫树坑至美岙隧道连接线工程进场施工，投资3130万元。交通站场设施工程，完成交通运输信息服务监控中心、环岛公路中心养护站主体工程，基本建成大门沙岩客运站主体，北岙客运站进入施工招投标阶段。新建（改建）公交停靠站40处，投资939万元。交通绿道网自行车慢行道工程投用。全年对11个工程项目实施质量监督、安全监管，其中，续建项目3个，新建项目5个，养护大中修新建项目3个，无出现工程安全事故。发出现场质量抽查意见书2份，安全生产抽查意见书11份，综合抽查意见书2份。

【大门大桥通车】 （参见《街道·乡镇》栏目“大门镇”分目）

【洞头峡跨海特大桥通车】 2016年2月2日，77省道延伸线终点路段——洞头峡跨海特大桥竣工通车。洞头区委书记董智武宣布正式通车令。区委副书记、区长王蛟虎，区人大常委会主任叶永辉，区政协主席叶国胜等四套班子领导出席通车仪式。瓯江口产业集聚区管委会副主任彭建锦介绍工程概况。副区长吴志安主持通车仪式。大桥通车，有助于洞头连陆大通道建设，构建互联互通、内畅外快的交通网。洞头峡跨海特大桥总长2638.5米，按双车道二级公路标准建设，设计速度80千米/每小时，工程造价4.62亿元。该工程2012年7月开工建设，2015年9月基本完工。工程由瓯江口产业集聚区管委会负责，中交第一公路勘察设计研究院有限公司、浙江省交通规划设计研究院设计，温州港城发展有限公司建设，中交第一公路工程局有限公司施工，中国公路工程咨询集团有限公司监理。

【交通绿道网自行车慢行道工程投用】 2016年11月23日，洞头区交通绿道网自行车慢行道工程完工投入使用。该工程位于洞头本岛区域，慢行道平面标准路宽2米，路线总长15098.891米，包括已建绿道（桩号K5+750～K7+717）及交叉口，施工路线总长13131米。该工程于2014年12月25日开工建设，2015年9月26日完工。该工程由区交通工程建设指挥部（业主单位）负责实施，浙江华泰市政工程有限公司承建，浙江正和监理有限公司负责施工监理。

【东海丽水36—1气田项目终端配套码头工程完工】 2016年12月5日，东海丽水36—1气田项目终端配套码头工程项目完工。该工程位于霓屿街道正岙村，是温州市水运重点建设项目，2015年9月15日开工，建设规模2000吨级油品码头，泊位长度120米，设计年通过能力42.3万吨，工程总投资2723万元。项目包括海上综合平台、海底油气混输管道、霓屿陆上终端、外输管道等四部分。东海丽水36—1气田项目由中海石油（中国）有限公司投资，施工单位为温州交通建设集团有限公司，建设单位为中海石油（中国）有限公司，设计单位为中交第三航务工程勘察设计院有限公司，

2016年2月2日，洞头峡跨海特大桥通车

质监单位为温州市交通工程质量监督局，监理单位为宁波宏达工程咨询有限公司。

【南片交通基础设施提升工程PPP项目】为有效破解投融资困难，进一步促进交通基础设施建设，洞头区积极策划南片交通基础设施提升工程PPP项目，2016年9月完成竞争性磋商工作。11月，在浙江省政府采购网、温州市洞头区公共资源交易中心网发布公示。南片交通基础设施提升工程包含10个子项目，包括布袋岙新区市政工程、洞头区中心渔港通港道路（生态慢道）二期工程、鹿西渔港港区道路工程、霓屿环岛公路工程、小朴至风吹岙公路工程、鸽尾礁至大王殿接线公路、元觉环岛公路工程、鹿西至大门快速通道建设工程、东屏中心区二期建设工程、苔岙隧道等，总投资13.55亿元。

·交通运输管理·

【概况】2016年，全区拥有城乡客运经营企业6家。共有城乡客运线路25条，拥有客运车辆100辆3027座位，中长途客运全部实现快线经营模式，农村客运全面实行按片区经营模式经营。其中：跨市地班线1条（洞头—杭州），营运客车1辆39座；跨区班线2条（洞头—温州，洞头—乐清），营运客车13辆442座；城区城乡公交线路3条，营运客车18辆1076座；农村客运线路19条，营运客车68辆1479座。是年，洞头新城站至温州火车南站客运班线、燕子山公园至温州火车站广场151路公交线路开通。

全区拥有出租车经营企业4家，出租车115辆460座（其中本岛100辆，大门10辆，鹿西5辆），出租车从业人员977人。拥有驾驶员培训学校2家，教练车50辆。拥有汽车维修企业28家，其中二类小型车维修企业4家，三类专项维修企业16家，摩托车维修业户8家。

完成客运量、旅客客运周转量分别为951万人和15262万人千米，同比下降7.67%和7.48%。完成货运量105万吨，与上年比持平；货物周转量5918万吨千米，同比增长7.87%。春运期间，投入客运车辆219辆3677座，其中班车86辆2141座，公交车18辆1076座，出租车115辆460座。春运旅客运输量73.399万人次，客运周转量1020.327万人千米，同比分别下降5.2%和5.3%。

全年，出动安全检查人员1260人次，检查道路运输企业455家次，整改一般安全隐患企业16家次，安全隐患28处。投入稽查力量2518人次，检查天数274天，检查车辆3451辆次，查处各类违法违章104起，其中非法营运案件13起；出租车诚信扣分151单，受理“12328”投诉举报115起。

【城乡客运发展】2016年，洞头新城站至温州火车南站客运班线、燕子山公园至温州火车站广场151路公交线路开通。7月更新10辆公交车运力，发班间隔由1小时缩短为35分钟一班。开通大门大桥至翁垟车站临时加班客运班线，完成大门至温州、乐清、柳市对外客运班线的许可审批；启动鹿西农村客运班线续营，新增1辆15座运力。优化城区客运线网，延伸城区2路公交至大王殿村运行，公交出行惠及1037人。调整城关车站至东岙班线走向，增设蓝港站点。研究制定灵昆社区巴士运行方案。建成公交港湾站25个，完成大门临时客运站、美岙客运站主体工程建设，启动151路公交始发站和大门三级客运站建设前期工作。开展2015年度洞头区城乡道路客运一体化发展水平评价，组织城乡公共交通体系建设工程可行性研究。

【运输行业管理】2016年，区交通运输管理局贯彻机动车驾驶培训新国家标准，取消道路运输经理人、驾驶培训教练员、机动车维修从业资格认定。举办客（货）运从业人员继续教育3期244名。组织客运驾驶员开展节能减排竞赛和车辆二级维护竣工验收比赛。开展城市治乱出租车车容车貌专项整治行动，规范出租客运经营行为。组织道路运输执法大检查行动、道路运输专项整治“2号”行动，确保节假日期间交通安全和营运秩序。

【打击非法从事出租客运经营“百日攻坚”专项行动】2016年9月中旬，洞头区开展打击非法从事出租客运经营“百日攻坚”专项行动。重点打击有组织、有规模“黑车”营运团伙和利用“洞头微生活总站”等网络媒介和“叫车平台”从事非法经营“黑车”。专项行动开展错时稽查100次，查获“黑车”13辆。

·公路运输·

【概况】2016年，全区建成农村公路53条（未包括330国道），通村公路硬化率实现100%，建成公路总里程229.386千米，公路网密度183.51千米/百平方千米，实现全区所有街道（乡镇）及行政村实现通准四级以上等级公路。五岛公路（按省道标准养护）日平均交通量0.9万辆，比上年同期增长15.17%，拥挤度1.30。是年，五岛公路入选省首批20条省级精品示范道路“最美名单”。

【公路养护】2016年，区公路管理局完成S332延伸线洞头段K25+894.5—K36+626.8路段养护大中修施工，实施里程10.381千米。完成农村公路大中修工程（包括马观线、大沙岙至东岙顶、环岛公路至岙底和沙岗至状元）修复，全长约

19.6千米。对花岗大桥实行特检、7座桥梁实行定检，技术评定均为2类。排查隧道16座，发现隐患隧道2座，治理2座。采用合同能源管理模式，完成S332延伸线五岛公路沿线桥梁、隧道照明设施LED灯具改造515盏。

【"四边三化"公路沿线整治】 2016年，区公路管理局加大公路沿线"四边三化""三改一拆"整治力度。出动车辆1320车次计4080人次。浇筑围墙350米，回填种植土236立方，石头房立面改造16间。拆除占道经营点486处，整治景区沿线流动摊贩95处，清理牛皮廯638处；拆除违法建（构）筑物70处，面积6657.24平方米；拆除广告牌（违法无序非公路标志）126处，面积664平方米；清理垃圾、废弃物658处计775.6吨。投入600多万元对五岛公路沿线、环岛公路沿线的重点区域、重要节点进行集中整治、绿化美化和景观提升，新增、提升绿化面积1万多平方米；整治公路沿线安全隐患点69个，累计修复路面坑洞约16950平方米，更换增设钢质护栏5370米，修复标志牌100余套，修复标线3600多平方米；更换警示柱156根、轮廓标1200余个、防撞桶75只、广角镜62个、边沟盖板185块，隧道立面牌20块等，投入资金250余万元。

【综合治超整治行动】 2016年，区公路管理局开展综合治超整治行动，推行24小时无间断治超机制，密切与公安、综合执法部门配合，形成联动执法，扫除超限盲区。全年出动执法人员762人次，检查车辆315辆，查处超限车100辆，卸货货物1927吨，收缴罚款69.66万元，严厉打击违法超限运输行为。

【"全国路政宣传月"活动】 2016年5月，洞头区开展第二个"全国路政宣传月"暨路政知识"三走进"活动。活动主题是"爱护桥梁、保障安全"，时间从5月1日至5月31日。其间，举办涉路企业座谈走访、路政知识微信竞答、公路摄影大赛、公路安全培训、公路动漫播放等多项活动。出动执法车300多车次，执法人员30人次，悬挂宣传标语横幅10条、发放宣传资料600多份。

（张 雁）

·港口开发·

【概况】 洞头拥有状元岙和大小门岛两大核心港区，港口生产性泊位13个（万吨级以上泊位4个），堆场总面积30.6万平方米，仓库总面积近1万平方米。状元岙港区是温州港优先重点发展的深水港区，以集装箱、散杂货运输为主，规划深水泊位25个，一期已建成5万吨级（兼靠10万吨级）泊位2个；二期工程7号泊位交工验收，新增5万吨级集装箱大型泊位1个；华港化工码头主体工程基本完工；大小门港区重点发展以石油、化工品中转、储存和加工为主，兼顾大宗散货的中转运输，临港工业和港口物流紧密结合，规划港口岸线14.6千米，规划各类生产性泊位38个。大小门港区启动小门西片水、电、路、热等配套设施建设，中石化温州液化天然气通过国家发改委评估项目申请和核准。

2016年，三大水运工程项目累计完成投资约1.3亿元，港口服务功能全面拓展。其中，温州港状元岙港区二期工程完成投资5502万元，7号泊位正式通过交工验收；温州港状元岙港区化工码头工程完成投资5000万元；丽水36—1气田项目终端配套码头工程完成投资2630万元，2000吨级油品码头交工验收。

【状元岙港区纳入全省港口一体化整合体系】 2016年4月，《浙江省海洋港口"十三五"发展规划》出台，明确未来全省形成"一体两翼多联"港口发展格局，浙东南沿海港口（含温州港、台州港）为"一翼"，是区域性大宗散货中转港、产业配套港，东南沿海对台重要港口。其中，温州港作为中国沿海主要港口和集装箱支线港，重点对接服务浙西南，并辐射赣东、闽北地区。9月，温州港集团100%股权划归浙江省海港投资运营集团有限公司，明确温州港作为区域性大宗散货中转港、产业配套港，为宁波舟山港提供集装箱喂给服务的功能定位。10月，状元岙国际码头有限公司完成股东变更登记。该公司原由香港雁荡有限公司持有25%外资股份全部无偿划转至温州港集团，状元岙公司成为集团全资子公司，企业性质也由中外合资企业转为内资企业。至此，状元岙港区全面纳入全省港口一体化整合体系。

【状元岙港区二期工程7号泊位码头通过交工验收】 2016年9月8日，温州港状元岙港区二期工程第1施工标段（7号泊位码头）工程通过交工验收，标志温州港又新增一个5万吨级集装箱大型泊位。该工程是温州国际邮轮港项目的重要配套工程。于2014年12月23日开工建设，主要包括7号泊位、4号引桥工程，合同总投资1.96亿元。该工程由中交第三航务工程勘察设计院有限公司负责设计，上海东华建设管理有限公司监理，宁波交通工程建设集团有限公司承建，温州市交通工程质量监督局和温州市港航管理局负责监督管理。

【港口管理】 2016年，区港航管理局依法加强港口管理，辖区港口企业年度核验10家，实现"一企一档"全面纳规管理。累计受理港口经营许可6件，船舶验证1335艘次。港口危货作业申报458件，辖区申报率100%。定期聘请危化专家入企业实地指导督查安全生产工作。开展安全生产月活动、危货企业年度核验、危货企业安全专项整治活动，累计检查辖区港口企业95家次，出动执法人员295人次，下发整改通知书15份，排查整改隐患47项，累计投入安全隐患整改资金55万元。联动涉海部门执法机制，组建巡航清障编队，实施航道清障活动14次，清理碍航养殖渔具21处，巡航里程约850海里，维护状元岙和大小门岛港航道畅通，为港口建设发展提供良好安全环境。

【港口生产】 2016年，洞头辖区港口企业10家，其中，从事港口普通货运码头企业4家，从事港口危险货物码头企业5家，从事港口服务企业1家。全区港口货物吞吐量573.66万吨，同比减少3.14%。其中，状元岙港区372.08万吨，大小门岛港区193.54万吨，其他码头8.04万吨。完成集装箱吞吐量2.34万TEU，同比减少18.13%。货种主要为煤炭及制品、石油天然气及制品、金属矿石及矿建材料等。

·海路运输·

【概况】 2016年底，洞头辖区水运企业18家，其中，经营沿海普通货物船舶运输企业10家，经营沿海成品油、危险化学品、液化气船舶运输企业5家，经营沿海LNG天然气船舶运输企业1家，渡运2家。货船148艘，其中，万吨级以上船舶8艘，总运力48.5万吨，持续居全市第一位，约占全市运力总规模的1/3。客渡船7艘、802客位。受大门大桥试通车影响，水上客运优势不再明显，水路客运和周转量同比下滑较大，累计完成水路客运量和旅客周转量分别为4.67万人和315.62万人千米，同比减少86.38%和75.33%。沿海水路运输市场回暖，尤其成品油运输效益较好。分别实现水路货物量和货运周转量1297.46万吨千米和1918029.3万吨千米，同比增长5.33%和10.09%。优化调整大门、鹿西航班，开通小门航班。推进观光型水上客运船舶建设。春运期间，全区投入水上客运投入7艘客（车）渡船，681客位。水上客运量2.76万人次，同比下降7.8%；水运车渡2365辆次，同比增长111%。

是年，全国首艘洞头民营企业LNG运输船舶成功试航。

【岛际交通航班优化调整】 2016年，大门大桥试通车后，区交通运输局优化水上公共客运布局，兼顾大门、鹿西群众需求。5月1日始，调整加密航班，岛际渡运由原来日发7班14个航次增加至10班20个航次；新开通元觉直达鹿西航班，日发3班，计6个航次；新开通鹿西至小门渡运航班，日发4班，计8个航次，高峰时段滚动发班可达6班12个航次。

【全国首艘民营企业LNG运输船舶试航成功】 2016年11月3日，全国首艘民营C型独立罐14000立方米LNG运输船完成航行试验。该船由中国首家获LNG船舶运输资质洞头民营企业——浙江华祥海运有限公司投资4亿元建造，为国内自行设计、自行建造的运输船，主机动力系统和船舶技术性能处于国际领先水平，节能环保采用油、气两用动力燃料。可从事海上运输或江海直达运输，可沿江直达武汉。该船是全球二十艘内支线LNG船之一，填补国内多项技术空白，对中国LNG产业链完善具有里程碑意义。

【温州国际邮轮港项目旅客联检大厅工程开工】 2016年9月，温州国际邮轮港项目基础设施旅客联检大厅工程开工建设。该工程是温州市重点建设项目，通过改造状元岙港区现有7#集装箱泊位，使其具备大型国际邮轮的靠泊能力，并利用港区后方场地建设包括旅客联检大厅、停车场等客运通关联检设施，投资估算5000多万元。截至年底，完成工程主体钢结构框架安装。该工程建设单位是温州状元岙国际码头有限公司、设计单位是中交第三航务工程勘察设计院有限公司、施工单位是中交第四公路工程局有限公司、监理单位是上海东华建设管理有限公司。

（张丹丹）

2016年9月，在建的温州国际邮轮港项目旅客联检大厅工程

通 信

·邮政·

【概况】2016年，中国邮政集团公司浙江省洞头县分公司更名为中国邮政集团公司温州市洞头区分公司（简称邮政洞头分公司）。邮政洞头分公司下辖金融业务部、发投经营部、函件集邮寄递业务部、电商分销部等4个专业中心和新城、大门、鹿西、元觉、霓屿、东屏6个邮政支局（所）、1个业务代办点。共有村邮站73个，其中一类站49个，三类信息化村邮站24个；村邮员86名，其中专职11名。

全区共有邮路6条，农村邮路6条，城市投递道段5条，农村投递线路12条，步班投递线路4条，摩托车邮路6条，邮路单程总长260千米。全年邮政业务收入898万元，同比增长17.07%。全区邮政业务总量643.4万元（不含邮储银行部分），同比减少3.01%，其中：内地函件2.1万件，同比下降80.2%；内地包件12.9万件，同比增长164.3%；内地特快1.4万件，同比下降69.6%；国际及港澳台特快件（不包含速递）18件，同比增长350%；机要件318件，同比下降9.6%；年末邮储平均余额9000万元（不含邮储银行部分），同比增长28.6%；汇票0.3万笔（不含邮储银行部分），同比下降31.8%；集邮票品34192枚，同比下降42.31%；全年累计收订报刊227万份，同比下降19.3%。全年代理票务2.2万张。

2016年，邮政洞头分公司加强与电商等专业融合，促进金融业务发展。建立微信交流平台，收集客户信息，组建专业化营销、管理队伍，加强后台支撑建设，优化改造投递邮路网络。东屏街道屏中花苑自助银行服务点投用。

是年，支行营业部获评2015年度省级青年文明号。谢宇红获评中国邮政储蓄银行浙江省分行2015年度优秀共产党员。

【中国邮政集团公司浙江省洞头县分公司更名】2016年5月，中国邮政集团公司浙江省洞头县分公司更名为中国邮政集团公司温州市洞头区分公司。邮政洞头分公司下辖金融业务部、发投经营部、函件集邮寄递业务部、电商分销部。

【农产品电商公共服务平台】2016年，邮政洞头分公司依托“邮乐网”，建立农产品电商公共服务平台——邮乐网“洞头馆”，上架“星贝”“恒源”等区域农特产品几十款，远销全国。同时，借助“有赞”微平台帮助小商超掌柜及渔农民、养殖户开设微店，助力霓屿紫菜销售与寄递，实现全营销新模式，扩大农村电商影响力。

（洪丽娟）

·电信·

【概况】2016年，中国电信洞头分公司设综合部、销售部、网络部、政企部等4个部室和城关支局、北岙支局、大门支局、霓屿支局和灵昆支局等5个支局。公司在岗职工129人。设有营业厅2家、营业服务网点9个。

全年业务收入3388万元。拥有固定电话1.32万户、移动手机用户2万户、宽带用户1.77万户。移交铁塔公司站点25个。建设并网1.8G4G基站80个、800M基站40个、室分信源2个。全区基站规模为C网77个、L网86个。敷设海缆配套管线、洞头峡大桥、4G基站、77省道1-2标段等光缆91条，5.3孔/千米，累计投入417.22万元。管线维护及市政迁改支出106万元。完成市场监管、民安7期、港航、元觉街道视联网等全球眼建设，新建摄像头382个。全年开展宣传营销182场次，参加740人次。

【洞头智慧城市项目建成】2016年11月，洞头区智慧城市建设项目通过竣工验收。项目建设内容主要涵盖洞头区智慧城市管理中心硬件集成、“一中心三平台”（数据中心、智慧民生服务平台、应急指挥平台、城市运行平台）、六个应用（移动OA、智慧政务、智慧海洋、智慧交通、智慧市场监管、智慧旅游）。该项目初步整合共享部门数据资源，建成智慧城市数据中心人口、企业、GIS和视频四大基础数据库。搭建智慧民生服务、城市运行管理和城市应急指挥三大平台，试点开发智慧旅游、智慧交通、智慧海洋等智慧应用。引入智慧城市管理架构，成立统一管理机构，投用统一指挥大厅等硬件设施。项目建设资金3278.55万元，采取企业一次性投入建设，政府以购买服务方式分5年回购。项目建设单位为电信股份有限公司温州分公司和杭州天翼智慧城市科技有限公司联合体，中国洞头电信分公司负责项目整体协调把控。

【洞头智慧城市项目建设大事记】2016年1月，洞头区智慧城市建设项目招投标，中国电信股份有限公司温州分公司和杭州天翼智慧城市有限公司联合体以3278.55万元中标。4月，启动机房硬件建设和软件开发。9月底，基本完成系统软硬件建设。10月14日，通过初步验收并开始试运行。11月15日，通过区经信局（业主方）组织的竣工验收。

（洪 军）

·移动·

【概况】2016年，中国移动洞头分公司设有综合部、网络部、市场部、政企部等4个部门和北岙、外岛两大区域经营部，下辖新城、北岙、东屏、霓屿、大门、鹿西等营业厅6家以及网点45家。公司在岗职工57人。全年运营收入7500万元。

是年，投入1600多万元，新建4G各类站点67个，4G物理基站280个，全区基本实现4G网络全覆盖。全区MR覆盖率95.34%，保障VoLTE流畅通话，开通FDD900兆赫兹海域站点4个，海域直线拉远覆盖距离41.3千米，竹屿岛航线下行速率14米。全年4G活跃客户净增2.3万户，累计5.7万户；上网客户7.1万户，有线光宽带总覆盖数4.9万户，宽带客户1.42万户。平安校园监控涉及全区中小学及幼儿园52所，摄像头80个。校园无线wlan网络涉及6个学校30余个AP，无线城市wlan项目20个公共区域120个AP，在建29个区域共116个AP。完成“三线下地”工程，推进美丽乡村建设。确保第七届中国·洞头妈祖平安节、全国公路自行车冠军赛、G20杭州峰会等重要活动，以及抗击莫兰蒂、尼伯特台风等通信保障工作。

（汪海宇）

·联通·

【概况】2016年，中国联合网络通信有限公司洞头区分公司设经理室、综合区域营销中心（含公众、集团、零售）、综合支撑中心（含建设维护、财务、后勤）。全年新建4G基站103个，营业厅2家，代理渠道8家，充值代理点7家。

是年，全区联通手机用户7000户、固定电话用户600户、宽带用户近1000户。全年营业收入近500万元。参与全区信息化、物联网、智慧工地、公安行业应用等项目建设。管线投入60.28万元，管线维护30.5万元。

（邵苗苗）

信息化建设

【概况】2016年，全区规上企业电子信息制造业完成工业产值3517万元。电信业务量累计完成3.2亿元，同比增长72.6%。加快“宽带洞头·光网城市”建设，光宽带覆盖基本达到100%，光纤用户2.5万户。全年改造通信铁塔基站37个，新建铁塔基站17个。推进无线城市建设，累计建设236个AP，覆盖热点区域49个。

提升信息产业基础。引进浙江宏阳能源股份有限公司超亿元项目；加快园区信息基础设施建设，加大电子电器科技园、鑫朝电子商务产业园等建设力度。目前，全区拥有省级高新技术企业研究开发中心2家、省级企业技术中心1家、市级企业技术研发中心5家、市级企业技术中心9家。是年，全区信息经济发展指数为77.5，信息化发展指数为85.89，两化融合指数为44.89。

加快实施洞头智慧城市建设，制定智慧海岛城市改革方案，积极构建“135+N”智慧城市运行机制体系。成立洞头区智慧城市管理中心。投入3200万元实施智慧城市项目，建成一个智慧城市大数据中心和智慧民生服务、城市运行管理、城市应急指挥三大平台。试点开发智慧旅游、智慧交通、智慧海洋等领域应用，完成洞头智慧城市微信公众号、智慧百岛APP、区长信箱等公共信息服务平台开发。

（刘玲玲）

【“数字洞头”地理信息平台建设】2016年，区智慧城市管理中心借助智慧城市项目实施，建设完善“数字洞头”地理信息平台数据，叠加各部门业务信息，依托温州市云服务平台，建成人口、企业、视频、GIS四大基础数据库，采集人口数据13.7万条、企业数据1900余条，接入视频监控1200多个，叠加地图专题图层12个，并及时更新，实现智慧城市运行平台大数据汇集和共享。

【洞头智慧城市项目建成】（参见本栏目“电信”子分目）

【智慧民生服务平台】2016年，区智慧城市管理中心结合全省政务服务网建设要求，通过基础数据库的成果推送，加快推进权力事项、审批服务、行政执法、电子证照等共享数据库建设，统一开发洞头智慧民生移动终端应用，梳理民生服务平台问题类别140个大类418个小类，涉及行业17个，为公众提供6项网上证明办理、生活缴费、自助旅游服务等“一站式”服务，实现公共服务信息化全覆盖，提高政府透明度和工作效率。

【城市应急指挥平台】2016年，区智慧城市管理中心实现统一受理接入，统一工作协同，统一考核评价，城市运行实施智能化管理。对接气象环境、资源承载、经济发展、城市管理、风景旅游、道路交通等领域专题数据，以智能分析预测等手段形成月报机制，开始为实现社会发展、经济建设、公共突发事件等各方面的智慧化决策提供服务。

【智慧应用建设】2016年，区智慧城市管理中心整合视频监控系统，突破部门界限和体制性障碍，提高智慧安防建设水平。借助信息化手段，采集分析掌握游客流量分布、人流密度，以及客源地信息，提升智慧旅游管理水平。试点建设望海楼停车场诱导系统，实时监控交通通行情况。实现对海上渔船动态监管，及时有效处理各类海上纠纷，指挥船舶互救和组织施救，构筑海洋安全屏障。实现对学校食堂、餐饮酒店、食品生产企业、药店等实时远程监控。

【智慧城市建设主题百岛讲坛】2016年4月15日，洞头区“百岛讲坛”邀请北京大学中国信用研究中心研究员吴崇宇作“我国智慧城市建设的理论与实践”专题讲座。吴崇宇围绕智慧城市概述、智慧城市的技术与功能、智慧政务的建设与应用、智慧城市的平台化发展、我国智慧城市的政策与实践、智慧城市实践的常见问题等六大方面，阐述当前中国智慧城市建设的现状与发展情况。

【洞头区智慧城市管理中心成立】2016年11月，根据《关于印发洞头区智慧海岛城市改革方案的通知》（洞委办发〔2016〕68号）和《关于设立温州市洞头区智慧城市管理中心的通知》（洞编〔2016〕39号）精神，成立温州市洞头区智慧城市管理中心。该中心为区府办所属股级公益一类事业单位。将原区电子政务中心事业编制2名、区民情处置中心事业编制1名、区信息化工作办公室事业编制1名、区综合行政执法机动中队事业编制2名、区旅游信息推广中心事业编制2名划入区智慧城市管理中心。核定事业编制11名，设主任1名，副主任2名。

（陈晓明）

【企业信息化建设】2016年，全区26家规上企业信息化建设总投入523万元，其中2家投入超100万元。开设信息化机构管理8家。建成企业网站15家、电子商务服务企业12家。投入使ERP（企业资源计划）12家，其中运用功能两项以上8家。运用数控化设计企业13家、使用SCM（供应链管理）10家。投入使用HRM（人力资源管理）企业5家，其中，温州中石油燃料沥青有限责任公司使用功能6项，基本涵盖人事管理所有功能。电子电器科技园和机械汽配产业园基本实现4G网络、WIFI全覆盖，实现千兆到园。园区各企业在办公室应用方面实现网络信息共享。全区省级高新技术企业研究开发中心2家、省级企业技术中心1家、市级企业技术研发中心5家、市级企业技术中心9家。

（刘玲玲）

区领导参观智慧城市建设项目

【金融信息化建设】2016年，人行洞头支行推进网上支付、手机支付等应用。推动电子支付应用示范区建设在新城农贸市场、东岙顶村的试点运用。全年ATM机新增9台、POS机新增243台，网上支付、手机银行新增 1.70万户，助农取款服务点办理转账业务交易笔数和交易量同比增长54.73%、40.05%，方便民众存取款和资金结算。推进电商融合发展，手机银行用户增长25.65%。

（余雪梅）

【公安信息化建设】2016年，区公安分局加强交通科技建设，投入资金110万余元，购置洞头峡大桥、330国道灵霓大堤段安装雷达测速仪3台，大门大桥、330国道灵昆段、灵昆大桥、环岛公路等主要路段安装大型电子显示屏4块，以及新型警务通33台，购置执法记录仪30台。全年发放“e居卡”2.61万个，制卡率97.93%；登记备案电动自行车3374辆，登记备案率99.2%；建设侦测基站72个；破获侵财案件5起，查处违法犯罪人员46名，打击盗销电动车破案率、追赃率、人案比分别达到23.33%、66.67%和23.33%。同时，拓展“物联网”应用领域，纳入“失智老人走失查找”，发放“安心手环”14只。推出娱乐、商业场所刷卡积分制。

（翁定福）

栏目编辑　卓桂荣

基础设施建设

夕照渔村 · 陈建辉

“海霞精神”

爱岛尚武 励志奉献

“五岛连桥”精神

小县办大事 小岛创大业

招商引资

【概况】2016年，洞头区根据发展定位和产业布局，实施温商回归“一号工程”。全年包装储备重点推介项目38个。涉及港口石化、旅游休闲、港口物流、商贸服务、装备制造、健康养生、现代教育等七大产业重点招商领域。区领导先后赴广州、深圳、北京、成都、重庆、上海等地开展招商引资活动，对接中石化、中石油沥青、中海油华东管理局等上市公司、世界500强、央企等知名企业。新引进企业并注册企业3家，注册资金1.5亿元。全年温商回归到位资金18.46亿元，其中新引进项目8个，到位资金12.01亿元;结转项目4个，到位资金6.45亿元。浙商资本回归1.74亿元，市外房地产实现到位资金1.89亿元。

【政府投资PPP项目推介会】2016年1月28日，洞头区举行政府投资PPP项目推介会。总投资约162亿元PPP项目向社会资本推介，项目涉及片区开发、交通、市政污水、旅游、生态治理、社会民生六大领域的9个大项目79个子项目。其中大小门、新城二期、环岛西片三大项目约103亿元。葛洲坝集团、清华同方、中建六局、中交一公局等60余家国内知名企业、上市公司、金融机构等参加。

【全区重大项目推进会】（参见《中共温州市洞头区委》栏目“重要会议”分目）

（张益稳）

重点工程建设

【概况】2016年，全区重点建设项目安排116项，计划投资36.2亿元，完成投资37.1534亿元。其中，完成区本级财政投资项目投资167979万元，非区本级203555万元。建成仙叠岩景区提升工程、鹿西渔港工程、大门镇至小门大桥公路工程等16个项目。是年，区工务局负责实施重点工程25项，其中新建项目9项，续建项目16项，全年计划投资5.6亿元，完成投资5.7亿元。建成新城二期河道护岸工程、职教中心迁建工程、华中小学装饰工程等。

【状元南片市政基础设施PPP项目开工建设】2016年6月16日，洞头状元南片市政基础设施工程

2016年6月，洞头状元南片市政基础设施工程PPP项目开工建设

PPP项目开工。项目位于洞头区元觉街道状元南片围垦区内，规划总用地面积约340公顷，形成可开发利用土地约233.33公顷。实施内容包括软基处理工程、状元南片市政道路工程、状元岛河道水系治理工程、相思岙料场开采及边坡治理工程等。项目由龙元建设集团股份有限公司与宁波嘉业汇投资管理有限公司联合体中标，总投资16亿元。该项目是洞头区首个签约的PPP项目。

【大门镇至小门大桥公路（大门隧道）工程建成】 2016年4月24日，大门隧道即大门镇至小门大桥公路（隧道）工程竣工，是洞头区首个采用BT模式建设的基础设施项目。该工程于2012年10月开工建设，公路起点为大门长沙，往北以隧道穿过山体后与小门大桥接线公路相接，终点为仁前涂村。路线全长2.42千米，其中隧道长1964米。主要建设内容包括隧道、两侧接线、平面交叉以及配套附属设施工程。项目总投资1.1亿元。责任单位是温州大小门岛投资开发有限公司（洞头区交通工程建设指挥部）、设计单位是温州市交通规划设计院、监理单位是河北华达监理公司。

【实验小学建成投用】 （参见《教育》栏目“教育设施”分目

【东沙渔港疏浚工程完工】 （参见《海洋与渔业》栏目“渔港工程建设管理”分目）

2016年洞头区重点工程新建项目情况

表17　　单位：万元

序号	项目名称	计划投资	1—12月完成情况		实施单位	责任单位
			累计投资额	完成年度计划（%）		
1	百岛梦幻冰雪王国	3000	4494	建成	浙江冰海旅游开发有限公司	区旅委
2	综合环境提升整治工程	1500	3000	建成	区文明办	区文明办
3	紫菜育苗培育基地	300	260	建成	霓屿街道	霓屿街道
4	洞头区通信基础设施新建、改建工程	1400	1420	建成	中国铁塔公司洞头办事处	铁塔集团
5	森林公园工程	1173	1000	建成	区委渔农办	区委渔农办
6	智慧城市项目	1000	2800	280	区经信局 电信公司	区经信局 电信公司
7	温州国际邮轮港周边环境整治提升工程	1000	1903	190.3	元觉街道	元觉街道
8	三盘岛下尾“金海岸”项目	8000	14521	181.5	温州广厦建设开发有限公司	区住建局
9	洞头鹿西•海上度假公园综合开发项目	1000	1550	155	浙江中鹿旅游发展有限公司	鹿西乡
10	半岛·琴湾二期工程	3500	4955	141.6	温州冶金房地产	区住建局
11	海洋生态廊道工程（一期）	2000	2689	134.5	区旅游文化发展有限公司	区旅委
12	连港蓝色海岸带生态修复和环境提升工程	1200	1589	132.4	东屏街道	东屏街道
13	蓝港花苑三期	1000	1324	132.4	东屏新农发公司	东屏街道
14	锦之美4S店汽车维修项目	1000	1200	120	温州锦之美汽车服务有限公司	区经信局
15	大竹峙岛配套设施工程	1500	1742	116.1	区旅游文化发展有限公司	区旅委
16	洞头区殡仪服务中心	2000	2130	106.5	区民政局（区工务局）	区民政局（区工务局）
17	洞头电信智慧洞头4G网络及通信环路建设工程	1100	1150	104.5	中国电信洞头分公司	区电信公司
18	再生资源收储中心工程	700	725	103.6	市场监管局（区工务局）	区市场监管局（区工务局）
19	永宏公司跨境电商服务中心项目（旧厂房改造项目）	3000	3100	103.3	浙江永宏电器有限公司	区经信局
20	大门花岗岩加工集聚区	2000	2050	102.5	大门镇	大门镇
21	大门集镇环境整治建设工程	2000	2050	102.5	大门镇	大门镇

续表17

序号	项目名称	计划投资	1—12月完成情况		实施单位	责任单位
			累计投资额	完成年度计划（%）		
22	市政管网提升工程	800	820	102	区综合行政执法局	区综合行政执法局
23	海港城海洋度假酒店项目（旧厂房改造项目）	5000	5100	102	洞头海港城实业有限公司	区旅委
24	新城二期河道景观工程	2000	2040	102	区工务局	区工务局
25	岛际飞行停机坪建设工程	600	610	101.7	区交通建设指挥部	区交运局
26	大瞿岛旅游交通码头工程	300	305	101.7	区交通建设指挥部	区交运局
27	久一重工厂房（二期）工程	1500	1524	101.6	温州久一重工有限公司	区经信局
28	温州大华玻璃装饰有限公司铝合金窗加工项目	4000	4050	101.3	温州大华玻璃装饰有限公司	区经信局
29	77省道桥头（王山头）景观及配套项目	1000	1010	101	区工务局	区工务局
30	布袋岙污水处理厂	400	404	101	区工务局	区工务局
31	智慧景区建设工程	800	804	100.5	区旅游文化发展有限公司	区旅委
32	农村公路改造提升工程	6700	6725	100.4	区交通建设指挥部	区交运局
33	洞头城乡公共交通体系建设工程	3000	3010	100.3	区交通建设指挥部	区交运局
34	大竹峙岛码头工程	800	800	100	中心渔港开发有限公司	区海洋渔业局
35	健康彩色林工程	1500	1500	100	区委渔农办	区委渔农办
36	美丽乡村工程（一期）	1000	1000	100	区委渔农办	区委渔农办
37	农村工程	1000	1000	100	区委渔农办	区委渔农办
38	环海西湖亮丽工程（三期）	1000	912	91.2	区工务局	区工务局
39	交通技术学校	6000	3900	65	温州市交通运输集团有限公司	区交运局
40	大门美岙至枫树坑公路工程	5300	3330	62.8	区交通建设指挥部 温州大小门岛投资开发有限公司	区交运局 大门镇
41	温州国际邮轮港项目	5000	2500	50	温州港集团	区交运局
42	城南居南苑休养院	2500	100	4	北岙街道城南社区	北岙街道
43	大门长沙片市政一期工程	1000	0	应开工未开工项目	温州大小门岛投资开发有限公司	大门镇
44	大门集镇交通疏导工程	1500	0		大门镇	大门镇
45	名品广场	8000	0		温州市银海湾大酒店开发公司	区旅委
46	温州中石油燃料罐区扩容及附属配套设施工程	4000	0		温州中石油燃料沥青公司	区经信局
47	鹿西渔港港区道路工程	600	纳入南片交通基础设施提升PPP项目		区渔港指挥部	区海洋渔业局
48	屏海路二期工程	1000	纳入南片交通基础设施提升PPP项目		区交通建设指挥部	区交运局
49	小门岛环岛公路工程	6000	纳入大小门岛环岛公路工程PPP项目		温州大小门岛投资开发有限公司	大门镇
50	鹿西社区卫生服务中心	500	纳入社会民生工程PPP项目		区卫计局（区工务局）	区卫计局（区工务局）
51	霓屿环岛公路工程	2000	纳入社会民生工程PPP项目		区交通建设指挥部	区交运局
52	霓屿社区卫生服务中心	500	纳入社会民生工程PPP项目		区卫计局（区工务局）	区卫计局（区工务局）

（陈羿珲）

固定资产投资

【概况】2016年，洞头区固定资产投资持续低位运行，完成投资154.55亿元，同比增长8.4%，其中，项目投资151.67亿元，房地产开发投资2.88亿元。全区基础设施投资完成108.80亿元，同比下降5.6%，占全部投资70.4%。分行业看：水电气生产供应业、教育设施、卫生设施较快增长，分别完成8.54亿元、9.0亿元、3.12亿元，增速分别为290.7%、18.0%、27.7%；交通运输业、体育设施降幅较大，分别完成25.71亿元、0.07亿元，同比下降34.6%、78.3%；水利、环境和公共设施管理投资62.27亿元，同比下降1.7%；电信和其他信息传输业投资0.09亿元。房地产开发完成投资2.88亿元，同比下降25.8%，占全部投资比重1.86%。工业完成投资21.14亿元，同比增长232.4%，占全部投资比重13.7%。其中：工业技改投资9.07亿元，同比增长435.1%，占工业投资比重42.9%。

（张冰绚）

2016年洞头区固定资产投资汇总

表18　　单位：万元

指标名称	自年初累计完成投资	上年同期	增长（%）
一、投资额（万元）			
1.计划总投资	11000868	9157705	20.1
其中：本年新开工项目	2480013	2002569	23.8
2.自开始建设累计完成投资	4817685	4155818	15.9
3.自年初累计完成投资	1545529	1426035	8.4
其中：国有投资	1255473	1187949	5.7
非国有投资	290056	238086	21.8
民间投资	285456	237810	20
房地产开发投资	28827	38874	-25.8
投资项目	1516702	1387161	9.3
基础设施投资	1087998	1152752	-5.6
1.水利、环境和公共设施管理	622700	633742	-1.7
2.电力、燃气及水的生产供应业	85352	21847	290.7
3.交通运输、仓储和邮政业	257146	393410	-34.6
4.电信和其他信息传输服务业	935		
5.教育设施	90017	76264	18
6.体育设施	670	3082	-78.3
7.卫生设施	31178	24407	27.7
其中：工业投资	211427	63617	232.3
工业技术改造投资	90683	16947	435.1
按三次产业分			
第一产业	36440	12180	199.2
第二产业	211427	63617	232.3
第三产业	1297662	1350238	-3.9
按登记注册类型分			
1.内资企业	1543902	1424880	8.4
2.国有企业	273903	1082954	-74.7
3.集体企业	622		
4.股份合作企业	2903	634	357.9
5.有限责任公司	991872	113722	772.2
6.国有独资公司	607544	23737	2459.5
7.其他有限责任公司	384328	89985	327.1
8.股份有限公司	6880	3028	127.2
9.私营企业	244736	214492	14.1
10.其他企业	22986	10050	128.7
11.港、澳、台商投资企业	1627	1155	40.9
按建设性质分			
1.新建	1262483	1202719	5
2.扩建	73016	26771	172.7

续表18

指标名称	自年初累计完成投资	上年同期	增长（%）
3.改建	74873	23419	219.7
4.迁建	73681	43717	68.5
5.单纯购置	28449	89805	-68.3
6.内涵技术改造		730	-100
按构成分			
1.建筑工程	990260	1077271	-8.1
2.安装工程	36955	15451	139.2
3.设备工器具购置	61007	104682	-41.7
其中：用于更新的设备	0	529	-100
其他费用	457307	228631	100
其中：旧建筑物购置费	500	0	
其中： 土地购置费	287767	69134	316.2
按国民经济行业分			
（一）农、林、牧、渔业	36440	12180	199.2
渔业	33480	12180	174.9
农、林、牧、渔服务业	2960		
（二）采矿业	0	180	-100
煤炭开采和洗选业	0	180	-100
（三）制造业	126075	41590	203.1
农副食品加工业	2306	5032	-54.2
造纸及纸制品业	1031	2132	-51.6
文教体育用品制造业		3200	-100
化学原料及化学制品制造业	8470	8121	4.3
医药制造业	615	730	-15.8
非金属矿制品业	16272	0	
黑色金属冶炼和压延加工业	16831	0	
通用设备制造业	4071	2828	44
专用设备制造业	3214	3957	-18.8
汽车制造业	66147	2160	2962.4
铁路、船舶、航空航天等制造业	3942	9913	-60.2
电气机械及器材制造业	1136	281	304.3
计算机、通信和其他电子设备制造业	2040	3236	-37
（四）电力、热力、燃气及水的生产和供应业	85352	21847	290.7
电力、热力的生产和供应业	3427		
燃气生产和供应业	74050	13437	451.1
水的生产和供应业	7875	8410	-6.4
（五）建筑业			
（六）批发和零售业	5134	7520	-31.7
批发业	3284	3140	4.6
零售业	1850	4380	-57.8
（七）交通运输、仓储和邮政业	257146	393410	-34.6
铁路运输业	55523	49642	11.8
道路运输业	175745	154867	13.5
水上运输业	8062	158466	-94.9
装卸搬运和运输代理业	1492	730	104.4
仓储业	16324	29705	-45
（八）住宿和餐饮业	85900	52236	64.4
住宿业	85900	50636	69.6
餐饮业		1600	-100
（九）信息传输、软件和信息技术服务业	1473	0	
电信、广播电视和卫星传输服务业	935		
互联网和相关服务业	538		

续表18

指标名称	自年初累计完成投资	上年同期	增长（%）
（十）金融业	2903	634	357.9
货币金融业	2903	634	357.9
（十一）房地产业	155456	142359	9.2
房地产业	155456	142359	9.2
（十二）租赁和商务服务业	3000	0	
商务服务业	3000		
（十三）科学研究和技术服务业	0	0	
（十四）水利、环境和公共设施管理业	622700	633742	-1.7
水利管理业	196385	368301	-46.7
生态保护和环境治理业	4478	24137	-81.4
公共设施管理业	421837	241304	74.8
（十五）居民服务和其他服务业	11699	440	2558.9
居民服务业	11699	440	2558.9
（十六）教育	90017	76264	18
教育	90017	76264	18
（十七）卫生和社会工作	31178	24407	27.7
卫生	31178	24407	27.7
社会工作			
（十八）文化、体育和娱乐业	9289	3082	201.4
体育	670	3082	-78.3
娱乐业	8619		
（十九）公共管理和社会组织	21767	16144	34.8
中国共产党机关			
国家机构	21145	16144	31
基层群众自治组织	622		
三、本年新增固定资产（万元）	744602	758858	-1.9
四、项目个数（个）			
1.施工项目个数	174	187	-7
其中：本年新开工	61	52	17.3
2.本年投产项目个数	32	66	-51.5
五、房屋建筑面积（平方米）			
1.房屋施工面积	3112078	3942807	-21.1
其中：住宅	560171	1276863	-56.1
2.房屋竣工面积	226308	378663	-40.2
其中：住宅	25406	181482	-86
3.房屋竣工价值	78872	21575	265.6
其中：住宅	9165	16469	-44.3
六、本年资金来源合计（万元）	1529167	1476814	3.5
1.上年末结余资金	107412	78106	37.5
2.本年资金来源小计	1421755	1398708	1.6
（1）国家预算内资金	29979	20364	47.2
其中：中央预算资金	1850	1800	2.8
（2）国内贷款	141079	799578	-82.4
（3）债券	84158	0	—
（4）自筹资金	588644	517129	13.8
其中：企、事业单位自有资金	97408	1926	4957.5
其中：股东投入资金	34310	9914	246.1
其中：借入资金	52180	10453	399.2
（5）其他资金来源	577895	61637	837.6
七、各项应付款合计（万元）	150795	47785	215.6
其中：工程款	19042	19356	-1.6

（陈文锲）

栏目编辑　曾焕定

城乡建设与管理

喜事连连·王洁灵

“海霞精神”

爱岛尚武 励志奉献

“五岛连桥”精神

小县办大事 小岛创大业

概　述

【概况】2016年，区住建局着眼全域景区化要求，制定出台《洞头区国有土地上危旧住宅房屋改造货币化安置实施办法（试行）》《加大国有土地上危旧住宅房屋改造货币化安置试点工作意见》《2015—2017年城镇危险住宅房屋治理改造工作三年行动专项规划》等政策文件，完成全域景区化概念规划国际方案征集和评审。启动规划编制项目11个、调整规划5个。结合“大拆大整”“无违建创建”“五水共治”，推进小城镇环境综合整治规划。完成天地图·洞头建设两个应用工程及洞头区“多规合一”综合管理平台（二期）升级改造。全年引进建筑业企业6家，新设立建筑业企业1家。

全年，办理建设用地规划许可证77件，用地面积9339.74平方米；建设工程规划许可证90件，建筑面积3424.87平方米；工程竣工规划核实验收许可244件，规划核实建筑面积100563.93平方米。办理行政许可事项985件、选址意见书10件、建设用地规划许可证471件（其中公建23件、私建448件）、建设工程规划许可证504件（其中公建27件、私建477件）。全年产权登记中心移交房产档案抵押登记2638件，办理注销登记2665件；接收审核工程档案21个计1672卷，发出档案整改通知书17份，开具工程档案审核意见书17份。

全年，行政诉讼案件4件（其中败诉1件，系2015年遗留）、民事诉讼案件1件、行政复议案件1件，行政处罚案件线索抄告11件。办理政府信息依申请公开10件。

【洞头区“多规合一”综合管理平台升级改造】 2016年，洞头区依托“七规合一”政府空间管理应用系统，升级“七规合一”系统为“多规合一”综合信息管理平台。增加了数据管理子系统、“多规合一”地理空间子系统、触摸屏查询子系统和阳光规划成果实时发布天地图　洞头便民应用。主要功能包括：数据管理子系统用于各规划部门规划成果的录入、更新、维护等；“多规合一”地理空间子系统功能增加基建项目管理、个人建房管理、智能拟选址分析；触摸屏版查询子系统方便群众用地范围地块规划查询和建设单位项目审批进度查询；阳光规划天地图应用子系统对规划数据脱密处理，通过微信公众账号发布，供群众浏览查询。

【洞头县便民中心工程获多重优质工程奖】 洞头区便民服务中心工程总建筑面积27349平方米，主体五层，地下一层框架结构。2011年12月开工建设，2015年12月建成投用，耗资12400万元。该工程由温州鸿厦建设有限公司承建，温州市大众建设监理有限公司监理，设计单位是浙江鸿地建筑设计有限公司。2016年1月，获评2016年度温州市建设工程瓯江杯奖优质工程。2016年7月，又获2016年度浙江省建设工程钱江杯（优质工程）。2016年12月，再获2016年度华东地区优质工程奖。

【洞头区全域景区化概念规划设计国际方案全球征集】 2016年5月23日—6月2日，洞头区全球征集全域景区化▲概念规划设计国际方案。要求规划层次为总体层面概念规划设计，设计范围为洞头区全域，总面积2862平方千米，其中陆地面积153.3平方千米。设计要求围绕建设

全域景区化概念规划设计国际方案评审会

“海上花园”总体目标，树立“旅游主业化、全域景区化”理念，全面推进旅游综合改革试点工作。共收到国内外7家设计单位征集文件。最后提交作品设计单位4家。经过省住建厅总规划师顾浩、周玲强、张环宙、张静、谢英挺、余爱玉、李波、吴正隆等8位专家评审，最终由上海同济城市规划设计院刘滨谊设计师团队提交的方案获第一名。

▲全域景区化：指贯彻五大发展理念，在全域按照景区的理念谋划整个洞头区域，按照景区的标准规划、建设、管理、经营，推动城乡融合发展。

规划编制

【概况】 2016年，洞头区完成城乡规划12项，在编5项，推进基础测绘项目8个。全区规划批复13个，调整77省道沿线景观研究、城区综合交通规划送审成果、海洋文化博物馆规划选址论证初步方案。完成全域景区化概念规划国际方案征集评审、村庄布点规划、城市特色风貌色彩规划、农房建筑外观样板设计导则及方案设计等。以及本岛海洋生态廊道整治修复项目概念方案设计、PPP项目包装等。

【《洞头区村庄布点规划（2015—2030）》编制完成】 2016年3月始，区住建局委托温州市城市规划设计研究院开始着手编制《洞头区村庄建设规划》。10月进入中间成果审查，规划名称由《洞头区村庄建设规划（2015—2030）》修改为《洞头区村庄布点规划（2015—2030）》。该规划范围包括北岙街道、东屏街道、元觉街道、霓屿街道、大门镇和鹿西乡管辖区的村庄，涉及84个行政村，陆域面积84.77公顷，占洞头陆域总面积56%。该规划结合城乡统筹、“美丽乡村”建设、洞头全域景区化等发展要求，展开城市与乡村发展关系的科学讨论，合理确定村庄发展规模和发展路径。以行政村为对象，明确各村庄建设管控思路和发展方向。提出各行政村产业指引、配套设施、风貌引导等方面具体要求，同时对行政村所在各自然村空间发展提出指引，以指导下一步具体编制村庄规划。本次规划基准年为2015 年（现状数据调查起始年），规划年限为2015—2030年，其中近期至2020年。2017年2月8日，获区政府批复。

【规划批复13个】 2016年，区规划建设局批复规划13个。即实施洞头本岛海洋生态廊道整治修复项目概念方案设计、海洋藻类创业园、再生资源收储中心、新城二期E06/E07/E08地块、旧城及拓展区ba-03b、大门甲山村、“退二进三项目”杨文工业区二期A3地块、永宏老厂房、大门观音礁度假酒店、大门花岗岩集聚区地块、鹿西卫生服务中心、大门临港产业基地配套服务区控规局部修改、城南片综合规划A-23地块等规划调整。

【洞头区海洋生态廊道整治修复工程入选国家第三批PPP示范项目】 （参见《财税·审计》栏目“财政”分目）

城市设计

【概况】 2016年，区住建局开展全域景区化概念规划国际方案征集并组织评审。提高洞头区城市整体形象，统一城市建筑风格，完成城市特色风貌色彩规划及送审成果。提升村庄规划编制质量，开展村庄风貌特色提升设计，根据城市片区开发建设时序要求，以创建整岛公园、国家AAAAA旅游景区为载体，完成创建国家AAAAA级旅游景区周边村景观提升（洞头村至东岙村沿线）城市设计。并按照特色型村庄要求，完成洞头区农房建筑外观样板设计导则及方案设计。

【城市设计主题百岛讲坛】 2016年6月29日，洞头区“百岛讲坛”邀请中央美术学院城市设计学院、博士生导师、教授，中国公共艺术研究中心，北京市人民政府住家顾问

2016年6月29日，百岛讲坛——公共艺术与城市文化专题讲座

团顾问王中作“艺术创造 文化国家——公共艺术与城市文化”专题讲座。王中列举大量中外城市公共艺术案例，全面梳理公共艺术的发展历史和对城市文化形象、文化繁荣产生的巨大影响，证明公共艺术是城市文化建设中不可或缺的组成部分，是城市文化最直观、最显现的载体，对洞头构筑全域景区化具有启发及借鉴意义，为洞头区“海上花园”城市建设目标提供发展思路。董智武、王蛟虎、叶永辉、叶国胜等区四套班子领导、部门单位有关负责人等近1000人参加。

规划管理

【概况】 2016年，区住建局提请区委、区政府出台加强城市规划建设管理工作实施意见、全域景区化建设“三年行动计划”实施意见。完成天地图 洞头建设两个应用工程，升级改造洞头区“多规合一”综合管理平台（二期）。开展新一轮温州2000坐标系统、数字洞头地理空间框架平台基础数据修测更新、地名地址普查、无人机航摄三维建模、“十三五”基础测绘规划编制和测量标志维护等。全年提供基础测绘使用成果行政许可事项8件，测绘项目网上备案准许可1598件。出台《温州市洞头区农房建设审批管理办法》。严格执行《洞头区个人建房监管“四到场”实施办法》，参与放线164件，验线88件。完成北岙中心街等地段综合管线入地工程方案设计、霓屿元觉片供排水工程专题研究报告、同城化背景下洞头区基础设施共建共享机制研究、洞头区公共产品（供水、供气、排水）一体化研究和环海西湖核心区建设情况报告等课题研究。

【《关于加强城市规划建设管理工作的实施意见》出台】（参见《中共温州市洞头区委》栏目“重要决策”分目）

【《温州市洞头区全域景区化建设三年行动计划（2016—2018年）》印发】 2016年7月18日，区委、区政府印发《温州市洞头区全域景区化建设三年行动计划（2016—2018年）》。内容包括总体思路、基本原则和建设目标、主要任务和保障措施，全域景区化建设分洞头岛、元觉片区/霓屿岛、东部岛屿、鹿西岛、大门岛、灵昆岛等六大片区，重点板块涵盖概念方案、道路工程、村落环境整治工程、节点打造工程、矿山边坡治理工程、沙滩修复工程等。该行动计划提出至2018年，基本完成洞头本岛、元觉片区、霓屿岛全域景区化项目建设。基本建成东部岛屿、鹿西岛全域景区化建设主体项目。完成大门岛、灵昆岛全域景区化建设概念方案设计，并启动部分项目建设。

（黄臻臻）

城区建设

【概况】 2016年，区住建局完成新城二期海景大道、半屏路等8条市政道路工程10.82千米城市路网建设。建成港湾式公交停靠站5个、专用停车位1514个、公共停车位496个。新建公共自行车服务站台10个，新增公共自行车200辆。

【《温州市洞头区新城区开发建设三年行动计划（2016—2018年）》出台】 2016年7月18日，为加快推进新城区开发建设，提升城市功能品位，促进城市转型升级。区委、区政府制定《温州市洞头区新城区开发建设三年行动计划（2016—2018年）》（洞委办发〔2016〕44号）。内容包括基础设施铺垫、城市景观建设、公共设施建设、招商引资工作等。该行动计划提出至2018年，区域生态景观环境显著提升，建成河道景观工程、桥头景观工程；市政设施配套更加完善，建成投用城北污水处理厂，建设水环境综合治理工程；加快推进游艇基地配套建设；一批公共设施相继投用，逐步改善区域发展环境，不断集聚新城人气、商气、文气，滨海小镇颇具规模。

【《温州市洞头区停车场建设三年行动计划（2016—2018年）》出台】 2016年7月18日，为切实解决机动车快速增长带来停车难问题，加快停车场及配套设施建设，提升城市服务功能和环境质量，区委、区政府制定《温州市洞头区停车场建设三年行动计划（2016—2018年）》（洞委办发〔2016〕46号）。主要措施有：强化专用停车设施建设，提升停车供给水平；加强公共停车设施建设，调节区域停车供给；推进单位停车场对外错时开放，逐步实现停车资源共享；积极推动停车设施新技术应用等。该行动计划提出至2018年，全区新增专用停车位6000个（含地下停车位3000个），其中公共停车位1350个。具体指标是：2016年，建成专用停车位1500个，其中公共停车位400个；2017年，建成专用停车位2000个，其中公共停车位450个；2018年，建成专用停车位2500个，其中公共停车位500个。

（郑小君）

城区绿化

【概况】2016年，区综合行政执法局制定《洞头区城区园林绿化养护管理实施方案》。全年新增绿地9公顷，包括新城二期绿化建设5公顷、新城二期河道景观工程1.7公顷、公路沿线绿化建设2公顷、大门镇环岛公路及集镇绿化建设1公顷、环岛公路绿道2000米等。建设滨水小游园及示范路0.68公顷、绿化示范路1500米；提升海滨公园（一期）绿化3.3公顷。北岙街道立体绿化1500平方米、大门镇立体绿化500平方米。完成连城大道、海滨大道、五岛沿线建设自然花镜20组，面积1080平方米。全年累计清理杂草227万平方米、死株983株，补植行道树86棵、绿化带1254平方米，修剪绿化带263万平方米、行道树6247棵，病虫害防治243万平方米。

【城区园林绿化养护管理范围拓展】2016年，区综合行政执法局加强城区园林绿化养护管理，把老城区、新城区的道路绿化、公园、景观带、花坛以及东屏公园、南塘湾公园、燕子山公园等15个公园的绿地、设施实施自主养护，纳入绿化养护保洁市场化运作范围，总面积697642.12平方米，其中绿化面积446263.64平方米，清扫面积251378.48平方米。

【城区绿化养护体制调整】2016年，区综合行政执法局调整城区绿化养护体制，对城区绿化养护和15个公园的绿化养护，由区市政设施维护管理中心聘用技术人员、养护人员负责实施。

（林思茹）

村镇建设

【概况】2016年，全区在建五个村镇工程建设项目全年累计完成投资2.2298亿元。北岙街道南塘花苑主体工程通过验收。北岙街道中心街安置房工程4幢楼主体施工完成，东屏街道蓝港三期签订施工合同，启动桩基施工；大门镇长沙一期7幢楼主体施工完成，4幢楼进入基础施工；元觉街道兴港、和港和沙港家园主体工程建设完成，配套工程建设基本完成；布袋岙安置房二期工程A 标段（596套）主体、配套工程建设竣工并组织验收，B标段（1180套）基本建成；霓屿街道乐康家园主体工程建设基本完成。

通过维修加固、腾空、货币化安置、拆建等方式，完成城镇危旧房治理改造108幢共2.39万平方米，治理完成率100%。货币化安置户数148户，发放货币补贴资金3721.88万元。全年完成农村困难家庭危旧房改造92户，发放补助资金69万元。

【加快特色小镇规划建设实施意见】为加快特色小镇建设，根据省政府、市政府相关要求，2016年7月18日，区政府制定《关于加快特色小镇规划建设的实施意见》（洞政发〔2016〕21号）。该意见

北岙街道海霞村一角

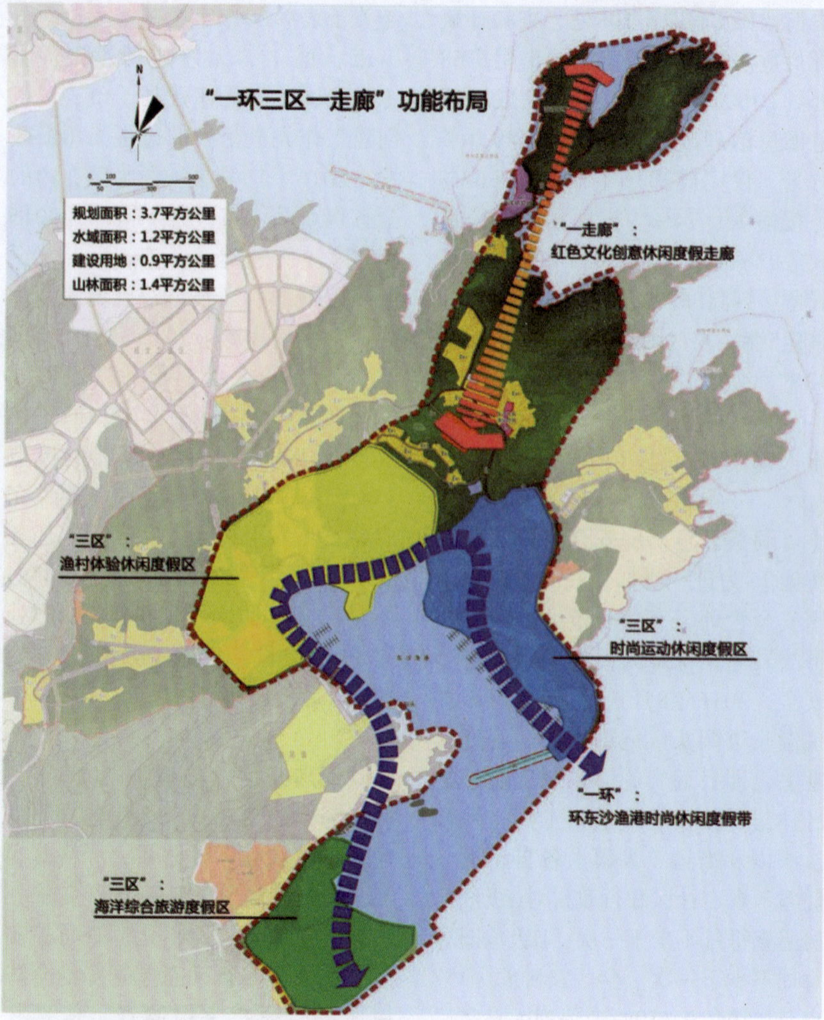

特色小镇规划图

按照重视规划引领、注重有效投资、突出产业特色原则，明确特色小镇创建内容。设置组织申报、研究审核、年度考核、验收命名等创建步骤。在财政、用地、项目、人才等方面给予政策支持。力争通过3—5年努力，基本建成3—5个特色产业鲜明、体制机制灵活、人文气息浓厚、生态环境优美、多种功能叠加、示范效应明显的特色小镇（区）。其中，争取创成省级特色小镇1个、市级特色小镇2个，原则上要求每个街道（乡镇）至少创建1个区级特色小镇（区）。

【《洞头区环东沙港蓝色度假小镇创建培育三年行动计划》印发】 根据省政府、市政府相关文件精神，2016年7月18日，区委、区政府印发《温州市洞头区环东沙港蓝色度假小镇创建培育三年行动计划（2016—2018年）》（洞委办发〔2016〕45号）。该行动计划主要任务是培育小镇特色产业、优化小镇功能布局、强化小镇营销推广、完善小镇社区功能、提升小镇配套设施。该行动计划提出至2018年，基本完成小镇产业项目建设和旅游配套设施建设，蓝色度假小镇基本建成，累计完成投资约20亿元以上。小镇海岛度假功能明显增强，年接待游客总量超过120万人次，争取旅游业总收入超过6.2亿元。过夜游客人均逗留时间提升至2天，旅游人均消费保持快速增长。环东沙渔港及主要道路布局旅游服务设施形成“南闹北静”格局，旅游对区内及周边居民就业增收带动作用进一步增强。

【小城镇环境综合整治行动】 2016年10月，为全面贯彻落实全省小城镇环境综合整治行动电视电话会议精神，洞头区启动小城镇环境综合整治行动。结合区全域景区化建设及“三改一拆”“四边三化”“五乱治理”等项目，确定大门镇、鹿西乡政府驻地为主要对象，兼顾驻地行政村行政区域范围，实施以“一加强三整治一推进”（加强规划设计引领，整治环境卫生、整治城镇秩序、整治乡容镇貌，推进全域景区化建设）为主要内容的小城镇环境综合整治行动。成立洞头区小城镇环境综合整治行动领导小组及办公室，实行集中办公、实体化运作，设立综合指导组、规划建设组、环境整治组，并建立例会制度。12月16日，出台《温州市洞头区小城镇环境综合整治行动实施方案》（洞委办发〔2016〕93号），明确洞头区小城镇环境综合整治三年行动计划（2016—2019年），大门镇作为市级示范镇。

【省级美丽宜居示范村创建】 2016年，洞头区确定北岙街道下尾村、大门镇西浪村为2016年度省级美丽宜居示范村试点，争取省级补助资金265.9万元。完成2014年省级美丽宜居示范村试点东屏街道寮顶村的渔具房建设、元觉街道花岗村的施工图设计、招标控制价和招标清单编制，11月启动花岗和寮顶试点村验收申请。同时完成2015年度试点村东屏街道金岙村省级美丽宜居示范村森林公园建设工程立项。

【南塘花苑农房集聚项目主体工程通过验收】 （参见《街道·乡镇》栏目“北岙街道”分目）

【元觉3个农房集聚工程完工】（参见《街道·乡镇》栏目“元觉街道”分目）

【布袋岙新区二期安置房（一标段工程）竣工通过验收】（参见《街道·乡镇》栏目“霓屿街道”分目）

（黄臻臻）

住房建设

【概况】 2016年，洞头区“三改”完成147.62万平方米，“一拆”完成4.28万平方米，居全市第三。全年完成旧住宅区整治改造5万平方米。城镇危旧房治理改造105幢，改造面积2.09万平方米。采用改翻建、异地搬迁、“退二优二”和“退二进三”等方式，鼓励改造企业旧厂房，集约利用土地、提升产业集聚。全年完成旧厂房（区）改造建筑面积2.05万平方米。城中村改造一类目标中，城镇棚户区改造开工144户（老城货币安置）、基本建成1524户，竣工640套、交付老城货币安置144户。城中村改造二类目标中，结合村庄整治改造和农房安置改造，受益户面积140.57万平方米。全年处置违法建筑4.3万平方米，即查即拆新增违法建筑3处，面积316平方米，新增违法建筑即查即拆率100%。处置30户列入缓拆的存量违法建筑，拆除3户，没收27户，全区实现“无缓拆”工作目标。

洞头区制定出台国有土地上危旧住宅房屋改造货币化安置实施办法（试行）、国有土地上危旧住宅房屋改造货币化安置试点、2015-2017年城镇危险住宅房屋治理改造工作三年行动专项规划等系列政策文件。全年，排查农村危旧房屋23465户、疑似危房341处（其中D级危旧房145处），腾空145处，拆除10处；城镇危旧住房1047处，历史遗留D级危旧房108处，查漏补缺疑似危房21处；需鉴定的出租房68处约10603平方米。累计完成城镇危旧房治理改造41幢共1.0349万平方米，仅完成2016年年度任务63%（按幢）、74%（按面积）。公寓式危旧房累计协议签订148户。公寓式危房拆除3幢，普通危旧民房拆除重建5幢。农村困难家庭危旧房改造92户。

是年，洞头区被评为浙江省2015年“基本无违建县（市、区）”。

【《洞头区危旧房安全巡查制度》实施】 为进一步加强我区危旧房使用安全管理，有效防范危旧房安全事故发生，保障人民群众生命财产安全，2016年8月1日，区政府印发《温州市洞头区危旧房安全巡查制度》，即日起实施。该制度明确了区住建、公安、安监、工商、综合执法以及街道（乡镇）各自职责、任务。规定社区和行政村对C级危旧房巡查每月不少于一次，D级危旧房每周不少于一次。全区农村危房357户及城镇危房119幢全部列入日常巡查范围。

【洞头区获评浙江省2015年“基本无违建县（市、区）”】 2016年4月11日，浙江省人民政府发布《关于表彰2015年度基本无违建县（市、区）、无违建创建先进县（市、区）和无违建县（市、区）创建工作先进个人的通报》（浙政发〔2016〕13号）。洞头区在内的全省14个县（市、区）被评为2015年“基本无违建县（市、区）”，区委副书记、区长王蛟虎代表洞头区上台接受表彰。2013—2015年期间，洞头区（县）累计完成旧住宅区改造69.32万平方米、旧厂房改造21.91万平方米、城中村改造358.44万平方米，“三改”累计完成449.66万平方米，完成三年任务的446.53%。全区拆除违法建筑4583处28.17万平方米、没收处罚3455处5.54万平方米，全面完成存量违建处置，拆后土地利用率77.74%。

【“无违建区”创建】 2016年，洞头区按照浙江省“无违建县”创建标准及验收考评体系，严格落实《个人建房监管“四到场”实施办法》《违法建设网格化巡查防控实施办法》，实行动态监管。健全防控体系，完善举报巡查、信息共享、社会承诺等机制，畅通举报投诉信访渠道。结合美丽乡村和美丽海岛水乡建设，实施五岛公路、环岛公路、通景公路以及沿河区域、村庄连片整治。全区6个街道（乡

数字城管无违建管控处置中心

镇）、93个村（居）、15条区级河道、13条公路（道路）完成“无违建区”创建，通过市“三改一拆”办复评，建成全长16千米的无违建精品创建线路。全区建立房屋“一户一档”28731宗、建筑“一楼一档”2780栋，实现全区建筑物在电子地图上定位。规范城乡建设秩序，完善多规融合管理平台，规范农房审批、管理相关程序，严控拆后重建现象，确保长效治理“零反弹”。截至年底，累计投入拆改资金2.1亿元，建成康乐园休闲公园、顶寮停车场等拆改利用项目27个，新增绿化17.56万平方米、停车泊位720个。推进花岗岩加工集聚区一期工程、大门镇青奥湿地公园、永宏公司跨境电商服务中心、霓屿街道标准化育苗池、元觉街道和港家园项目等拆后利用项目建设。完成连港蓝色海岸风情线和南塘湾亲水景观带建设。

【《洞头区城镇危险住宅房屋治理改造工作三年（2015—2017）行动专项规划》印发】 2016年3月4日，区府办印发《洞头区城镇危险住宅房屋治理改造工作三年（2015—2017）行动专项规划》（洞政办发〔2016〕21号）。该规划主要措施是原地拆建、搬迁安置、货币安置等。工作目标是完成城镇住宅房屋结构安全排查、建立城镇住宅房屋使用安全“一楼一档”，逐步完成城镇危旧房改造治理任务，并建立健全城镇住宅房屋使用安全管理制度。截至年底，城镇危房解危119幢，其中C级维修加固75幢、腾空44幢。

（林思茹　黄臻臻）

房地产管理

【概况】 2016年，洞头区落实房地产业培育提升扶持政策。启动实施存量房网上交易管理。规范房地产市场监管，组织开展中介机构专项整治和房地产中介机构经纪人员上岗培训，规范房地产中介机构经营行为。加强中介机构备案管理，备案中介机构16家，从业人员32人。

截至年底，全区（除灵昆街道外）可售商品房942套，建筑面积14.66万平方米，消化周期24.92个月，其中可售商品住房673套，建筑面积9.16万平方米，消化周期18.28个月，商品住宅库存消化周期接近合理水平（10—16个月）。

【产权产籍登记】 2016年，区住建局开辟绿色通道，缩减办证时限，增设上门服务、延时服务、预约服务等。全年办理各类登记7654件，其中产权登记3540件、抵押登记3621件。一手房转移登记557件面积72613.71平方米，二手房交易708件面积97387平方米。大门、鹿西送证上门服务93件；出具产权登记信息查询证明14265份。

【房地产交易】 2016年，区住建局办理海悦城嘉园9—12幢商业项目和瑞鑫大厦（甲山旧村改造二期工程）项目商品房预售许可2件，共107套1.7382万平方米。累计完成商品房备案531件，同比增长70.19%；建筑面积7.0616万平方米，同比增长61.66%；销售金额51208.44万元，同比增长55.24%。商品住房均价7395元/平方米，同比下降6.11%。二手房存量房累计交易689件，同比增长6.66%；建筑面积9.7912万平方米，同比增长1.12%。

住房保障

【概况】 2016年，洞头区加大国有土地上危旧住宅房屋改造货币化安置试点工作力度，制定出台《温州市洞头区危旧房屋安全应急处置预案》。完成城镇危旧房治理改造41幢1.0349万平方米。全年拆除公寓式危房3幢，普通危旧民房拆除重建5幢，农村困难家庭危旧房改造92户。公寓式危旧房累计协议签订148户。全年住房审批22件2344.07平方米。54家单位190人申请领取住房补贴。出具房改协查证明46份。北岙街道小朴村、东沙村代管公房托管用于“居家养老爱心食堂”。公共租赁住房保障实行日常化申请审核管理。9户城镇中低收入住房困难家庭进入公共租赁住房配租。公共租赁住房补贴开始转由街道（乡镇）公共服务平台发放，启动人才住房租赁补贴申请。

【《温州市洞头区危旧房屋安全应急处置预案》印发】 为进一步加强危旧房屋使用安全管理，增强对危旧房屋突发安全事件的应急和综合处置能力，2016年9月12日，洞头区印发《温州市洞头区危旧房屋安全应急处置预案》（洞政办发〔2016〕106号）。该预案包含总则（预案目的、工作原则、编制依据、适用范围）、组织及职责、应急响应、应急办法、障措施等内容。要求安全事故应急处置期间，区危房应急办、各街道（乡镇）、成员救援单位必须保持24小时通讯畅通。

【公共租赁住房保障申请方式改革】 为加快实施公共租赁住房保障，切实解决城镇中低收入住房困难家庭住房问题，2016年7月1日始，洞头区实行公共租赁住房保障日常化申请审核，不再集中固定时间申请，除收入条件按照统计部门公布的上年度可支配收入标准动态调整外，其他相关申请条件、审核程序等按《洞头县公共租赁住房保障实施办法》（洞政办发〔2015〕

东屏街道 蓝港花苑

61号）执行。至年底，新增公共租赁住房保障家庭3户5人。

【廉租住房保障】2016年，全区新增租赁补贴家庭63户（人），其中城镇低收入保障家庭3户5人，新就业大学毕业生60人。截至年底，在保家庭156户（人），其中城镇低收入住房租赁补贴家庭53户128人，实物配租8户21人，新就业大学毕业生住房租赁补贴60人，新增实物配租（人才公寓）16人。发放住房租赁补贴近17万元。7月1日始，实行公共租赁住房保障日常化申请审核。完成新城02—06地块30套公共租赁住房（人才公寓）室内装修和配套设施安装等，其中，用于城镇低收入住房困难家庭10套、人才公寓20套。修订《洞头区人才公寓租赁管理办法》，开展新城人才公寓配租工作。全年，新增人才入住16人，退出7人，累计入住人才公寓71人（户）。

【公房物业管理】2016年，区住建局出台《洞头区住宅小区物业管理工作考核办法》《洞头区物业小区业主委员会成立指导规程》《洞头区物业专项维修资金申报规程》等。新增缴纳物业维修资金882万元。中央公馆、海悦城等新建楼盘通过物业招投标选聘物业服务企业。完成海天佳境和海上人家260户渗漏维修，审核拨付25个小区100多个维修项目资金176万元。开展夏季物业小区消防安全专项行动，涉及物业服务小区25个（小高层以上住宅57幢）、物业企业9家，发放整改通知书23份。首次对物业“两金”竞争性存放开展招投标。指导金海花苑、新城别墅区、大门瑞鑫花苑等小区成立业主委员会，海湾一区、世纪家园业委会换届。“海湾三区”首次通过市级物业示范小区考核验收，物业服务小区首次获市级考评优秀荣誉。

【白蚁防治】2016年，区住建局完成9个公建项目（信用联社大楼、大门安置房、永宏电器、机械配置产业园、教师教育院洞头分院等）预防施药，施药面积13万平方米。私人建房白蚁预防施药21户，施药面积0.56万平方米。在白蚁纷飞繁殖危害季节为137户旧房白蚁灭治，灭治面积2.7万平方米。开展“防治白蚁，爱护家园”公益活动，为11户低保户（困难群众）、城中社区29户房屋，及半屏综合实践学校、洞头先锋女子民兵连、大龙吟永福寺万佛塔、区第三幼儿园等地周边榕树、樟树及灌木丛、草坪免费白蚁灭治。发放宣传单900余份，蚂蚁药、蟑螂药200余包。

（黄臻臻）

住房公积金管理

【概况】2016年，公积金洞头分中心实现全区范围内机关企事业单位劳务派遣新进员工全部建缴住房公积金。启动公积金行政执法。全年，业务收入1452.07万元，同比减少16.74%；住房公积金业务支出900.53万元，同比增长59.61%；实现增值收益551.54万元，同比减少53.25%。向区财政上缴廉租房建设资金606.29万元。公积金资金使用率105%。至年末，全区公积金缴存人数7983人，新增555人（其中派遣工217人）。

是年，公积金洞头分中心“千人评议”群众满意率99.4%，获评市住房公积金系统全面管理先进单位、系统标杆窗口单位和温州市文明单位。

【全省首家开展住房公积金资金竞争性存放】2016年3月25日，为提高公积金资金存放透明度，公积金洞头分中心公开招标，通过评委打分、现场公示、邀请媒体社会全程参与监督，确定由农行洞头支行作为首期增值收益存款（不能用于提取和发放贷款的非营运资金）1500万元的存放银行，存放期限一年，年利率2.1%，高于基准利率40%。成为全省首家开展住房公积金资金竞争性存放的县区级分支机构。该竞标采用高收益率优先法，标的为资金年收益率。

【住房公积金归集】2016年，全区公积金归集总额16036万元，全年归集到位率99.98%，位居全市第一。

洞头区住房公积金资金竞争性存放招标会

公积金洞头分中心按照“同城同待遇”原则，及时调整缴存基数，机关事业单位职工月缴存额平均增加370元。至年末，住房公积金归集余额40760.89万元，同比增加7266.76万元，增长21.7%。1500万元增值收益存款实行竞争性公开招投标。

【住房公积金提取】2016年，公积金洞头分中心办理各类公积金提取11317笔，提取金额9017.7万元，同比增长0.81%。提取额占归集额55.37%。简化提取程序，取消出租房备案登记、提取申请表单位盖章。维持已签按月划转还贷业务，为贷款职工提供便利，减轻还贷压力。

【住房公积金贷款】2016年，公积金洞头分中心发放个人公积金贷款245笔10615.3万元。年末公积金在贷数1555户。贷款余额45731.79万元，同比增长16.16%。存贷比95.75%。出具异地缴存证明9笔，发放异地贷款3笔147.5万元。逾期率为万分之八。调整公积金政策，个人公积金贷款最高额度由50万元提至60万元，最低额度由25万元提至30万元。根据存贷比情况适时开展“公转商”贴息贷款业务，督促受托银行高效、快速办理，贷款资金到位率100%。

（柯芳芳）

城市管理

【概况】2016年，区综合行政执法局加强旧住宅区综合整治和拆后土地利用项目建设，实行动态巡查和常态防控，深化“四边三化”“两路两侧”环境综合整治，重点推进本岛、大门两大连陆通道和主要景区洁化绿化彩化工作。开展灵昆大桥和洞头峡大桥入城口环境整治。全年处置违法建筑4.3万平方米。全区农房确权登记率90.52%，落实村民“一户一宅”政策，注重拆改结合，拆后土地利用率89%。城镇危旧房治理改造105幢，改造面积2.09万平方米。打造整治绿园大厦示范样板小区。城中村改造受益户面积140.57万平方米。是年，区综合行政执法局被评为市容环境卫生工作先进集体。

【市政设施管理】2016年，区综合行政执法局修复、改造城区绿化美化示范路、示范街（美丽道路）、新城一期城南大道、新城大道等主干道路面、破损雨污管市政设施。修理道路破损126处2831平方米，人行道破损修理87处1866平方米。全面排查燃气供应企业、管道燃气企业、燃气供应点等，对全区范围内燃气供应点进行证件核实发放。完成南塘工业区加气站建设和金典时代住宅137户煤气管道安装。改造城区、通景公路、杨文工业区、南塘工业区等重要路段路灯LED 2341盏，路灯亮灯率99%以上，添置城区背街小巷盲区及五岛公路沿线村庄出入口路灯300处。修理城区路灯设施损坏电缆线路5.5千米，更换灯泡、光控及时控2168次，巡查253次，亮灯率99%。维修公交站台2座，新建2座。新增公共自行车放置点11个200辆，增加锁柱280个，全区累计建成公共自行车服务站点31个，桩位902个，投放公共自行车700辆，近三年累计公共自行车借车次数66537人次。

【城市环境管理】2016年，区综合行政执法局全面实施城区环卫保洁一体化，采取“点线面结合、分类管理、分步实施”步骤，接管岙内河、后垄河、燕子山排洪沟、南塘河水面保洁。实行每周巡查、每月考核，各条河道累计巡查415次，督促养护单位及时整改白色垃圾、杂草及漂浮物306处。全年，清理杂草227万平方米，补植绿化带1110平方米，修剪绿化带263万平方米，病虫害防治243万平方米。海霞公园景观设施增设树牌40个、新装座凳10张、更换果壳箱35个。南塘湾公园更换靠椅39张。老城区、新城区道路绿化、公园、景观带以及15个公园的绿地、设施实行自主养护。

（林思茹）

建筑业管理

【概况】2016年，区住建局落实《洞头区建筑业培育提升三年行动方案实施细则》，协助立鹏公司、卓宇公司破产重整提供技术服务。兑现引进企业优惠政策470.7万元。研究建筑业发展扶持政策升级版，出台在海创园内设立建筑业创业楼及优惠政策。全年，新引进建筑业企业6家，新设立建筑业企业1家。实现建筑业产值18.4亿元，同比增加77%。

是年，洞头区便民服务中心工程先后获市“瓯江杯奖”、省“钱江杯奖”、华东地区“优质工程奖”。洞头新城二期F05地块华中小学和新城二期市政道路工程（滨海大道、五座桥）获省级标准化工地。

【建筑企业新引进6家】 2016年，洞头区新引进建筑企业6家，即温州中能工程建设有限公司、温州开源智能工程有限公司、温州巨凯建筑工程有限公司、温州实诚建设有限公司、温州德立建设工程有限公司、温州瑞云建设有限公司。

【建筑工程招投标管理】 2016年，洞头区建筑工程施工招标文件推行统一范本，优化招投标审批服务，加强招投标监管水平。实行企业诚信评价体系建设应用，工程施工现场管理与招投标市场影响联动。全年招投标诚信扣分企业53家，不良行为企业记录11家。

【建筑工程监督管理】 2016年，区住建局相继开展建筑领域建设工程平安、标化工地暨质量大检查、平安工地建设“双月”攻坚行动、在建工程监理单位监督检查、建筑施工“护平安、促质量”百日攻坚专项行动。建筑工程实行“工地监管牌”，对在建工程推行红、黄、绿三色挂牌制度，即对责任落实不力、工作滞后，存在问题较为严重、问题整改不到位或逾期未整改的企业实行红牌重点监管，全面停工整改、约谈施工单位法定代表人、建设单位项目负责人、监理单位总监，施工单位负责人需做出书面落实整改保证；对一般问题的实行黄牌监管，采用限期整改要求并约谈项目负责人、监理单位总监，施工单位项目负责人需做出书面落实整改保证，整改不到位或逾期未整改直接实行红牌重点监管；对未发现问题的工地实行绿牌监管，按照日常管理。全年，检查工地402次，发放质量整改通知书111份、施工现场安全隐患限期整改通知单254份、建设工程施工停工整改通知书72份；发出企业法人约谈15份，通报批评企业6家。

（黄臻臻）

城乡环境治理

【概况】 2016年，洞头区推进环境整治，改善区域环境质量，开展集中性拆违治乱和环境卫生大整治，提升沿海岸线村庄房屋立面改造和周边环境。全面实施城区环卫保洁一体化。职责接合部、城中村、背街小巷等重点部位占道经营、乱搭乱建、乱堆乱摆等整治。累计落实河长109人，督查长22人，河道警长27人。延伸各街道（乡镇）重点路段、居民住宅区域，迁移私坟1312座、生态化改造461座，累计投入私坟“禁新改旧”整治资金1200余万元，基本实现“四边”区域视线范围内“无坟化”目标。完成森林通道绿化20千米4公顷。完成蓝色屋面整治43处（其中拆除5处，整改38处）计9250.51平方米。

是年，洞头区“四边三化”考核公路边、河边、青山白化三化单项考核分数均位居全市前列，洞头五岛公路（含环岛公路）入选“浙江最美绿化通道”。

【洞头五岛公路（含环岛公路）入选“浙江最美绿化通道”】 2016年9月，“浙江最美绿化通道”评选结果揭晓，洞头五岛公路（含环岛公路）入选全省80条最美绿化通道。活动旨在进一步创造“畅通、安全、舒适、美丽”的公路通行环境，大力提升“两路两侧”和“四边”区域绿化美化水平，推动“两美”浙江建设。该评选活动各地共申报推荐候选144条，收到公众投票167960票，经专家评审、网络公示，研究确定80条“浙江最美绿化通道”。活动由省绿化与湿地保护委员会、省住房和城乡建设厅、省

洞头五岛公路（含环岛公路）一角

交通运输厅、省林业厅联合举办。洞头五岛公路西起灵霓线东、经元觉片、三盘大桥至环岛路，该工程线路总长28.6千米，其中七座桥梁全长3.04千米。包括道路两侧绿道建设，公路边三化、亮化和环境整治等。创建期间，开展集中性拆违治乱和环境卫生大整治联动执法92次，拆除占道经营点486处，整治景区沿线流动摊贩95处。累计投入3500万元，建设休憩点6个。公路绿化养护与补植投入7000多万元建成环海西湖亮丽工程和15千米交通绿道慢行工程。

【五岛沿线环境整治提升】 2016年，洞头区开展沿海岸线村庄房屋立面改造和周边环境提升。推进城乡接合部、城中村、背街小巷等重点部位占道经营、乱搭乱建、乱堆乱摆等专项整治，巩固提升国省道整治，将整治范围延伸至辖区内区乡道桐胜线、辽大线、布三线、沙岗—状元、马观线、鹿蛽线等路段，重点做好五岛沿线、通景公路等地的环境提升，确保可视范围内无“乱搭、乱建、乱堆、乱丢、乱贴”现象。全区6个街道（乡镇）（不含灵昆街道）、93个村居（社区）、15条河道、13条公路（道路）完成“无违建”创建。全年投入资金257.6万元，拆除违法建（构）筑物178处20484平方米（包括违法广告牌、违法无序非公路标志等）；拆除占道经营点486处，整治景区沿线流动摊贩95处，清理牛皮廯638处；公路沿线石头房立面改造21间。

【河道整治】 2016年，洞头区安排水岸同治建设项目26项，投资2.69亿元，完成清三河整治目标。落实河道边精细化管理，分级落实挂牌督办和“河长”责任制，累计落实河长109人（15人为处级领导担任重点河道（沟）河长），督查长22人，河道警长27人。制定出台城区河面河岸一体化市场保洁方案，将城区4条主河道纳入城市保洁范围，实现城区河道河面河岸“一把扫帚”管理，农村“最后一公里”河道（沟）保洁由政府买单，实施长效保洁长度34千米，保洁率、覆盖率均100%。完成海滨河、埭口河、铜山河及大门黄岙垦区内河道清淤整治近8千米。海滨河水质由原来的Ⅳ类提升到Ⅲ类。

【绿化美化】 2016年，洞头区启动实施连城大道街边小游园、滨水小游园、立体绿化、自然花境、77省道沿线绿化、新城二期绿化、大门镇环岛公路及集镇绿化、新城别墅绿化工程、蓝港花苑绿化等绿化项目建设，投入资金980万元，建成公共绿地40万平方米和建成区9400亩山体阔叶化、景观化改造，城市建成区人均占有公共绿地面积18.06平方米，90%以上市民实现出门见绿。全年，完成森林通道绿化20千米，建成交通绿道57千米，其中市级绿道17千米、区级绿道40千米。完成交通绿道慢行系统建设15千米，包含环岛滨海风情自行车道、生态美丽示范公路、海西湖浪漫堤、城市绿廊系统等子项目，建成集交通、旅游、休闲、景观于一体的城市森林大道。

【城乡环境整治】 2016年，区综合行政执法局按照本岛片城市管理一体化工作要求，以区域化“一把扫帚”机制，推动管理上一体化。制定提高二类保洁村居和三类村居生活垃圾收集处置考核细则。督促各类商铺落实“门前三包”责任制，加强临街餐饮店面随意向外乱倒垃圾、乱泼污水、乱丢废弃物品破坏市容环境卫生管理。宣传培育大门青奥湿地公园、霓屿标准化育苗池等一批拆后利用典型案例。完成全区6个街道（乡镇）、93个村（居）、15条区级河道、13条公路（道路）的“无违建”创建，建成全长16千米无违建精品创建线路。全年修理道路破损126处共2831平方米，人行道破损修理87处1866平方米。改造建成区、通景公路、杨文工业区、南塘工业区等重要路段路灯LED2341盏。

【城乡环卫一体化管理】 2016年，区综合行政执法局全面实施城区环卫保洁一体化，完成城区环卫保洁新一轮外包（中标单位为巾帼西

区领导督查元觉街道综合环境提升整治工作

丽服务集团）工作。通过机扫、普扫、清洁、快保等不同形式，对重点区域实行16小时保洁，其他区域8—12小时保洁。一类保洁区拓展保洁区域道路面积增至107.8万平方米，保洁单价提高至8.49元/平方米，年度保洁费合计1039.2万元。清扫面积增至482998平方米，机械化清扫率72.38%，其中主干道机扫面积增至13.9万平方米，主干道机扫率100%。各街道（乡镇）开展二类村居环卫保洁市场化运作。采取分季管理模式，实施区有关部门、街道（乡镇）、村居三级考核、离退休老干部参与考核模式，实行“一月一考核一公示”制度，并与各街道（乡镇）年度绩效挂钩。城区道路机械化清扫率72.38%，其中主干道机扫率100%。设置西片围垦建筑垃圾临时消纳场，解决生活垃圾外运限运期间应急处置需要。

【排水污水处理】 2016年，区综合行政执法局开展排水用户普查，完善排水设施，规范排水程序，对杨文工业区、南塘工业区31家重点排水企业实行重点监控，启动排水许可证办理。截至年底，申领办结排水许可证12件。累计投入3500万元，完成南塘片区、旧城区、杨文三期和环东沙等污水管网工程项目建设，新建和改造污水管网共计38.1千米，城镇污水管网基本覆盖。加强城南污水处理厂运行管理，确保处理水量及出水达标。全年，污水处理厂运行366天，处理量183.08万吨，COD合格率100%，氨氮合格率100%，负荷率62.52%，各项指标均达到省、市要求。完成新城一期、南塘、杨文、大门等片区63千米排水管网的疏通、清淤、检测和排查工作。开工建设市政管网提升改造工程（南塘片区污水管网），启动市政管网提升工程（新城杨文等片区污水管网修复工程）前期工作。完成南塘污水管网一期附属设施提升改造工程、城南污水处理厂取水口提升改造工程。

城管执法

【概况】 2016年，区综合行政执法局以“五乱”整治为切入点，组织开展综合环境提升整治和城市管理“治乱”专项行动，通过划定网格、定人定岗、不定期巡查等方式，利用错时、双休日值、节假日不同时段开展乱停车、乱占道等行为整治。全年，出动执法人次2120人次，劝离、劝导流动摊贩及清理各类违章经营占道925处，暂扣物品456起，依法处罚占道经营者54人，收缴罚款1980元；拆除各类违章横直幅845幅、破旧店招店牌95处2580平方米、破损户外广告牌188处；乱张贴3210处、卫生脏乱点645处。全年处理各类来电来人举报投诉76件、市长信箱批转42件、区长信箱批转投诉件101件、区信访局批转8件。

【城市管理“治乱”专项行动】 为深化落实全区综合环境提升整治攻坚行动，巩固和提升“六城联创”成果，美化优化城市视觉空间，2016年5月6日，区综合行政执法局联合公安、卫生、市场监管等部门，在全区范围组织开展城市管理“治乱”专项行动。专项行动以“道路平整、标识规范、城市家具整洁、店招整齐、停车有序”为基本要求，整治“乱停车”“乱占道”“卫生脏乱”“设施破乱”“绿地杂乱”，区考核办、区文明办督查。专项行动成效纳入各责任单位年度考绩。采取“一月一考核、一月一通报、一月一约谈”。期间，出动执法人员2120人次，清理街区两侧占道经营和出室经营925户（其中占道经营共430户、出室经营430户）。清理城区主要道路两侧、农贸菜场周边的流动摊贩占道经营累计925处，依法处罚占道经营者54人，收缴罚款1980元。

省督查组督查洞头污水终端治理情况

【违法项目执法处置】 2016年，区综合行政执法局按照综合执法改革划转行政职权内容，通过巡查、群众投诉举报、“数字城管”投诉举报平台和民情处置中心等渠道，发放责令停止违法行为通知书2份、责令改正通知书37份；查处规划类房屋违法案件17件409.50平方米，处罚金额61930元；住建部门移交的建设类11件，立案9件，结案8件，处罚金额76130元。

（林思茹）

栏目编辑　卓桂荣

商　贸

网网花儿开 · 许爱花

“海霞精神”

爱岛尚武 励志奉献

“五岛连桥”精神

小县办大事 小岛创大业

概　述

【概况】2016年，洞头区实现商品销售总额96.01亿元，同比增长1.8%。其中，批发业销售额65.99亿元，同比下降1.2%；零售业营业额30亿元，同比增长11.7%；住宿业营业额0.87亿元，同比下降2.2%；餐饮业营业额5.92亿元，同比增长15%。造成增速放缓主要原因是重点企业增速放缓、重要综合品种价格大幅下降、重点企业销售波动大。全年实现社会消费品零售总额28.71亿元，同比增长9.3%，其中限额以上消费品零售额5.7亿元，同比下降5.3%。全区限上商贸企业37家，其中批发企业15家；全年新增限上商贸企业2家，其中电商企业1家、民宿企业1家。全年限上批发业销售额52.3亿元，其中石油制品及批发市场全年销售总额42.1亿元，主要批发企业有浙江中燃华电能源有限公司，全年销售总额41亿元，占洞头区限上石油制品批发总额97.6%。

网络经济

【概况】洞头区建有电子商务创业园，规模2万平方米。园内入住添尚信息、龙马服饰、神丰电子、星仔岛等水产品、服饰鞋类、电子电器网络销售16家。2014年、2015年，被阿里巴巴评为全国电子商务百强县。

2016年，创建九亩丘海洋文化创意园、联鑫众创空间、永宏跨境电商基地、农村电商综合服务中心等网络经济重点项目。全区建立农村电商服务站20家、规上企业电商应用20家、社区投递智能柜14台。成立洞头区电子商务协会，创建电商公共服务网站平台、微信公众号和电商数据平台。培育霓屿布袋岙村电商专业村。开展各类电商人才培训2000多人次，发布各类政策性、服务性信息70多条。全区工商企业300余家，网络经济应用企业70%，200多家个体工商户中在百度外卖、饿了吗、美团、去哪儿网、携程网、同城旅游等网络平台实行餐饮零售、民宿、商旅等线上线下消费模式。全年实现电子商务零售额14000万元，同比增长30.8%，其中本地水产品零售额近3000万元。

（蔡冬辉）

供销合作经济

【概况】截至2016年底，全区拥有市级示范性合作社13家，区级示范性合作社40家。7个农民合作经济组织联合会吸纳300个各类渔农村合作经济组织和为农服务组织入会，覆盖农户5000多户。全区110家农民专业合作社全年实现经营收入3.31亿元，同比增长13.7%，带动农户6141户。

区供销合作社创新农村电商新模式，与“掌上温州供销”“星仔岛”网络公司合作，投入资金近50万元，搭建供销社农村电商服务平台，助推霓屿紫菜、大门农特产、洞头羊栖菜等特色农产品网络销售。开办洞头本岛和大门岛两个农产品展销中心，40多个品种遍及全区30多家合作社，电视销售额1000多万元。成立供销社农村电商服务中心，在灵昆街道、大门镇、鹿西乡开展电商布点，形成“1+7”电商服务格局。投资30余万元创成霓屿电商服务中心，辖区内12家农民合作社和5家紫菜养殖户入驻平台。

东屏街道大北岙村渔业综合开发观光专业合作社获全市首张“一照多址”民宿合作社营业执照。举办农产品年货节、妈祖文化节农产品展销等促销活动。开展“农资下乡，便民惠农”等活动，售出各类化肥150吨，让利近10万元。设立大门镇、霓屿街道农资门市部，实现农资供应全覆盖。

是年，区供销合作社与洞头农村信用联社签订“十三五”期间提供15亿元低息支农贷款战略合作协议。协调洞头农村信用联社、中国银行洞头支行、中国邮政银行洞头支行为70家农民专业合作社4000多农户开展评信授信。5家农村资金互助会全年吸收互助金3395万元，累计发放互助金325笔4759万元，有效解决渔农民发展生产融资困难。

【全区首家民宿专业合作社联合社成立】 2016年7月，“七夕东屏”民宿专业合作社联合社成立。该联合社由5家（洞头县源泰贝藻养殖专业合作社、温州市洞头大北岙村渔业综合开发观光专业合作社、洞头县龙达农业开发专业合作社、温州市洞头渔家小筑渔农业开发观光专业合作社、温州市洞头区东岙顶农业观光专业合作社）专业合作社联合组成，依托东岙、东岙顶、大北岙村等89家民宿集中组建，床位904张。注册资金50万元，具有经济实体和行业规范功能，是全区首家民宿专业合作社联合社。实行“六统一”（统一发票开具、住宿登记、部门协调、客源调剂、规范管理、宣传推介），对民宿会员提供全方位服务。

【签订15亿元支农贷款战略合作协议】 2016年4月，区供销合作社与洞头农村信用联社签约战略合作协议。战略合作内容包含“十三五”期间，洞头农村信用联社为新型农业经营主体提供15亿元低利率支农贷款；由洞头农村信用联社牵头为新型农业经营主体开展评信授信；探索土地承包经营权证、林权证、养殖证等新型担保方式；开展农信担保、农村资金互助会业务合作；推进电商合作，搭建农产品销售平台等五个方面。

2016年4月，区供销合作社与洞头农村信用联社签约战略合作协议

【全市首张“一照多址”民宿合作社执照颁发】 （参见《经济管理监督》栏目“工商行政管理”子分目）

【霓屿紫菜电商特色小镇创建】 2016年，为拓宽紫菜产品销售渠道，形成电商规模效应和积聚效应，霓屿街道电商平台中心投入创建资金近20余万元，吸引辖区内17家霓屿农口企业及合作社入驻，包括12家农民合作社和5户养殖大户。依托“掌上温州供销”电商服务平台，实现线上线下销售互动，打造电子商务销售新模式，实现养民、合作社、经销商和电商多赢。

【“百岛渔家——年货节”】 （参见《旅游》栏目“乡村旅游”分目）

（张　庄）

粮食行业

【概况】 2016年，洞头区粮食局在全市粮食安全责任制条线考核中被评为优秀单位；九厅中心粮库保持“三星级”粮库荣誉。全区设立“放心粮油站”6家。

【粮食储备管理】 2016年，区粮食局新增储备粮2800吨，轮换储备粮早籼稻谷1250吨、区级储备成品粮220吨（每批半年轮换一次）、储备菜油20吨、储备小麦400吨。投入208万元改造和提升仓储设施、设备、通库道路等。开展储备粮和储备食用植物油库存检查，库存粮油质量合格率、储存粮油品质宜存率、入库与储存期间质量检验建档率均100%，储备粮油全部达到“一符四无”标准要求。

【粮食购销管理】 2016年，区粮食局保持与安徽、江西等地长期粮食产销合作关系，与安徽巢湖市农户签订240公顷粮食订单协议并建立稳定粮食购销关系，调入轮换补库稻谷2000多吨；开展省际间粮食产销对接活动，组织粮食企业参加江西上饶举办的浙、赣两省五市粮食网上交易会。

【粮食应急管理】2016年，区粮食局修订完善《洞头区粮食应急预案》，组织开展粮食应急预案粮食加工演练和培训。全区建立粮食监测及应急供应网点12个，备有日产应急加工粮食50吨设备1套。

（洪　星）

对外贸易

【概况】2016年，洞头区实现进出口总额117615万元，同比增长18.2%。其中，实现进口总额87395万元，同比增长21.6%；实现出口总额30220万元，同比增长9.6%。服务外包合同执行金额45.97万美元，同比增长28.57%。从企业类型来分，外贸企业自营出口额1.02亿元，增长289.0%；生产企业自营出口1.46亿元，下降25.1%；三资企业自营出口额0.55亿元，增长4.1%。

洞头区主要外贸出口企业温州市东启汽车零部件制造有限公司、温州金源新材料科技有限公司、浙江诚意药业有限公司等老牌企业，分别出口6428万元、5334万元、4222万元，占全区出口额52.8%；主要进口企业浙江中燃华电能源有限公司，全年进口额86378万元，占全区进口98.8%，新增外贸运行监测企业1家、对外贸易经营者备案登记企业16家。区经信局上报省外经贸发展专项资金项目累计金额10万元。海洋经济扶持政策补助兑现40余万元。走访商务企业21家，帮助企业协调解决困难问题5件。

是年，浙江中燃华电能源有限公司技改项目总投资6249万元，LPG项目A罐完成验收投入运行。浙江中燃华电能源有限公司获评“温州市进口龙头企业”。

（吴建中）

餐饮住宿业

【概况】2016年，洞头区出台实施旅游富民政策，大力发展旅游业，举办特色旅游节、开发自行车环岛游、国际海钓节等新旅游项目，有力促进旅游市场平稳快速发展，带动住宿餐饮消费逐步回升。

全区饭店餐饮行业餐饮店778户，其中星级酒店2家，旅馆和民宿413家，床位5838张；累计限上餐饮企业10家、住宿企业3家。全年餐饮业营业额5.9亿元，同比增长15%，其中限上餐饮业营业额3996万元，同比增长15.6%；住宿业营业额8743万元，同比下降1.9%，其中限上住宿业营业额2692.7万元，同比下降28.7%。区主要餐饮企业有温州市洞头溢香国际大酒店有限公司、温州市洞头金田大酒店，全年营业额分别为1147.3万元和861万元，占全区限上餐营业营业额50.2%。

（王青青）

食盐专营

【概况】2016年，洞头区盐业公司调入盐产品2445.51吨，年底库存量371.17吨。销售各类盐产品2470.22吨，其中小包装碘盐销售227.22吨。销售收入315.25万元，其中非盐收入11.22万元。企业利润减少14.22万元。全年，检查生产经营单位865个，碘盐合格率、碘盐覆盖率和合格碘盐食用率均100%。建立食盐零售配送客户资料146家，配送客户93家。配送零售客户小包装碘盐204.1192吨，占小包装碘盐总销售89.8%。

是年，开展离岛片盐业市场专项检查整顿活动，检查大门岛及鹿西岛超市、农贸市场、餐饮店等经销网点和用盐单位，防止腌制用盐、工业盐、假冒盐流入食用盐市场，未发现涉盐违法案件。联合区疾控中心、北岙街道银海社区开展防治碘缺乏病日活动，举办“健康膳食烹饪技巧大比拼”活动，围绕“坚持科学补碘，建设健康中国”主题展开消除碘缺乏危害宣传。出动117人次、检查单位370个，发放资料500余份、加碘盐100余包、接受群众咨询80余人次。

（王　超）

烟草专卖

【概况】2016年，洞头区烟草公司销售卷烟3832.72箱，同比下降1.14%；实现销售额（含税）1.52亿元，同比下降7.46%；毛利4039.47万元，同比下降3.23%；单箱销售额3.96万元，同比下降6.39%；利税3328.23万元，同比增长16.65%。其中洞头原辖区实现卷烟销售3356箱，同比下降13.29%；含税销售额1.38亿元，同比下降16.05%；毛利3677万元，同比下降11.84%；单箱销售额4.10万元（单箱结构位列全市第三），同比下降3.19%。灵昆辖区实现卷烟销量472.45箱，同比下降10.44%；含税销售额1410.2万元，同比下降9.02%；毛利359.5万元，同比下降8.79%；单箱销售额2.98万元，同比下降1.41%。全年新建一星终端10户，共计终端103户，占12.62%。建成支付宝定点客户92户，占全部客户数11.5%，户均发展会员数11.8户。

是年，“打假破网”批捕1人，刑拘1人，移送公安部门1人，判刑2人。查处5万元以上真烟非法流通案件1起，无5万元以上外流被查案件。全年查获涉烟违法案件18起，案件数为上年6倍；查获卷烟889.4条，为上年6.6倍；案值24.17万元，为上年5.1倍，实现全年市场净化率100%目标。

（李　昱）

拍卖典当业

【概况】 洞头区拍卖企业1家——温州洞头拍卖行，成立于1993年，注册资本50万元，为洞头区经信局下属国有企业单位，是浙江省拍卖行业协会会员单位。2016年，组织各类拍卖活动7场次，总成交额3360万元。无典当业务交易，年末资产总额531.6万元，年末典当余额524万元，当年息费收入1.5万元，直接对外债务余额7.52万元。

（王青青）

市场管理与服务

【概况】 截至2016年底，洞头区商品交易市场9家，网上交易市场1家，其中农贸市场6家（北岙农贸市场、新城农贸市场、元觉农贸市场、大门农贸市场、鹿西农贸市场、东屏农贸市场），消费品市场1家，生产资料市场2家。新城农贸市场创成全区第四家省级放心农贸市场。

新城农贸市场通过四星级验收。东屏农贸市场申报创建二星级。市场经营户培训讲座2场，惠及经营户240余人次。发布食品安全、诚信经营等宣传内容3期，LED显示屏滚动播放宣传内容68条次。督促5家农贸市场，整改环境卫生、消防设施、食品安全、人员管理等问题15处。并联合整治农贸市场周边综合环境。

【《温州市洞头区农贸市场改造升级三年行动计划（2016—2018年）》印发】 2016年7月18日，区委、区政府印发《温州市洞头区农贸市场改造升级三年行动计划（2016—2018年）》（洞委办发〔2016〕50号）。该计划主要措施是制定出台农贸市场具体建设方案、分类推进农贸市场硬件改造升级、逐步提升农贸市场软件长效管理。2016年目标是改造升级新城农贸市场、鹿西农贸市场，新建东屏农贸市场。其中新城农贸市场按照四星级农贸市场标准和《浙江省放心农贸市场评价细则》标准建设，并创成省四星级文明规范市场、省放心农贸市场；鹿西农贸市场达到省三星级农贸市场标准。累积改造及建设市场面积约9200平方米，改造及新增市场摊位约200个，完成投资约2500万元。至2018年，新建霓屿农贸市场、城南农贸市场。其中霓屿农贸市场在布袋岙新区二期按三星级农贸市场标准选址建设，城南农贸市场在城南社区按三星级农贸市场标准选址新建，建设完成后达到省放心农贸市场标准。累积改造及新建市场面积约4300平方米，新增市场摊位约100个，完成投资约1700万元。

鹿西农贸市场

【东屏农贸市场投用】 （参见《街道·乡镇》栏目“东屏街道”分目）

【食品药品安全“四小一市场”整治行动】 （参见《经济管理监督》栏目“食品药品监督管理”子分目）

【食品安全“三大一严”专项行动】 （参见《经济管理监督》栏目“食品药品监督管理”分目）

【食品安全电子监管】 2016年，全区创建“阳光厨房”5家，累计41家，其中特大型、大型餐饮企业、学校食堂18家，覆盖率56.25%；中型餐饮企业15家、其他业态餐饮单位8家。开展餐饮服务单位智慧监管，首期投入建设资金200万元，餐饮单位安装视频探头80余家，上传视频监控数据。食品批发、超市等经营户建立电子台账登记制度，全区纳入食品电子监管食品经营企业43家，安装使用率100%。婴幼儿乳制品、酒类经营单位电子追溯系统覆盖率95%以上。大型商超建立电子查询监管系统，重点食品可溯源率90%以上。

【食品安全检验检测】 2016年，区市场监督管理局在新城农贸市场、大门农贸市场新建2个食品安全快速检测室并免费向公众开放，检测结果通过显示屏实时公布，并通过短信、网站等定期对外发布。全年抽检各类食品和餐饮具样品910批次，合格率99.67%。开展流通领域食品快速检测18053批次，合格率99.87%。开展定量检测435批次，其中食用农产品246批次，合格率100%。下架和监督销毁不合格商品数量29.5千克，立案3件，结案2件。

（张为婕）

栏目编辑　曾焕定

旅　游

海区又绿羊栖·杨金花

“海霞精神”

爱岛尚武 励志奉献

“五岛连桥”精神

小县办大事 小岛创大业

概 述

【概况】 洞头区现有七大景区，分别是仙叠岩景区、半屏山景区、东沙景区、大门岛景区、鹿西岛景区、竹屿景区和大瞿岛景区，景点400多个。旅行社4家，分别是新境界旅游有限公司、大自然旅行社有限公司、华夏旅行社有限公司和洞头欢乐岛旅行社有限公司。全区海钓专业公司3家、钓具店11家，各类海钓船21艘。

2016年，洞头区以国家AAAAA级旅游景区创建为抓手，深化旅游综合改革，推进产业招商、项目建设、业态培育、市场营销、智慧旅游提升。编制完成《温州市洞头区旅游业“十三五”发展规划》，相继出台全域景区化实施意见、全域景区化建设三年行动计划（2016—2018年）、创建国家AAAAA级旅游景区三年行动计划（2016—2018年）、主题岛保护开发三年行动计划（2016—2018年）、精品民宿发展三年行动计划（2016—2018年）等政策文件，谋划旅游业更好更快发展。全年，接待海内外游客541.14万人次，同比增长20.70%；实现旅游综合收入24.54亿元，同比增长20.81%；景区门票收入2844.03万元，同比增长48.58%。

是年，洞头区获“浙江省十佳最受欢迎运动休闲地”称号，洞头先锋女子民兵连纪念馆入选全国红色旅游经典景区；望海楼和半屏山景点入选温州20大山水胜景；望海楼景区获全国用户最关注的温州景点前5名；洞头全国海钓邀请赛获“体彩杯”浙江省首届十佳商业体育赛事优秀奖，

【温州市洞头区创建国家AAAAA级旅游景区三年行动计划（2016—2018年）】 2016年8月2日，区委、区政府出台《温州市洞头区创建国家AAAAA级旅游景区三年行动计划（2016—2018年）》（洞委办发〔2016〕58号）。该计划按照“全域提升、核心创建”工作要求，重点加强仙叠岩—半屏山—大竹峙岛景区的硬件与软件提升，完善全域游憩体系、景观体系、安全体系、生态体系、营销体系、服务体系和保障体系建设。主要任务是：建立一个政策管理体系、推进重点项目建设；完善一套宣传台账资料、开展系列旅游主题活动；建立一支专业人才队伍和推进旅游交通、旅游综合、旅游安全、环境卫生、邮电通讯、旅游购物、综合管理、资源与环境保护等八大方面27项工作任务。计划至2018年，通过国家旅游局评定验收。

【洞头区旅游业“十三五”发展规划编制完成】 2016年12月，洞头区旅游业“十三五”发展规划编制完成，规划期限为2016年至2020年。该规划作为全区国民经济和社会发展规划13个重点专项规划之一，是“十三五”时期指导全区旅游产业发展的纲领性文件，是制定旅游产业发展政策和安排重点项目投资建设的重要依据。规划围绕“加快同城发展，建设海上花园”总体发展战略，以建设“‘长三角’‘海西区’新兴海洋休闲旅游目的地”为总体目标，重点塑造“海上休闲”和“海岛康养”两大特色旅游品牌，全面促进洞头旅游产业持续转型升级，成为洞头积极融入国家“一带一路”和温州都市圈海洋战略的重要新兴产业。

【洞头区主题岛保护开发三年行动计划（2016—2018年）公布】 2016年8月2日，区委、区政府印制《温州市洞头区主题岛保护开发三年行

动计划（2016—2018年）》（洞委办发〔2016〕55号）。该计划按照“一岛一特色、岛岛有主题”发展理念，推进主题岛屿基础设施建设。以政府投入为主导，三年计划投资约4.54亿元，加快推进主题岛屿开发建设。力争把大竹峙、南策、大瞿、半屏、鹿西等主题岛屿建设成生态良好、环境优美、设施完善、风格独特、管理规范的特色主题岛。

【洞头区全域景区化概念规划设计国际方案全球征集】（参见《城乡建设与管理》栏目“概述”分目）

【《关于加快推进“全域景区化”的实施意见》出台】（参见《城乡建设与管理》栏目“规划管理”分目）

【《温州市洞头区全域景区化建设三年行动计划（2016—2018年）》公布】（参见《城乡建设与管理》栏目“规划管理”分目）

【第九届全国海钓邀请赛在洞头举行】2016年7月22—23日，第九届全国海钓邀请赛在洞头举行，对抗赛主题是“四海一家·垂钓洞头”，来自香港、澳门、台湾、浙江、广东、福建等地24支队伍70多名专业选手参加。对抗赛包括“海天岛色 玩转洞头”电视真人秀、“快乐自驾 游钓洞头”百辆豪车自驾游钓洞头和“心系大海 游钓洞头”百家亲自游钓洞头等活动。结果浙江二队、浙江队、福建三队分获第一名、第二名、第三名。温州广电传媒集团和温州报业集团通过浙江在线、浙江新闻等20多家纸媒、网络、电视媒体等宣传比赛。赛事由洞头区委、区政府、市体育局、市旅游局主办，省钓鱼协会、区旅委、区文体局承办。

2016年7月22—23日，第九届全国海钓邀请赛暨两岸三地对抗赛

【温州“百岛洞头”杯全国路亚海钓俱乐部邀请赛】2016年5月28—29日，温州“百岛洞头”杯全国路亚海钓俱乐部邀请赛在洞头举行。全国各地钓鱼俱乐部15支队伍45位海钓精英参加。该赛事作为第九届全国海钓大赛的预热赛，突出海钓与休闲旅游产业的多维互动、融合发展特点，扩大洞头“全国海钓基地”品牌影响力。比赛分设团体和单尾两个奖项，规定采用路亚为饵钓海鲈鱼，整个比赛限时6小时。结果北龙海钓俱乐部邵晓波以单尾8.42千克获冠军，雅奇海钓俱乐部以13.64千克战绩获团体总冠军。赛事由区旅委与市钓鱼协会主办。

【洞头全国海钓邀请赛获省首届十佳商业体育赛事优秀奖】2017年1月，“体彩杯”浙江省首届十佳商业体育赛事评选活动结果公布，洞头“全国海钓邀请赛晋级赛事”获“体彩杯”浙江省首届十佳商业体育赛事优秀奖。评选活动于2016年9月启动，经过海选、30进20、总决赛路演等环节，涵盖浙江11个市、近百个品牌商业体育赛事。洞头全国海钓大赛已连续举办九届，受到国内外海钓界、旅游界广泛好评，成为

洞头“全国海钓邀请赛晋级赛事”获省首届十佳商业体育赛事优秀奖

最具影响力品牌海钓大赛之一，每年吸引近3万人次到洞头垂钓旅游。评选活动由浙江省体育局、浙江日报报业集团联合主办，钱江晚报和浙江省体育产业联合会承办。

【洞头区获“浙江省十佳最受欢迎运动休闲地”称号】2016年9月，浙江省第二届最受欢迎运动休闲地评选活动揭晓。在推荐56家（其中46家）符合要求运动休闲地基础上，通过网络投票、专家投票和媒体投票等环节，评选产生“浙江省十佳最受欢迎运动休闲地”名单，洞头区名列其中。活动由浙江省体育产业联合会主办，浙江《青年时报》承办，是省体育局、省旅游局举办的第五届运动休闲旅游节的配套活动。

【望海楼、半屏山入选20大温州山水胜景】2016年9月，由温州日报推出的《为你心中的山水，寄出一套明信片》票选结果出炉，洞头望海楼、半屏山景区（点）入选为20大温州山水胜景。该票选活动推选的温州山水风景代表，涵盖自然风光和人文景观。活动吸引上千名市民参与，通过温州新闻APP、温州掌上旅游微信公众号投票及特邀专家、学者意见，最终选出20大温州山水胜景。

旅游市场营销

【概况】2016年，洞头区举办第九届全国海钓邀请赛，拍摄大型旅游宣传片《海天岛色·玩转洞头》，承办“百岛洞头·海上花园”旅游专场推介会，协助开展第七届中国·洞头妈祖平安节、第八届大门油菜花节和洞头区第六届国际放生节等节庆活动。组织春节期间洞头人免费游景区和“5·19”中国旅游日营销活动。是年，洞头被授予市“劳动模范休养基地接待站”，获“浙江省十佳最受欢迎运动休闲地”称号。

【旅游宣传促销】2016年，区旅委组织参加中国国际旅游交易会、中国（宁波）—中东欧国家旅游合作交流会、第八届中国（义乌）旅游商品博览会、洞头旅游（杭州）专场推介会、四川重庆旅游促进会、“2016浙江（上海）旅游交易会”、温州旅游西向高铁沿线城市推介会、舟山国际海岛旅游大会、温州主题旅游产品（上海）推介会、温州疗休养主题产品推介活动等市场营销活动，精心包装推出山江海之旅等精品线路。参加推荐“春节农家乐出游路线”“春节精品民宿”“2016洞头疗养线路初步规划”“洞头最新精品旅游线路”“美国旅游作家协会温州年会线路”等活动，参与“诗画浙江”旅游线路设计、“浙江省十佳最受欢迎运动休闲地”评选。走访上海、成都、温州、衢州、金华、东阳、丽水等地，引进各地旅行社踩线团等踩线洞头，拓展沪杭衢婺丽市场，探索景区门票免费政策。以电视真人秀形式制作大型旅游宣传片《海天岛色·玩转洞头》，首次尝试将真人秀与洞头旅游融合。通过温州—上海—南京高铁、杭州东站候车室、江苏卫视点播平台投放洞头旅游宣传广告。

【金海岸开元度假村获“温州市劳动模范疗休养基地”称号】（参见《社会团体》栏目“总工会”分目）

【《海天岛色·玩转洞头》拍摄完成】2016年6月25—27日，来自美国、加拿大、荷兰、多哥、伊朗等国家8位留学生及在温工作的玩家玩转洞头。《海天岛色·玩转洞头》是针对城市中高端青年群体推出的竞赛类真人秀电视节目，以两人小组为一个单位，共四组选手参与比赛，每场比赛需参加多项比赛项目，用时最少者为优胜，让选手在比赛期间经历智力、体力等综合能力考验。《海天岛色·玩转洞头》由区旅委、温州都市生活频道主办，洞头旅游文化发展有限公司、温州都市生活频道专题部承办。

【“百岛洞头·海上花园”旅游专场推介会】2016年7月29日，洞头旅游专场推介会在杭州举行，活动

旅游合作交流会推介活动

主题是“杭城出发游洞头”，杭州及周边地区旅行社代表等50余家、旅游业界及媒体代表26家共100多人参加。区委副书记、区长王蛟虎致辞，副区长叶海峰主持。省旅游局、省旅游协会、省旅行社协会领导、副区长赵国成等出席。活动推介洞头旅游“三大特色”“四大主线”“五大优惠”等内容。并通过宣传片播放、旅游套票发布、座谈等展示洞头旅游资源。会上区旅委与浙江省中国旅行社集团有限公司、浙江新世界国际旅游有限公司、杭州国际旅行社有限公司、杭州旅游集散中心有限公司及浙江万达旅游集团有限公司签订旅游合作协议。活动现场举行杭州市民专属电子套票发布仪式，套票涵盖吃住行游购娱等，总价值1000万元。活动由区政府主办，省旅行社协会协办，区旅委承办。

【美国旅游作家协会走进洞头】 2016年10月27日，美国旅游作家协会10位旅游名家代表到洞头开展以“温州之美，让世界看见”主题采风活动。采风组实地参观东海贝雕艺术博物馆、百福古船木厂、望海楼、仙叠岩栈道、南炮台山等。美国旅游作家协会成立于1956年，是北美地区主要旅游专业组织，致力于宣传全球知名旅游目的地。其会员多为北美旅游名家和知名旅游作家，撰写作品和文章，刊发在北美地区和欧洲地区的知名杂志、报纸、旅游书籍、旅游指南手册、电台、电视台旅游栏目等。

【“中国旅游日”免费游洞头活动】 2016年5月19日，是第六个“中国旅游日”。洞头推出免费游洞头活动，全区境内七大景区，四百多个景点免费对外开放。全天实现旅游团队接待量1.5万人次，各地旅行团游客预定1.2万人，进岛大巴超200辆。各景区游客约4.5万人次，旅游综合收入2025万元。

红色旅游

【概况】 2016年，区旅委承办“海上花园·大美洞头”主题系列活动暨全国晚报采访摄影大赛，举办“海霞杯”浙江省首届高校军事趣味对抗赛。洞头先锋女子民兵连纪念馆入选全国红色旅游经典景区名录，海霞红色旅游发展纳入国家红色旅游“十三五”发展规划。卓桂荣撰写的《创新整合路径 加快“海霞”红色旅游新发展》刊登在浙江《足迹》和《温州史志》。海霞军事主题公园高票入选洞头十大美景。

【海霞军事主题公园高票入选洞头十大海岸美景】 2016年6—8月，为庆祝温州（洞头）半岛工程建成通车十周年，提升洞头知名度和美誉度，洞头区组织开展“海上花园·大美洞头”主题系列活动。在“海上花园·大美洞头”十大美景评选活动中，海霞军事主题公园以总票数第二名870612票入选。海霞军事主题公园坐落在洞头本岛胜利岙，为全国第一座海防军事主题公园，温州市爱国主义教育基地和省市红色旅游经典线路。这里是1952年洞头解放最后一战的主战场，如今仍有岗楼、碉堡、战壕。目前建有丛林战道、高空滑索、真人CS等军事体验项目，还陈列着退役的战机、火炮。活动执行单位为中国报业全媒体发展研究中心、中国晚报摄影学会、洞头区委宣传部、温州日报报业集团。

【洞头先锋女子民兵连纪念馆入选全国红色旅游经典景区名录】 2016年12月30日，国家发改委、中宣部、国家旅游局等14个单位联合发布《关于印发全国红色旅游经典景区名录的通知》（发改社会〔2016〕2662号），公布300处全国红色旅游经典景区，位于洞头区北岙街道海霞村红色景区——洞头先锋女子民兵连纪念馆名列其中。洞头先锋女子民兵连纪念馆始建于1976年，2000年和2015年先后重新修建，现占地面积870平方米。馆内存有大量的实物图片，反映洞头先锋女子民兵连1960年6月建连以来弘扬励志奉献的海霞精神，注重海疆海防，渐成国防基层战线一面永不褪色旗帜的历程。是国家国防教育示范基地、省市爱国教育基地、省级党史教育基地。

【“海霞杯”浙江省首届高校军事趣味对抗赛】 2016年11月26—27日，“海霞杯”浙江省首届高校军事趣味对抗赛在洞头举行，来自杭州师范大学、浙江师范大学、温州大学100名学生选手参赛。活动设置信任背摔、丛林穿越、寻宝拉力赛等对抗项目，融入思想道德建设和爱国主义教育内容，彰显红色旅游特点。活动由浙江青年传媒集团、洞头区旅委主办，青年时报集团、高校运动休闲联盟共同承办。

乡村旅游

【概况】 2016年，区旅委引导民宿产业加快发展，完善渔家乐民宿管理、渔家乐民宿发展相关政策文件。推进岩海凸垄度假山居、“月半湾”渔家风情艺术村、花岗古渔村和白迭文化艺术村项目建设。全年新增民宿47家463张床位，累计民宿189家床位2338张。荷忆·花居民宿、那鹿湾休闲度假村和花石间客栈入围温州“最美巾帼民宿”评选候选名单。海悦客栈、荷忆·花居、钱苑后院民宿创成市级特色客栈。与洞头富民村镇银行签订银旅结合助推乡村旅游发展战略合作协议，发放“民宿贷”23户近400万元。组织乡村旅游专职人员到温州、杭州等地取经。推进“北半岛”乡村旅游，举办第八届海岛旅游（大门）油菜花节。改造提升大门镇马岙潭、观音礁景区。

通景公路改造石头房立面56间，设计更换通景公路沿线73家店铺货柜与遮阳雨棚，完成通景公路两边绿化提升。联合开展旅游景区、星级酒店、通景公路占道违法经营及景区周边食品卫生安全整治检查；联合组织对“三无”船舶、黑车的排查整治力度。结合“美丽乡村示范县”“无违建区”创建，整治通景公路两侧违规经营、占道经营5起。全年开展联合执法7次。

“海角七号”民宿

【第八届海岛（大门）油菜花节】 2016年3月26日，值大门大桥通车，第八届海岛（大门）油菜花节在大门岛举行，主题是“春暖油菜花开·桥通大门看海”，活动把春天、油菜花、大海、月亮湾、运动和音乐等元素结合一起，包含开幕式演出、龟岩生态之旅、观音礁沙滩音乐会和产品展销等。活动吸引温州、乐清等地近万名游客参加。大门镇已连续举办七届。

第八届海岛（大门）油菜花节

【百岛渔家——年货节】 2016年1月29—31日，“百岛渔家——年货节”在洞头码头环区海钓中心（全国海钓基地接待中心）举办。年货节参展商铺60多家，涵盖舞动新春、腊味飘香（特色小吃）、年货迎新（年货展销）、万福迎新（书画对联）、牵手迎新（旅行社）、快乐新春（儿童游乐园）等六大特色年味活动。现场推荐洞头本地年货和温州周边特色年货及台湾特色产品等。

【“海角七号”民宿】 2016年7月，洞头月半湾渔家文化艺术村旗下首家民宿——“海角七号”民宿开业。海角七号民宿位于洞头区隔头沙岙路315号，占地面积100平方米，建筑面积近260平方米，5个房间5个床位。主要以电影为主题，把《海角七号》《大话西游》《罗马假日》等脍炙人口的电影元素融入民宿中，同时以简欧地中海式装修风格，结合渔家风情，体现月半湾设计理念。以洞头特色渔家文化风情、本土艺术创意为内核，引进众筹、众创、众享理念，通过对隔头村沙岙自然村内较为原始、古朴的20余栋石头民居保护、修复与改造，结合渔家文化、民宿文化、饮食文化、建筑文化等，以“民宿+”为主体，展示特色文化，设置互动体验项目。洞头月半湾渔家文化艺术村由浙江隐墅乡村旅游发展有限公司于8月开始投资运营。

【海天左舍民宿】 2016年11月，海天左舍民宿开业。海天左舍民宿位于东屏街道仙岩西路245弄20号，是一家集地中海风情、田园特

海天左舍民宿

色、希腊情怀的海岛风情民宿。建筑面积500平方米，有8个房间、12个床位。

【兴海汐景民宿】2016年8月，兴海汐景民宿开业。兴海汐景民宿位于洞头区大门镇美岙村，集空旷院子和小阁楼于一体。建筑面积200平方米。有7个房间、10个床位。

【荷忆·花居民宿】2016年7月，荷忆·花居民宿开业。荷忆·花居民宿位于洞头区东屏街道洞头村渔岙巷32弄7号，是一家以花为主题的文艺清新范民宿，具有中国式诗情画意，建筑面积517平方米，占地面积151平方米。前期装修投资60万元，建房投资90万元。有9个房间、16个床位。

【良家小筑民宿】2016年4月，良家小筑民宿开业。良家小筑民宿位于洞头区东屏街道屏山东路80号，背山面海，以海岛风情为主题，建筑面积300平方米，有11个房间、17个床位。

【得人影舍民宿】2016年1月，得人影舍民宿开业。得人影舍民宿位于洞头区元觉街道兴岙路八弄1号，是一家具有浓郁渔村风貌的特色民宿。6个房间16个床位，建筑面积280平方米，占地130平方米。

旅游行业管理

【概况】2016年，洞头区培育省级渔家乐特色村3个、市级4个、区级11个，发展省级渔家乐示范点1家、市级11家、区级10家。全区民宿189家2338张床位，其中新增47家463张床位。全区渔家乐经营户（点）154个，其中三星级以上渔家乐经营户32家。全区导游363人，其中持有国家导游证45人，省级导游证（景区景点讲解员）318人；全职导游（含旅行社经理、景区讲解员）18人，兼职导游20人。组织参加温州市农家乐厨艺大赛，洞头粤明轩代表队“济众慈航”菜品获“十佳农家乐创新菜”称号，明海酒楼、阿秀海鲜坊获优胜参赛单位。

【《温州市洞头区精品民宿发展三年行动计划（2016—2018年）公布》】2016年8月2日，区委、区政府出台《温州市洞头区精品民宿发展三年行动计划（2016—2018年）》（洞委办发〔2016〕56号）。该计划主要任务是注重环境改造、加强政策扶持、规范经营管理、实行差异发展、加强品牌培育等内容。目标至2018年，培育精品民宿发展示范乡镇3个、民宿发展示范村10个、特色民宿示范点8个、市级特色旅游客栈20家，全区新增渔家乐民宿经营单位100家、新增接待床位1000张。

【乡村旅游培训】2016年5月18—20日，区旅委举办乡村旅游培训会，各街道（乡镇）村干部、农家乐经营业主、民宿业主等80人参加。培训采取“专家授课+实地考察”形式进行，培训内容为乡村旅游经营发展知识、国内乡村旅游发展、民宿服务与管理和互联网+民宿方面。实地考察永嘉精品农家乐、民宿开发与培育情况。8月，举办第二期乡村旅游培训会，邀请浙江旅游职业学院吕汝健教授、张雪丽讲师授课。内容涵盖乡村旅游资源开发与品牌建设、农家乐服务品质提升等。11月，组织在浙江东方职业技术学院举行的第三期乡村旅游培训会，邀请千岱山居度假酒店创始人方正、浩华管理顾问公司媒体运营经理鲁超讲师授课，内容涵盖民宿规划设计与营销、民宿管理与服务品质提升等。

旅游项目开发

【概况】2016年，百岛梦幻冰雪王国、海悦城水乐园及中鹿旅游台湾观光工场等一批旅游项目对外营业。委托美国HHCP公司环岛西片梦幻海湾度假城项目编制概念性方案，区政府与福建美达国际大酒店有限公司签约总投资3.57亿美元的状元南片欢乐海岸主题乐园。

【百岛梦幻冰雪王国投入运营】2016年6月25日，百岛梦幻冰雪王国项目完工开始运营。该项目位于洞头区新城海景大道，占地面积20亩，建筑面积7540平方米，投资3500万元，建设单位为浙江冰海旅游开发有限公司。场馆以静态冰雕展示和动态冰上游乐项目为主，设有大型儿童乐园、冰上飞碟、蛇形滑道、海盗船滑道、阳光球组合滑道、冰上碰碰车、冰上保龄球等冰雪游乐项目，及冰上婚纱摄影基地。场馆内作品冰块出自冰城哈尔滨，由国内顶尖冰雕设计师创作。营业时间为9：00—18:00。门票为成人150元/人，儿童（1.1—1.4米）90元/人，亲子套票：180元/一成人一小孩，260元/二成人一小孩。

海悦城水乐园

【温州中鹿旅游·台湾观光工场投入营业】 2016年9月30日，温州中鹿旅游·台湾观光工场对外经营。该项目是洞头首个台湾商品专售店，位于洞头中心渔港码头旁（全国海钓基地接待中心），建筑面积约3500平方米，项目总投资约1000万元，是一家专业展示台湾免税产品和地方特色产品及台湾美食现做现卖的特色旅游观光工场。内设台北馆、台中馆、阿里山馆、金门馆、一条根馆、台湾箱包馆、LED种菜馆、现烤牛肉馆、现做牛轧糖馆、奶茶咖啡馆、现做凤梨酥馆、温州洞头特产馆、海钓器具展示柜等。

【海悦城水乐园对外开放】 2016年6月25日，海悦城水乐园对外开放。该园位于洞头新城区海景大道边，占地面积1.91公顷，建筑面积约19120平方米，总投资3000万元。分演出区、休闲健身区、戏水区、游乐区等，设有露天海水游泳池、大型戏水广场、游乐王国与未来世界、室内拓展等。

【梦幻海湾度假城项目概念性规划设计签订】 2016年8月25日，梦幻海湾度假城项目概念性规划委托设计签约仪式举行。区委副书记、区长王蛟虎，副区长叶海峰参加签约仪式。项目拟选址于洞头环岛西片，占地面积229.33公顷，项目总投资约40亿元，规划设计以“水”为主题的滨海休闲旅游度假区。由温州市国光房地产开发有限公司与美国HHCP国际设计公司签订。

旅游设施建设

【概况】 2016年，区旅委推进海洋生态廊道、主题岛屿开发、创建AAAAA景区旅游交通配套设施工程及智慧景区工程等大项目开发建设，完成“东海第一栈道”、凸垄岩海民宿等工程建设和仙叠岩景区提升工程、半屏山景区提升工程以及海霞军事主题工程改扩建工程二期，全年完成投资10550万元。启动大竹峙岛6大项目建设前期，供电系统建设进入招标阶段。海岛生态环境监测站工程完成部分土建施工。海岛管理配套（道路建设）工程完成初步设计评审，进入施工图编制阶段。垃圾量化和污水、海水淡化、通信基站及配套设施工程前期投资1382万元。景区智能化工程闸机设备进入调试验收阶段。

温州中鹿旅游·台湾观光工场

【东海第一栈道工程开工】2016年9月，海洋生态廊道工程一期东海第一栈道工程（南炮台山临海悬崖栈道项目）开工建设。总投资概算3979.45万元，工程建设费3499.62万元。主要建设内容为仙叠岩至南炮山段栈道，全长3.136千米，包括玻璃栈道、玻璃钢栈道、线性防腐木栏杆栈道、防腐木栏杆彩色混凝土栈道，及景观改造、绿化、照明、弱电、给排水等相关配套设施，该工程由洞头旅游文化发展有限公司负责，时代建筑设计院（福建）有限公司设计，施工单位为浙江中嘉建筑园林有限公司，温州华厦建设监理有限公司负责监理。中标价2032万元。

【仙叠岩景区提升工程建成投用】2016年6月，仙叠岩提升工程（游客中心、救生中心）完工投用。该工程总造价450万元，工期180天，工程主要建设游客中心、救生中心。包含大沙岙景点入口建筑和海滨浴场救生室改扩建，景区周边环境、绿化、智能设施提升。项目建设单位为温州市洞头旅游文化发展有限公司，设计单位为浙江佳境规划建筑设计研究院有限公司，施工单位为瑞宇建设有限公司，监理单位为温州裕达建设工程项目管理有限公司。

【半屏山景区提升工程完工】2016年11月，半屏山景区提升工程完工。该工程位于东屏街道半屏岛，规划红线范围约170.5亩，总占地面积11.3万余平方米，其中建筑面积2600平方米，绿化用地面积11余万平方米，概算总投资3419余万元。主要建设山上游客中心、海上游客中心、滨海休闲栈道、临海悬崖栈道及广场平台等景区项目。项目建设单位为温州市洞头旅游文化发展有限公司，设计单位为浙江西城建筑设计有限公司，施工单位为广东筑奥园林有限公司，监理单位为浙江之江监理工程有限公司。

半屏山景区一角

【海洋生态廊道整治修复工程PPP项目】2016年11月18日，洞头区海洋生态廊道整治修复（洞头村海景路至小长坑村铁炉头东侧生态廊道）工程PPP项目开工。该工程主体建设工期约3个月。是洞头“十三五”时期重点工程项目。内容涵盖海堤改造2144.5米、防护绿地12000平方米，子项目投资约1400万。工程由温州市洞头区风景与旅游发展委员会负责，杭州中艺生态环境工程有限公司施工、杭州蓝天风景建筑设计研究有限公司设计，温州华厦建设监理有限公司监理。

【洞头区AAAAA景区旅游交通配套项目开工】2016年7月，洞头区AAAAA景区旅游交通配套项目大山停车场改造提升工程开工建设。该停车场面积12827平方米，水泥道路4804平方米，小型机动车停车位154个，大型机动车停车位12个，无障碍停车位16个，绿化面积7756平方米，工程总投资概算883.34万元。工程由温州市洞头旅游文化发展有限公司负责，浙江申诚环境工程有限公司施工，温州市欣荣园林规划设计研究院设计，温州华厦建设监理有限公司监理。

【海岛生态环境监测站开工】2016年4月，大竹峙岛配套设施工程（海岛生态环境监测站）开工建设，工程总投资概算305.28万元，该工程主体建设工期90天。工程总用地面积约921.76平方米，总建筑面积453.84平方米，其中新建建筑面积220平方米。工程为全框架结构，共两层，一层设置海岛开发与利用示范展览厅、地质灾害监测预警室、物种多样性监测评价和监控、机房；二层设置管理办公室和值班室。工程由温州市洞头旅游文化发展有限公司负责，温州永宏建设工程有限公司施工，温州设计集团有限公司设计，温州华厦建设监理有限公司监理。

【美岙游客集散中心一期工程开工建设】（参见《街道·乡镇》栏目“大门镇”分目）

（曾苇苇）

栏目编辑　曾焕定

大门海洋经济示范区

渔婆·许银娣

“海霞精神”

爱岛尚武　励志奉献

“五岛连桥”精神

小县办大事　小岛创大业

【概况】2012年3月，洞头县大门海洋经济示范区挂牌成立，功能定位为浙江海洋经济发展示范区先行区、温州对台经贸合作试验区。其管辖范围包括大门镇、鹿西乡行政区域，陆域面积45.86平方千米，实行区镇统分（一镇带一乡）管理体制。2015年4月，根据省市关于瓯江口产业集聚区体制调整意见，成立瓯江口产业集聚区洞头大门岛分区管理委员会（对应洞头县大门海洋经济示范区管理委员会），实行“一套人员、三块牌子”运作模式，同年9月，瓯江口产业集聚区洞头大门岛分区挂牌成立。2016年9月，因全省海洋港口整合调整，温州港集团并入浙江省海港集团，大小门岛开发建设由温州交投集团负责。

大小门岛是连接长三角经济区与海西经济区重要节点，位于瓯江口外中心区域。陆域总面积35.26平方千米，其中大门岛面积28.6平方千米，为温州市第一大岛；小门岛面积4.63平方千米。下辖3个农村新社区，25个村（居），人口2.75万人。大小门岛具有良好的港口岸线资源，大小门岛港区是温州港三大核心港区之一，也是温州唯一可以建设20万吨级以上泊位的港区。共布置各类生产性泊位38个，其中10万吨级以上泊位5个（大型LNG泊位2个，通用散货泊位3个），5万吨级19个。原对外交通主要以水上交通为主，开通大门至洞头本岛、大门至乐清（温州）航线。2016年1月始，大门大桥通车，实现与乐清陆岛相连至甬台温高速复线，大门距高速仅30千米。

大小门岛功能定位为温州临港工业岛和港口物流岛，主要发展石化产业、港口物流业、现代服务业以及其他配套产业。分大门岛东作业区、小门岛作业区、大门西作业区、大门岛南片区。根据温州市产业发展规划及部省的港口布局规划，大小门岛港区的另一发展目标是建设成为温州现代石化产业基地，打造成浙南地区最有影响力的临港石化产业园区。

2016年，大小门岛实现经济总收入79.97亿元（含中燃华电）。参与税收分成收入2200万元。完成固定资产投资7.8亿元，区域内完成到位内资2.7亿元。总投资108亿元（一期）的中石化温州液化天然气（LNG）项目获国家发改委核准。大小门岛热电联产规划获省发改委批复。中燃华电公司罐区LPG技改项目一期低温罐建设完工投产，产量6万立方米。浙江弘博DOP项目投产。总投资约50亿元的浙能集团热电联厂项目签订框架协议。是年，市委书记徐立毅等考察大小门岛石化产业基地。

【大小门岛投资开发主体资质划转给温州市交投集团】2016年9月7日，根据省委省政府关于温州港参与全省港口整合的工作要求，温州港集团对所持有的温州大小门岛投资开发有限公司40%股权无偿划转给温州市交投集团。大小门岛投资开发主体资质由温州港集团正式移交给温州市交投投资集团。温州市国资委章炜副主任、区委副书记、区长王蛟虎、温州港集团董事长汤宝林、温州市交投集团董事长秦肖等出席交接仪式。

【中石化温州液化天然气（LNG）项目获国家发改委核准】2016年9月，该项目获国家发改委核准。中石化温州LNG项目选址温州洞头小门岛，项目由码头及陆域形成工程、接收站工程、输气管道工程三部分组成。根据市场预测及工程建设计划安排，温州LNG项目接收站分期建设，一期工程建设规模为300万吨/年（40.5万立方米/年），计划于2018年建成投产；远期工程建设规模为1000万吨/年（135万立方米/年）。该项目总投资1082523万元。

【浙能集团热电联厂项目签约】 2016年6月，总投资约50亿元的浙能集团热电联厂项目正式签订框架协议。浙江能源集团热电联产项目选址于洞头区大门镇小门西片围垦区内，项目用地30公顷，拟建4×50兆瓦燃煤机组，投资约28亿元。项目投产后，年发电量14亿千瓦时，供热量300万吉焦，供热面积17千米，年产值约10亿元。

【徐立毅到大小门岛考察调研】 2016年7月10日，市委书记徐立毅到洞头大小门岛调研指导。徐立毅一行先后察看大门大桥工程建设、温州中石油燃料沥青有限公司、浙江中燃华电能源有限公司、东屿村整村征迁及综合材料生态处置中心建设运营情况、大门石化产业基地总体建设情况等，详细了解东屿村整村拆迁后未来规划、大门石化产业基地总体建设和中石化LNG、20万吨级泊位后方陆域填海项目进展等情况。徐立毅强调，要提升理念、精准发力，狠抓项目推进和招商引资，注重质量，优化结构，提升效益，建成一批支撑力大、功能性好、导向性强的重大项目，引领带动经济转型发展。要科学规划、合理布局，锁定龙头项目，实施精准招商，谋深、谋细关系长远发展的重大基础设施、重大产业项目建设，加快中石化LNG等重大项目前期工作，高水平高标准建设一批重大项目，引领带动一方发展。市委常委、秘书长仇杨均，区领导董智武、王蛟虎、张志宏、林新磊等参加调研。

【洞头区小门临港石化产业起步区开发（含港口促淤堤区块）三年行动计划公布】 2016年9月14日，区委、区政府制定《温州市洞头区小门临港石化产业起步区开发（含港口促淤堤区块）三年行动计划（2016—2018年）》（洞委办发〔2016〕76号）。该计划主要任务是围垦造地提速行动、基础设施提升行动、行业平台搭建行动、产业项目推进行动、招商引资攻坚行动等。目标至2017年底，起步区完成产业投资4亿元，实现工业产值30亿元、商品销售额42亿元，年增长率分别超过8%，实现利税总额3.8亿元。至2018年底，起步区完成产业投资10亿元，实现工业产值32亿元、商品销售额45亿元，年增长率分别超过8%，实现利税总额5亿元，成为洞头工业经济新增长点。

2016年6月27日，市政协主席余梅生等考察洞头大小门岛石化产业基地

【《温州市洞头区大小门岛热电联产规划（2016—2025年）》获批】 2016年10月，《温州市洞头区大小门岛热电联产规划（2016—2025年）》获省发改委批复。该规划是洞头区首个热电联产规划，是今后大小门岛热电联产行业发展、热点源和热网规划的主要指导依据。该规划时间至2025年，近期为2016—2020年，中期为2021—2025年，远景展望至2025年后。规划范围为大门镇大门岛、小门岛陆域范围和规划围涂区域。规划实施后，每年可节约标煤6.8万吨，每年可减排二氧化硫1224吨、减排氮氧化物391吨、减排烟尘258吨。

【东屿村整村征迁】 2016年5月，东屿整村征迁工程完成。全村214户501人迁至大门镇长沙村。征迁土地107.33公顷，拆迁面积9764.4平方米。拆迁工作于2015年3月始，区委、区政府成立领导小组，分管领导蹲点负责，制定工作计划，倒排时间，坚持“每日一会”制度，及时研究遇到的问题和对策，认真做好协议签订、政策兑现、过渡用房建设、安置房建设。投入资金1.43亿元。

【市政协考察大小门岛石化产业基地】 2016年6月27日，市政协主席余梅生、副主席章方璋及部分市政协委员一行到洞头考察大小门岛石化产业基地。考察团一行现场察看中石油燃料沥青有限公司，并听取大小门岛开发建设情况汇报。区领导董智武、叶国胜、张志宏、叶明久等参加。

（林万敏）

栏目编辑　卓桂荣

财税·审计

归艇鱼满筐·叶锡静

“海霞精神”

爱岛尚武　励志奉献

“五岛连桥”精神

小县办大事　小岛创大业

财 政

【概况】2016年，全区财政总收入11.51亿元，增长20.1%。其中，一般公共预算收入6.52亿元，增长20.0%，占财政总收入56.7%；上划中央“六税”收入5.00亿元，同比增长20.4%。税收收入5.41亿元，增长24.8%，占一般公共预算收入83.0%。全年一般公共预算收入中，三大主体税种合计入库2.01亿元，收入结构持续优化，其中增值税入库12347万元，同比增长100.6%；企业所得税入库4855万元，同比增长36.5%；个人所得税入库2864万元，同比增长27.9%。受“营改增”影响，全区营业税入库14734万元，同比下降22.9%，减收4376万元。其他地方各税入库19323万元（扣除本期成品油价税改革城建税划出660万元），同比增长57.1%。契税、耕地占用税分别入库8012万元、570万元，分别增收4273万元、300万元，增收原因主要是非即期税款在本期集中入库。资源税本期入库2714万元，同比增长195.6%，增收1796万元，其中料石开采资源税2571万元申报入库致使本期资源税大幅增长。城建税、土地使用税、房产税、车船税、印花税分别增长11.9%、12.4%、10.9%、5.2%、6.9%。城镇土地增值税收入降低5.9%。全年非税收入完成入库11059万元，同比增长0.7%。全区一般公共预算支出20.34亿元，增长8.2%。民生事业支出完成13.37亿元，占一般公共预算支出的65.7%，同比增长1%。

【财政支出管理】2016年，全区民生事业支出完成13.37亿元，占一般公共预算支出65.7%。提高城乡低保、医疗救助、临时救助、城乡医保等补助标准，落实农村部分计生家庭参加养老保险财政补助资金，保障教育现代化创建、企业科技创新项目补助、行政事业单位社保改革资金需求，提高村主职干部工资报酬和卸任村干部待遇，并纳入区级预算保障。提高社区党组织服务群众专项经费标准，保障村级绩效考核资金落实到位。教育、社会保障和就业、医疗卫生与计划生育等重点领域支出分别为33975万元、12332万元、19961万元，同比增长8.5%、18.0%、42.8%。投入“五水共治”等专项工作支出近6亿元，统筹安排环境综合整治、“一打三整治”、“大拆大整”、智慧城市建设等专项资金。投入600万元兑现渔农业优惠政策，投入904万元用于村级公益事业“一事一议”财政奖补项目。争取到位中央补助蓝色海湾整治项目资金1.50亿元、省级美丽乡村建设资金补助2000万元。全年全区三农支出8.26亿元。落实全区五大产业培育提升扶持政策，加大对重点产业和新兴产业扶持力度，对企业口拨付资金率先试行国库直接拨付，支持企业转型升级，促进地方产业发展，全年拨付各项财政扶持资金4607万元。加强企业金融帮扶，完善企业应急转贷资金运作机制，累计使用应急转贷资金13笔，发放应急转贷资金3750万元，助保贷资金100万元。健全产业基金管理机制，支持信息经济、环保、旅游等重点产业发展，助推大众创业、万众创新。

【预算管理改革】2016年，区财政局深化财政体制改革，实施预算审查机制，把所有部门预算报区人大常委会审查，实现部门预算审查覆盖面100%。推开财政预决算、部门预决算和“三公”经费预决算公开工作，全区三公经费下降36.6%。开展预算公开专项督查，实现部门预算公开率100%。完善公款竞争性存放管理办法，把国有企业纳入公款竞争性存放范畴，首次试行3年期竞争性存放，开展二期区级财政资金竞争性存放公开招标，存放资金4亿元，实现财政闲置资金保值增值。开展财政存量资金清理，盘活财政存量资金1.26亿元。

【**投融资体制改革**】2016年，区财政局积极探索投融资体制改革，推广PPP融资模式，推介大小门环岛公路工程、大小门片区一体化建设工程、海洋生态廊道工程等10大项目78个子项目，总投资约162亿元。PPP项目入选财政部1个，省库8个（2015年2个、2016年6个）。其中，洞头区本岛海洋生态廊道整治修复工程PPP项目成功入选财政部第三批示范项目。新城二期河道景观及配套工程、海洋生态廊道工程、污水处理工程3个项目签约落地。全年完成筹融资23.7亿元，确保重点工程建设顺利推进。实行地方政府债务规模限额管理，全年全区地方政府债务限额11.7亿元，低于地方政府债务率警戒线，风险总体可控。

【**财政监督管理**】2016年，区财政局成立财政资金安全检查工作领导小组，制定出台《洞头区财政资金安全检查工作实施方案》。开展区本级财政资金安全自查以及对所属乡镇自查情况进行核查，并跟踪整改落实情况；开展全区津贴补贴、差旅费等监督检查，规范财务开支行为；开展区级财政支出政策重点绩效评价，涉及金额448万元。实行“三公”经费支出情况月报制度，严把政府采购预算、计划、采购、支付、监督五大关口；扩充完善区政府采购评审专家库；开展政府采购代理机构专项督查，全年节约采购资金925万元。全年完成工程结算审价定案项目402个，送审金额28438万元，审定金额27014万元，净核减1397万元，净核减率4.9%；审核预算项目15个，涉及送审金额22492万元。制定《洞头区区级预算执行动态监控管理暂行办法》，完成区级财政资金会计集中核算转轨，启用国库集中支付动态监控系统。

【**洞头区海洋生态廊道整治修复工程入选国家第三批PPP示范项目**】2016年10月，财政部下发《关于联合公布第三批政府和社会资本合作示范项目加快推动示范项目建设的通知》（财金〔2016〕91号）文件，公布国家第三批PPP示范项目，洞头区海洋生态廊道整治修复工程PPP项目入选，是温州市唯一入选的项目，全省13个。该工程PPP项目概算投资8亿元，由六大类26个子项目组成，主要包括60千米的休闲慢道及边坡修复工程、海洋湿地公园、环岛沿线16个景观节点改造、美丽乡村示范区创建等。至年底，该项目已完成政府采购工作。

【**街道（乡镇）财政管理体制调整**】2016年6月，为贯彻落实《浙江省财政厅关于进一步改进和加强乡镇财政财务管理工作的意见》精神，区政府出台《关于调整完善街道（乡镇）财政管理体制的通知》（洞政发〔2016〕16号）。提出2016—2018年对街道（乡镇）实行分税制和包干制相结合的财政管理体制，即对北岙街道、大门镇、东屏街道，按照“划分税种、核定收支、明确财权、自求平衡”管理形式，实行“分税制”财政体制；对元觉街道、霓屿街道和鹿西乡，按照“核定收支、全额补助、确保运转、包干使用”管理方式，实行“包干制”财政体制。并对街道（乡镇）相关财政政策、专项补助政策等作出规定。施行期限为2016年1月1日—2018年12月31日。同时，将涉农项目扩展至29个，统一纳入乡镇公共财政服务平台发放。全年发放金额4766万元，涉及34042人次。

（朱玲爱）

2016年洞头区一般公共预算收入执行情况

表19 单位：万元

项　目	累计执行数	上年同期	同比增长（%）	同口径增长（%）
一、一般公共预算收入（地方财政收入）	65182	54340	20.0	27.6
1、税收收入	54123	43358	24.8	18.2
国内增值税（含改征增值税）	12347	6154	100.6	—
其中：成品油价税改革增值税划出	−478	−460	3.9	—
改征增值税	5581	1760	217.1	—
营业税	14734	19110	−22.9	—
企业所得税40%	4855	3558	36.5	—
个人所得税40%	2864	2240	27.9	—
城市维护建设税	2886	2519	14.6	—
其中：成品油价税改革城建税划出	−660	−650	1.5	—

续表19

项　目	累计执行数	上年同期	同比增长（%）	同口径增长（%）
农业税收收入	8582	4009	114.1	—
其他税收收入	7855	5768	36.2	—
2、非税收入	11059	10982	0.7	—
专项收入	4193	4615	-9.1	—
其中：排污费收入	57	130	-56.2	—
教育费附加收入	1549	1371	13.0	—
其中：成品油价税改革教育费附加划出	-356	-339	5.0	—
行政性收费收入	12	8	50.0	—
罚没收入	3062	2041	50.0	—
国有资本经营收入	0	860	-100.0	—
国有资源（资产）有偿使用收入	3613	3298	9.6	—
政府住房基金收入	179	160	11.9	—
其他收入	0	0	—	—
二、上划中央"六税"收入	49955	41489	20.4	11.7
其中：消费税	19749	19613	0.7	—
国内增值税	10202	13180	-22.6	—
企业所得税60%	7283	5335	36.5	—
个人所得税60%	4296	3361	27.8	—
改征增值税	4844	—	—	—
营业税	3581	—	—	—
三、财政总收入	115137	95829	20.1	20.1

2016年洞头区一般公共预算支出执行情况

表20　　　　单位：万元

项　目	累计执行数	上年同期	同比增长（%）
一、一般公共预算支出	203418	187916	8.2
一般公共服务支出	32924	27953	17.8
国防支出	442	813	-45.6
公共安全支出	16286	12602	29.2
教育支出	33975	31324	8.5
科学技术支出	5280	5031	4.9
文化体育与传媒支出	4406	4008	9.9
社会保障和就业支出	12332	10454	18.0
医疗卫生与计划生育支出	19961	13978	42.8
节能环保支出	1963	1799	9.1
城乡社区支出	15172	19749	-23.2
农林水支出	22654	29534	-23.3
交通运输支出	11524	9082	26.9
资源勘探电力信息等支出	1731	1480	17.0
商业服务业等支出	1247	1106	12.7
金融支出	75	38	97.4
国土海洋气象等支出	18277	12387	47.5
住房保障支出	1672	4361	-61.7
粮油物资储备支出	1015	693	46.5
债务付息支出	2355	—	—
其他支出	127	1524	-91.7

税 务

·地方税务·

【概况】 2016年，全区地税各项收入11.07亿元，首次突破10亿元大关，同比增长30.6%。其中，税收收入5.13亿元，同比增长19.9%；非税收入5.94亿元，同比增长41.5%。受“营改增”影响，营业税入库18102万元，同比下降4.6%，减少872万元。企业所得税、个人所得税、契耕两税和其他各税分别入库5877万元、7161万元、8582万元、11533万元，分别增长12.4%、27.9%、114.1%和29.1%。全区前30强企业征收入库税收收入39734万元，占同期全区税收征收入库总额77.5%，同比增长42.8%；23家省级以上重点税源企业共征收入库1.27亿元，同比增长3.9%，占全区税收入库总额24.9%。第二产业税收收入入库33993万元，同比增长31.1%，增收8068万元，占税收比重66.3%，同比提高5.7个百分比；第三产业税收收入入库17226万元，同比增长2.6%，增收430万元，占税收比重33.6%，同比下降5.7个百分比。开通“税贷通”“税易贷”。兑现落实国家对小微企业、高新技术企业等优惠政策减免各项税费6058万元。新增地税税收633.21万元。

是年，区地税局获评全国税务系统先进集体。

【税源征收管理】 2016年，区地税局完善税源管理监控，实施每月纳税20强排名制度并及时向社会公布。协助区政府研究实行烟草加工和批发、电力生产和供应、石油化工、采矿、水泥、造纸、金融、房地产、电信等9个行业外符合减征条件企业的减免政策。办理房产交易业务807件，入库税费1602.8万元，优惠税额4105.69万元。全年减免契税455.19万元。坚持税收分析制度，定期召开财政、国税、地税联席会议制度，实时分析研判税收收入形势，特别是“营改增”改革对全区地税收入产生的巨大影响，形成横向联动的部门信息交换机制。规范社会保险费征收管理，全面铺开机关事业单位养老保险费征收管理及养老保险基金清算工作。做好企业所得税汇算清缴、税费结算、营业税清理、土地增值税清算、年所得12万元以上个人所得税申报等工作。11月1日始，落实有关暂停征收地方水利建设基金政策。

【地税纳税服务】 2016年，区地税局完善“五证合一”“一照一码”登记制度，实施个体工商户“两证整合”登记模式。深化涉税审批提速增效、同城通办、自助办税、提醒服务、预约服务、二维码一次性告知、简并小规模纳税人征期等各项服务措施。权力清单事项从100项减并至97项。开展“便民办税春风行动”，支持区重点税源企业和成长型企业发展。开展“聚焦营改增试点、助力供给侧改革”主题税收宣传月活动，组织入电商园区“以案释法”培训、法治时空广播“聚焦营改增 税收伴您行”特别节目、税收知识竞赛等税法宣传，利用微信公众号、微博、QQ等线上平台，加强与纳税人的实时互动交流。借助“互联网+”，推广网上办税，打造智慧税务，实现平均80%以上税款通过网上扣缴入库。全年纳税信用评价确定A级纳税人55户，B级纳税人181户，C级纳税人168户，D级纳税人19户。沟通走访名单800户及小微企业，掌握企业需求。

【“营改增”试点全面启动】 （参见本栏目“国家税务”子分目）

【金税三期工程优化版▲系统上线】 为加强税收征管，实现全国税收数据大集中，提升税收数据运用质量，为纳税人提供更优质、便捷、全方位的税收服务，提高行政效率，降低税收成本，推进依法治税，保障税收收入，助力区域经济发展，2016年10月8日，金税三期工程优化版系统在洞头区成功上线运行。区国税局、区地税局成立工作领导小组和攻坚小组，制定各阶段实施方案、应急方案、单轨运行方案，明确分工，靠实责任。梳理规范要求，从硬件配置、数据清理、业务验证、宣传培训、初期数据采集、数据补录与比对、双轨运行、人海压力测试、业务大演练等多方面集中攻坚。制作分发“金税三期”基础知识手册1200份。提前采集、审核、录入纳税人基本情况

税收知识竞赛

和涉税信息，确保基础数据真实、准确、完整。组织“金税三期”纳税人个税全员明细申报、“地方八税两费”申报等21期，培训纳税人1988人次。通过税企微信群和纳税服务平台发送短信提示1.2万多条。提前对纳税申报、税款征收、发票领购、网上申报等各环节进行双规运行和单轨试运行，为软件正式上线运行打下操作基础。其间，业务验证项目用例884个，初期采集发票97.7万份、票证1.24万份，人海压力测试业务618笔。

▲“金税工程”：经国务院批准的国家级电子政务“十二金”工程之一，是全国税收管理信息系统的总称。1994年开始，历经金税一期、金税二期、金税三期工程建设。2013年开始的“金税三期”经过广东、山东等6个省（市）级国地税局试点。金税三期工程优化版是全国统一的国地税征管软件版本，代表当今税收信息化的最高水平，它具有统一国、地税征管系统，优化整合纳税服务，规范税收执法功能。

【区地税局获评全国税务系统先进集体】2017年1月，国家税务总局下发《关于表彰各省（区、市）税务局先进集体、先进工作者的决定》（税总发〔2017〕5号），洞头区地方税务局名列其中（全省7家获评，地税单位仅2家），是温州市唯一受表彰单位。近年来，区地税局始终以组织收入为重心，以“浙商回归”、“温商回归”、贸易回归为契机，立足海岛实际，巧借“互联网+”新媒体平台，创新征管机制，完善特色服务体系，实现国地税深度合作。在“三证合一”基础上，率先试行“五证合一”。推出“感召牌、帮扶牌、政策牌”，通过“保姆式”项目跟踪服务、领导挂钩驻企服务等机制，实现“招大引强”。开展“便民办税春风行动”，建立“税企联系卡”，组织“海霞税务志愿服务队”，提升纳税人“满意指数”。全面落实税源培育、纳税人满意度调查、“营改增”、“金税三期”推广上线等重点攻坚行动，挖潜增收，组织地税各项收入从2012年的4.92亿元增至2016年的11.07亿元，年均增幅22.47%。

2016年洞头区税收计划执行情况

表21

单位：万元

项　目	入库数	同比增减额	同比增长（±%）
税务部门组织的收入	110678	25915	30.57
一、税收收入	51255	8503	19.89
1.营业税	18102	-872	-4.60
2.企业所得税	5877	646	12.35
3.个人所得税	7161	1560	27.85
4.其他各税	11533	2596	29.05
⑴资源税	2714	1796	195.64
⑵土地使用税	1572	173	12.37
⑶城建税	3546	377	11.90
⑷印花税	746	48	6.88
⑸土地增值税	1133	-71	-5.90
⑹房产税	1160	114	10.90
⑺车船税	529	26	5.17
⑻改征增值税	133	133	—
5.耕契两税	8582	4573	114.07
⑴契税	8012	4273	114.28
⑵耕地占用税	570	300	111.11
二、非税收入合计	59423	17412	41.45
1.教育费附加	2116	216	11.37
2.文化事业建设费	10	-13	-56.52
3.税务部门罚没收入	3	-5	-62.50
4.社保基金收入	54661	17356	46.52
（1）养老保险基金	44798	16774	59.86
（2）失业保险基金	635	-57	-8.24
（3）医疗保险基金	8145	502	6.57
（4）工伤保险基金	597	95	18.92
（5）生育保险基金	409	42	11.44
（6）其他社保费	77	0	0.00
5.地方水利建设基金	1122	-286	-20.31
6.地方教育附加	1412	144	11.36
7.残疾人就业保障金	99	0	0.00
税收：不含耕契	42673	3930	10.14

·国家税务·

【概况】2016年，区国税局累计入库税收55245万元，全年入库税收55245万元。同比增收9387万元，增长20.47%，收入总量首次突破5亿大关。剔除新扩围“营改增”因素，组织收入46585万元，增长1.6%。全年组织地方一般公共预算收入14536万元，同比增收7082万元，增长92%。

是年，区国税局获评省级文明单位、温州市依法行政示范单位、温州市法治税务示范基地。

【“营改增”试点全面启动】为推动产业转型、结构优化，从制度上基本消除货物和服务税制不统一、重复征税问题，有效减轻企业税负，2016年5月1日始，全国全面推开营改增试点。洞头区同步启动“营改增”（营业税改征增值税）试点工作。试点范围涉及建筑业、房地产业、金融业、生活服务业四大行业。区国税局、地税局成立领导小组，多次召开各项动员会议，精密部署、统筹协调，加强政策宣传。区国税局开展“营改增”政策专题培训8场2005人次。组建“营改增”青年突击队、“党员志愿服务队”等，加强纳税申报辅导服务。召开“营改增”建筑业税收政策分享会、座谈会等，主动问需，确保行业税负只减不增。区地税局增设“营改增”咨询岗、绿色通道，借助网站、微信、微博、业务培训会、纳税人学校等多元服务宣传平台，发放“营改增”温馨提示、宣传手册、操作指南等资料。对辖区“营改增”纳税人进行营业税清理，涉及2114户。督促企业摸清家底，建立清欠明细台账，落实应缴、已缴、未缴税款。通过清理门征模板，调整税收品名，明确征收税率，规范征收对象。联合召集国地税深度合作联席会议，探讨国地税合作方式、合作办税业务、税源结构等，明确相互委托征收事项，落实联合办税服务。全年组织新扩围“营改增”增值税收入8660万元，新增四大行业减税499.2万元。

【税收征管体制改革】2016年，为认真落实中办、国办深化国税、地税征管体制改革方案，洞头区成立国税、地税征管体制改革工作领导小组，建立国地税合作工作体系，完善国地税联席会议机制。协作完成国地税合作规范3.0版38项合作项目，国地税双方签订合作备忘录，在政策落实、征管规范、服务优化等方面实现“同频共振”。同时，双方互派人员挂职交流，在国税办税大厅和大门地税办税大厅互派人员入驻，初步实现联合办税。开展纳税信用国地税联合评价，助力社会诚信体系建设。推广网上服务平台，国税地税合并“一张网”，共同建设网络办税平台。全年洞头国地税联合为纳税人办理设立登记、变更登记及注销登记3226户次，合作征收税款2456万元。

【金税三期工程优化版系统上线】（参见本栏目“地方税务”分目）

【实施税收优惠政策】2016年，区国税局全年办理各项减免税额19980万元，同比增长47.72%；减免用于民生的销售额9.36亿元，起征点以下免征销售额4.7亿元，为福利企业办理退税238.84万元。全年办理出口退税1420万元，办理福利与资源利用类企业退税362.11万元。小微企业税收优惠政策受益面100%。

【税收行政执法】2016年，区国税局推行税收执法督察、执法监察、内部财务审计和领导干部经济责任审计“四合一”督察模式。统一国地税行政处罚裁量权基准，推进重大税务案件审理和复议应诉工作。创成市国税系统法治税务示范基地。严厉打击涉税违法行为，落实“黑名单”及联合惩戒制度。开展重点税源企业随机抽查、营改增高风险企业专项稽查及积案清理，打击骗税和虚开及发票协查。实行扎口管理，理顺税源风险管理与税务稽查、综合性和专项性税源风险管理衔接机制，统筹稽查对象分类名录库和大企业风险管理。推行风险提醒、风险评估等柔性执法，全年全流程风险管理30户，入库税款412.34万元。企业所得税汇算清缴入库税额469.67万元。全年开业纳税人登记增长2393户，总量7293户，同比增长48.8%。

【便民办税服务】2016年，区国税局深入实施“五证合一、一照一码”，启动个体工商户工商营业执照、税务登记证“两证整合”，纳税人办证总时限压缩至2个工作日内，降低创业准入成本。推进“放管服”改革，全面实现税务行政许可事项“零超时”，非行政许可类审批事项全部清理完毕，行政审批项目缩减为7项。开展“便民办税春风行动”，细化十类45项服务措施，认真落实税收征管规范和纳税服务规范升级版。完善涉税事项“同城通办”，实现七大类28项203个办税事项省内通办。增设自助服务设备，建成24小时自助办税服务区。开展纳税信用国地税联合评价，助力社会诚信体系建设。推广网上服务平台，国税地税合并“一张网”，共同建设网络办税平台。推广“浙江国税APP”，辅导纳税人利用手机完成一键申报、在线查验、发票申请、自助开票等功能。推行办税事项“二维码”一次性告知和双向预约服务，实现错峰办税。办税服务厅获省级巾帼文明岗，连续13年省级青年文明号。

（何律澄）

2016年洞头区国税局税收收入完成情况

表22　　单位：万元

项　目	累计入库数	上年同期入库数	累计同比增长	累计同比增幅
税收收入总计	55245	45858	9387	20.47%
其中：1.不含免抵调库	55245	43058	12187	28.30%
2.不含车购税	54359	44646	9713	21.76%
一、增值税	28698	21768	6930	31.84%
1.免抵调库增值税	0	2800	-2800	-100.00%
2.不含免抵调库增值税	28698	18968	9730	51.30%
二、消费税	19749	19613	136	0.69%
三、企业所得税	5912	3265	2647	81.07%
四、个人所得税	0	0	0	—
五、车辆购置税	886	1212	-326	-26.90%
(5)土地增值税	1133	-71	-5.90	—
(6)房产税	1160	114	10.90	—
(7)车船税	529	26	5.17	—
(8)改征增值税	133	133		—

2016年洞头区国税申报纳税实缴入库前30名企业

表23　　单位：万元

排行	纳税人名称	法定代表人	税　额	上年同期税额	同比增收	增　幅
1	温州中石油燃料沥青有限责任公司	火金三	24027	23295	733	3.15%
2	浙江中燃华电能源有限公司	沈联进	4313	2665	1647	61.80%
3	浙江诚意药业股份有限公司	颜贻意	2373	3170	-797	-25.14%
4	浙江温州洞头农村信用合作联社	陈剑林	2169	1584	584	36.88%
5	温州金源化工有限公司	黄日新	1416	1849	-433	-23.39%
6	国网浙江省电力公司温州市洞头区供电公司	陈培毅	856	597	260	43.51%
7	浙江永宏电气股份有限公司	洪　玮	782	877	-95	-10.82%
8	温州市烟草公司洞头分公司	周　海	727	695	31	4.51%
9	中海油温州能源销售服务有限公司	倪爱玲	686	515	171	33.17%
10	沈阳市政集团有限公司	刘春发	644	0	644	—
11	浙江华胜海运有限公司	陈宝程	516	463	53	11.35%
12	温州市三峻轿车配件有限公司	虞冷霜	466	262	204	77.77%
13	温州市洞头海湾房地产开发有限公司	张崇畴	465	152	313	206.08%
14	温州杰城房地产开发有限公司	彭　忠	435	0	435	—
15	浙江立鹏建设有限公司	李　斌	398	0	398	—
16	港海（天津）建设股份有限公司	陈德顺	342	0	342	—
17	浙江宏泰混凝土有限公司	胡成业	332	448	-116	-25.95%
18	温州市洞头华中房地产开发有限公司	黄东海	249	0	249	—
19	温州佳海食品有限公司	林志杰	238	170	68	40.24%
20	浙江方舟工程机械设备有限公司	陈素贞	235	231	4	1.92%
21	浙江迪特高强度螺栓有限公司	邵晓忠	226	116	109	93.70%
22	温州市洞头大工联房地产开发有限公司	郑弘宇	207	0	207	—
23	广厦建设集团有限责任公司	何　勇	203	0	203	—
24	浙江洞头富民村镇银行股份有限公司	胡旭红	197	0	197	—
25	浙江金海蕴生物股份有限公司	李剑锋	197	212	-15	-6.87%
26	温州小岛特细纤维材料有限公司	陈　鹤	176	55	121	219.39%
27	中天路桥有限公司	徐华春	169	0	169	—
28	温州市洞头昌海电力实业有限公司	苏建华	166	250	-84	-33.72%
29	歌山建设集团有限公司	何向全	153	0	153	—
30	浙江恒博电气制造有限公司	郑西平	149	35	114	321.98%
合　计			43512	37642	5870	15.59%

说明：申报纳税实缴入库数=申报数-退库数+免抵调库数　　（区国税局提供）

审计工作

【概况】2016年，区审计局实施审计项目35个，其中跟踪审计项目8个，查出违规资金2274万元，管理不规范资金8074万元，上缴财政1470万元，核减政府投资项目工程造价1591万元，移送有关部门案件线索2条。获浙江省内审表彰项目1个、市审计局表彰审计项目1个。审计专题和信息简报被采用54篇次，区主要领导批示12次。审计调查报告、论文在省市各类评比中获奖2篇次。区审计局被市审计局评为年度考核优秀单位。

【财政财务收支审计】2016年，区审计局开展财政预算执行审计，重点审查“四大预算”执行、财政资金存款管理及债务情况等内容，反映部分项目预算编制不科学、部分资金在财政专户沉淀、社保资金报销增值有待提升等问题。财政部门将存款利息451.38万元，民办幼儿教育专项资金323万元上缴国库。在部门预算执行审计中，重点审查区发改局、区科技局和区经信局等三个部门预算指标及账户经费情况，反映个别项目预算执行率低、历年结转人员经费预算指标未及时收回财政管理、历年项目结余使用率低或长期未用等问题。区发改局等有关部门上缴历年结余资金941万元。完成区驻杭办财务收支审计，关注财务收支真实性合理性，收回备用金5万元。

【公务支出公款消费审计】2016年，区审计局开展对2015年公务支出公款消费专项审计，审计结果表明各单位严控“三公”经费支出，公务支出公款消费管理日趋规范，同时存在违规列支公务接待费、公职人员在协会兼职取酬、长期借用下属单位或外单位人员等问题。对存在问题的4个部门下发审计整改函，其中按原渠道收缴结余资金86万元，超标准面试补贴、评委费3.08万元，由个人退回上缴国库。

【专项审计调查】2016年，区审计局开展学前教育政策落实情况专项审计，反映学前教育城乡发展不均衡，半数优质资源聚集在城区、公共财政投向民办幼儿园不足、民办幼儿园教师待遇总体偏低，达不到普惠园最低工资标准等问题。促进区人力资源社保局落实符合条件的民办幼儿园教师“五险一金”待遇。实施“五水共治”政策措施落实情况跟踪审计，反映饮用水水源一级保护区管理有待加强，乡镇饮用水源水质监测有待加强，医院污水排放部分指标达不到要求，区级医院以下医疗机构产生的医疗废物不能及时处置等问题。促进区卫生计生局、区发改局、区环保局联合出台《关于进一步做好医疗废物集中收集处置工作的通知》。促成区农林水利局及时拆除龙潭坑水库库区游步道指示牌21处，清除杨梅田水库、长坑水库库区管理房耕种2处。积极配合浙商回归项目落地情况、基本医疗保险基金和医疗救助资金等上级审计机关的同步审计项目。

【领导干部经济责任审计】2016年，区审计局开展霓屿街道、区残联、区农林水利局、区民政局、区妇联等6个单位领导干部经济责任审计项目，查出违规资金53万元，管理不规范资金698万元。促成区残联、区财政局联合出台残疾人就业保障金征缴、区残疾人就业保障金催缴等文件。

【政府投资建设项目审计】2016年，区审计局跟踪审计洞头区首个PPP项目，开展大门镇至小门大桥公路工程、海西湖沿线照明（二期）工程等8个项目跟踪审计，对工程建设进行全程监督，有力约束施工单位行为。完成原洞头区东沙一级渔港工程等10个结（决）算项目，核减工程造价1591万元，平均核减率15.37%，其中山头顶片引水安全工程二标段核减比例42.44%，促成区住建局对监理单位首次问责。建立政府投资项目协审库，出台《温州市洞头区审计局关于政府投资项目委托社会中介机构审计管理办法（试行）》，提高中介机构参加政府投资项目审计质量和效率。完成保障性安居工程交叉审计，促成龙湾区上缴财政资金8995.6万元，退回违规出借资金600万元。

【审计整改落实年】2016年，为不断提高审计质量，切实推进审计发现问题整改落实，巩固审计成果、提升审计价值，根据全省“审计整改落实年”活动要求，区审计局制定“审计整改落实年”实施意见。区长召开审计整改联席工作会议，整改督办2015年36个审计项目所发现的问题，把审计整改纳入部门单位年度绩效考核，实施对账销号。促进全年区政府及有关部门出台《关于全面推进居家养老服务工作的实施意见》等文件制度15个。

（曾玲莉）

栏目编辑　卓桂荣

金　融

鱼跃蟹欢 · 罗纯香

“海霞精神”

爱岛尚武 励志奉献

“五岛连桥”精神

小县办大事 小岛创大业

概 述

【概况】2016年，洞头区拥有银行机构8家；小额贷宽公司2家，保险机构5家，农村资金互助会5家。全区本外币存款余额70.99亿元，同比增长2.15%，贷款余额61.79亿元，同比增长7.64%；年末不良贷款余额0.80亿元，不良率1.3%，不良贷款同比减少20%，不良率居全市各县、市（区）最低水平，排名第一。

是年，启动洞头农村信用合作联社股改工作，完成企业股份制改造5家；在浙江省股交中心挂牌企业6家，浙江金海蕴生物股份有限公司挂牌“新三板”，浙江诚意药业股份有限公司IPO审核过会，浙江永宏电气有限公司“新三板”挂牌申请获受理。6家企业进入温州市企业上市后备库。

【《洞头区鼓励支持企业挂牌上市实施意见》出台】2016年8月，区政府第61次常务会议研究通过《洞头区鼓励支持企业挂牌上市实施意见》。该意见主要适用于洞头区（不含瓯江口管委会、灵昆街道）注册的实体型企业，不包含小额贷款公司、民间资本管理公司等金融类金融行业企业、房地产行业企业。该意见规定区财政安排专项资金用于企业股份制改造、挂牌、上市奖励。其中：浙江股权交易中心创新板挂牌奖励5000元；股份制改造完成奖励10万元，浙江股权交易中心成长板挂牌奖励30万元，“新三板”挂牌奖励100万元，企业上市奖励200万元，境外成功上市奖励300万元。各阶段性奖励不重复计算，实行从高原则差额补贴。兑现企业挂牌上市优惠政策资金100万元。截至年底，在浙江省股交中心挂牌企业6家，浙江金海蕴生物股份有限公司挂牌“新三板”，浙江诚意药业股份有限公司IPO审核过会，浙江永宏电气有限公司“新三板”挂牌申请获受理。

【金融服务体系建设】2016年8月，区政府制定出台《鼓励和支持金融业发展改革与创新促进地方经济发展业绩考核办法》，鼓励地方银行业金融机构加大对地方经济社会发展的支持力度。辖区银行业金融机构通过调整信贷结构、创新信贷项目、扩大信贷资金规模等形式服务实体经济，加大对“三农”、小微企业、重大项目以及战略性新兴产业和民生领域等方面金融需求支持力度。创新拓宽投融资渠道，通过私募基金引进资金4亿元。建立小额贷款保证保险、政策性融资担保等政府增信机制，解决小微企业融资难问题。启动霓屿农村信用体系建设金融综合服务试点，实现霓屿街道整街授信3年15亿元。区政府与兴业银行签订发展战略合作协议，获授信100亿元。试点“社区银行”建设，出台便民信用小额贷款等，推进普惠金融。

【金融风险企业处置】2016年，区金融办完善企业风险处置机制，建立政银企法联动机制，实施分类帮扶，加大银行业不良贷款处置，全年累计处置金融风险企业8家，处置银行不良贷款金额4288万元；累计处置个人75户1087万元。针对浙江立鹏建设有限公司实施破产重整，引入战略投资人，促进企业走出困境。完成市挂牌的区级重点风险企业处置工作，基本解决涉担保问题。

【洞头6家企业进入温州市企业上市后备库】2016年，洞头企业进入温州市企业上市后备库有6家，分别是浙江永宏电气股份有限公司、浙江金海蕴生物股份有限公司、浙江恒博电气制造有限公司、浙江方舟工程机械设备有限公司、温州金源化工有限公司、中国一能电气有限公司。

（倪肖乒）

银　行

【概况】 2016年，全区本外币存款余额70.99亿元，同比增长2.15%，本外币贷款余额61.79亿元，同比增长7.64%。全区不良贷款率1.30%。人行洞头支行实施宏观审慎评估（MPA）管理推进"小微企业三年成长计划"，加大对小微企业和政府重点项目信贷支持，截至年末，小微企业贷款余额8.67亿元，政府重点项目贷款余额12.33亿元，再贷款余额1.6亿元。全区预算单位零余额账户204个，开办单位公务卡 3567张，刷卡金额358万元。率全市之先启动国库直拨试点，核算国库业务 13万余笔，核算各项收支83.62亿元，同比增长51.79%。

（余雪梅）

截至2016年底，工行洞头支行各项存款余额4.95亿元，比上年增长8100万元，增长19.57%，其中外币存款1.94亿元，单位存款2.97亿元，储蓄存款余额1.98亿元，各项贷款余额8.69亿元。其中个人贷款余额4.73亿元；公司类贷款39600万元。中间业务收入42.70万元，实现账面利润1939.13万元。本外币理财余额5208万，其中私人银行理财余额4441万。

（邵丹蕾）

截至2016年底，农行洞头支行本外币存款16.6亿元，比年初增加33991万元，总量四行（工行、农行、中行、建行）第一，增量四行一社第一，四行份额占比51.88%，行社份额36.65%。其中，对公存款余额8.67亿元，个人存款余额7.93亿元。各项贷款余额13.39亿元，全年实现拨备前利润4200万元、拨备后利润3222万元。推广"科保贷"，小微企业简速贷发放2000余万元，农户抵押贷款发放3000余万元。与财保洞头支公司签订小额贷款保证保险合作协议。村民信贷建档数2002户。农行洞头支行营业中心被评为市农行先进单位。

（王庆华）

截至2016年底，中国银行洞头支行本外币存款余额3.38亿元、各项贷款余额2.64亿元。是年，推出手机银行3.0版本，手机银行跨行转账手续费全免。设立"公积金信用贷款"。

（丁嘉元）

截至2016年底，建行洞头支行各类存款日均余额6.24亿元，新增1.12亿元，占比17.97%。其中，个人存款日均余额2.16亿元。中间业务收入432万元，其中对私中间业务收入291万元。不良处置金额1242.7万元，其中对公处置1206 万元。个人贷款不良余额581万。是年，完成个人网银新签约活跃客户594户、手机银行892户、微信939户。政府财政资金竞争性投放中标4000万元。与浙江金融资产交易中心合作，为区政府融资4亿元。5月7日，建行洞头支行搬迁至新城区中央公馆一楼。

（张森凯）

截至2016年底，邮储银行洞头支行各项存款余额4.5亿元，较上年减少17.75%；完成个人储蓄时点余额20458万元，全年日均余额19059万元。完成存款时点余额14951.07万元，年日均余额19856.36万元。各项贷款余额5.76亿元，减少5.97%；零售贷款结余28269万元，下降12.69%；零售贷款不良率0.97%，较上年上升0.28%；小企业贷款结余6870万元，增长32.17%；无小企业贷款不良，较上年下降3.02个百分点。是年，邮储银行洞头支行新增网银用户1580户，较年初增长20.92%；新增手机银行用户2060户，较年初增长38.26%。启动与霓屿街道整乡整村授信合作。发放54户联建房住户"美丽乡村"小额贷款产品金额740万元、4家企业科技贷1470万元。全年清收不良资产547万元。

（叶巧玲）

截至2016年底，温州银行洞头支行各项存款余额2.08亿元，其中对公存款余额14597.48万元，个人存款余额6188.77万元；各项贷款余额11306.27万，其中对公贷款余额9000万；理财销售额8467 万元。是年，新增网银用户700户。8月，电费代扣业务正式上线，新增客户群体390户。

（杨倩倩）

2016年，洞头农村信用合作联社辖内营业部1个，信用社7个，分社2个，部室9个，在岗员工154人，营业网点覆盖全区各街道（乡镇）。截至年末，各项存款28.69亿元，同比增加2.17亿元，增长

2016年洞头金融机构人民币存贷款情况

表24　　　　单位：万元

单位＼项目	存款		贷款	
	余额	比年初增减	余额	比年初增减
工行洞头支行	49524	8087	86962	-9005
农行洞头支行	165888	33963	133848	18032
中行洞头支行	33576	4932	26415	-2591
建行洞头支行	69570	-9910	67474	-3858
邮蓄银行洞头支行	45213	-9759	28269	-4110
温州银行洞头支行	16489	-8204	13846	3739
洞头农村信用合作联社	286907	21659	220828	201599
洞头富民村镇银行	18369	8313	40275	13059
合　计	685536	49081	617917	216865

（人行洞头支行提供）

8.17%，存款市场占比41.85 %，上升0.18%，增量占比44.13%。全年财务总收入19563.06万元，同比增长4.27%。账面利润6320.42万元，同比增长4.3%。至年末，资本充足率15.30%，核心资本充足率14.23%，拨备覆盖率219.44%，拨贷比3.24%。整乡授信45个村（居），授信金额86581万元，建立农户档案26706户。各项贷款余额22.08亿元，同比增长14.88%，贷款市场占比35.74%，同比上升2.25%，增量占比65.20%。五级不良贷款余额3236.06万元，不良率1.47%。发放信用贷款余额37264万元，户数6641户，占30万元以下个人贷款户数60.38%。贷款客户11860户，贷款户数覆盖面26.86%，个人贷款户均15.6万元。企业贷款户均286.7万元。联合区供销合作联社签订战略合作协议，授信新型农业经营主体及社员5年15亿元。家庭套餐项目签约客户新增10570户。新增市民卡客户0.97万户，总量16.96万户。独家代理洞头区非税缴款业务，全年完成资金清算业务4329笔，总金额411.37万元。至2016年末，全区个人网银及手机银行36733户，比年初增加5083户，电子银行替代率81.76%，提高4.35%。对外市场信贷授信总额11125万元。是年，洞头农村信用合作联社被评为2015-2016年度温州市模范集体。

（唐疆疆）

截至2016年底，洞头富民村镇银行各项存款余额18369万元，比年初增加8314万元。日均存款14099万元，比年初增加5305万元。各项贷款余额40275万元，比年初增加13059万元。贷款户数2850户，比年初增加765户。资本充足率17.64%，流动性比例58.29%。全年发放贷款2680万元，吸收存款4395万元。11月，手机银行APP上线，12月，银行卡对外发放1062张金额2227万元。与霓屿街道石子岙村开展银村共建。全年建档数4322户，授信 590户，贷款金额7130万元。3月，洞头富民村镇银行灵昆支行开业。

（杨楚楚）

【农村信用体系建设】2016年5月，人行洞头支行组织评定洞头区第二批农民专业合作社9家、第一批家庭农场信用等级7家，上调农民专业合作社信用等级2家。通过政银协作、银企银农互动，45个村居完成整村授信总额8.73亿元。联合签订《社会信用合作共建协议》《洞头区食安金融联手信用合作协议》。推进应收账款融资服务平台应用，成功注册农户207户、核心企业3家，应收账款交易额1240万元。累计导入浙江省农户信用信息电子档案1.37万户。

【金融综合服务试点建设】2016年11月，人行洞头支行启动省级信用街道——霓屿街道农村信用体系建设金融综合服务试点工作。出台工作方案，明确整村整乡授信、普惠金融服务、小微企业信贷支持、农民专业合作社金融支持、金融服务环境建设，以及保险服务、试点发放信用证和信用评定成果应用等8项内容。签订整乡授信战略合作协议，“十三五”期间洞头农村信用联社向霓屿街道提供可循环授信额度15亿元。授牌新评定的区级信用村霓屿街道桐岙村、正岙村、下郎村，发放农户信用证6户，设立霓屿金融综合服务试点联络站。农行洞头支行与财保洞头支公司签署小额贷款保证保险合作协议。

【全市首个小微企业补助国库直拨试点】2016年，为加强国库履职能力，构建财政补贴快速通道，洞头区启动全市首个小微企业补助金国库直拨业务。国库直拨业务是依托国库资金清算体系把补助资金由国库直接拨付到最终受益人手中，提高资金到账效率，保障受益人利益。截至年底，直接发放小微企业专项补助89笔910万元。

（余雪梅）

【洞头农村信用合作联社股份制改革】2016年，洞头农村信用合作联社完成增资扩股工作。老股东实行同比例配送股，增加股本金5222万元，总股本金1.04亿元，其中，企业法人持股比例47.30%、非员工自然人持股比例41.49%、员工持股比例11.21%。完成清产核资、资产评估及净资产处置、老股金处置、签订发起人协议、股改总体方案上报、筹建申报材料等工作。12月29日，省金融办复函同意温州洞头农村信用合作联社股份制改革总体方案。12月30日，浙江银监局批复同意筹建浙江温州洞头农村商业银行股份有限公司。

（唐疆疆）

【中国银行洞头支行更名】2016年5月27日，经温州银监局审查批复：中国银行洞头支行更名为中国银行股份有限公司洞头支行。

（丁嘉元）

【普惠金融服务】截至年末，农房抵押贷款余额1.11亿元，同比增长8.06%。协调出台小额贷款保证保险管理办法，创新产品信贷余额6.2亿元，其中科技贷款余额2936万元。修订《支付结算工作考核办法》。推进网上支付、手机支付、银行卡助农服务等业务应用，在新城菜市场、东岙顶村试点。电子支付应用示范区建设新增ATM机9台、POS机243台，网上支付、手机银行新增 1.70万户，助农取款服务点办理转账业务交易笔数和交易量同比增长54.73%、40.05%。推进电商融合发展，手机银行用户增长25.65%。

（余雪梅）

【农行洞头支行网点建设】2016年，农行洞头支行优化惠农服务模式，调整霓屿为标准式，大门为联合式服务，实现服务点星级达标1个。完成城南自助网点改选迁址，推进惠农通转型升级，机具有效率91.7%，台均交易量1049笔。开展6SV2.0服务品质认证，农贸市场一卡通项目上线；开展惠农服务点场外营销活动11场。

（王庆华）

【小额贷款公司】洞头区诚意小额贷款股份有限公司成立于2010年7月，注册资本8000万元，放贷规模1亿多元。主要服务对象为渔农业和小微企业。累计发放贷款256笔金额15512万元，实现税金453.24万元，实现利润1065.08万元。是年，该公司被评为“浙江省A级优秀小额贷款公司”。洞头区恒博小额贷款股份有限公司成立于2013年9月，注册资本1个亿元，放贷规模1.12亿元，主要服务对象为水产加工业、养殖业、工程类承包户行业。全年营业收入1311万元，净利润1022万元，创税332万元。

（陈文静 王慧颖）

保　险

【概况】2016年，中国人民财产保险股份有限公司洞头支公司实现保费收入2828万元，同比上年增长11.83%。其中，车辆保费收入2242万元，财产险保费收入99万元，意外健康险保费收入224万元，责任险保费收入165万元。提供城乡居民大病保险102302人，连续3年为7家医疗机构提供医疗责任保险。中标洞头区自然灾害公众责任险（连续9年）、老年人意外险和儿童求助福利保险招标项目。承保洞头区第一届“五人制”足球赛510万元风险保障，为2家养殖场10600头生猪提供生猪养殖保险。全年，受理案件3625件，赔款1601万元，其中，车辆赔款1261万元，财产险赔款16万元，意外险赔款235万元，责任险赔款24万元，大病医疗赔款141万元，未决赔款190笔，未决金额804万元。是年，营业大厅迁至一楼并升级改造。

（刘依婷）

2016年，中国人寿保险股份有限公司洞头支公司实现保费3778.31万元，增长22.65%。全年，理赔给付支出192.34174.17万元，增长10.43%。各类给付687.13万元，给付各类生存金、满期金等316.62万元。发生学生赔案408件，保险理赔48.52万元。是年3月，公司更名为中国人寿保险股份有限公司洞头区支公司。

（林征宇）

2016年，中国人寿财产保险股份有限公司温州洞头区支公司实现保费收入971.99万元，下降7.51%。其中，车险保费收入792.69万元，非车险保费收入179.3万元，其中，企财险75.35万元，责任险23.05万元，工程险3.77万元，船舶险48.39万元，其他险种28.74万元。全年，赔案1300件，赔款支出588.95万元，降低2.22%。其中，车辆赔款437.03万元，费车险赔款151.92万元。

（钱立军）

2016年，中国太平洋保险公司洞头支公司实现保费收入1253.03万元，同比增长6.95%。其中，车辆保费收入910.34万元，非车险342.69万元。全年，赔案1397件，赔款758.69万元，其中，车辆赔款645.14万元，非车险赔款113.55万元。是年，实施营业税改增值税，温州市机动车辆商业车险条款、费率全面改革。

（陈文淑）

2016年，中华联合财产保险洞头支公司实现保费收入870万，保险金额19.9亿元，承保笔数5264笔，其中船舶险承保29笔，保费收入99.7万元；机动车辆保险承保4657笔，保费收入747.1万元；意外险承保笔数477笔，保费收入13.2万元。全年，决赔案数1279件，累计赔款513万元，同比下浮6.2%。联合区法院与客户签署首份诉讼财产保全责任保险。

（许梦颖）

民间金融风险处置

【概况】2016年，区金融办按照“打击非法、自清自理、政府引导、维护稳定”工作方针，有序开展民间金融风险处置接待登记、清算确认、调解化解、资产追偿、案件打击、舆论引导等工作。接待群众70057人次，成功调解矛盾纠纷2212起。收缴房产93套，处置房产119套，追偿资金累计入户7755.2万元，累计分配资金8807.7万元。涉及171名出险对象大部分财产分配，其中清算对象50名。举办知识解答8期，发布权威公告247个。

【民间金融司法处置】2016年，全区累计打击民间金融违法人员20人，审判35件涉及40人，其中判处无期徒刑 2人，10年以上有期徒刑10人，10年以下有期徒刑28人。全年，帮助群众移送民事起诉案件12例，法院调解10例。

【民间金融监管】2016年，区金融办联合区综治办在北岙街道、东屏街道开展金融监管服务网格化管理试点，探索建立属地金融监督管理、风险监测和应急处置机制。出台《温州市洞头区民间呈会规范管理暂行规定》，引导和规范民间呈会有序运行。联合区纪委、区委组织部出台《洞头区党员干部和国家工作人员参与民间呈会“六不准”规定》，约束党员干部和国家工作人员参与民间呈会。

（倪肖乒）

栏目编辑　卓桂荣

经济管理监督

朝朝满载·陈钦煅

“海霞精神”

爱岛尚武 励志奉献

“五岛连桥”精神

小县办大事 小岛创大业

发展与改革

【概况】2016年，区发改局组织开展“十三五”规划建言献策活动，广泛征集规划编制意见和建议，提高“十三五”规划质量。全区动员、全社会参与，形成《温州市洞头区“十三五”发展规划纲要（送审稿）》。指导13个专项规划编写，制定商贸流通业、卫生和计划生育事业、渔农村经济、文化体育、生态环境保护、质量、科技创新、养老服务业、综合交通运输发展规划、工业和信息化、节能、教育事业等规划意见。结合“十三五”规划纲要（送审稿）提出的主要经济社会发展指标、目标任务及新常态下全区面临的机遇和挑战，制定指标安排方案，形成《温州市洞头区2016年国民经济计划报告（征求意见稿）》，经区第十三届人民代表大会第五次会议审议通过。制定出台《洞头区产业平台“十三五”发展规划》《洞头区产业平台提升实施方案（2016-2018）》。完成《洞头区融入温州中心城区一体化发展研究》等课题12个及经济运行分析材料30余篇。

是年，洞头区围绕“加快同城发展，建设海上花园”战略目标，主动融进市区一体化，迈上城市化发展新平台，依托大门海洋经济示范区、状元岙港区等平台，加快将资源优势转化为产业优势，推动“十三五”规划取得良好开局。全年地区生产总值实现79.42亿元，同比增长7.9%；一般公共预算收入6.5亿元，增长27.6%；城镇常住居民人均可支配收入37827元，农村常住居民人均可支配收入19907元，分别增长9.1%、8.4%；城镇登记失业率≤3%；人口自然增长率5.4‰；单位生产总值综合能耗和主要污染物排放总量完成市下达任务。但全区经济稳中回升的基础不牢固，综合实力偏弱，产业集聚度不高，重点产业优势不明显，新的经济增长点不突出，有效投资支撑不足；基础设施配套滞后，交通运输、港口物流、旅游接待等方面投入不足，城市能级不高，建管水平有待进一步提升；社会民生领域存在薄弱环节，医疗、卫生等公共服务均等化水平有待提高，社会保障与群众需求仍有差距。

2016年洞头区国民经济和社会发展主要指标完成情况

表25

序号	指　标	2015年	2016年	指标完成评价
1	地区生产总值（亿元）	34.59	61.48	未完成
2	人均生产总值（元）	27072	46777	未完成
3	一般公共预算收入（亿元）	2.74	5.4	完成
4	全社会固定资产投资（亿元）	21.97	92.5	完成
5	全社会消费品零售总额（亿元）	10.99	22.16	基本完成
6	港口货物吞吐量（万吨）	486	600	未完成

续表25

序号	指标	2015年	2016年	指标完成评价
7	外贸出口总额（万美元）	5310	4445	未完成
8	城镇常住居民人均可支配收入（元）	20307	34674	完成
9	农村常住居民人均可支配收入（元）	8937	18365	完成
10	城乡居民收入比	2.32	1.9	完成
11	服务业增加值比重（%）	54	57.7	基本完成
12	R&D投入占GDP比重（%）	0.93	1.0	完成
13	城镇登记失业率（%）	3.7	2.16	完成
14	每千人拥有医生数（人）	1.5	2.1	完成
15	人口自然增长率（‰）	5.9	6	完成
16	城市化率（%）	44.7	55	完成
17	万元GDP综合能耗（吨标煤）	0.76	0.65	完成
18	恩格尔系数（城/乡）	39.4/44.3	36.7/37.4	完成
19	主要污染物排放指标	完成		
20	城镇生活污水集中处理率（%）	77	90	完成

（区发改局提供）

2016年洞头区“十三五”发展规划纲要与专项规划制定情况

表26

序号	规划名称	编制单位	完成情况
1	温州市洞头区国民经济和社会发展第十三个五年规划纲要	区人民政府	（洞政发〔2016〕12号）
2	洞头区质量发展“十三五”规划	区市场监管局	（洞质强办〔2016〕2号）
3	洞头区文体发展“十三五”规划	区文体局	（洞政办发〔2016〕120号）
4	洞头区生态环境保护“十三五”规划	区环保局	（洞政办发〔2016〕117号）
5	洞头区科技创新发展“十三五”规划	区科技局	（洞政办发〔2016〕124号）
6	洞头区卫生和计划生育事业发展“十三五”规划	区卫计局	（洞政办发〔2016〕139号）
7	洞头区教育事业发展“十三五”规划	区教育局	完成编制
8	洞头区工业和信息化发展“十三五”规划	区经信局	完成编制
9	洞头区“十三五”节能专项规划	区经信局	完成编制
10	洞头区商贸流通业发展“十三五”规划	区经信局	完成编制
11	洞头区养老服务业发展“十三五”规划	区民政局	完成编制
12	洞头区综合交通运输“十三五”发展规划	区交通运输局	通过专家评审
13	洞头区旅游业“十三五”发展规划	区旅委	完成编制
14	洞头区渔农村经济发展“十三五”规划	区委渔农办（农林水利局） 区海洋与渔业局	编制中

（区发改局提供）

【《温州市洞头区国民经济和社会发展第十三个五年规划纲要》出台】2016年3月2日，区政府制定出台《温州市洞头区国民经济和社会发展第十三个五年规划纲要》（洞政发〔2016〕12号）。该规划涵盖开启后发崛起新篇章；统筹协调，构筑都市融入发展格局；同城同建，加快基础设施一体化建设；海陆联动，加快产业增量提质发展；生态优先，持续推进美丽洞头建设；共建共享，建设惠民安民幸福家园；创新引领，培育经济发展核心动力；开放改革，激发区域协同发展活力等8个章节。发展目标提出到“十三五”期末，全区经济社会发展水平显著提升，力争达到全市中等水平，全面建成小康社会，为加快同城发展，建设海上花园奠定更加坚实的基础。“十三五”时期主要目标是全区生产总值年均增长7.5%，确保高于全市平均水平。城市化率达到59%。近岸海域一、二类海水水质比例85%以上，海上花园建设成效初显。城镇、农村常住居民人均可支配收入年均增速分别实现8%、9%，低收入群众收入持续较快增长。政府治理能力和基层治理水平显著提高，社会信用体系和公共安全应急体系基本建立。

【《洞头区产业平台“十三五”发展规划》获批】 2016年10月13日，区政府批复同意实施《洞头区产业平台“十三五”发展规划》（洞政函〔2016〕76号）。该规划主要任务是优化“1+2+N”产业平台布局（集聚建设1个核心平台、推进发展2个提升平台、谋划建设N个特色小镇，加快开发建设核心区块）、实施五大工程（产业集聚工程、招商引资工程、创新驱动工程、企业培育工程、产城融合工程）。目标提出至2020年形成“1+2+N”产业平台布局。各产业平台定位清晰，主导产业突出，特色产业鲜明，形成分工合作、错位发展的互补格局。

【经济体制改革】 2016年，制定出台《洞头区县域经济体制综合2016年工作方案》及15个配套文件，有序推进区域经济体制综合改革。完成街道（乡镇）财政体制改革。出台《洞头区政府产业基金暂行管理办法》，引导金融资本和社会资本投入实体经济，推动全社会创业创新和产业转型升级，出台《洞头区产业平台提升实施方案（2016—2018）》《洞头区产业平台发展“十三五”规划》，以及洞头区特色小镇创建实施方案和具体实施意见，助推经济产业转型升级。完善洞头大门海洋经济示范区都市型功能区核心平台和南塘、杨文工业区，谋划建设特色小镇；出台《进一步降低企业成本优化发展环境的若干意见》，开展扶企政策落实难问题专项整治。推进工业企业差别化培育服务改革，建立企业综合评价数据库、重点企业“一企一档”，完成规上企业综合评价30家。加快科技创新体制机制改革，建立市级博士后科研工作站。深化政府和社会资本合作机制，推出总投资160亿元以上PPP项目10余个，入选财政部示范PPP项目1个，入选省财政厅示范PPP项目8个，完成项目签约5个。加快不动产统一登记制度改革，建立不动产登记机构，启动不动产统一登记信息管理系统建设。深化城镇低效用地再开发试点。全面推进省海岛综合开发与保护试验区建设，创新无居民海岛保护与开发建设审批。深化省渔港综合管理改革试点，完善“五位一体”渔港渔船管理服务模式。进一步深化对台合作平台建设等。

【《进一步降低企业成本优化发展环境的若干意见》实施】 为积极应对当前复杂严峻宏观形势，降低企业生产经营成本，减轻企业负担，优化发展环境，促进地区经济平稳健康创新发展，2016年6月6日，区政府出台《关于进一步降低企业成本优化发展环境的若干意见》（洞政发〔2016〕15号）。该意见主要涵盖降低企业税费负担、降低制度性交易成本、降低企业用工成本、降低企业资源要素成本、降低企业融资成本、落实财政扶持政策、保障措施等7方面39项内容。该意见自正式发文之日起实施，至2018年12月31日止。

【《温州市洞头区政府产业基金暂行管理办法》出台】 为规范和加强政府产业基金的运作与管理，充分发挥政府产业基金作用，进一步推进全区大众创业、万众创新和产业转型升级，根据省政府相关文件精神，2016年1月25日，区政府出台《温州市洞头区政府产业基金暂行管理办法》（洞政发〔2016〕4号）。该办法规定洞头区政府产业基金由区政府主导设立，并按市场化进行运作。产业基金资金来源为区财政预算安排，规模3亿元，视资金需求和财力情况分次到位。同时对组织架构、职责分工、投资原则和要求、投资管理程序、投资项目退出、费用和收益管理、风险防控和绩效考核、定期报告制度等作了规定。办法自发布之日起30日后生效。

【加快特色小镇规划建设实施意见】 （参见《城乡建设管理》栏目“村镇建设”分目）

（厉海晓、林振静）

【价格管理】 2016年，区发改局开展教育收费、涉农涉企收费、药品价格、旅游行业价格行为等专项检查。查处各类价格违法案件6件23390元，其中，退还消费者23290元，罚款100元。组织市场价格行为检查，重点对粮油、肉禽蛋菜、成品油、液化气，及景点门票价格、客运票价、停车收费等检查。全年累计出动巡查力量460人次，检查经营户（单位）650家次。开展洞头区2015年度行政事业性收费统计公示工作。据统计，2015年度全区行政事业性收费单位39家，实际收费单位31家（其中行政性收费单位12家、事业性收费单位19家），暂停收费8家（其中行政性收费单位4家、事业性收费单位4家），全区2015年度行政事业性收费总额3621.94万元，同比减少590.05万元，减幅14.0%，收费总额占全区年财政一般预算总收入3.8%。开展区水务公司城市供水成本、洞头大门水务公司供水成本、温州长运集团洞头有限公司短途客运成本及洞一中学生均培养成本等成本监审项目，共核减不合理运营成本2748.8万元。

（柯友庆、颜先念）

2016年洞头区城乡供水到户价格

表27　　　　单位：立方米/元

<table>
<tr><th>供水分类</th><th>污水分类</th><th colspan="2">用水性质</th><th>供水价格</th><th>污水处理费</th><th>到户价格</th></tr>
<tr><td rowspan="4">居民
生活用水</td><td rowspan="4">居民生活污水</td><td rowspan="3">一户一表阶梯价格</td><td>用水量≦14立方米/月</td><td>2.85</td><td rowspan="4">0.95</td><td>3.8</td></tr>
<tr><td>用水量15≤20立方米/月</td><td>4.5</td><td>5.45</td></tr>
<tr><td>用水量≥20立方米/月</td><td>6.15</td><td>7.1</td></tr>
<tr><td colspan="2">非“一户一表”抄表到户用户</td><td>2.85</td><td>3.8</td></tr>
<tr><td rowspan="3">非居民
生活用水</td><td rowspan="2">工业
污水</td><td colspan="2">一般（含建筑业）</td><td rowspan="3">5.3</td><td rowspan="4">1.4</td><td rowspan="3">6.7</td></tr>
<tr><td colspan="2">高污染</td></tr>
<tr><td>非工业污水</td><td colspan="2">经营性用水、非经营性用水</td></tr>
<tr><td>特种
用水</td><td>非工业污水</td><td colspan="2">桑拿、足疗等</td><td>8.2</td><td>9.6</td></tr>
</table>

说明：1. 本表不含灵昆街道、大门镇、鹿西乡

2.低保困难户每月用水量在5吨以内每吨按2.80元计费（含污水处理费0.95元/吨），超过部分按到户价格计收

3. 2016年12月1日起实施

市场监督管理

【概况】2016年，洞头区出台《洞头区质量发展“十三五”规划》《“浙江制造”品牌培育三年行动计划》等。全区新增小微企业235家，其中新增信息、环保、健康、旅游等七大产业小微企业115家，科技型小微企业5家。新增“个转企”18家，其中公司制企业17家。住宿餐饮批发零售业小微企业转“限上”1家。全年认定国家级守合同重信用企业1家，AAA级守合同重信用企业7家、AA级守合同重信用企业9家。全年立案查处侵犯知识产权、虚假广告、商业贿赂、商标违法及流通环节等各类案件数34件。制定发布地方标准规范2项，新增导入实施卓越绩效模式企业3家，新增24家企业31个产品标准。落实注册资本“认缴制”“五证合一、一照一码”“先照后证”“简易注销登记”等改革措施，创新民宿合作社“一照多址”登记模式，登记注册民宿点279户。完成全区农贸市场双体系建设4家。建成东屏农贸市场，鹿西农贸市场引入超市化运营机制。新城农贸市场通过四星级验收。全年受理消费举报投诉150件，同比上升45.6%，为消费者挽回经济损失近10万元。

是年，洞头区获评浙江省校园食品安全责任落实先进单位。浙江诚意药业股份有限公司获国家级“守合同重信用”称号。

菜品品种检测公示

【《温州市洞头区质量发展“十三五”规划》出台】2016年8月，洞头区质量强区工作领导小组办公室出台《温州市洞头区质量发展“十三五”规划》（洞质强办〔2016〕2号）。该规划主要任务是完善“大质量”布局，提升四大领域（产品、服务、工程、环境等）质量；推进“三强”（质量强区、标准强区、品牌强区）建设，助推发展提质增效；培育“浙江制造”品牌，打造区域制造标杆；加强质量监督管理，提升质量安全保障能

力；强化质量惠民行动，合力增进人民生活福祉；夯实质量发展基础，着力提升质量供给水平；优化质量发展环境，梯度培育质量创新载体。目标至2020年，质量洞头建设成效明显，质量创新机制和质量安全保障体系日臻完善，质量总体水平明显提升，形成一批拥有自主品牌和核心竞争力的优势企业，推动全区经济转型、民生改善、城市发展等各领域工作实现新跃升。

【《洞头区“浙江制造”品牌培育三年行动计划》出台】 2016年10月7日，洞头区质量领导小组办公室出台《洞头区“浙江制造”品牌建设三年行动计划（2016—2018年）》（洞质强办〔2016〕4号），该计划提出三年内，全区新增高新技术企业2家、省级科技型中小企业 12家、市级以上企业科技研发机构 2家，“浙江制造”品牌企业研发投入占主营业务收入比重平均达到4%以上；参与制定“浙江制造”标准4项以上，参与制定国家和行业标准2项以上，规模以上企业主导产品采标率达到65%以上；导入卓越绩效管理模式企业6家以上；新增市级以上名牌产品2个、品牌商标5个；区长质量奖企业3家；力争通过“浙江制造”认证产品1个，培育创新能力强、智能制造水平高、管理先进、服务优质、影响力大、竞争力强的“浙江制造”品牌企业5家以上。

【东启公司参与制定“浙江制造”标准】 2016年9月23日，浙江省浙江制造品牌建设促进会批准发布T/ZZB 0083—2016《汽车用真空助力器》浙江制造团体标准，温州市东启汽车零部件有限公司凭借真空助力器行业影响力，参与该标准制定，这是洞头企业首次参与制定“浙江制造”标准。该标准提出产品基本要求内容，对产品设计、材料、生产制造、检测、搬运等作出严格规定，第一次对产品噪音、强度、质量承诺作具体规定。

【诚意药业获国家级“守合同重信用”企业】 2016年6月27日，国家工商行政管理总局发布《工商总局关于公示2014—2015年度“守合同重信用”企业的公告》（工商市字〔2016〕118号），浙江诚意药业股份有限公司名列其中，是全区首家获得国家级守合同重信用企业。浙江诚意药业股份有限公司创办于1966年，是一家专业生产胶囊剂、针剂、片剂、原料药和医药中间体的综合性现代化制药企业。是国家重点高新技术企业、省AAA级信用企业、省级企业技术中心、全国医药工业企业利润500强药企、省、市重点骨干企业、洞头区本土民营企业的龙头企业。60多个品种，近百个规格的药品。所有产品均通过国家GMP认证，多只产品通过美国FDA、欧盟EMEA、澳大利亚TGA、英国MHRA、墨西哥COFEPRIS等多个国家地区认证。

【《温州市洞头区农贸市场改造升级三年行动计划（2016—2018年）》印发】 2016年7月18日，区委、区政府制定《温州市洞头区农贸市场改造升级三年行动计划（2016—2018年）》（洞委办发〔2016〕50号）。该计划主要任务是制定出台农贸市场具体建设方案、分类推进农贸市场硬件改造升级、逐步提升农贸市场软件长效管理。2016年目标创成省四星级文明规范市场、省放心农贸市场，鹿西农贸市场达到省三星级农贸市场标准。累积改造及建设市场面积约9200平方米，改造及新增市场摊位约200个，完成投资约2500万元。至2018年，新建霓屿农贸市场、城南农贸市场。其中，霓屿农贸市场在布袋岙新区二期按三星级农贸市场标准选址建设，城南农贸市场在城南社区按三星级农贸市场标准选址新建，建设完成后达到省放心农贸市场标准。累积改造及新建市场面积约4300平方米，新增市场摊位约100个，完成投资约1700万元。

·工商行政管理·

【概况】 2016年，区市场监管局办理各类工商登记注册、食品药品、质监审批事项6874余件，平均办理天数2天，办结率100%；新增7大产业小微企业75家，“个转企”19户，其中公司制企业18户，占比94.74%；网上企业注册登记149件；“一址多照”“一照多址”377家；营业执照、食品流通、餐饮服务许可等事项办理实现同步受理、同步发放证照。全区餐饮服务单位831家，占全区经济户口总量11.24%。其中，小型餐饮服务单位601家、大中型餐饮服务单位112家、学校食堂11家、机关事业食堂32家、工地食堂25家，其他托幼机构食堂50家。截至年底，全区商品交易市场9家，网上交易市场1家，其中农贸市场6家，消费品市场2家，生产资料市场2家；国家级守合同重信用企业1家，AAA级守合同重信用企业7家、AA级守合同重信用企业9家。温州市海力砂轮制造有限公司“海力”牌商标被认定为“2015年度浙江省著名商标”。

【“海力”牌商标被认定为“2015年度浙江省著名商标”】 （参见《工业》栏目“机械汽配行业”子分目）

【全市首张“一照多址”民宿合作社执照颁发】 2016年3月，区市场监管局为洞头大北岙村渔业综合开发观光专业合作社颁发区首张“一照多址”民宿合作社的营业执照。

该村28家民宿经营户250个床位自行组建民宿合作社，按照“一照多址”住所便利化程序登记注册。即以民宿合作社为经营主体进行登记，下属每个经营点都发放壹本营业执照副本，每个经营户做到合法亮照经营。

区首张“一照多址”民宿合作社营业执照

【大门市场监督所颁发首张企业执照】 2016年6月1日，大门市场监管所办结温州市康家保洁有限公司变更登记申请并颁发执照，这是该所对辖区企业登记业务受理颁发的首张企业执照，也是食品经营许可审批权限下放的便民利民措施。

【商标广告管理】 截至2016年底，全区注册商标1271枚，在申请商标227枚，其中自然人注册748枚；省著名商标9枚、市知名商标11枚、区名牌商标7枚；区市场监管局全方位筛查建档主体网站217家，监测各类网站近100家。开展日常户外广告监管，出动执法人员180人次，检查单位47家，监测广告89条。共查处商标案件3件，罚没款10万元；查处广告案件5件，罚没款3.594万元。

【消费者合法权益维护】 2016年，区市场监管局约谈重点网商20余家，受理消费者各类举报投诉194件，办结率100%，为消费者挽回经济损失30余万元，接受消费者咨询326人次，发布消费警示12条。出动执法人员200余人次，行政监督检查37次，检查消费领域经营户300余户次，开展流通领域商品抽查13批次。设立区职业教育中心消费教育基地、市民活动中心消费教育中心，举办消费维权主题讲座6期，分发消费维权宣传资料2200份。与区残联共建弱势群体消费维权合作机制，九厅村设立消费维权联络站，金海岸开元大酒店挂牌成立全区首家旅游行业消费维权服务站。

2015—2016年洞头区内资市场主体消长情况

表28

项目		内容	内资企业 总量（家）	内资企业 私营企业（家）	内资企业 非私营企业（家）	农村专业合作社（家）	个体户（家）
新设单位	设立注册户数	2015年	250	17	233	33	755
		2016年	326	14	312	30	1103
		同比（%）	30.4	−17.65	33.91	−9.1	46.09
		2015年	64157	4100	59731	6574	7938
		2016年	152742	6566	146176	6536	11813
		同比（%）	138.08	60.15	144.72	−0.58	48.82
注（吊）销单位	注销户数	2015年	78	9	69	12	274
		2016年	116	8	108	4	330
		同比（%）	48.71	−11.11	56.52	−66.66	20.44
累计总数	累计户数	2015年	1624	281	1343	183	5098
		2016年	1858	290	1568	209	5935
		同比（%）	14.41	3.20	16.75	14.21	16.42
	累计注册资本（万元）	2015年	681934	292847	389087	25374	40345
		2016年	908473	329181	579292	31722	50111
		同比（%）	24.20	12.41	48.88	25.02	24.20

说明：本表数据含分支机构

（区市场监管局提供）

·食品药品监督管理·

【概况】2016年，区市场监管局开展食品药品“四小一市场”▲、食品安全“三大一严”等联合执法行动84次，出动执法人员8689人次，检查食品生产经营单位12459家次，立案17件，结案13件，罚没款3.2万元，办理举报投诉9件，办结率100%。检查餐饮服务单位5800余家次，发出监督意见书30余份、行政指导告知书200余份，简易处罚78件，一般程序立案查处9家，罚没款2万余元。启动农村食品安全金融信用体系建设试点。

▲“四小一市场”：食品生产加工小作坊、小餐饮、小食杂店、小药店和农贸市场。该专项行动突出治理添加非食用物质、滥用食品添加剂、无证无照生产经营、索证索票制度不落实、制售假劣药品（保健品）、环境卫生脏乱差等违法违规行为。

【洞头区获评浙江省校园食品安全责任落实先进单位】2016年6月3日，浙江省食品安全委员会发布《浙江省食品安全委员会关于表扬千万学生饮食放心工程2013—2015年度先进单位的通报》，洞头区政府获评“校园食品安全责任落实先进单位”。自2013年以来，相继开展春、秋季学校食堂和校园周边食品安全专项整治，所有学校食堂食品实现统一配送供应，全区11所公办学校食堂创建“阳光厨房”7家。全区28所学校（含托幼机构）食堂量化等级A、B级19家（A级3家、B级16家），量化A、B等级达到67.86%。

【洞头首张新版食品生产许可证】2016年1月26日，区市场监管局为温州星亿海源食品有限公司颁发新版食品生产许可证。这是新修订《食品生产许可管理办法》实施后，洞头区颁发的第一张食品生产许可证，此后食品QS标志将逐步退出市场。新版食品生产许可证书增加企业日常监督管理机构、人员和签发人信息、投诉举报电话，同时新添二维码，实现许可证书信息的在线识别。新版食品生产许可证书编号也由“QS+12位阿拉伯数字”，变为“SC+14位阿拉伯数字”。

街道（乡镇）食品协管员培训会

【食品药品安全“四小一市场”整治行动】2016年，区市场监管局制定《食品药品“四小一市场”整治提升行动方案》，全区投入400余万元用于“四小一市场”安全综合整治工作。期间，出动执法人员3048人次，组成10支检查小组，对全区所有食品生产经营单位展开拉网式大排查，登记造册整治底数1387家，检查4020家次，排查食品药品安全隐患217处、立案查处4起，整改小餐饮、小食杂210家，关停5家；检查小餐饮单位2878家次，行政约谈餐饮单位2家，出具监督意见书12份，发放整改通知书170余份、行政告诫书27份，立案查处87件，其中一般程序案件9件，简易处罚78件，罚没款2万余元；小餐饮持证率95%以上，量化分级A、B级38.64%，等级公示率95%以上；小作坊备案登记属目录外的14家、整改2家；约谈小药店4家，责令改正2家，出具行政指导建议书57份，整改到位32家。

【食品安全隐患“三大一严”▲专项行动】2016年3月1日—8月31日，区食安办组织开展食品安全隐患“三大一严”专项行动。出动执法人员3641人次，检查食品药品生产经营单位6489家次，排查食品安全隐患680处，发放整改通知书310份，整改小餐饮、小食杂210家，关停5家，立案查处20件，约谈违规企业3家，查处关停非法违法企业4家；检查各类餐饮服务单位356家，其中高风险食品和重点环节的餐饮服务单位16家，排查重点风险隐患2个，整改率100%；开展部门联合执法3次，发放、张贴“三大一严”专项行动通告3500份；成立3个督查专案组，出动督查人员90余人次，开展8次督查，发出督查通报5期，立案查处11个。

▲“三大一严”：全省开展食

品安全隐患大抽检、大排查、大整治、严厉打击专项行动。

【农村食品安全金融征信体系建设】2016年，区食安办启动农村食品安全金融征信体系建设试点工作，联合区农林水利局、海洋与渔业局、市场监管局等部门与人行洞头支行签订《食品安全金融联手信用合作协议》。把农户、农民专业合作社、农业龙头企业、家庭农场、农贸市场举办者及经营户等六类实施主体的食品安全不良信息纳入浙江省企业信用信息辅助系统、浙江省农户信用信息管理系统，作为金融机构授信的重要参考，实施联合惩戒。截至年底，全区纳入实施主体14844家，完成基础信息采集13023家，报送不良信息2家。

【食品安全电子监管】2016年，全区成功创建"阳光厨房"41家，其中：特大型、大型餐饮企业、学校食堂18家，覆盖率56.25%，中型餐饮企业15家、其他业态餐饮单位8家。开展餐饮服务单位智慧监管，首期投入建设资金200万元，餐饮单位安装视频探头80余家，上传视频监控数据。食品批发、超市等经营户建立电子台账登记制度，全区纳入食品电子监管食品经营企业43家，安装使用率100%。婴幼儿乳制品、酒类经营单位电子追溯系统覆盖率95%以上。大型商超建立电子查询监管系统，重点食品可溯源率90%以上。

【学生饮食放心工程】2016年，区市场监管局探索实施食品药品安全智慧监管，公办学校食堂（含幼儿园）安装探头13家。区职教中心开展食品安全"你点题、我检测"进校园活动，抽取12个批次食品，检测结果均合格。组织开展食品安全专项检查18次，出动执法人员92人次。全区学校食堂大宗食品统一配送定点采购率100%。全区创成学校"阳光厨房"食堂9家，创建率64.29%；改造升级洞二中、实验中学、实验小学、城关一小等4家学校食堂；全区28所学校食堂量化等级A、B级19家，量化等级比例67.86%。其中公办学校食堂15家，AB等级食堂创成率100%。

【餐饮改造提升工程】2016年，区市场监管局改造提升餐饮单位50家，投入资金129万元；采取以奖代补方式，鼓励餐饮单位改善经营条件，全年发放补助28家单位10.6万元。开展网络订餐"净网行动"，现场核查提供网络订餐送餐服务餐饮单位35家；完成省级定量检测17批次、区本级定性检测300批次、定量检测80批次，合格率100%；完成市级定量检测35批次，合格率91.43%。

【食品安全检验检测】2016年，区市场监管局在新城农贸市场、大门农贸市场新建2个食品安全快速检测室并免费向公众开放，检测结果通过显示屏实时公布，并通过短信、网站等定期对外发布。全年抽检各类食品和餐饮具样品910批次，合格率99.67%；开展流通领域食品快速检测18053批次，合格率99.87%，下架和监督销毁不合格商品数量29.5千克，立案3件，结案2件；开展定量检测435批次，其中食用农产品246批次，合格率100%。

【药械安全监管】2016年，区市场监管局开展小药店（小诊所）整治，出动检查人员676人次，监督检查覆盖率100%，阴凉柜配备率100%。约谈经营使用单位5家，责令整改6家，立案2家；完成药品不良反应上报82例，其中新的、严重的34例；开展药包材及胶囊剂药品、原料药专项检查、GMP跟踪检查、胆益宁片（糖衣）品种生产现场核查；浙江诚意药业有限公司通过GMP跟踪检查并获得国家食品药品监督管理总局核发的胆益宁片药品批准文号；医疗器械不良事件上报13例。回收过期药品300余盒。把全区药品经营企业纳入智慧监管系统，22家药品经营企业安装监控点位52个。

【食品安全宣传】2016年，区市场监管局组织开展食品安全"四个你我"、食品安全"七进"系列、食品安全巡回宣讲等各类宣传活动21次，接受咨询800余人次，发放宣传资料1万余份，展示宣传展板12幅次；举办中小学生"关注食品安全"主题教育征文比赛，征集作品107篇；编印小学、初中、高中食品安全科普读本一套，中小学食品安全知识知晓率100%；举办各类食品安全培训班15期，培训580余人次；发送专题简报11期、食品安全类短信21万条、微信周刊9期，播放电视台专题栏目2期、通告150条次。

·质量技术监督管理·

【概况】2016年，洞头区出台《洞头区质量发展"十三五"规划》《2016年质量洞头建设行动计划》。全年新增各类管理体系认证证书18张，全区领军工业企业、高成长型工业企业质量管理体系认证实施率100%、传统五大支柱产业91.7%、规模以上工业企业67.7%。温州东启汽车零部件制造有限公司参与制定订发布《汽车用真空助力器》"浙江制造"团体标准。全年新增实施卓越绩效模式企业3家。浙江迪特高强度螺栓有限公司获2015年度"区长质量奖"。洞头区质量监督检测中心56项食品检测项目通过省级资质认定评审。组织开展质量月系列活动，发放宣传资料500余份，发送短信6万条。

【浙江迪特高强度螺栓有限公司获2015年度“区长质量奖”】（参见《工业》栏目“概述”分目）

【供给侧质量专题“百岛讲坛”】2016年5月6日，区委理论中心组扩大会议上，浙江大学质量管理研究中心主任、博士生导师，国家重大项目首席专家熊伟教授应邀作“改革供给侧质量，助力区域经济发展”专题讲座。内容围绕“国内外政府质量发展战略”“供给侧质量结构改革”“质量管理提升企业效益”“质量竞争力提升途径”等方面展开。区四套班子领导、相关部门单位及全区规上企业负责人等近1000人参加。

【品牌培育建设】2016年，为提升制造业制造能力、品牌优势、质量水平，实现高品质、高水平本土制造，区质量强区工作领导小组办公室出台《“浙江制造”品牌培育三年行动计划（2016—2018年）》，落实重点培育企业12家。温州东启汽车零部件制造有限公司被列入市级品牌重点培育名单，并参加全省“浙江制造”品牌训练营活动，参与制定发布《汽车用真空助力器》“浙江制造”团体标准。浙江迪特高强度螺栓有限公司牵头制定《风力发电用高强度螺栓和螺母》立项建议书和标准草案通过省里立项并受理。温州佳海水产食品有限公司捷禾牌羊栖菜、温州市东启汽车零部件制造有限公司制动总泵等2个市级名牌产品完成复评。

【企业标准化建设】2016年，区市场监管局推动实施“标准化+”行动，浙江迪特高强度螺栓有限公司参加全国标准化技术委员会2个（《紧固件非点解锌片涂层》《钢结构用高强度锚栓连接副》）国家标准制订；制定发布《坛紫菜良种繁育技术规范》《渔家乐民宿》等4项地方标准规范；羊栖菜标准化养殖示范园区等5个市级标准化项目通过验收，发放以奖代补资金45.52万元；新增实施自我声明公开产品标准100个，新注册商品条码4家，续展11家。全区领军企业、高成长型企业主导产品采标率分别为100%和66.7%，规上企业主导产品采标率62.5%；由洞头县海光电器有限公司主导制订2项（低压配电系统电气安全防护8部分、IT系统中绝缘监控装置设备）国家标准经国家质量监督检验检疫总局、国家标准化管理委员会批准发布，于7月1日起正式实施。

【计量惠民服务】2016年，区市场监管局组织开展“计量惠民”服务系列活动，对医用三源、衡器、加油机等重点计量器具管理，检定强检计量器具2311台件，衡器、加油机等重点计量器具受检率100%；对6家排污企业42种86台件计量器具建档，定期公布强制检定结果5期；民生计量监督检查出动执法人员72人次，检查集贸市场5家，商超11家，餐饮单位84家，加油站1家，个体经营户36家，抽查加油机2台件，电子秤125台，计量器具合格率99.94%；水表、燃气表专项计量，现场抽查60只水表和15只燃气表，实施首检和到期更换率100%；液化气计量专项检查充装站1家、经营点5家，抽查瓶装液化气13批次，合格率100%。

【特种设备安全监察】2016年，区市场监管局开展对中石化温州石油分公司洞头深门加油站等5家加油点、浙江诚意药业有限公司等12家涉氨企业在用压力管道与其他特种设备排查；全年通报隐患8起，其中街道（乡镇）7起、事业单位主管1起，通报隐患单位14家；出动检查人员302人次，检查特种设备使用单位72家次，整改率100%；开展电梯安全攻坚战，出动执法人员522人次，检查企业145家次，检查电梯185台次，发现安全隐患30处，发出安全监察指令书23份，立案查处1起，罚没款1万元；开展G20峰会特种设备安全保障工作，出动执法人员1694人次，检查使用单位395家次，检查特种设备604台次，发现隐患设备86台，发出安全监察指令书63份，立案查处3起，罚没款4万元；开展打击“三非两超”▲“一无一违”▲行动，检查特种设备使用单位52家，排查设备55台次，整改安全隐患2处。截至年底，洞头区（不含灵昆）注册登记特种设备1599台（在用特种设备1304台）。其中锅炉59台，压力容器770台，起重机械195台，电梯420台，场（厂）内专用机动车辆68台，压力管道工程85个，大型游乐设施2台。累计在用液化石油气瓶56556只，新增4302只，检验14316只，报废4447只。全年未发生特种设备安全事故。

▲“三非两超”：“三非”指非法制造、非法安装修理改造、非法使用；“二超”指超期未检、隐患超期未改。

▲“一无一违”：无证上岗、违章作业。

（张为婕）

统　计

【概况】2016年，全区统计机构7个（北岙街道、大门镇单独设立统计机构），专兼职统计人员20人，配备村居兼职统计人员和辅助统计调查员103人，全年培训基层统计人员1626人次。区统计部门编发《2015洞头区国民经济和社会发展统计公报》，编印《洞头统计年鉴（2015）》，改版统计月度信息卡，设立历年数据、主要年份和

“十二五”期间三档纵向对比数据，增加全市各县（区）和全国海岛县横向对比资料等。开展第三次全国农业普查，形成经济运行分析报告和相关动态信息94篇。组织社会、环境、科技、妇儿等专项调查及海岛县统计资料收集分析。

全年法人单位新增280家，注销64家；产业活动单位新增38家，注销4家；其中新增入库企业10家，5000万以上项目8个，单位名称变更维护21家，退出13家。复评验收合格单位44家，复评完成率90.9%（停业停产4家）。

【统计执法检查】 2016年，区统计部门完成统计稽查28件，其中投资10件，立案1件。开展“数据造假、以数谋私”专项治理及统计数据质量自查自纠专项整改活动，清理违反统计法文件5项，单位自查检查127家，现场核查街道2个、村居4个、企业69家。

（曾素恋）

【第三次全国农业普查启动】 2016年8月，根据上级第三次全国农业普查统一部署，洞头区成立区第三次全国农业普查领导小组和工作机构，全区6个街道（乡镇）（不含灵昆街道）和87个村居相应成立农业普查机构。制定普查工作方案，完成普查综合试点，培训280名普查员、指导员，划区绘图、清查摸底。通过报纸、电视台、普法广场、户外LED屏等媒介开展普查宣传周、宣传月活动，分发《致被调查户一封信》4万份、《农业普查条例》500份、《农业普查宣传手册》800册、宣传画2000张和宣传笔2000支等。截至年底，全区农户42970户，非本乡镇户数2593户，全家外出户8410户，普查登记对象20813户；清查摸底单位数759户，单位登记对象660户，启动普查入户登记。

【群众安全感调查】 2016年10月，洞头区开展群众安全感调查，涉及6个街道（乡镇）6个村居150户居民。通过区内纸质问卷调查和省统计局电话回访调查，全区群众安全感满意率96.83%，比上年下降1.23个百分点，分别高出温州市和浙江省平均水平1.39百分点和0.4百分点。平安建设群众知晓率88.0%，分别高出2.0百分点和2.2百分点。平安建设群众参与率60.7%，分别高出0.8百分点和1.1百分点。据省统计局核定数据显示，2016年洞头区群众安全感调查知晓率、参与率居温州市第一，满意率居第二。其中知晓率连续六年居全市第一，满意率和参与率连续六年居第二以上。

洞头区第三次全国农业普查培训

【城乡一体化住户调查】 2016年7月，洞头区开展城乡一体化住户调查，对象为5个街道（乡镇）14个村居147户居民。调查数据包括工资性收入、经营净收入、财产净收入、转移净收入等四大收入和食品烟酒、衣着、居住、生活用品及服务、交通通信、教育文化娱乐、医疗保健、其他用品和服务等八大生活消费支出。全年城镇常住居民人均可支配收入37827元，较上年增长9.1%，人均收入水平居全市第九，增速居全市第二。人均生活消费支出23596元，同比增长11.3%。全年农村常住居民人均可支配收入19907元，较上年增长8.4%，人均收入水平居全市第六，增速居全市第六。人均生活消费支出16182元，同比增长8.1%。

（余克新）

安全生产监督管理

【概况】 2016年，洞头区发生各类事故3起、死亡4人、直接经济损失0.7万元（火灾事故不列入统计），其中各类事故死亡人数占市下达死亡控制指标17.65%，排名全市第一。全年未发生较大以上安全生产事故。创成二级和三级安全生产标准化企业41家，评定安全生产诚信企业54家。开展“重点工作落实年”“行政服务优化年”专项活动，区安监局全年公布行政许可、其他权力事项等11项。按照急办件“主动式”服务，承诺件“全程式”服务，特殊件“保姆式”服务要求，全年接收预登记5159件，办理许可备案类28件。培训企业负责人及管理人员367人、重点行业（领域）从业人员9908人。实体型企业负责人、安全管理员、特种作业人员持证率100%。6个街道（乡镇）安全生产监督管理所调整为单独设立。

【安全生产专项整治行动】 2016年，区安监局集中开展专项整治行动11个。十大重点领域安全生产专项整治检查单位和处所16611家次，累计组织执法检查18485人次，联合执法检查144次，发现安全隐患9275处，整改率99.56%，责令停产停业整顿单位82家，关闭取缔单位6家；危险化学品领域安全综合整治检查危化品生产经营单位、道路运输企业、寄递企业等各类监管对象83家，出动人员450人次，排查整改隐患73条，整改率100%；“三场所两企业一行业”安全生产专项整治以人涉铝粉、镁粉、锌粉的企业为重点，开展粉尘防爆集中整治“双月”攻坚专项行动，共排查出涉尘加工3家、有限空间和喷涂作业7家、在用涉氨制冷11家和船舶修造4家，排查整改隐患22处；开展烟花爆竹批发、非煤矿山领域等专项执法（整治）行动8个，监督监察各类生产经营单位361家次，制作现场检查记录154份，排查各类限期整改隐患225项；立案处罚37起，罚款15.5万元，办结投诉（举报）件6件，无行政复议、行政诉讼案件，移交公安事故前追刑案件1起。制定平安护航G20杭州峰会安全生产专项整治行动实施方案，开展平安隐患整治攻坚月行动，采取联合执法、明查暗访、突击检查、专家会诊等督促企业严防死守，杜绝风险隐患新生，累计排查数1191处，发现隐患问题1698条，整改1512条，整改率89.1%。

【《洞头区化工行业安全发展规划（2016—2020）》编制完成】 2016年12月，区安监局编制完成《洞头区化工行业安全发展规划（2016-2020）》，旨在进一步加强洞头区化工集聚区安全管理，降低区域系统安全风险，增强区域安全应急保障能力，提升区域本质安全水平。实现风险控制和管理，指导化工项目的发展和产业结构布局，规范区域相关安全设施配置和管理等。该规划提出建设小门岛石化产业基地（位置位于小门岛规划中纬一路和经三路以及东区环路之内，规划面积218.4公顷），发展绿色石化产业集群，全面实现危险化学品生产企业安全管理标准化、安全控制自动化、隐患排查信息化，明显提升政府安全监管和企业本质安全水平，避免出现重、特大危险化学品事故。同时解决区外企业内部安全和环保问题。

【安全生产事故应急演练】 2016年，区安监局委托宁波国际投资咨询有限公司对洞头区化工集聚区（小门岛石化产业基地）进行区域安全风险评估。在霓屿街道布岙袋村瓯飞料场矿山工地组织开展矿山安全生产事故应急演练。邀请市危化品领域专家对危化品专业应急救援队开展培训。联合区公安分局、区公安消防局、区环保局在温州金源化工有限公司开展危险化学品安全生产事故综合应急演练。全年指导安全生产事故中小型应急演练7次，参加280人次。组织指导完善危化品行业安全生产应急救援体系建设，建立危险化学品专业应急救援队。

【隐患排查治理】 2016年，区安监局健全区、街道（乡镇）隐患数据库，全区工矿商贸企业事故隐患排查录入率100%；完善安全生产事故隐患曝光台制度，借助《洞头新闻》累计曝光市、区两级隐患15次，共计219条，曝光企业31家；挂牌督办街道（乡镇）级安全隐患141处。整改并销号洞头区宏兴船舶修造有限公司、洞头区鹿港船舶修造厂市级挂牌重大事故隐患，整改洞头三盘岛港航道整治省级挂牌隐患并通过验收；督促指导全区矿山、危化品、烟花爆竹、商贸企业、道路交通、渔业捕捞等重点行业领域隐患排查治理，查处矿山隐患82条、危化隐患115条。

【街道（乡镇）安全生产监督管理所调整】 2016年4月，为切实加强基层安全生产监管执法力

安全生产应急救援演练

量，根据全市统一要求，经区编委同意，北岙街道、东屏街道、元觉街道、霓屿街道、鹿西乡安全生产监督管理所由与劳动保障所合署办公调整为单独设立，大门镇安全生产监督管理所由与社会综合管理大队合署办公统一调整为单独设立。确定人员编制15个，落实执法岗位津贴。

安全生产月咨询日活动

【“全国安全生产月”活动】2016年6月，区安监局联合宣传、公安、海洋渔业等安委办成员单位进村、进工地、进企业开展全国第十五个“安全生产月”活动，主题为“强化安全发展观念，提升全民安全素质”。邀请市、区安全生产专家开设安全生产法律法规讲座。联合举办区首届安全生产少年儿童现场书画、作文大赛；在旅游重点村——东岙村设立制作安全文化长廊；开展“安全咨询日”活动；全年发放宣传资料1万余份，悬挂横幅41条，电视报道8次，新闻报道12次，建立宣传栏12处，设立固定标语15条，张贴宣传标语350张，出动宣传车5次。《安全生产重如山》音舞快板节目获市“交运杯”安全生产文艺作品创作大赛第一名。

（吴梦鸽）

2016年洞头区安全生产事故一览

表29

类别＼内容	事故次数	死亡人数	受伤人数	直接经济损失（万元）	其中一次死亡3人以上事故
工矿企业	0	0	0	0	0
道路交通	2	3	0	0.7	0
水上交通	0	0	0	0	0
渔船捕捞作业及运输	1	1	0	0	0
合　计	3	4	0	0.7	0

说明：统计口径发生变化，不做同比

（区安委办提供）

国有资产监督管理

【概况】2016年，全区国有企业24家（含参股大小门公司和控股状元南片公司），其中：融资性企业8家、政策性企业1家、经营性企业11家、资产性企业2家、其他类企业2家（企业化管理事业单位）。全年区属企业年末资产总额101亿元（按股权比例统计），同比增长29%；净资产41亿元，同比增长82.6%；年末负债总额 59亿元，同比增长9.25%；年末负债率58.46%，同比下降11.5%；累计实现营业收入1.3亿元，同比下降13%；实现利润总额-501.8万元，同比下降325.9%。

是年，区国资办开展企业公务支出公款消费支出专项审计，完成保安服务公司、东屏农村建设公司等公司资产及经营风险控制审计。审计涉及金额12911万元，其中管理不规范金额517万元。区财政局组织开展行政事业单位资产清查，涉及行政事业单位、社会团体单位188家，全区行政事业单位资产账面数18.5亿元，负债账面数3亿元。

（朱玲爱）

栏目编辑　曾焕定

环境保护·国土资源

夕照渔村·陈建辉

“海霞精神”

爱岛尚武 励志奉献

“五岛连桥”精神

小县办大事 小岛创大业

环境保护

· 概述 ·

【概况】2016年，洞头区制定出台《温州市洞头区生态环境保护“十三五”规划》《洞头区国家生态文明建设示范区创建三年行动计划》。同时根据环保部颁布的创建指标体系，修编《洞头区生态文明建设规划》。严格贯彻环境功能区划，全年审批项目18个，备案项目17个。

洞头区环境空气质量优良率98.9%，比2015年提升3.2%。可吸入颗粒物浓度明显下降，PM2.5浓度29微克/立方米，浓度比2015年下降3.3%，全省排名第九。区域噪声及区级以上集中式饮用水源地水质达标率均100%。洞头区公众生态环境满意度列全省第七，比2015年提升5个位次。

是年，洞头区环境质量继续保持全省领先；市对区绩效考核，洞头区环境质量考核排名全市第一。区环保局被评为全市目标考核优秀单位、温州市“十二五”期间污染减排与重污染高耗能行业整治提升工作先进集体和温州市创建国家环保模范城市工作先进集体。

【《温州市洞头区生态环境保护“十三五”规划》公布实施】2016年11月10日，区政府出台《温州市洞头区生态环境保护“十三五”规划》（洞政办发〔2016〕117号）。该规划主要任务是加快转型升级，促进绿色发展；强化水污染防治，改善近岸海域环境质量；深化大气污染治理，改善环境空气质量；加强噪声污染防治，推进“宁静海岛”建设；加强土壤综合防治，确保土壤环境安全；强化环境风险管控，完善应急管理体系；加强生态建设和保护，确保生态格局安全；深化改革创新，完善环境管理体系。涵盖水污染防治、大气污染防治、固体废弃物污染防治、生态保护建设、风险防控能力、环保能力建设等六个领域31项重点工程项目，总投资约27.02亿元，其中“十三五”期间约投资24.42亿元。目标提出至2020年全区环境质量稳中上升，人民群众环境满意度明显提高，治水、治气、治土取得新突破，主要污染物排放量、环境风险得到有效管控，环境治理管理能力、环境保护体制机制、绿色生产和绿色生活水平方面均有明显提升，率先创成国家级生态文明建设示范区。

【《温州市洞头区国家生态文明建设示范区创建三年行动计划（2016—2018年）》印发】2016年8月2日，区委、区政府制定《温州市洞头区国家生态文明建设示范区创建三年行动计划（2016—2018年）》（洞委办发〔2016〕60号）。该计划主要任务涵盖环保基础设施建设、能源结构调整优化、推进节能减排、水环境污染综合防治、大气环境污染综合防治、城乡环境综合整治、生态文化宣传普及等。目标通过三年努力，使全区循环经济形成较大规模，产业布局和能源结构全面升级，资源实现可持续利用；环境污染得到全面控制，生态系统趋于良性循环，人居环境位居全省前列；低碳生活、绿色消费扎根群众意识，生态文明理念深入人心；生态文明制度不断完善，环境友好、资源高效的和谐稳定社会面貌基本形成，达到国家生态文明建设示范区创建要求。提出至2018年，开展国家生态文明建设示范区创建验收申报。国家生态文明建设示范区雏形基本形成。

【《洞头区国家生态保护与建设示范区生态修复整治规划》编制启动】 2016年5月，洞头区启动《洞头区国家生态保护与建设示范区生态修复整治规划》编制。委托中国环境科学院编制。该规划期限为2017—2020年。规划主要任务是实施分区分级管控，优化海陆空间开发格局；加快产业转型升级，构建低碳临港经济体系；构建良好生态环境体系，打造蓝色生态屏障；加强海岛宜居建设，塑造健康生态人居生活；创新体制机制，建立全过程管理制度体系；挖掘传统海洋生态文化，弘扬生态文明理念。规划提出建设指标39项、45小项。目标提出至2020年，巩固和提升生态文明建设成果，蓝色海洋经济和低碳循环经济形成较大规模，产业布局和能源结构全面升级，资源实现可持续利用；环境污染得到全面控制，生态系统趋于良性循环，经济社会与生态环境得到协调发展；生态文明理念深入人心，低碳生活、绿色消费扎根群众意识；生态文明制度不断完善，环境友好、资源高效的和谐稳定社会面貌基本形成。

【《温州市洞头区国家级海洋公园建设三年行动计划（2016—2018年）》出台】 （参见《海洋与渔业》栏目“概述”分目）

·国家生态文明建设示范区创建·

【概况】 2014年5月，洞头区获国家生态文明建设示范区（国家级生态县）称号。2016年，省自然生态和农村环境保护工作重点支持洞头等四个地区开展国家生态文明建设示范区创建，生态文明建设工作走在全国14个海岛县前列。洞头区立足良好区位条件、海洋海岛生态环境优势，以同城发展、绿色转型为主线，以改善海陆水环境质量为核心，推进国家生态文明示范区创建，努力打造资源节约、产业高效、环境友好、生态宜居的海岛型城市生态文明建设样板区。是年，组织开展生态文明规划修编，完成修编初稿；制定出台《洞头区国家生态文明建设示范区创建三年行动计划》，深化生态文明机制体制创新，实施生态文明提升工程。大力发展绿色经济，打造生态精品亮点，深化“三改一拆”、“五水共治”、美丽乡村、生态屏障、生态人文等行动。2016年度区公众生态环境满意度86.62%，全省排名第七。

【洞头区公众生态环境满意率居全省第七】 2016年11月，省环保厅公布2015年度公众生态环境满意度调查初步结果，洞头区公众生态满意率位居全省第七名，比上年前进5个位次进入全省前十行列。是年，洞头区依托国家生态文明示范区创建、四边三化、五水共治、美丽乡村建设等载体，开展百日执法行动和“四无”大排查专项行动，推进城乡环境综合整治，开展“五水共治”“巾帼护海”“绿色交易”等环保主题活动，通过“学生—家长—家庭”联动效应，提升社会生态环保意识。营造参与生态文明示范区创建的浓厚氛围，提升全社会生态环保意识。区环保局联合区教育局、海洋渔业局、治水办、工青妇等单位，借力“顺风车”“好厝边”“微动力”“渔家傲”等志愿者队伍，广泛开展各类生态保护行动和环保主题宣传活动20余次。在洞头新城广场举行第45届世界环境日纪念活动暨生态文化月活动启动仪式。活动现场举行百日执法AB剧表演和环保特约监督团队授旗活动，开展千人签名和百日环保现场执法活动，现场发放无纺布袋和宣传资料1000多份。工作信息被环保部采用3篇，省环保厅10余篇。

【洞头区第六届放生节】 2016年11月29日，洞头区第六届放生节在洞头国际放生台举行。活动主题是“养海护生，感恩海洋”。来自社会各界4500多名群众参加。活动放流入海黑鲷优质鱼苗30万尾。活动旨在护海岛生态，弘扬海洋文化，让尊重自然、善待自然成为全社会的共同行动。活动现场开展祈福仪式、海岛风情民俗展示等系列活

2016年11月29日，洞头区第六届放生节

动。区领导林霞、张龙、林海珊、张释忠等出席。

【生态文明活动创建】2016年，洞头区新创市级生态村1个、省级绿色学校1所和1个省级生态文明示范基地。累计创成国家级生态街道（乡镇）5个、省级生态街道1个，市级生态村72个，县级生态村5个；国家级绿色学校1家，省级绿色学校8家，市级绿色学校10家；国家级绿色家庭1个，省级绿色家庭23个，市级绿色家庭10个。

· 环境质量 ·

【概况】水环境质量。2016年，长坑水库饮用水源地水质达标率100%；长坑跨行政区域河流交接断面水质达到Ⅱ类功能区要求；市控地表水断面龙潭坑水库水质为III类，超功能区要求；区城南污水处理厂出水水质达标率93.8%。

环境空气质量。2016年，洞头区环境空气质量符合二级标准，空气质量优良率98.9%，PM2.5平均浓度0.029微克/立方米。

降水。2016年，全区采集降水样品124个，降水pH值范围4.00—6.94，pH均值4.70，酸雨率66.9%，与上年同期相比酸雨率下降17.6%，属中酸雨区。

城市声环境质量。2016年，洞头区城市区域昼间噪声平均等效声级53.6dB，评价结果为二级（较好）；城市昼间道路交通噪声路长计权平均等效声级65.9dB，评价结果为一级（好）；2类、4类声功能区达到国家标准。

【饮用水源地水质】长坑水库为洞头区县级饮用水源地。2016年监测结果表明，长坑水库水质除参考指标总氮为III类外，其他指标均达到《地表水环境质量标准》（GB3838—2002）Ⅱ类水标准，水质等次评价为优秀。是年，洞头区县级饮用水源地水质达标率100%。按照《浙江省跨行政区域河流交接断面水质保护管理考核办法》，洞头区跨行政区域河流交接考核断面为长坑交接断面，考核指标为高锰酸盐指数、氨氮、总磷。

【地表水水质】龙潭坑水库为洞头区市控地表水监测站位。2016年监测结果表明，龙潭坑水库水质综合评价为《地表水环境质量标准》（GB3838—2002）Ⅲ类，定类项目为总磷。长坑水库市控断面水质综合评价为《地表水环境质量标准》（GB3838—2002）II类，达到功能区要求。是年，龙潭坑水库总磷超标原因分析：6月、7月气温升高、光照增强，水库内藻类大量繁殖是造成总磷超标的主要原因。

【近岸海域功能区水质】2016年5月、11月，霓屿海域、元觉海域、三盘海域和洞头中心渔港水质均为劣四类水质；8月，霓屿海域、元觉海域、三盘海域水质为劣四类水质，洞头中心渔港水质为三类水质。

2016年洞头区酸雨监测结果及年际比较

表30

监测时段	样品数	酸雨率	降水pH值	
	个	%	均值	波动范围
2016年	124	66.9	4.70	4.00—6.94
2015年	129	84.5	4.85	3.74—6.83

2016年洞头区跨行政区域交界断面水质情况

表31

项目 年度	高锰酸盐指数（毫克/升）	氨氮（毫克/升）	总磷（毫克/升）	功能要求类别	水质类别
	2016年	2.76	0.13	0.018	Ⅱ
2016年	2.79	0.20	0.021	Ⅱ	Ⅱ
2015年	129	84.5	4.85	3.74—6.83	

2016年龙潭坑水库水质情况

表32

项目 年度	功能要求类别	水质类别	超功能区类别指标
2016年	Ⅱ	Ⅲ	总磷
2015年	Ⅱ	Ⅱ	—

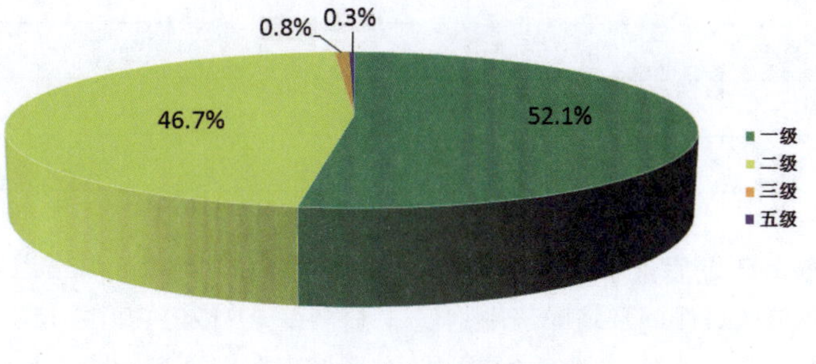

图5　2016年洞头区空气质量等级统计

【区城市污水处理厂出水水质】2016年，洞头区环境监测站对洞头区城南污水处理厂每月开展一次以上监督性监测，监测项目包括《城镇污水处理厂污染物排放标准》（GB18918-2002）中表1、表2规定的所有项目，共19项，按开展监测的全部指标评价。区城南污水处理厂出水水质，2—12月达到《城镇污水处理厂污染物排放标准》（GB18918-2002）一级A标准，1月总磷超标。按监督性监测达标水量计算，洞头区城市污水处理厂2016年出水水质达标率93.8%。

【PM2.5平均浓度全省排名第九】2016年，按《环境空气质量标准》（GB3095—2012）二级标准评价，洞头区环境空气六项指标全部达标。空气质量全市排名第二，PM2.5平均浓度0.029毫克/立方米，全省排名第九。2016年洞头区空气质量自动监测站有效监测天数353天，按《环境空气质量标准》（GB3095—2012）评价，洞头区空气质量优良率98.9%，其中一级（优）184天，占总天数52.1%；二级（良）165天，占总天数46.7%；三级（轻度污染）3天，占总天数0.8%；五级（重度污染）1天，占总天数0.3%。

2016年洞头区环境空气污染物平均浓度值

表33

项目 时间	二氧化硫（微克/立方米）	二氧化氮（微克/立方米）	PM10（微克/立方米）	一氧化碳（CO）（毫克/立方米）	臭氧（O3）最大8小时滑动平均（微克/立方米）	PM2.5（微克/立方米）
1月	12	20	61	0.8	68	40
2月	13	8	61	0.7	85	42
3月	13	13	62	0.7	92	40
4月	10	11	50	0.7	92	33
5月	9	9	52	0.7	95	31
6月	8	11	33	0.6	88	19
7月	8	8	29	0.4	75	17
8月	8	8	29	0.4	84	18
9月	8	7	39	0.5	94	24
10月	8	7	37	0.6	77	20
11月	9	11	49	0.6	72	30
12月	10	16	60	0.6	73	37
均值	10	11	47	0.6	83	29
GB3095—2012二级标准年平均限值	60	40	70	24小时平均4	日最大8小时平均160	35

2016年洞头区环境空气质量级别非优良日期统计

表34

项目 日期	空气质量指数（AQI）	首要污染物	空气质量指数级别	空气质量指数类别	主要污染原因分析
2016-01-19	150	PM2.5	轻度污染	三级	冷空气南下，外来污染输入
2016-02-08	202	PM2.5	重度污染	五级	正月初一燃放烟花爆竹造成
2016-02-16	117	PM2.5	轻度污染	三级	正月初九燃放爆竹造成
2016-12-09	113	PM2.5	轻度污染	三级	冷空气南下，外来污染输入

【城市声环境质量】2016年，洞头区城市区域昼间环境噪声平均值53.6dB（A），城市道路交通昼间噪声平均值65.9dB（A）。按照《环境噪声监测技术规范 城市声环境常规监测》（HJ640—2012）评价，洞头区城市区域环境噪声评价结果为二级（较好）；城市道路交通噪声评价结果为一级（好）。是年，洞头城市功能区环境噪声状况较好，2类功能区、4类功能区定点测点昼夜等效声级值均达标。

2016年洞头区功能区定点噪声监测结果统计表

表35　　单位：dB（A）

警池巷（2类区）				中心街（4类区）			
昼间		夜间		昼间		夜间	
等效声级	适用标准	等效声级	适用标准	等效声级	适用标准	等效声级	适用标准
42.0	60	34.3	50	52.2	70	45.0	55

·环境管理·

【概况】2016年，区环保局推进污染防治，实施污染总量控制，完成“十三五”初始排污权核定和缴费工作，累计调查区域涉及COD、氨氮、二氧化硫、氮氧化物四项指标排污权企业17家，累计核定主要污染物初始排污权：COD47.71吨，氨氮7.65吨，二氧化硫159.93吨，氮氧化物126.61吨，排污权有偿使用费253.99万元，收缴排污权有偿使用费154.125万元。完成温州中石油燃料沥青有限责任公司挥发性有机物防泄漏监测与修复系统建设。

【固体废物管理】2016年，全区工业危废产生企业4家，产生危险废物量948.52吨，其中电镀污泥562.15吨，占总量59.3%，其他工业企业危险废物386.37吨，占总量40.7%；委托处置危废量1038.37吨，处理率100%，仓库累计贮存量171吨。全区72家医疗机构全部纳入集中收集机构，医疗废物处理率100%。产生一般固体废物15793.54吨，委托和自行利用处置15395.91吨，无害化处置率100%。

【污染治理】2016年，区环保局组织实施危险废物“清零行动”，4家产生单位清理往年危废164吨。委托浙江竟成环境咨询有限公司初步排查洞头县恒博电镀厂老生产厂址污染场地，确保土壤用地安全。开展土壤污染重点行业企业空间位置遥感，核实企业29家，完善土壤污染状况详查数据。联合市环境保护设计科学研究院开展辖区内企业化学品调查7家，建立基本数据库。开展酸洗行业污染整治，温州瑞泰紧固件有限公司投入35万元改造生产工艺，有效削减污染排放量。洞头区联欣表面处理有限公司、浙江诚意药业股份有限公司建立危废产生、储存、处置全过程处置视频监控。

·环境执法·

【概况】2016年，区环保局开展“双随机抽查”，全局所有持执法证执法人员和83家污染源企业列入随机抽查体系。全年开展随机抽查30次，检查企业62家。全区环境应急预案备案企业12家。5家重点风险源企业纳入风险源名录。完善环境信访处置各项制度，建立多元、双向民众信息互动渠道，及时解决群众关注的突出环境问题。全年受理环境举报投诉71件，同比增加6%，其中12369来电29件、民情处置转办40件、来访2件，信访处置率100%。

【护航G20杭州峰会“百日环保”行动】2016年，区环保局护航G20杭州峰会，开展“百日环保”专项执法行动，出动执法人员803人次，检查企业202家，责令整改企业26家，立案企业7家，取缔畜禽养殖散户。淘汰燃煤锅炉17台，其中清洁能源改造锅炉6台。淘汰黄标车31辆，淘汰老旧车384辆。

【环保执法专项行动】2016年，区环保局围绕“绿箭行动”等专项行动，对企业在线监控设施、混凝土行业、金属表面处理行业、废弃危险化学品、各类污染物治理设施实施日常检查、周末检查。联合区公安部门调查摸底全区危废产生单位情况，全面掌握各类危险废物去向；开展电镀、化工、金属表面处理、农副食品加工行业涉水、羊栖菜加工、大理石加工行业摸排，发挥环境监管网格效应，完成排污申报企业42家，征缴排污费77.10万元。全年出动执法人员1421人次，检查各类污染源242个，行政处罚8家，行政告诫5家，责令整改企业28家，查封企业5家，联合取缔拆除畜禽养殖散户5家，取缔企业10家，罚款25.3万元。

【排污企业监督方式改革】2016年，洞头区所有市控以下排污企业监督性监测全部委托第三方监测机构，实行按季度监测，准确掌握企业污染物排放动态，实现季度动态申报和排污核定。全年完成排污申报企业42家，征收排污费77.10万元，同比减少23.7%，其中征收废气排污费43.25万元、污水排污费3.43万元、噪声超标排污费30万元。

（吴信智）

国土资源

·概述·

【概况】2016年，洞头区在全市率先完成县乡两级土地利用总体规划调整完善工作，以及新一轮矿产资源规划编制。灵昆街道土地登记交易纳入洞头区管辖登记。7月25日始，全区行政范围内群众办理土地使用权证正式启用温州市洞头区行政区代码330305，原洞头县行政区代码330322停止使用。

全区1273.33公顷基本农田保护数核减至1000公顷，核减21.5%。

完成中心城区、东屏街道、大门镇等年度规划实施方案，落实霓屿街道、鹿西乡方案报批，规划落实（修改）面积49.47公顷，涉及重点建设项目与民生工程18个。垦造耕地40.8公顷，异地委托代造34公顷耕地。完成状元南片围垦土地开发项目8.53公顷和立项13.2公顷、大门镇乌仙头水田立项6.67公顷和高标准基本农田建设12公顷。全年转而未供土地清理12.47公顷。存量土地盘活70.2公顷，完成率526%。城镇低效用地再开发60.10公顷，完成储备项目做地28.44公顷。南策农整项目复垦1.8公顷，正在实施矿山复垦2.53公顷。激活闲置地块21宗。全年取采矿权出让所得301万元，矿产资源补偿费1723余万元。

是年，深化“四边三化”和粉尘防治，矿山粉尘防治达标运行75%以上，治理大门龟岩、三岗头废弃矿山，大门豆岩村山体崩塌治理工程通过专家验收。开展“亮剑行动”、非法采矿“飓风行动”、大门镇“百日严打行动”、海上非法采砂专项整治行动、“无违建区”创建攻坚行动，全年罚款122万元，非法采矿（海砂）移送公安机关3件。城镇危旧房治理改造41幢1万平方米。受理解决“12336”和群众纠纷58件。截至年底，办理登记2013件，信息查询2532件。区地质灾害防治项目专项资金补助206.8万元。启动地质灾害管理信息系统执法终端服务建设。洞头区地质灾害防治高标准“十有县”创建通过国土资源部批准。

【洞头区获“2016年度全国地质灾害防治高标准‘十有县’”称号】 2016年11月24日，国土资源部公布2016年度地质灾害防治高标准“十有县”名单，洞头区名列其中，全市仅此一个。洞头区严格按照国土资源部“有制度、有机构、有资金、有监测、有预警、有评估、有避让、有宣传、有演练、有成效”十有标准，制定完善地质灾害防治调查排查、巡查核查、值班值守等制度，建立健全区、乡、村三级地质灾害监测预警体系，积极开展宣传培训、应急演练，投入财政地质灾害防治项目专项资金206.8万元，对地质灾害隐患实施工程治理。

【不动产统一登记▲制度实施】 2016年9月30日，区国土资源局开始颁发全国统一制式的不动产权证书和不动产登记证明。不动产登记范围为温州市洞头区行政辖区（含瓯江口产业集聚区和灵昆街道）。登记类型为集体土地所有权、国有建设用地使用权及房屋所有权、宅基地使用权及房屋所有权、集体建设用地使用权及房屋所有权、抵押权、地役权的首次登记、变更登记、转移登记、注销登记、更正登记、异议登记、预告登记、查封登记以及法律法规规定的其他登记（林权、海域使用权及农村土地承包经营权实施统一登记前仍由原管理部门进行登记）。按照“不变不换”原则，启用新不动产权证书和不动产权证明后，原国土、住建部门9月23日前依法颁发的土地、房屋证书和登记簿继续有效，权利不变动，证书不更换。区不动产登记服务中心于2016年9月成立，编制10人。截至年底，全区办理不动产统一登记2117件，信息查询2485件。

▲不动产统一登记：将土地、房屋、草原、林地、海域等不动产进行统一登记，实施后可进一步明确不动产的归属。原有“土地证”“房产证”等将被“不动产权证”一证取代。

【《温州市洞头区耕地保护补偿机制实施办法》印发】 2016年6月16日，切实加强对耕地尤其是永久基本农田保护，建立耕地保护激励长效机制，根据上级统一工作部署和文件精神，洞头区制定出台《温州市洞头区耕地保护补偿机制实施办法》（洞政办发〔2016〕50号）。该办法涵盖总则，补偿范围和对象，补偿标准和条件，资金申请、拨付和使用，资金筹集，职责分工，监督检查等8章25条内容。该办法即日起施行，适用2015年度及以后的耕地保护补偿。

【《乡级土地利用总体规划（2006—2020年）2014调整完善版》获批】 2016年6月12日，《温州市洞头区东屏街道等5个乡级土地利用总体规划（2006—2020年）2014调整完善版》经市政府批复同意。涉及大门镇、东屏街道、元觉街道、霓屿街道和鹿西乡。通过规划调整完善，全区城乡建设用地总规模扩大14115亩；新增建设用地约8500亩，建设用地指标调整为16000亩；追加近8500亩，保障全区建设项目用地需求。至此，区（县）、乡两级土地利用总体规划调整完善成果均获批准，在全市率先完成土地利用总体规划调整完善工作。

【核减永久基本农田保护4100亩】 按照国土资源部和农业部、省政府关于永久基本农田划定工作部署，结合土地利用总体规划调整完善工作，2016年12月，洞头区永久基本农田划定方案和数据库通过省级质检和审核。划定永久基本农田15049亩，示范区基本农田保护1350亩。永久基本农田从1.911万亩调减至1.5万亩，共核减永久基本农田保护4100亩。

【灵昆街道土地登记纳入洞头区管辖】 为方便灵昆群众办事，2016年7月23日，灵昆街道土地登记纳入洞头区管辖。灵昆街道土地登记数据从温州市国土资源局地籍管理数据库迁移到洞头区地籍管理数据库，温州市土地登记交易中心受理的交易转移登记事项移交到温州瓯江口产业集聚区管委会行政便民服务中心。

【《洞头海岛省级地质公园申报》项目通过评审】 2016年8月19日，《洞头海岛省级地质公园申报》项目评审会召开。《洞头海岛省级地质公园申报》委托省第十一地质大队编制。会上，专家组在对项目科考报告、总体规划等申报材料展开严格审查论证，认为符合部、省有关技术规范要求并通过成果论证。专家组包括唐小明、王洲平、王耀忠、齐岩辛、冯杭健等。

【东屏街道垄头村地质灾害隐患点完成治理】 2016年1月19日，东屏街道垄头村地质灾害隐患点治理通过市国土局及地质专家审查验收。该治理工程是区政府重点地质灾害治理工程，总投入150万元。治理工程采用削坡、地锚+钢筋混凝土挡墙、浆砌石挡墙、护坡格构、截排水沟等措施。该工程的治理，及时消除了隐患，确保了附近村民生命和财产的安全。

【洞头区矿产资源规划（2016—2020）编制听证会】 为合理勘查、开发利用与有效保护矿产资源，2016年11月8日，洞头区举行矿产资源规划（2016—2020）编制听证会。洞头区2015年1月启动矿产资源规划编制。矿产资源规划编制结合环保、水利、林业等专项规划，从安全生产、环境保护、产业发展角度，着眼优化矿山开发区域，实现矿产资源开发与环境相适应，推动洞头矿业适度发展。会议邀请22个部门单位负责人参加。

（夏建伟）

海洋环境保护

【概况】 2016年，区海洋渔业局围绕“海上花园”发展战略，推进国家海洋公园、国家海洋生态文明示范区和国家生态保护与建设示范区建设。组织开展近岸海域海洋环境监测、海洋功能区监测、入海排污口及邻近海域生态环境质量监测、海洋垃圾监测、洞头海洋公园监测、突发性海洋环境事件监测等。布设监测站位46个，获取和收集监测数据7000多个。开工温州海洋环境监测站监测能力建设项目。

【近岸海域水质监测】 区海洋渔业环境监测站监测结果表明，2016年，洞头近岸海域水质状况比2015年有所好转，第一类水质面积增加23.3%，第二类水质面积减少6.9%，第三类水质面积减少9.6%，第四类水质面积减少1.7%，劣四类水质面积减少5.1%。海洋沉积物综合质量状况良好。海洋生物多样性总体处于中等水平，群落结构基本稳定。8月，海洋功能区水质达标率80%，海洋公园、海洋倾倒区环境质量总体良好，基本满足海洋功能区环境管控要求。洞头城南污水处理厂入海排污口全年有3个月监测发现超标排放现象，排污口邻近海域为四类海水水质，沉积物监测要素除铜外均符合第一类海洋沉积物质量标准。状元岙自然海滩与上年相比，海面漂浮垃圾数量增加，海滩垃圾数量上升，重量有所减少。洞头近岸海域发生一次无害赤潮，影响范围小，持续时间短，未收到相关经济损失报告。

【《加强海岸线统筹管理和保护工作实施意见》公布】 （参见《海洋与渔业》栏目“海洋管理”分目）

【温州海洋环境监测站监测能力建设项目开工】 2016年12月9日，国家海洋局温州海洋环境监测站监测能力建设项目开工建设。该工程位于北岙街道三盘西山头村，总投资概算130万元，工程费用118.85万元，包括实验室改扩建、业务用房修缮等。工程建设单位是国家海洋局温州海洋环境监测站、由洞头区规划建筑设计院设计、苍南金晟建设工程有限公司施工、温州华夏建设监理有限公司监理。

（李祖传）

海洋生态保护

【概况】 2016年，洞头区制定《温州市洞头区国家级海洋公园建设三年行动计划（2016—2018年）》《温州市洞头区主题岛保护开发三年行动计划（2016—2018年）》，编制洞头区国家生态保护与建设示范区生态修复整治规划。洞头区海洋生态廊道整治修复工程PPP项目入选国家第三批PPP示范项目，温州市蓝色海湾整治项目（洞头国家级海洋公园核心区）获中央海域与海岛保护补助资金3亿元。

状元南片填海竣工通过验收。国家生态保护与建设示范区生态修复整治工程完成清淤64万立方米。沙滩整治修复项目东岙沙滩修复工程完成设计环评和招投标。半屏山沙滩整治修复完成项目建议书编制。海洋生态廊道生态项目半屏段生态廊道完成农村污水治理工程。制定《加强海岸线统筹管理和保护工作实施意见》，布设区级监测站位46个，开展近岸海域海洋环境等6大类区级监测。实施渔业增殖放流和涉海项目海洋环境影响生态补偿，累计放流各类鱼苗1.3亿尾（粒）。加大查处非法采砂、倾废等破坏海洋生态环境案件4件。

【洞头区海洋生态廊道整治修复工程入选国家第三批PPP示范项目】（参见《海洋与渔业》栏目“概述”分目）

【市委调研组到洞头调研绿色发展与生态保护等课题】 2016年11月28日，市委副秘书长林晓峰率市委调研组到洞头开展绿色发展与生态保护课题调研。“绿色发展与生态保护”课题是2016年市委部署的重要调研课题之一。市委调研组一行先后走访凸垄民宿、浙江诚意药业有限公司、蓝色海湾等地，察看生态旅游开发、环保基础设施建设、海洋生态环境保护等。

【《温州市洞头区国家级海洋公园建设三年行动计划（2016－2018年）》出台】（参见《海洋与渔业》栏目“概述”分目）

【《温州市洞头区主题岛保护开发三年行动计划（2016—2018年）》出台】（参见《旅游》栏目“概述”分目）

【海岛生态环境监测站开工】（参见《旅游》栏目“旅游设施建设”分目）

【洞头区国家生态保护与建设示范区生态修复整治规划编制】（参见本栏目“概述”分目）

【温州市蓝色海湾整治项目获中央海域与海岛保护补助资金3亿元】（参见《海洋与渔业》栏目“概述”分目）

【《加强海岸线统筹管理和保护工作实施意见》出台】（参见本栏目“海洋环境保护”分目）

参观海事基地

【“6·8”中国海洋宣传日活动】（参见《海洋与渔业》栏目“海洋管理”分目）

（叶胜果）

海事管理

【概况】 2016年，温州洞头海事处办理船舶签证查验2260余艘次，处置海上险情13次，救助86名。实现5个台风“零沉船、零伤亡”，辖区水上交通安全形势持续稳定。全年梳理海事即办事项和网上审批事项14项，“零上门”审批6项，取消7项收费项目和国内航行海船进出港签证事前审批，减少航运企业费用300多万元。依托海事、航标、救助等三大基地和船艇资源，协助开办浙南首个未成年人蓝色海洋基地。区首家少年海事学校在元觉义校成立。深入幼儿园、小学宣传水上安全知识，惠及3000人次。是年，获评浙江海事局G20杭州峰会安全保卫先进单位。

【护航G20杭州峰会水上安保】 G20杭州峰会期间，温州洞头海事处联合街道（乡镇）及涉水部门开展水上安全综合治理，重点整治客渡船超载、携带危险品上船、大风大雾冒险开航、水上非客船非法载客行为、砂石运输船舶超载、船员配备不足等违法违章行为，对辖区60余艘非法小快艇采取吊装上岸、集中扣押封存等强制措施，辖区没有发生险情事故。2016年，获评浙江海事局G20杭州峰会安保先进单位。

【海事执法】 2016年，温州洞头海事处强制辖区公司迁出低标准船舶17艘次。推进三盘港养殖侵占航道隐患省级挂牌督办。建立由安监、海事、海洋、国土、港航等部门24小时不间断接力执法模式，联合执法44次，强制扣押船舶68艘次，焊封非法采砂船3艘次，拆解走私油船4艘次，强制卸载运砂船3艘次，移送公安边防行政拘留2人次。

（沈杰庆）

栏目编辑　曾焕定

教 育

归艇鱼满筐·叶锡静

“海霞精神”

爱岛尚武 励志奉献

“五岛连桥”精神

小县办大事 小岛创大业

概　述

【概况】2016年，洞头区各级各类公办学校23所，其中普通高中1所，职业高中1所，初中5所，小学11所，九年一贯制学校2所，幼儿园3所；民办幼儿园22所，民办教育培训机构6所。在校生16238人，其中高中2073人，初中3165人，小学7219人，幼儿园3781人。全年教育经费3.59亿元，国家财政性教育经费3.40亿元，公共财政教育支出3.40亿元，分别比上年增长8.13%、8.28%和8.63%。

编制《温州市洞头区教育事业“十三五”规划》，制定实施《洞头区创建省教育现代化区行动计划》。实验小学搬入新校区。创成学前教育达标乡镇2个，累计6个。创成省标准化学校6所，累计18所，标准化学校创建率100%，居全市第一。创成市义务教育等级学校4所，累计17所，其中市一级学校3所、二级学校9所、三级学校5所。教育第三幼儿园创成省绿色学校。高校新生体质健康测试合格率92.4%，比上年度提升21个名次，居全市第四。中小学学生体质测试合格率98.02%，位居全市第二。全区共有15类372个社团，其中“精品社团”64个。

制定出台《洞头区创建省教育现代化区行动计划》《关于进一步加强中小学德育工作的实施意见》。洞头区被确定为省中小学教师“县管校聘”管理改革试点区。教育收费连续16年“零投诉”。全年办结各类群众来信47件次。开展全区中小学（幼儿园）师德建设专项检查。全区中小学平安校园创建率100%，其中，优秀学校10所，占43.5%，良好学校13所，占56.5%。全年投入学校安防经费326.43万元，其中保安人员经费244.8万元，监控设施设备购置及维修费用41.05万元，平安校园智能化投入12.52万元。推进“千万学生饮食放心工程”建设，率全市之先实现AB等级食堂全覆盖。洞头区获评省级校园食品安全责任落实先进单位称号。组织平安校园隐患整治攻坚月行动，整改隐患96处。“护航G20，平安夺金鼎行动”期间，共排查校园点位7266处，整改495条。

是年，洞头区创成全市首个省教育基本现代化区。区教育局连续五年获省教育科学和谐发展业绩考核优秀单位。元觉义校庄恭仗获“省农村教师突出贡献奖”，钱江电视希望小学杨燕燕获“第二届马云乡村教师奖”。

【洞头区创成省级教育基本现代化区（县）】2016年1月，洞头区通过省第二批教育基本现代化区（县）创建，为温州市首个省级教育基本现代化区（县）。督导组围绕“优先发展、育人为本、促进公平、提高质量、改革创新”等方面内容，根据省教育现代化（区）县的督导评估标准，召开人大代表、政协委员、校长、教师座谈会，随机电话访问部分家长，听取创建教育现代化区（县）情况的意见；随机考察抽各类学校进行并与师生交流。逐项对（区）县级政府的工作进行评价，形成综合督导评估结果，并通过评估。11月，又通过省第二批教育基本现代化县（市、区）复评。

【《温州市洞头区教育事业发展“十三五”规划》研究通过】2017年1月，区政府第68次常务会议通过《温州市洞头区科技创新发展“十三五”规划》。该规划提出主要任务是构建更加完善的现代化教育体系，推进各级各类教育优质均衡，促进师资队伍结构优化，打造家门口的“新优质学校”，促进学生素质全面发展，进一步优化教育发展环境，不断提高教育管理水平。目标提出至2020年，事业发展指标位居全市前列，质量发展指标位居全市中上。构建完整的区域教育体系，优化教育设施空间布局，学前教育公办主导民办普惠、义务教育优质均衡、普通高中教育特色示范、职业教育产教融合、高等教育融入发展、终身教育转型提升，率全市之先创成省教育现代化区。

【洞头区创建省教育现代化区行动计划】 2016年7月1日，根据《浙江省中长期教育改革和发展规划纲要（2010—2020年）》和《温州市中长期教育改革和发展规划纲要（2011—2020）》提出的“到2020年全面实现教育现代化”的要求，以及《洞头县创建教育现代化县实施方案》（洞委发〔2013〕21号）文件精神，区委办、区府办出台《洞头区创建省教育现代化区行动计划》（洞委办发〔2016〕40号）。主要任务是提升教育现代化保障水平、优化师资队伍结构、促进教育教学质量全面提升、优化教育发展“软环境”。提出到2017年创成省教育现代化区。

【洞头区被确定为省中小学教师“县管校聘”管理改革试点区】 2016年11月，根据省教育厅、省编委办、省财政厅和省人力社保厅《关于深入推进中小学教师“县管校聘”管理改革试点的指导意见》（浙教人〔2016〕103号）精神，省教育厅印发《浙江省教育厅关于确定中小学教师“县管校聘”管理改革试点地区的通知》（浙教人〔2016〕155号），确定洞头区列为全省28个地区中小学教师“县管校聘”管理改革试点地区之一（温州市2个）。试点内容包括完善中小学编制管理机制、改进完善中小学岗位管理模式、完善中小学校按岗聘用制度、建立竞争择优的用人机制、加强聘期考核和考核结果应用、逐步建立以竞聘上岗为核心的退出机制。试点成功后，争取2—3年内全面实行中小学教师“县管校聘”管理改革工作。

【郝平到洞头检查春季开学工作】 2016年3月2日，教育部副部长郝平率队到洞头区检查春季开学工作。检查组一行查看实验中学校园环境，听取学校办学、春季开学工作安排以及学校特色教育——阳光教育等情况汇报，并深入了解学校特色课程及新居民家庭教育开展情况。郝平对实验中学开学工作、办学思路和工作特色给予高度评价。强调要进一步深化教育教学改革，突出办学特色，提升办学质量。省教育厅副厅长于永明、副市长郑朝阳、市教育局郑建海、伍挺及区领导王蛟虎、张贤孟、叶锦丽等陪同调研。

【郑继伟调研洞头教育工作】 2016年7月14日，省政府副省长郑继伟率队到洞头调研教育工作。调研组一行到城关一小、教育幼儿园听取德育教育建设情况汇报，并察看温州医科大学仁济学院（洞头）新校园工程建设情况等。省政府副秘书长李云林，市政府副市长郑朝阳，区领导王蛟虎、叶锦丽等陪同调研。

学前教育

【概况】 2016年，全区幼儿园25所，其中，公办3所、民办22所；142个班级，其中公办31个班、民办111个班。全区3—5周岁幼儿4580人，本地区入园数3781人，外出入园数799人，入园率98.5%；幼儿教职工512人，其中专任教师269人，持证教师251人，持证率93%。全年，创建省三级幼儿园1所，等级幼儿园招生覆盖面91.3%。全区街道（乡镇）中心幼儿园7所。全年，认定8所普惠性民办幼儿园获补助资金161.82万元，普惠园持有教师资格证教师人均年收入达到本地在岗在职职工平均工资水平。东屏街道、霓屿街道学前教育达标。教育第五幼儿园撤并，调整秋季招生区域。灵昆街道6所幼儿园和霓屿街道朵朵幼儿园取得合格证。

教育幼儿园学生阅览室

2016年洞头区幼儿入园分布情况

表36

地区别	幼儿园数	在园幼儿数	其中：中心幼儿园	
			班级数	幼儿数
北岙街道	7	1582	7	195
灵昆街道	9	1073	9	275
东屏街道	3	479	6	152
大门镇	2	272	7	192
元觉街道	1	70	3	70
霓屿街道	2	180	3	76
鹿西乡	1	125	5	125
合计	25	3781	40	1085

【全市发展学前教育第二轮三年行动计划现场会在洞头召开】2016年3月16日，温州市发展学前教育第二轮三年行动计划暨推进教育现代化县（市、区）创建工作现场会在洞头区教育幼儿园召开。各县市区分管教育副区长、教育局局长、学前教育分管局长等100多人参加会议。会议总结交流温州市发展学前教育第二轮三年行动计划和教育现代化县（市、区）创建工作经验，安排部署2016年工作任务，签订教育现代化县（市、区）创建备忘录。

【幼儿园招生区域调整】2016年7月，由于区教育第五幼儿园停办，幼儿园秋季新生招生作调整。民办幼儿园实行全区域招生；公办园施教区招生实行固定区域和自主选择区域，教育幼儿园招生规模5个班，施教区为新城社区、城中社区（自选）、上新社区、岭背社区（车站路、顶寮路、上街、公安巷、福荣路）、大朴村、小朴村、九厅村、小三盘村（自选）、新城房产摇号。教育第二幼儿园4个班，施教区为银海社区、城中社区（自选）、岭背社区（岭背路、岭背东路、岭背西路、城南路、烈士路、陵园路、育才路、岭后巷、光明巷、宫边巷）、城南社区（由城南社区按照股权量化章程确定的有土地确权且持有城南户籍的居民）、小三盘。教育第三幼儿园2个班，施教区为东屏街道户籍儿童。

义务教育

【概况】2016年，全区小学11 所（不含九年一贯制学校小学学段2所），小学班级 206个，在校学生7219 人（含女生3371 人），其中新居民子女1313 人，残疾儿童38 人（送教 7 人）。小学适龄学生入学率、巩固率、新居民子女入学率、三残儿童入学率均100 %。小学新生班级34个，新生招生1133人；小学毕业班级 33个，小学毕业生1222人，升学率100 %。初中 7所（含九年一贯制学校初中学段2 所），班级85 个，在校学生3165 人（含女生1507 人），其中新居民子女373人，残疾儿童 27人（送教 5人）。初中适龄学生入学率、年巩固率、新居民子女入学率、三残儿童入学率均100 %；初中新生班级数 30个，新生招生1127 人。初中毕业班级 29个，初中毕业生1091人，初中毕业生升入高中阶段学校 1084人，初中升学率99.36 %，普职招生比例56.4∶43.6。

截至年底，17所学校完成温州市义务教育办学水平等级评估，1所待评，义务教育阶段等级学校创建率94.4%，居全市第一。其中，实验中学、海霞中学、城关一小通过一级学校评估；城关二小、钱江电视希望小学、大门镇小、洞二中、鹿西小学、霓北中学、元觉义务教育学校、灵昆中学、灵昆一小通过二级学校评估；城关小学、城关三小、灵南小学、东屏镇小、霓南义务教育学校通过三级学校评估。

2016年8月，恢复建立城关小学，所在校区为实验小学原校区。实验小学新校区调整至新城二期F05地块。

2016年洞头区义务教育基本情况

表37

地区别	小学				初中				入学率（%）		年巩固率（%）		升学率（%）	
	当年毕业		当年招生		当年毕业		当年招生							
	班级数	人数	班级数	人数	班级数	人数	班级数	人数	小学	初中	小学	初中	小学	初中
合计	33	1222	34	1135	29	1091	30	1127	100	100	100	100	100	99.36
北岙街道	12	464	17	541	6	265	7	294	100	100	100	100	100	98.87
灵昆街道	6	245	6	238	6	202	6	212	100	100	100	100	100	100
东屏街道	5	206	3	117	8	330	8	327	100	100	100	100	100	100
大门镇	3	124	3	118	4	143	4	147	100	100	100	100	100	98.58
元觉街道	2	53	1	34	2	60	2	51	100	100	100	100	100	100
霓屿街道	3	97	3	61	3	91	3	96	100	100	100	100	100	97.8
鹿西乡	2	33	1	26	—	—	—	—	100	100	100	100	100	—

【城关小学恢复建立】2016年8月，区政府决定恢复建立洞头区城关小学。全区小学秋季招生，城关小学施教区为岭背社区、上新社区、城中社区、银海社区、后寮村、寮顶村，城南社区（农龄股、人口股）、后坑村、岙仔村（自选区域）；实验小学施教区为新城社区、小朴村、大朴村，小三盘村、九厅村（自选区域）；灵昆街道、大门镇、元觉街道、霓屿街道、鹿西乡按原施教区招生。

【省义务教育标准化学校创建比例居全市第一】2016年，东屏小学、城关小学、实验小学等3所学校通过省义务教育标准化学校省级复核评估，全区省义务教育标准化学校增至18所，创建比例100%，居全市第一。

【学生信息技术类比赛获突破】2016年，区教育局组织各中小学校参加第十七届全国学生电脑制作活动比赛省级以上获奖8人次。其中海霞中学学生参加人形机器人项目获全国三等奖、省一等奖，机器人灭火项目获省三等奖；东屏小学学生参加网页设计获全国二等奖、省二等奖、电脑绘画获省三等奖；城关二小学生网页设计获省三等奖，霓南义校学生创意编程获省优秀奖。

普通高中教育

【概况】2016年，全区普通高中1所，即洞头区第一中学，属省二级重点高中。全区普通高中 30 个班级，在校学生 1272 人（含女生642人）。是年，普高新生班级数 10 个，招收新生 427 人；普通高中毕业班 10 个，普通高中毕业生 426 人，毕业率 99.3 %；普通高中会考（含高一学业考试）平均成绩合格率 98.42 %，超全市总平均成绩。报考普通高校总人数 423 人，与2015年持平。普通高校录取总人数 391 人，其中，一批文理科上线20人、二批156 人、三批391人、艺术类上线 9人。高考总录取率92.5 %。是年，赴嘉兴一中交换生17人，跟岗教师12人，嘉兴一中到洞头一中讲学11人。洞头一中获市“德育示范学校”称号。

【选修课程开发】2016年，洞头区教育局推进普通高中选修课程特色。自主开发四类选修课程86门，现有《洞头魅力：走进海洋生物》《校园民谣吉他》等省精品课程3个，《百岛洞头地理》《洞头特色定向拓展》《海洋生物藻类》等温州市精品课程16个，以及《海岛美食》等区级精品课程18个。

【高中学考选考调整】2016年，洞头区开展老学考1次，新学考选考两次。其中1月15—17日，洞头一中高三考生参加全省普通高中学考394名，累计考生参考9门学科1554人次；4月9—11日，洞头一中高二考生参加全省普高学业水平考试暨高校招生选考科目考试（简称学考和选考）430名，报考学考1069人次、选考615人次，累计报考9门学科1684人次；10月14—16日，区普高高二、高三考生参加第三次学考和选考850名，考试科目10门，累计安排115个试场3217科次，其中学考81场2249科次，选考34场968科次。

中等职业教育

【概况】2016年，洞头区职业技术教育中心（简称区职教中心）24个班级，在校生 801人，其中女生306人。高三毕业班级7个，毕（结）业生 199人（含结业2人、参军1人），其中电子电工专业 115人，学前教育专业38人，旅游服务与管理专业14人，计算机专业29人；招收新生10个班级330 人，其中电子电工专业95人，学前教育专业 68人，旅游服务与管理专业38人，计算机专业 39人，汽车钣金25，电子商务65人；高职单招单考报名55人，其中计算机26人，电子电工29人。录取50人，其中本科上线2人，专科上线48人。高职单招单考总录取率90.9%。是年，区政府制定出台《洞头区加快发展现代职业教育的实施意见》。

【《洞头区加快发展现代职业教育的实施意见》出台】2016年2月，区政府第53次常务会议通过《洞头区加快发展现代职业教育的实施意见》。实施意见涵盖现代职业教育战略地位确立、现代职业教育体系建设、职业教育整体质量提高、职业教育办学活力激发、职业教育保障水平等。实施意见提出推进区现代职业教育发展，统筹发挥好政府和市场作用，深化产教融合、校企合作，打造产教深度融合，中职和高职贯通衔接，职业教育和普通教育、继续教育沟通融合，力争到2020年，职业学校在校生规模1000人以上，每年开展各类培训1万人次以上。形成政府、行业、企业、社会多元化办学格局。

【温州市职业教育工作会议在洞头召开】2016年2月26日，温州市职业教育工作年度工作会议暨职业教育协会年会在洞头区职教中心召开。各县（市、区）分管副局长、职成教科长及全市中等职业学校校长等70多人参加。会议分析总结2015年温州市职业教育和成人教育工作，部署工作任务。确定以“扩量、提质、增效、激活”为主攻方向，打造温州职业教育“升级版”。

成人社区教育

【概况】2016年，洞头区电大专科毕业57人，其中行政管理专业28人，学前教育专业30人，园林技术专业15人；招收新生54人，其中学前专业13人，行政管理21人，园林专业20人。浙江大学远程教育本科毕业65人，招收新生74人。电大专科、浙江大学远程教育本科在校学生共392人（其中电大专科175人）。

是年，全区成人文化技术学校（含社区学校）7所，举办农村实用技术培训103期，参训10264人次。灵昆街道成人文化技术学校通过省标准化评估。北岙街道社区学校创建市二级社区学校，全区7所社区学校全部创成市等级社区学校。落实市政府为民办实事项目"温州十万老人乐学工程"，东屏街道中仑村、霓屿街道下社村、元觉街道小北岙村创成区第四批"老年学习苑"，全区累计"老年学习苑"16所。

民办教育

【概况】2016年，全区民办学校28所，其中民办幼儿园22所，民办教育培训机构6家。民办幼儿园在园幼儿2736人，占全区在园幼儿总数72 %；民办幼儿园教职工365人，专任教师186人，持有教师资格证168名，持证率90%；大专以上学历教师191名，学历合格率100%。12所民办园被认定为普惠性民办幼儿园（其中包括太阳岛幼儿园、育才幼儿园、城关中心幼儿园、鹿西中心幼儿园等4所温州市民办教育综合改革试点学校）。全年确立民办教育专项资金 300万，实际资助民办教育机构 449万多元，其中专项补助 177.81万元，政府购买服务271万元。城关第二幼儿园停办。

是年5月，经区教育局检验（不含灵昆），太阳岛幼儿园、城关中心幼儿园为优秀单位，育才幼儿园、东屏中心幼儿园、东屏快乐幼儿园、元觉中心幼儿园、霓屿朵朵幼儿园、霓屿曙光幼儿园、大门中心幼儿园、大门第二幼儿园、鹿西中心幼儿园等为良好单位，双兴幼儿园、智多星幼儿园为合格单位。6月，霓屿曙光幼儿园接受省督导三级幼儿园抽查，结果良好。

教育设施

【概况】2016年，全区小型教育基建项目39项，财政资金合计1001.90万元。实验小学、洞二中扩建工程二期工程竣工投入使用；完成实验中学、元觉义校、霓南义校、城关小学、城关一小、教育二幼等厕所改造工程以及元觉义校、钱江电视希望小学、鹿西小学等塑胶统一维护。推进区职教中心迁建二期工程、海霞中学迁建工程、霓屿新区学校、灵昆中学改扩建工程等，谋划洞头一中改扩建工程、职教中心产教融合工程、东屏小学改扩建工程、霓屿中心幼儿园等项目前期工作。城关二小入围市中小学第一批智慧校园实验校，实验小学、城关一小、钱江电视希望小学等4个智慧教室项目建成。全区中小学教育装备总值（含图书）累计5672.04万元，生均教育技术装备金额4866.20元。

【实验小学建成投用】2016年9月10日，洞头区实验小学投入使用。该工程位于洞头区新城二期F05地块，项目用地面积3.54公顷，建筑面积27000 平方米，容积率0.764，建筑密度不大于30%，建筑高度控制不高于24 米，绿地率35%，规模建设36 个班。建设内容包含教学区、行政办公区、阶梯报告厅、室内运动场、食堂及室外附属活动区。工程分为土建工程和装饰工程，其中土建工程概算总投资7980万元，装饰工程概算总投资2894.19万元。工程建设项目名称原为华中小学。出资单位为洞头华中房地产开发有限公司。设计单位为温州市艺美建筑装饰工程有限公司、监理单位为温州华厦建设监理有限公司、施工单位为宝龙建设集团有限公司。

【学校绿化养护外包】2016年11月18日，全区学校绿化养护工程项目在区公共资源交易中心开标，瑞

实验小学校区

安市花苑园林绿化工程有限公司中标，价格4.26元/平方米。承包期采用1+3方式（如果学校满意度高，可续签下一年合同，合同一年一签，最多续签3次）。全区学校绿化养护面积约7.4万平方米。

【中小学创客空间创建】2016年，洞头结合学校特色，启动中小学创客空间创建。在海霞中学、城关一小、城关二小、钱江电视希望小学分别试点机器人项目、电子电工项目、3D打印项目和航模制作项目，共投入创建资金24万元。海霞中学获评温州市第二批青少年创客教育基地，城关一小、城关二小、钱江电视希望小学创成温州市首批创客空间。12月25日，温州市第三届青少年创客文化节上，四所学校参与布展。

师资队伍建设

【概况】2016年，全区教职工1191人，专任教师1063人，其中公办幼儿园教师50人，小学教师520人，初中教师315人，高中（含普高与职高）教师178人；中级职称540人，占50.9%；高级职称190人，占17.9%；研究生学历23人，本科学历722人，大专学历190人。幼儿专任教师学历合格率100%，专科及以上学历92%；小学专任教师学历合格率100%，专科及以上学历96.9%；初中专任教师学历合格率99.7%，本科及以上学历91.4%；普通高中专任教师学历合格率98.3%，研究生学历13.5%；职高专任教师学历合格率98.3%。是年，招录新教师51人，其中研究生4人；职称评审新增高级教师17人，一级教师23人，二级教师11人。

国家、省、市级教师校长培训分别推荐6人、8人和44人，其中中等职业教育系列3人（省培），普通中小学（含幼儿园）55人；全区义务教育段（含学前教育）开展短期培训项目39个1757人次；人均24学时校本培训1110人。全年自主选课总学时数73334，自主选课实际参训率99.75%，“学评教”满意率97.3%。开展全区教师专业发展学科素养培训，组织“百人千场”（省中小学教师培训中心策划）初中数学、高中数学、物理名师送教下乡活动。全区教师流动84人，占教师总数8%，其中骨干教师流动27人，校长流动3人。

是年，杨燕燕获“2016马云乡村教师奖”，郑海山获“浙江省中小学师德楷模”，庄恭仗获“省农村突出贡献奖”，董芳蕾入选“2015浙江教育十大年度影响力人物”。侯仙琴、朱扬华分别被评为市名校长、市名师，实现洞头区市名校长、市名师“零突破”。

全区中小学德育暨体卫艺工作会议

【中小学教师职称制度改革】2016年8月，区教育局联合人事部门制定《深化中小学教师职称制度改革实施工作方案》，完成1000多名教师职称过渡工作。全区专任教师高级职称190人，中级职称540人，专任教师中、高级职称比例68.8%，处全市领先水平。

【第三届名校长名教师名班主任评选】2016年5月，区教育局组织开展第三届名校长名教师名班主任评选活动。评选范围为全区范围内中小学、幼儿园在职在岗校长（园长）、教师、班主任及教学科研、教师教育机构中的教研员、师训员。共评出区第三届名校长3名，名教师14名，名班主任4名。推荐参加温州市第五届名校长、名教师、名班主任评选，区教育幼儿园侯仙琴被评为市名校长，城关第一小学朱扬华被评为市名师，实验中学陈玉娟和东屏中心小学余爱娣被评为市名班主任，实现洞头区市名校长和市名师“零突破”。

【教师工资待遇调整】自2016年7月起，区教育局调整教师基本工资待遇，岗位工资标准从现行每月1150—3810元分别调整提高到每月1390—4850元。公办幼儿园非在编教师工资确保人均达到50330元/年；民办幼儿园教师工资待遇人均提高到50330元/年。

【教育评价素养提升研修班】2016年12月3—6日，洞头区教育评价素养提升研修班在浙江师范大学举办。培训期间，听取专题讲座4个，分别是上海市教委刘中正教授的《上海“绿色评价”进行时》、浙师大心理学导师康春花的《教育测评的新趋势：个性化的学习诊断与教学补偿》、温州教育评估院教授陈荣荣的《基于数据驱动的教育教学改进》、浙师大教育学院曾平飞教授的《教育督导与基础教育质量监测》。并参观了解金华市婺城小学《基于“主题活动”推进课程整合的实践研究》及学校阳光评价具体实施情况。区中小学分管教学副校长、教务处长、学科骨干教师等56人参加。

2016马云乡村教师奖年度颁奖典礼

【杨燕燕获2016马云乡村教师奖】 2016年1月，“若有光芒，必有远方”2016马云乡村教师奖在海南三亚颁奖。钱江电视希望小学杨燕燕等100位来自全国13个省市区获奖乡村教师参加。本届马云乡村教师奖自4月17日启动，马云公益基金会联合陕、甘、宁、贵、川、青、藏、蒙、疆、渝、桂、浙等省区13家媒体合作，经过申报、初筛、媒体实地走访、终评、公示等环节，从1510位提名教师参加三场终评、个人展示和团队协作，最终确定100名教师。其中，浙江6名（含温州市2名）。杨燕燕，女，1977年3月出生，洞头区北岙街道人，本科学历。1996年9月参加工作，现为钱江电视希望小学语文教师。先后获市名班主任、市师德楷模、市教育系统党员之星、市优秀班主任、市德育先进工作者、全国优秀辅导员及区优秀党员、区最美青春、区最美教师、区先进生产工作者等称号。

【郑海山获评浙江省中小学师德楷模】 2016年8月，海霞中学郑海山被省教育厅、省人力资源和社会保障厅、省财政厅联合评为浙江省中小学师德楷模。郑海山，男，1976年9月出生，洞头区北岙街道人，本科学历，中学高级教师，教务处副处长，数学教师。曾获县优秀班主任、县教研科研先进个人、市骨干教师、市优秀教师、市教坛新秀、市师德楷模、最受学生满意教师、县名师等称号。他一直认为“教师在其拥有良知和智慧的前提下，只有当专业成长与素质提升成为一种自觉的行为时，才能真正体验到职业的幸福和工作的快乐。”

【庄恭仗获省农村教师突出贡献奖】 2016年8月，元觉义务教育学校庄恭仗获评省农村教师突出贡献奖。庄恭杖，男，1962年1月出生，洞头区元觉街道人，中共党员，小学高级教师，科学教师，校工会主席。曾被评为县先进生产工作者、先进教育工作者、优秀党务工作者、优秀党员，市教育工会先进工作者等。从教38年，一直扎根在海岛元觉任教，为教育事业辛勤耕耘，无怨无悔。该奖由省教育厅、人力资源和社会保障厅、财政厅设立，每两年评选一次，每次100人左右。

【董芳蕾入选2015浙江教育十大年度影响力人物】 2016年3月，东屏小学董芳蕾被评为2015浙江教育十大年度影响力人物。董芳蕾，女，1982年3月出生，洞头区东屏街道人，本科学历，小学高级教师，美

董芳蕾讲授卵石画

术教师。先后获市级教坛新秀、省级教科研先进个人、省级优秀团员等称号，多篇论文获省市一等奖。所负责的“石点头”卵石画社团，是洞头卵石画发源地，先后有20多名学生的卵石画作品在《少年文学之星》等省级刊物上发表，《浙江日报》《温州日报》陆续报道卵石画社团，腾讯新闻网、浙江在线等各大网站纷纷转载。评选活动经初评、读者微信投票、复评、征求意见、终评等程序产生。活动由省教育厅、省教育信息报刊总社主办。

手工灯笼实践课程

教学教研

【概况】 2016年，洞头区印发《温州市洞头区优质教育发展三年行动计划》。制定全面深化义务教育课程改革工作推进方案。推进海霞中学与金华四中合作办学，海霞中学选派三批骨干教师21人学跟岗学习，金华四中组织25位名优教师分三批开展教学指导。开设讲座36次，听众2782人次。组织外出学习、培训、教科研活动466次，教师省级以上发表及获奖的教科研成果25项、市级以上163项。省级学科竞赛获奖学生6人次、市级17人次。一师一优课小学获奖5节（其中部级2节，市级3节）、初中市优5节、高中市优8节。全区市优质课评比获奖5人。

是年，教科研各类课题成果获省三等奖以上2项、市三等奖29项。各类课题省级立项3项、市级18项，课题获市“十三五”教育改革与发展重点研究课题立项。教师年度论文评比市里获奖55篇，获省级精品课程优秀奖2项、市精品课程项目奖10 人次。6所学校（即教育二幼、城关三小、东屏小学、钱江电视希望小学、实验中学、海霞中学）被浙江教育频道列入“十二五”浙江省特色学校风采展示——《一校一品》画册中。

【《温州市洞头区优质教育发展三年行动计划（2016—2018年）》出台】 2016年7月29日，区委办、区府办印发《温州市洞头区优质教育发展三年行动计划（2016—2018年）》（洞委办发〔2016〕53号）。该行动计划明确教育发展三年行动计划重点任务和年度推进目标。通过三年努力，促进洞头教育优质均衡。其中，2017年，创成省教育现代化区；2018年，全区教育发展水平达到全市中上水平。

【特色办学】 2016年，东屏小学董芳蕾的《洞头卵石画》和教育幼儿园的《海洋绘本课程》入选省精品课程。东屏小学的《课程，让学校更大气》和海霞中学的《海霞精神如山，责任教育如水》获学校课程规划市级优秀奖。精品拓展性课程市级获奖3项，优秀课程学习指导实践案例市级获奖6项。全市精品课例评比中获奖教师17人。温州市小学“三小家”评比，获市“小文学家”和市“小数学家”提名奖各1人，单项评比获市一等奖1个、市二等奖4个和市三等奖7个。区教师发展中心修订并汇编成《洞头区中小学、幼儿园课程规划》专辑。

2016年洞头区教育教学课题、论文获奖（发表）目录（省级以上）

表38

序号	作　者	题目名称	成果出处	获奖等第（发表）	获奖（发表）时间	作者单位
1	余娟娟	《从“怎么样的什么”到“什么怎么样”》	《小学教学设计》编辑部	一等奖	2016.10	城关小学
2	陈玉花	《一路山水一程--民间歌谣进音乐课堂的实践探索》	全国第五届中小学艺术展演活动组委会	一等奖	2016.4	东屏小学

续表38

序号	作　者	题目名称	成果出处	获奖等第（发表）	获奖（发表）时间	作者单位
3	李蓓	浅议低段小学英语认读能力的培养	《课程教育研究》编辑部	发表	2016年第17期	灵昆一小
4	董芳蕾	《“非遗元素”卵石画社团课程的深化研究》	省教育科学研究院优秀教育论文评选	二等奖	2016.5	东屏小学
5	臧乐乐	《鱼拓--水清澈底》	《户外钓鱼》	发表	2016.10	东屏小学
6	陈政	《对小学美术课堂“时间不够用”的思考》	《现代教育》	发表	2016.2	东屏小学
7	林敬醒	《关于创新角度下的小学体育教学方法研究》	《中小学教育》出版社	发表	2016.7	东屏小学
8	许东方	《小学数学教学中渗透教学思想和方法研究》	《教育科学》出版社	发表	2016.8	东屏小学
9	马海伟等	几何画板在教学例题讲解中的应用	省教师发展中心立项课题成果评比	二等奖	2016.12	霓北中学
10	董芳蕾	《洞头卵石画》	省教育厅教研室第五届浙江省精品课程	优秀项目	2016.12	实验小学
11	叶燕燕	《新课改环境下的小学数学教研分析》	《小学科学》	发表	2016.8	实验小学
12	叶燕燕	《新理念下小学数学课堂作业的优化设计》	《读写算》	发表	2016年第15期	实验小学
13	叶燕燕	《“扬大海品质”的德育践行之路》	《浙江教育报》	发表	2016年第483期	实验小学
14	杨　业	《<鸡兔同笼>课堂实践与思考》	省名师网络工作室优秀案例研究成果	三等奖	2016.12	实验小学
15	吕良栋	2016年浙江省“三项教学评比”	省教学研究评比	二等奖	2016.12	霓南义校
16	吕海力	例谈概要写作在Post-Reading中的运用	2016年省高中英语论文评比	省三等奖	2016.11	洞头一中
17	张睿	食不厌精、脍不厌细——论通用技术课堂中的教学案例选择	2016年省通用技术论文评比	省二等奖	2016.11	洞头一中
18	庄海雷 林秀萍	基于海洋文化资源的高中综合实践课程活动开发与实践	2016年省中小学综合实践活动教学论文评比	省二等奖	2016.11	洞头一中
19	蔡秀萍	留住数学之“根” 绽放数学之“花”	2016年省高中数学教学论文	省二等奖	2016.11	洞头一中
20	叶定海	文本阅读下的高中英语词汇有效教学策略	发表于《教育界》2016年10月	发表	2016.10	洞头一中
21	郭妍妍	《穿越千古同咨嗟》	发表于《语文学习》2016.5（全国中文核心期刊）	发表	2016.5	洞头一中
22	张文跃	浅谈提高中学生体育课教学效率的方法探析	《教学研究》	发表	2016.4	实验中学
23	张夏燕	有理数的混合运算	省优课评比	省级优课	2016.12	实验中学
24	郑海山马赛花	“3+2+X”机制帮助学生走向自律	《中国德育》	发表	2016年第7期	海霞中学
25	黄志清	“小学小班化‘三导式’课堂教学变革核心路径的行动研究”课题	省教育科学研究院	三等奖	2016.11	区教师发展中心

校园文化建设

【概况】 2016年，区教育局创成美丽校园7所，全区累计美丽校园15所。认定精品社团64个和第二批区级精品社团指导师18名，累计学生社团372个。组建区级“小海霞梦想团”，培训专职“小海霞”讲解员。洞头一中创成市德育示范校，元觉义校成立少年海事学校，开展“讲海霞故事、学海霞精神、做海霞传人”活动，凸显海霞德育品牌。实验中学的生命健康教育，受到教育部副部长郝平肯定。

区中小学艺术节活动

【区第四届少先队代表大会】（参见《社会团体》栏目“共青团”分目）

【学校系列主题教育】 2016年，区教育局启动四品八德教育，以社会主义核心价值观教育为主线，组织开展“学雷锋，争当‘四品八德’好少年”社会实践活动、“最美洞头人”宣讲进校园活动、18岁成人礼活动，召开“高举旗帜跟党走，争当海霞好少年”少先会，培训专职“小海霞”讲解员；以“我们的节日”传统文化教育为主线，开展元宵猜灯谜活动、清明网上网下祭英烈活动、端午节邀请海霞妈妈教包粽子、重阳节看望敬老院老人等；以身边榜样力量宣传教育为主线，开展“弘扬雷锋精神，争当‘四品八德’好少年”“诚信学子”评选；组织学生参观人防教育基地、洞头先锋女子民兵连展览馆，培育学生励志奉献海霞精神等。

【德国吉森市教育代表团到东屏小学参观交流】 2016年4月1日，洞头区东屏小学迎来德国吉森市教育代表团师生一行（34人）。代表团一行参观了东屏小学海洋文化廊，了解洞头海洋民俗文化和东屏小学特色教育。参观了东屏小学五个精品社团，并在卵石画和瓯塑教室体验特色教育课堂。温州市与吉森市政府于2011年5月签署缔结友好城市关系协议。

2016年4月，德国吉森市教育代表团参观东屏小学

【中小学艺术节】 2016年，区中小学艺术节以“中国梦——炫我青春风采”为主题，分艺术表演节目类和艺术作品类进行。表演类分器乐、舞蹈、声乐、朗诵和校园剧等5个项目；艺术作品类有绘画、书法、剪纸、设计等4个项目，所有项目均以现场比赛形式进行。共评选出器乐、舞蹈、声乐、朗诵、校园剧（课本剧）5类获奖节目175个；绘画、书法、剪纸、设计等4类获奖作品和节目202个。推荐参加市艺术节比赛获一等奖6个，二等奖17个，三等奖36个。

【读书节活动】 2016年5—11月，区教育局相继举办“我爱记诗词”“幼儿讲绘本故事比赛”“中小学主题征文比赛”“中学生汉字听写”“书法作品评选”等读书活动比赛，共评出一等奖34名，二等奖81名，三等奖130名，优胜奖7名，优秀指导师52名。

（曾恋艳）

栏目编辑　卓桂荣

科技·气象

沙滩渔韵味浓·陈晨

“海霞精神”

爱岛尚武　励志奉献

“五岛连桥”精神

小县办大事　小岛创大业

科　技

·概述·

【概况】2016年，洞头区制定出台洞头区科技创新发展“十三五”规划、增强科技创新能力若干优惠政策和科学技术奖励办法等文件。全区实现规模以上工业新产品产值6.87亿元，高新技术产业增加值3.13亿元，同比增长21.6%；技术市场登记额5314万元，拍得全省技术成果2个，成交金额140万元。全年新增国家级高新技术企业2家、省科技型企业8家、市科技（创新）型企业11家、市企业技术研发中心1家。全区省科技型企业数累计42家，其中高新技术企业10家，占规上企业数比重居全市第一，全省第六。区本级财政科技投入4652万元，占本级财政预算支出3.5%。全年安排区级科技计划项目32项800万元。列入国家、省、市科技计划项目11个，争取上级科技经费支持156.9万元。全年全区专利授权161件，同比增长28.8%，其中发明专利授权13件，同比增长18.2%。

是年，洞头县羊栖菜产业提升工程项目通过验收，浙江太和航运有限公司董事长卢云军入选第二届“科技新温商”名录。

【《温州市洞头区科技创新发展“十三五”规划》出台】2016年11月25日，洞头区出台《温州市洞头区科技创新发展“十三五”规划》（洞政办发〔2016〕124号）。该规划提出科技创新发展主要任务是深化科技体制改革、完善科技创新体系、发展高新技术产业、推进科技惠及民生、实施知识产权战略、培育科技创新人才等。提出至2020年，全区规模以上工业企业新产品产值达到10亿元，规模以上工业企业新产品产值年均增长10%以上，高新技术产业增加值达到3.72亿元，万人发明专利拥有量达到14件；国家级高新技术企业数达到11家，省级科技型中小企业数达到54家；研究与试验发展（R&D）经费支出占GDP比重达到1.65%，企业研究与试验发展（R&D）支出占主营业务收入比重达到1.6%，技术市场交易额力争达到0.36亿元，每万名从业人员中R&D人员达到84人/年，全区人均科普经费达到6元。

【科技创新能力若干优惠政策公布】2016年6月17日，区政府制定《关于增强科技创新能力的若干优惠政策》（洞政办发〔2016〕52号）。该政策涵盖发展高新技术产业，构建区域创新体系；建设科技创新平台，推进大众创业创新；促进科技金融结合，创新科技经费投入；实施知识产权战略，增强自主创新动力；加强对外合作交流，促进科技成果转化；加大科技奖励力度，优化区域创新环境等内容。奖励对象与范围为区域内新认定国家级高新技术企业、省科技创新型企业（含省科技型企业、省农业科技企业）和市科技（创新）型企业；省、市级企业技术研发中心；列入国家、省级火炬计划和星火计划的科技项目并通过验收；发展众创空间；入驻各级众创空间的企业、创业团队和创客；新认定国家、省、市级专利试点（示范）企业；获得发明、实用新型、外观设计专利授权；企业与高等院校、科研院所在洞头联合创办研发机构共建产学研基地；获得区级科学技术奖一、二、三等奖等。

【《温州市洞头区科学技术奖励办法》出台】2016年11月28日，区政府第65次常务会议研究通过《温州市洞头区科学技术奖励办法》。区科学技术奖奖励范围为全区科学技术创新和成果推广应用中做出突出贡献单位和个人。分为科学技术重大贡献奖、科学技术进步奖。科学技术重大贡献奖一般每5年评审1次，每次授予人数不超过3人。科学技术进步奖一般每3年评审1次，每次授奖项目总数不超过30项，并分别设立一等奖、二等奖、三等奖，其中一等奖不超过3项。获得区科学技术奖的单位和个人，由区人民政府颁发奖励证书和奖金。科学技术重大贡献奖视科技贡献情况给予每人5—10万元的一次性奖励。科学技术进步奖奖金按照项目奖励：一等奖3万元、二等奖2万元、三等奖1万元。

【国家级高新技术企业新增2家】 2016年，浙江方舟工程机械设备有限公司、浙江伟望精密工业有限公司被新认定为国家级高新技术企业。证书由浙江省科学技术厅、省国家税务局、省地方税务局颁发。全区累计10家。

【浙江省科技型企业新增8家】 2016年，温州仕博电器科技有限公司、温州欧克邦尼电气有限公司、温州市洞头天马化工有限公司、温州泓盛园林建设有限公司、浙江弘博新材料科技有限公司、温州百福古船木有限公司、浙江东一海洋经济发展有限公司、温州市洞头胜裕机电有限公司被认定为浙江省科技型企业。全区累计42家。

【温州市科技（创新）型企业新增11家】 2016年，浙江弘博新材料科技有限公司、浙江东一海洋经济发展有限公司、洞头县胜裕机电有限公司、温州市远鹏水产有限公司、温州百福古船木有限公司、温州市洞头天马化工有限公司、温州市泓盛园林建设有限公司、浙江摩乐科技有限公司、温州市益和汽车配件有限公司、温州市洞头新博机电有限公司、温州洞头东海贝雕工艺品有限公司被认定为温州市科技（创新）型企业。全区累计51家。

【诚意药业通过《企业知识产权管理规范》国家体系认证】 2016年3月，浙江诚意药业股份有限公司经中知（北京）认证有限公司专家审核，通过《企业知识产权管理规范》国家体系认证，获国家知识产权管理体系认证证书，为洞头首家通过知识产权“贯标”▲认证的企业。

▲贯标：企业贯彻《企业知识产权管理规范》国家标准。企业知识产权管理规范的国家标准由国家知识产权局制订，经由国家质量监督检验检疫总局、国家标准化管理委员会批准颁布，于2013年3月1日起实施，标准号是GB/T 29490—2013。

·科技研究成果·

【概况】 2016年，全区安排科技计划项目32项，投入区本级科技三项经费800万元。新创成国家级高新技术企业2家、高成长科技型企业2家、省科技型企业8家、市科技（创新）型企业11家。

是年，温州久一重工有限公司通过国家级高新技术企业重新认定；金源高性能有机颜料企业技术研究开发中心被认定为温州市企业技术研究开发中心；联鑫众创空间被认定为温州市众创空间；浙江诚意药业股份有限公司再次入选温州市科技创新百强企业。

【“船舶变频变流电源系统试制”获省科技进步三等奖】 2016年3月，省政府公布2015年度浙江省科学技术奖获奖项目名单，浙江永宏电器有限公司申报的科技项目“船舶变频变流电源系统试制”获省科技进步奖三等奖。该项目自2009年开始研发，于2012年研发成功，并通过测试鉴定与安装试验，开始在船舶上应用。截至年底，该项目获得实用新型专利3项，软件著作权4项，累计实现销售额1.1亿多元，利税2200多万元。2014年，获温州市科技进步奖一等奖。

【海洋生物科技成果竞价购买】 2016年4月，浙江省春季科技成果竞价（拍卖）会上，洞头企业浙江金海蕴生物股份有限公司以120万元拍得“利用羊栖菜海藻资源开发生物肥料技术”，该成果有助于实现对羊栖菜的综合高效利用。11月，在浙江省秋季科技成果竞价温州专场（拍卖）会上，洞头良瑞紫菜种苗养殖专业合作社以20万元拍得高品质坛紫菜养殖技术。该成果主要是利用冷藏网等关键技术，在紫菜养殖季节中后期可获得一、二茬高品质紫菜。

【省级新产品开发研究项目16个】 2016年，洞头区共有10家企业16个项目列入省级新产品开发研究计划。分别是：工业连接器M12×1（温州晟荣工业自动化有限公司）、高性能缠绕屏蔽电线电缆（浙江吉龙电子科技有限公司）、汽车电源智能总开关（温州北方电子机械有限公司）、直流无刷电机、HS-TB201408用于电动拖把的直流电机（温州仕博电器科技有限公司）、坛紫菜智能烘干机（温州星贝机械科技有限公司）、M39-M64六角头预载荷高强度栓接结构连接副、深海高防腐高强度螺栓、高强度锚固螺栓（浙江迪特高强度螺栓有限公司）、罗拉卷布探测器（温州欧克邦尼电气有限公司）、汽车转向节、汽车零部件自动焊接机器人技术应用（温州鸿鹏汽配制造有限公司）、全自动三通冷挤压机、永不卡死卸灰阀、双阀瓣高压截止阀（温州蓝天管件阀门有限公司）、悬浮式汽车真空单向阀（温州伟望塑业电气有限公司）等。

·科技服务平台·

【概况】2016年底，国家大院名校温州联合院“洞头分院”驻洞头专家8名。全年签订结对合作协议18对，签约项目6个，解决技术难题15个。全年组织入驻专家走访企业40余次，收集各类技术难题与需求30项，解决20项。发挥创新合作平台技术支撑作用，全年签约技术合作交易项目10项，交易额7283万元。开展“科技店小二”服务品牌创建，优化科技精准助企服务。举办国家大院名校温州联合研究院科技成果推介会。全年支持15家企业获科技金融贷款6280万元。发放科技创新券91万元，受益创新主体53个。

【《温州市洞头区众创空间认定管理办法（试行）》出台】2016年6月17日，根据省政府办公厅相关文件精神，区政府制定出台《温州市洞头区众创空间认定管理办法（试行）》（洞政办发〔2016〕51号）。区级众创空间认定按申报、专家实地查验、集中评审、审定和公示等环节，由区政府颁发“温州市洞头区众创空间”牌匾。对已认定的众创空间实行年度考核与动态管理，建立年度绩效评价体系和退出机制。明确众创空间配套政策和管理，并以电子科技产业园为基础打造联鑫众创空间。是年，联鑫众创空间通过市级众创空间认定，签约入驻初创型企业和创客团队24家，其中在外温商科技企业2家，注册资金4000万元。

“院企结对”活动

【产学研“院企结对”15对】洞头区通过科技经费供给侧改革，借力科技项目优先支持、科技金融贷款绿色通道、创新券普惠政策等科技优惠政策，推动院企双方产学研合作。2016年6月30日，洞头区产学研科技合作推进会签订院企结对合作协议15对。主要有：浙江永宏电器股份有限公司与哈尔滨工业大学签订船舶DC/AC电源装置合作项目，浙江金海蕴生物有限公司与浙江省机电设计研究院签订生物废水处理全套设备和40立方米/吨羊栖菜生产废水处理改造工种合作项目，温州佳海食品有限公司与温州市农业科学研究院签订羊栖菜休闲旅游食品技术研发合作项目，温州星贝海藻食品有限公司与温州市食品研究所签订鲜制紫菜产品的研发项目，温州欣鼎生物科技有限公司与温州市食品研究所签订食品生产加工厂房设计及配套技术服务合同，温州市锦达味业食品有限公司与温州市食品研究院签订产品标准化指导书（产品标准）制定合作协议等。

【洞头县羊栖菜产业提升工程项目通过国家验收】2016年12月27日，省市科技部门组织验收专家组对洞头承担实施的国家科技富民强县专项行动计划——洞头县羊栖菜产业提升工程进行项目验收，并予通过。2013年6月，洞头县组织实施的“羊栖菜产业提升工程”列入国家科技富民强县专项行动计划。先后投入资金2365.35万元，其中争取中央和省财政资金390万元。选育优良品系2个，良种推广覆盖率91%以上；开发加工关键技术3项，新增开发新产品15个，产品加工能力增加3800吨；新增省农业科技企业2家，省级企业技术研发中心1家，共建技术创新载体1家，转化先进实用科技成果5项；授权羊栖菜相关专利25件，其中发明专利4件。增加就业1200多人，从业渔农民人均年收入21256元，比项目实施前增加6500元。

【渔业科技服务项目】2016年，区科技局实施羊栖菜新品种选育、坛紫菜良种繁育、刺参渔排吊笼养殖、南美白对虾精养等科技计划项目，推行授前评估、过程服务、后期跟踪“全过程管理”，提升渔农业科技计划项目成效。其中，洞头海域刺参渔排吊笼养殖产业化开发项目为“北参南养”产业化养殖积累经验。

·知识产权·

【概况】2016年，洞头区申请专利284件，其中，发明专利75件、实用新型124件、外观设计85件；授权161件，其中，发明专利13件、实用新型84件、外观设计64件。

（侯文慧）

2016年温州市洞头区申请专利获得授权基本情况

表39

序号	专利号	专利名称	专利权人	专利类型
1	201310648556.7	一种腺嘌呤合成方法	浙江诚意药业股份有限公司	发明
2	201410678176.2	一种羊肉海鲜酱加工方法	温州恒源水产有限公司	发明
3	201410678173.9	一种海鲜酱加工方法	温州星贝海藻食品有限公司	发明
4	201410312061.1	一种三通管液压成型装置	温州蓝天管件阀门有限公司	发明
5	201310137521.7	主动式固态发光显示器	浙江恒通电气制造有限公司	发明
6	201310131060.2	覆晶式固态发光显示器	浙江恒通电气制造有限公司	发明
7	201510201174.9	一种含铜工业废液回收利用方法	温州金源新材料科技有限公司	发明
8	201510460513.5	一种废气处理装置	温州市洞头新凯实业有限公司	发明
9	201410098825.1	一种呼吸道病毒治疗仪	叶 平	发明
10	201410409757.6	水幕式空气过滤器	吴维剑	发明
11	201410820021.8	一种张力矫直机	温州久一重工有限公司	发明
12	201410198828.2	剪刀墙模板加固装置	温州泓盛园林建设有限公司	发明
13	201410650864.8	一种用于钢铁磷化的组合物及其制备方法	浙江迪特高强度螺栓有限公司	发明
14	201620222286.2	多功能便携式传感器测试仪	洞头县新博机电有限公司	实用新型
15	201620418585.3	一种传感器连接线	洞头县新博机电有限公司	实用新型
16	201620423318.5	航空插头	洞头县新博机电有限公司	实用新型
17	201620421220.6	航空三通连接头	洞头县新博机电有限公司	实用新型
18	201620222039.2	多功能便携式传感器测试仪防尘结构	洞头县新博机电有限公司	实用新型
19	201620420772.5	一种航空插头	洞头县新博机电有限公司	实用新型
20	201620222907.7	多功能便携式传感器测试仪外连结构	洞头县新博机电有限公司	实用新型
21	201620418922.9	传感器连接线	洞头县新博机电有限公司	实用新型
22	201620399503.5	园林种植施肥粉碎装置	浙江利鹏市政园林工程有限公司	实用新型
23	201620399446.0	一种园林种植浇灌装置	浙江利鹏市政园林工程有限公司	实用新型
24	201620096678.9	一种底盘车锁紧装置	浙江恒博电气制造有限公司	实用新型
25	201620096677.4	一种底盘车齿轮传动装置	浙江恒博电气制造有限公司	实用新型
26	201620096721.1	用于底盘车的新型电动传动装置	浙江恒博电气制造有限公司	实用新型
27	201620223009.3	一种新型开关柜	浙江恒博电气制造有限公司	实用新型
28	201620218638.7	一种新型接地开关	浙江恒博电气制造有限公司	实用新型
29	201620833383.5	带减摩棒液压制动总泵	温州市益和汽车配件有限公司	实用新型
30	201620833385.4	机械式自调间隙装置液压制动分泵	温州市益和汽车配件有限公司	实用新型
31	201620499612.4	带电子驻车功能制动卡钳	温州市东启汽车零部件制造有限公司	实用新型
32	201521136125.3	一种烘干机	温州星贝机械科技有限公司	实用新型
33	201521145266.1	一种停经架自动报警装置	温州欧克邦尼电气有限公司	实用新型
34	201620491454.8	一种双阀瓣高压截止阀	温州蓝天管件阀门有限公司	实用新型
35	201620488479.2	一种波纹管密封截止阀	温州蓝天管件阀门有限公司	实用新型
36	201620491702.9	一种可更换阀座的三通换向阀	温州蓝天管件阀门有限公司	实用新型
37	201520838294.5	用于强磁场环境下的电涡流式接近开关	温州市洞头信达电器有限公司	实用新型

续表39

序号	专利号	专利名称	专利权人	专利类型
38	201620051635.9	大型回油管浮动链接装置	温州久一重工有限公司	实用新型
39	201620051203.8	辊式矫直机上辊调整装置	温州久一重工有限公司	实用新型
40	201620051543.0	球面调心模板	温州久一重工有限公司	实用新型
41	201620051565.7	尼龙矫正轮连接装置	温州久一重工有限公司	实用新型
42	201620052248.7	辊式矫直机下辊锁紧装置	温州久一重工有限公司	实用新型
43	201521054032.6	一种新型散热防震电机	温州仕博电器科技有限公司	实用新型
44	201521053990.1	新型减震电机	温州仕博电器科技有限公司	实用新型
45	201521052815.0	可更换碳刷的微型电机结构	温州仕博电器科技有限公司	实用新型
46	201521053770.9	设有温控器的微型电机	温州仕博电器科技有限公司	实用新型
47	201521055518.1	一种非永磁电机机构	温州仕博电器科技有限公司	实用新型
48	201521055482.7	一种直流无刷电机	温州仕博电器科技有限公司	实用新型
49	201521052892.6	一种新型汽车雨刷器	温州仕博电器科技有限公司	实用新型
50	201521052052.X	一种便于微型电机装备配的导向机构	温州仕博电器科技有限公司	实用新型
51	201521054031.1	电机安装卡扣机	温州仕博电器科技有限公司	实用新型
52	201521054555.0	设有清理炭末装置的微型电机	温州仕博电器科技有限公司	实用新型
53	201620209207.4	一种集控合	温州市洞头胜裕机电有限公司	实用新型
54	201410650864.8	一种用于钢铁麟化的组合物及其制备方法	浙江迪特高强度螺栓有限公司	实用新型
55	201620421057.3	一种智能相框	温州嘉冠智能科技有限公司	实用新型
56	201620411292.2	智能集成吊顶	温州嘉冠智能科技有限公司	实用新型
57	201520899457.0	一种新型的金属型检测器	浙江广和电器有限公司	实用新型
58	201520919236.5	一种新型机械式凸轮控制器	浙江广和电器有限公司	实用新型
59	201520919239.9	一种机械式凸轮控制器	浙江广和电器有限公司	实用新型
60	201520549093.3	一种汽车减震器	浙江广和电器有限公司	实用新型
61	201620418497.3	智能背景墙	温州嘉宝玉建材有限公司	实用新型
62	201521117800.8	电脑横机中探针检测装置复位结构	温州默克蒂森工业自动化有限公司	实用新型
63	201520754039.2	一种应用于加热电器的电池供电制热装置	叶元奖	实用新型
64	201520748053.1	一种应用于加热电器的锂电池供电制热装置	叶元奖	实用新型
65	201520751631.7	一种移动式节能蒸煮饭盒	叶元奖	实用新型
66	201520751911.8	一种可携带加热的节能煮蛋器	叶元奖	实用新型
67	201520856449.8	一种安全节能电水壶	叶元奖	实用新型
68	201520886669.5	一种灯带	柯志强	实用新型
69	201620674987.X	传感器多功能测试仪	郑虚新	实用新型
70	201630334358.8	燃气热水器	陈汉虎	实用新型
71	201620766612.6	一种商用厨具电机	陈汉虎	实用新型
72	201620796152.1	一种畜禽粪便废水制造有机肥的装置	倪建忠	实用新型
73	201520891488.1	一种具有螺旋形涡流网眼的过滤袋	吴隆波 祝慧华	实用新型
74	201620031705.4	一种水槽过滤垃圾袋	吴隆波 祝慧华	实用新型
75	201520757509.0	一种提手封口环保垃圾袋	吴隆波 祝慧华	实用新型
76	201520757549.5	一种具有封口日期的环保垃圾袋及垃圾袋卷	吴隆波 祝慧华	实用新型
77	201520757786.1	一种手提封口子母环保垃圾袋	吴隆波 祝慧华	实用新型
78	201520757909.1	一种封口子母环保垃圾袋	吴隆波 祝慧华	实用新型
79	201520758896.X	一种手提自动封口环保垃圾袋	吴隆波 祝慧华	实用新型

续表39

序号	专利号	专利名称	专利权人	专利类型
80	201620476492.6	一种电脑横编织机红外线磁场浮纱传感器	黄根平	实用新型
81	201520898345.3	一种公路桥梁用摆放装置	浙江德润市政园林有限公司	实用新型
82	201520686191.1	园林用风扇型桌椅	浙江德润市政园林有限公司	实用新型
83	201520677840.1	园林用松土施肥装置	浙江德润市政园林有限公司	实用新型
84	201520527857.9	一种发光下水道井盖系统	浙江德润市政园林有限公司	实用新型
85	201520599928.6	一种垃圾处理车	浙江德润市政园林有限公司	实用新型
86	201620533603.2	10kV开关柜开关手车	国网浙江省电力公司温州市洞头区供电公司	实用新型
87	201620535759.4	配电变压器接地结构	国网浙江省电力公司温州市洞头区供电公司	实用新型
88	201620536147.7	一种开关柜摇柄与螺杆的连接结构	国网浙江省电力公司温州市洞头区供电公司	实用新型
89	201620455615.8	智能楼宇停车场管理系统	林佩佩	实用新型
90	201620453936.4	智能楼宇入侵报警系统	林佩佩	实用新型
91	201620459577.3	智能楼宇的电子监控系统	林佩佩	实用新型
92	201620455621.3	卷闸门安防监控系统	林佩佩	实用新型
93	201620441993.0	一种基于FPGA和单片机的多功能等精度频率计	周 跃	实用新型
94	201620443099.7	基于ARM的嵌入式智能家居远程监控系统	周 跃	实用新型
95	201620444664.1	基于单片机的智能家居总线式开关	周 跃	实用新型
96	201620436493.8	基于S3C2440的智能家居监控系统	周 跃	实用新型
97	201521039774.1	一种双用牙签	陈余东	实用新型
98	201630311662.0	梳子（2016-2）	温州洞头东海贝雕工艺品有限公司	外观设计
99	201630311334.0	梳子（2016-1）	温州洞头东海贝雕工艺品有限公司	外观设计
100	201630311654.6	镇纸	温州洞头东海贝雕工艺品有限公司	外观设计
101	201630312040.X	手链盒（2016-1）	温州洞头东海贝雕工艺品有限公司	外观设计
102	201630311341.0	手链盒（2016-2）	温州洞头东海贝雕工艺品有限公司	外观设计
103	201630158744.6	连接线（M8-ZM）	温州晟荣工业自动化有限公司	外观设计
104	201630158745.0	连接线（M8-WG）	温州晟荣工业自动化有限公司	外观设计
105	201630158761.X	连接线（M8-WM）	温州晟荣工业自动化有限公司	外观设计
106	201630158762.4	连接线（M8-ZG）	温州晟荣工业自动化有限公司	外观设计
107	201630362805.0	防爆开关（2016-3）	温州市洞头立德电子有限公司	外观设计
108	201630046404.4	电气火灾监控探测器	黄振利	外观设计
109	201630127251.6	罗拉卷布检监器（控制器）	潘华进	外观设计
110	201630127253.5	外观设计罗拉卷布检监器（感应器）	潘华进	外观设计
111	201630119521.9	包装袋（墨鱼烧）	叶建伟	外观设计
112	201630136180.6	包装袋（鱼橄榄）	叶建伟	外观设计
113	201630114049.X	包装袋（鱼樱桃）	叶建伟	外观设计
114	201530538905.X	现代吸顶灯（6）	庄克凯	外观设计
115	201530538920.4	现代吸顶灯（5）	庄克凯	外观设计
116	201530539041.3	吸顶灯（现代1）	庄克凯	外观设计
117	201530538916.8	现代吸顶灯（4）	庄克凯	外观设计
118	201530538910.0	吸顶灯（现代2）	庄克凯	外观设计
119	201530538948.8	吸顶灯（现代3）	庄克凯	外观设计
120	201630341036.6	洗衣柜台盆	曾国荷	外观设计

续表39

序号	专利号	专利名称	专利权人	专利类型
121	201630297533.0	手表（2）	王冬兰	外观设计
122	201630300369.4	手表（6）	王冬兰	外观设计
123	201630297445.0	手表（5）	王冬兰	外观设计
124	201630300371.1	手表（8）	王冬兰	外观设计
125	201630300372.6	手表（9）	王冬兰	外观设计
126	201630297532.6	手表（3）	王冬兰	外观设计
127	201630279003.3	吊灯（18045）	庄文彬	外观设计
128	201630279002.9	吊灯（00015）	庄文彬	外观设计
129	201630278994.3	吊灯（18088）	庄文彬	外观设计
130	201630278997.7	吊灯（18048）	庄文彬	外观设计
131	201630279001.4	吊灯（0001B）	庄文彬	外观设计
132	201630294901.6	插板（双控）	张赞超	外观设计
133	201630308330.7	插板（单控）	张赞超	外观设计
134	201630295656.0	插座（三极五孔）	张赞超	外观设计
135	201630153199.1	自动收口垃圾袋（厨房专用）	吴隆波 祝慧华	外观设计
136	201630153200.0	自动收口垃圾袋（斑马纹波浪）	吴隆波 祝慧华	外观设计
137	201630153198.7	垃圾袋（卫生间专用）	吴隆波 祝慧华	外观设计
138	201630010971.4	自动收口垃圾袋（中国结）	吴隆波 祝慧华	外观设计
139	201630010978.6	自动封口手提袋（招财进宝）	吴隆波 祝慧华	外观设计
140	201630010968.2	水槽手提垃圾袋	吴隆波 祝慧华	外观设计
141	201630010969.7	自动封口垃圾袋（喜事连连）	吴隆波 祝慧华	外观设计
142	201630010974.8	水槽垃圾袋	吴隆波 祝慧华	外观设计
143	201630010975.2	自动收口垃圾袋（五福临门）	吴隆波 祝慧华	外观设计
144	201630010977.1	自动收口垃圾袋（六六大顺）	吴隆波 祝慧华	外观设计
145	201630010972.9	自动收口垃圾袋（吉祥如意）	吴隆波 祝慧华	外观设计
146	201630010976.7	自动收口垃圾袋（年年有余）	吴隆波 祝慧华	外观设计
147	201630010979.0	车载垃圾袋（中国结）	吴隆波 祝慧华	外观设计
148	201530420158.X	垃圾袋（大屁股自动封口）	吴隆波 祝慧华	外观设计
149	201530428684.0	涡流网眼（螺旋形B）	吴隆波 祝慧华	外观设计
150	201530420181.9	垃圾袋（大屁股手提）	吴隆波 祝慧华	外观设计
151	201530428744.9	涡流网眼（螺旋形A）	吴隆波 祝慧华	外观设计
152	201530420039.4	车载垃圾袋（单挂钩自动封口）	吴隆波 祝慧华	外观设计
153	201530420040.7	车载垃圾袋（双挂钩自动封口）	吴隆波 祝慧华	外观设计
154	201530420245.5	垃圾袋（八字形自动封口）	吴隆波 祝慧华	外观设计
155	201530420330.1	垃圾袋（自动封口弹力）	吴隆波 祝慧华	外观设计
156	201530420336.9	垃圾袋（八字形手提）	吴隆波 祝慧华	外观设计
157	201530421173.6	垃圾袋（自动封口手提）	吴隆波 祝慧华	外观设计
158	201630347996.3	杯子（格林）	南琼琼	外观设计
159	201630204333.6	布丁杯	南琼琼	外观设计
160	201530251016.5	大淋浴主体	陈乐锋	外观设计
161	201530250830.5	面盆龙头	陈乐锋	外观设计

（区科技局提供）

气　象

·概述·

【概况】 2016年，受全球变暖和超强厄尔尼诺现象（热带中东太平洋海温偏高）共同影响，极端天气气候事件频发。全区平均气温（18.8℃）较常年偏高0.9℃；年降水总量（1748.6毫米），较常年偏多338毫米；年蒸发总量（995.7毫米），较常年偏少545.8毫米；年内出现暴雨5次、大风7次、大雾47天，较常年偏少，霾日数20天，较2015年明显减少。梅汛期（5—6月）降水量（399.1毫米）较常年偏多；台汛期（7—10月），影响洞头台风6个，较常年（2.7个）偏多，其中影响较大的台风为1号台风“尼伯特”、14号台风“莫兰蒂”、16号台风“马勒卡”和17号台风“鲇鱼”。

【《温州市洞头区气象事业“十三五”规划》出台】 2016年9月5日，区气象局联合发改局出台《温州市洞头区气象事业“十三五”规划》。该规划主要任务是完善气象防灾减灾体系，提高气象保障能力；增强气象公共服务能力，健全公共气象服务体系；围绕海洋和生态建设，强化气象保障服务体系；推进气象基础能力建设，保障气象事业发展；规划重点工程包括台风、暴雨精准监测预报预警工程、海洋经济气象保障工程、生态环境和“三农”发展气象服务保障工程、智慧气象公共服务保障工程、气象科技基础设施保障工程。目标提出至2020年基本建成具有地方特色、适应需求、结构完善、功能先进、保障有力的气象现代化体系。进一步提高监测预报准确性、灾害预警时效性、气象服务主动性、防范应对科学性；增强气象防灾减灾能力；进一步提升公共气象服务质量和效益；完善气象综合观测系统；增强气象科技创新和人才队伍支撑能力；强化气象社会管理职能。

【《温州市洞头区气象灾害应急预案》公布实施】 2016年12月30日，区政府出台《温州市洞头区气象灾害应急预案》（洞政办发〔2016〕142号）。该预案适用于洞头区行政区域、洞头区管辖的海域范围内台风、暴雨、暴雪、寒潮、大风、高温、干旱、雷电、冰雹、霜冻、大雾、道路结冰、霾等气象灾害事件的防范和应对。涵盖气象因素引发水旱灾害、地质灾害、海洋灾害、森林火灾等其他灾害的处置等。预案明确组织指挥体系、相关单位职责及监测预警、应急处置、后期处置、应急保障等内容。这是往年雷电、雨雪冰冻灾害等应急预案的总结提升。

【气象服务平台建设】 2016年，区气象台联合市气象局网络中心，改进洞头赤潮气象条件预报业务平台。东屏街道金岙村、元觉街道沙角村、北岙街道阜埠岙村完成气象防灾减灾标准化村建设。气象灾害重点防御单位应急准备认证5家。新建室外电子显示屏5个、室内电子显示屏4个。灵昆街道农业种植大户信息纳入短信平台管理。洞头本站两年一次气象仪器设备标校和云高仪设备完成安装，启动对比观测，升级改造区域自动站4个。推进洞头海洋气象监测预警中心建设。

【社会活动服务】 2016年，区气象局开展为农直通式气象服务，累计发送《羊栖菜收晒期天气趋势预测》服务材料34期、《紫菜养殖专题气象保障服务》服务材料13期。联合区国土局印发《重大气象灾害联合调查及效益评估制度（试行）》，与区传媒中心签订气象信息传播协议，提高气象信息覆盖面。为《洞头区“互看互学”外系列宣传片》制作拍摄、第九届全国海钓邀请赛等提供气象保障服务。结合“3·23”世界气象日、“5·12”防灾减灾日、安全生产月、法治宣传教育等开展气象科普知识宣传，发放宣传资料8000余份。

【公共气象服务】 2016年，区气象局新增逐旬制作月报、延伸期预测和短期气候预测业务，并通过区OA、网上综合管理平台、洞头气象、成员单位QQ群、微信群等对外发布产品。联合区环保局开展空气质量及PM2.5浓度逐小时预报，每日在双方门户网站及气象播报电子显示屏上推送2次，重大节日（活动）联合制作环境空气质量专报。做好201601号台风“尼伯特”、14号台风“莫兰蒂”、16号台风“马勒卡”、17号台风“鲇鱼”等预报预警及各项气象服务。全年发布灾

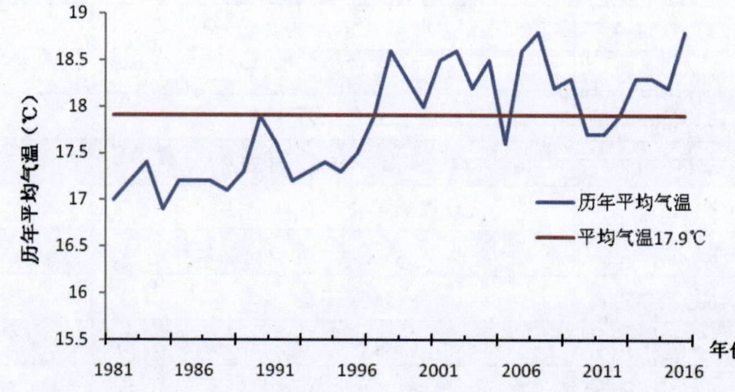

图6　1981—2016年洞头区历年平均气温演变图

害性天气预警148次，通过预警短信平台发布预警信息近84万人次。编发气象呈阅件3期、重要气象报告50期、气象信息内参76期，专题气象服务116期。

·气候要素·

【气温】2016年，洞头区全年气温偏高，入夏提前，入冬延迟明显。受全球变暖和超强厄尔尼诺现象共同影响，全区平均气温18.8℃，较常年（17.9℃）偏高0.9℃。全年所有月份平均气温都较常年偏高。其中10月、12月偏高幅度2℃以上，10月份偏高幅度最大，较常年偏高2.4℃。年极端最高温度33.1℃，出现在8月23日；年极端最低气温-3.3℃，出现在1月25日。入春时间3月14日与常年（3月17日）接近；入夏时间5月22日与常年（6月4日）提前近13天；入秋时间10月9日与常年（9月28日）延迟11天；入冬时间12月28日与常年（12月4日）偏迟24天，气温偏高。

2016年洞头区各月平均气温与距平

表40 单位：℃

月份	1	2	3	4	5	6	7	8	9	10	11	12	全年
2016年	8.5	8.5	11.5	15.9	21	24.7	27.9	29.2	25.6	23.4	16.9	12.9	18.8
历年	8.1	8.4	10.7	15.1	19.9	23.8	27.1	27.6	25.4	21.0	16.2	10.9	17.9
距平	0.4	0.1	0.8	0.8	1.1	0.9	0.8	1.6	0.2	2.4	0.7	2.0	0.9

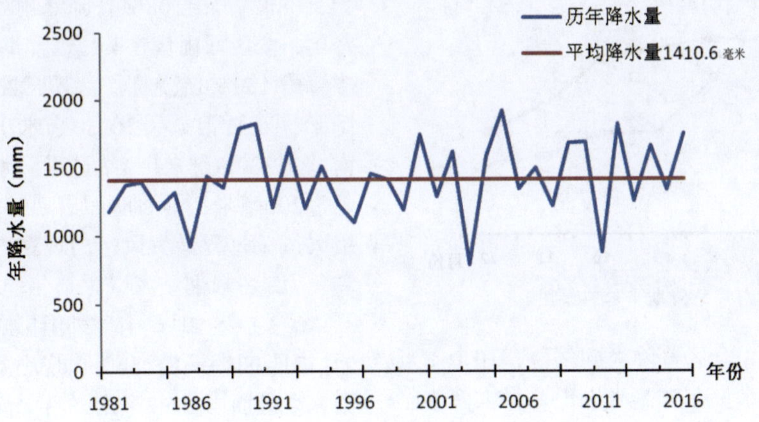

图7 1981—2016年洞头区历年总降水量演变图

2016年洞头区各月降水量与历年同期平均值比较

表41 单位：毫米

月份	1	2	3	4	5	6	7	8	9	10	11	12	全年
2016年	167.1	93.3	94.1	215.8	165.1	234	78.2	129.7	387.5	58.8	104.2	20.7	1748.6
历年	63.3	84.9	133.1	136.8	167.3	192.5	118.0	174.9	153.7	66.2	70.5	49.4	1410.6
距平	103.8	8.4	-39	79	-2.2	41.5	-39.8	-45.2	233.8	-7.4	33.7	-28.7	338

2016年洞头区逐月降水日数与距平

表42 单位：天

月份	1	2	3	4	5	6	7	8	9	10	11	12	全年
2016年	11	14	17	22	15	15	8	9	17	12	12	6	158
历年	12.3	13.7	18.1	17.0	15.4	15.0	8.9	11.2	11.5	7.5	8.9	8.6	148.1
距平	-1.3	0.3	-1.1	5	-0.4	0	-0.9	-2.2	5.5	4.5	3.1	-2.6	9.9

【降水】2016年，洞头区降水量偏多，雨日偏多且各月雨日较常年相比差异显著。全年降水总量1748.6毫米，较历年（1410.6毫米）偏多338毫米。年总降水较常年偏多，有6个月份的月降水量比常年同期偏多，有6个月份的月降水量比常年同期偏少，且月份分布不均匀，其中9月偏多幅度最大，偏多233.8毫米；8月偏少幅度最大，偏少45.2毫米。年降水日数158天，较常年偏多9.9天。

【日照】2016年，洞头区总日照时数1668.4小时，较常年（1878.3小时）偏少209.9小时。年内，仅2月、3月、7月、8月日照时数较常年同期偏多，其余月份日照时数均较常年同期偏少，其中10月偏少幅度最多，偏少89小时，4月次之，比常年同期偏少51.5小时。总的来看，夏季日照相对充足，其余季节均偏少。

【蒸发】2016年，洞头区蒸发总量995.8毫米，较常年（1541.5毫米）偏少，逐月亦较常年月份偏少。月蒸发量呈现先增后降趋势，8月达最高，与常年趋势一致。

·灾害性天气·

【主要气候事件】1. 年初罕见强冷空气袭击2016年1月21—26日，出现多年来罕见强冷空气天气，前期连阴雨、后期晴冷，25日早晨气温普遍降至-3℃以下，其中半屏山-5.2℃、状元岙-4.7℃、本站最低气温-3.3℃，为历史最低第二纪录。全区7个街道（乡镇）均受轻度灾情。

2016年3月8—11日，受强冷空气影响，洞头出现倒春寒天气现象，沿海海面出现8—10级偏北大风，恰逢天文大潮，造成大门羊栖菜损失惨重。

2. 梅汛期暴雨偏多

2016年5月15日夜，洞头本站降

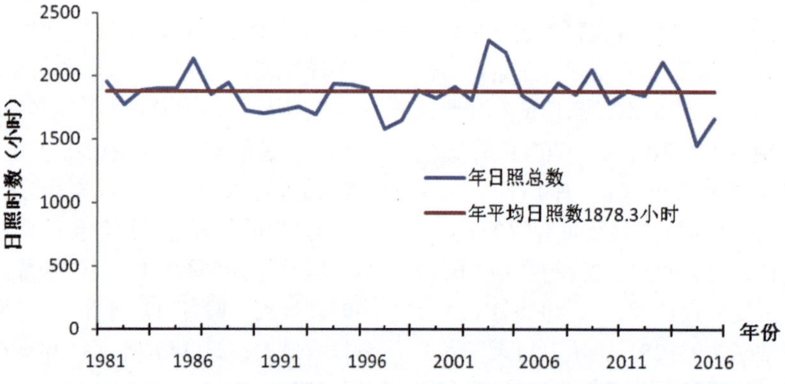

图8　1981—2016年洞头区历年总日照时数演变图

2016年洞头区日照时数与距平

表43　　　　　　　　　　　　　　　　　　单位：天

月份	1	2	3	4	5	6	7	8	9	10	11	12	全年
今年	65.5	126.7	117.8	72.7	115	117.3	272.8	283	154.3	96.3	100.9	146.1	1668.4
历年	109.5	93.7	103.1	124.2	138.0	147.4	246.3	240.7	192.6	185.3	151.1	146.4	1878.3
距平	−44	33	14.7	−51.5	−23	−30.1	26.5	42.3	−38.3	−89	−50.2	−0.3	−209.9

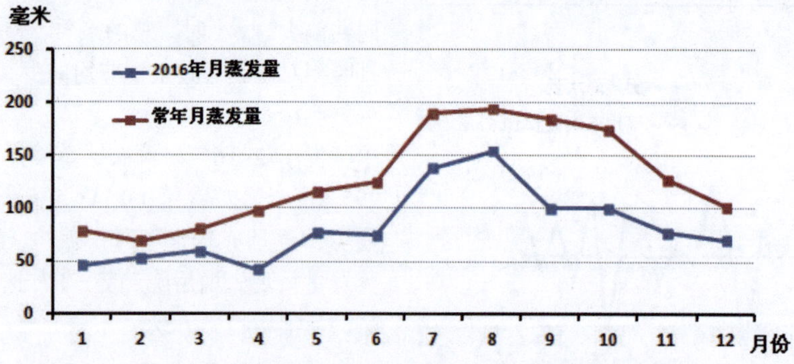

图9　2016年洞头区逐月蒸发量与常年同期平均曲线图

水量63.3毫米，出现进入雨季以来第一个暴雨；29日受高空槽东移影响，全区普降大到暴雨，10个站点降水量在50毫米以上，最大降水量出现在南塘工业区84.9毫米，洞头本站降水量81.7毫米。

3. 霾日数较上年明显减少

2016年，全区霾日数20天，较2015年（27天）明显减少。全年出现19天轻微霾、1天轻度霾、无中度霾和重度霾。全区霾日数季节差别较大，冬春季节为霾的多发季节；5月、6月、7月、8月、9月 、10月、11月均未出现霾天气。

4. 台汛期台风偏多、灾害偏轻

2016年，影响全区台风6个，其中1号台风“尼伯特”、14号台风“莫兰蒂”、16号台风“马勒卡”、17号台风“鲇鱼”影响较大。

（1）受“尼伯特”影响，7月7日20时—10日20时出现中到大雨，面雨量39.8毫米；7日以来，虎头屿和小门岛出现8级以上大风。

（2）受“莫兰蒂”影响，9月14日08时—16日08时普降暴雨到大暴雨，全区面雨量164.0毫米，其中望海楼（215.8毫米）、大瞿（207.8毫米）、百浪鼓（202.0毫米）、南塘（200.3毫米）4站过程降水量超过200毫米；沿海海面出现9—10级大风，过程最大风速出现在南策岛，为28.3米/秒。

（3）受“马勒卡”外围影响，9月17日08时—18日14时出现小到中雨，全区面雨量6.3毫米，沿海海面出现8～9级大风，过程最大风速出现在鹿西，为22.8米/秒。

（4）受“鲇鱼”影响，9月26日8时—29日8时全区出现中到大雨，面雨量24.5毫米，单站过程雨量最大的有：灵昆35.7毫米、霓屿33.3毫米、望海楼31.1毫米；沿海海面过程出现9—11级大风，风力最大的前三个站为：虎头屿29.6米/秒（11级）、小门28.2米/秒（10级）、南策27.8米/秒（10级）。

（吴舒婷）

栏目编辑　曾焕定

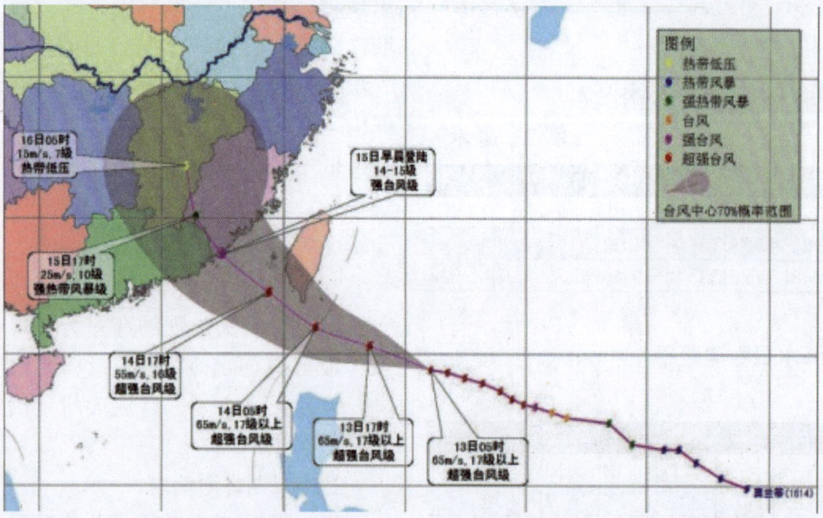

14号超强台风“莫兰蒂”走向图

文化·传媒

喜事连连·王洁灵

“海霞精神”

爱岛尚武 励志奉献

“五岛连桥”精神

小县办大事 小岛创大业

文 化

·概述·

【概况】 2016年，洞头区制定出台文体发展“十三五”规划、推进基层综合性文化服务中心建设实施意见。举办“文化洞头·活力乡村”村际文化系列活动、第七届中国·洞头妈祖平安节、温州市首届闽南语歌曲大奖赛、陈承卫大型油画展等系列活动。建成九亩丘文创园。创成北岙街道、大门镇、东屏街道文化中心3个和市级“五有十化”社区文化中心8个，建成美丽浙南水乡文化提升工程4个、城市书房1个、图书流通点2个。联合开展文化市场专项整治活动。全年出动文化市场执法356次846人次，检查场所536家次，办理案件21件。

【《温州市洞头区文体发展“十三五”规划》出台】 2016年11月18日，区政府出台《温州市洞头区文体发展“十三五”规划》（洞政办发〔2016〕120号）。该规划任务是优化公共文化服务体系、促进文艺精品创作生产、强化文化遗产保护开发，构建“一核两圈三岛”的文体产业发展格局，实现“岛上、湖上、海上”联动发展。目标提出至2020年，文化服务大局作用更加突出，建成省级基本公共文化服务标准化示范区、海岛特色文艺精品创作基地、文化遗产传承保护模范区、建成特色海岛文化产业崛起区，建成科学有效的文化管理和运行机制。力争文化发展主要指标位居全市前列。

【《关于推进基层综合性文化服务中心建设实施意见》出台】 2016年9月，根据国办、省政府办公厅相关文件精神，区政府出台《关于推进基层综合性文化服务中心建设实施意见》（洞政办发〔2016〕101号）。该意见涵盖基层综合性文化服务中心建设的总体目标、规划建设、服务功能、管理机制和组织领导，从硬件和软件两方面，强化提升街道（乡镇）和村（社区）两级基本公共文化服务能力水平。目标提出至2020年，全区街道（乡镇）和村（社区）普遍建成基层综合性公共文化设施和场所，并达到基本标准。同时印发《街道（乡镇）综合文化站基本标准》和《村（社区）文体服务中心基本标准》。

【第七届中国·洞头妈祖平安节】 （参见《街道·乡镇》栏目“元觉街道”分目）

【九亩丘海创园】 （参见《中共温州市洞头区委》栏目“宣传工作”分目）

·群众文化·

【概况】 2016年，成立洞头民乐队，提升渔民画基地、老年大学文艺基地和“晚情”合唱团等艺术水平，全区文艺队伍195支6500余人。组织参加省、市文化骨干培训20多期200多人次，开展舞蹈、声乐等公益培训110余期6000余人次。创作海岛特色摄影、小品、舞蹈等作品100件，获国家、省、市各级各类奖项69个。区文化馆排舞《魅力洞头》获省第十届排舞大赛金兰花奖，村歌《可爱的家乡》获省第二届村歌大赛金奖，陈钦煅《帆起满载望家归》、许爱花《渔排放歌》和吴秀云《七彩梦》获“美丽乡村——浙江省农民画展”优秀奖。

【“文化洞头·活力乡村”村际文化系列活动】 2016年4—10月，洞头区开展“文化洞头·活力乡村”村际文化系列活动，主题是“传播先进文化·建设海上花园”。活动包含排舞、小品、合唱等3个类别。7月19日，“文化洞头·活力乡村”排舞大赛在东屏街道中仑文化礼堂广场举行；9月20日，“文化洞头活力乡村”第三届小品大赛在洞头剧院广场举行；10月18日，“文化洞头·活力乡村”纪念红军长征胜利80周年合唱比赛在北岙街道打水鞍文化礼堂广场举行。全区800多名干部、职工、学生、群众参加比赛，参赛作品41件，其中排舞类《喇叭裤》、《爱我吧·金表·天后》（串烧）、《兴奋激发》、《鹤羽》等13件，小品类《扶不扶》《当绑匪遇上小白兔》《垃圾桶的故事》等10件，合唱类《让世界赞美你》《迎风飘扬的旗》《唱支山歌给党听》《流水恋歌》等18件。共评出一等奖9项、二等奖10项、三等奖13项。

【新春民族音乐会】 2016年1月21日，洞头区新春民族音乐会在洞头剧院举办。整场晚会以民族器乐和声乐音乐会形式，设13个节目，唢呐独奏、琵琶独奏、民乐合奏、男女声独唱、二重唱、组唱等带有浓郁民族和海岛特色的节目为海岛群众送上新春祝福。指挥家潘悟霖担任艺术总监兼指挥。音乐会由区委宣传部、区文体局、区文联主办，区文化馆、区音乐家协会承办，温州市民乐团、洞头区民乐团（筹）联合演出。

2016年1月21日，洞头区新春民族音乐会

【大型公益春晚】 2016年2月1日，洞头区“情系最美广场　共建海上花园”永宏之夜大型公益春晚在洞头剧院举办。晚会围绕“爱心与感恩”主题，参加表演16个节目，现场开展爱心募捐。活动由区委宣传部、区民政局、区慈善总会、团区委和区残联主办，区广电台、区文广新局、区志愿者协会和永宏集团有限公司承办。

·文化活动·

【概况】 2016年，洞头区一批具有海岛特色大中型活动列入温州市市民文化节。举办“文化洞头·活力乡村”村际文化系列活动、第七届中国·洞头妈祖平安节、温州市首届闽南语歌曲大奖赛、陈承卫大型油画展、中仑村乡村春大型演出、“学标杆，补短板”“我们的村晚”文艺演出、新春民族音乐会、第十一个“文化遗产日”系列活动、妈祖平安节系列活动、中小学艺术节等专场比赛12个；组织2016中小学艺术节汇报演出、2016“洞头蓝色度假小镇”优秀摄影作品展、灵昆新春文艺晚会、永宏之夜大型公益春节联欢晚会、2016年“书香洞头”全民读书活动、温州市家庭才艺大赛洞头赛区选拔赛、温州市少儿文艺大赛暨电视舞蹈大赛选拔赛、区老年人文体友谊赛及“百岛之夜”激情演绎广场“两学一做”纪念建党95周年、法制宣传、双拥舞蹈、平安洞头、金源化工迎国庆、平安洞头、全民健身等7个类别专场文艺演出等。与苍南、乐清、鹿城、平阳等地文艺演出、摄影展9场（次）。

【陈承卫大型油画展】 2016年9月20日—10月2日，温州籍油画家陈承卫大型油画展在温州展览馆举办，展出作品60余件。该画展是陈承卫首次在家乡温州开办个展，以“描摹世界-蔚蓝初心”为标题，主要展现陈承卫早期作品、《自传体》系列与《大民国》系列三个阶段。市政协副主席徐育斐等出席开幕式。画展期间，陈承卫赠送洞头先锋女子民兵连一幅女民兵写实油画。活动由洞头区政协、市文化广电新闻出版局、市文学艺术界联合会、区委宣传部联合主办。

【温州市首届闽南语歌曲大奖赛在洞头举办】 2016年9月，温州市首届闽南语歌曲大赛启动。初赛设苍南、平阳、洞头三个分赛区，400多名选手参加角逐，最终15名选手和3名人气选手进入总决赛。10月6日，“九亩丘海创园杯”温州市首届闽南语歌曲大奖赛决赛在洞头举办，赛制分为三轮“十八进十”“十进三”和“三强争夺”，比赛除传统淘汰赛，增加大众评审、自带助唱嘉宾和指定闽南语歌曲《天乌乌》改编演唱环节。最后苍南赛区周华容获冠军、平阳赛区苏忠元、李依欣分获亚军、季军，洞头赛区汪秀旭等获“十强歌手”。该赛事由市委宣传部、市文化广电新闻出版局主办，区委宣传部、区文体局承办。

·文化遗产·

【概况】 2016年，落实第一次全国可移动文物普查952件（套）的整理分类、存储归档。完成省级文保单位岙内叶宅、大门寨楼“四有”档案建档及岙内叶宅修缮方案设计文本整改报批。组织第七届中国·洞头妈祖平安节、东屏七夕成人节、霓屿紫菜节、大门油菜花节和鹿西开捕节等民俗节庆活动。出版“浙江省非物质文化遗产代表作丛书”——《洞头海洋动物故事》和《洞头妈祖祭典》国遗丛书。请谱、六月六习俗、海岛祝寿礼俗等3个项目入选温州市第十批非遗项目名录。7人被评为温州市第四批非遗代表性传承人。鹿西小学（鸟灯舞）基地被评为温州市第四批非遗基地。陈灿渊贝雕作品《钢笔套装》获省非遗传统工艺品及相关衍生品设计大赛“提名奖”。

【第十一个“文化遗产日”活动】 2016年6月6日，洞头区在区图书馆举办第十一个“文化遗产日”活动。活动现场举行“浙江省非物质文化遗产代表作丛书”——《洞头海洋动物故事》和《洞头妈祖祭典》首发赠书仪式，并为省市级非遗传承人发放政府津贴。赠书仪式后举行清末、民国馆藏书画展。

【《洞头海洋动物故事》《洞头妈祖祭典》发行】 2016年6月6日，“浙江省非物质文化遗产代表作丛书”——《洞头海洋动物故事》和《洞头妈祖祭典》举行首发赠书仪式。《洞头海洋动物故事》《洞头妈祖祭典》分别由邱国鹰、陈爱琴编著，2015年12月由浙江摄影出版社出版发行。均为浙江省非物质文化遗产代表作丛书——第三批国家级非物质文化遗产浙江省项目。《洞头海洋动物故事》分5个章节，描写洞头海洋动物故事的概况、传播、类型、价值、保护与传承。全书7万字，印刷3000册，定价34元。《洞头妈祖祭典》描写妈祖与妈祖文化、洞头妈祖信俗、洞头妈祖祭典、洞头妈祖祭典的特征和价值、洞头妈祖祭典的保护与传承。全书近7万字，印刷3000册，定价32元。

【入选温州市第十批非遗项目3个】 2016年，洞头区3个项目入选温州市第十批非遗项目名录。分别是：

海岛祝寿礼俗　早前海岛居民以捕鱼为生，卫生保健条件极差，加上天灾人祸频繁，人的寿命平均不到四十岁，因此有“活到甲子是福气，人生七十古来稀”说法。为五十岁以上老人过生日称为“作寿”，在洞头流传有二三百年历史。旧时民间过生日有“渡坎儿”说法，“坎儿”是指每个人在寿命关口。从五十岁起，每隔十年左右就有一个坎，遇到“坎儿”就会被卡住，不是生病就是送命。在洞头，为老人作寿是家族中的一件大事。儿子们要提前做好各项准备工作，如发送请帖，布置寿堂，举办寿宴，叩拜祝福等，或有请法师作敬，献三牲敬天公，请戏班唱祝寿戏餐。出嫁的女儿们要送上祝寿礼金，挑送礼盒笼，内侄送寿礼。祝寿时，寿星老坐厅堂正位，接受亲友和晚辈的祝福和叩拜，辈分不同，拜礼也有区别。来宾每人向寿星老献一份祝寿礼金，仪式完毕，开始举行寿宴，回礼给左邻右舍和来贺寿的亲朋好友。

六月六习俗　洞头属于亚热带海洋性季风气候，终年温和湿润，经过黄梅天，藏在箱底的衣物容易上霉，在这一天取出来晒一晒。传说这一天晒衣衣不蛀，曝书书不蠹。在洞头民间，人们在六月初六这一天都会把家里被褥、棉衣裤等拿出来见太阳，把病毒、细菌晒死，有的人家还把备用的干品也拿出来晾晒，所以有“六月六，晒被褥，不生疮，不烂足”之说，因此又把这一天称为“健康节”。而煎“麦饋”成了节日必备的小食。洞头闽方言区居民有“六月六，煎麦饋”习俗。“饋”，闽方言发音似普通话“德”，是一种用麦粉调和后经油摊煎的小食。到了六月六，男人们上山下海干活，孩子们在屋外看管翻晒衣物，主妇们便忙着煎麦饋。

请谱　洞头海岛居民祖先因各种历史原因直接或间接搬迁而来，有的一个姓氏常有几个支派先后从几个地方迁居洞头，致使许多同姓同宗的家族分居各岛，互不相识。家谱一修再修，无休无止，每次修谱，也就成了同姓同族人之间的大事。家族姓氏的宗谱不能随意翻动

2016年洞头区入选第四批温州市非物质文化遗产项目代表性传承人

表44

项目名称	姓　名	性　别	年　龄	类　别	所属街道
马灯舞（小朴马灯舞）	张星文	男	46	传统舞蹈	北岙街道
贝雕	王卫东	男	49	传统美术	北岙街道
木渔船制造技艺	吕诸彬	男	52	传统技艺	北岙街道
中仑舞龙习俗	陈钦琪	男	83	民俗	北岙街道
番薯类小吃制作技艺	黄冬央	女	76	传统技艺	东屏街道
冬至鸡母狗馃习俗	陈素贞	女	64	民俗	东屏街道
泥艋制作技艺	张高取	男	54	传统技艺	霓屿街道

或查阅，如果确实需要，也必须要选日子，开家族会议，上坟拜祖，在厅堂前点烛焚香祭祀祖先仪式后方可。随着时间推移，社会发展变化，清明节这一天祭拜家谱形式越来越讲究，几百年来祭拜严格的规矩，至今依然保留。

·图书管理·

【概况】 2016年，区图书馆馆藏图书总量185418册（含报刊合订本），新增馆藏20563册。注册读者14203个。订购报刊杂志131种，135册。借阅189713册次，还回188558册次；借阅人数15972人次，还回17366人次。全年接待到馆读者104910人次，开展讲座130场，展览9场。全年送书下乡13210册次。新增图书流通点2个。读者利用电子阅览室1072人，1278人次，累计上网时间2489小时。是年，区图书馆被评为温州市文化广电新闻出版工作先进集体。

（卓桂枝）

【图书发行】 2016年，洞头新华书店发行图书（片）473345册（张），比上年下降0.23 %。其中，哲学社会科学类图书发行12702册，比上年增长233.56%；文化教育类244820册，比上年下降4.47%；文学艺术类 6406册，比上年增长184.71 %；自然科学技术类617册，比上年下降35.12%；少儿读物类13323册，比上年增长52.26%；学生课本195428册，比上年增长4.82%；其他出版物49册，比上年下降99.75%。总销售额440多万元，比上年增长4.18 %；人均从洞头新华书店购书33.58元，比上年增加1.20元。

（朱一帆）

【首家城市书房建成】 2016年7月2日，洞头区首家城市书房揭牌对外开放。该城市书房位于区图书馆一楼，面积约150平方米，内有馆藏15000余册，阅览座席51个。城市书房实行刷卡入内、无人值守，提供24小时不打烊服务，填补了公共图书馆闭馆休息的空缺，满足市民阅读需求。截至年底，城市书房借阅3981人次，还回3866人次；文献借阅20752册次，文献还回18296册次，年文献利用率277%。

【“书香洞头”全民读书活动】 2016年，洞头区开展“书香洞头”全民读书活动。活动内容分为书香满城活动、阅读风采比赛、少儿阅读专题、图书惠民服务等。书香满城活动包括“4·23”图书馆之夜、群众最喜爱的乡镇图书分馆评选、戏曲专题讲座展览、文化礼堂故事会、阅读讲座等活动。阅读风采比赛包括“零距离图书馆”征文大赛、“大手牵小手·共读幸福行”亲子阅读活动、“映像洞图·至美一刻”图书馆随手拍、“数字阅读大闯关”等活动。少儿阅读专题包括各类儿童阅读品牌活动。图书惠民服务包括开展全民免费办理读书卡服务、举办“旧是如此任性”换书大会、开展“让书回家”逾期图书免责归还、“送书上门”活动等。活动举办各类大小活动188场，参加29760多人次。

·市民活动中心·

【概况】 2016年，区市民活动中心接待市民14230人次。全年阵地公益活动包含青少年群文、艺术、科技、体育、家政等项目，参与阵地课程活动4500人次。“流动少年宫”活动走进学校12场。全年常规培训3120人次。举办“多彩新游记·缤纷嘉年华”青少年迎新活动、“小海霞走天下”主题游园会、“粽叶飘香”端午节、“童心共赏千秋月”中秋节等主题活动。借助省市校外教育优质资源，拓展学生参与社会实践渠道，全年举办春秋季亲子活动4期，参加青少年暑期夏令营活动136人。参观红色印迹馆3737人次。全年开设成人公益培训12期，培训人数1000人次。

【流动少年宫走进学校】 2016年，区市民活动中心开展流动少年宫进校园活动。主要开展“筋动力飞机”“彩绘风筝”“多肉种植”“黏土笔盖”“旋风陀螺”等系列美劳手工。全年在小学和部分幼儿园开展12场次，接待5000余人。

【“小海霞走天下”主题游园会】 2016年5月28日，区市民活动中心以“小海霞走天下”为主题，举行“六一”游园活动。活动项目包括快手分拣师学当邮递员分拣信封，小小理财师认识货币和日常理财工具，神勇小特警认识防爆设备、学习仿真射击等，1500多人参加。设置儿童与家庭、儿童与社会、小海霞与自然、小海霞与伙伴、儿童与自我、风尚美食party等多个板块，结合消防、金融、环保、疾控、科学等知识，让孩子们通过情景体验方式，增强角色认知。

（卓桂枝）

广播电视

【概况】 2016年，洞头区成立温州市洞头区传媒中心，融合广播频率、电视频道、网站、报纸、微信公众号等五大媒介。现有广播频率、电视频道各一套，自办广播节目《洞头新闻》《蓝色港湾》《蓝精灵》等、电视节目《洞头新闻》《蓝色风》《蓝海岸》《蓝土地》等，新增广播直播节目《马路欢乐派》、电视专题栏目《督查聚焦》。

全年广播、电视共播出新闻专栏40个，制播新闻4733篇，社教专题132期；完成电视直、录播11场。全年报纸外宣518条，广播电视外宣390篇，其中中央台25篇；在省、市台播出23个专题片；网站外宣稿件493条。与温州都市生活频道建立合作平台，每天报送2—3条新闻在该频道“城区新闻”中播出。洞头新闻综合频道覆盖灵昆街道，4000余户6500余台电视终端实时收看洞头区自办电视节目。

全年策划“八大攻坚”“两个年活动”“点赞洞头改革”“打造全域景区化”“大拆大整促转型”“民间金融风险处置”等主题报道栏目，《晒晒“不文明”的痛点》《莫让“招商引资”变成晒太阳工程》等舆论监督节目和《五十年海岛情》社教专题。推出“红色地标”“党员在基层”“我的青春在军营”“保护幼鱼在行动”“我们身边的好老师”等特别报道。首次在温州市宣传系统“学标杆、补短板”活动走进洞头报道中尝试全媒体延时直播。承办“万朵鲜花送雷锋”“文化礼堂达人秀”“诚意药业50周年庆典”等活动，其中，“万朵鲜花送雷锋”大型公益活动连续两年被省台评为先进典型。

2016年洞头区广播电视获奖作品一栏

表45

作品名称	作者	作品项目	成果出处	获奖等第
《海天岛色 玩转洞头》	夏建伟	短纪录片	2016年度省广播电视对外传播“金鸽奖”	三等奖
《“一张试卷”破村级组织“减负”难题》	集体	短纪录片	2015年度市广播电视政府奖	三等奖
《六十年好事人生》	陈蜜　金洁　林晓苏	短纪录片	2016年度市广播电视政府奖	三等奖
《<黄鱼穿金袍><虾蛄和龙头鱼>》	集体	短纪录片	2016年度市广播电视政府奖（文艺名专栏）	二等奖
《海上花园洞头》	集体	短纪录片	2016年度市广播电视文艺奖	二等奖
《南策岛民上岸变居民：签订温州首个整岛搬迁协议》	集体	广播作品	2016年度市广播电视政府奖	三等奖
《南策岛民上岸变居民：签订温州首个整岛搬迁协议》	陈蜜　苏婷婷	新闻	2016年度市新闻奖	三等奖
《海涂“软黄金”渔民致富路》	集体	广播作品	2016年度市广播电视政府奖	三等奖
《洞头区获中央财政3亿元补助强力打造最具标杆意义的国家级海洋公园样板区》	郑芯芯　陈宣锟　丁　静　郭显武	新闻	2016年度市新闻奖媒体融合	三等奖

（区传媒中心提供）

【洞头区中央广播电视无线数字化覆盖工程竣工】 2016年10月，洞头区中央广播电视无线数字化覆盖工程竣工，12月，获温州市文广新局验收通过。该工程于2016年7月动工，包含发射系统、前端节目传输系统、空调新风系统、供配电系统和信号监测系统的建设，总投资111.8万元。由中央无线覆盖工程建设领导小组牵头，组织浙江省新闻出版广电局以及纪检、财政、审计等部门负责专项资金督察检查。建设单位为温州市洞头区广播电视台，施工单位为温州市洞头华数广电网络有限公司。

【特色专栏、栏目】 2016年，区传媒中心（区广电台）策划推出“八大攻坚”“两个年活动”“点赞洞头改革”“打造全域景区化”等3个大型电视主题报道；结合区委、区政府中心工作及重大活动，开展区“两会”和“大拆大整促转型”等系列报道；广播新增《马路欢乐派》直播节目。

【“万朵鲜花送雷锋”活动】 2016年3月8日，“万朵鲜花送雷锋”启

“万朵鲜花送雷锋”大型公益活动——“寻找雷锋的足迹”访谈活动

动仪式暨洞头电台《百姓茶坊》“寻找雷锋的足迹”访谈活动举行。活动为社会各界的慈善爱心人士、劳动模范代表、最美洞头人、道德模范和优秀志愿者代表等近百名雷锋式人物赠送鲜花和绶带。并为寻找、发现百姓身边的“活雷锋”赠送鲜花。同时开展“寻找雷锋的足迹”访谈。活动由区委宣传部、区文明办、团区委、区广播电视台、区民政局、区慈善总会和东屏街道党工委等单位联合主办，由FM100.9洞头区广播电台、微动力志愿者服务队承办。

【《马路欢乐派》直播节目】2016年12月27日，洞头区人民广播电台（FM100.9）直播节目《马路欢乐派》开播。《马路欢乐派》是洞头人民广播电台一档全新娱乐资讯类节目，旨在搭建起新闻资讯、出行服务与公众之间互相交流的桥梁。节目直播时间为星期一至星期五下午3点，时长1小时，节目主持人为小河、宣宣。

【区首届文化礼堂达人秀活动】2016年12月14日，洞头区首届“你最有才”农村文化礼堂达人秀活动在岙仔文化礼堂举行初赛。初赛包括劳动技能类、排舞类、语言类等12大类33个节目，经角逐，15个节目进入比赛。该活动经网站、微信投票，最终选出“你最有才”才艺达人9名及“最受欢迎达人”1名。2017年1月4日，决赛现场评选，最终大门镇石浦马灯队的《马灯戏》获首届“你最有才”达人秀冠军。活动由区委宣传部、区文体局、区传媒中心（洞头区广播电视台）主办，区传媒中心产业中心承办。

2016年洞头电视台节目时间表

表46

星期 时段	周一	周二	周三	周四	周五	周六	周日
6:30	《这一周》重播	《洞头新闻》重播	《洞头新闻》重播	《洞头新闻》重播	《洞头新闻》重播	《洞头新闻》重播	《洞头新闻》重播
6:45	转播中央台1套节目	转播中央台1套节目	转播中央台1套节目	转播中央台1套节目	转播中央台1套节目	转播中央台1套节目	转播中央台1套节目
8:00	电视剧场	电视剧场	电视剧场	电视剧场	电视剧场	电视剧场	电视剧场
11:15	转播中央1套节目	转播中央台1套节目	转播中央台1套节目	转播中央台1套节目	转播中央台1套节目	转播中央台1套节目	转播中央台1套节目
12:00	《这一周》重播	《洞头新闻》重播	《洞头新闻》重播	《洞头新闻》重播	《洞头新闻》重播	《洞头新闻》重播	《洞头新闻》重播
12:12	电视剧场	《蓝海岸》重播	电视剧场	《蓝色风》重播	电视剧场	《蓝土地》重播	《蓝海岸》重播
15:00	转播中央台1套节目	转播中央台1套节目	转播中央台1套节目	转播中央台1套节目	转播中央台1套节目	转播中央台1套节目	转播中央台1套节目
18:30	动画世界	动画世界	动画世界	动画世界	动画世界	动画世界	动画世界
19:00	转播《新闻联播》	转播《新闻联播》	转播《新闻联播》	转播《新闻联播》	转播《新闻联播》	转播《新闻联播》	转播《新闻联播》
20:00	《洞头新闻》	《洞头新闻》	《洞头新闻》	《洞头新闻》	《洞头新闻》	《洞头新闻》	《这一周》
20:12	《蓝海岸》	《蓝海岸》重播	《蓝色风》	《蓝色风》重播	《蓝土地》	《蓝土地》重播	《蓝色风》重播
20:25	晚间剧场	晚间剧场	晚间剧场	晚间剧场	晚间剧场	晚间剧场	晚间剧场
22:00	《洞头新闻》重播	《洞头新闻》重播	《洞头新闻》重播	《洞头新闻》重播	《洞头新闻》重播	《洞头新闻》重播	《这一周》重播
22:12	晚间剧场	晚间剧场	《蓝色风》重播	《蓝色风》重播	晚间剧场	晚间剧场	晚间剧场
22:25			晚间剧场	晚间剧场			
23:10	结束						

2016年洞头人民广播电台（FM100.9）时间表

表47

时间	周一至周五	周六至周日
05：55-06：00	开始曲、节目预告	
06：00-06：30	早安浙江【浙江之声】	
06：30-07：00	新闻和报纸摘要【中央台一套】	
07：00-07：10	洞头新闻	
07：10-07：40	蓝色港湾	蓝精灵
07：40-07：45	气象、广告	
07：45-08：00	空中服务台【温州之声】	
08：00-09：00	大铭的快乐时间【温州经济生活广播】	
09：00-09：30	温州新农村联播【温州绿色之声】	
09：30-11：00	音乐爱尚爱【温州音乐之声】	
11：00-11：10	洞头新闻	
11：10-11：40	蓝色港湾	蓝精灵
11：40-11：45	气象、广告	
11：40-12：00	音乐爱尚爱【温州音乐之声】	
12：00-12：30	哈哈可乐派【温州音乐之声】	
12：30-14：30	音乐畅游【温州音乐之声】	
14：30-16：00	股市资讯快报、1039爱车时间【温州交通之声】	
16：00-16：10	洞头新闻	
16：10-16：40	蓝色港湾	蓝精灵
16：40-16：45	气象、广告	
16：45-18：00	音乐下午茶、音乐车元素【温州音乐之声】	
18：00-18：30	温州新闻联播【温州之声】	
18：30-18：40	洞头新闻★	
18：40-19：10	蓝色港湾★【周一 科技版；周二 服务版；周三 法制版；周四 文明版；周五 休闲版】	蓝精灵★【小小故事会、天下大世界、点点滴滴、贴心版、家教向导】
19：10-19：15	气象、广告	
19：15-20：00	音乐红歌榜【温州音乐之声】	
20：00-20：30	小喇叭【中央台一套】	
20：30-21：00	直播中国【中央台一套】	
21：00-21：10	洞头新闻	
21：10-21：15	气象、广告	
21：15-22：00	音乐私房歌【温州音乐之声】	
22：00-23：00	瓯江夜话【温州交通之声】	
23：00-24：00	汽车音乐【温州交通之声】	
	全天播音结束	

（区传媒中心提供）

新闻传媒

【概况】 2016年，洞头新闻网全年累计发布各类信息 20871 条，其中，刊登本地原创新闻5218条、新闻视频483条、其他新闻282条。开设“海上花园·大美洞头摄影大赛”“大拆大整促转型——洞头区‘大拆大整’专项行动纪实”“全国公路自行车赛”等专题23个，链接专题9个。

全年《今日洞头》报纸紧扣区全委会及“两学一做”“大拆大整”“海上花园大美洞头摄影比赛”“全国公路自行车赛”等重要活动，开设“两学一做”“正风肃纪在行动”“大拆大整促转型”等全新专栏17个，其他更新专栏8个，采写专栏稿件163篇，内容涵盖政策宣传、重点工程、招商引资、社会民生、优秀典型、工作经验、节庆活动等。推出“讲身边好故事”系列专题，策划“做渔农民‘娘家人’式好党员”“二十余年如一日的坚守”“一个‘万能’村主任情怀与奉献”“雕刻的灵魂 独运的匠心”等亮点报道，多篇作品获当年省县市区域报通讯类作品好新闻奖。

全年域外报刊及网站刊发洞头相关新闻304条，其中温州本地报刊、网站刊发157条，省级媒体82条，国家级媒体65条（参见《附录》栏目“外地媒体看洞头”分目）。

【洞头区传媒中心成立】 2016年8月1日，温州市洞头区传媒中心挂牌成立。新成立的温州市洞头区传媒中心承担洞头区广播、电视、报纸、网站以及新媒体等的新闻采编播工作，实行报纸、广播、电视、网站、微信公众号、移动客户端等媒介新闻采编“多合一”，实现全媒体汇聚、同平台生产、多渠道发布；是全区新闻舆论重要阵地和对外宣传重要窗口。该中心编制人员61人。

【领导干部媒介素养提升培训班】（参见《中共温州市洞头区委》栏目“宣传工作”分目）

【传媒成果】2016年，区传媒中心全年被市级以上媒体（报纸类）采用518篇。8 篇报道、图片及1个专题作品等在省市获奖。其中，专题作品《大拆大整促转型——洞头区大拆大整行动纪实》获2016年度温州新闻奖三等奖。

（张 倩）

2016年洞头区获奖传媒作品一栏

表48

作品名称	作者	作品体裁	成果出处	获奖等第
《雕刻的灵魂 独运的匠心》	林苗琳	通讯	2016年度浙江省县市区域报好新闻奖	一等奖
《离岛渔村里当家人》	苏婷婷			
《二十年如一日的坚守》	丁 静	通讯	2016年度浙江省县市区域报好新闻奖	二等奖
《渔政执法先锋、坚守蔚蓝23载》	郑芯芯			
《金海蕴致力技术研发乘风而上》	丁静 曾颖	通讯	2016年度浙江省县市区域报好新闻奖	三等奖
《从单兵坐等到组团上门 我区审批服务更优化》	苏婷婷			
《前三季度经济运行持续向好》	郑芯芯			
《鼓励货币化安置 加快危旧房改造》	郭芬芬			

数字电视

【概况】洞头华数广电网络有限公司属国有独资公司，2013年4月成立。公司设综合管理部、财务管理部、市场营销部、客户服务部、技术运维部、乡镇协调部、大门广电站、元觉广电站、霓屿广电站、鹿西广电站等。2016年，洞头华数广电网络有限公司推进双向网改造，在北岙、元觉、霓屿、鹿西等街道村居（社区）开展“华数进村入户，数字丰富生活”数字电视整转活动，全年新装数字电视用户2868户，累计16043户。开展G20杭州峰会安全播出演练及网络大巡查。新建温州至洞头数字电视DVB传输备用链路，扩容IPQAM系统，新增一套UBS后备电源，升级改造大门、鹿西、元觉、霓屿等广电站机房。配合“美丽乡村”“大拆大整”“上改下”等网络整治专项行动，完成海霞村、沙岙底三线整治工程、山头顶炮台等区域网络入地工程，以及工商数据机房网络迁移、大门镇长沙安置房有线电视网络等工程。

【洞头新闻综合频道覆盖灵昆区域】2016年5月1日，洞头新闻综合频道覆盖灵昆项目投入使用。该项目3月启动，洞头华数广电网络有限公司与温州中广有线、洞头广播电视台合作建设，投入资金100余万元。项目覆盖灵昆街道全境及瓯江口新区，5000余户数字电视用户收看到区广电台自办的电视新闻节目。

【洞头全域网络数字化、双向化全覆盖】2016年，“洞头—大门—鹿西”海底光缆工程投入运营，实现洞头全域网络数字化、双向化全覆盖。开展三期网改工程，推进光缆和电缆双线入户，建设大门、鹿西、元觉、霓屿四个街道（乡镇）网络及双向业务和“温州—洞头—鹿西—大门—乐清”环网节点。完成埭口联建房、新城盐业大楼蓝港二期、绿岛公寓、新城民爆联建房、小三盘联建等住宅小区网络双向化改造。

【77省道延伸线龙湾至洞头综合通信管道开工建设】2016年4月，为配合77省道工程建设，更好解决沿线通信条件，77省道龙湾至洞头段通信管道基础开工建设，该工程管道全长约40.4千米，投资概算274.72万元。委托华信邮电咨询设计研究院有限公司负责工程勘察设计。由温州市洞头华数广电网络有限公司联合中国电信股份有限公司温州分公司、中国移动通信集团公司温州分公司、中国联合网络通信有限公司温州分公司建设。

【服务保障】2016年，公司客服部呼叫中心共接到故障记录电话23133通，派单处理10925通，在线处理3618通，咨询电话7114通，查询电话1127通，投诉电话232通；回访用户总量6319通，其中数字安装回访2755通，回访率100%；故障回访2696通，回访率42%。运维部勘测派单256户，移机234户，数字电视安装单2700户，模拟安装20户；营业厅共受理数业务量21537笔，其中受理新增数字基本用户3344户、互动电视用户638户、宽带用户407户。

（陈 瑶）

栏目编辑 卓桂荣

人力资源与社会保障

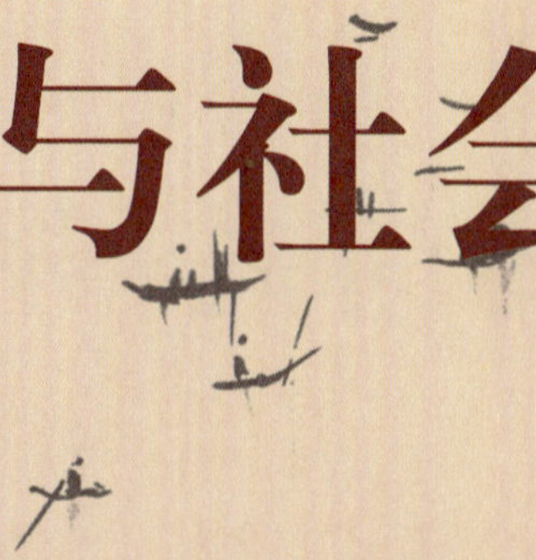

渔婆·许银娣

“海霞精神”

爱岛尚武　励志奉献

“五岛连桥”精神

小县办大事　小岛创大业

概　述

【概况】2016年，洞头区各类专业技术人员 2189人。引进各类人才85人，其中覆盖港口建设、海洋资源开发、旅游规划等12类特色行业紧缺人才37名，博士研究生实现"零突破"。率全市之先启动机关事业单位养老保险基金和职业年金征缴。全年录用公务员41人、事业编制人员120人（包含灵昆街道7人）。新增城镇就业人数1383人，下岗失业人员再就业375人。全年各项社会保险基金收入76047万元，同比增加11874万元，增长19%；基金支出63510万元，同比增加21924万元，增长53%。当期基金结余12537万元，滚存结余84515万元。全年发放政府工作津贴238.6万元，惠及1316人。

是年，区人力资源与社会保障局获市劳动人事争议案件处理工作先进单位。

人才人事管理

【概况】2016年，区人力社保局组织51家企业参加跨境、跨省、省级、市级人才交流大会、高洽会等12期。搭建电商、财务、市场营销等专场招聘会3场，引进各类人才85人。建立区首家大学生创业基地。通过网站发布招聘信息59条，发布就业岗位431个，其中编外员工公开招聘17期，发布就业岗位321个，招聘到位195人。企业委托招聘23人，其中国有企业4家招聘14人。全年人事档案整理及扫描18138个，其中涉及大中专毕业生7517人。

组织开展专业技术人员公需科目培训5期1820人。派遣员工培训21期185人，其他培训9期995人。开展企业公益性培训13期597人。联合省专家与留学人员服务中心专家14人到洞头开展基层服务。

公开招录公务员进入区乡两级机关41人。组织全区61个单位1066名公务员科级及以下公务员参加温州网络学堂学分制管理培训，参训合格率连续4年位居全市第一。2015年新录用公务员初任培训40人。2015年度公务员考核记三等功34人、嘉奖194人。全年组织招聘事业单位工作人员115名，其中"绿色通道"公开招聘教育、卫生系统应届毕业生48人，"单招单考"招聘教育局、环保局事业单位工作人员34名。完成事业单位岗位设置审批9件次，岗位变动审批103件次，涉及岗位变动310人次。事业单位人员流动审批109人次，其中调出本区11人，区外调入3人。全年确认初级专业技术职格103人、验审中高级职称评审材料44人、审核一级建造师资格报名材料14人、审核中级经济师资格报名材料35人。卫生系统高级专业技术职务推荐参评14人，通过12人。农民技术人员职称评定通过初级评审30人。全年发放政府工作津贴238.6万元惠及1316人。兑现2016年度9名高层次和紧缺人才优惠待遇71.5万元。

按照市直机关标准执行津贴补贴各项目标准，取消生活性补贴和工作性津贴子项目（即节假日福利费、年终目标考核奖和领导责任奖）。全年机关工作人员年度考核晋升级别审批285人、晋升档次1125人，事业人员晋升薪级2205人。调整机关事业单位工作人员基本工资标准，月增资人均487元，实际增资月人均217元；增加机关事业单位离休人员离休费，实际增加离休费月人均444元。全年公务员晋升职级21名，其中正科级9人，副科级12人。审核符合健康休养条件的优秀公务员70名。安排区直机关工作人员（含参公管理事业单位）开展健康体检1505人，其中退休人员在区外居住地就近体检19人。

2016年洞头区各类专业技术人员统计情况

表49

序号	类别	合计	高级	中级	初级
	总计	2189	248	884	1057
1	工程技术人员	151	16	67	68
2	农业技术人员	25	1	8	16
3	科学技术人员	2	—	1	1
4	卫生技术人员	567	33	141	393
5	教育人员	1238	190	598	450
6	经济人员	557	126	258	193
7	会计人员	397	14	249	134
8	统计人员	49	3	16	30
9	律师公证人员	42	3	14	25
10	播音人员	50	1	13	36
11	艺术人员	15	—	6	9
12	图书档案、文博人员	3	—	—	3
13	新闻、出版人员	8	—	—	8
14	体育人员	17	2	6	9
15	其他人员（政工）	29	2	7	20

2016年洞头区引入高层次和紧缺人才专项补助名录

表50

序号	姓名	性别	籍贯	学历/职称	引进单位	补助金额
1	沈国祥	男	江苏	本科/高级工程师	浙江恒博电气制造有限公司	3万
2	林小春	男	平阳	本科/高级经济师	温州全港投资开发有限公司	2.5万
3	周贵民	男	新疆	本科/主任医师	区人民医院	60万
4	侯仙琴	女	洞头	本科/中教高级	区教育幼儿园	1万
5	朱杨华	女	洞头	本科/中教高级	区城关第一小学	1万
6	余爱娣	女	洞头	本科/中教高级	区实验小学	1万
7	陈玉娟	女	洞头	本科/中教高级	区实验中学	1万
8	施立松	女	洞头	本科/国家作协会员	区文联	1万
9	林磊	男	洞头	本科/编辑	区传媒中心	1万

（区人力社保局提供）

【乡镇干部经济待遇倾斜政策实施调整】 为落实省委《关于乡镇干部经济待遇高于县级机关同职级干部20%以上倾斜政策》（浙委发〔2015〕10号），2016年1月1日始，洞头区实施街道（乡镇）机关工作人员提高20%经济待遇政策，按规定项目口径，以不低于20%的比例确定年人均水平为22300元。同时设立乡镇工作补贴，原大门镇和鹿西乡的离岛补助停发，改为执行乡镇工作补贴，标准分别从每人每月350元、500元调整为300元、400元。

【人才发展公司获评浙江省人力资源服务业五星级企业】 2016年12月20日，浙江省人力资源服务协会公布第二批浙江省人力资源服务五星级企业7家，洞头人才发展有限公司名列其中，为温州市首家获评五星级人力资源服务机构。此次信用等级评价是由浙江省人力资源服务协会委托第三方权威信用评级机构，按照《浙江省人力资源服务企业信用等级评价（星级评定）标准（试行）》规定的基础条件、市场竞争力、交易诚信及社会性、经营管理和财务风险等5个大项23个小项星级评定而成。2015年，该公司获评浙江省中小企业公共服务示范单位。

就业创业

【概况】 2016年，全区城镇新增就业1383人，下岗失业人员实现再就业375人，其中就业困难人员178人；城镇登记失业率2.10%；失业保险参保净增271人。办理新增登记失业人员167人，享受就业困难人员社会保险补助83人次，享受用人单位用工补助和社会保险费补助19家计30人，发放16.53万元。组织举办各类就业创业培训班22期，参训学员994人，获证770人，其中渔农民转移培训14期627人、渔农民实用人才培训2期64人。完善就业困难人员认定管理、公益性岗位开发安置管理、职业培训补助经费管理使用等系列政策，开展“春风行动”“就业援助月”“民营企业招聘周”等系列活动，兑现各类就业政策资金318万元，惠及1618人次。举办就业创业政策宣传专项服务活动8期，发放就业宣传资料3000多份，提供免费咨询服务2362人次。举办就业专场招聘会4场，采集就业信息617条，征集就业岗位1582余个，达成就业意向951人，成功上岗226人，其中高校毕业生实现就业42人，农村进城务工者实现就业184人。全年发放6个街道（乡镇）110户就业特困户慰问金13.1万元。组织区内57家企业参与就业服务专项系列活动，提供政策咨询、创业实训、资金扶持、职业推荐等免费政策咨询服务1232人次。新增村居公益性岗位开发16个，安置就业困难人员上岗13人，累计85个村居开发公益性岗位328个，安置就业困难人员269人。

【促进高校毕业生就业创业三年行动计划（2016—2018年）出台】 2016年8月27日，区委组织部、区人力社保局制定出台《温州市洞头区促进高校毕业生就业创业三年行动计划（2016—2018年）》。内容包括高校毕业生实名登记、组织招聘活动、规范国有企业招聘信息发布、扶持自主创业、鼓励企事业单位创建大学生创业（孵化园、孵化基地）、组织在校大二以上大学生参加就业实训、组织就业见习、鼓励基层就业、开展就业培训、延伸就业服务、实施就业援助等。至2018年，实现高校毕业生回归就业300人以上，其中回归民营企业就业50人以上；回归创业（创客）25人以上；高校毕业生参加就业实训50人以上；参加就业见习50人以上；参加就业创业培训100人以上；建立大学生创业园（孵化园）1家。

【高校毕业生就业创业服务“百日行动”】 2016年8月始，为做好高校毕业生就业创业工作，区人力社保局开展高校毕业生就业创业服务“百日行动”。相继组织机关事业单位派遣员工招聘6期30人、国有企业招聘1期6人；高校毕业生就业专场招聘会1期，30多家企业提供就业岗位317个，达成就业意向193人，其中大中专毕业生56人。开辟微信平台“微招聘”栏目。至10月，发布就业岗位82个需求125人。借助南塘工业区电子电器园联鑫众创空间，创建大学生创业基地，建有卡位20个，150平方米。

就业招聘会

【应届高校毕业生创业意向调查】为及时掌握使就业困难的高校毕业生就业帮扶需求情况，2016年8月，区人力社保局组织开展应届高校毕业生创业意向调查。通过离校前后信息衔接、求职登记、就业失业登记、走访入户等多种渠道，掌握有意愿在洞头创业高校毕业生27名，占当年登记报到人数35%，比上年上升20个百分点。

劳动者权益维护

【概况】2016年，区人力社保局开展职工（农民工）工资支付、依法整治非法用工（使用童工）打击违法犯罪等专项行动及建筑施工企业劳动用工、重大节日劳动保障维稳等专项执法检查12次，监察用人单位2453家。全区消除欠薪隐患企业27家，其中建筑企业24家，涉及人数323人，涉及金额351.56万元。新签续签补签劳动合同1210份，为120名劳动者追回99.26万元工资。受理处理各类投诉举报件及110社会应急联动指令交办件71件。发出劳动保障监察询问通知书53份、限期改正指令书47份、行政处罚决定6件。劳动保障监察立案12件，结案率100%。全年受理处理劳资欠薪案件32起，为2252名劳动者（农民工）追讨工资3867.12万元。查处未成年工9人。对1932家用人单位实行劳动保障信用管理定级，书面审查工作数量和质量名列全市前茅。全年受理处理劳动人事争议案件77起，涉及仲裁标的110.56万元，其中案前调解38起，立案39起，庭前调解结案36起，裁决结案3起，调解结案率92.3%。印发各类劳动保障维权宣传资料9500余份，组织开展“一对一”企业基层服务指导、“以案说法”等活动，规范企业规范劳动用工管理。

是年，洞头区劳动监察大队连续10年被评为浙江省劳动保障监察工作目标管理成绩突出单位，连续4年获评区民主评议行风满意基层站所。2月，浙江迪特高强度螺栓有限公司车间主任滕宝贵获 “全国优秀农民工”称号。

社会保障

【概况】2016年底，洞头区养老保险总收入53372万元，支出45139万元，本年结余8233万元，累计滚存结余56103万元；医疗保险基金总收入20821万元，支出17504万元，本年结余3317万元，累计结余21368万元；工伤保险基金总收入622万元，支出348万元，本年结余274万元，累计结余1719万元；生育保险基金总收入413万元，支出271万元，本年结余142万元，累计结余482万元；失业保险基金总收入819万元，支出248万元，本年结余571万元，累计结余4843万元。

全年新增养老保险4336人、医疗保险718人、工伤保险223人、生育保险436人、失业保险271人。全区机关事业养老保险参保5654人，其中退休1295人；企业养老保险参保单位937家，参保28646人，其中退休7208人；城乡居民养老保险参保41838人，其中领取待遇15942人；被征地（退渔）渔农民基本生活保障覆盖6个街道（乡镇）71个村，参保人数7773人，其中4745人领取待遇。全区基本医疗保险参保单位964家，参保15733人，公务员医疗补助4900人，城乡居民基本医疗保险参保103308人；工伤保险参保单位1364家，参保22266人，其中建筑施工企业4342人；生育保险参保单位1098家，参保10895人。市民卡增加电子钱包买菜购物、充值功能，累计发放市民卡12.43万张。

【机关事业单位养老保险基金征缴率先启动】2016年，区社保中心采集机关事业单位养老保险信息单位196家，在职人员3868人，退休人员1110人。4月，启动机关事业养老保险基金和职业年金征缴工作试点单位7家；5月，率全市之先启动全区所有机关事业单位基金征缴。截至年底，征收养老保险基金19415万元，职业年金8976万元。

【机关企事业单位退休人员待遇调整】2016年1月1日始，洞头区调整2015年12月31日前按规定办理退休手续的机关企事业单位退休人员基本养老金7965名。调资采用“三调整”相结合方式。定额调整：统一定额每人增发60元/月；挂钩调整：按缴费年限折算金额和本人基本工资1.7%累计增发；倾斜调整：70周岁以上男性、65周岁以上女性且不满80周岁的退休人员每人增发30元/月，80周岁及以上退休人员每人增发60元/月。截至年底，洞头区企业养老保险基金支付能力27个月，企业养老金发放18487万元，事业养老金发放17954万元，城乡居保发放养老金3231万元，社会化发放率、社会化管理服务率分别为100%。企业退休人员待遇实现13年连调。

【失业保险缴费调整费率首次下调】2016年5月1日，洞头区单位失业保险缴费费率由1.5%下调至1%，惠及企业524家8291名职工，每月为企业减免14.21万元。

（朱 峰）

栏目编辑 曾焕定

民　政

喜事连连・王洁灵

“海霞精神”

爱岛尚武　励志奉献

“五岛连桥”精神

小县办大事　小岛创大业

概 述

【概况】2016年，洞头区制定出台养老服务业发展三年行动计划（2016—2018年）、全面推进居家养老服务工作实施意见、养老服务发展三年行动计划等。完成编制新版《洞头行政区划图》。全年新建居家养老服务照料中心15家，新增床位65张。区殡仪服务中心、后寮生态陵园开工建设。全年募集善款335.33万余元，救助支出221.11万元。

【《温州市洞头区养老服务业发展三年行动计划（2016—2018年）》出台】2016年8月2日，区委、区政府制定《温州市洞头区养老服务业发展三年行动计划（2016—2018年）》（洞委办发〔2016〕61号）。该行动计划确定的主要任务是完善机构养老设施建设、推进居家养老服务建设、构建养老服务网络、搭建医养融合发展平台、构建"互联网+养老"服务模式。计划提出至2018年，实现"9643"养老服务格局。社会福利综合服务中心投入使用，特困、低保等人员养老服务得到保障。实现每千名老年人拥有养老机构床位50张以上，其中中高端养老机构床位数达到总床位数50%以上。居家养老服务照料中心建设行政村覆盖率达到70%以上。享受养老服务补贴老人达到老年人口总数3%以上。

【《洞头区全面推进居家养老服务工作实施意见》出台】2016年8月27日，区政府制定出台《洞头区全面推进居家养老服务工作实施意见》（洞政办发〔2016〕89号）。该意见确定的主要任务是落实居家养老服务场所、理顺居家养老服务管理体制、完善居家养老服务功能、推进居家养老信息化建设、构建居家养老部门联动机制、鼓励社会力量参与居家养老服务、落实居家养老服务优惠政策。目标提出到2018年，70%村居建有居家养老服务照料中心，已建点规范运作率60%以上；到2020年，实现居家养老服务20分钟服务圈，生活照料、医疗护理、精神慰藉、紧急救援等养老服务覆盖所有居家老年人，全区示范型居家养老服务照料中心占全区已建居家养老服务照料中心20%以上。截至2016年底，50%村居建有居家养老服务照料中心，已建点规范运作率57%以上。

【洞头区殡仪服务中心开工建设】2016年7月1日，洞头区殡仪服务中心开工建设。该工程位于北岙街道东郊村尾坑自然村，概算总投资5558万元，其中工程费用4000.76万元，总用地面积24160平方米，总建筑面积9854.73平方米，地下室1276.69平方米。工程工期510历天。截至年底，完成场平施工、主体桩基施工。工程建设单位为温州市洞头区工务局、设计单位为杭州中瀚建筑设计有限公司、施工单位为温州建都建筑装饰有限公司、监理单位浙江南正项目管理咨询有限公司。

【后寮生态陵园开工建设】（参见《街道·乡镇》栏目"东屏街道分目"）

社会救助

【概况】2016年，洞头区出台医疗救助同城化政策。全年医疗救助2200人次，支出医疗救助资金420.5万元；慈善救助1850人次，支出慈善救助资金250万元；困境儿童救助对象由孤儿向困境家庭儿童、重度残疾儿童拓展，救助困境儿童56名，支出救助资金16万元。全年支出临时救助资金167万元，救助对象848人次，其中救助外来人员15人次，支出救助资金4.5万元。登记成立洞头区救急难基金会、海霞关爱基金会。区关爱帮扶志愿服务队帮助困难群众70余人次计10.6万元。

【实施困难残疾人生活补贴和重度残疾人护理补贴】（参见《社会团体》栏目“残疾人联合会”分目）

【医疗救助】 2016年，洞头区落实温州市医疗救助办法，实行医疗救助同城化，全年医疗救助2118人次420.5万元。其中，住院救助对象480人次337.7万元，门诊救助1638人次82.8万元。精神病患者医中医疗救助58人次，支出救助资金24.49万元。

【特困人员供养】 2016年，洞头区五保集中供养标准仍为765元/月。全区五保对象84人，其中供养44人，自愿散养40人。全年支出五保集中供养经费73.2万元。孤儿基本生活标准从720元/月提高到735元/月。全区散养孤儿9人，全年支出孤儿基本生活费10.28万元。

【防灾减灾】 2016年，元觉街道元觉社区创成国家级综合减灾示范社区，东屏街道蓝港社区创成省级综合减灾示范社区。截至年底，全区国家级综合减灾示范社区、省级综合减灾示范社区各5个。区民政局委托第三方机构对44个避灾场所进行安全等级检测。为抗击17号台风“鲇鱼”影响，紧急转移安置人员7396人，无人员伤亡。连续第9年为洞头户籍居民购买自然灾害公众责任保险，灾意外身故赔付金额、医疗赔付最高金额从10万元提高到12万元。

【元觉街道创成国家级综合减灾示范社区】 2016年12月，国家减灾委、民政部公布2016年度全国综合减灾示范社区名单，元觉街道元觉社区名列其中。该社区位于洞头区元觉街道中部，是元觉街道的政治、文化、经济活动中心。辖区总面积7.84平方千米，户籍人口3542户11142人居民，辖区内含状元南片围垦、国际游轮码头、深水港二期、华港化工码头、77省道等省市县重点工程等，有农贸市场1个，旅馆5家，幼儿园1家，企业（小作坊）51家，个体经营户有169家。近年来，建立社区减灾防灾领导小组，制定落实各种灾害救助应急预案和各种工作制度。根据地理条件划分7大网格，11个中网格，通过网格管理员和信息员、各类孝行志愿者服务队和网格管理小组开展防灾减灾隐患排查，及时掌握社区内的各类隐患。每年不定期举行消防演练3—4次、急救演练2—3次。组织调动辖区内各种资源，采取多种形式，开展减灾宣传活动。社区先后被评为省级综合减灾示范社区、省级市级社区便民服务中心示范点等。

【蓝港社区创成省级综合减灾示范社区】 2016年11月，浙江省减灾委员会命名第六批“浙江省综合减灾示范社区”名单，东屏街道蓝港社区名列其中。蓝港社区辖2个党支部83名党员。辖区总面积4.66平方千米，户籍人口1204户3365人，旅馆6家，幼儿园1家，企业（小作坊）23家，个体经营户54家。社区主要自然灾害类型为台风灾害和洪涝灾害。社区设置避难场所2个，可容纳200多人。近年来，注重加强减灾防灾工作领导小组和抢险救灾队伍建设，制定减灾系列工作管理制度和灾害应急救助预案等。健全与公安、消防武警、卫生机构等专业救援部门联动机制、救灾物资紧急调拨应急采购、运输和调拨制度，及时购置救灾衣被、食物、净水、药品等救灾物资。设置安全应急标识或指示牌，定期开展灾害自救互救宣传和技能培训。联合举办防灾减灾活动20余次，参训1000余人，排查出租房等重点场所80余家。

（周世盼）

2016年洞头区五保对象分布情况

表51

街道（乡镇）	集中供养人数	自愿散养人数
北岙街道	18	14
灵昆街道	6	0
大门镇	10	1
东屏街道	3（其中1人户院挂钩）	15
元觉街道	4（其中2人户院挂钩）	0
霓屿街道	1（户院挂钩）	5
鹿西乡	2	5
合　计	44	40

2016年洞头区避灾安置场所分布

表52

序号	街道乡镇	地　址	避灾点名称	类　型	占地面积（平方米）	可容纳人数
1	北岙街道	县前路52-6号	社会福利中心避灾所	避灾中心	2000	200
2	北岙街道	区剧院	区避灾中心	避灾中心	3300	500

续表52

序号	街道乡镇	地　址	避灾点名称	类　型	占地面积（平方米）	可容纳人数
3	北岙街道	区财政局	洞头区避灾中心	避灾中心	1000	200
4	北岙街道	洞一中	洞头区避灾中心	避灾中心	20000	500
5	北岙街道	区实验小学	洞头区避灾中心	避灾中心	7800	500
6	北岙街道	区职教中心	洞头区职教中心避灾安置中心	避灾中心	2000	300
7	北岙街道	北岙街道办事处大楼	北岙街道避灾中心	避灾中心	1500	300
8	北岙街道	城南社区文化中心	城南避灾所	避灾点	580	200
9	北岙街道	小长坑村办公楼	小长坑避灾所	避灾点	200	50
10	北岙街道	东郊村办公楼	东郊避灾所	避灾点	150	20
11	北岙街道	九厅村办公楼	九厅避灾所	避灾点	150	10
12	北岙街道	柴岙村办公楼	柴岙避灾所	避灾点	400	80
13	北岙街道	城北路992弄8号	北沙社区城关二小	避灾点	1940	200
14	北岙街道	鸽尾礁村村办公楼	鸽尾礁村	避灾点	240	55
15	北岙街道	北岙街道新港东路158号	大王殿村避灾安置点	避灾点	260	20
16	北岙街道	城关一小	双朴社区城关一小避灾安置点	避灾点	1210	200
17	北岙街道	大岙村办公楼	大岙村避灾安置点	避灾点	150	20
18	灵昆街道	灵昆一小（灵昆街道叶先村）	灵昆街道避灾安置中心	避灾中心	10000	1500
19	灵昆街道	灵南小学（灵昆街道上岩头村）	灵昆街道避灾安置中心	避灾中心	5000	700
20	灵昆街道	双昆村委会、双昆老人活动中心	双昆村避灾安置点	避灾点	2000	300
21	灵昆街道	上岩头村委会	上岩头村避灾安置点	避灾点	800	100
22	大门镇	大门镇中心敬老院	大门镇避灾中心	避灾中心	800	100
23	大门镇	大门镇振兴西路1号	大门镇中学避灾中心	避灾中心	5500	800
24	大门镇	大门镇教育路24号	大门镇小学避灾中心	避灾中心	800	200
25	大门镇	枫树坑村办公楼	枫树坑	避灾点	150	30
26	大门镇	东浪村办公楼	东浪村	避灾点	80	20
27	大门镇	西浪村办公楼	西浪村	避灾点	100	30
28	大门镇	大溪居委会办公楼	大溪居委会	避灾点	100	30
29	大门镇	长沙村办公楼	长沙村	避灾点	70	12
30	大门镇	豆岩村老人活动室	豆岩村	避灾点	80	20
31	大门镇	仁前途村办公楼	仁前途村	避灾点	300	60
32	大门镇	寨楼村老人活动室	寨楼村	避灾点	150	50
33	大门镇	小门村村办公楼	小门村	避灾点	380	80
34	大门镇	东屿村办公楼	东屿村	避灾点	160	70
35	大门镇	营盘基村办公楼	营盘基村	避灾点	150	35
36	大门镇	小荆村办公楼	小荆村	避灾点	150	20
37	大门镇	兰和洞村办公楼	兰和洞村	避灾点	100	10
38	大门镇	朝阳居委会办公楼	朝阳居委会	避灾点	100	10
39	大门镇	观音礁村办公楼	观音礁村	避灾点	200	30
40	大门镇	岙面村办公楼	岙面村	避灾点	200	50
41	大门镇	岙底村办公楼	岙底村	避灾点	300	80
42	大门镇	乌仙头村办公楼	乌仙头村	避灾点	300	50
43	大门镇	黄岙社区甲山致富路2号	黄岙社区	避灾点	900	180
44	大门镇	沙岙村老人活动室	沙岙村	避灾点	150	20
45	东屏街道	东屏街道政府	东屏街道避灾中心	避灾中心	150	100
46	东屏街道	寮顶村部	寮顶村	避灾点	250	100
47	东屏街道	金岙村金岙安置房	金岙村	避灾点	350	100
48	东屏街道	大北岙村办公楼	大北岙村	避灾点	200	40

续表52

序号	街道乡镇	地址	避灾点名称	类型	占地面积（平方米）	可容纳人数
49	东屏街道	后坑村办公楼	后坑村	避灾点	260	30
50	东屏街道	后寮村办公楼	后寮村	避灾点	400	100
51	东屏街道	中仑村办公楼	中仑村	避灾点	200	40
52	东屏街道	东岙村办公楼	东岙村	避灾点	470	50
53	东屏街道	蓝港社区府前路8号	蓝港社区	避灾点	520	100
54	东屏街道	东港社区仙岩路127弄36号	东港社区	避灾点	350	70
55	东屏街道	东岙顶村仙岩路397号	东岙顶村	避灾点	350	70
56	元觉街道	活水潭村办公楼	元觉街道避灾安置中心	避灾中心	444	100
57	元觉街道	深门村办公楼	深门村避灾安置点	避灾点	220	20
58	元觉街道	小北岙村办公楼	小北岙村避灾安置点	避灾点	420	30
59	元觉街道	状元村办公楼	状元村避灾安置点	避灾点	300	40
60	元觉街道	沙岗村兴岙路20号	沙岗村避灾安置点	避灾点	150	40
61	元觉街道	沙角村办公楼、老人活动室	沙角村避灾安置点	避灾点	640	100
62	霓屿街道	霓兴路63号	霓南义校避灾中心	避灾中心	1000	240
63	霓屿街道	霓中路158号	钱江电视希望小学避灾安置中心	避灾中心	1200	300
64	霓屿街道	霓屿街道办事处办公楼	霓屿乡避灾中心	避灾中心	1500	200
65	霓屿街道	正岙村办公楼	正岙村	避灾点	300	100
66	霓屿街道	上社村办公楼	上社村	避灾点	270	60
67	霓屿街道	下社村办公楼	下社村	避灾点	370	85
68	霓屿街道	郎等村景山路58号	郎等村	避灾点	220	60
69	霓屿街道	桐岙村上虹路18号	桐岙村	避灾点	310	60
70	霓屿街道	霓东路37号	石子岙村	避灾点	420	120
71	鹿西乡	鹿西乡新办公楼	鹿西乡避灾中心	避灾中心	2000	400
72	鹿西乡	东臼村办公楼	东臼村	避灾点	310	60
73	鹿西乡	扎不断村办公楼	扎不断村	避灾点	100	40
74	鹿西乡	山坪村老人活动室	山坪村	避灾点	120	50
75	鹿西乡	鲳鱼礁村办公楼	鲳鱼礁村	避灾点	194	30
76	鹿西乡	口筐村办公楼	口筐村	避灾点	400	80

（区民政局提供）

社会福利

【概况】2016年，全区新建居家养老服务照料中心15家，新增床位65张，投入建设资金291.6万元，投入运行资金138万元。全区建有居家养老服务照料中心59家，村居覆盖率57.28%，设有爱心食堂30家。调整农村低保标准，全年发放低保金960.23万元。洞头户籍60周岁以上老年人意外伤害保险覆盖率100%。微动力志愿服务队获全省居家养老服务知名机构，爱之家社会福利院获全省知名民办养老机构。区金色黄昏颐养院取得区首张养老机构设立许可证书。开展养老机构消防安全整治，关停公办敬老院1家、民办养老机构2家，全区养老机构消防许可或备案率89%。

【城乡居民最低生活保障】 根据《关于调整市区城乡居民最低生活保障标准的通知》（温政发〔2016〕52号），2016年12月1日始，农村居民最低生活保障标准从575元/人·月调整到651元/人·月，城镇低保标准保持765元/月不变。全年发放低保金960.23万元，人均低保救助金达到低保标准75%。全区共有低保对象1218户2066人，新增低保对象225户333人，退出低保对象54户90人。

【居家养老服务照料中心新建15家】 2016年，全区新建居家养老服务照料中心15家。其中，北岙街道3家，即东沙村居家养老服务照料中心、阜埠岙村居家养老服务照料中心、西山头村居家养老服务照料中心；灵昆街道2家，即海思村居家养老服务照料中心、九村村居家养老服务照料中心；大门镇4家，即寨楼

岙仔村居家养老服务照料中心

村居家养老服务照料中心、甲山村居家养老服务照料中心、大荆村居家养老服务照料中心、岙面村居家养老服务照料中心；东屏街道3家，即岙仔村居家养老服务照料中心、中仑村居家养老服务照料中心、活水潭村居家养老服务照料中心；霓屿街道2家，即长坑垄村居家养老服务照料中心、下郎村居家养老服务照料中心；鹿西乡1家，即鹿西村居家养老服务照料中心。全区累计59家。

【儿童福利】 2016年，全区留守儿童752人。全年支出困境儿童生活补助金8.86万元，保障各类困难儿童56人。为1—6周岁户籍儿童及外来儿童购买儿童福利救助责任险。

双拥工作

【概况】 2016年，全区31个部门、15个非公企业、15个社区（村居）与6支驻岛部队建立共建关系。全年向部队投入办实事资金24万元，用于部队营房改造、篮球场建设、电脑更新等基础性建设。开展“八一”鲜花敬老兵等活动，参与志愿者80多人，受益优抚对象近250人。开展政府向社会购买（双拥优扶）服务试点工作。区四套班子领导开展专项慰问，走访温州市共建部队、驻岛部队和优抚对象，发放慰问金和慰问品物品125.25万元。开展关爱功臣活动，组织优抚对象体检，向复员军人发放慰问品2700余份，各类抚恤补助资金548万余元。是年，区民政局被评为全国爱国拥军模范单位称号。

【区民政局获评全国爱国拥军模范单位】 2016年7月29日，全国双拥模范城（县）命名暨双拥模范单位和个人表彰大会在北京召开，区民政局被评为全国爱国拥军模范单位，为浙江省唯一获评荣誉单位。近年来，区民政局充分挖掘社会拥军资源，推进全区双拥工作社会化、常态化。帮助部队建设营房、供水设施、训练场地、蔬菜大棚，为部队添置健身设备、多媒体设备、空调和应急装备，累计投入资金80多万元。每年7月25日至8月25日定为“双拥月”，围绕军民共建和“爱心献功臣”为主题，集中组织开展双拥宣传、军民联欢、文艺演出、走访慰问等活动。“海霞妈妈”志愿服务团每年自发开展迎新兵、送老兵等拥军活动。全区每年30多家企事业走进部队，开展特色共建活动40余项。开展“关爱功臣”活动，组织全区6个街道（乡镇）和18个城乡社区，建立双拥宣传阵地，设置双拥标示牌、双拥路牌灯箱，军地共建双拥文明街（路）。接收退役士兵260人，发放一次性经济补助金418万余元，其中转业士官18人全部安置到国有企事业单位，67名随军家属领取未就业生活补助金23.5万元。年优待金涨幅超21%。

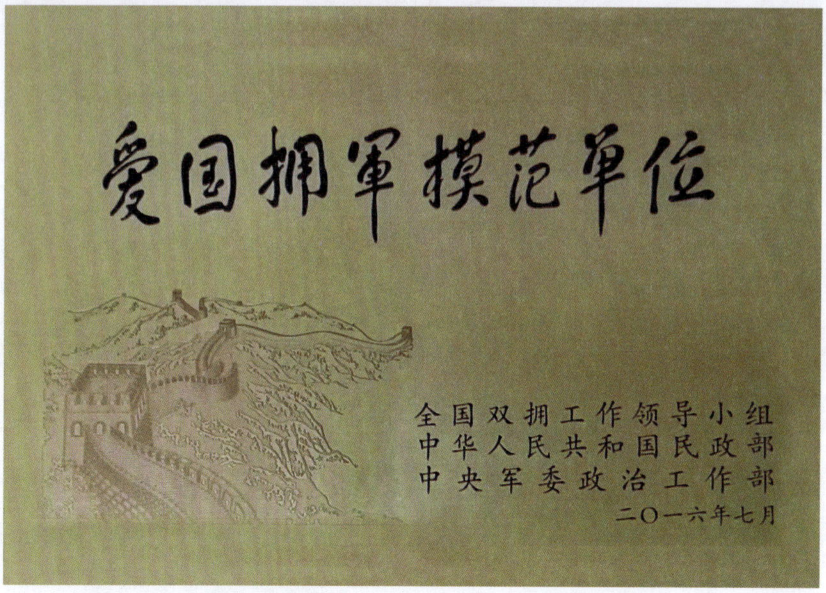

全国爱国拥军模范单位牌匾

优抚安置

【概况】2016年，区政府提高发放重点优抚对象抚恤金和生活补贴、义务兵家庭优待金标准，全年发放各类抚恤、定补资金182万元，义务兵家庭发放优待金113户119.44万元。全区接收2015秋冬季退伍兵46人，转业士官3人，接收2016年秋季退伍兵37人次（含灵昆街道）。鼓励引导参加职业技能培训16人次。发放2015年秋冬季自主就业退役士兵经济补助金115.35万元。

社会组织管理

【概况】2016年底，洞头区依法登记社会组织217家。其中：社会团体118家，民非（民办非企业单位）99家。扶持“困境学生心理帮扶”等公益创投项目12个，安排专项资金16万元。全年新增国家持证社工12人（其中中级6人、初级6人），全区累计取得社会工作者职业资格证书304人。

【新统一社会信用代码实施】按照民政部要求，2016年1月1日起，新成立社会团体、民办非企业单位、基金会等3类社会组织实施新的统一社会信用代码，发放新的登记证书。对已成立的社会组织，2017年底之前，通过变更、备案、年检、证书到期、会议培训、评估表彰等机会，逐步换发新证书。全年办理新登记证书226家。

基层区划组织

【概况】2016年，洞头区行政区划代码为330305。辖街道5个、镇1个、乡1个，含城市居委会7个，未改制居委会2个。

北岙街道辖岭背社区、上新社区、城中社区、新城社区、银海社区、三盘社区（下尾村、阜埠岙村、擂网岙村、大岙村 、西山头村）、南塘社区（打水鞍村、风门村、大长坑村、小长坑村）、北沙社区（九厅村、柴岙村、海霞村、鸽尾礁村、大王殿村、东沙村、双垄村）、双朴社区（小三盘村、大朴村、小朴村、东郊村、九仙村、隔头村、白迭村）。

灵昆街道辖灵东社区（王相村、叶先村） 、灵南社区（海思村、沙塘村） 、灵西社区（双昆村、上岩头村）、灵北社区（周宅村、北段村、九村村）。

大门镇辖大门社区（美岙村、寨楼村、豆岩村、杨梅田村、仁前途村、营盘基村、小门村、东屿村）、黄岙社区（乌仙头村、大荆村、小荆村、长沙村、甲山村、岙底村、岙面村）、浪潭社区（潭头村、西浪村、东浪村、石浦村、枫树坑村、沙岙村、观音礁村）。

东屏街道辖蓝港社区（中仑村、洞头村、后坑村、南策村、大瞿村）、东港社区（东岙村、东岙顶村、垅头村、惠民村、后寮村、寮顶村、岙仔村）、半屏社区（松柏园村、大北岙村、金岙村、外埕头村）。

元觉街道辖元觉社区（花岗村、沙角村、活水潭村、沙岗村、深门村、状元村、小北岙村）。

霓屿街道辖布袋岙村、石子岙村、同兴村、桐岙村、上社村、下社村、下郎村、郎等村、正岙村、长坑龙村。

鹿西乡辖鹿西村、口筐村、东臼村、昌鱼礁村、山坪村、扎不断村。

社会事务

【概况】2016年，洞头区婚姻登记实现信息化、网络化、数字化，推行人性化服务流程，单独设立离婚室、婚姻辅导室和收养室。全年办理结婚登记973对，离婚登记328对、补办证件231件。殡葬改革纳入街道（乡镇）、村（居）考核追责内容。开展私坟“禁新改旧”整治，现场制止私坟翻新2起、依法整治迁移私坟1座、生态化改造14座。全区现有公墓86座。

【区划地名】2016年，洞头区与龙湾区、乐清市三方明确行政区域界线交会点，编制新《洞头行政区划图》。区地名办采集12大类34个子类地名信息1157条，地名标准化处理2个，设置重要地名标志180多块，采集地名多媒体图片2300余张。形成地名文化遗产保护条目59条（含省级认定文保单位3处、县级认定文保单位39处）。地名更换工作纳入“温州市地名数据库管理系统”。区地名办开展地名实体命名工作，区政府命名新道路43起、新住宅区4起。全年制作门牌1200多块，更新路牌1块，出具地址证明1000多份。

【新道路命名43起】2016年，区政府命名新道路43起。其中，北岙街道6起，即海西路、海兴路、海航路、海韵大道、海润路、海虹路；东屏街道5起，即惠中路、通港路、临港路、盛港路、普陀南路；灵昆街道32起，即长生东路、长生西路、倪宅路、棋坊西路、棋坊南路、棋坊中路、昆海路、平兴西路、平兴东路、平兴中路、连竹路、荣昆东路、下岩头西路、下岩头东路、下岩头中路、隆一路、隆二路、隆三路、上岩头北路、北段庄路、犁头嘴路、叶先西路、叶先中路、叶先东路、元宇路、叶林路、振昆路、丰收路、繁灵东路、荣昆路、灵昆街、玖伍路。

（周世盼）

栏目编辑　曾焕定

卫生·体育

繁忙的渔村 · 陈姝樾

“海霞精神”

爱岛尚武 励志奉献

“五岛连桥”精神

小县办大事 小岛创大业

卫 生

·概述·

【概况】 2016年底，洞头区卫生医疗机构84家，其中区人民医院1家（与区120急救中心、区体检中心、区临床技能培训中心合署，为参照二甲医院）、区中医院1家（与大门社区卫生服务中心合署）、区疾病预防控制中心1家、区妇幼保健计划生育服务中心1家；街道（乡镇）社区卫生服务中心7家，村级医疗机构16家，社区卫生服务站和村卫生室29家，个体诊所21家，门诊部4家，医务室2家。全区各类卫生从业人员667人，其中卫生技术人员620人（含编外数），街道（乡镇）卫生服务机构卫技人员247人；执业助理以上医师318人，注册护士194人，其他卫生技术人员108人；具有高级职称33人（其中正高13人，副高20人）、中级职称136人。

2016年，洞头区卫生工作探索建立区域医疗卫生一体化发展新机制，加强卫生基础配套设施建设，提升医疗卫生服务能力。制定出台卫生和计划生育事业发展"十三五"规划、医疗卫生服务能力提升三年行动计划等。洞头区中医院、霓屿、鹿西社区卫生服务中心建设项目开工。建立区域数字化医疗卫生管理信息系统等信息化平台10个，实现市区乡村四级诊疗信息互联共享，全区医疗机构诊疗数据调用14992人次，完成远程会诊10803例。区人民医院"掌上医院"正式上线。

是年，洞头创成浙江省卫生应急工作示范区，被省卫计委列为省综合医改先行先试区。区卫生计生局获评温州市"十二五"妇女儿童规划先进集体。

【浙江省综合医改先行先试区推进实施】 2016年，为贯彻落实中央和省委、省政府对人民健康和医疗卫生事业发展系列重大决策部署，区政府第59次常务会议和区委常委会分别于7月6日和8月1日审议通过《关于建立区域融合型医疗卫生联合体，推进城乡医疗卫生一体化发展改革的实施方案》。成立区领导小组，建立工作联系制度，实现卫计、编办、发改、财政、人社等部门力量有效整合。成立温州市中医院洞头分院、区域医疗卫生服务联合服务中心。建成紧密型医联体，实行人财物统一管理调配、人员自由流动、医疗卫生资源共建共享。区人民医院、区中医院（大门镇卫生院）分别与温医大附属二医、市中医院建立紧密型医疗托管合作模式，挂牌成立温医大附属二医洞头分院和温州市中医院洞头分院。在霓屿街道社区卫生服务中心推进按人头付费和按病种付费医保支付方式改革试点。推行区乡村三级基药制度改革，实行药品零差价，实现基层首诊、双向转诊、急慢分治、上下联动分级诊疗格局。组建区、乡两级签约医生团队及区级专科护理团队，开展个性化服务。定期下派专家"下沉"就诊，实现"家门口"就诊和"互动式"转诊。建立区人民医院对乡、村两级卫生机构长期稳定结对帮扶和对口支援机制。建成区域心电诊断、区域影像诊断、区域集中消毒供应、区域集中处置、智慧医疗信息、临床医技培训等。建成投用区人民医院诊间医疗付费系统和"掌上医院"一期工程，市区乡村四级已实现电子病历和诊疗信息互联共享。此项工作改革得到省政府副省长郑继伟肯定。10月，温州市所辖各县（市、区）列为全省综合医改先行先试地区。

【《温州市洞头区卫生和计划生育事业发展“十三五”规划》出台】2016年12月30日，区政府出台《温州市洞头区卫生和计划生育事业发展“十三五”规划》（洞政办发〔2016〕139号）。该规划提出主要任务是提高医疗卫生发展水平、提升计划生育服务质量、壮大健康产业发展实力。目标提出至2020年，居民平均期望寿命80.2岁，婴儿死亡率控制在6.5‰以内，5岁以下儿童死亡率控制在8.5‰以内，孕产妇死亡率控制在9.5/10万以下，传染病、慢性病、地方病得到有效控制。每千人执业（助理）医师2.8人，每千人床位5.8张；分级诊疗制度基本确立，区域内就诊率90%；以全科医生为重点的人才队伍建设加快，基层医务人员100%接受新一轮培训。居民电子档案建档率达到90%以上，居民健康知识知晓率95%，主要慢性病规范管理率70%以上；责任医生规范签约服务率达到50%，医疗服务综合满意度85%；公共卫生安全得到切实保障，饮用水安全监测率100%，集中式餐饮具消毒单位监督覆盖率100%。出生人口素质明显提高，出生人口结构不断改善。免费计划生育服务覆盖率95%以上，力争创成全国计划生育优质服务先进单位。产业规模不断扩大，产业发展水平和竞争力明显提升，对国民经济的贡献率明显加大。

【《温州市洞头区医疗卫生服务能力提升三年行动计划（2016—2018年）》出台】2016年7月18日，区委、区政府制定《温州市洞头区医疗卫生服务能力提升三年行动计划（2016—2018年）》（洞委办发〔2016〕49号）。该行动计划确定的主要任务是优化医疗卫生机构功能布局、强化医疗卫生设施建设、深化体制机制创新、加强基本医疗服务能力建设、推进公共卫生服务增量提质、加快卫生信息化建设进程、狠抓健康产业招商工作、加强人才队伍建设。目标提出至2018年，建立较为完善的基本医疗服务体系、基本公共卫生服务体系、药品供应保障体系、卫生应急处置体系、卫生综合监管体系，医疗卫生服务能力达到全市中等偏上水平。

【洞头区中医院（大门社区卫生服务中心）建设工程开工】2016年12月30日，洞头区中医院（大门社区卫生服务中心）建设工程在大门镇开工。该工程位于大门镇长沙村j6—19—2地块，按二级乙等中医院标准建设，总床位数189张，一期60张床位，总占地面积17.8亩，总建筑面积19500平方米，总投资14423万元，其中，一期工程建筑面积7115.72平方米，投资概算5630.89万元。12月20日完成PPP项目竞争性磋商，确定温州建设集团有限公司为社会投资人。工程责任单位是区工务局，设计单位是浙江中维建筑工程设计有限公司，地质勘查单位是温州精业勘察设计有限公司，施工单位是温州建设集团有限公司。

【霓屿社区卫生服务中心迁建工程开工】2016年12月30日，霓屿社区卫生服务中心迁建工程开工。该工程位于霓屿街道布袋岙村，按社区卫生服务中心建设标准，床位数18张，总占地面积3.81亩，总建筑面积2974.46平方米，投资概算2154.03万元。12月20日，完成PPP项目竞争性磋商，确定温州建设集团有限公司为社会投资人。工程责任单位是区工务局，设计单位是浙江中维建筑工程设计有限公司，地质勘查单位是温州精业勘察设计有限公司，施工单位是温州建设集团有限公司。

【鹿西社区卫生服务中心迁建工程开工】2016年12月30日，鹿西社区卫生服务中心迁建工程开工。该工程位于鹿西乡鹿西村，按社区卫生服务中心建设标准，床位数11张，总占地面积3.06亩，总建筑面积2934.21平方米，投资概算2221.16万元。12月20日完成PPP项目竞争性磋商，确定温州建设集团有限公司为社会投资人。工程责任单位是区工务局，设计单位是浙江中维建筑工程设计有限公司，地质勘查单位是温州精业勘察设计有限公司，施工单位是温州建设集团有限公司。

【温州市中医院洞头分院挂牌】2016年6月3日，温州市中医院洞头

2016年6月3日，温州市中医院洞头分院成立

分院挂牌暨洞头区中医院迁址大门仪式举行。温州市中医院院长黄建平和洞头区卫计局签订医疗合作协议书，建立医疗（重点托管）合作关系。重点帮扶内科、骨伤科、妇科、中医科等重点科室建设，帮助建立针灸推拿科，同时建立双向转诊机制和远程医疗诊治机制。市中医院每周至少派遣4名以上中高级专业技术人员到洞头区中医院（大门社区卫生服务中心）开展1天以上门诊、查房、手术及其他业务指导。

【社区卫生服务中心中医诊疗区建成投用】 2016年10月，北岙、大门、东屏、元觉等4个社区卫生服务中心中医诊疗区建成投用。项目建设资金70万元，配套设施投入115万元。

2016年洞头区卫生医疗机构情况

表53

卫生机构＼项目	床位数（张）	编制数	编外数	执业医师数	助理医师数	门诊人数（人）	占地面积（平方米）	建筑面积（平方米）
区人民医院	241	299	27	90	1	317799	16728	26475
区疾病预防控制中心	0	26	3	8	1	3747	1224	1874
区妇幼保健计划生育服务中心	0	25	2	9	4	1012	430	1808
北岙社区卫生服务中心	0	29	16	10	8	56909	403	1506
灵昆社区卫生服务中心	0	33	13	12	5	84610	674	2067
大门社区卫生服务中心	24	42	18	11	9	106800	3465	2382
东屏社区卫生服务中心	0	22	11	5	1	6702	441	1051
元觉社区卫生服务中心	0	15	7	4	3	20119	1180	1000
霓屿社区卫生服务中心	0	16	7	4	3	24708	1333	932
鹿西社区卫生服务中心	0	16	5	3	7	34915	978	812
合　计	265	523	109	156	42	657321	26856	39907

（区卫生计生局提供）

·卫生改革·

【概况】 2016年，区卫生计生局制定《关于建立区域融合型医疗卫生联合体，推进城乡医疗卫生一体化发展改革的实施方案》。成立区域医疗卫生服务联合服务中心，组建以区人民医院为龙头，街道（乡镇）社区卫生服务中心为枢纽，村级医疗卫生机构为网底的区域融合型医共体，成立理事会和监事会，推行理事会领导下院长负责制。全年基层医疗机构就诊人次增加11%，医疗收入增加10.29%。群众对基层医疗服务的满意率上升至95.8%。

【医疗资源“双下沉两提升”改革】 2016年，区中医院与市中医院建立新的医疗托管机制，市中医院下派1人担任温州中医院洞头分院执行副院长，每周下派若干专家开设专家门诊。区人民医院每周至少下派4名副高以上专家，与基层医疗卫生机构通过建立专家门诊、慢病联合门诊、周六讲堂等帮扶机制，基本形成省市区乡四级联动的“双下沉、两提升”长效机制。

【医疗药品集中采购】 2016年，区卫生计生局出台药品采购使用监督管理办法、疫苗流通使用监督管理办法等文件，规范药品、疫苗集中采购行为。执行市公立医疗机构药品采购联合体第一批和第二批药品采购成交结果。完成省药品采购新平台转换。全年处理群众药品投诉、咨询件2件。督促医疗机构整改药品采购价格执行不到位问题4个，督促区人民医院整改管理产品执行不规范问题2个。

【医用耗材及医疗设备阳光采购】 2016年7月，全区公立医疗卫生计生机构医用耗材全部纳入省药械采购平台统一采购。区卫生计生局出台卫生计生系统医用耗材采购交易监督管理办法（试行），规范医用耗材集中采购。开始执行医疗设备集中采购招投标工作，杜绝医疗卫生机构医疗设备采购乱象。全年医疗设备公开招标3批次，采购总额651.925万元。

·疾病预防控制·

【概况】 2016年，全区慢病监测报告糖尿病发病数478例，累计报告4609例；肿瘤发病数628例，累计报告4194例；冠心病急性事件发病数92例，累计报告554例；脑卒中发病数463例，累计报告2926例。是年，全区报告死亡个案989例，死亡率6.19‰，死因不明比例0.71%。全区报告各类法定传染病病例1236例，报告发病率807.84/10万，与上年同期相比上升83.11%。

【传染病管理】 2016年，全区报告各类法定传染病病例1236例，报告发病率807.84/十万，与上年同期相比上升83.11%。其中法定乙类传染病13种，发病数191例；丙类传染病5种病种，发病1045例。发病数占前五位的是：手足口病816例、其他感染性腹泻162例、梅毒71例、肺结核48例、急性出血性结膜炎46例。主要分布在北岙、灵昆、东屏等3个街道。全年采集手足口病标本76例，检测出阳性病例57例，其中CoxA16阳性36例，EV71阳性2例，其他肠道病毒阳性19例。肠道门诊病例155例，采便155例，检验155例，采检率100%，阳性数无。监测肠道外环境及食品标本各120份，均未发现阳性标本。3—10月，开展登革热蚊媒监测8次，其中埭口村布雷图指数较高。全年新发病例4例，本市他县报区2例，区自愿献血者2例，新发病例中转至外地管理1例，纳入治疗管理1例，正常随访管理2例。全区在治艾滋病感染者及病人22例，其中病重患者1例。9月，艾滋病治疗者统一转归温州市第六人民医院治疗。全区各医疗机构检测HIV16594人次，无发现HIV阳性病例。登记管理肺结核病35例，其中涂阳13例，涂阴18例，结核性胸膜炎4例。全区单苗报告接种率卡介苗、脊灰疫苗、百白破疫苗、麻疹疫苗、乙肝疫苗均100%，乙肝首针及时率97.64%；五苗全程100%。10月，疑似麻疹风疹2例，确诊麻疹1例。

【聚集性传染病疫情处理】2016年是手足口病发病高峰年，疫情波及全区各个街道（乡镇），包括历史未曾有手足口病暴发的鹿西乡，本次疫情主要以其他肠道病毒为主。3—5月，调查并控制东方罗马假日酒店副溶血性弧菌感染引起的腹泻、灵昆护士学校不明原因腹泻；以及东屏小学水痘暴发疫情、教育二幼诺如病毒感染事件。

【居民健康服务】2016年，区卫生部门深入实施参合农民体检、窝沟封闭、“两癌”筛查等项目。全年参保城乡居民体检33460人，其中60岁以上老年人数11291人、0-6岁儿童4910人、中小学生10305人、其他成年人6954人。全区二年级学生1071人（除大门、鹿西外），检查学生数957人，应封闭687人，同意封闭646人，实际封闭595人，封闭1535颗牙，封闭率86.5%。形成北岙、东屏、元觉、霓屿等4个街道慢性病社区诊断报告。全区城乡居民电子健康档案92061份，建档率83.69%；规范化电子健康档案66413份，规范建档率72.14%；高血压发现并建档12247人，管理11717人，规范管理8371人，规范管理率71.44%；血压控制6266人，血压控制率53.48%；糖尿病发现并建档4112人，管理3457人，规范管理2393人，规范管理率69.22%；血糖控制1797人，血糖控制率51.98%。录入浙江省重性精神病人信息管理系统内六大类病人数503人，检出率4.57‰，管理440人，规范管理371人，服药273人，稳定387人，管理率87.48%，规范管理率73.76%，服药率73.58%，稳定率76.94%。全区实际参加无偿献血981人，总献血量312350毫升，机采血小板10个单位（10个单位机采血小板按400毫升计算），即完成1563.75个献血单位，实现临床用血全部来源于无偿献血。

【健康教育】2016年，区卫生部门培训全民健康生活方式指导员200余人。创成全民健康生活方式行动健康社区、健康学校、健康单位、健康餐厅各3家，健康食堂4家。在城关小学2个班级开展“快乐十分钟”活动。开展卫生宣传日活动11场，开展健康巡讲19场惠及群众1419人；制作开发宣传资料包括三折页、画报等20种97000余份；利用新媒体传播健康知识，通过微信公众号推送信息68条，阅读总数2577人6746次，浙江健康教育推广348人次。

【浙江省公民健康素养大讲堂】2016年6月17日，健康中国行——浙江省公民健康素养大讲堂在洞头开讲。浙江省卫计委副主任、省公卫办主任徐润龙作题为《公共卫生与大健康》公共卫生安全形势讲座。区公共卫生委员会单位100余人参加。讲座围绕公共卫生事件、慢病负担、食品安全、职业卫生安全、生产生活性污染等角度介绍目前公共卫生安全形势。

（黄若涵）

【爱国卫生运动】2016年，区文明办按照“以城带镇、以镇促村、城乡联动、整体发展”思路，推进爱国卫生运动。组织“灭蚊防病 健康你我”第28个爱卫月活动，印制宣传资料6500份。组织开展灭鼠防蚊统一行动，清理房前屋后的缸、罐、废旧轮胎等孳生地、积水1800余处。春秋2次对城区、城郊接合部、垃圾中转站、公共厕所、农贸市场、医院、新城客运站、学校、城乡结合部等“四害”孳生地和栖息地以及广大农村投放鼠药4200千克、喷洒灭蚊药水256千克。

全年申报创建省级卫生村7个，市级卫生村1个，培育区级卫生村8个。复评督导省市级卫生街道4个、省市级先进单位39个以及省市级卫生村13个。是年，洞头海事处创成浙江省卫生先进单位，海霞中学创成温州市“浙江省健康促进学校（银牌）”。创成区供电公司、大门镇中心小学、鹿西中心小学、教育第二幼儿园等6家市级无烟单位。

（林永新）

·妇幼保健·

【概况】2016年，全区实现连续11年孕产妇“零死亡”，妇幼保健各项主要指标达到省市要求。开展国家级新型节育环VCu260临床对照监测试点，为育龄妇女提供门诊咨询1012人次，放环116人（其中新型节育环15人），取环400人。率全市之先落实元觉、东屏社区卫生服务中心药具管理移交，实现全区各街道药具智能网点全覆盖。全年开展各类宣传服务活动20余次，制作各类宣传册（单）10余种，投入资金8万余元。

【免费婚前医学检查和免费优生检测】2016年，全区结婚登记1210人，婚检1154人，婚检率95.37%；检出疾病203人，疾病检出率17.60%；检出指定传染病32例，其中性病5例；检出精神疾病4例，无严重遗传病。1—10月，国家免费优生检测864人，具有高风险因素94人。早孕随访388人次，妊娠结束随访167人次。

【孕产妇系统管理】2016年，全区产妇总数1229人，建卡率100%；产后访视1221人，访视率98.15%；系统管理1197人，系统管理率96.22%。全年筛出高危产妇622人，高危筛查率50.61%；实行全程跟踪管理率100%。住院分娩1244人，住院分娩率100%；围产儿死亡3例，围产儿死亡4.86‰。成功抢救新生儿窒息4例，危重孕产妇23例，抢救成功率100%。落实贫困危重孕产妇补助政策，惠及7人7800元。

【儿童保健管理】2016年，全区活产数1244人，5岁以下儿童死亡6人，死亡率为4.83‰，婴儿死亡3人，死亡率2.41‰，新生儿死亡2人，死亡率1.61‰；3岁以下儿童3617人，系统管理3470人，3岁以下儿童系统管理率95.94%；7岁以下儿童7537人，保健管理7327人，7岁以下儿童保健覆盖率97.21%。全区儿童口腔窝沟封闭项目适龄儿童数690人，经筛查可做人数543人，落实400余人。截至12月底，托幼机构工作人员306人参加健康体检，合格305人，全区17所幼儿园均通过卫生保健年度校验检查考核。全区托幼机构在园儿童数3352人，实体检3352人（其中新生349人），体检率100%。发现轻中度营养不良176人，占5.25%；轻中度生长发育迟缓327人，占9.75%；龋齿781人，患病率23.3%；贫血95人，患病率2.83%。

【妇女健康促进工程】2016年5月17日，区卫生计生局组织开展妇女病普查工作。在东屏街道和大门镇采用TCT检测替代普通宫颈刮片，机关企事业单位女职工增加乳腺钼靶和乳腺B超项目。全区育龄妇女筛查7476人，筛查率54.28%；妇女常见病筛查人数3051人，患病率40.81%；宫颈癌筛查5946例，检出宫颈癌1例，癌前病变16例；乳腺癌筛查1296例，检出乳腺癌1例。

·卫生执法监督·

【概况】2016年，区卫生部门开展打击非法行医及取缔无证行医、医疗卫生机构依法执业守护健康行动、母婴保健技术服务专项、医疗废弃物分类处置管理、“健康卫士”系列专项行动之口腔诊所专项、H7N9肠道门诊及发热门诊等活动。出动卫生监督人员1132人次，执法车辆416车次，检查各类公共场所、医疗卫生机构、学校、集中式供水等单位1248户次。查处各类违法案件26起，结案24起，罚款2.65万元，取缔无证流动牙医摊点1个，查处无证行医移送案件1起。受理许可项目98件，办结98件。

是年，监测重点公共场所用品用具样品238份，合格232份，合格率97.47%；公共场所空气质量样点50个，采样250份，合格率100%；游泳场所水质样品147份，合格139份，合格率94.55%；管网末销水、出厂水、二次供水72份，合格68份，合格率94.4%。集中式餐饮具消毒采样90份，合格率100%。集中式供水单位量化分级管理1家（B级），市政供水管网末销水监测点14个，市政二次供水监测点10个。对全区19家中小学校开展以学校生活饮用水、传染病防控、教学环境等为重点监督内容的校园卫生安全健康系列行动。监测学校生活饮用水19家，合格17家，2家不合格的原因为游离余氯偏低。对新实验小学开展教学环境内容检测。检测6家医疗机构医务人员手卫生、口腔冲洗水、医疗器械样品24份，合格22份，合格率91%。

·智慧医疗·

【医疗信息化平台建设】2016年，洞头区建立覆盖全区医疗卫生服务机构的区域数字化医疗卫生管理信息系统、区域统一HIS、LIS、PACS系统及远程会诊、预约挂号等信息化平台10个，全方位提供智能化挂号支付、报告查询和药物配送等服务。

【“掌上医院”正式上线】2016年3月10日，区人民医院“掌上医院”正式上线。“掌上医院”将手机的移动便携性应用到医疗流程中，与医院信息系统无缝衔接。市民通过手机关注“洞头区人民医院”微信公众平台，即可查询医生坐诊、专科介绍、健康咨询等信息，绑定市民卡可进行门诊预存账户微信充值、住院押金查询及补缴、住院费用清单查询、门诊检验报告查询、门诊检查报告查询、体检报告查询、物价查询等。“掌上医院”是洞头区人民医院与兴业银行合作开发。6月，区人民医院开通掌上预约挂号。

【智慧医疗系统建设】2016年，区人民医院区域医学影像中心、心电诊断中心和消毒供应中心建成，总投资408万元。其中，区域医学影像中心，投资104万元，建设公司是浙江卡易技术有限公司；心电诊断中心，投资34万元，建设公司是浙江卡易技术有限公司；消毒供应中心，投资270万元，设计单位是杭州中宇建筑设计有限公司，地质勘查单位是浙江中鑫工程勘察有限公司，施工单位是浙江立鹏建设有限公司。

·卫生应急·

【概况】2016年，全区以省级卫生应急示范区建设为目标，落实卫生应急机制建设、物资储备、人员培训、应急演练、事件处置和宣传教育等各项卫生应急工作。将卫生应急纳入区对街道（乡镇）考核内容，组织开展突发公共卫生事件处置、H7N9流感、车祸多发伤、孕产妇突发事件剖宫产、院内防恐、消防安全等卫生应急演练。投入200万元设立医疗、防控应急仓库，建立应急视频会商系统、应急指挥决策系统。开展突发公共卫生事件及传染病日常风险评估12次，专题风险评估5次。实现市级卫生应急工作示范街道（乡镇）全覆盖，创成市级卫生应急规范化医院。是年，获市卫生应急野外拉练竞赛第三名。

【洞头区获评省级卫生应急工作示范区】2016年12月27日，浙江省卫生计生委印发《关于命名浙江省卫生应急工作示范县（市、区）的通知》（浙卫发〔2016〕73号），洞头区名列其中。近年来，洞头实现市级卫生应急工作示范街道（乡镇）全覆盖，区人民医院于2016年12月创成市级卫生应急规范化医院。组织卫计、教育、民政等多部门开展卫生应急综合防控演练。设立医疗、防控两个卫生应急仓库，建立卫生应急视频会商系统、卫生应急指挥决策系统，筹备建立洞头区突发公共卫生事件救助基金。四台（120、110、119、122）合一，实现财政、经信、农林水利、市场监管、教育、公安等多部门信息互通，形成联防联控机制。建立医疗、学校、企业单位全覆盖的疾病信息监测网络。联合开展急救类创伤救护知识的社区普及。全区未发生重大突发公共卫生事件。

【应急公共卫生事件处置】2016年，区卫生部门开展卫生应急综合防控演练及卫生急救技能比武、应急处置30余次，完善专项应急预案30项及技术预案50多项。全年有效处置北岙、东屏、鹿西街道（乡镇）幼儿园手足口病聚集性疫情13起、东屏小学二年级一班级及教育幼儿园一中班聚集性水痘疫情2起、东方罗马假日酒店等食源性疾病疫情5起。未出现死亡病例报告。

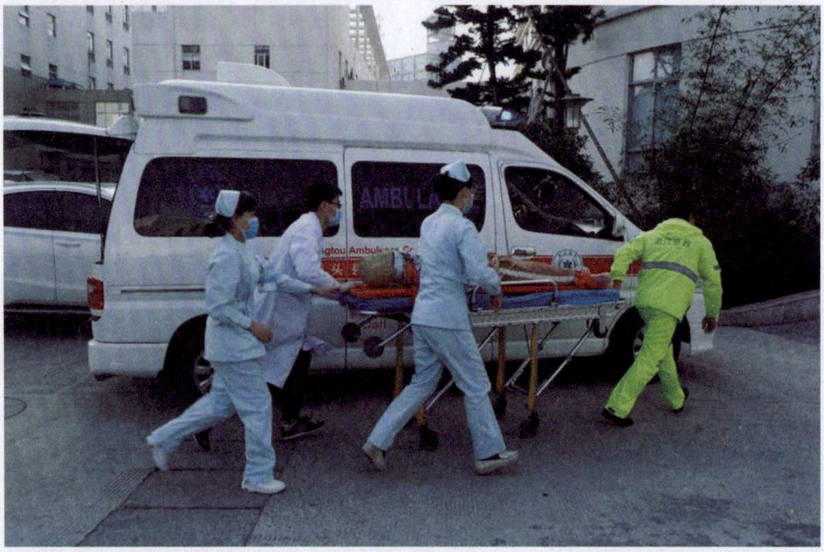

卫生应急综合防控演练

【人感染H7N9流感防控应急演练】为进一步提高人感染H7N9流感应急处置能力，检验应急组织协调、医疗救治和疾病防控水平，2016年12月20日，区卫生计生局组织区人民医院、区疾控中心、东屏社区卫生服务中心等多家医疗卫生机构开展人感染H7N9流感应急处置演练。应急演练分社区卫生服务中心、疾控中心、区人民医院（120急救中心）三个场景，情景覆盖患者从就诊、发现、报告、疫情防控、医疗救治等疫情演变过程，采取突击检查、评判赋分方式，真实模拟疫情处置各个环节，检验医疗卫生机构应对人感染H7N9流感的应急处置能力。

·区人民医院·

【概况】2016年，区人民医院实际开放床位251张，门诊诊疗人次301017人次，出院7971人次。住院人次比同期增长25.1%，平均住院日减少0.6天。完成特色中医馆、ICU、急诊中心、血透室、内镜中心等重点科室建设，ICU、急诊中心、血透室、内镜中心投入使用。启动门诊叫号预约系统建设；启用掌上医院系统，实现患者通过手机进行就诊卡管理、充值、消费明细查询及检查结果查询等功能，优化就诊流程。12月创成“卫生应急规范化示范医院”。全年招聘专业技术人员30名，晋升副高10人。

【区人民医院血透中心投用】2016年12月19日，区人民医院血透中心正式投用。区人民医院血透中心位于新住院大楼一楼，面积500平方，投入资金近300万元，有血透机8台、血滤机2台，同时预留10台血透机治疗用房。

2016年洞头区医学科研文章发表成果

表54

作者	科研文章题目	发表刊物	发表时间
杨建芬	中医护理对改善冠心病心绞痛发作的影响	实用中医药	2016.10
曾华丽	中医护理干预对改善轻中度心力衰竭患者生活质量的影响	实用中医药	2016.9
陈虹	中医护理改善骨折卧床患者排尿困难的疗效观察	中西医结合临床	2016.1
纪蕾蕾	慢性阻塞性肺疾病中医辨证护理观察	实用中医药	2016.8
郭丁伟	右美托咪定静脉输注对小儿七氟烷全麻苏醒期躁动的影响	浙江临床医学	2016.9
郭丁伟	小儿手术右美托咪定术前经鼻喷雾的效果观察	浙江临床医学	2016.11

说明：以上作者均系区人民医院

（区卫生计生局提供）

【深化温州医科大学附二院紧密型办医机制】2016年，区人民医院深化与温医附二院托管合作关系，建立双向转诊机制，各专科均有温医附二院本部专家直接对接，开设双向转诊绿色通道。开好常规专家门诊、专家预约手术等。探索完善“师承带教”等专科人才培养模式，培育专科人才，健全培训制度，提高低年资医务人员专业知识水平。开展各类学术讲座100余次。通过省卫计委“双下沉”考核。承办温医附二院托管分院工作交流会。自托管以来，温医附二院累计下派12批次289人次专家，诊疗患者29923人次、手术93台、麻醉216例、胃肠镜检查850人次。开展无痛分娩、肘关节置换、血透等多项新技术新项目。区人民医院住院人次比同期增长25.1%，平均住院日减少0.6天，门诊人次、完成手术等数据同比均有增长，每门诊均次费用、住院病人均次费用呈下降趋势。

（黄若涵）

体　育

·概述·

【概况】2016年，洞头区积极引导社会力量民间资本参与体育项目投资，推动海岛体育产业发展。建成海悦城水乐园和百岛梦幻冰雪王国，湘帆帆船有限公司傲帆俱乐部项目落户洞头。区市民活动中心二期建成对外开放。落实省体育局“小康体育村提升工程”和市体育局“十大民生实事”，利用三改一拆后低效地、闲置地、公园绿地等，新建笼式足球场1个、门球场2个、健身步道2条、登山步道2条，以及小康体育村提升工程8个。全区新增体育场地面积近6.2万平方米，累计近3万平方米，人均体育场地面积3.22平方米（全市人均1.7平方米）。

首次承办全国公路自行车冠军赛（温州站洞头赛区）城市绕圈赛，协办浙江省第二届社团运动会风筝比赛。全年完成区业余训练基地布局25个，在训适龄运动员457名。举办阳光体育、羽毛球和足球比赛；参加市田径、游泳、围棋、乒乓球等青少年体育竞赛。获市级比赛6金、10银、14铜。省市级输送运动员各1名。国民体质监测近800人次。转变政府办赛职能，采用政府采购方式委托社会民间团体举办“海疆杯”系列篮球赛、乒乓球比赛、足球比赛、中小学生篮球比赛、中小学生田径比赛等赛事活动。

是年，洞头海钓邀请赛获“体彩杯”浙江省首届十佳商业体育赛事优秀奖，鹿西露营基地被评为省级运动休闲旅游优秀项目，洞头东屏慢行健身道获市级户外运动精品线路称号。

【湘帆帆船有限公司傲帆项目落户洞头】2016年底，杭州傲帆游艇俱乐部在洞头注册洞头湘帆游艇有限公司，投资300余万元。该项目位于海西湖三盘码头海域。现拥有各类帆船和救生艇28条，常驻教练6人，常规接待游客能力（一次同时出海）98人，实际最大接待游客能力（分两批对调）196名。洞头注册洞头湘帆游艇有限公司开展帆船培训、短途旅游、帆船夏令营等。

杭州傲帆游艇俱乐部训练基地

区市民文体中心

【区市民文体中心对外开放】 2016年6月，区市民文体中心二期工程竣工验收，11月对外开放。工程位于新城区二期，于2014年5月开工建设，用地面积16792.5平方米，总建筑面积18384.4平方米，其中地上面积15695.6平方米，地下面积2688.8平方米，投资估算11033.01万元。该项目主要包含篮球馆、游泳馆、羽毛球场、乒乓球室（台球室）、体操管理用房、国民体质监测中心、数码三厅影院、量贩KTV、办公用房、设备用房及辅助配套用房。该工程责任单位为洞头区工务局，建设单位为浙江新邦建设股份有限公司，设计单位为浙江华越建筑设计有限公司，监理单位为浙江华杰工程咨询有限公司。

【中国·洞头横渡半屏海峡冬泳邀请赛】 2016年1月1日，第九届“体彩杯”中国·洞头横渡半屏海峡冬泳邀请赛举行，来自省内外27支队伍400名冬泳爱好者参加。比赛以国际放生台西侧码头为起点，终点在半屏沙滩，全程800米。该赛事由区文体局、区旅委、区海洋与渔业局、东屏街道主办，市冬泳协会、区体育总会、区冬泳爱好者协会承办。

【2016全国公路自行车冠军赛（温州站）城市绕圈赛在洞头举行】 2016年4月7日，全国公路自行车冠军赛（温州站）城市绕圈赛在洞头举行。赛程为男子80公里、女子60公里，比赛线路为环岛公路全线即双朴隧道（起点）—大长坑路段—南塘工业区路段—洞头码头—垄头隧道—岙仔隧道—杨文隧道—杨文工业区路段—燕子山隧道—海滨大道—大朴村路段—双朴隧道（终点）。来自全国30支代表队260名运动员参赛，最终山东队赵京彪和辽宁队谭佳乐分获男、女组冠军。市人大常委会副主任卓高柱，国家体育总局射击射箭自行车运管中心副主任牛洪涛，省体育局射击射箭自行车运管中心主任王德刚，市体育局局长亓宾等，区领导王蛟虎、林海珊、叶锦丽、杨艾立参加开幕式。该赛事由国家体育总局自行车击剑运动管理中心、省体育局、市政府主办，市体育局、区政府承办，区文体局协办。

·群众体育·

【省第二届体育社团运动会风筝比赛在洞头举行】 2016年5月6—8日，浙江省第二届体育社团运动会风筝比赛在洞头举行。6日晚，举行夜光风筝赛，全省9支夜光风筝队的风筝选手100多名参加。7日，在南塘工业园区临时集散中心举行风筝比赛。来自全省各地9支代表队100多名选手参赛。比赛共分甲乙两组进行比赛：甲组由1999年12月31日前出生者参加；乙组由2000年1月1日以后出生者参加。甲组设龙串类、硬板类、软板类、硬翅串类、软翅串类、软板类、软翅类、立体类、最大类、串类最长类、盘旋类（盘鹰）、夜光风筝赛、最佳空中效果（挂件）、运动风筝双线单人芭蕾舞、运动风筝双线规定动作双人、运动风筝双线规定动作团体等项目。乙组设硬板类、硬翅类、软体类等项目。该赛事是由省体育局、省体育总会主办，市体育局、区政府、市体育总会承办，省风筝协会、区化体局、区旅委、市风筝协会协办。

【温州市第一届市民运动会暨半程马拉松比赛】 2016年11月20日，温州市第一届市民运动会暨洞头溢香国际2016东屏半程马拉松在洞头举行，近400名市民参加。该赛事设置半程马拉松（21.0975千米）和迷你

2016年4月7日，全国公路自行车冠军赛（温州站）城市绕圈赛

马拉松（6千米）项目，路线起点在洞头溢香国际，途径南塘湾公园、国际放生台、东岙渔村、半屏大桥、半屏沿海公路，终点在半屏防浪堤。最终王炳金以1小时24分18秒获男子组冠军，周海亚以1小时35分34秒获女子组冠军，许生林、南雪飞分别获迷你马拉松男子、女子冠军。该赛事由市体育局、市体育总会主办，区文体局协办，市跑步运动协会、区跑步运动协会承办。

【温州地区第十届业余乒乓球等级积分联赛】2016年9月24—25日，中国乒乓球协会会员积分赛浙江赛区暨“恒博杯”温州地区第十届业余乒乓球等级积分联赛规程（洞头站）在区市民中心举行。比赛分4个等级（业余组2100分以上组32人、2000分组56人、1900分组56人、1800分组63人）207人参赛，1800分9组，1900分8组，2000均分8组循环；2100分以上组分4组。1800分前3出线，其余均前4出线进入第二阶段。该赛事由市乒乓球协会、区体育总会主办，区乒乓球协会承办，省乒乓球协会协办，浙江恒博电气制造有限公司赞助。

【温州市第七届老年人运动会柔力球（套路）表演赛】（参见《社会民生》栏目“老龄工作”分目）

【全民健身展演活动】2016年11月，区全民健身展演活动举行，200名演员参加演出，近500名市民到场观看。活动包含健身球、柔力球、旗袍太极秀等项目。该活动由区委建设“平安洞头”领导小组、区文体局、洞头供电公司主办，区体育总会、区武术协会承办。

【体育社团活动】2016年，海岛矶钓协会、海钓协会、帆船协会、跑步协会、台球协会成立，全区累计单项体育社团（含体育总会）20个，会员近2万人。全年培训国家社会体育指导员91名，其中国家一级3名，二级34名；足球二级裁判员3名，田径二级裁判员5名，田径三级裁判员30名。区冬泳协会举办第九届“体彩杯”中国·洞头横渡半屏海峡冬泳邀请赛。区自行车协会协助举办2016全国公路自行车冠军赛（温州站）城市绕圈赛。区乒乓球协会承办省积分乒乓球赛、市乒乓球女将大赛，以及区第一届女子个人赛、区“科普杯”乒乓球赛、“农行杯”乒乓球巡回赛—找民间高手团体赛。区篮球协会举办“国企杯”“职工杯”“双拥杯”“篮协杯”“希望杯”篮球赛。区门球协会举办“长寿杯”“巾帼杯”门球赛。区老体协承办柔力球赛等。

【千名职工环岛跑比赛】（参见《社会团体》栏目“总工会”分目）

【第九届全国海钓邀请赛在洞头举行】（参见《旅游》栏目“旅游市场营销”分目）

（卓桂枝）

2016年洞头区体育（健身设施）建设项目

表55

序号	建设地址	健身工程类别	建设规模（平方米）	建成时间	建设性质
1	大门镇仁前途村	百姓健身步道	1650	2016.10	新建
2	北岙街道海滨公园		5702.8	2016.11	改建
3	大门镇大荆村	登山步道	24000	2016.10	新建
4	鹿西乡鹿西村		21000	2016.10	改建
5	鹿西乡鹿西村	改建人工草坪门球场	225	2016.11	新建
6	北岙街道小三盘村		400	2016.10	新建
7	北岙街道小三盘村	省小康体育村提升工程	608	2016.10	改建
8	灵昆街道海思村	—	608	2016.11	新建
9	大门镇兰湖洞居	—	608	2016.10	新建
10	元觉街道沙角村	—	608	2016.10	改建
11	霓屿街道桐岙村	—	608	2016.11	改建
12	鹿西乡东臼村	—	608	2016.11	新建
13	东屏街道蓝港社区	—	608	2016.10	新建
14	东屏街道岙仔村	—	608	2016.10	新建
15	东屏街道蓝港花苑	笼式足球场	800	2016.11	新建
合计			58641.8		

2016年洞头区籍运动员参赛体育成绩

表56

序号	姓 名（单位）	参赛时间	竞赛名称	参赛项目	名次
1	张盼盼	2016.3	2016全国赛艇室内锦标赛	男轻2000米测功仪	第四名
2	张盼盼	2016.4	2016年全国赛艇冠军赛	男轻双人双桨2000米	第四名
3	张盼盼	2016.10	2016年全国赛艇锦标赛	男子轻量级四人单桨	第八名
4	晏子依	2016.6	2016年浙江省青少年跆拳道锦标赛	女丙44KG	第五名
5	柯林卞	2016.8	2016年浙江省青少年（儿童）冠军总决赛	乒乓球单打	第七名
6	柯林卞	2016.8	2016年浙江省青少年（儿童）冠军总决赛	乒乓球双打	第六名
7	柯林卞	2016.9	2016年浙江省中小学生乒乓球冠军赛	M—2002组男子单打	第六名
8	林雅慧	2016.1	温州市青少年航海模型锦标赛	遥控电动模型绕标赛	第三名
9	高梦瑶	2016.1	温州市青少年航海模型锦标赛	电动自航赛	第四名
10	彭喻然	2016.1	温州市青少年车辆模型锦标赛	F1空气动力模型车圆周赛	第一名
11	柯安妮	2016.1	温州市青少年车辆模型锦标赛	1\16遥控电动模型赛任务赛	第二名
12	洪梅	2016.1	温州市青少年车辆模型锦标赛	橡筋动力定点精准赛	第三名
13	高梦瑶	2016.1	温州市青少年车辆模型锦标赛	1\24遥控电动模型赛场地赛	第四名
14	柯聪蕊	2016.1	温州市青少年车辆模型锦标赛	1\24遥控电动模型赛场地赛	第五名
15	张志浩	2016.1	温州市青少年车辆模型锦标赛	F1空气动力模型车圆周赛	第五名
16	李新峰	2016.1	温州市青少年车辆模型锦标赛	橡筋动力定点精准赛	第五名
17	甘端端	2016.1	温州市青少年车辆模型锦标赛	橡筋动力直线距离赛	第五名
18	黄志勇	2016.1	温州市青少年车辆模型锦标赛	F1空气动力模型车直线赛	第五名
19	张志浩	2016.1	温州市青少年车辆模型锦标赛	F2空气动力模型车直线赛	第六名
20	柯杰鸣	2016.1	温州市青少年车辆模型锦标赛	1\24遥控电动模型赛场地赛	第七名
21	林雅慧	2016.1	温州市青少年车辆模型锦标赛	1\16遥控电动模型赛任务赛	第七名
22	柯成昊	2016.1	温州市青少年车辆模型锦标赛	四驱车竞速赛	第七名
23	曾雅洁	2016.1	温州市青少年车辆模型锦标赛	1\16遥控电动模型赛任务赛	第八名
24	柯安妮	2016.1	温州市青少年车辆模型锦标赛	四驱车竞速赛	第八名
25	洪盛凯	2016.1	温州市青少年车辆模型锦标赛	F1空气动力模型车圆周赛赛	第八名
26	洪 梅 甘端端 柯成昊 李新峰	2016.1	温州市青少年车辆模型锦标赛	橡筋动力定点精准赛团体	第一名
27	彭喻然 张志浩 洪盛凯 张佳思	2016.1	温州市青少年车辆模型锦标赛	F1空气动力模型车圆周赛赛团体	第二名
28	柯杰鸣 翁凯杰 高梦瑶 柯聪蕊	2016.1	温州市青少年车辆模型锦标赛	1\24遥控电动模型赛场地赛团体	第二名
29	黄志勇 张志浩 张佳思 翁凯悦	2016.1	温州市青少年车辆模型锦标赛	F1空气动力模型车直线赛团体	第三名
30	柯成昊 柯安妮 高梦瑶 张志浩	2016.1	温州市青少年车辆模型锦标赛	四驱车竞速赛团体	第三名
31	甘端端 柯成昊 柯宇想 洪 梅	2016.1	温州市青少年车辆模型锦标赛	橡筋动力直线距离赛团体	第四名

续表56

序号	姓 名（单位）	参赛时间	竞赛名称	参赛项目	名次
32	张志浩	2016.1	温州市第三届中小学生航模锦标赛	S3伞降模型火箭（男子组）	第一名
33	陈锦豪	2016.1	温州市第三届中小学生航模锦标赛	S4模型火箭助推滑翔机（男子组）	第一名
34	彭喻然	2016.1	温州市第三届中小学生航模锦标赛	S3伞降模型火箭（女子组）	第二名
35	张志浩	2016.1	温州市第三届中小学生航模锦标赛	P1B—0橡筋动力模型飞机（男子组）	第三名
36	林靖怡	2016.1	温州市第三届中小学生航模锦标赛	P1B—0橡筋动力模型飞机（女子组）	第三名
37	洪盛凯	2016.1	温州市第三届中小学生航模锦标赛	S4模型火箭助推滑翔机（男子组）	第三名
38	陈傲男	2016.1	温州市第三届中小学生航模锦标赛	S3伞降模型火箭（男子组）	第五名
39	洪 梅	2016.1	温州市第三届中小学生航模锦标赛	S4模型火箭助推滑翔机（女子组）	第五名
40	高梦瑶	2016.1	温州市第三届中小学生航模锦标赛	S4模型火箭助推滑翔机（女子组）	第六名
41	柯安妮	2016.1	温州市第三届中小学生航模锦标赛	S3伞降模型火箭（女子组）	第七名
42	姚 佳	2016.4	2016温州市中学生田径运动会	特色校女子组标枪	第五名
43	郑心宇	2016.5	温州市少年儿童围棋比赛	围棋个人	第五名
44	洞头队	2016.5	温州市少年儿童围棋比赛甲组	围棋团体	第三名
45	胡新觉	2016.5	温州市少年儿童乒乓球比赛	乒乓球单打	第七名
46	甘梓瑞	2016.5	温州市少年儿童乒乓球比赛	乒乓球单打	第七名
47	柯林卡	2016.5	温州市少年儿童乒乓球比赛	乒乓球单打	第一名
48	柯林卡 邱海宸	2016.5	温州市少年儿童乒乓球比赛	乒乓球双打	第五名
49	吴欣儿 杜思妤	2016.5	温州市少年儿童乒乓球比赛	乒乓球双打	第八名
50	纪荣威 甘梓瑞	2016.5	温州市少年儿童乒乓球比赛	乒乓球双打	第八名
51	姚辛泽	2016.5	温州市少年儿童田径分龄赛	10岁男子组100米	第二名
52	苏道烨	2016.5	温州市少年儿童田径分龄赛	11岁男子组100米	第六名
53	罗承烨	2016.5	温州市少年儿童田径分龄赛	12岁男子组100米	第三名
54	金上桢	2016.5	温州市少年儿童田径分龄赛	13岁男子组100米	第五名
55	陈豪楠	2016.5	温州市少年儿童田径分龄赛	13岁男子组400米	第二名
56	曾子函	2016.5	温州市少年儿童田径分龄赛	12岁男子组800米	第七名
57	陈豪楠	2016.5	温州市少年儿童田径分龄赛	13岁男子组800米	第六名
58	汪悦龙	2016.5	温州市少年儿童田径分龄赛	16—18岁男子组400米	第八名
59	金上桢	2016.5	温州市少年儿童田径分龄赛	13岁男子组100米栏	第二名
60	林 澍	2016.5	温州市少年儿童田径分龄赛	12岁男子组60米	第三名
61	林芷妍	2016.5	温州市少年儿童田径分龄赛	11岁女子组100米	第三名
62	庄 吉	2016.5	温州市少年儿童田径分龄赛	13岁女子组100米	第六名
63	卓蔚兑	2016.5	温州市少年儿童田径分龄赛	10岁女子组400米	第一名
64	吴佳怡	2016.5	温州市少年儿童田径分龄赛	11岁女子组400米	第五名

续表56

序号	姓 名（单位）	参赛时间	竞赛名称	参赛项目	名次
65	陈德楠	2016.5	温州市少年儿童田径分龄赛	14—15岁男子组800米	第八名
66	罗承烨 林 澍 黄麒铮 全荣繁	2016.5	温州市少年儿童田径分龄赛	小年龄男子组4×100米	第三名
67	郑 帆	2016.5	温州市少年儿童田径分龄赛	16—18岁男子组400米栏	第六名
68	陈逸超	2016.5	温州市少年儿童田径分龄赛	16—18岁男子组400米栏	第七名
69	汪悦龙	2016.5	温州市少年儿童田径分龄赛	16—18岁男子组400米栏	第八名
70	罗承烨	2016.5	温州市少年儿童田径分龄赛	12岁男子组200米	第七名
71	庄 吉	2016.5	温州市少年儿童田径分龄赛	13岁女子组200米	第四名
72	曾子函 郭子涵 林 澍 罗承烨	2016.5	温州市少年儿童田径分龄赛	小年龄男子组4X400米	第二名
73	卓蔚兑 曾依希 曾灵艳 林芷妍	2016.5	温州市少年儿童田径分龄赛	小年龄女子组4X400米	第五名
74	甘梓烨	2016.5	温州市少年儿童田径分龄赛	10岁男子组跳高	第一名
75	留宏睿	2016.5	温州市少年儿童田径分龄赛	10岁男子组跳远	第一名
76	郭子涵	2016.5	温州市少年儿童田径分龄赛	11岁男子组铅球	第二名
77	许珈铖	2016.5	温州市少年儿童田径分龄赛	11岁男子组铅球	第四名
78	曾泓郡	2016.5	温州市少年儿童田径分龄赛	11岁男子组铅球	第六名
79	晏子依	2016.5	温州市少年儿童田径分龄赛	12岁女子组跳高	第六名
80	苏 彤	2016.5	温州市少年儿童田径分龄赛	13岁女子组跳高	第四名
81	黄麒铮	2016.5	温州市少年儿童田径分龄赛	12岁男子组跳远	第二名
82	叶宇翔	2016.5	温州市少年儿童田径分龄赛	12岁男子组标枪	第五名
83	杨恩凯	2016.5	温州市少年儿童田径分龄赛	14—15岁男子组跳高	第六名
84	陈玲娜	2016.5	温州市少年儿童田径分龄赛	14—15岁女子组三级跳远	第六名
85	李成杰	2016.5	温州市少年儿童田径分龄赛	14—15岁男子组铅球	第七名
86	陈慧浩	2016.5	温州市少年儿童田径分龄赛	16—18岁男子组跳远	第四名
87	陈逸超	2016.5	温州市少年儿童田径分龄赛	16—18岁男子组跳远	第七名
88	吴雨涵	2016.5	温州市少年儿童田径分龄赛	10岁女子组跳高	第二名
89	曾灵艳	2016.5	温州市少年儿童田径分龄赛	11岁女子组跳高	第四名
90	张隆玉	2016.5	温州市少年儿童田径分龄赛	11岁女子组跳高	第六名
91	甘钰颖	2016.5	温州市少年儿童田径分龄赛	11岁女子组铅球	第三名
92	黄 伟	2016.5	温州市少年儿童田径分龄赛	16—18岁男子组标枪	第三名
93	陈劲龙	2016.5	温州市少年儿童田径分龄赛	16—18岁男子组标枪	第五名
94	曾依希	2016.5	温州市少年儿童田径分龄赛	10岁女子组跳远	第一名
95	陈雨欣	2016.5	温州市少年儿童田径分龄赛	11岁女子组跳远	第四名
96	全荣繁	2016.5	温州市少年儿童田径分龄赛	12岁男子组铅球	第一名
97	林 澍	2016.5	温州市少年儿童田径分龄赛	12岁男子组铅球	第四名

续表56

序号	姓 名（单位）	参赛时间	竞赛名称	参赛项目	名次
98	李坪坪	2016.5	温州市少年儿童田径分龄赛	13岁女子组铁饼	第二名
99	黄麒铮	2016.5	温州市少年儿童田径分龄赛	12岁男子组跳高	第三名
100	黄 伟	2016.5	温州市少年儿童田径分龄赛	16—18岁男子组铅球	第六名
101	曾巧灵	2016.5	温州市少年儿童田径分龄赛	14—15岁女子组标枪	第四名
102	钱方怡	2016.5	温州市少年儿童田径分龄赛	14—15岁女子组标枪	第五名
103	苏 彤	2016.5	温州市少年儿童田径分龄赛	13岁女子组跳远	第七名
104	李坪坪	2016.5	温州市少年儿童田径分龄赛	13岁女子组标枪	第三名
105	金荣繁	2016.5	温州市少年儿童田径分龄赛	12岁男子组三项全能	第二名
106	叶宇翔	2016.5	温州市少年儿童田径分龄赛	12岁男子组三项全能	第六名
107	晏子依	2016.5	温州市少年儿童田径分龄赛	12岁女子组三项全能	第三名
108	曾巧灵	2016.5	温州市少年儿童田径分龄赛	14—15岁女子组四项全能	第三名
109	郑浩浩	2016.5	市青少年航空模型锦标赛	自旋翼模型火箭	第一名
110	林靖怡	2016.5	市青少年航空模型锦标赛	自旋翼模型火箭	第一名
111	叶芮莹	2016.5	市青少年航空模型锦标赛	初级橡筋动力模型飞机	第一名
112	柯成昊	2016.5	市青少年航空模型锦标赛	50米定点模型火箭	第一名
113	洪盛凯	2016.5	市青少年航空模型锦标赛	火箭推进模型滑翔机	第二名
114	张志浩	2016.5	市青少年航空模型锦标赛	50米定点模型火箭	第二名
115	张子燕	2016.5	市青少年航空模型锦标赛	火箭推进模型滑翔机	第二名
116	彭喻然	2016.5	市青少年航空模型锦标赛	初级橡筋动力模型飞机	第三名
117	娄佳清	2016.5	市青少年航空模型锦标赛	50米定点模型火箭	第三名
118	沈锦豪	2016.5	市青少年航空模型锦标赛	50米定点模型火箭	第四名
119	林靖怡	2016.5	市青少年航空模型锦标赛	50米定点模型火箭	第四名
120	胡俊男	2016.5	市青少年航空模型锦标赛	初级橡筋动力模型飞机	第五名
121	陈淑怡	2016.5	市青少年航空模型锦标赛	自旋翼模型火箭	第五名
122	杨亨利	2016.5	市青少年航空模型锦标赛	50米定点模型火箭	第五名
123	陈淑怡	2016.5	市青少年航空模型锦标赛	伞降模型火箭	第六名
124	张子燕	2016.5	市青少年航空模型锦标赛	带降模型火箭	第七名
125	黄 熠	2016.5	市青少年航空模型锦标赛	弹射模型飞机	第七名
126	娄佳清	2016.5	市青少年航空模型锦标赛	自旋翼模型火箭	第七名
127	杨亨利	2016.5	市青少年航空模型锦标赛	自旋翼模型火箭	第七名
128	杨亨利	2016.5	市青少年航空模型锦标赛	伞降模型火箭	第八名
129	柯成昊	2016.5	市青少年航空模型锦标赛	火箭推进模型滑翔机	第八名
130	张志浩 沈锦豪 杨亨利 柯成昊	2016.5	市青少年航空模型锦标赛	50米定点模型火箭	第一名

续表56

序号	姓 名（单位）	参赛时间	竞赛名称	参赛项目	名次
131	叶芮莹 彭喻然 胡俊男 陈傲男	2016.5	市青少年航空模型锦标赛	初级橡筋动力模型飞机	第二名
132	郑浩浩 杨亨利 陈淑怡 林靖怡	2016.5	市青少年航空模型锦标赛	火箭推进模型滑翔机	第二名
133	张志浩 洪盛凯 张子燕 柯成昊	2016.5	市青少年航空模型锦标赛	自旋翼模型火箭	第二名
134	郑浩浩 娄佳清 杨亨利 陈淑怡	2016.5	市青少年航空模型锦标赛	带降模型火箭	第三名
135	钱江电视希望小学	2016.5	市青少年航天模型锦标赛	总团体	第四名
136	钱江电视希望小学	2016.5	市青少年航天模型锦标赛	总团体	第六名
137	林钰妍	2016.7	2016年温州市青少年跆拳道比赛	女丙42 KG	第二名
138	陈舒桐	2016.7	2016年温州市青少年跆拳道比赛	女乙40 KG	第三名
139	方芝颖	2016.7	2016年温州市青少年跆拳道比赛	女丙38 KG	第五名
140	陈羿帆	2016.7	2016年温州市青少年跆拳道比赛	男丙40 KG	第五名
141	陈韵州	2016.7	2016年温州市青少年跆拳道比赛	女丙34 KG	第七名
142	洞头队	2016.7	2016年温州市青少年篮球比赛	男子甲组	第七名
143	洞头队	2016.9	2016年温州市青少年足球比赛	男子乙组	第五名
144	灵昆一小	2016.9	温州市第三届中小学生健美操比赛	健美操团体	第四名
145	陈曦民	2016.9	温州市第三届中小学生健美操比赛	健美操男单	第三名
146	陈雨粟	2016.9	温州市第三届中小学生健美操比赛	健美操男单	第四名
147	陈曦民 林诗语	2016.9	温州市第三届中小学生健美操比赛	健美操混双	第二名
148	叶韵阳 陈雨粟	2016.9	温州市第三届中小学生健美操比赛	健美操混双	第三名
149	灵昆一小	2016.9	温州市第三届中小学生健美操比赛	校园街舞（团体）	第三名
150	灵昆一小	2016.9	温州市第三届中小学生健美操比赛	一级花球操（团体）	第四名
151	灵昆一小	2016.9	温州市第三届中小学生健美操比赛	8人徒手操	第七名
152	洞头队	2016.11	温州市第十届中学生篮球赛	高中男子团体	第五名
153	郑诺言	2016.12	温州市第二届中小学生武术套路锦标赛	小学男甲初级长拳一路	第四名
154	倪欣瑜	2016.12	温州市第二届中小学生武术套路锦标赛	小学女甲初级长拳一路	第七名
155	张可莹	2016.12	温州市第二届中小学生武术套路锦标赛	小学女甲枪术	第七名
156	张可莹	2016.12	温州市第二届中小学生武术套路锦标赛	小学女甲初级长拳三路	第六名
157	郑雅欣	2016.12	温州市第二届中小学生武术套路锦标赛	小学女甲初级长拳二路	第八名
158	陈佳盈	2016.12	温州市第二届中小学生武术套路锦标赛	小学女甲初级长拳二路	第六名
159	郑诺言	2016.12	温州市第二届中小学生武术套路锦标赛	小学男甲刀术	第六名
160	李阳	2016.12	温州市第二届中小学生武术套路锦标赛	小学长拳一路	第四名

（区文体局提供）

栏目编辑　卓桂荣

社会·民生

沙滩渔韵味浓·陈晨

“海霞精神”

爱岛尚武 励志奉献

“五岛连桥”精神

小县办大事 小岛创大业

物 价

【概况】2016年，区发改局开展教育收费、涉农涉企收费、药品价格、旅游行业价格行为等专项检查。检查中小学校15家次、幼儿园25家次、旅游消费场所165家、行政事业单位25家、医疗机构及零售药店15家、旅游消费场所150家次。全年累计出动巡查力量460人次，检查经营户（单位）650家次。纠正规范经营者或收费单位不规范明码标价、乱收费等行为6件。加强市场价格监测和公示力度，每月两次对市场农副食品[每月两次对市场农副食品、粮油、肉禽蛋菜、海产品，每周一次对液化气等商品和服务价格进行定期监测和巡查、粮油、肉禽蛋菜、海产品，每周一次对液化气等商品和服务价格进行定期监测和巡查。开展以“放心消费在洞头”“新消费我做主”为主体的“3·15”国际消费者权益日大型现场宣传活动。办结市长专线、区长信箱、群众来访等价格举报案件15件。办理公安机关委托价格认定案件40件，认定标的额63.1万元。

【政府定价项目调整】2016年，区发改局核定新城02-06地块公共租赁住房租金标准，其中低保或低保边缘家庭租金标准1.2元/平方米·月，低保2.5倍以内家庭租金标准1.2元/平方米·月，其他保障家庭1.8元/平方米·月；人才公共租赁住房，月租金按照每平方米3.5元标准缴纳。调整洞头区普通住宅前期物业服务收费基准价，多层不带电梯最高收费标准0.8元/平方米建筑面积·月，多层带电梯最高收费标准1.0元/平方米建筑面积·月，高层最高收费标准1.4元/平方米建筑面积·月，可在以上基准价基础上上下浮动30%，取消现行“小高层”物业收费标准，归并到高层物业，同时不再对单个小区发文核定物业收费标准。调整南片四街道城市供水价格和区污水处理费标准，保持居民供水到户价格3.8元/立方米不变，上调污水处理费收费标准至0.95元/立方米，下调供水价格至2.85元/立方米，非居民污水处理费一律调整到1.4元/立方米。

【车渡票价】2016年，区发改局对航顺运输有限公司新增元觉至鹿西以及大门至鹿西车渡航线票价制定试运营票价，对轿车、客车、货车等各类车辆车渡票价进行分类制定，试运营期一年。

【价格监管】（参见《经济管理监督》栏目“价格管理”分目）

2016年洞头区新增车渡航线票价

表57

项目	票价（元）		备　注
	元觉—鹿西	大门—鹿西	
自行车	8	6	
摩托车	15	13	二轮
小型拖拉机	105	88	
三轮机动车	60	50	

续表57

项目	票价（元）		备注
	元觉—鹿西	大门—鹿西	
轿车	150	125	包括吉普车
客车	180	150	6-15座
客车	195	163	16-20座
客车	270	225	20座以上
货车	150	125	1吨以下（含）；1吨以上的每增加1吨增收50元，不足1吨按1吨计算。
特种车辆	900	750	
旅客	30	15	每人次
货物	8		每100千克

（柯友庆、颜先念）

城乡居民生活

【概况】2016年，洞头区城镇常住居民人均可支配收入37827元，增长9.1%，人均收入水平居全市第九，增速居全市第二。城镇居民人均工资性收入20790元，占总收入55.0%，较上年增加1515元，增长7.9%。主要是机关事业单位以及企业员工薪酬稳步增长，各行业工资收入水平提高。全年城镇居民家庭人均转移净收入7993元，占总收入21.1%，同比增长11.9%。主要是实施国家收入分配制度改革，多项政策措施推动居民养老金、离退休金增加。经营净收入和财产净收入增速平稳。全年经营净收入和财产净收入同比分别增长8.5%和10.3%，但增速较往年偏慢，主要是市场需求不足，来自居民服务性收入增长不快；同时房价平稳，房租没有明显提价，以及居民理财产品不多。

是年，城镇居民人均生活消费支出23596元，同比增长11.3%，八大类消费支出均有不同程度增长。从增速来看，八大类消费支出中，生活用品及服务、居住等支出增长较快，其他支出平稳增长。从消费结构来看，食品消费支出仍然占据最大份额。人均食品消费支出8345元，同比增长11.2%，占总消费支出35.4%，恩格尔系数继续呈下降态势，表明居民生活质量逐年提高，消费呈多样性发展，医疗保健、文教娱乐、交通通信等消费支出均有增加，所占比重有所提高。

全区农村常住居民人均可支配收入19907元，居全市第六，同比增加1542元，增长8.4%，增速居全市第六；人均生活消费支出16182元，同比增加1206元，增长6.0%。农村常住居民人均可支配收入主要特点：经营净收入稳定增长。农村居民人均经营净收入9307元，占总收入46.7%，较上年净增加791元，增长9.3%。主要是渔业增收、特别是紫菜增产增收、民宿等新业态带动。全年农村居民家庭人均工资性收入6712元，占总收入33.7%，同比增长7.8%。主要是企业薪酬和民工工资逐年增长。转移净收入增长较慢，财产净收入平稳增长。农村居民人均非经营净收入3623元，占总收入19.5%，较上年净增265元，增长7.3%。转移净收入增长，主要是贯彻落实中央收入分配制度，提高农村养老金标准。财产性收入主要依赖于利息收入和房屋出租。从各类支出的增速来看，八大类消费支出均有不同程度增长。农村居民人均生活消费支出16182元，同比增长8.1%，其中生活用品及服务、教育文化娱乐等支出增长较快。从支出构成来看，食品消费支出仍然占据最大份额。人均食品消费支出6057元，同比增长8.0%，主要是食品类消费支出为刚性支出，占总消费支出37.4%。交通通信、文教娱乐、医疗保健等发展性和享受性消费支出有所增加，所占比重稳步提高，说明农村居民消费支出逐步向服务性消费支出分流。

（余克新）

人　口

【概况】2016年底，根据区公安分局提供的人口统计资料显示（未含灵昆街道，下同），洞头区户籍人口44535户，比上年增加367户；总人口131119人，比上年增加593人；平均每户2.97人，略高于上年。其中，男性67276人，比上年增加378人，占人口总数51.4%；女性63843人，比上年增加215人，占人口总数48.6%。全区城镇人口52996人，占总人口40.42%。男女性比例为105.4∶100。

【年龄结构】2016年，全区总人口中，17岁以下人口23516人，占总人口17.90%，18—34岁人口29217人，占总人口22.27%，35—59岁人口56665人，占总人口43.21%，60岁以上人口21811人，占总人口16.62%。

【出生性别情况】2016年，洞头区出生1613人（男845人，女768人），比上年多出生533人（男增加277人，女增加256人），出生率为12.30‰；新生孩子男女性比为110.3。

【人口自然增长】2016年，全区死亡801人（男450人，女351人），比上年少死亡40人（男减少50人，女增加10人），死亡率6.19‰，死亡人口男女性比为128.2；人口自然增长率6.11‰。死亡率略低于上年，出生率、自然增长率远远高于上年。

【人口迁移】2016年，洞头区迁出人口684人，比上年减少392人，其中迁往外省195人，比上年减少25人；迁出率1.49‰，比上年降低1.18‰。迁入洞头区485人，比上年减少309人；其中，从外省迁入214人，比上年减少27人；迁入率5.08‰，比上年下降2.13‰。

（翁定福）

2016年洞头区人口数量分布及年内人口变化情况

表58　　单位：人

地区别	年末总户数	年末总人口			变化情况			
		合计	男	女	出生	死亡	迁入	迁出
全　区	44535	131119	67276	63843	1613	801	485	684
北岙街道	16452	47788	24413	23375	488	276	233	276
东屏街道	7972	22105	11181	10924	246	131	51	102
元觉街道	3575	11122	5562	5560	128	66	20	37
霓屿街道	4720	14547	7404	7143	157	86	34	53
大门镇	9482	27400	14349	13051	480	192	133	17
鹿西乡	2334	8157	4367	3790	114	50	14	44

续表58

地区别	出生率（‰）	死亡率（‰）	自然增长率（‰）	男女性别比（女为100）	城镇人口	
					人口数	占总人口（%）
全　区	12.30	6.19	6.11	105.40	52996	40.42
北岙街道	10.20	5.73	4.47	104.44	29478	61.43
东屏街道	11.10	5.91	5.19	102.35	10654	48.21
元觉街道	11.50	5.94	5.56	100.03	5470	49.30
霓屿街道	10.70	5.93	4.77	103.65	2178	15.08
大门镇	17.48	7.04	10.44	109.94	5216	19.06
鹿西乡	13.92	6.14	13.78	115.22	0	0

说明：本表未含灵昆街道

（区公安分局提供）

新居民管理服务

【概况】截至2016年12月20日，洞头区在册流动人口23686人（含灵昆街道），其中男性16404人、女性7282人，新登33607人，注销29816人；在册出租房2767间（含灵昆街道），全年累计新登出租房1095间，均签订出租房责任书。

是年，区公安分局推进“流管通”和“e居卡”管理，建立新型流动人口基础信息化管理机制，加强流动人员和出租房管理工作。全区共配备“流管通”49台，A型“e居站”18台，D型“e居站”26台，二维码门牌安装数1930个。区卫生计生部门每季至少开展一次流动人口大清查，做到清查全面、跟踪管理，防止部分地段、时段失管、漏管。全年集中开展3次流动人口计划生育服务管理，出动787人次，车辆89辆次；查出外来人口19040人次，其中育龄妇女6303人次。查验流动人口婚育证明3244人次，检查企业427家、出租房屋1658户。

（翁定福　黄若涵）

婚姻与家庭

【概况】2016年底，根据区公安分局提供的人口统计资料显示（未含灵昆街道），洞头区户籍人口44535户，总人口131119人，其中女性63843人。全年结婚973对，离婚登记328对。区婚姻家庭调处服务中心进驻民政婚姻大厅，安排专职律师每周坐班，联动区民政、区法院，建立离婚调节机制，提供咨询服务。成立法院家事合议庭，妇联陪审员为合议庭成员。全年公安部门开具家庭暴力告诫书23份，法院受理家暴离婚案件9件。区妇联全年处理妇女维权信访件22件，接待信访群众30批次。开展基层普法讲座、宣传活动23场，发放宣传资料4万余册，受惠群众近万人。开展反家庭暴力周系列活动。拍摄反家暴动漫宣传片《3分钟让你对家暴说“不”！》，与区禁毒办联合拍摄《重生无门》禁毒微电影。联合评选街道（乡镇）级平安家庭示范户2369户，区级平安家庭示范户百名。开展“平安家诺”网上接力、

“平安敲门”专项入户行动，参与互动家庭1.3万个。组织巾帼志愿者开展“美丽行动”、保卫舌尖安全、呵护女童等平安行动。

（王　曼）

计划生育

【概况】2016年，洞头区出生1788人（含补报55人），其中计划内出生1734人，计划生育率96.98%，孕情信息掌握率90.11%，孕前优生检测率98.47%。户籍出生人口性别比106.8，国统出生人口性别比105.54。联合对全区各医疗机构开展出生实名登记、凭证引流产、B超登记制度和销售终止妊娠药物等检查。全年查处党员违反计生政策案件4起。全区社会抚养费征收67例，金额227.72万元。全年发放实施两孩政策宣传册（品）1万余份，国策、两孩政策解读等41场次2925人次，开展宣传教育34场次6430人次，培训咨询31次4100人次。开展二孩备孕优孕优生优育知识讲座11场、青春期健康教育进校园、进企业、进社区44场，参加培训学生2131人次、家长1436人次。区计划生育协会实施生育关怀行动、计划生育家庭幸福促进行动项目、计划生育特殊家庭帮扶、维护计生家庭合法权益等。全区会员数7717人，会员小组365个，会员之家58个，流动人口协会1个，企业计生协会8个。是年，洞头区优生优育优教指导中心被省卫计委命名为省级示范点。

【计生奖扶系列政策兑现1698万元】2016年，区卫生计生局贯彻落实新计划生育条例法规，按照“老人老办法、新人新办法”原则，全面落实奖扶、特扶、城乡基本医疗保险、城镇职工基本养老保险等优惠利导政策。全年兑现资金1698万元。其中，奖扶403人补助114万元，特扶45人补助29万元，城镇职工基本养老保险5439人补助1555万元。

【人口计生服务】2016年，区卫生计生局全面推行生育登记制度，依托“温州智慧健康”APP，开展高效便捷的生育办证模式。提高村级卫生计生员月补助金额至500元/月。落实优生两免、“优生优育优教”、“助您好孕”、妇女病普查、病残儿童医学鉴定、计生家庭高风险孕妇产前诊断扶助等服务工作。全年妇女病检查7476例、免费发放孕妇复合营养素874盒、医学鉴定初审病残儿童6名。在北岙街道打水鞍村创建“新家庭计划”试点社区，把家庭保健、科学育儿、养老照护、家庭文化等融入和谐社区建设。东屏、元觉街道开展卫计整合试点，药具管理服务职能移至社区卫生服务中心。全年办理生育服务登记卡1303个，再生育证58个，独生子女父母光荣证202个。

【计生困难家庭幸福促进行动】2016年，区卫生计生局开展计生困难家庭幸福促进行动，帮扶健康促进28户，金额9.8万元；关怀救助12户，金额3.6万元；爱心助学79户，金额21.6万元；关注留守儿童46户，金额6.9万元；致富发展11户，金额5.5万元；累计补助176户，金额47.4万元（包括灵昆街道29人，补助金7.7万元）。

（黄若涵）

民族宗教工作

【概况】2016年，全区宗教场所84处，其中佛教场所11处，基督教场所16处，道教场所57处，宗教教职人员58名。区民宗局严格落实《宗教场所新增违法建筑管控办法》，实行“每月一报”和“零报告”制度。对接国土、住建、农林等部门，做好宗教场所权证办理工作，截至年底，完成宗教活动场所和甲类民间信仰场所测绘，办理土地证5家。创成省级和谐寺观教堂先进场所2个，建达标场所5个，三星级场所3个。区民宗局深化“民族团结进步模范社区”，建立社区民族工作服务站，建立外来流动少数民族群众数据库。争取中央、省各级帮扶资金30万元，帮助开展寮顶回族村改造建设。协助举办中普陀寺第六届国际大放生法会，联合区科协、区佛教协会举办“普及科学放生，保持生态自然和谐”讲座。中普陀举办“清净和谐，智慧圆融”佛教讲经交流活动。深入开展“同心同行·共建和谐”活动，全年累计谈心谈话3000余人次。开展宣讲活动21场，受众5000余人次。大门黄岙基督教堂和北岙三盘基督教堂纳入“同心同行·共建和谐”活动示范场所重点培育，指导宗教界开展“和谐寺观教堂”创建和星级评选活动，永福寺被评为省级四星级场所。

【毛光烈调研洞头民族宗教工作】2016年6月23日，省人大常委会副主任毛光烈率省人大调研组到洞头调研民族宗教工作。毛光烈实地走访洞头先锋女子民兵连纪念馆、东屏街道寮顶村，召开座谈会，听取工作汇报。毛光烈强调要立足实际积极探索创新性工作思路和方法，因地制宜地开发特色民族村寨建设，推动民族宗教工作再上新台阶。要挖掘洞头海岛文化特色文化，大力发展民族特色产业，充分利用海岛人文环境资源，切实推动民族经济社会发展。市领导张耕、王小同、彭立华，区领导董智武、王蛟虎、叶永辉、林新磊、林海珊、叶锦丽等陪同调研。

【民间信仰场所管理】2016年，区民宗局细化甲类场所验收标准，做好民间信仰场所登记编号管理。严格标准要求，组织验收。全年创建甲类场所25处。全区民间信仰场所管理制度上墙率100%，管理组组建率100%。上报参评市级优秀民间信仰甲类场所2处。

【宗教专题“百岛讲坛”】 2016年6月13日，洞头区举办“百岛讲坛”——宗教形势专题讲座。省民宗委党组成员、副主任陈振华作“当前宗教工作的形势和任务”专题讲座。从中国特色社会主义宗教理论概述、宗教工作面临的新挑战、做好宗教工作思考等，解读党对宗教问题的基本理论和基本观点，以及如何认识宗教问题、对待宗教问题。董智武、叶永辉、王文胜等四套班子领导及各部门、街道（乡镇）主要负责人参加。

【洞头区第六届放生节】（参见《环境保护 国土资源》栏目“环境保护”分目）

【首届禅武文化学术研讨会】 2016年11月26日，首届禅武文化论坛在永福禅寺举行。活动主题是“弘扬禅武文化，助力一带一路；促进文明互鉴，践行人间佛教”。活动开展武术表演和禅武论坛。中国武术九段、中国武术专家委员会委员、博士生导师、邱丕相教授等参加。

（方 芳）

老龄工作

【概况】 2016年底，洞头区老年人（60周岁以上）26051人，占全区总人口16.99%，65周岁以上老年人17232人，70周岁以上老年人10376人，80周岁以上老年人3495人，90周岁以上老年人416人，100周岁以上老年人6人。截至年底，全区建有老年人协会110个，其中街道（乡镇）老年人协会7个，区老协1个。

2016年，洞头区制定养老服务业发展十三五规划、加快发展养老服务业的实施意见、养老服务业发展三年行动计划（2016—2018年）等。全年新建居家养老服务照料中心15家，居家养老服务照料中心村居覆盖率57.28%；新增养老机构床位65张。扩大居家养老服务补贴惠及面，享受居家养老服务补贴人数增至572人，占全区老年人2.3%。培育和引导社会力量参与养老服务，微动力志愿服务队获评“全省居家养老服务知名机构”，爱之家社会福利院获评全省知名民办养老机构。

举办全国第四个老年节文体友谊赛，7个街道（乡镇）150余人参加比赛。举行街道（乡镇）村居老协2013—2015年先进集体和先进工作者表彰大会，评选乡级先进协会4个、村级协会20个，评选先进老年电大教学点26个、老协先进工作者30人。组织参加市老年体育协会“状元·新元杯”第二届老年人乒乓球赛。推荐柯吉榜、周岁琴、微动力志愿服务队参加浙江省第二届“敬老文明号”评选。敬老月活动期间，慰问困难老人、养老机构老人650人次，发放价值15万元慰问物资。全年发放90周岁以上老人高龄补贴422人共计53.52万元。

是年，省老年电视大学副校长何铁峰一行到洞头指导老年电大工作。区老体协获市第七届老年人运动会“体育道德风尚奖”，洞头区获市第七届老年人运动会“优秀赛区”。

【《温州市洞头区养老服务业发展三年行动计划（2016—2018年）》出台】（参见《民政》栏目“概述”分目）

【《洞头区全面推进居家养老服务工作实施意见》出台】（参见《民政》栏目“概述”分目）

【百岁老人】 截至2016年底，全区100周岁以上（含100 周岁）老年人6人，其中，男性2人、女性4人，分别是灵昆街道潘庆云、曹宪坤、张阿翠，大门镇陈传芳，东屏街道张阿翠，北岙街道王青。其中，灵昆街道潘庆云105岁，为全区年龄最大老人。

【老年电大教育】 2016年，全区老年教育点84个，全年入学总人数2630人，比上年增加30人。区老年电大专职工作人员3人，各教学点办学人员124人，辅导人员123人。全年老年电大毕业人数220人。

【温州市第七届老年人运动会柔力球（套路）表演赛在洞头举行】 2016年6月13—15日，温州市第七届老年人运动会柔力球（套路）表演赛在洞头老干部活动中心举行，全市7个县市区9个代表队116人参加。比赛分团体规定套路、团体自选套路、双人自选套路、单人自选套路4个类别。洞头代表队获乙组单项自选赛第一名，市老干部活动中心代表队获甲组单项自选赛第一名，平阳县代表队获甲组团体第一名，鹿城区代表队获得乙组团体第一名。比赛由温州市老年体协主办，洞头区老年体协承办。

（周世盼）

关心下一代工作

【概况】 2016年，区关工委制定企业关爱助学慈善基金使用管理办法（暂行）、财政助学资金使用管理办法（暂行），规范助学资金使用。开展“五老”结对关爱青少年活动，组织对家庭突发变故、失足失范、在监人员子女、农村留守儿童等困境青少年群体心理干预，全年个体心理辅导15人次，团体心理辅导5场次。开展农村留守儿童、病残青少年、贫困家庭、重病家庭子女等各类困境青少年精准帮扶活动。全年资助学生132人，发放助学金26.8万元。开展助力海霞中学暑期社会实践活动，为北岙街道“春泥学堂”假日学校240名青少年传授剪纸艺术和太极拳。推荐区老年大学优秀学员24名。

是年，董绍新被授予洞头区第三届“最美洞头人”称号。

【区“五老”讲师团】 2016年，区关工委针对青少年需求，组织“五老”讲师团深入青少年群体中开展“党史国史”“爱学习、爱劳动、爱祖国”“家风家训”、社会主义核心价值观教育等主题报告会38场次，受众3036人。参与“五老”讲师团387人次。清明节期间，在烈士陵园分别为海霞中学、钱江电视希望小学300多名学生进行洞头解放史教育。林黎明、郭温林、黄庆通等编写《待母一生无怨无悔》《家风家训育后人》《学经典祖训，长家族风采》等教材列入区委组织部红色宣讲课题。

【“老少携游”系列活动】 2016年，区关工委通过政府购买服务形式，委托区幸福泉社工服务中心组织开展“老少携游”系列活动。开展“老少携游”青少年革命传统教育活动2期，城关二小60名学生分批到海霞军事主题公园和红色印迹馆接受爱国主义教育。组织鹿西乡30名留守、单亲等困境青少年开展团队拓展、急救技能培训、参观家乡建设等“老少携游”困境青少年关爱活动。

【关心下一代工作获评先进个人（集体）】 2016年，张孚顺、黄庆通获评省关心下一代工作先进个人；北岙街道岭背社区、东屏街道关工委、城关第一小学获评市关心下一代工作先进集体；张剑芳、颜恭云、柯位宣、石宝福、郭良进、林珍珍获评市关心下一代工作先进个人；黄信奶、柯吉榜、郭丁长、林黎明、江锦萍获评市青少年思想道德教育优秀报告员。

【董绍新获评洞头区第三届“最美洞头人”】 〔参见《人物》栏目“模范人物（集体）”分目〕

（甘淑谊）

志愿服务

【概况】 2016年底，全区注册志愿者8324人，志愿者队伍64支（其中注册12支）。全年组织开展平安宣传、景区服务、关爱留守儿童、看望孤寡老人、植树护林等志愿活动518场，参与志愿服务2200余人次，服务时长16258小时。

【学雷锋志愿服务活动】 2016年3月4日，团区委、区志愿者协会组织全区志愿服务团队开展“弘扬雷锋精神·建设海上花园—‘3·5’学雷锋志愿服务月”活动。活动涵盖免费理发、手工品义卖、邮政DIY服务、免费发放蔬菜种子（环保袋）、旅游宣传服务、金融宣传知识、商家让利优惠等内容。40余商家参加。3月8日，开展“万朵鲜花送雷锋”启动仪式暨洞头电台《百姓茶坊》“寻找雷锋的足迹”访谈活动，为慈善爱心人士、劳动模范代表、最美洞头人、道德模范和优秀志愿者代表等近百名雷锋式人物赠送鲜花和绶带。

【“快乐假期”志愿服务活动】 2016年春运期间，团区委组织青年志愿服务队在城关车站、新城客运站开展“春运志愿行·温暖回家路”志愿活动，发放“福”字200多份，猴年吉祥物130多份，旅客安全乘车宣传单200多份，提供各类咨询引导服务40余次。在元旦、“五一”、国庆等重大节假日期间，组织志愿者在仙叠岩、大沙岙等景区开展志愿服务，为旅客提供景区引导，清理景区沿路垃圾，累计服务5万余人次。

【“新青年下乡”志愿服务活动】 2016年，团区委与温州仁济学院6个团总支17系155个班级结对文化礼堂。开展义诊、知识讲座、慰问孤寡老人等服务，全年发放药品200余份，宣传资料500余份，义诊200余位老人。为留守儿童、农民工子女等开展学业辅导、亲情陪伴、爱心捐赠等志愿服务活动32次，支教受众2000余人次。为全区129名留守儿童、新居民子女免费配置眼镜总价值约6万元。

（陈茜茜）

慈善工作

【概况】 2016年，区慈善总会探索慈善捐赠新途径，积极吸引社会力量参与慈善救助活动，全年募集善款335.33万元，救助支出221.11万元，惠及困难群众3850人次。全年开展“慈善一日捐”“在外企业家捐赠”等募捐活动，以及“万向助学”“爱心温州结对助学”“杭州洞头商会助学”等慈善助学活动，募集助学金20余万元，资助洞头籍学生63人。值春节、助残日、重阳节等节日，慰问资助大病患者、孤寡老人、失能老人、低保及低保边缘家庭、孤残儿童等650人次。“爱心卡车暖百岛”“慈善义诊”等系列活动惠及老弱孤残等特殊困难群众780人次。举办“溢香国际爱心慈善宴”，200位低保户受邀参加。

（周世盼）

栏目编辑　曾焕定

街道·乡镇

夕照渔村·陈建辉

“海霞精神”

爱岛尚武 励志奉献

“五岛连桥”精神

小县办大事 小岛创大业

北岙街道

【概括】北岙街道为洞头区中心城区，是全区政治、经济、文化中心。位于洞头区本岛西北部（包括三盘岛），东临东海，南与东屏街道接壤，西与霓屿街道隔海相望，西北部经洞头峡大桥、洞头大桥与元觉乡相连，距温州市区约68千米。全街道陆域面积26.76 平方千米，其中城区面积7.5平方千米，2011年5月镇改街道。现辖岭背、上新、城中、新城和银海5个城市社区和三盘、双朴、南塘、北沙4个农村新社区，其中4个农村新社区下辖24个行政村，街道户籍人口47788人。2016年，全街道实现经济总收入43.95亿元，同比增长8.5%。全年完成固定投资20.1亿元。

全年街道工业总产值7.42亿元，同比下降4.5%。其中，规上企业完成30488万元，规下企业完成43689万元，辖区内企业380家，工商注册企业数828家，实体性企业180家，规上企业数11家。新增建筑企业3家，累计9 家。全年渔业总产量26375吨，渔业总产值13964万元。引进温州市大洲远洋渔业捕捞有限公司，在建远洋捕捞渔船6艘。申报148艘捕捞渔船和122艘养殖渔船油价补贴。组织渔农民开展茶艺、厨艺、电商、北斗实操、保育员等培训230人次。投资170万建设大岙村、风门村、双垅村及鸽尾礁村排洪沟等防汛防台提升工程。

全年完成重点工程建设项目32项，政策处理事项69项。推进中心街（风门）拆迁安置房工程建设。九厅村保障房工程完成中间验收。南塘花苑农房集聚项目主体工程竣工通过验收。蓝色海湾整治修复，提升整治沙岙底村庄综合环境，推进沙岙底至隔头村1千米生态廊道建设，完成凸垄底绿荫停车场 1800 平方米建设和凸垄底至脚桶石约 500米望海廊道建设。全年接待国内外游客22万人次。成功举办第七届中国·洞头“妈祖平安节”和首届烹饪技能大赛。启动白迭文化部落建设，完成岩海凸垄度假山居17幢石头房改造，新增海角七号、蒲悦良舍精品民宿2家。引进温州彼岸投资有限公司投资3000万建设海栖七号精品民宿，完成工商注册。全街道精品民宿24家，床位300多张。

是年，推进“大拆大整”工

海上养殖

作，建立6个攻坚专班小组，把主城区存量违建五年计划压缩至两年内完成。景区村搬迁整治任务计划提前半年完成。建立危旧房一户一档信息168户。协议签订、腾空拆除等工作。拆除原卫生局旧宿舍等危房4栋，面积2287平方米。基本完成22栋公寓楼入户评估，签订协议60户。发放“四无”整改通知书27份，限期搬迁单位6家。联合拆除万顺机械厂、大朴汽修厂、鱼粉厂等4100余平方米。制定村居综合环境“十个没有”管理考核奖惩办法。出动党员干部群众5200多人次，清运各种垃圾、杂物近600吨，整平和回填闲置地块150余亩，栽种树苗22万株，绿化1.7万平方米，硬化面积35亩，修建文化围墙和木质围栏2300多米，拆除违章建筑12处，立面改造23间4300平方米。

通过“五有十化”社区、市级非遗旅游基地、文化强街道、省市区文化示范村居等创建复查。全年开展春泥计划主题活动等65次，参与人数2000余人次，通过“圆梦微心愿”活动资助中小学生和大学生35户10.4万元。创建上新社区、城南社区、打水鞍精品农家书屋，全年接待读者2600人次，外借图书3650册数。举办文化下乡活动20场、文化培训、讲座、展览16期。组织文艺团队编排节目参加温州市健身舞比赛获一等奖。为农民书写、赠送春联700余幅。

整合扶贫、“美丽乡村”建设等专项资金，扶持小三盘生态农业观光园拓展开心农场等旅游休闲项目。成立电子电器科技联合党支部，启动建设电子电器科技园党群服务中心。开展城乡货币化安置改造工作，农民群众住房保险投保26个村。实施低保、困难临时救助171人次33万元，教育救助、大病救助104人次60万元。春节慈善宴和“慈善一日捐”累计捐款19.5万元。新建居家养老服务照料中心3个。月嫂、电商、水手及五等机驾培训4期，参训人员300余人次。社区成人实用技术培训12次，参训1023人次。G20杭州峰会维稳安保期间实行街、村网格全员全天候应战工作模式，化解市、区领导包案信访3件，无出现上访和群体性事件。开展中心街、新城沿街店面等重点场所整治工作，整治出租房隐患469处、合用场所703处。浙江平安APP注册4692人。

是年，北岙街道获市服务保障G20杭州峰会先进集体、市人民调解工作先进集体、市法治宣传教育先进集体、市“五水共治”建设美丽浙南水乡年度考核优秀街道。

“大拆大整”危房

【洞头先锋女子民兵连纪念馆入选全国红色旅游经典景区名录】（参见《军事》栏目“洞头先锋女子民兵连建设”分目）

【第七届中国·洞头妈祖平安节】（参见《街道·乡镇》栏目“元觉街道”分目）

【南塘花苑农房集聚项目主体工程通过验收】 2016年12月，北岙街道南塘花苑农房集聚项目主体工程通过验收。该工程位于风门村和南塘工业区交界处（风门村建设规划A-06地块内），主要解决北岙街道城西社区和双朴片区群众住房困难问题。该项目总规划用地1.84公顷，总建筑面积26082.06平方米，工程概算6708.71万元。工程于2014年5月开工建设，责任单位是洞头区北岙街道新农村建设有限公司、由北京通程泛华建筑工程顾问有限公司设计、浙江宏信建设有限公司施工、浙江科诚建设监理有限公司监理。

【省人大调研组调研城中社区人大代表联络站】 2016年3月9日，省人大常委会委员、代表与选举任免工委主任臧平等一行到北岙街道城中社区调研人大代表联络站建设和运行情况。调研组一行参观社区人大代表接访室和社区服务大厅，听取联络站运行情况介绍，并对联络站的登记、反映、反馈等制度给予好评。区人大常委会主任叶永辉、副主任张孚标等陪同调研。

（张文杰）

灵昆街道

【概况】 灵昆街道位于温州湾口中部瓯江口内，东临东海，经灵霓大堤与霓屿街道相接，西与鹿城区七都街道一水相依，北与乐清市磐石街道、黄华街道隔江相望，南经灵昆大桥与温州扶贫经济开发区相连，系瓯江径流和海流动力共同塑造的产物，形成岛域约有一千余年历史，自古以来为温州海口之门户、交通之咽喉、军事之要塞。随着温州大都市战略的深入推进，瓯江口、洞头区“双驱”发展叠加深化，成为瓯江口开发建设主阵地、洞头区对外第一门户。街道总面积51.3平方千米，岛岸线总长24.69千米；下辖4个社区，9个行政村，1个居委会，39个自然村。截至年末，辖区户籍人口2.28万人，5623户，外来流动人口1.29万人。2016年，全街道实现工业总产值 7.48亿元，同比增长5.48%，农业总产值 1.90亿元，财政总收入9374.2万元。全街道完成固定资产投资98.1亿元，其中工业性投资10.26亿元。

是年，加大项目政策处理，推进征地拆迁项目26个。完成S2主线、S2配套、瓯绣大道等项目7个，土地组件报批计650亩。做好雁鸣路、环岛南路、S1线、昆北路、瓯杨路、纬四路、滨水北路等项目土地交地等政策处理。九村旱改水、沙塘地力提升等土地开发480亩，CD地块旱改水地力提升350亩入库验收。灵顺、繁灵、金土地、汇源、绿灵菜篮子等养殖企业和苗圃签订协议，搬迁双昆山下地质灾害点房屋。全年签约190户，其中南堤工程24户、北堤工程113户、市域铁路S1线工程53户。

大力推进“大拆大整”专项行动。以“1+6+N”（1个领导小组牵头抓总、6个专班组各司其职、“4名街道干部+7个职能部门+网格成员”）集中办公模式，同步排查、逐村鉴定，按照轻重缓急原则，积极沟通劝离特别危险、仍旧居住生活的危旧房户。全年排查危旧房1143户，其中，鉴定D级危房320户41107平方米；C级危房823户147476平方米。发放警示牌492个，危旧房停止居住告知书320户；腾空房屋481间，拆除危旧房9户共970平方米。对全街道284家生产经营型企业，重点是“四无企业”（无证无照、无安全保障、无合法场所、无环保措施企业），分批启动排查整治。依法拆除违章建筑，重点针对存在安全隐患违章、产能淘汰型企业违章、出租盈利房违章等7类违章。开展“双月”攻坚、“五大重点领域”消防安全整治，以及居住出租房、合用场所的消防安全排查整治。“一打三整治”行动拆解“三无”（无船名号、无渔业船舶证书、无船籍港）船舶81艘（辖区在册150多艘）。

加快城乡环境建设。基本完成一期6个村7个标段截污纳管及“最后一米”入户管建设。其中，主管网长度57335米，投资4600余万元；入户管长度89081米，投资3300余万元，改造化粪池3398户，末端处理设备5套，日处理量8.5吨；完成二期海思村截污纳管主管网和入户管建设工程量65%，总投资2300万元。坚持“清水”“生态”理念，分两期抓好以十字河为中心的15条骨干河整治。完成一期4条河道总长12.9千米疏浚整治，投入2400余万元；启动二期11条河道总长7.1千米招投标工作。全面推行“两长制”管理，实现全街道骨干河道、骨干道路“河长制”“路长制”全覆盖；开展城市管理“治乱”专项行动，重点突击乱停车、乱占道、卫生脏乱、设施破乱、绿色杂乱等，加快推进城乡环境卫生精细化、常态化、长效化管理，提升镇域环境面貌。

实施“全面两孩”政策，完善计划生育服务管理。1—12月，街道计划生育率95.15%，出生人口性别比为126.8，生孕信息掌握率81.58%。健全新型农村合作医疗报销制度（实现参保率100%），新增低保12户、注销低保12户，发放低保金259.8万元。发放医疗救助和临时救助162户41.3万元。深化殡葬改革管理，严格审批殡仪活动128例。设置辖区内主要道路13条安装门牌4200个。

推进社会治理综合指挥中心、社会服务管理中心“二合一”平台建设，提升基层治理“一张网”管理水平。投入1000多万元完成街道治安视频监控系统、77省道等重要交通要道抓拍设备及中小学校、多家幼儿园和灵昆卫生院等13家单位“一键式”报警系统安装。全国“两会”、G20杭州峰会安保期间，加大重点信访人员、重点管控对象、重点监管人员、重点对象的稳控和非访工作，解决各类信访难题和不稳定因素，全年来信来访31起、办结31起。开展平安护航G20、全民平安大巡防等行动，做好反恐反暴、治安安全、安全生产、重员管控、消防整治、生态环境、食药安全、校园安全、基础治理、平安“三率”等十大领域隐患排查、问题整改、反弹攻坚。全年化解各类矛盾纠纷96起，涉及总额532.66万元。

基层党组织晋位升级。示范村出彩1个、达标村提高7个、软弱村整转1个。推进九大村民中心建设，新建九村居民中心，改扩建海思、双昆两个村居。开展街道老年协会专项治理，9家老年协会均完成账户销户、资金转移、资产转移。启动实施村级组织换届重点难点村“清零”行动，推进落实发展壮大村级集体经济十项措施，提升村级组织自身“造血”功能。深化“两学一做”学习教育，开展“学亮比做展风采”系列活动，集中排查全街道党员组织关系746名党员，查摆问

灵昆岛南岸南线标准堤

题、落实整改措施。

开展基层作风专项整治。重点督办政策处理、“三改一拆”、环境建设、民生实事、平安建设、党风廉政等，督查40余次，发现问题5起，处理人员5人次。受理办结三资管理、干部作风、土地问题、房屋拆迁等各类信访件30件，其中立案审理办结5件。

【灵昆南岸南线标准堤建成】 2016年12月，灵昆岛南岸南线标准堤建成。该工程于2013年3月开工建设。工程西起披牌山，沿瓯江向东至浅滩一期围涂工程南围堤，堤线全长6.527千米，沿线设置景观平台6座。工程概算总投资12.15亿元，按50年一遇设计标准，是温州市至今功能、标准最齐全的防洪堤。该工程分为2个标段，其中桩号0+000—3+504为Ⅰ标段，由浙江省第一水电建设集团股份有限公司承建；桩号3+504—6+527.07为Ⅱ标段，由浙江省水电建筑安装有限公司承建、工程监理为浙江广川工程咨询有限公司。

【温州市域铁路S1线灵昆站开工】 2016年5月20日，温州市域铁路S1线一期工程灵昆站开工建设。该工程是国内首条制式创新的轨道交通，也是国家战略新兴产业示范工程。其中，灵昆站是温州市域铁路S1线一期工程第18座车站（共20座），位于灵昆街道王相村附近，为高架两层双岛四线车站，规划滨海大道和昌前街交叉口的西南侧，昆南路东北侧。该站总体规模约4800平方米，标段总长1.69千米，主体结构为高架两层，一层为站厅层、二层为站台层。S1线和S2线将在灵昆站实现平行换乘，线路出灵昆车站后，S1线继续向东，S2线则偏向北侧，驶往乐清方向。温州市域铁路S1线灵昆段涉及双昆、海思、王相、沙塘等5个村164.1亩土地征地，及王相村和叶先村民房拆迁60户。

【甬台温复线灵昆至阁巷段建设用地获批】 2016年12月底，甬台温复线温州灵昆至阁巷段项目建设用地获国土资源部批复，标志着该项目全部路段施工许可批复完成，将进入施工建设阶段。甬台温复线灵昆至阁巷段，始于灵昆岛上，接甬台温复线温州黄华至灵昆段终点，从灵昆岛向南，跨瓯江南汊，经温州机场，设有机场互通，路线再向南，经温州经济技术开发区后进入瑞安境内，跨越飞云江，终点位于瑞安阁巷东，设阁巷枢纽与甬台温复线温州瑞安至苍南段工程起点顺接，通过预留的阁巷枢纽连接温州绕西南高速公路终点，全长约38.644千米。全线采用双向6车道设计，设计时速100千米/小时。甬台温高速公路复线灵昆至阁巷段工程概算总投资140.33亿元，预计2019年实现通车。

【九村村民中心建成】 2016年6月3日，灵昆街道首个村民中心——九村村民中心建成投用。该村民中心占地面积672平方米，建筑面积1089.64平方米，按照“六室两栏一厅一堂一广场”结构打造，具备阅读书籍、培训教育、锻炼健身等功能。1月18日，工程开工建设，工程总投资520万元，建设单位灵昆街道九村村村民委员会，施工单位浙江

2016年5月20日，温州市域铁路S1线一期工程灵昆站开工建设

中瓯园林建设有限公司、设计单位无锡市政设计研究有限公司、监理单位青州广大工程监理有限公司。

（刘君可、林佰露）

大门镇

【概况】大门镇位于区域西北，乐清湾南端，隔海与台州、玉环、龙湾相望。全镇陆域面积36.26平方千米，下辖3个农村新社区，22个行政村，2个居委会，1个社区委员会。户籍人口27400人。拥有得天独厚的区位优势、港口优势、旅游资源优势、花岗岩资源优势和丰富的山海资源优势，是浙江省首批五个“蓝色海洋经济开发示范园区”之一，全国羊栖菜和深水网箱养殖基地。港口资源丰富，海岸线长42.2千米，建有5万吨级、5000吨级、3000吨级不同级别码头10余座。建有滩涂养殖、围塘立体混养养殖和深水网箱养殖基地；岛内平原广阔，山地资源丰富，以大荆、小荆、枫树坑、石浦为主的四大经济林建设初具规模；花岗岩探明储量21亿立方米，可开采3.18亿立方米；旅游资源丰富，景点总面积约4.5 平方千米，是洞头区省级风景区的主要组成部分，域内有省级风景名胜马岙潭旅游度假区。先后获全国重点镇，温州市一星级文明镇、温州市卫生镇、浙江省生态示范镇、浙江省教育强镇、全国环境优美乡镇等称号。全镇企业251家，农业专业合作社44家，水路运输企业11家，海运企业6家。

2016年，大小门岛完成固定资产投资7.8亿元，实现渔农村经济总收入79.97亿元（含中燃华电），参与税收分成收入2200万元。全年工业总产值24.56亿元，其中工业企业18.50亿元，同比下降35.03%；完成规模以上工业总产值17.02亿元；完成工业性投资额3.34亿元，同比增加198%；完成出口交货值1040万元（不含华电公司），同比增长9.47%。是年，大门现代石化特色产业科技园区实现总产值56.72亿元，其中现代石化特色优势产业销售收入占整个园区年销售收入96.93%以上。花岗岩产业实现年产值0.99亿元。全年水产品总产量4973.4683吨，同比增长6.2%；渔业总产值7136.695万元，同比增长2.7%。

大门大桥实现试通车，大门镇至小门大桥隧道工程完工。小门环岛公路、美岙至沙岙隧道、岙面至潭头公路等工程纳入PPP项目规划。环岛公路交通节点改造完成，集镇交通疏导工程和环境整治提升工程开工建设。黄岙二期围涂工程、小门西片围涂工程和大门物流港口促淤堤工程新增围垦面积1.3万亩。

全年开发公益性岗位22个，新增就业307人，失业人员再就业85人。开展电商、母婴、烹饪等技能培训4期，受益143人。领取养老金3800名，资格认证企业退休人员164人。签订用人单位劳动合同51家377人。处理各类劳资纠纷6起，涉及资金300万余元。全年发放低保金120.75万元，新增低保21人。发放大病救助补助金60余万元，临时救助101人18.54万元。发放残疾人“两项补贴” 325人76.73万元。新建村级居家养老服务照料中心4个。整治脏乱差面积1300平方米，处理垃圾6吨多。全年排查受理调处矛盾纠纷222起，涉及标的额385.73万余元，其中疑难案件20起，无群体性上访事件或民转刑案件。区公安分局治安稽查二大队和大门特警中队成立，新增警力60多人，新增监控设施51处。

镇党群服务中心投入使用，建成红色驿站8个，大荆党建长廊开工建设。开展“迎春祈福·跑马灯”“首饰龙踩街”游行、迎佛、唱鼓词和越剧表演等民间民俗文化活动，联合举行“春福六送”文化礼堂·文化下乡演出，参与区“文化洞头·活力乡村”排舞、小品及大合唱比赛。全年举办各类文体活动12余次。落实“党建e通”倒逼责任。实行优秀干部到村居挂职制度。开展“农村基层作风巡查”“两个年”作风效能建设整治等专项活动，累计走访群众1000多户。收集并处理涉及基础设施、交通饮水等问题60余条。受理各类投诉和诉求35起。立案查处违纪案件7件，处分党员干部7人，其中开除党籍2人，严重警告1人，警告3人，留党察看1人。开展村居坐值班纪律、村级三资管理等重点督查20多次，发出督查通报12份。

【大门大桥竣工通车】2016年1月21日，温州市首座特大型跨海大桥——大门大桥竣工试通车，自7月27日起改为24小时全天候开通。到高速仅30千米。该项目是浙江省“十一五”规划重点工程，于2010年2月4日开工建设，是中国第一座同时具备通路、通电、通水功能的海上特大桥。大门大桥一期工程是目前温州市规模最大的跨海大桥工程，起点位于乐清市翁垟街道柳翁公路，向东横跨乐清湾海面，终点位于洞头区大门镇小门岛最南端的外垟青。按一级公路标准建设。整座大桥全长约10.14千米，按双向四车道设计，路基宽度为24.5米，主桥桥梁宽度32.2米，主跨316米，创温州现有桥梁之最。其中，主桥及引线约7.49 千米，连接线长约2.65千米，时速可达80千米，大门大桥总投资20.36亿元。2015年1月25日，全桥合龙贯通。工程由温州大小门岛投资开发有限公司负责，浙江省交通规划研究院设计。工程Ⅰ标、Ⅱ标、Ⅲ标分别由中交第三航务工程局有限公司、中交第一公路工程局有限公司和中交第二航务工程局有限公司承建。广东虎门技术咨询有限公司监理。

【《温州市洞头区大门花岗岩产业集聚区建设三年行动计划（2016—2018年）》出台】 为加快大门镇花岗岩产业转型升级，推进大门花岗岩产业实现“2+1”模式（即两集中一提升，采矿权集中、生产基地集中和品牌建设能力提升）稳步健康发展，2016年9月14日，洞头区印发《温州市洞头区大门花岗岩产业集聚区建设三年行动计划（2016—2018年）》（洞委办发〔2016〕77号）。该计划提出主要任务是强化产业集聚、品牌提升、安全生产。目标力争3—5年内大门石材产业园初具发展规模，形成以市场为导向的规模化石材加工及交易产业园区。计划到2017年底，建成园区一期A区块并投入生产，实现产值7000万元，同时启动B区块建设。到2018年底，全面建成大门花岗岩集聚区（一期），实现产值2亿元。

【《温州市洞头区小门临港石化产业起步区开发（含港口促淤堤区块）三年行动计划（2016—2018年）》出台】（参见《大门海洋经济示范区》栏目）

【《温州市洞头区大小门岛热电联产规划（2016—2025年）》获批】（参见《大门海洋经济示范区》栏目）

【徐立毅调研洞头】（参见《中共温州市洞头区委》栏目“重要调研”分目）

【张耕调研洞头】（参见《中共温州市洞头区委》栏目“重要调研”分目）

2016年7月27日，市政府副市长王祖焕调研大门围垦区建设工作

【王祖焕调研大门围垦区建设工作】 2016年7月27日，市政府副市长王祖焕率市海洋渔业、城管执法、海事等部门负责人调研大门围垦区建设工作。调研组一行实地察看黄岙二期围垦、大门港口物流区促淤堤工程，现场听取情况汇报，并就相关工作开展讨论研究。区委常委、副区长张龙陪同调研。

【洞头区中医院（大门社区卫生服务中心）建设工程开工】（参见《卫生·体育》栏目“卫生”分目）

【大门镇至小门大桥公路工程（大门隧道）贯通】 2016年4月24日，大门镇至小门大桥公路工程（大门隧道）贯通。届时从大门镇到小门大桥缩短15分钟路程。该工程于2012年10月开工。起点位于大门镇长沙村，往北以隧道穿过山体后与小门大桥相接，终点在仁前途村，路线全长约2.3千米，其中隧道长约2千米，设计速度为60千米/小时，按两车道标准设计，工程概算约为1.1亿元。责任单位是温州大小门岛投资开发有限公司、设计单位是温州市交通规划设计院、施工单位是温州市交通建设集团有限公司、监理单位是河北华达监理公司。

【大门集镇环境整治建设工程】 2016年12月，大门镇集镇环境整治建设工程开工。该工程涵盖街景整治和环境提升工程两部分，整治范围包括长沙、兰湖洞、大溪、甲山、岙底、岙面6个行政村居。街景整治范围包括“三横”（振兴路、横河两侧、沙岩街、朝阳街）和“两纵”（富民街、镇中路），道路总长5040米。主要建设内容有交通组织梳理、景观绿化整治、附属设施整治、部分建筑立面整治、商店招牌整治及空中管线梳理等。环境提升面积约24.44万平方米，项目分为八大主题，主要为麦田守望、快乐老家、田间流水、海岛生活、生态采摘、绿野仙踪、有机养生、湿地景观。该项目投资估算4500万元。历时90天。

【美岙游客集散中心一期工程开工建设】 2016年5月，美岙游客集散中心一期工程开工建设。该工程概算220万元。工程建设单位是洞头区大门镇美岙村股份经济合作社、设计单位是浙江天工园林设计有限公司、施工单位是温州正博建设工程有限公司、监理单位是浙江万基工程管理有限公司。

【9家企业入驻花岗岩产业集聚区】2016年，花岗岩产业集聚区首批入驻的企业共有9家：分别是洞头县昌荣花岗岩制造厂、温州环岛花岗岩有限公司、洞头县成泰防腐石材厂、温州市同济花岗岩制品有限公司、温州豪大矿业有限公司、洞头县连能防腐石材有限公司、洞头县山峰花岗岩制品厂、洞头县恩照花岗岩制品厂、温州市陈林花岗岩制品有限公司等。

【大门镇消防执法大队揭牌成立】（参见《公安》栏目“公安消防”子分目）

（林万敏）

东屏街道

【概况】东屏街道位于洞头本岛东南部，面朝东海，紧邻主城区。由4个住人岛、88个无居民岛组成，陆地面积14.47平方千米。户籍人口22105人，常住人口1.78万人。辖16个行政村及3个农村新社区（蓝港社区、东港社区和半屏社区）。先后获国家级生态镇、国家级环境优美乡镇、省级五水共治先进单位、温州市美丽乡村建设工作先进乡镇等荣誉。2016年，实现社会经济总产值19.46亿元，同比增长8.10%；其中，一产产值4.39亿元，二产产值7.24亿元，三产产值7.82亿元，三产比例为23∶37∶40；税收收入1793万元；农村常住居民人均可支配收入20148元，同比增长9.50%。

全年，街道实现工业总产值38311万元，其中机械汽配工业产值24823万元，水产品加工产值5660万元，建材工业产值6745万元。新引进企业3家，签订意向投资项目3个，完成温商回归投资额42312万元。全年街道实现渔业产值3.2亿元。谋划实施渔港经济区建设，建成洞头海防码头，完成岙仔、松柏园等渔用码头维护，蓝港海钓主题酒店、中鹿旅游台湾观光工场开业。引进远洋捕捞企业1家。“一打三整治”专项行动整治纳轨船证不符渔船96艘，拆解“三无”渔船4艘。完成大瞿西南海区1000亩海域使用权招拍挂，推行公司化养殖运作模式。促成吉庆和、金海蕴等公司与清华大学等高等院校合作。市级羊栖菜产业标准化示范区项目完成竣工验收。洞头跨境电商接待服务中心开工。启动东岙渔村AAA级景区创建，完成东岙导览系统设计。全年引进精品民宿2家，新增民宿47家，半屏民宿一条街初具规模。

完成连港蓝色海岸带生态修复和环境提升项目、东沙渔港疏浚工程、仙叠岩和半屏景区提升工程等16项政策处理。实施国家海洋公园核心区蓝色海湾整治项目推进计划，开展村庄立面改造、景观提升、修复沙滩、三线入地和海洋生态广场建设。截至年底，洞头村立面彩工程、东岙村32幢民房立面改造工程进入施工阶段，东岙沙滩修复工程进入招投标程序，蓝港花苑三期进场施工。推进东屏中心区建设，启用东屏农贸市场。全年街道实现实现固定资产投资12.5亿元。

开展环境综合整治大行动，蓝港花苑周边及通景公路沿线整治，累计投入资金350万元。完成金岙村农村生活垃圾减量化处理工程建设、外埕头、金岙和东岙顶3个扩面村及寮顶村二期污水提升治污工程建设。开展城市管理“专项治乱”整治行动，重点对出室经营、占道经营、广告牌乱放、绿化带脏乱等情况进行整治。通过省“无违建”街道创建考核。全年拆除违法建筑29处，拆违面积5123平方米；城中村改造面积258277平方米。完成南策岛搬迁49户。全年拆除危旧房10间，改造危旧房27户，下发整改通知书97份，整治各类安全隐患26处。

民间金融风险处置全年累计接待群众2230人次，确认清会222起，涉及金额1.11亿元。完成社会管理服务中心建设，启动街道“四个平台”建设，推行网格化管理，全年收集并化解任务单信息1472条。试行“好厝边”平安志愿者注册登记制度和服务积分管理办法，推动社区平安志愿服务工作规范化、长效化运行。全年化解矛盾纠纷175起，排查不稳定因素32起，化解信访件31起。建设社区微型消防站3个。启动建设后寮生态陵园。启用蓝港体育公园，建成全区首个笼式足球场。开展青年五人制足球邀请赛、“春福六送”文化下乡、趣味游园会等各类文体活动。开展空巢老人关爱行动，在蓝港社区实行居家养老派餐服务，累计派送“爱心餐”1.8万份。全年走访残疾人、低保户、下岗失业人员等困难群体496户，发放慰问金40.29万元。推进东岙村省级历史文化重点村落保护利用项目建设。

投入约150万元完成蓝港村民中心、岙仔文化礼堂等项目建设，开展乡村“春晚”“青春快闪”等活动。全年各类志愿服务67次，街道、社区便民服务中心累计为群众办理事项29764件。开展村级民主决策专项巡查，破解村级议事不规范、决策不民主、集体资产处置混乱等现象，促进形成基层民主科学决策机制。全年组织开展正风肃纪明察暗访29次，督查通报26期涉167人次，谈心谈话52人。

是年，东屏街道获评浙江省美丽乡村示范乡镇、浙江省“六五”普法宣传工作先进集体、温州市精神文明建设先进集体、温州市G20杭州峰会维稳安保工作先进集体等。

【东屏街道蓝港花苑农房集聚三期工程开工】2016年10月，东屏街道蓝港花苑农房集聚三期工程开工建设。工程位于一期、二期农村集聚房东面，概算总投资约4200万元，总用地面积9200平方米，总建筑面积16500平方米，其中1幢楼5056.8平方米，2幢楼6377.4平方米，3幢楼5056.8平方米。建设内容包括住宅100套，小区道路、绿化和其他配套工程，工期三年。工程建设单位为东屏新农村建设发展有限公司，设计单位为浙江鸿地建筑建设有限公司，施工单位为江西鸿邑建设工程有限公司，监理单位为浙江裕达工程管理股份有限公司。该工程是温州首个“小岛迁，大岛建”项目，主要解决东屏街道大瞿、南策两个孤岛村356户1100多名群众住房困难问题。项目2011年启动，分四期，规划用地6.87公顷，总概算投资2.7亿元，可建成公寓房600套。其中，一、二期工程282套住房已竣工。

【东岙渔村AAA景区创建启动】 2016年8月，东屏街道东岙村启动AAA景区创建。东岙村位于洞头本岛东南部，东傍大沙岙、仙叠岩景区，南望神州海上第一屏仙叠岩景区，西临国家一级渔港——洞头渔港，全村陆域面积0.35平方千米，辖2个自然村，村域内有连港蓝色海岸带、红黑石滩、观音驯狮、陈府庙、张君声纪念碑、民俗工艺馆、长寿宅、聚财屋、秀才居等独特自然人文景观，民俗人文资源丰富。是浙江省首批渔家乐特色村，被誉为浙江省最佳农业（渔业）体验村和温州市十大魅力乡村，域内市级以上文保单位2处，县级文物保护2处，列入旅游景观13处。现有餐饮7家、农家住宿52家。吸引中国台湾三立电视台、韩国EBS电视台等知名媒体宣传报道，成为“温州两家人”重要取景地。举办“迎头鬃”“普度节”“七夕节”等民俗文化节庆活动，每年接待游客20万人次。先后获省“农家乐”特色示范村、省百强魅力乡村等称号。

【连港蓝色海岸带生态修复和环境提升工程开工】 2016年9月，连港蓝色海岸带生态修复和环境提升工程开工建设。该项目由东屏街道作为实施主体。建设内容涵盖东岙沙滩修复、东岙段生态廊道和半屏山段生态廊道3个子项目17个标段项目。主要建设东岙沙滩修复、洞头村立面改造、东岙村房屋立面改造提升、连港蓝色海岸带环境景观提升、东岙三线入地改造、海洋生态展示广场和半屏渔村改造等7个工程，投资总概算1.106亿元。

【东屏农贸市场投用】 2016年8月，东屏农贸市场竣工投入使用。该市场位于东屏中心街金源名邸F地块。2011年11月开工建设，投资概算352万元，建筑面积2296平方米，建筑高度3.75米（完成高度约3.05米）。该市场责任单位是东屏街道、施工单位是浙江琴桥建设有限公司、设计单位是温州工程勘察院有限公司、监理单位是温州恒业建设监理有限公司。

【蓝港社区创成省级综合减灾示范社区】（参见《民政》栏目“社会救助”分目）

【后寮生态陵园开工建设】 2016年7月，后寮生态陵园开工建设。该工程位于东屏街道后寮村，建筑面积1672平方米，框架结构、设计使用年限为50年，建筑耐火等级二级的骨灰楼，共7556个骨灰穴（普通5688穴，佛教416穴，基督教356穴，回迁1096穴）。概算504万元，工期200历天。该工程责任单位是东屏街道办事处，设计单位是浙江华越设计有限公司，施工单位是温州谦全建设有限公司，监理单位是温州正展工程管理有限公司。

【《东岙顶村志》出版】 2016年2月1日，东屏街道举行洞头海岛第一部村志——《东岙顶村志》赠书仪式。该志记载东屏街道东岙顶村自然、社会、政治、经济、人文等诸方面的历史与现状，上限追溯事物发端，下限截至2013年底。全书由概述、大事记、专志、人物、附录等组成；卷首配有地图和照片、文内插有图片，记、志、传、图、表、录、注，诸体并用，图文并茂。《东岙顶村志》由

2016年2月，《东岙顶村志》赠书仪式

2016年1月，东屏街道中仑村乡村春晚

东屏街道东岙顶村党支部和村委会组织发动，区委史志办公室全程指导。该志主编杨志林，凡23万字，印数2000本，2015年10月，由吉林文史出版社出版。

【2个舞蹈节目获省金奖】2016年9月21—23日，浙江省第三届“文化礼堂”乡村排舞大赛在金华市中国婺剧院广场举行。以“美丽浙江 幸福乡村”为主题，59支排舞队伍进入决赛，比赛分老年组、中年组、青年组。由洪星星、庄艳艳、陈蓉蓉指导的东屏街道中仑村文艺服务队《喇叭裤》获青年组金奖，由庄丽琴、陈菲指导的东屏街道东港社区排舞队《兴奋激发》获中年组金奖。活动由浙江省文化厅主办。

【东屏街道中仑村乡村春晚】2016年1月26日，东屏街道中仑村举行乡村春晚。晚会演出歌曲、舞蹈、小品等，包含神龙开泰、渔村风采、大海情缘、梨园经典、岛兴村旺、今宵难忘五大板块19个节目，参与村民演员100多人。晚会筹备近10个月，经温州市文化馆专业老师长期跟踪指导、量身打造。晚会微信直播最高3万人次。晚会由东屏街道主办。

【东屏天欣生态养猪场通过省美丽生态牧场验收】（参见《农林·水利》栏目“畜牧业”子分目）

（吴世娟）

元觉街道

【概况】元觉街道地处洞头列岛中部，离洞头主城区8千米，距温州市区40多千米，南凭洞头大桥、洞头峡大桥与北岙新城区相连，西跨深门大桥与霓屿相接，北隔黄大峡航道与大门岛隔海相望。全街道由状元岙岛、花岗岛和青山岛三个主要岛屿组成，陆地面积7.84平方千米，辖7个行政村，户籍人口11122人。2016年，街道实现工业总产值2.43亿元，同比增长28%，其中规上企业总产值2.15亿元，同比增长17.7%，规下企业总产值2800万元，同比增长291%。

启动国际邮轮港建设，客运大厅主体建筑基本完成，状元岙港区二期7号泊位码头平台通过验收。完成区域内重点建设项目政策处理34项，其中77省道延伸线龙湾至洞头段疏港公路等11项。深水港二期船只迁移63艘。兑现沙岗、活水潭和平岙、小北岙等村民房震损补偿871户357.48万元。投入资金1000万元，启动状元北片区域国际邮轮港周边环境整治及港口停车场及周边配套设施建设。全年累计完成有效投资7.8亿元，同比增长34.4%，其中街道本级项目1.2亿元。烟墩炮山森林公园二期、水花岙河道整治、沙岗至状元段公路修复工程等项目开工建设。协助推进状元南片回填工程PPP项目、华港化工码头工程、状元岙港区二期工期、半岛·琴湾二期工程等项目建设。启动花岗民宿开发项目，完成一期工程投资1400万元。兴港家园、和港家园、沙港家园等农房集聚工程建成。

开展“大拆大整”、城市“治乱”、“三改一拆”等攻坚行动。排查农村危旧住房2120户，确定C级危房17户、D级危房19户。农村困难家庭危房改造4户。排查出租房、合用场所、民宿153家，流动人口267人，整治出租房44家、合用场所23处，依法取缔存在严重安全隐患的“四无”生产经营场所2家。强化无违建“巡”“控”机制，拆除违建27处6014平方米，改造“城中村”二类目标面积9.29万平方米，受益农户数累计534户，改造旧厂区1006平方米，完成拆后土地利用2.15万平方米，拆后土地利用率81%。

成功举办第七届中国·洞头妈祖平安节。征集全国各地“好歌词、好楹联、好书法、好图片、好诠释、好散文”作品646件，出版《彩虹飞跨状元岛—元觉走笔》作品集。全年发放各类扶贫资金33.5万元，惠及困难群众241人。建立洞头区巾帼创业创新促进会月嫂行业分会，建成元觉劳务输出基地、来料加工基地，开展月嫂、水手技能、缝纫人员等各类培训7班次300人次。6家来料加工企业解决就业岗位200余个。组建环卫保洁队伍，建立街道、村、管理人三级巡查机制，投入30多万元资金更新环卫保洁设施，实现全域8小时智慧轨迹管理动态保洁全面覆盖，全年治乱考核名列全市第八。

投入40多万元整合建设党群服务中心、“一三五”应急联动指挥中心、智慧城市管理指挥中心、社会治理综合指挥室、防汛防台避灾指挥中心，打造“一体五化”智慧管理服务平台，提升社会管理业务水平。推行村级干部履职清单和言行负面清单，建立不适任村干部退出机制。落实党员干部挂职网格长、路长，整合党小组联络站、红色邮递员党员志愿者、元觉好人志愿者、平安志愿者等队伍，建立元觉先锋联盟。制订村级三年行动计划实施方案，盘活闲置房产和集体土地。

【温州国际邮轮港周边环境整治提升工程】 2016年11月，温州国际邮轮港周边环境整治提升工程开工建设。该项目总投资约1000万元，用地面积89112平方米，总建筑面积540平方米，其中洞头特色海产品购物区3376平方米；整治提升和平岙景观12814 平方米，建设港口停车场30963 平方米，状元岙健身停车区30569 平方米，小北岙村后空地绿化及停车场11390 平方米。该项目作为状元岙国际邮轮港的配套项目，建成后可新增大巴客车泊位68个、机动车泊位317个。该工程建设单位是元觉街道，设计单位是浙江绿建建筑设计有限公司，施工单位是浙江利鹏市政园林工程有限公司，监理单位是浙江正展工程管理有限公司。

【花岗渔村文化开发项目开工建设】 2016年4月29日，“花岗渔村文化·风尚生活旅游”商业运营开发项目工程开工。10月竣工，一期工程投资3500万元。工程由温州普项控股有限公司投资建设，总投资额7600万元，该项目工程分三期。计划打造成集渔村观光、民宿住宿、

花岗渔村民宿

亲子体验、养生休闲和特产消费于一体的旅游休闲综合体。

【元觉3个农房集聚工程竣工】 2016年12月底，元觉街道兴港家园、和港家园、沙港家园等3个农房集聚工程竣工。兴港家园一期总用地面积11439.7平方米，总建筑面积19933.4平方米，共4幢建筑，140套住宅单元，投资概算5829.76万元，施工单位为温州鸿建建设有限公司，监理为浙江东方工程管理有限公司，设计单位洞头县建筑规划设计院；和港家园总用地面积10724.5平方米，总建筑面积15421.9平方米，工程共6幢建筑，106套住宅单元，投资概算4001.26万元，施工单位为浙江鼎盛建筑工程有限公司，监理为温州海润建设管理有限公司，设计单位洞头区建筑规划设计院；沙港家园一期总用地面积5625.71平方米，总建筑面积8575.31平方米，工程共3幢建筑，61套住宅单元，沙港家园2134.55万元，施工单位浙江至诚建设有限公司，监理单位为温州海润建设管理有限公司，设计单位洞头区建筑规划设计院。

【第七届中国·洞头妈祖平安节】 2016年4月29日（农历三月廿三），时值妈祖诞辰1056周年，第七届中国·洞头妈祖▲平安节在元觉街道

元觉街道集聚农房

沙角村主会场、北岙街道东沙村妈祖宫分会场举行。主题是“同谒妈祖·共享平安”。两个会场分别举行妈祖祈福祭拜大典。按照妈祖圣像出宫、诵读祭文、拜天、拜海、拜妈祖、渔船授令旗、游客敬香等古老方式，祈求风调雨顺、四海安宁、恩泽万民。中国台湾、福建等地信众、游客和本地信众一道拜谒“海上平安女神”，共连香火之缘。传统祭祀仪式后表演妈祖圣像巡游。主会场开展妈祖节平安巡游活动、妈祖平安节文化体验活动、手机拍客大赛、互动美食、海上迎亲活动、古韵旗袍秀活动等互动方式。北岙分会场设置看民俗表演、尝平安宴、购渔家产品等活动，增设渔民画、渔灯、马灯等洞头传统民间工艺展区。活动吸引海峡两岸近2000名游客参与。活动由洞头区人民政府主办，北岙街道、元觉街道办事处承办。

▲妈祖，又名林默、林默娘，宋太祖建隆元年（960）生于福建莆田湄洲岛。因经常救助遇难渔民，深受沿海人民敬爱，宋太宗雍熙人四年（987）因救助海难而献身。湄洲渔民为纪念这位好姑娘，在岛上建庙并奉为海神，被敕封为“天妃”“天后”并被立祠奉祀，因闽浙沿海、台湾、港澳等信众的传承而名扬四海。2011年5月23日，妈祖祭典（洞头妈祖祭典）被列入第三批国家级非物质文化遗产扩展项目名录，序号484，项目编号X—36。

【元觉社区创成国家级综合减灾示范社区】（参见《民政》栏目“社会救助”分目）

【吉海英获评浙江省最美妇女主任】 2016年2月24日，省妇联公布2015年度百名浙江“最美妇女主任”名单，吉海英名列其中。吉海英，元觉街道小北岙村妇代会主任，从事妇女工作20多年，一心一意为妇女儿童、空巢老人、残疾人及困难家庭服务，同时也为外来妹搭建新居民幸福小组活动平台。她建立巾帼志愿者服务群、姐妹花帮帮群、合唱群和新居民幸福小组等6个不同微信群。善于收集了解妇女群众的生活、工作和家庭服务需求，热心帮助解决困难与问题。

（郭加兵）

2016年4月29日，第七届中国·洞头妈祖平安节元觉主会场

霓屿街道

【概况】 霓屿街道位于温州瓯江口外，洞头区西侧，东至深门大桥与元觉街道接壤，南濒大海，西至灵霓海堤与灵昆相连，北隔瓯江口水道，陆岛连通。1952年10月，南北两屿分别建政为东岙乡、霓屿乡。1956年初，东岙乡和霓屿乡合并为霓屿公社。1986年10月，从霓屿公社析出霓北、霓南两乡。2001年11月，霓北、霓南两乡合并为霓屿乡，2011年5月，撤乡改设街道，改称霓屿街道。霓屿街道有丰富的滩涂资源和海水资源，地形多山，山尖为全区第二高峰，海拔332米。全街道辖区包括7个无人岛和23个礁，陆域面积约11.5千米。全街道辖10个行政村32个自然村。街道所在地距离主城区约15千米，街道办事处所在地为布袋岙村。1998年，被浙江省人民政府命名为“浙江省紫菜之乡”。截至2016年底，街道户籍人口4720户，总人口14547人。2016年，全街道完成工业产值12.5836亿元，渔农业总产值9251万元，渔农民人均可支配收入18763元。实现固定资产投资8.2136亿元。

是年，引导养民改变养殖方式，引入玻璃彩钢插杆、全浮翻转式养殖等技术。推出紫菜保险，引入农村信用社低息贷款，发放贷款2.1亿元，受益养民1500余人。推行整街授信，与农村信用合作联社建立战略合作关系，授信3年15亿元，支持养民生产作业。投入300万元建设紫菜育苗池改良升级苗种。建成砖混结构紫菜工具房207间4421平方米，集装箱结构紫菜工具房117间3510平方米。推动温州星贝海藻食品有限公司研发坛紫菜智能烘干机。举办紫菜文化节2届，紫菜推介会5期，吸引1.5万余名旅客驻足品尝、购买农产品。组建紫菜微商联盟，把霓屿更多紫菜产品“搬”上网上商城。

实施乡村文化工程，组建村级文化队伍35支，开展霓屿街歌、文体艺术节、“我们的村晚”等文艺活动20余场。建立下郎、长坑垄等爱心食堂2家。开展渔农民转产转业技能培训，推出月嫂、宴嫂、五等机架、化妆师等培训20余场。化解布袋岙新区二期安置房意外事件2起。组建“红色义工”志愿者服务团队，引导第三方力量介入民间事务管理、矛盾纠纷调处、义诊等，参与节假日公益服务青少年4200多人次，下村居项目领办服务185余次，圆梦“微心愿”26余次，服务总时长2380小时，服务各类对象9000多人次。干部驻村解决各类问题38个。

【布袋岙新区二期安置房（一标段）工程竣工通过验收】 2016年11月，布袋岙新区二期安置房（一标段）竣工通过验收。该工程于2013年4月开工建设，工程总投资概算4.55亿元，建设工期900天。工程建筑总积约10万平方米，包含17幢596套房。该工程由温州港城发展有限公司作为建设单位，温州市东风建筑工程公司施工，浙江绿建建筑设计有限公司负责设计，浙江大成工程项目管理有限公司负责监理。

霓屿山尖观景平台　　吴圣伟/摄

【霓屿山尖观景平台建成】 2016年6月，山尖观景平台建成，该项目包括观光栈道，耗资85.3万元。山尖属郎等村境内高山，位于霓屿岛中部，东接元觉桥连洞头本岛，南与大瞿、南策诸岛隔海相望，西与灵昆由灵霓大堤接壤，北隔瓯江、黄大峡与大门、鹿西岛对峙。山尖因地处霓屿岛最高山巅而得名，海拔332米，为洞头区第二高峰。伫立山尖，环顾洞头列岛，东南西北四个方位群岛尽入眼帘。建成可观景、拍照，填补霓屿旅游业空白。该项目责任单位是霓屿街道，施工单位为温州泓盛园林建设有限公司。

霓屿街道布袋岙新区二期安置房　　张锦显/摄

【实施养殖海区使用管理办法】 为规范海区管理，防止养民矛盾纠纷发生，2016年8月，霓屿街道制定养殖海区使用管理办法（试行）。实施海区养殖申报备案制度和准入制，规定由养殖海区使用人按照标准向所在村股份经济合作社缴纳海区服务费，利于村统一管理，提高村集体经济收入。办法确定：养殖面积25亩以下（含25亩），标准30元/亩/年；25亩以上50亩以下（含50亩），标准80元/亩·年；50亩以上，标准150元/亩·年，外来养殖户标准300元/亩·年。以《洞头海洋功能区划》为蓝本对霓屿海区进行界址，明确10个行政村海域划分和养殖范围。采取海上“红、黄、绿”三色管理，即红色浮标划定范围为禁养区，黄色浮标划定养殖过渡区，绿色浮标划定可养区。该办法实施可为霓屿街道10个村每年带来93万元村级集体经济收入，平均每个村实现村经营性收入每年9万余元。

【平安建设（政策处理）专项攻坚行动】 2016年，瓯飞办完成77省道红线外移77.6亩紫菜、355亩蛏苗政策处理，规范管理4个村230多户养民养殖工具；完成77省道布袋岙接线公路242穴坟墓现状保全、霓屿道路改造2个村23户1.6亩耕地征用、新区污水处理厂定界图确认、156间坟墓摸文、42穴坟墓迁移、1470户房屋震损鉴定2333间、红线内40间紫菜棚拆除和78间生产工具房新建及分配等政策处理，发放各类政策处理补偿资金1599.5654万元；对接瓯江口、瓯飞管委会，妥善化解5个历史遗留问题。完成山岗背码头9.6436亩土地租用、长坑垄料场6.216亩土地征用、瓯飞二期料场西区红线内公墓周边坟墓迁移27穴、内外东郎遗留的169户217间房屋震损鉴定。争取70多万元资金完成生态陵园通园道路及停车场建设解决生态陵园通行问题，并解决生态陵园验收、陵园配套等遗留问题。

【紫菜育苗培育基地开工建设】2016年10月和12月，霓屿街道紫菜育苗基地A、B两地块相继开工建设。该项目是2016年区重点项目，投资金额约300万元。该项目建设包括砖混结构紫菜工具房207间4421平方米，集装箱结构紫菜工具房117间3510平方米。项目责任单位是霓屿街道，施工单位为温州中广建设有限公司。

【意大利风情小镇项目签约】2016年2月6日，区政府与意大利中国和平统一促进会签订意大利风情小镇投资框架协议。意大利风情小镇包括大贡岭—外山鼻和三条垄区域，总占地面积约4平方千米。该项目拟分三期投资，其中，一期主体建设项目内容包括毛龙山岛农家乐项目，占地约6.67公顷（其中建设用地1公顷），总投资额约5000万元；中高端民宿单体项目，位于桐岙山尾自然村，总用地面积约6.67公顷（其中建设用地约2740平方米），总投资额约1.5亿元；外山鼻意大利风情小岛项目选址于霓屿街道外山鼻自然村，总用地面积约18公顷，总投资额约6.8亿元。二、三期建设项目包括健康疗养项目、高端休闲项目及山体绿化彩化、游步道、主要节点景观化建设等，视情再分步建设。

【农村信用体系建设金融综合服务试点建设】（参见《金融》栏目“银行”分目）

【霓屿社区卫生服务中心开工】（参见《卫生·体育》栏目“卫生”分目）

【霓屿首家房地产开发项目开盘】2016年1月，霓屿首家房地产开发项目在桐岙村口开盘。东海华庭项目位于霓屿街道桐岙村，占地面积22亩，开发建筑面积约2.6万平方米，由4幢套房及6幢连体叠墅组成，是中高档房地产项目。

（张 玮）

鹿西乡

【概况】鹿西乡位于洞头区东北部的鹿西岛上，东、南临东海，西南西隔黄大峡水道与大门岛的观音礁相对，北与玉环县隔海相望，距离洞头本岛16.4千米，全岛东西长6.7千米，南北宽1.3千米，岸线长32.75千米，海域面积102平方千米，陆地面积10.06平方千米，地形以丘陵为主。全乡辖6个行政村，分别为鹿西村、口筐村、东臼村、山坪村、扎不断村、昌鱼礁村。鹿西是温州市菜篮子供应基地和洞头区渔业捕捞基地之一。截至2016年末，户籍人口8157人，常住人口4630余人。2016年，全乡实现社会经济总产值4.29亿元，同比增长9.28%。第一产业产值2.64亿元，同比增长7.8%，第二产业产值3200万元，较上年持平；第三产业产值1.02亿元，同比增长10.2%，其中旅游业产值同比增长4倍，渔农民人均收入17130元，同比增长9.24%，实现有效投资2.8亿元。

全年实现渔业总产值28628万元，同比增长9.5%，渔业总产量66535吨，同比增长4.28%，捕捞产量66072吨，同比增长4.01%，养殖产量463吨，同比65.36%，养殖面积855亩。全年投入双拖渔轮41对、单拖2艘，冰鲜渔运船29艘，发放渔船油补资金1996万元，惠及渔船105艘，渔民520人。发展羊栖菜苗种培育，打造全省规模最大的羊栖菜育苗基地，年供种苗1万匹以上。成功引进南美白对虾高位养殖、全浮翻转式紫菜养殖、黄鱼岛深海牧渔等项目。白龙屿生态海洋牧场大黄鱼实现销售产值2000余万元，鹿西四屿黄鱼岛深水网箱试养黄鱼2万尾。引进洞头鹿西·海上度假公园综合开发项目，建成东山坪露营平台、妩人岙栈道及道坦岩滨海地质公园一期等工程，开辟鹿港古道徒步线路。举办“最美鹿西”摄影展。山坪露营平台获浙江省运动休闲旅游优秀项目。全年新增民宿29间，床位312个，接待游客8.6万人次。

开展大拆大整专项行动。全乡房屋建档1879间，实现全覆盖，其中登记疑似危房131间，现场鉴定危旧房19间，拆除危旧房2处1260平方米；拆除存量违章建筑2处共计200平方米；排查生产经营单位101家，发现并整改“四无”（无证无照）生产经营单位2家，排查居住出租房66家235人，流动人口居住信息登记率、居住信息准确率、出租房屋采集率均100%；排查出租房、合用场所和民宿165家，新发现并整改出租房消防安全隐患18处，其中查封关停出租房3家，禁租12家。

美丽乡村建设。推进“三改一拆”和“四边三化”工作。重拳治理违建乱象，拆除违章建筑2.1万平方米，率先完成全市“无违建乡”创建验收。开展“私坟禁新”，建成鹿西应急深埋立碑点，私坟治理率100%。完成全乡农村生活污水治理工程，建立环卫保洁一体化工作机制。完成山坪村省级垃圾减量化、资源化处理试点，整村推进行政村6个，建成口筐民俗公园、鹿西生态公园等一批“一事一议”项目。实施“绿满鹿岛”工程，完成鹿西森林公园一期工程初步设计，建成“东海第一花道”、昌鱼礁及山坪桃花林，种植各类苗木3万余株，绿化200余亩、林相改造5600余亩。

启动鹿西社区卫生服务中心迁建工程，建立离岛医疗卫生应急救援体系。鹿西岛航空基地被列入全市拟新建航空应急救援起降点。建成全市首家海岛平价农贸超市。举办开渔节等系列活动。建成乡综合便民服务中心。完成省二级示范幼儿园创建。推进基层综治“一张网”建设，开展平安隐患整治攻坚行动，整治平安隐患点228个。海渔事纠纷调处成功率连续5年100%。

办理乡第十二次党代会提案12件、乡第十二届人代会一次会议5人以上代表联名议案18件。实现下辖6个村“村民中心”标志悬挂亮化及党员活动室的规范化配备，完成鹿西村村民中心市级示范点改造提升及口筐村文化礼堂示范点建设。实施“红色细胞”工程，完善“海上党小组”机制。开展农村基层作风巡查，落实整改市巡查组反馈问题11个、区巡查组反馈问题23个。

鹿西鸟岛　　杨海贵/摄

【鹿西渔港工程竣工】（参见《海洋与渔业》栏目“渔港工程建设管理”分目）

【山坪露营平台获浙江省运动休闲旅游优秀项目】 2016年9月10日，浙江省体育局公示浙江省运动休闲旅游示范基地、精品线路和优秀项目拟认定名单，露营（洞头鹿西山坪）名列2016年浙江省运动休闲旅游优秀项目。山坪露营平台位于鹿西乡山坪村东山坪自然村，东邻扎不断妩人岙鹅卵石滩，西近鹿西岛最大的水库南山水库和具有350多年历史的清福禅寺，整体占地3958平方米，是东南沿海已知面积最大的架空防腐木平台。整个平台共分三层，设有游客接待中心、休闲区、烧烤区、露营区和舞台区，可容纳800人。该平台可看日出，吹海风，贴近自然，感受大自然的魅力，体验离岛风情，是离岛休闲旅游最佳地方。

鹿西山坪露营平台

【章方璋到洞头调研“一打三整治”工作】 2016年7月28日，市政协副主席章方璋率调研组到洞头开展“一打三整治”、海洋渔业发展情况调研活动。调研组到鹿西乡实地察看鹿西渔港、白龙屿生态牧场、东臼村等地的建设发展情况。

【“最美鹿西”摄影采风活动】 2016年6月10日，洞头区摄影家协会到鹿西乡开展“你眼中最美的鹿西”主题户外采风活动，40名摄影爱好者参加。活动期间，先后到鸟岛、白龙屿、妩人岙、道坦岩、渔村码头等地采风。活动25幅作品在区府文学艺术长廊和“鹿西之窗”长廊展出。

【鹿西社区卫生服务中心迁建工程开工】（参见《卫生·体育》栏目“卫生”分目）

（叶冰洁）

栏目编辑　曾焕定

人物

螺贝春秋·王思恩

“海霞精神”

爱岛尚武 励志奉献

“五岛连桥”精神

小县办大事 小岛创大业

模范人物（集体）

【李玉红】女，1964年5月出生，北岙街道岭背社区居委会党总支书记兼妇代会主任。获爱岗敬业类模范先锋、最美支书称号。扎根基层33年，始终深入群众，服务群众，坚持做群众最关心的事，当群众最贴心的人。组建成立全区唯一的女子调解队，积极发挥调解作用，近年来共调处矛盾纠纷628起，其中有近200起纠纷被消灭在萌芽状态。先后获得区“十佳女性”“最美海霞”，市级群众最信赖的社区带头人、市级三八红旗手等称号。其先进事迹曾刊登在《优秀共产党员》《全国代表风采录》上。

【吕良栋】男，1985年10月出生，霓南义校政治教师。获爱岗敬业类模范先锋、最美教师称号。从业之日起，便以红烛和园丁精神鞭策自我。8年间从未无故请假，甚至把婚假延迟至寒假。秉承“用心做教育，用爱做人师”理念，走进学生内心，成为学生信任的人。教学成绩也一直名列全区前茅，曾获得国家级、省级和市区级荣誉80余项，2014学年国家级一师一优课一等奖，市精品百课评比一等奖并刊登于人教网电子网刊，在2015年承担浙江省初中思品学科带头人培训班的主题讲座。

【王小华】女，1976年4月出生，区人民医院外科护士长。获爱岗敬业类模范先锋、最美护士称号。先后在区人民医院内科、急诊科、儿科、外科担任临床护理工作。多年来，始终以饱满的热情、温暖人心的言语、真挚的眼神、悉心的护理为患者排忧解难，爱岗敬业、关心集体、帮助患者，是医生的好帮手、是护士姐妹的好榜样，对工作、对患者认真负责的行动，赢得患者、患者家属及同事的赞誉，曾获“温州市先进护士”“洞头区最美护士”等称号。

【张于宝】男，1966年10月出生，区供电公司检修建设工区主任。获爱岗敬业类模范先锋、最美工人称号。三十多年来，致力于海岛电力事业建设发展，默默奉献在安全生产和电网改造工作中。管理35千伏线路4回、35千伏变电站4座、本岛10千伏线路17回。始终心系海岛百姓，不畏严寒酷暑，扎根在工作前线，抢险抢修，为输配电线路送电工作保驾护航，是群众眼中的“护电将军”。曾多次被上级电力部门评为先进个人工作者。

【叶翠娥】女，1954年10月出生，大门镇营盘基村乡村医生。获爱岗敬业类模范先锋、最美乡村医生称号。她立志将一生奉献给故乡。40年，20多个麻袋的医书，40多双走

破底的鞋，数千里徒步穿行的崎岖山路，行医足迹踏遍乌仙头、仁前途、杨梅田和营盘基四个行政村的各个角落，救治了无数村民。把美好年华奉献给了乡村医疗事业。被群众称为“人民的贴心人”“救命天使”和乡村流动“120”。

【董绍新】男，1934年1月出生，银行退休职工。获乐于奉献、尊老爱亲类模范先锋、最美老人称号。21岁时立志此生要做100件好事。凡是哪里听到、看到有人需要帮助，总是不吝惜把善款送到手中。董老生活节俭，对于需要帮助的人，却十分慷慨，还专门办了一张“助贫残专折”做善事。2014年7月18日，董老实现百件好事诺言。一本记录董老60多年来所做好事的笔记本最后写着这样一句话：“日记本已无纸可记，今后为贫困群众再尽义务小事均不记录，自己将继续余生甘为孺子牛而努力！”

【吕丹丹】女，1981年10月出生，大门镇大荆村村民。获乐于奉献、尊老爱亲类模范先锋、最美媳妇称号。一直以来，严谨持家、服侍婆婆，受到周边邻居一致好评。照顾瘫痪在床的婆婆，总是寸步不离。老人便秘难受，便挽起袖子用手帮老人排便；老人唠叨发火，从不争辩，耐心地安慰和劝解；老人独处太闷，常带着儿子逗老人开心。她善良、理解、换位思考、将心比心，孝顺父母，孝敬公婆，用真诚和善良温暖家人，写下感人至深的尊老诗篇。

洞头区微动力志愿者服务队

【郑红芬】女，1974年1月出生，霓屿街道布袋岙村民。获乐于奉献、尊老爱亲类模范先锋、最美邻居称号。睦邻友善，乐于助人，经常帮助邻居解决困难。对出现困难的邻居林氏一家，主动给予关怀帮助，经常带林氏妻子去医院看病，听说推拿按摩能缓解病情，便隔三岔五地陪同前去推拿。主动帮其分担家务，并照顾其幼子。旁人都说：她不仅仅是邻居，更像是一家人，让人感受邻居相亲这个大家庭的温暖。

【洞头区微动力志愿者服务队】2013年8月8日成立，由家庭妇女、在岗职工、学生和社会各界爱心人士组成，获最美集体称号。始终秉承着“尽己所能，热心助人，传承爱心，服务社会”宗旨，扶助孤寡老人及孤儿，资助贫困学生、支援大型自然灾害，为更多需要帮助的人群提供志愿服务。身影遍及春泥学堂、爱垒空巢、爱心卡车暖百岛、幸福志愿站、万朵鲜花送雷锋等活动当中。坚持以爱心回报社会、以真诚奉献社会，争当促进社会和谐的爱心者，以实际行动践行社会主义核心价值观。现有社区、校园分队16支500多位志愿者，开展各类资源活动600余项，先后获2013年度市优秀志愿者服务集体、2014年度市未成年思想道德建设工作优秀阵地、洞头区十佳社会组织等荣誉。

（史　志）

栏目编辑　曾焕定

附　录

丰年·马诗琪　方梓宇

“海霞精神”

爱岛尚武 励志奉献

“五岛连桥”精神

小县办大事 小岛创大业

文献专载

实施三区战略 建设海上花园 为高水平全面建成小康社会而努力奋斗（摘要）

——在中国共产党温州市洞头区第一次代表大会上的报告

区委书记 王蛟虎

（2016年12月28日）

一、过去五年的主要工作和基本经验

过去五年，是洞头发展史上极不平凡的五年，是抢抓重大机遇、应对重大挑战、取得重大成就的五年。五年来，区委认真学习贯彻习近平总书记系列重要讲话精神，团结带领全区各级党组织和广大党员干部群众，栉风沐雨、砥砺前行，经济社会发展和党的建设取得明显成效。尤其值得铭记的是，洞头成功实现撤县设区，顺利完成行政区划调整，开启了同城发展的新纪元。

过去五年，我们突出转型发展、量质并举，综合实力明显提升。加大产业扶持力度，连续多年制定实施海洋经济发展系列政策，着力提振企业发展信心。全力做大临港产业，中石化LNG项目通过核准，中海油丽水36-1等项目投产运营，状元岙港区正式扩大开放。做精做优海岛旅游，成功开发东海第一栈道等新项目，大力培育旅游新业态，民宿经济呈现快速发展。积极培育现代渔业，鹿西白龙屿生态海洋牧场投产见效。深入开展“三转一市”和“四换三名”工作，金海蕴生物实现新三板上市，诚意药业即将主板上市。科技创新步伐加快，创成国家高新技术企业8家。支持小微企业抱团集聚，电子电器科技园建成投用。大力实施温商回归，累计引进亿元以上项目15个，到位资金89亿元。2016年，预计实现地区生产总值67亿元，年均增长9.4%；一般公共预算收入6.5亿元，年均增长17.7%；城镇、农村常住居民人均可支配收入年均分别增长10.5%和14%。

过去五年，我们突出打牢基础、优化环境，城乡面貌显著改善。坚持不懈扩大有效投资，实施重点建设项目197项，累计完成投资213.2亿元，建成一批事关全区发展的交通、水利、能源等重大基础设施项目，尤其是大门大桥的建成通车，彻底改变了大小门岛与陆地隔海相望的历史。瓯江南口大桥基本建成，S1线灵昆段、北口大桥加快推进，灵昆交通枢纽地位日益突出。环海西湖开发不断提速，新城片路网、河网基本形成，状元南片基础铺垫稳步推进，洞头峡大桥建成投用，城市框架迅速拉开。强势推进“三改一拆”“大拆大整”，累计完成“三改”面积583万平方米，处置违法建筑32万平方米，创成省首批“基本无违建区”。美丽海岛水乡建设扎实推进，累计投入治水资金28亿元，提前一年实现农村治污全覆盖。生态建设结出硕果，成功争取蓝色海湾整治项目资金3亿元，在全省率先获批建设国家海洋公园，入选国家生态保护与建设示范区、国家海洋生态文明建设示范区，荣获国家生态县等多张国字号金名片。

过去五年，我们突出深化改革、开放合作，发展活力不断激发。成功争取省海岛综合开发与保护试验区等12个省级以上试点，累计争取资金26亿元。积极推进十大领域184项改革，在全省率先探索“多规合一”“融合型医联体”等改革工作。实施新一轮政府机构改革，组建区市场监管局、综合执法局等机构，进一步整合归并职能。全面推进“五张清单一张网”改革，最大限度为市场主体减负减压。不动产统一登记正式实施。投融资体制改革取得突破，城市发展公司运营良好，状元南片市政等3个PPP项目成功运作。强化与瓯江口产业集聚区管委会、温州港集团、交投集团的合作，促进大小门、霓屿、元觉等区块的开发。

过去五年，我们突出以人为本、共建共享，民生事业长足进步。坚持把改善民生作为工作的根本出发点和落脚点，财政累计用于民生支出达59.8亿元，占比超过70%。16项民生保障实行同城标准，医疗、养老保险覆盖率分别达99%、88%。新增城镇就业7750人，实现渔农民转产转业2467人，全面消除了家庭人均年收入4600元以下的绝对贫困现象。高度重视群众反映强烈的民生问题，特别是彻底解决了2004年以来的征（占）地历史遗留难题。社会事业发展水平不断提升，市民活动中心、新住院综合楼等一批民生项目建成投用，荣获国家义务教育发展基本均衡县，在全市率先创成省教育基本现代化区，创成省文化强县、省体育强县，荣获“中国七夕文化之乡”。推动军民融合发展，成功举办纪念女子民兵连建连55周年活动，蝉联全国双拥模范县。深化平安建设和法治建设，顺利完成G20峰会等重大维稳安保任务，稳妥处置民间金融风险，全面完成“六五”普法任务，连续十一年被命名为省“平安区（县）”，荣获“全国平安建设先进县”。

过去五年，我们突出从严从实、管党治党，党建工作全面加强。扎实开展党的群众路线教育实践活动、“三严三实”专题教育和“两学一做”学习教育，党员干部理想信念、党性修养、宗旨意识普遍增强。强化先进文化引领，持续开展三届“最美洞头人”和道德模范评选表彰活动，举办专题宣讲2500场。坚持正确选人用人导向，注重选拔“狮子型”干部，调整不适宜担任现职领导干部14名，在全市率先完成超配职数整改消化。基层基础不断夯实，建成25个村民中心和30个文化礼堂，率先完成经济薄弱村转化工作。引导基层党建争先创优，深化“五星争创”活动，打造北岙“海霞妈妈”、东屏“好厝边”等党员志愿服务品牌。严格执行中央八项规定精神，全力抓好省委巡视组反馈意见整改落实，有效整治“四风”突出问题，全覆盖开展农村基层作风巡查，一批群众关注的热点难点问题得到解决。始终保持反腐高压态势，加大纪律审查力度，五年来共立案112件，移送司法机关10人，给予党纪政纪处分116人次，其中开除党籍49人，开除公职12人。民主政治建设持续加强，支持人大依法履职和政协参政议政，统战、人武、老干部、党史、关心下一代等工作全面推进，工青妇等群团工作取得新成绩。

五年的生动实践，为今后发展奠定了坚实基础，积累了宝贵经验。我们深刻体会到：

第一，只有更加注重一张蓝图、一以贯之，才能引领发展。多年来，虽然形势在变化、人事在更替，但是我们建设海上花园的目标和决心始终没有变，工作始终没有断，力度始终没有减。我们深刻体会到，建设海上花园符合实际、顺应民意，只有坚持这张蓝图绘到底，一任接着一任干，保持定力，接续奋斗，才能开创洞头美好未来。

第二，只有更加注重科学用海、经略海洋，才能发挥优势。洞头虽然人口少、陆域小，但是经过近年来的有效投资和基础铺垫，我们在海洋生态、港口岸线、空间腹地、对外开放等方面优势不断显现。我们深刻体会到，作为一个海岛区，海是洞头最为宝贵的财富，只有坚持合理开发与科学保护并重，用好渔、港、景、涂、能等资源，才能将独特的资源禀赋转化为发展优势。

第三，只有更加注重借足外力、激活内力，才能乘势而上。过去，洞头的发展既依靠上级的支持和各界的相助，又得益于干部群众的同舟共济和创新实践，以小岛创大业、小县办大事的魄力实现了跨越式发展。我们深刻体会到，借足外力、激活内力是洞头发展的一大法宝，只有坚持用好改革创新的红利，借足国家和省市的外力，才能不断推进区域经济社会赶超发展。

第四，只有更加注重投资为先、项目为上，才能后发崛起。过去几年，我们始终抓牢项目建设这个“牛鼻子”，坚定项目建设的导向和决心，没有因为宏观环境趋紧而动摇，没有因为要素资源制约而减弱，瞄准全局性、基础性和先导性项目，自加压力大干快上，投资力度前所未有，城乡面貌发生明显变化。我们深刻体会到，洞头作为后发地区，只有坚持不懈抓投资，千方百计引项目，才能实现在后发赶超中崛起。

第五，只有更加注重提升理念、拉高标杆，才能勇立潮头。过去几年，我们坚持主动“走出去、请进来”，跳出洞头谋划发展，放眼全市乃至全省寻找标杆，积极引导党员干部拓宽视野、更新理念、创新方法，在对标提标中推动各项工作不断向前。我们深刻体会到，

面对新形势、新挑战和新要求，只有坚持在解放思想中开阔眼界胸襟，在改革创新中破解体制约束，才能在新一轮发展中勇立潮头。

回顾五年来的发展历程，我们也清醒地看到，发展过程中还存在不少困难和问题：对照适应经济新常态的要求，投资后劲乏力，工业增量提质不快，产业融合程度、科技创新能力仍有不足；对照温州新兴城区发展的要求，城市品质不高，规划建设管理、基础设施铺垫存在明显短板；对照生态文明建设的要求，环保基础设施建设滞后，裸露山体修复、海岸线保护管理、海域污染治理任务仍然艰巨；对照游客的需求和群众的期盼，旅游特色和配套服务不足，创业就业空间、公共服务供给、民间信用建设都还存在较大差距；对照全面从严治党的责任，干部创新理念、担当精神不足，正风肃纪力度、干部教育管理监督深度还有待加强。我们必须高度重视存在问题，保持清醒头脑，采取有力措施，切实加以解决。

二、今后五年的奋斗目标和指导思想

未来五年，是洞头高水平全面建成小康社会的决胜阶段，也是洞头加快建设海上花园的关键时期。从外部发展环境看，在经济新常态下，宏观经济稳中有进、长期向好的基本面没有变，供给侧结构性改革正在释放积极因素。浙江加快推进“四大国家战略举措”，在全国发展大局的地位越发凸显，尤其是海洋经济发展战略的深入实施，将为洞头新一轮发展产生深远影响。温州正在全力推进三大转型、建设三个城市，加快城市从“瓯江时代”迈向“东海时代”，东部区域已迎来前所未有的发展机遇。从洞头发展优势看，近年来我们全力以赴打基础、攻项目、筑平台，区域发展条件有了很大改善，发展优势更加凸显。特别是以区位和空间为主的海洋优势，以生态和景观为主的海岛优势，以港口和岸线为主的海湾优势，以海产和美食为主的海鲜优势，以特色文化和人文精神为主的海霞优势相互叠加，这“五海”优势已成为洞头加快建设海上花园的强劲引擎。为此，我们必须充分认清洞头发展所处的历史方位，强化使命担当，抢抓战略机遇，积极主动作为，奋力开创洞头改革发展的新局面。

根据上述形势分析，今后五年洞头发展的指导思想是：高举中国特色社会主义伟大旗帜，以邓小平

理论、“三个代表”重要思想、科学发展观为指导，深入学习贯彻习近平总书记系列重要讲话精神，坚决贯彻中央“四个全面”战略布局和省委、市委决策部署，坚持以五大发展理念为指引，充分发挥“五海”优势，深入实施“三区”战略，加快建设海上花园，确保高水平全面建成小康社会。

海上花园是洞头长远发展的目标定位，是习近平总书记对洞头发展的嘱托和期望，经过十余年的发展实践，已经成为全区上下的共识。未来一个时期，我们要牢固树立五大发展理念，推动“五位一体”建设在基层的生动实践，建设经济发达、政治清明、文化繁荣、社会和谐、生态文明的新洞头，最终实现“城在海中、村在花中、岛在景中、人在画中”的海上花园美好愿景。城在海中，就是要突出产城融合、港城联动，着力发展城市经济、海洋经济、湾区经济，打造海洋、港湾、森林、旅游、文化等元素融为一体的滨海城市，实现功能布局优化、基础配套完善、产业融合发展、人口疏导集聚。村在花中，就是要突出城乡统筹、农村建设，推动基础设施和公共服务向乡村延伸，因地制宜地建设美丽乡村，打造建筑错落有致、村容整洁、生活舒适、乡风文明、管理民主的花园村庄，实现“一村一特色、村村是花园”。岛在景中，就是要突出三生融合、宜居宜游，坚持全域景区化、生态永续化发展，按照美化、绿化、洁化、亮化、香化、彩化、文化、序化“八化”要求，以景区的标准来规划、建设、管理、经营，推动绿色崛起、旅游富民，打造形态美、生态美、业态美的洞头列岛，实现“一岛一主题、岛岛是乐园”。人在画中，就是要突出以人为本、幸福和谐，加强政治建设、文化建设、社会建设，树立清正廉洁高效的政府形象，提升居民社保水平、家庭收入、文明素养，创造富裕安康、文明进步的美好生活，保障社会平安稳定和公平正义，实现群众安居乐业、人与自然和谐共生，让海岛人民如同生活在精美画卷中。

建设海上花园是一个长期持续的过程，需要与时俱进，创新实干，接力奋斗，久久为功。当前洞头内外部发展条件已发生显著变化，我们要赢得主动、开创未来，必须立足洞头实际，把生态立区、旅游兴区、海洋强区作为建设海上花园的战略选择，作为今后五年的发展取向、工作导向、奋斗指向。

——实施生态立区战略。我们要把生态立区作为贯穿各个领域发展的主线，作为统筹各项开发建设的主脉，践行绿色发展理念，遵循自然规律，守牢生态红线，保持不再围垦的定力，深入开展岛礁保护、生态修复、景观提升行动，深化生态廊道建设、蓝色海湾整治修复，实施环境治理组合拳，持续改善生态环境质量，给子孙后代留下天蓝海碧、山清水秀的美好家园。

——实施旅游兴区战略。我们要把旅游作为战略性支柱产业和富民产业来发展，推进全域景区化、旅游主业化，打造蓝色康养示范区、海岛旅游度假区，大力推动旅游创新发展、特色发展、融合发展，发挥旅游辐射效应、富民效应、聚合效应，以大旅游发展带动城市发展、人气集聚、服务升级。

——实施海洋强区战略。我们要紧紧抓住海洋海岛开发的战略机遇，做足海的文章，加大陆海统筹、内外开放力度，强化要素保障、体制创新，引进大企业，建设大项目，开发大小门，构筑以临港工业、绿色石化、港航物流、现代渔业为主的海洋产业体系，做强海洋经济，弘扬海洋文化，进一步提升洞头的战略地位，为建设海上温州提供重大支撑。

生态立区、旅游兴区、海洋强区是相辅相成、有机统一的整体。生态立区是根本前提，旅游兴区是发展动力，海洋强区是经济保障，共同形成海上花园建设的战略支撑。为此，我们要凝聚各方智慧和力量，深入实施三区战略，让海上花园的美好愿景成为中国梦在洞头的生动实践。

到2020年全面建成小康社会，是我们党向人民、向历史作出的庄严承诺。对照全省“高质量、均衡性”的要求，我区要确保与全省同步高水平全面建成小康社会。根据上述指导思想、发展战略和任务要求，今后五年洞头发展的主要目标是：经济综合实力显著提升。到2021年，全区地区生产总值达到140亿元，年均增幅8.5%以上；一般公共预算收入超过10亿元，力争翻一番。固定资产投资累计突破500亿元。经济保持中高速增长，产业结构迈向中高端，经济发展效益和质量明显增强。滨海城市品质显著提升。城乡规划体系完善，城市框架不断拉开，新城二期基本建成，状元南片等重点区块市政设施建成投用，城市化率达到70%以上。城市功能不断提升，基础配套更加完善，交通出行更加便利，路、水、电、燃气、通讯等保障能力明显改善。生态环境质量显著提升。生态文明建设走在全国前列，国家海洋公园和国家生态保护与建设示范区基本建成。全区一半以上村居建成花园村庄。森林覆盖率逐年增加，建成区绿地率达到30%以上，空气质量持续改善。完成节能减排任务。人民生活水平显著提升。社会发展水平位居全市中上行列，城镇、农村常住居民人均可支配收入分别达到55000元、30800元以上，年均增幅分别达到8%、9%以上，超额完成全面建成小康社会翻一番的目标。优质教育、优质医疗体系逐步建立，全民保障体系更加健全，文化体育事业逐渐繁荣，基本公共服务逐步实现均等化。社会治理能力显著提升。公共安全体系不断完善，网格化管理更加到位，平安建设持续深化，实现社会管理有序、应急处置有效、防控犯罪有力。法治政府基本建成，社会文明程度显著提高，基层治理体系和治理能力现代化水平明显提升。

三、今后五年的主要工作和重点任务

实现今后五年的奋斗目标，必须突出重点、把握关键，克难攻坚、狠抓落实，推动洞头各项事业进入发展快车道。

（一）坚持同城同建，全力打造秀美精致的海岛城区。深刻把握温州城市东拓大势，优化功能布局，完善基础配套，推进城乡融合，提升城市能级和品质。

1.发挥规划引领作用。优化全域空间布局，统筹考虑人口分布、经济产业布局和土地开发格局，重点依托环海西湖区域打造都市生活区，依托海洋生态廊道发展旅游休闲区，依托瓯江口新城建设产城融合区，依托大门海洋经济示范区形成临港产业区。完善区域城镇布局，加快构建以灵昆、大门、元觉、霓屿、鹿西等为组团的群岛型空间开发格局。统筹村庄布局，分类指导五种村庄发展，做好异地集聚引导，促进人口集聚、服务集聚、功能集聚。强化规划设计，推进全域景区化概念规划设计成果运用，全面开展城市和村庄设计工作，实施城乡特色风貌规划，描绘海上花园新画卷。强化规划管控，统筹做好民房立面、高度、体量、色彩等元素控制，深化建房和项目建设审批管理，彰显海岛特色。

2.加快基础设施铺垫。坚持把重大基础设施建设作为关键举措，加快建成交通、水利、能源、信息、市政等设施，力争五年基本破解基础设施硬约束。坚持交通先行，着眼外快内畅、互联互通，建成330国道洞头段、228国道灵昆段，全力争取218省道延伸线洞头段、326省道东延线（大门至浅滩连接通道）和市域铁路S1线二期延伸段项目，启动霓屿至白迭跨海通道建设，实现高速、国道、省道等入口无缝连接，打造“半小时交通圈”。建成旅游集散中心、灵昆和大门综合交通场站，建成主要岛屿水运码头、停机坪，开通陆上和水上公共巴士，拓展陆海空连接通道。加快实施重大水利项目，着力开发新城二期引海入城工程和环岛西片蓝海工程，推进浅滩二期围垦，建成黄岙二期围涂工程，开展海绵城市规划，打造城市景观水系。完善城市公共配套，建设状元南片市政基础设施项目，建成大门220千伏输变电、大门产业基地应急引水、大门环岛公路等工程，加大环保基础设施建设投入，提升供水、供电、供气、通讯等保障能力。

3.加强城市精细化管理。学习先进城区经验，全面加强城市管理，厘清部门职责边界，逐步建立现代城市管理体系。高标准建设海岛型智慧城市，加快信息数据平台建设，形成旅游、交通、城管、平安、政务等智慧应用体系，实现城市集约化运行、智能化管理、人性化服务，努力打造在全省有示范意义的智慧城市。完善城市网格化管理，提升快速反应能力。创新城市管理方式，引入市场管理机制，加强市政公用设施和配套服务设施市场化运营，增强城市管理活力。注重管理重心下移和事权下放，强化街道（乡镇）和社区的基础作用，发动广大市民共建共管，携手共创美好家园。

（二）坚持陆海统筹，全力提升特色鲜明的海洋经济。统筹开发陆海空间，强化平台建设、项目引进、有效投资，培育海洋和旅游战略性支柱产业，建设海洋经济强区，推动经济增量提质。

1.增强海洋产业支撑。围绕培育百亿级主导产业，实施精准招商，锁定龙头项目高标准建设，谋划一批支撑力大、功能性好、导向性强的重大项目，带动区域发展。依托大小门岛做强临港石化，积极引进大型石化项目，加快中石化LNG等项目落地投产，延伸绿色石化产业链，建成小门临港石化产业起步区。依托核心港区做大港航物流，培育海运龙头企业，开发物流园区，建设大门大宗散货中转码头，激活港口发展。依托洞头渔场做优现代渔业，加大紫菜和羊栖菜养殖新海区规划、新技术运用和新市场拓展，推进多元化、立体化生态养殖，培育水产品精深加工业，引导发展远洋捕捞业，打造渔港经济区，发挥渔业转型示范效应。

2.深化旅游产业融合。实施“旅游+”行动，以海洋蓝色旅游、康养绿色旅游、海霞红色旅游为发展导向，强化“渔旅、文旅、体旅、商旅、军旅”深度融合，延伸产业链。突出抓好旅游大项目招商，推进温州国际邮轮港、梦幻海湾度假城等引擎性大项目落地建设，强化主题岛保护开发，建成环东沙港蓝色度假小镇和半屏海峡两岸同心小镇、鹿西鹿港小镇，创建国家AAAAA级旅游景区，实现海岛旅游质的飞跃。突出抓好旅游新业态开发，加快大众海钓及配套产业发展，打造沙滩运动、海上运动等时尚运动旅游项目，精心办好海钓、自行车、马拉松等重大赛事，培育运动经济。突出抓好旅游多元化发展，推进灵昆、大门、鹿西等旅游综合开发，重点开发文化创意、精品民宿、军事体验等产品，建成旅游商品、海鲜美食等特色街区。突出抓好旅游服务标准化，推广渔家乐餐饮、民宿等旅游服务的地方标准，实施旅游联合执法，整治旅游市场秩序，净化旅游消费环境。

3.推进传统产业升级。强化政策引导、技术创新，促进传统产业健康发展。引导本岛工业企业“优二兴三”“退二进三”，加大居民区内“四无”企业整治力度，重点建设海洋文化创意园、商务总部经济园、旅游休闲观光园、健康养生产业园，打造三产发展示范区。实施“小微企业三年成长计划”，加快机械汽配园、藻类创业园、花岗岩产业园等小微园建设。大力推进建筑工业化，培育建筑业总部经济，鼓励区内外企业合作，促进建筑业做大做强。深化“三转一市”“四换三名”工作，推动企业上市，培育行业领军企业和高成长性企业。贯彻落实“互联网+”行动，加快发展电子商务、现代金融等现代服务业，培育发展信息、物流、研发等生产性服务业，为经济转型升级注入新活力。

（三）坚持绿色发展，全力营造宜居宜游的生态环境。牢固树立“绿水青山就是金山银山”理念，在保护、修复、提升上下功夫，深化环境治理，打造美丽洞头。

1.强化海洋海岛保护。实施海洋功能区划和海洋生态红线制度，科学划分生态岸线，构建生产、生活、生态相互协调的空间格局。有步骤实施国家海洋公园总体规划和三年行动计划，实行无居民海岛分类保护管理和梯度开发强度控制，打造最美国家海洋公园。加强海岸线统筹管理，重点保护滩涂、岸礁、基岩岸线和砂质岸线等资源，开展立体式执法，切实保护海洋海岛原生态。严格实施伏季休渔制度和幼鱼保护规定，为海洋渔业可持续发展打好基础。引导公众树立绿色生活理念，倡导低碳出行、绿色消费，努力形成节约健康环保的生活方式。

2.强化生态整治修复。实施蓝色海湾整治修复，开展温州（洞头）中心渔港、东沙渔港清淤疏浚，加快半屏岛、东岙湾、南塘湾等沙滩整治修复，建成海洋生态廊道，打造全国海洋生态示范工程。推进洞头渔场修复振兴，开展渔业资源增殖放流，探索设立岩礁保护区，修复海洋生物多样性。加强近岸海域污染防治，改善近岸海域水质。高标准实施废旧矿山和裸露山体修复，加强边坡植被恢复、文化元素植入工作，提升景观艺术效果。深化“三改一拆”，建成拆改利用示范项目，落实防违控违长效机制，巩固无违建区创建成果。深化“大拆大整、大建大美”专项行动，开展景边村、整岛搬迁改造，促进旅游发展和空间腾挪。深化小城镇环境综合整治，营造大门和鹿西洁净、有序、美丽的城镇环境。深化“五水共治”，实施“强库”“固堤”“扩排”工程，完善防洪排涝体系，提升防灾减灾能力，打造美丽海岛水乡。

3.强化全域景观提升。高标准建成一批花园村庄，创成省美丽乡村建设示范区，打造美丽乡村升级版。实施古渔村（历史文化村落）保护利用三年行动计划，打造海岛特色古渔村品牌。加快市政设施景观化改造，打造城市特色家具。实施林相改造规划，建设整岛森林公园、休闲栈道、有氧慢道，构建绿色畅游网络。推进城乡绿化美化，优化海岛绿化生态系统。推进彩化香化文化工作，开展入城口及道路沿线景观改造。实施城乡亮化工程，展现海岛夜景魅力。

（四）坚持改革创新，全力积蓄活力迸发的发展动能。以推进供给侧结构性改革为主线，坚持问题导向、效果导向，强化体制机制保障，补齐改革落地短板，增强发展活力和内生动力。

1.扩大区域开放合作。贯彻市区一体化发展要求，主动承接差异功能分工，争取公共服务产品同城同享。推进瓯洞一体化发展，注重规划共绘、设施共建、服务共享、产业共兴、环境共保，探索建立项目建设、招商引资区域统筹协调机制，协同推进瓯江口和洞头列岛湾区经济发展。完善灵昆街道管理体制机制，促进灵昆社会发展进步。顺应全省海洋港口一体化发展趋势，争取将状元岙和大小门岛港区纳入全省多式联运及港口集疏运体系。理顺大小门岛开发体制，争取市级统筹协调，扩大基础设施投入，增强要素保障能力。

2.深化基层创新实践。持续推进重点领域和关键环节改革，梯度谋划省级以上改革试点和省领导联系突破改革项目，主动为上级提供体制机制创新试验基地。加快旅游供给侧改革，完成旅发公司上市。加快投融资平台建设，强化PPP合作，探索政府债券发行、产业基金设立工作，提高融资能力。深化区域医疗卫生一体化改革，争取国家层面试点。深化综合行政执法体制改革，健全基层行政执法体系。深化县域经济体制综合改革和农村综合改革，探索低效用地市场化退出机制，提高资源要素市场化配置效率。深化行政审批体制改革，优化跨部门、跨层级协同审批。

3.加快科技创新步伐。整合各类众创要素，建设众创空间，打造“创客栖息地、科技集聚区”。探索多元化产学研科技合作模式，支持企业与高等院校、科研院所组建产业技术创新联盟。加快科技金融深度融合，推进科技创新券、科技风险投资、科技担保等科技服务。大力弘扬科学精神，普及科学知识，提升全民科学素养。加强人才队伍建设，实施“才聚百岛”计划，做优人才发展平台，完善人才激励保障政策，加快引进培养创新型、高层次人才和急需紧缺人才，切实为洞头发展提供智力支持。

（五）坚持普惠共享，全力创造幸福安康的美好生活。坚持富民优先导向，全力保障和改善民生，加强社会建设，增强海岛群众安全感、获得感、幸福感。

1.完善社会保障体系。建立更加公平更可持续的社会保障制度，深化全民参保工作，完善筹资机制，分清政府、企业、个人责任。建立健全社保正常调整机制，强化社保扩面提标。突出做好退渔退养渔民、捕捞渔民、被征地农民社保工作，实施“家庭共济”计划。加强招商项目与促进就业衔接机制，拓展就业空间。高度重视低收入渔农户增收致富，强化精准扶贫，重点抓好培育产业带动、促进就业扶持、异地搬迁转移、社会联动帮扶、政策兜底保障“五个一批”，增强自我发展能力。加快推进残疾人小康进程，落实残疾人专项福利补贴制度。完善社会救助体系，引导社会力量参与社会救助工作。扩展保障性住房建设渠道，妥善解决困难群众住房问题。

2.强化公共服务供给。加快建设海霞中学、灵昆中学、元觉义校、霓屿义校，建成温医大仁济学院、温州教师教育院洞头分院和温州交通技术学校，加快推进义务教育由基本均衡向优质均衡发展，创成省教育现代化区。深化与温医大附二院、市中医院等合作办医，实施“双下沉、两提升”工程，全面提高海岛医疗服务水平。推进健康洞头建设，深化医养结合，建设康养中心，发展海岛特色健康产业。提升计生优质服务和幼教服务，促进人口均衡发展。推进文体事业繁荣发展，争取市级公共文体设施落户洞头。加大文化遗产保护与传承，挖掘弘扬海洋文化和特色文化。积极发展体育事业，推广全民健身计划，增强海岛群众体质。深化精神文明建设，开展市民文明素质提升“十大行动”，着力提升社会文明程度。

3.加强社会治理创新。坚持系统治理、综合治理、依法治理、源头治理相结合，创新机制，精准施策，提升平安洞头建设水平。严格落实社会治安综合治理领导责任制，强化“党政同责、一岗双责”。完善基层社会治理“一张网”，深化街道（乡镇）综治工作、市场监管、综合执法、便民服务四个平台，全面提升基层统筹协管能力。完善多元融合矛盾纠纷化解体系，加强信访工作，提升“海上枫桥”品牌。完善立体化社会治安防控体系，织严人防、技防、物防、信息防、制度防网络。完善安全生产主体责任体系，强化灾害监测预警和风险防范，加强公共安全和食品药品安全监管，提升突发事件应急动员和联动处置能力。完善网络舆论引导监管体系，清朗网络空间，凝聚正能量。依法加强宗教事务管理，全力维护宗教领域和谐稳定。

4.提高依法治区水平。全面深化法治洞头建设，推进金融、文化、生态文明、社会组织等重点领域依法治理。推进法治政府建设，强化对行政权力的监督制约，严格规范公正文明执法。深入推进司法体制改革，确保审判权、检察权依法独立公正行使，提升司法公信力。加快推进法治社会建设，深入实施“七五”普法规划，深化法治创建，弘扬法治文化，着力营造良好的法治环境。优化法律援助机制，强化法律服务提质增效。深化信用洞头建设，完善社会信用体系，加快推进民间金融等重点领域信用建设，全面提升社会诚信意识和信用水平。

四、坚定不移推进全面从严治党

实现奋斗目标，关键在党的领导，关键在干部队伍。要坚持不忘初心、继续前进，自觉履行党要管党、全面从严治党的政治责任，切实加强党的建设，提高基层党组织战斗力，提振干部队伍精气神，为建设海上花园提供坚强的政治保证和组织保证。

（一）加强思想政治建设，永葆绝对忠诚的先进本色。抓好思想政治建设这条生命线，深入学习贯彻习近平总书记系列重要讲话精神，增强政治意识、大局意识、核心意识、看齐意识。始终用党的创新理论武装头脑，引导党员干部以更加开阔的视野和创新的思维，破解发展难题。认真落实意识形态工作责任制，牢牢掌握意识形态工作的领导权、管理权和话语权，切实维护意识形态领域安全。传承弘扬海霞精神和五岛连桥精神，推动社会主义核心价值观本土化，切实增强党员干部的使命感。加强和改进新闻舆论工作，提升舆论宣传影响力，讲述洞头好故事、传播洞头好声音、树立洞头好形象。建好用好农村文化礼堂等基层文化阵地，拓展基层理论宣讲新形式，为建设海上花园奠定坚实的思想基础。

（二）加强干部队伍建设，锻造干事担当的洞头铁军。加强好班长好班子好梯队建设，突出打好干部工作“上、下、管、育、爱”组合拳，全力打造“绝对忠诚、干事担当、干净自律、勤政为民、充满活力”的洞头铁军。坚持好干部标准，大力选拔狮子型、创新型、老黄牛型干部。强化干部实战历练，在重大项目建设、花园村庄创建、大拆大整攻坚等擂台开展赛场比拼，从中锤炼一批干部、发现一批干部、启用一批干部。动真格推进干部能上能下，坚决调整一批人岗不适的干部，处理一批品行不端的干部，整治一批“为官不为”的干部。强化干部教育培训，落实党政干部“新理念、新思维”主题培训三年行动计划。强化“德才兼备、以德为先”的用人导向，认真落实干部选拔任用工作纪实办法，推行干部“考任分离”、署名推荐等举措，建立防范“带病提拔”机制。深化干部考核工作，实行干部考核综合评价和正负双向评价，实施末位淘汰和交流机制。完善改革创新容错免责机制，支持和保护干部改革创新，为干事创业营造良好环境。

（三）加强基层基础建设，构筑坚强稳固的战斗堡垒。认真落实基层党建工作责任制，加强基层党组织和基层政权建设，形成“书记抓书记、一级抓一级”的责任传导机制。实施“智慧党建”，加强党建精细化管理，促进组织创新、工作创新。引导党员干部走群众路线，加强党员志愿服务工作。深化“红色细胞工程”建设，全面提升服务型基层党组织建设水平。深入实施强村惠民三年行动，推进软弱后进基层党组织整顿转化和村级集体经济发展，促进“整乡推进、整区提升”。选优配强基层党组织书记，重点做好村级组织“红色领头雁”和两新组织“双强好书记”选拔培养，着力打造过硬的基层党组织带头人队伍。从严加强党员教育管理，严把党员入口关，优化党员队伍结构，强化流动党员管理和服务，健全党员能进能出机制，切实增强党员队伍整体素质。建立健全党内激励、关怀、帮扶机制，实施基层温暖工程，发展壮大党员关爱基金，扩大党内关怀覆盖面。

（四）加强党风廉洁建设，营造风清气正的政治生态。严格落实全面从严治党主体责任和监督责任，层层传导管党治党压力。坚持挺纪在前，在全区党员干部中开展政治纪律和政治规矩专题教育活动，让纪律和规矩在洞头严起来、立起来。落实问责条例，唤醒责任意识，激发担当精神。坚持不懈抓好中央八项规定精神落实，驰而不息纠正“四风”，推进作风建设长效化。深化廉政风险防控，紧盯关键环节和重点部位，持续开展招投标市场专项整治，确保突出问题整治取得实效。加强纪律审查工作，严肃查处违反六大纪律问题，大力整治侵害基层群众利益的不正之风，始终保持惩治腐败的高压态势。着力抓好省委巡视组巡视“回头看”反馈意见整改落实，常态化开展作风巡察，及时发现和查究问题，更好发挥巡察“利剑”作用。运用好监督执纪“四种形态”，真正体现严管厚爱。扎紧扎密制度笼子，健全权力运行监督机制，实行痕迹管理办法，推行负面清单制度，强化党员干部廉洁教育，全面构建党员干部保廉体系。积极推进监察体制改革，支持纪委履行工作职责、查处违纪违法案件，当好纪检监察机关的坚强后盾。坚决贯彻执行中央严肃党内政治生活的各项规定，落实好“三会一课”等制度，推动党内政治生活正常化、规范化。

（五）加强民主政治建设，汇聚共促发展的强大合力。坚持党的领导、人民当家作主和依法治区的有机统一，充分发挥区委总揽全局、协调各方的作用。加强党对人大、政协工作的领导，支持人大依法、政协依照章程履行职能，鼓励人大围绕发展不断创新监督方法，鼓励政协不断拓宽参政议政渠道。做好新形势下的统战工作，深化民族宗教、港澳台、外事侨务工作，强化同工商界和无党派人士的团结合作。高度重视新形势下的党管武装工作，加强国防教育、国防动员和后备力量建设，精心做好女子民兵连建连60周年各项筹备工作。加强老干部、关心下一代工作。推进群团工作改革创新和社会组织建设，加强工青妇以及科协、文联、侨联、社科联、残联、工商联、红十字会等工作，最大限度地调动各方积极性，着力形成团结奋进、学赶比追的强大合力。

政府工作报告（摘要）

——在温州市洞头区第十四届人民代表大会第一次会议上

代区长　林　霞

（2017年2月18日）

一、2016年和过去五年工作回顾

2016年是本届政府工作的收官之年。面对复杂多变的宏观形势和撤县设区后的崭新格局，在市委、市政府和区委的坚强领导下，区人民政府团结带领全区人民，凝心聚力、克难攻坚，围绕海上花园建设目标，紧扣科学发展主题和转型发展主线，认真组织实施“十三五”规划，统筹推进经济社会发展，较好完成区十三届人大五次会议确定的各项目标任务。实现全区生产总值79.42亿元，同比增长7.9%；财政总收入首次突破10亿元，达到11.51亿元，其中一般公共预算收入6.52亿元，分别增长20.1%和27.6%，增幅均排名全市第一；社会消费品零售总额28.7亿元，增长9.3%；城镇常住居民人均可支配收入37827元，农村常住居民人均可支配收入19907元，分别增长9.1%和8.4%；节能减排顺利完成市下达任务。

过去的一年，我们突出抓好以下五方面工作：

（一）致力于抓产业提升，发展竞争力明显增强。工业经济量质齐升。中石化LNG项目获得国家核准，电子电器科技园建成投用，海创园成为闲置厂房“退二进三”样板。企业进军资本市场取得重大突破，诚意药业主板上市获证监会审核通过，金海蕴和永宏电气成功挂牌新三板。有效落实建筑业扶持政策，建筑业总产值增长77%。服务业发展态势良好。仙叠岩和半屏山景区完成改造提升，华中水乐园、冰雪王国等项目投入运营。总投资3.57亿美元的欢乐海岸项目正式签约，环岛西片梦幻海湾度假城项目完成概念策划。蓝色度假小镇开展市级特色小镇创建，女子民兵连纪念馆入选全国红色旅游经典景区。全年接待游客541万人次，实现社会旅游综合收入24.5亿元，同比分别增长20.7%和20.8%。乡村民宿蓬勃发展，新增民宿124家、床位950张，形成花岗、白迭、凸垄底等一批特色村落精品民宿。规范提升海运业，运力结构进一步优化。渔农业效益不断提高。建成白龙屿海洋生态牧场一期，黄鱼生态养殖形成一定规模。养殖海区委托管理试点成效明显，“两菜”产量产值稳步提升。完成3个市级农业标准化示范项目建设。

（二）致力于抓基础环境，发展承载力明显增强。基础铺垫推进加快。瓯江南口大桥基本建成、北口大桥开始主体施工，330国道灵霓海堤段、大门隧道建成通车，新垄隧道、霓新隧道顺利贯通。新城二期路网基本建成，河道景观配套建设全面铺开，仁济学院、新联社大楼等项目顺利推进。开展“僵尸项目、蜗牛工程”专项处置，激活百胜电气、名品广场等项目。城乡管理力度加大。高标准编制全域景区化概念规划，完成城市特色风貌色彩规划和村庄布局规划，出台农村建房新政。抓好工程建管衔接，27个政府投资项目完成竣工移交管理。开展综合环境整治提升、城市管理“治乱”等行动，攻坚光明巷环境整治难题，社会秩序有效改善。环境治理成效突出。大力推进“三改一拆”“大拆大整”，率全市之先实施城镇危旧房货币化改造，108幢城镇危旧房和145户农村D级危房全部整治到位，1631户合用场所和616家“四无”生产经营单位全面完成整治，南策整岛搬迁顺利完成，创成省首批“基本无违建区”。深化“五水共治”，获评省农村生活污水治理优胜区。做好幼鱼保护及“一打三整治”工作，投放各类鱼苗1.3亿尾。建成3个森林公园，营造彩色健康林4218亩，改造沿海防护林4010亩。五岛公路入选省级精品示

范道路，东屏和东岙村、小荆村分别获评省美丽乡村示范乡镇、特色精品村，打水鞍村、新城社区创成省文明村（社区）。生态环境质量公众满意度居全省前列。

（三）致力于抓改革创新，发展驱动力明显增强。体制机制改革富有成效。成立传媒中心、智慧城市管理中心、不动产登记中心，推进农信联社股改工作，实行城发公司实体化运作。启动户籍制度改革，深化商事制度改革，"营改增"试点全面推开。首创民宿合作社"一照多址"登记模式，基本完成农村土地调查测绘和林权确权工作。要素保障工作不断加强。率全市之先完成县乡两级土规调整，城乡建设用地总规模扩大14000亩，核减基本农田保护数4100亩，盘活存量土地1031亩。蓝色海湾整治项目获中央财政补助3亿元，创历年单笔争取资金之最。"大院名校"洞头分院、众创空间、博士后工作站建设顺利推进。新增国家高新技术企业2家、省高成长科技型企业2家、省科技型企业8家，高新技术产业增加值增速等4项科技指标居全市前列。开放合作水平全面提高。运作PPP模式走在全省前列，海洋生态廊道项目入选财政部第三批PPP示范项目。开展两岸旅游文化经贸合作交流，达成6.6亿元的项目合作意向。签约金科海上风电、浙能热电联产等8个招商项目，全年实现温商回归到位资金18.46亿元。

（四）致力于抓社会建设，发展向心力明显增强。社会事业协调发展。霓屿新区义校、海霞中学迁建、灵昆中学改扩建等教育工程加快推进，新实验小学顺利投用。筹建"融合型医联体"，获批省综合医改先行先试区，创成省级卫生应急工作示范区。全面实施"两孩"政策，拓展妇幼健康服务，成立海霞关爱基金，建成省级青春健康教育基地和"三优"指导中心。投用市民文体中心，建成城市书房和11个社区文化中心，获评省文化礼堂建设先进区。开展"文化洞头·活力乡村"系列活动，承办全国公路自行车冠军赛（温州站洞头城市绕圈赛）和第九届全国海钓邀请赛。社会保障更加到位。建立农副产品配送网络，推进"平价菜"进社区。新增城镇就业1383人，渔农民转产转业422人。社会保险扩面任务超额完成，农村低保标准进一步提高。成立"洞头区救急难"公募基金会，社会救助体系日趋完善。新增15家居家养老服务照料中心，区殡仪服务中心项目加快建设。平安建设不断加强。围绕"平安夺金鼎"目标，圆满完成护航G20杭州峰会安保任务，安全生产基础得到夯实，治安防控和维稳体系进一步完善。此外，民族宗教、外事侨务、台湾事务、史志、档案、气象、人防、供销和关心下一代等工作得到加强，工青妇、老龄、慈善、残疾人、工商联、红十字、文联、社科等事业取得新成绩。

（五）致力于抓自身建设，发展感召力明显增强。工作作风持续转变。开展重点工作落实年和行政服务优化年活动，企业反映的39个问题和重点工程涉及的61个问题全部解决。高质量办结人大代表建议146件、政协委员提案81件，满意率均达100%。积极推进政务公开，进一步畅通诉求渠道，民情处置反馈率、办结率、满意率等考核名列全市前茅。效能建设扎实推进。建立"多规合一"审批运用平台，实现项目预选址联审"一窗受理、一表审核"。优化审批服务便民举措，推广手机终端应用，实现"证照网上受理、快递送达""网上开证明"等服务。依法行政能力加强。深化政府法律顾问制度，实现部门、街道（乡镇）法制机构全覆盖，获得全省依法行政先进单位。推行行政执法全过程记录，建立政府特邀行政执法监督员队伍。反腐倡廉成效显著。开展招投标市场专项整治，公共资源交易行为进一步规范。强化审计监督，投资审计核减工程造价1591万元。机关事业单位公车改革全面完成，"三公"经费支出下降36.6%。保持正风肃纪高压态势，立案36件，党政纪处分31人、开除公职1人。

各位代表，2016年全区各项目标任务的顺利完成，为本届政府五年来的拼搏努力画上了圆满句号。回首过去五年，面对改革发展稳定的艰巨任务，我们始终围绕市委、市政府和区委的决策部署，一心一意谋发展、保民生、促和谐，较好完成了区十三届人大历次会议确定的目标任务。自2012年起，全区生产总值、财政总收入、社会消费品零售总额等主要指标，年均分别增长9.4%、10.4%和14.1%，全区经济社会发展迈上新台阶。最振奋人心、值得历史铭记的是，2015年7月23日，国务院正式批复洞头撤县设区，洞头由此驶上了同城发展的快车道，这是洞头发展史上具有划时代意义的里程碑。

五年来，我们扶实体、兴产业，经济转型步伐加快。引进中石化LNG、中海油丽水36-1、浙江弘博DOP等重大临港产业项目，建成连港蓝色海岸带、临海悬崖栈道等一批旅游项目，望海楼入选中国历史文化名楼。实施“四换三名”和“三转一市”工作，新增规上企业11家、产值超亿元企业5家、国家高新技术企业8家。创成渔农业精品园10个，形成多元化生态养殖模式。状元岙港区口岸正式扩大开放，海运业运力规模稳居全市第一。

五年来，我们攻项目、扩投资，城乡面貌日新月异。累计实施重点建设项目197项，完成投资213.2亿元。建设状元南片、小门西片等四大围垦工程，有效拓展发展空间。稳妥做好双瓯工程料场、东屿整村搬迁等政策处理工作，建成大门大桥、洞头峡大桥、本岛环岛公路、110千伏洞头输变电工程、北岙中心街延伸工程等一批重大基础设施项目，新城一期日益繁荣，新城二期、霓屿新区初显形象。实现供水管网“村村通”“户户通”，完成80个新农村整村推进工程。实施“小岛迁大岛建”，建成农房集聚项目18个、惠及农户3273户。

五年来，我们抓环境、塑品牌，生态优势愈发凸显。统筹推进“三改一拆”“四边三化”“五水共治”等环境综合整治，累计完成“三改”面积597万平方米，处置违法建筑32.6万平方米，提前一年实现农村治污全覆盖，落实“路长制”“河长制”，环境建设形成全民互动、陆海联动的良好局面。创成国家生态县、省森林城市、省园林城市、省美丽乡村创建先进县，顺利通过国家卫生县城复评，获批建设国家海洋公园，获评国家海洋生态文明建设示范区、国家生态保护与建设示范区。

五年来，我们重改革、惠民生，社会事业全面发展。完成新一轮政府机构改革和乡镇行政区划调整，“多规合一”、农房使用权流转等多项改革走在省市前列。财政累计用于民生支出达59.8亿元，占比超过70%。建成科技孵化园、新职教中心、新洞二中、新教育幼儿园、市民活动中心、人民医院住院综合楼等一批民生项目，引入中国银行、温州银行等金融机构，银行存贷款余额达132.7亿元，比2011年增长76.9%。实行社会保险全民参保登记。完成全国志愿服务记录试点工作。稳妥处置民间金融风险。创成国家义务教育发展基本均衡县、省教育基本现代化区、省体育强县、省卫生强县，荣获“中国七夕文化之乡”称号，蝉联全国双拥模范县，连续十一年被命名为省平安县（区），获评全国平安建设先进县。

在肯定成绩的同时，我们也清醒地看到，前进的道路上还存在不少困难和问题：一是经济发展方面，产业平台建设缓慢，缺乏重大产业项目支撑，经济持续增长动力不足，资源优势带动发展的态势尚未形成；二是城市建设方面，交通、港口、旅游等基础设施短板明显，城市能级不高，建管水平有待进一步提升；三是社会发展方面，民生保障水平与群众要求还有一定差距，群众利益诉求日益多元化，民间金融风险等社会矛盾纠纷日趋多样化，维护和谐稳定面临新的考验；四是治理能力方面，部分干部对洞头从海岛县向都市新区的转变应对不足，担当精神、创新意识和服务能力有待加强。针对这些问题，我们将高度重视，积极面对，切实解决。

二、新一届政府工作思路

蓝图激励人心，实干托举梦想。踏上新的征程，洞头将迎来加速后发崛起的“黄金五年”。这五年，是洞头加快建设海上花园的关键期，更是高水平全面建成小康社会的决胜期。我们要看到，中央“四个全面”战略布局和供给侧结构性改革的纵深推进，为洞头发展提供了基本遵循，指明了前进方向；浙江海洋经济战略和全域旅游规划的深入实施，温州城市进一步向东面海拓展，为洞头发展创造了新的机遇，增添了新的动力。同时，洞头近年来在基础铺垫、环境建设、民生保障等方面取得的一系列进步，也为自身加快发展奠定了良好基础，积蓄了前进能量。只要我们保持定力、顺势而为，就一定能抓住机遇、乘势而上，在新一轮发展中占据主动、赢得优势。

根据区第一次党代会精神，今后五年政府工作的指导思想是：高举中国特色社会主义伟大旗帜，以邓小平理论、“三个代表”重要思想、科学发展观为指导，深入学习贯彻习近平总书记系列重要讲话精神，坚决贯彻中央“四个全面”战略布局和省委、市委、区委决策部署，坚持以五大发展理念为指引，充分发挥“五海”优势，深入实施“三区”战略，加快建设海上花园，确保高水平全面建成小康社会。

发挥“五海”优势，就是要把洞头海洋、海岛、海湾、海鲜、海霞等资源禀赋转化为发展优势。实施“三区”战略，建设海上花园，就是要坚持创新、协调、绿色、开放、共享五大发展理念，实施生态立区、旅游兴区、海洋强区三大战略，促进洞头经济、政治、文化、社会和生态文明全面发展，努力打造“城在海中、村在花中、岛在景中、人在画中”的海上花园。

根据上述指导思想，今后五年政府工作的主要目标是：

（一）坚持海洋强区，推进改革创新，建设全国活力半岛。推进陆岛联动、陆海统筹，落实创新驱动发展举措，加大对外开放合作力度，打造温州东海时代桥头堡，成为浙江海洋经济新增长极，创成全国海洋经济发展示范区。持续扩大有效投资，加快产业平台建设，完善大小门岛和状元岙港区集疏运体系，建成小门临港石化产业起步区。围绕培育百亿级海洋产业，实施精准招商，谋划一批支撑力大、功能性好、导向性强的重大产业项目，在临港工业、绿色石化、港航物流等方面形成新优势。发挥渔业转型示范效应，大力发展现代渔业。加快杨文、南塘工业区“优二兴三”“退二进三”步伐，打造生物医药、建筑产业、电子商务、文化创意、电子电器等五大总部经济园。深化供给侧结构性改革，以投融资体制创新破解要素制约，以管理机制创新优化政府服务，以科技金融创新激发企业活力。通过五年努力，争取限上固定资产投资累计突破500亿元，规上工业产值超过100亿元，全区经济保持中高速增长，地区生产总值达到140亿元，年均增长8.5%以上，一般公共预算收入突破10亿元，争取翻一番。

（二）坚持旅游兴区，打造精致城区，建设全国旅游名岛。按照“为游客建一座城”的理念，快速推进全域旅游，构建“全域谋篇、全业融合、全时服务、全民参与”的旅游发展新格局，建设全国著名旅游目的地。建设海岛型旅游城市，以瓯洞一体化拓展发展空间，以市区一体化提高城市能级，以全域景区化提升建管标准，形成岛海相拥、城水相融的城市特征，彰显现代气息与海洋文化交相辉映的独特魅力。破解旅游交通瓶颈，突出灵昆交通枢纽中心地位，推动建设本岛对外第二通道和南、北半岛连接通道，构建内畅外快的交通体系。加快建设“环海西湖”都市生活区，大力发展高端旅游项目，完善旅游配套设施，全方位提升旅游服务功能。抓好旅游服务精细化、智慧化管理，整治旅游市场秩序，打造放心景区。实施“旅游+”行动，做好主题岛开发，强化“渔旅、文旅、体旅、商旅、军旅、宗旅”深度融合，形成生态观光、休闲度假、养老养生、渔村体验、海上运动等全季节、多元化的旅游产品体系，打响“百岛洞头·海上花园”旅游品牌。通过五年努力，创成国家5A级旅游景区和国家全域旅游示范区，旅游业增加值占GDP比重达到10%以上，接待游客突破1000万人次，实现翻一番。

（三）坚持生态立区，共创美好生活，建设全国最美海岛。统筹抓好生态文明建设和社会事业发展，围绕全国“和美”海岛创建，打造环境优美、社会和谐、文明幸福的美丽海岛典范。强化环境保护、修复、提升，按照美化、绿化、洁化、亮化、彩化、香化、文化、序化等“八化”建设要求，重点推进海洋生态廊道、花园村庄建设和蓝色海湾整治，连线成片打造美丽景观，努力做到“一路一特色、路路是风景”“一村一韵味，村村是花园”“一岛一主题，岛岛是乐园”。以环境美带动产业美、生活美，完善教育、文体、卫生、养老等公共服务和社会保障体系，深入开展精神文明建设，让全区人民学有优教、劳有多得、病有良医、老有善养、住有宜居，实现生产、生活、生态与富民、便民、惠民的融合发展。通过五年努力，全区一半以上村居建成花园村庄，建成区绿地率达到30%以上，建成最美国家海洋公园，创成国家生态保护与建设示范区、省美丽乡村示范区；社会发展水平位居全市中上行列，城市化率达到70%以上，城镇、农村居民人均可支配收入分别达到55000元和30800元以上，超额完成小康社会翻一番目标。

三、2017年主要工作安排

2017年是新一届政府的开局之年。做好今年工作，对有效推进“十三五”规划实施和海上花园建设至关重要。综合分析发展形势，2017年全区经济社会发展的主要预期目标是：地区生产总值增长8%左右；一般公共预算收入增长15%以上；限上固定资产投资增长11%；社会消费品零售总额增长10%；城镇和农村常住居民人均可支配收入分别增长8.5%和9%；完成市下达的节能减排任务。

为实现上述目标，我们要念好“拆、治、归”三字经，打好转型升级组合拳，重点实施六大提升工程，打开工作新局面：

（一）实施主导产业提升工程

推动海岛旅游全域发展。以国家5A级景区创建和全域景区化建设为抓手，加快旅游设施建设，加大“旅游+”业态培育，提升旅游服务质量，争创省全域旅游示范区。全面推进大竹峙岛保护与开发利用示范项目建设，加快建设海港城度假酒店、海上蹦极等项目，力促欢乐海岸和梦幻海湾项目落地，努力打造洞头旅游新标杆。规划状元邮轮小镇，完善配套设施，迎接邮轮时代到来。启动海霞红色小镇建设，谋划中国民兵博物馆、户外拓展训练基地等项目，打造军民融合发展样板。强化旅游服务管理，建成旅游集散中心，理顺大沙岙景区管理机制，规范渔家餐饮、休闲船舶管理，谋划建设海鲜美食、旅游购物等特色街区。统筹推进灵昆岛、大门岛、鹿西岛旅游开发。出台民宿扶持政策和审批管理办法，助推东岙、海霞等村创建省级休闲旅游示范村，东屏创建省级旅游风情小镇。抓好旅游市场营销，举办望海楼重建开放十周年庆暨中国历史文化名楼年会，办好全国海钓邀请赛、七夕民俗风情节、妈祖平安节等活动，深化旅游主题宣传推介，全年接待游客625万人次以上，社会旅游综合收入超28亿元。

推动工贸业提质发展。加快建设小门石化产业起步区，全面启动小门西片基础配套设施建设，力促中石化LNG项目开工。深入开展领军企业和高成长企业培育，强化工业“互联网+”“标准化+”，推进“三强一制造”工作。实施小微企业三年成长计划，做大电子电器、机械汽配产业集群，建成机械汽配园、大门花岗岩加工集聚区。大力扶持建筑业发展，建成洞头建筑业创业楼，建筑业产值达到25亿元以上。加快工业园区“优二兴三”，实现总部经济园入驻企业20家以上，电商创业园网络销售额超2亿元。全面启动对台小额贸易试点运营，建成跨境电商项目。积极发展港口物流业，推进状元岙港区二期工程建设，培育物流龙头企业。进一步优化海运产业结构，扶持优质海运企业发展。

推动渔农业转型发展。围绕现代渔农业建设要求，积极创建省级渔业转型发展先行区。引导发展远洋捕捞，调整优化渔业生产结构。积极建设“海上田园”，启动国家级健康养殖示范区创建，全面实施养殖海区规范化管理，探索海区立体养殖新模式，推进白龙屿海洋生态牧场二期和黄鱼岛项目建设。积极发展水产品精深加工，加快建设霓屿紫菜产业园。深化渔港综合管理改革，完善渔港基础设施，把东沙渔港率先打造成为全国最美渔港。提高灵昆、大门农业发展水平，建设生态休闲农业主体项目，创建农业科技示范基地2个。

（二）实施城区品质提升工程

高起点建设基础设施。全力扩大有效投资，积极推进78项重点工程，确保限上固定资产投资达到62亿元。建设对外大交通，助推瓯江北口大桥、甬台温高速复线灵昆段和市域铁路S1、S2线建设，启动218省道延伸线、绕城北高速大小门疏港支线、城市快速路等前期工作，力争330国道延伸线全线通车。改善城乡内循环，谋划北岙旧城区至东屏快速通道，开工建设大门美岙隧道和小门环岛公路，加快建设大门交通服务综合体、鹿西综合交通码头，建成新垄、霓新隧道，延伸城乡公交线路，投用海上快速客轮，打造更为便捷的环岛、岛际交通圈。大力拓展发展空间，加快状元南片基础铺垫，推进黄岙二期围涂工程，建成环岛西片围涂工程。强化水电气保障，基本建成大门产业基地应急引水工程，开工建设220千伏大门输变电和配电网改造工程，加快建设各片区气化站和燃气管网。

高标准优化城市形态。注重规划引领，组建洞头规划管理委员会，统筹完善城乡规划体系，全面开展重点区域城市设计、村庄规划修编和村庄设计。强化规划刚性执行，努力塑造海岛城区特色风貌。提速新城开发，完成新城二期市政道路建设，建成仁济学院，投用温州教师教育院洞头分院、公安业务技术用房，加快建设新联社大楼等项目。注重扮靓城市，实施网寮鼻和王山头边坡景观化治理，建成洞头峡大桥沿线亮丽工程，提升城区道路景观，启动花园住宅小区建设，新增地下空间利用2.8万平方米。培育新型城镇，深化旧城区疏导改造策略研究，加快建设蓝色度假小镇、半屏同心小镇等特色小镇，推进霓屿新区公共配套建设，完成蓝港花苑三期和长沙保障房一期工程。

高水平延伸城乡管理。理顺城市发展体制，实现规划、建设、管养相分离。建设智慧城市二期项目，推行旅游、交通、城管等6个领域的智慧应用，提高市民参与度和受益率。深化综合行政执法改革，成立旅游综合执法中队，加强景区及周边综合环境整治。推进管理权限下放，全面完成街道（乡镇）综治工作、市场监管、综合执法、便民服务“四个平台”建设，提升街道（乡镇）统筹协调和管理服务能力。依规严控农房建设，阶梯式推进个人建房疏导安置。健全城市综合环境管理长效机制，提高城乡环卫、市政管养和市容市貌管理水平。

（三）实施生态文明提升工程

大决心建设生态屏障。重视“修山补山”，推进废弃矿山治理，完成山体修复16万平方米。修复振兴渔场，实施更严格的伏季休渔制度，持续开展幼鱼保护及“一打三整治”工作，增殖放流各类鱼苗1亿尾。做好主题岛保护性开发，结合南策、北策海钓岛建设，加大人工鱼礁投放力度，促进海洋生态多样化发展。开展植绿复绿行动，建成沿海防护林4010亩、珍贵彩色林4200亩，加强松材线虫等病虫害治理，保护海岛自然植被。实施滨水绿化、立体绿化，新增城市绿地12万平方米、绿道6.6公里。

大力度加强环境整治。做好国家卫生城市复评工作。完善环卫设施，加快建设城北、霓屿布袋岙污水处理厂，改造新城一期垃圾中转站，建设新城二期垃圾中转站，建成再生资源收储中心，整治提升城区公厕和主要公路、景区范围内的垃圾坞。狠抓“三改一拆”“大拆大整”，创成省级首批“无违建区”，建立危旧房动态排查管理机制，加快灵昆城中村改造，推进大瞿整岛搬迁，完成韭菜岙等景边村拆迁。推进大门、鹿西小城镇环境综合整治。深化“五水共治”，剿灭劣V类水，实施灵昆河道整治二期等治水项目，抓好河长制常态化管理，确保农村污水处理设施有效运行。

大手笔打造生态亮点。以创建国家生态文明建设示范区为目标，全面推进生态文明示范镇街、精品示范村的创建工作，提升全区生态环境质量。加快蓝色海湾整治，完成东岙沙滩修复，启动半屏沙滩修复，基本完成中心渔港疏浚，改造提升渔港风情街，高标准建成国家海洋公园。建设海洋生态廊道等慢行系统，将海湾、渔港、景区“串点成线”，新增5公里环岛休闲栈道、10公里登山有氧慢道、5公里美丽生态示范路，投用灵昆南堤景观慢游道。打造美丽乡村升级版，以村居自主申报、亮点比拼的方式，确保建成17个环境优美、产业多元、乡风文明的花园村庄，创成省美丽乡村示范区。

（四）实施开放创新提升工程

推进重点领域改革。完善工程建设管理机制和PPP项目管理模式，建立全域旅游联席议事制度，启动区旅发公司上市筹备工作。深入推进户籍制度改革，完善低保、子女入学、宅基地分配等配套政策。全面完成农村土地确权登记，健全土地流转、农房抵押贷款机制。推进供销社改革，深化“三位一体”农合联建设。加快融资体制改革，推行企业债、产业基金等融资模式。完善金融组织体系，成立洞头农商银行。强化用地用料保障，完成耕地垦造任务，提高矿产资源开发效益。积极对接温州国家级海域综合管理试点，探索推进海域使用权证“一证到底”。

汇聚优质创新要素。推进创新平台建设，新增众创空间面积1万平方米，引进初创型企业和“创客”20家以上。培育创新主体梯队，启动省级企业研究院建设，创建8家省科技型企业。深化“政产学研”合作，实现院企结对30对，签约技术合作交易项目10项。完成科技贷款额3000万元以上，助力创新型小微企业发展。开展“科技惠农专家行”活动，为渔农业生产提供技术服务。启动海岛特色人才培养“三百工程”，强化海水养殖、文化传承、旅游服务等方面的人才队伍建设。实施名师引进培养、城建人才招聘、在外人才智力返乡等三项计划。

狠抓选商引资成效。坚持把环境友好度、就业带动面、税收贡献率等作为招商评判标准，聚焦战略性新兴产业项目、重大功能性项目，增强招商引资精准性和实效性。提高状元南片、环岛西片、小门西片等重点区块开发成熟度，为招引优质项目创造便利条件。注重异地商会建设，积极推动以商引商。完善招商考核工作机制，强化签约项目跟踪服务，力促浙能热电联产、金科海上风电等项目开工建设，争取中麟能源、康隆医药等项目落地投产。持续做好“僵尸项目、蜗牛工程”处置，加大倒逼推进力度。加快建设南片交通基础设施、社会民生工程等7个PPP项目，确保温商回归实际到位资金20亿元以上。

（五）实施公共服务提升工程

加快社会事业发展。完善教育基础设施，开工建设霓屿中心幼儿园，加快建设霓屿义校、灵昆中学改扩建等工程，完成海霞中学迁建工程一期，做好元觉义校迁建前期工作。努力提升教育质量，完成中小学教师“县管校聘”省级改革试点，探索与省市名校深度合作办学，开设洞一中温州中学实验班，创办1所优质民办初中，创成省教育现代化区。开展健康洞头建设，提高医疗卫生服务水平，挂牌运作“融合型医联体”，全面实施责任医生签约服务制度，加快建设中医院和霓屿、鹿西社区卫生服务中心，深入推进分级诊疗和计生优质服务工作。开展文体六个“百千万”行动，打造一批基层文化中心、文化驿站，优化“15分钟文化圈”。加快“文化+”产业培育，做优贝雕、古船木等非遗文化产业。举办全国公路自行车冠军赛，积极争取马拉松、山地户外挑战赛等国家级体育赛事落户洞头。提高市民文体中心、体育公园等利用率，推动全民健身活动。实施电视制播网全高清化改造，提升传媒服务水平。

提升社会保障水平。健全就业援助制度，做好就业困难群体、下岗失业人员、退渔渔民等就业创业工作。扩大全民参保范围，全面落实医保同城待遇，实行医保个人账户余额“家庭共济”，力争养老保险参保率达90%。加强住房保障，实行新居民公共租赁住房补贴，实施农业转移人口住房保障机制，建成保障性住房524套、竣工1180套。推进精准扶贫工作，实施低收入农户动态管理，加大社会救助资源整合力度。提升养老服务水平，加快建设城南社区南苑休养院，争取开工建设社会福利综合中心，优化居家养老服务照料中心功能，有序推进医养融合。深化殡葬改革，完成殡仪服务中心主体工程。

全力办好民生实事。强化民房消防安全，完成全区1万户“两类民房”表后电气线路改造提升；改善居民出行条件，投用8辆电动微公交，下调岛际客轮票价；扶持离岛民办学前教育发展，落实鹿西幼教教师工资待遇政策，改善大门中心幼儿园办学条件，加大离岛支教力度；实施智慧便民工程，开发推广智慧城市民生APP，实现公共交通移动支付、管道燃气网上缴费等功能，为游客提供吃、住、购、行一站式服务；完善城区排污排水系统，修复提升城区污水管网25公里，完成北岙中心街排洪沟清淤整治；健全残疾人社会保险制度，为残疾人在医疗保险、养老保险和意外伤害保险等方面给予补助；实行高龄老人关爱行动，推出“一元食堂”，并为困难老人提供家政、精神慰藉等帮助；推行“医养结合”养老服务模式，试行养老机构设立服务点，家庭医生契约式上门服务；提高农贸市场建设标准，完成北岙、灵昆、东屏、元觉农贸市场改造提升，启动大门、霓屿新农贸市场建设；对接鹿城、瓯海、龙湾公共自行车系统，实现公共自行车市区“一卡通”。

（六）实施社会治理提升工程

加强社会管理。开展“七五”普法工作，深化民主法治建设，引导全民学法守法。优化法律援助便民措施，构建阳光法律援助机制。抓好村级组织换届工作，提升基层治理水平。建设区级社会组织孵化园，优化“三社”联动功能。加强信用洞头建设，提高信用信息应用水平。全面实施“放心消费在洞头”行动计划，积极创建省级食品安全区。深化“同心同行·共建和谐”活动，抓好宗教重点领域治理。

维护社会稳定。深化综治一张网建设，加快构建立体化的治安防控和维稳安保体系。持续抓好安全生产工作，启动大门镇消防站建设，实现居住出租房、合用场所、民宿消防安全整治合格率100%。抓好气象灾害防御和防汛防台工作，完善应急管理运行机制。努力化解企业金融风险，实现银行不良贷款余额和不良率“双下降”。持续平稳推进民间金融风险处置，探索民间呈会长效监管机制。发展和谐劳动关系，健全工资支付监控和保障机制。

提升市民素养。开展市民文明素质提升行动，树立价格诚信、礼仪宣教、志愿服务等十大领域的文明新风。继续推动农村文化礼堂“建管用育”一体化，积极打造渔农民精神家园。深化“五美”乡村和文明单位创建，引导全社会参与文明建设。完善文明监督约束机制，强化道德“红黑榜”宣传，发挥社会正能量激励和负能量警示作用。加强网络管理和网络文化建设，努力营造良好的网络环境。重视移风易俗工作，强化现代公民意识和市民意识，弘扬海霞精神和五岛连桥精神，引导市民支持家乡开发建设，增进爱岛爱乡情感。

四、切实加强政府自身建设

各位代表，实施三区战略，建设海上花园，实现高水平全面建成小康社会目标，关键在于各项工作的落实。本着对洞头发展负责、对洞头人民负责的态度，新一届政府必须主动加压、提升标杆，全面加强自我完善、自我革新能力，树立忠诚担当、规范高效、务实廉洁的良好形象。

树牢四个意识，建设政治忠诚型政府。坚持区政府党组理论学习和民主生活会制度，进一步增强政治意识、大局意识、核心意识、看齐意识，始终在思想上政治上行动上同以习近平同志为核心的党中央保持高度一致。坚决贯彻落实中央决策部署，认真贯彻执行《准则》和《条例》，严明纪律、严守规矩，把对党绝对忠诚落实到干事创业上，提升百姓获得感和幸福感。

强化责任担当，建设务实攻坚型政府。以人民为中心，担当尽责、真抓实干。面对矛盾敢于迎难而上，面对危机敢于挺身而出，以“钉钉子”精神将工作一抓到底、抓出成效，打造洞头“铁军”。坚决克服僵化保守思想，切实增强创新意识，不为困难找理由，只为发展想办法。开展“实战练兵、赛场比武”活动，落实容错免责机制和末位淘汰制度，改进考核方式方法，努力形成你追我赶、创先争优的良好氛围。

提高工作效率，建设高效服务型政府。坚持政府工作目标化、责任化、具体化，健全权责明确的落实机制。加快推进“最多跑一次”改革，实行“办不了”报告制，持续推进简政放权，形成覆盖行政许可、行政处罚、行政服务等领域的“一次办结”机制。全面推行“双随机、一公开”，形成“部门联合、随机抽查、按标监管”的“一次到位”机制。深化“五张清单一张网”改革，完善网上审批和“多规合一”改革成果应用，切实提高行政审批效率。大力精减会议和文件，积极推行网上办公和移动办公。坚决整肃庸政、懒政、怠政行为，确保政令畅通。

全面从严治政，建设法治廉洁型政府。坚持依法行政，完善法律顾问运行机制，规范政府依法决策程序。深化政务信息公开，增强政府工作透明度。自觉接受人大监督、政协民主监督以及社会舆论监督，高质量办理建议提案。实施“正作风、树形象”五大专项行动，全面落实党风廉政建设责任制，持续深化作风建设。强化审计监督，严控“三公”经费，规范财政资金使用。加强对土地招拍挂、工程项目招投标等重点领域和关键环节的行政监督，严查各类违法违纪案件，营造风清气正的政务环境。

温州市洞头区国民经济和社会发展“十三五”规划纲要（摘要）

2016年3月28日洞政发〔2016〕12号

第一篇 目标升级：打造海上花园

一、开启后发崛起新篇章

（一）发展基础

“十二五”时期，面对错综复杂的宏观环境和艰巨繁重的发展稳定任务，全区顶住要素资源紧缺的巨大压力，坚定不移地走“加快同城发展、建设海上花园”的发展路子，致力于扩投资、兴产业、优环境、惠民生、促和谐，实现了全区经济平稳较快发展、社会发展稳定的良好局面，基本完成了“十二五”规划确定的主要目标任务，为“十三五”经济社会发展奠定了坚实基础。

经济实力稳中有进。县域经济发展加快向都市区经济转变，多项经济指标增速在全市县（市、区）中排名靠前。“十二五”期末实现地区生产总值61.48亿元（原洞头县域），年均增长9.9%；一般公共预算收入实现5.4亿元，年均增长14.5%；五年累计完成固定资产投资320亿元，年均增长33.3%；城镇和农村常住居民年人均可支配收入分别达34674元和18365元，年均增长11.3%和15.5%。

临港产业量质并推。出台“助企强工兴贸”相关扶持政策，开展“四换三名”、“三转一市”工作，助推“个转企”规模提升，新增规上企业14家、产值超亿元企业5家，中石化LNG项目核准前置条件基本完成。温州港口岸扩大开放和保税物流中心先后获批，2015年港口货物吞吐量近600万吨。深化省级旅游综合改革试点县建设，推进全域景区化、旅游主业化发展。加快国家5A级景区创建步伐，望海楼入选中国历史文化名楼，荣获省旅游发展十佳县（市区）等称号，五年累计完成旅游接待人数1744万人次，实现社会旅游综合收入78.8亿，年均分别增长16%、17.4%。积极培育发展渔港经济，创建一批渔业主导产业示范区和特色精品园。

城镇功能日益提升。加快融入温州市区，77省道延伸线工程任务过半，大门大桥建成通车。瓯江口新区一期产城融合稳步推进。新城二期建设加快，交通、河道网络基本形成，温州医科大学仁济学院等一批功能配套项目落户，环海西湖城市中心形象初显。完成数字化城管平台建设。环岛西片围堤实现合拢，状元南片完成垦区吹填，小门西、黄岙二期围垦较快推进。有序推进城镇低效用地开发试点，城镇集约发展水平较快提升，2015年城市化率达55%。

美丽海岛再创佳绩。深入实施“五水共治”“一打三整治”工作，“美丽海岛水乡”建设和海洋生态环境建设有序推进。扎实推进“三改一拆”，旧城改造稳步开展。美丽乡村建设扩面提质，创成省美丽乡村创建先进县。成为我省首个国家海洋公园，获批国家生态保护与建设示范区，荣获国家生态文明建设示范区（国家生态县），省森林城市、省园林城市等称号，洞头岛入选中国“十大美丽海岛”。

民生质量明显提高。城市登记失业率控制在4%以内，五年新增城镇就业6835人。在全国率先探索建立社区机构养老新模式。教育教学质量不断提升，创成国家义务教育基本均衡发展县、省教育基本现代化区。公共文化服务体系不断完善，荣获“中国七夕文化之乡”等称号，创成省体育强县。基本形成“20分钟医疗卫生服务圈”，创成省卫生强县、省慢性病综合防治示范区、省卫生应急工作示范区。“平安洞头”建设扎实推进，实现省“平安县”十连创。

体制机制日益完善。洞头撤县设区获国务院批准。建立洞头区、瓯江口产业集聚区与温州港集团三方联席会议制度，区域一体化管理体制改革深入推进。完成“多规合一”规划管理应用系统建设。成为省级旅游综合改革试点县，深化旅游体制机制改革工作。省级海岛综合开发与保护试验区不断推进。创新推进政府投融资模式，完成国有投资公司整合运作。创新用海用岛管理机制，实施“海域直通车”等审批制度。挂牌成立农村产权交易平台和省海洋渔业船舶交易服务中心洞头受理点。

“十二五”期间，洞头经济社会发展取得的成绩来之不易，积累的经验弥足珍贵：一是始终坚持“抓投入”，紧抓重大交通设施建设，加大公路、大桥、港口、航道等设施建设的投入，加快融入温州城市核心区，扩大对外开放功能。二是始终坚持“促升级”，加快推动大产业大项目落地，努力引进增量、优化存量、提高质量，加快临港石化产业扩能提质，推动产业园区“腾笼换鸟”。三是始终坚持“兴港城”，坚定不移地推进新型城镇化建设，推进状元岙港区和大小门岛港区建设，加快围堤围涂等空间平台拓展工作，新城建设与老城疏导协同实施，城市功能提升与品质改善并举。四是始终坚持“重生态”，以“五水共治”为重点和突破口，扎实开展美丽城区、美丽渔村建设。科学利用海洋资源，强化海洋生态保护。

（二）外部环境

未来五年，洞头既面临难得的发展机遇，也面临诸多风险挑战，但总体仍处于大有作为的战略机遇期。

在发展环境上，一是从国际看，世界多极化、经济全球化、社会信息化深入推进，世界经济在深度调整中曲折复苏。国际和区域经贸规则主导权争夺加剧，地缘政治风险导致外部环境更加复杂。二是从国内看，我国经济进入新常态，综合国力和国际竞争力达到新高度，经济发展方式加快转变，新的增长动力正在孕育形成，经济长期向好的基本面没有改变，但发展不平衡、不协调、不可持续问题仍然比较突出，转型升级任务艰巨。三是从浙江看，我省综合实力又迈上一个大台阶，为走在前列谋新篇奠定了坚实基础。特别是通过打好转型升级系列组合拳，我省已在市场化改革、倒逼转型机制和发展信息经济等方面形成了新的先发优势，将为转型发展注入新的强大动力。七大万亿级产业培育、特色小镇建设全面推进。加快海港、海湾、海岛“三海联动”，海洋经济发展迈上新台阶。四是从温州看，温州综合经济实力稳步增强，产业升级步伐加快，城市发展从“瓯江时代”加快迈向“东海时代”，以金融综合改革为代表的改革创新不断纵深推进，对外开放水平明显提高。

在发展机遇上，洞头主要面临三大发展机遇：一是“融入”，即深度融入温州市区发展。洞头撤县设区、温州城市中心区东拓及瓯江口区块建设加快等，对洞头产业能级提升、城市功能完善、人才集聚等有较大推动作用。二是“协同”，即深度参与“一带一路”和海洋经济发展。我省把海洋强省作为一大长期战略，“十三五”是我省实施“海洋强省”战略，加快海洋资源保护开发、统筹利用港航资源、协同发展江海联运以及建设宁波-舟山港口经济圈的关键时期，有利于洞头依托海洋资源禀赋，积极发展海洋经济。三是“拓展”，即深度拓展洞头发展空间。浅滩一期、二期，大小门围垦等区域都是洞头未来城镇、产业的发展空间。

在问题挑战上，必须清醒地认识到，洞头发展仍面临一系列重大问题和挑战。一是区域竞争压力较大。与温州其他10个县市区，尤其是3个区相比，洞头经济基础薄弱，发展差距明显，临港石化、港航物流和海岛旅游等特色资源挖潜不够。二是经济转型升级缓慢。港口建设开发进展慢，保税物流和口岸开放等带动效应还未显现，大项目落地和推进的制约因素较多。三是城市功能有待加强。城市化水平不高，公共服务供给不足，城市集聚辐射能力不显。四是要素支撑有限。城乡建设用地不足，融资途径有限。人才资源招引难，自主创新能力不强，要素制约较明显。

综合判断，“十三五”时期，洞头将处于全面建成小康社会的决胜期、全面加快同城发展的关键期、全面推进经济增量提质的攻坚期。要科学判断、精准把握洞头发展面临的重大机遇和挑战，强化转型发展的机遇意识和忧患意识，进一步增强实现富民强区的责任感和紧迫感，加快推进发展方式转变，开启新常态下洞头转型发展新局面。

（三）指导思想

“十三五”时期经济社会发展的指导思想是：高举中国特色社会主义伟大旗帜，以马列主义、毛泽东思想、邓小平理论、“三个代表”重要思想、科学发展观为指导，深入贯彻习近平总书记系列重要讲话精神，按照“四个全面”的战略布局和省委“八八战略”、市委“五化战略”的要求，坚持以创新、协调、绿色、开放、共享五大发展理念为指导，全面融入温州大都市区发展，全面加快基础设施建设、经济增量提质、民生质量改善，努力打造温州城市东拓主平台、海洋产业集聚区、海岛旅游度假区、生态文明示范区，确保全面建成小康社会，为加快同城发展、建设海上花园奠定更加坚实的基础。

“十三五”时期必须坚持创新、协调、绿色、开放、共享的发展理念，以发展理念引领发展方式转变，以发展方式转变推动质量和效益提升，应坚持以下发展原则：

坚持创新发展激活力。坚定不移地把深化改革和创新驱动作为洞头发展的不竭动力，围绕战略定位，以更大的决心和勇气推进重点领域和关键环节的改革，全面激发全社会创业创新活力，再创体制机制发展新优势，推动县域经济向都市区经济转型。

坚持协调发展释潜力。坚定不移地把同城发展作为洞头协调发展的强大引擎，强化“全区一盘棋”，突出体制顺畅、交通先行、产城融合，推进要素高效、优化配置，着力拓空间、补短板、增后劲，加快推进温州大都市区空间结构优化。

坚持绿色发展显魅力。坚定不移地把生态文明建设作为发展的重要支撑，发展生态经济，推广生态文化，把国家海洋公园等建设作为海上花园建设的重要抓手，强化海洋海岛保护，强化海域污染跨界治理，推进美丽洞头建设。

坚持开放发展强动力。坚定不移地把全面开放、合作共赢作为发展的突出主线，深入参与“一带一路”、长江经济带和江海联运战略，实施更加主动的国际化发展战略，积极争取新一轮改革开放试点，打造高能级开放合作平台，提升洞头开放水平。

坚持共享发展聚合力。坚定不移地把保障和改善民生作为发展的根本目的，把发展的出发点和落脚点真正体现在富民、惠民、安民上。加大财政投入力度，着力破解民生难题，加快发展各项民生事业，加强和创新社会治理，使全区人民共享发展成果。

贯彻指导思想和原则，站在建设“温州第四区”的战略高度，深入理解和把握对洞头发展的时代要求，确定洞头“十三五”四大发展定位，阐释如下：

城市东拓主平台。依托温州城市向东面海发展的趋势，统筹人口、项目、产业布局，以规划共绘、设施共建、民生共享为要求，全面融入温州大都市区发展，全面推进基础设施现代化、产业发展差异化、公共服务均等化、城乡发展一体化，拉框架、强功能、提品质，打造温州城市东部发展的主要平台，推动温州从“滨江城市”迈向“东海城市”，促进城市由粗放向精致转型。

洞头区“十三五”时期经济社会发展主要指标

表59

分类	序号	指标名称	单位	2015年	2020年规划目标	“十三五”年均增长率（%）	指标属性
经济发展	1	地区生产总值	亿元	73.15	120	7.5	预期性
	2	人均地区生产总值	元	47524	68000	7.0	预期性
	3	一般公共预算收入	亿元	5.4	7.9	8.0	预期性
	4	固定资产投资	亿元	142	[1100]	15	预期性
	5	服务业增加值占GDP比重	%	57.7	55	—	预期性
	6	工业总产值	亿元	80	200	20	预期性
	7	港口货物吞吐量	万吨	1000	2000	15	预期性
	8	城市化率	%	55	59	[4]	预期性
创新发展	9	高新技术产业增加值占规上工业增加值比重	%	25	30	[5]	预期性
	10	R&D经费支出占GDP比重	%	1.0	1.65	[0.65]	预期性
资源环境	11	万元GDP能耗	吨标准煤	0.65	完成上级下达任务		约束性
	12	万元GDP水耗	立方米	17			约束性
	13	主要污染物排放量	吨	—			约束性
	14	森林蓄积量	万立方米	8.2	8.5	—	约束性
	15	PM2.5平均浓度	微克/立方米	—	≤35	—	约束性
	16	近岸海域一、二类海水水质比例	%	85	85	—	预期性
民生福祉	17	城镇新增就业人数	人	1358	1550	—	约束性
	18	城镇调查失业率	%	—	≤5	—	约束性
	19	城镇常住居民人均可支配收入	元	34674	50950	8	预期性
	20	农村常住居民人均可支配收入	元	18365	28260	9	预期性
	21	人均期望寿命	年	79.9	80.2	—	预期性
	22	每千人口执业（助理）医师数	人	2.1	2.8	—	预期性
	23	每千名老人养老机构床位数	个	40	50	[10]	预期性
	24	基本养老保险参保率	%	88	95	—	预期性

说明：1.[ ] 内数据为五年累计增加或提高的绝对数。

2.地区生产总值、人均地区生产总值绝对值按现价计算，速度按可比价计算。

3.“十三五”主要指标统计范围覆盖全区域。

海洋产业集聚区。充分发挥深水港和岸线优势，统筹开发陆海空间，强化陆岛联动，陆海衔接，重点推进瓯江口产业集聚区、大门海洋经济示范区、状元岙港区开发建设，重点推进临港工业、港口物流、海洋旅游、现代渔业等方面形成产业优势，把洞头建设成上规模、上水平、高效益的临港工业基地、港口物流基地和海洋渔业基地。

海岛旅游度假区。充分发挥海洋海岛旅游资源优势，按照全域景区化、旅游主业化的发展要求，不断完善旅游基础设施和服务设施，突出旅游大项目引进开发，加快打造旅游精品，培育发展特色时尚旅游业态，推进旅游业转型升级，努力把洞头建设成为令人向往的旅游休闲目的地。

生态文明示范区。依托海洋海岛生态环境综合优势，围绕“两美”建设目标，联动推进国家生态保护与建设示范区、国家海洋公园建设，优化生态环境，发展生态经济，推广生态文化，努力把洞头建设成为循环低碳、绿色高效、秀美宜居的生态文明示范区。

（四）发展目标

到“十三五”末，全区经济社会发展水平显著提升，力争达到全市中等水平，全面建成小康社会，为加快同城发展，建设海上花园奠定更加坚实的基础。主要目标是：

综合实力更强劲。经济保持中高速增长，全区生产总值年均增长7.5%，确保高于全市平均水平。临港工业、港口物流、海岛旅游加快发展，临港产业结构更优化，海洋经济实力明显增强，到2020年，港口货物吞吐量实现2000万吨，服务业增加值比重为55%左右，对外开放水平实现较快提升。

城乡区域更协调。内外交通实现高效便捷，重点区块市政配套设施基本建成，水、电、燃气、通讯等保障能力进一步提升，互联互通、系统有效、安全生态的基础设施网络基本形成。环海西湖城市核心区基本建成，瓯江口新区一期产城融合初具规模。同城发展加快推进，基本融入温州中心城区。城市化率达59%。

生态环境更优美。生态文明理念在全社会牢固树立，城乡生态环境质量明显改善，国家生态保护与建设示范区、国家海洋公园建设取得显著成效，基本形成高质量、高效益、低污染的生态化生产方式。主要污染物排放量完成市下达任务，近岸海域一、二类海水水质比例达85%以上，海上花园建设成效初显。

社会发展更和谐。各项社会事业领域改革进一步完善，就业、教育、文化、医疗、住房等公共服务体系更加公平优质，覆盖城乡的社会保障体系更加完善，政府职能转型有序开展。居民收入水平稳步提高，城镇、农村常住居民人均可支配收入年均增速分别实现8%、9%，低收入群众收入持续较快增长。

体制机制更完善。政府治理能力和基层治理水平显著提高，社会信用体系和公共安全应急体系基本建立。投融资体制和资源要素市场化配置改革取得实质性进展。“大众创业、万众创新”服务体系更加完善，企业创新主体地位和主导作用不断强化，社会创业创新活力能力进一步激发和增强。

第二篇 任务聚焦：加快同城发展

二、统筹协调，构筑都市融入发展格局

坚持协调发展，优化空间格局，推进陆海统筹，重点布局港口、产业、城镇等功能，强化海岛、海湾、海港“三海”联动，促进城乡统筹，推动洞头区同城化步伐，高品质建设温州第四区，成为温州城市东拓的主平台，提升温州城区首位度。

（一）按主体功能定位优化空间发展格局

科学划分三类空间。以自然海岛界线和行政边界为基础，将全区划分为城镇、渔农业、生态三类空间，并划定城乡建设用地、基本农田、生态红线等边界。城镇空间以环海西湖城市核心区、大小门岛港区、状元岙港区等为主平台，积极推进空间结构优化重组、产业结构转型升级、设施服务加强提升和人居环境绿化美化；渔农业空间以近海域养殖及空间拓展为主平台，利用现代养殖技术，开展清洁循环养殖，加强基本农田保护，保障渔农业可持续发展；生态空间要实施最严格的生态红线管理制度，发挥生态资源优势，控制城乡建设用地边界，推进生态保护。三类空间要确定合理的空间比例，探索相互促进、融合发展的有效路径。

（二）优化洞头四大功能区

立足我区全域，依据各区块区位条件、产业基础、生态环境及其发展趋势，按照“组团式”发展理念，加快功能优化整合，形成“四大功能区”，推进温州中心城区“跨江面海”发展。

环海西湖城市核心区。定位以城市生活功能为主导的环海西湖休闲度假、旅游服务和时尚宜居城区，涵盖北岙街道、霓屿街道、元觉街道南部等区域，重点发展城市经济、湾区经济，建设都市生活区。新城二期定位为洞头城区的核心地带、海岛新城典范、联合国人居实验区，集中引入海岛旅游休闲等高端服务业，吸引创业、创新、创意性质的中小型企业和项目入驻，打造沿海地区创新和生态发展先锋、商务休闲为主的现代服务业集聚和核心区。状元南片定位为环

海西湖北岸的城市新区，利用较充裕的腹地空间，承担状元岙港区周边生活服务配套功能。环岛西片定位为城市特色旅游度假区，海西湖旅游接待和服务的核心片区，以滨海休闲疗养、水上康体娱乐等功能为主，是洞头实现产业转型的重要示范区。

临港产业区。定位以生产功能为主导，以状元岙港区、大小门岛港区为主，涵盖大门镇、元觉街道北部等区域。依托大小门岛，打造浙南石化延伸产业基地，择优发展临港石化工业和先进装备制造业。在小门岛北部深水港条件较好区块，鼓励石化产业向精细石化方向延伸，支持石化企业朝乙烯、丙烯等炼化一体化发展。大门岛西部建设临港配套工业区，大门岛北部重点发展先进装备制造、临港物流等污染较轻的产业。依托状元岙港区、大小门岛石化基地产业码头等建设，积极承接温州市港口战略功能调整带来的发展机遇，重点落实集装箱业务转移，培育发展专线国际集装箱物流服务，建立较为畅通的对台物流贸易渠道，为温州保税物流中心（B型）升级综合保税港区打下基础。利用温州金融综合改革示范区重大机遇，结合温州民间资本雄厚、金融体制灵活等特点，配套发展港航金融产业。

旅游休闲区。定位以生态保护和旅游休闲为主导，涵盖洞头岛东南部、鹿西岛及周边岛屿、海域等区域，发展海岛旅游、生态经济，建设国家海洋公园。依托海岛自然生态旅游资源，全面建设“海、岛、城”形象综合、集休闲旅游为一体的海洋公园。洞头本岛南部以自然海岛和人文景观为主，重点培育旅游观光、度假养生、美食餐饮、科普教育等产业。半屏岛以半屏山景区为主体，提升旅游硬件设施，利用与台湾地区的历史渊源，打造台湾旅游商品购物集散基地。鹿西岛以“离岛”“慢城”为主题，建设海岛特色小镇，探索生态旅游和渔业转型新路径。大竹峙岛在充分保护现有生态资源基础上，打造洞头“海上桃源”。南北爿山基于海洋特别保护区鸟类观测平台，打造海上观鸟摄影基地。南、北、东策三岛利用远离洞头本岛、三岛互峙的独立空间，发挥地势优势与礁石特色，建设国际海钓中心和海岛探险基地。

瓯江口产城融合区。定位以产城融合为主导，涵盖浅滩、灵昆街道等区域，发展时尚新城，建设瓯江口产业集聚区。依托空港新城和轨道S1、S2线良好交通优势，以时尚产业为先导，按照重点推进、特色开发、产城融合发展原则，发展科技研发、产品智造、信息服务、商贸会展、休闲旅游、餐饮娱乐、教育培训等产业，打造现代化时尚新城。灵昆岛重点发展生态旅游，按照生态优先、保护为主、有限开发原则，注重自然风貌、文化内涵、参与体验、休闲养生的融合，协调推进生态环境综合整治，发展以都市近郊型休闲度假为特色的生态旅游业和生态休闲农业。

（三）提升新型海岛城市品质

深化交通导向型开发模式和产城融合发展理念，坚持品质、精致、紧凑开发模式，以绿色化、智慧化理念建设城市、管理城市、经营城市，全面提升城区综合能力，建设宜居宜游宜业的温州东部滨海城区。

拉开城区发展框架。加快商服、文教、居住等城市服务功能向新城集聚，吸引城区人口及业态转移、集聚，全面推进环海西湖城市核心区打造。基本完成新城二期开发，提升灵昆集镇、大门集镇、布袋岙新区等城镇空间；力争状元南片基础铺垫到位；启动环岛西片基础设施建设。

加快老城改造步伐。规划控制老城区，继续开展老城区“三改一拆”，实施城中村、棚户区、危旧房腾退改造，实现老城区的有机疏散，引导人口向城市核心区集聚。坚持保护与开发并重，对古宅、古街等进行保护性修复，促进现代城市建设与传统文脉延续的有机结合，提升城市内涵与品位。

强化城区公共服务功能。加强海岛特色的城市总体设计，科学规划布局文化、体育、教育、卫生等公共服务设施，满足群众日益增长的多方面需求。推进基础设施改造

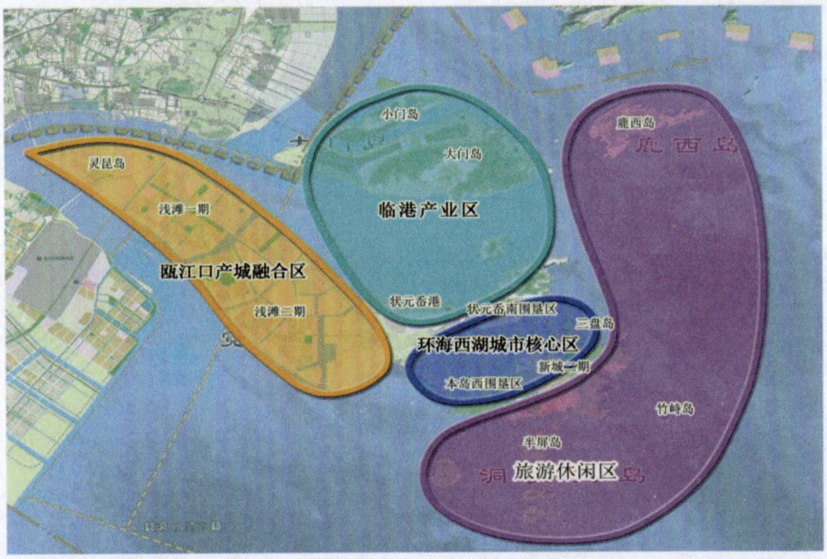

空间布局图

和城市功能有机更新，加强新建城区地下空间开发和地下综合管廊建设，大力兴建各类停车场（库），多途径解决老城区停车难、交通拥堵等城市发展问题。加强“四边三化”“五水共治”“六城联创”等工作，提升城区环境质量，精心打造“城市家具”，加快自行车道、步行道、绿道建设，有效串联景区景点及城市公园，抓好大门大桥和77省道沿线环境整治，提升连港蓝色海岸线和三盘公路沿线景观。

提升城市现代化管理水平。深化“多规合一”工作，统筹考虑空间规划、功能布局、项目用地等因素，促进资源优化配置，提高城市规划管理水平。全面推行“智慧洞头”建设，完善智慧城市管理指挥中心顶层设计，实现城市管理信息化和空间可视化，实现城市管理工作流程再造。突出公共设施、市容环境等城区管理重点，建立高效运转的管理机制。进一步理顺城市管理和执法体制，实施分类分级管理。

（四）打造美丽宜居宜游渔村

全面推进“美丽渔村”建设，激活渔农村发展活力，实现城乡一体、全面融合转变，打造美丽乡村升级版。

推进美丽渔村建设。深入开展环境美、风尚美、人文美、秩序美、创业美的“五美”乡村创建活动，在进一步完善村庄布点规划的基础上，加大规划执行力度，突出连线连片整治，彰显人文特色，形成面上整洁、线上靓丽、点上出彩的美丽乡村格局。扎实做好历史文化村落保护利用工作，因地制宜打造特色示范村居，以美丽宜居的海岛渔村新形象全面融入温州大都市区，创成省级美丽乡村示范区。深化农村生活污水治理，进一步推进改水改厕工程，实施村庄环境多元化改造，全面改善农村居住环境。

激活渔村发展活力。加快新型城镇化带动渔农村整体发展，推动城镇基础设施、公共服务向农村延伸覆盖，推进美丽宜居示范村、特色村和农村新社区建设。进一步探索加快全域城市化的新路径、新措施，稳步推动农村人口、产业的合理集聚、转移，促进渔农村的集约发展、集聚发展。开展农村宅基地清理行动，整治农村闲置住宅、废弃住宅、私搭乱建住宅。因地制宜发展乡村特色经济，大力支持渔农村电子商务、精品民宿、社区服务等业态，带动村集体经济发展，促进渔农民创业增收。

三、同城同建，加快基础设施一体化建设

着眼于温州都市区构建，突出综合交通先行，按照“市区一体、快捷便利、互联互通”的要求，加快实施综合交通、水利、能源、信息“四大网络工程”，提高基础设施现代化水平。

（一）加快建设综合交通网络

打造便捷快速对外大通道。加快建成330国道洞头北岙至龙湾瑶溪段（77省道延伸线龙湾至洞头疏港公路），建成甬台温高速复线灵昆段，启动建设S218省道延伸线洞头段，积极谋划、争取建设瓯玉高速公路或S326省道大门东延线，启动市域铁路S1线二期延伸段建设，争取金丽温高速公路东延至洞头，确保洞头区对外交通主骨架与全省高速公路网合力衔接。联合瓯江口新区协同推进南口大桥、北口大桥，启动建设灵昆与永强机场快速通道、半岛南堤快速路，无缝对接温州中心城区市政道路网，构建融入温州中心城区的半小时交通圈。

构建岛内和岛际交通大循环。主城区按照“两环两纵一横”内部骨干路网规划，建成新垄隧道及连接线工程，加快莕岙隧道、77省道布袋岙接线公路、小朴至风吹岙公路等工程建设。不断改善岛际联系，无缝衔接对外道路交通网络；完善区域水运码头布点，建设鹿西、大竹峙、南策、大瞿、半屏等码头，升级洞头本岛至大门、鹿西及南部各岛的水路码头及水路交通线路，加快实施洞头本岛、霓屿岛、状元岙岛、小门岛、大门岛和鹿西岛等6个主要岛屿环岛公路或环状公路建设提升工程，实现洞头区乡镇（街道）之间的出行时间不超过30分钟。加快农村公路改造提升，积极推进农村联网公路建设，到2020年农村公路总里程为309.44公里，其中等级公路的比重提高至92.6%。

推动三大港区一体化发展。抓住我省港航资源整合契机，按照“温州对外贸易桥头堡”发展定位，全面推进灵昆岛作业区、大小门岛港区和状元岙港区一体化建设；深化与周边港区合作，积极争取航线资源，构建水陆配套、江海联运等集疏运体系，完善信息畅通、优质高效的服务保障体系，努力建设成为浙南核心枢纽港区。状元岙港区以集装箱、散货和液体化工品中转运输为主，逐步发展成为综合性港区，重点推进状元岙港区二期工程、化工码头（一期）、场平工程建设，启动建设状元岙深水港物流配套基地、温州港深水航道一期工程。大小门岛港区逐步发展成为具有货物装卸储存、临港工业、现代物流等多功能的综合性港区，建设大门大宗散货中转码头、30万吨级航道疏浚工程；续建大门海洋经济示范区公路提升工程，积极谋划大小门岛港区疏港铁路支线项目。瓯江港灵昆作业区主要承接城区货运功能的转移，重点建设油品和件杂货泊，有序推进现有产业布局调整和灵昆港口岸线资源开发。

完善公共客货运体系。发展以城乡巴士、公交为主，水上交通为辅的交通方式。加快大门岛交通综合体、北岙客运站、灵昆客运站建设，在霓屿轻轨站点谋划建设灵昆站场枢纽，配套建设城乡公交站、出租车停靠点、P+R停车场等设施，有效推进轻轨站点与快速公交、公共客运无缝对接。以灵昆枢纽站为节点，开辟短线公交，完善与温州中心城区、区际客运网络，构建便捷、易达、高效、舒适的公交客运服务系统。结合环岛公路、公共绿化带、公园绿化带建设步行系统和自行车绿道系统，扩大公共自行车租赁点，构筑全岛舒适宜人的绿色慢行交通网络。

（二）完善水利设施网络

加强供水设施保障。提高海岛用水保障能力，完成主要大岛供水管网全覆盖。建成大门产业基地应急引水工程、元觉片供水工程及鹿西乡自来水提升改造项目。建立并完善长坑、龙潭坑等饮用水水源的水库山塘应急供水机制和保障机制。

加强防洪排涝工程。突出“强塘固防”，积极推进洞头城市防洪排涝工程建设，建成新城二期防洪排涝泵站工程、新城二期河道护岸工程、状元岛河道水系治理工程。加紧实施大门长沙片防洪排涝工程，积极推进大门黄岙二期防洪排涝工程。谋划推进灵霓大堤加高工程。

加快推进滩涂围垦。有序拓展港区、城镇发展空间，建成环岛西片围涂、大门黄岙二期围涂、大门港口物流区促淤堤工程，加快推进浅滩二期围垦，深化推进大门临港产业区围海前期研究，争取启动建设。

（三）提升能源保障能力

增强能源保障网。建设清洁低碳、安全高效的现代能源体系，建成220千伏大门输变电、110千伏深水输变电、220千伏昆东变电站110千伏送出工程（第2回110千伏电缆线路工程），新增城农网升级改造工程。强化重要能源设施前期谋划，积极开展大小门岛临港石化产业炼化一体化项目、浙能集团热电联产项目、LNG配套产业园、温州储油基地等前期工作，争取落地。积极谋划开展地热能利用及相关配套设施建设。

开发利用天然气。加快天然气气化站和燃气管道建设，提高主城区、重点集镇管道燃气普及覆盖率，建设城市建成区、杨文工业区和南塘工业区天然气供气站和管网。积极推进清洁能源供应工程，建成中石化温州LNG天然气项目。

（四）推进“智慧洞头”建设

构筑现代信息网。加快构建高速、移动、安全、泛在的新一代信息基础设施，提高宽带网络、互联网用户的普及率，全面推进“三网融合”。加快“光网洞头”建设，提升城市骨干网络交换与传输能力，实现全区光纤通达率100%；加快“无线洞头”建设，力争2020年中心城区和相关景区4G乃至5G网络全覆盖，基本建成覆盖全区的免费无线网络服务体系，实现公益性场所WIFI的广泛覆盖和免费开放。加快推进电子商务平台建设，完善物流信息处理、税费网上交易等信息化管理功能。

加快智慧洞头建设。以“数字洞头”为基础，谋划大数据平台建设，强化基础数据库、信息公共平台建设，构建智慧城市运行机制体系，重点建设云数据中心、城市运行管理中心，实现政务、城管、海洋、旅游、交通、医疗等七领域应用，实现社会治理、政务运行、民生服务、应急指挥、数据决策等服务功能。对接温州城市云平台，实现教育科研、公共卫生、公用事业、城市管理、社区生活等领域与温州信息化协同发展，打造智慧洞头综合服务体系。

四、海陆联动，加快产业增量提质发展

按照提升发展温州制造、打造温州东部新增长极的要求，坚持“突出优势、聚焦重点”，大力推进湾区经济发展，强化供给侧结构性改革，聚力发展临港产业、休闲旅游和现代渔业，加快现代产业融合发展，打造温州海洋产业集聚区。

（一）做强临港产业

加快临港石化产业拓能延链。坚持“外引内延、低碳绿色”发展，利用大小门岛现有产业平台及围涂空间，加快大门海洋经济示范区开发进度。重点发展临港石化产业，实施产业链招商和企业招商相结合，加强与台湾石化行业协会及石化企业联系，引入乙烯、丙烯下游产业项目。鼓励现有石化产业拓能延链，向精细石化方向延伸，基本建成小门石化产业起步区。加快中石化温州液化天然气LNG、中油扩能等一批项目建成投产，延伸和培育发展LNG产业链，加快热电联产项目推进，积极争取引进大型储油基地项目，发展绿色石化产业集群。从投资强度、用能标准和排放标准等方面，严把产业准入门槛。

推进现代港航物流规模发展。坚持“平台建设、功能延伸”发展，加快状元岙港区、大小门岛港区、瓯江口港区灵昆作业区等物流功能平台建设，重点发展港口物流（集装箱运输、中转、集拼等）、石化物流、保税物流和农村物流。利用口岸开放，同步建设跨境电子商务平台，开展中高端消费品进口，配套发展港口管理服务和港航服务业，打造温州现代港航物流服务核心区。加快温州保税物流中心（B型）建设，积极争取温州（状元岙）综合保税区、大小门岛海关特殊监管区，突出保税物流、保税加工、转口贸易及国际分拨配送等增值服务。培育海运龙头企业，培育发展大型专业、特种船舶运输业，努力建设海运大区。

大力培育港航金融信息服务。

坚持“业态创新、链条增值”发展，加快港口供应链管理建设。发挥温州金融改革综合试验区政策优势，借鉴上海自贸区、深圳前海等涉海金融产品，大力促进股权投资、融资租赁企业集聚，积极拓展证券公司资产管理、商业保理、外资股权基金等新业务。建设港航集疏运管理信息服务平台。

（二）做精滨海旅游

丰富海洋旅游业态。强化“旅游主业化”理念，以AAAAA景区创建及全域景区化为统领，实施全域景区化建设行动计划，深度对接温州“时尚之都”建设，打造中国东海岸一流的滨海休闲度假旅游目的地。到2020年，全区旅游接待总人次达800万以上，社会旅游综合收入达35亿元以上。提升发展休闲旅游，重点实施现有景区（点）改造提升，加快推进五岛沿线风情景观带和连港蓝色海岸带建设。大力发展健康旅游，科学开发滨海运动、海钓休闲、禅修养生、海洋膳食等产品；力争引进国内外知名的医疗机构，开展特色医疗旅游服务；积极开发以海洋生物资源和特色农产品为依托的特色健康旅游商品。积极发展文化旅游，做精做特妈祖平安节、放生节、七夕民俗风情节等文化旅游节庆；开发贝雕、渔民画等特色文化旅游商品；推动文化创意园、摄影影视基地等建设，打造海岛特色的文旅休闲基地；提升环岛自行车赛、全国海钓邀请赛等赛事影响力，培育旅游市场新热点。培育发展时尚旅游，推进国际邮轮泊港港区配套建设，发展邮轮经济；大力培育“洞头民宿”品牌，将民宿经济培育成为洞头旅游的新亮点；鼓励开发游艇休闲、房车营地、海岛探险等产品；谋划建设低空飞行基地，开发直升机、水上飞机等低空运动产品，打响洞头海岛飞行体验品牌；继续推进主题岛开发，实施鹿西整岛开发，支持灵昆生态旅游。

提升旅游配套服务。健全全域化旅游交通体系，完善交通标识和景区标识系统；通过完善环岛慢行骑游系统，岛际交通系统以及低空飞行系统，打造“空中旅游巴士”“蓝色高速公路”，构建“海陆空”立体交通体系。完善旅游接待服务体系，加快推进旅游集散中心、珑头湾海洋旅游综合体等建设。推进景区环境综合整治，完善景区停车场、旅游厕所等配套设施。规范提升渔家乐，打造特色旅游餐饮体系，高标准实施海鲜美食街提升改造，加强洞头旅游餐饮标准化管理。丰富主题休闲娱乐项目，开发特色夜游线路和文化演艺精品。搭建智慧旅游公共信息平台，借助第三方信息数据平台，协同打造涉及食、住、购、娱、游和公共服务等领域O2O旅游电商平台。广泛利用网络等新媒体开展旅游形象推广和产品营销。

搭建旅游发展平台。顺应产业融合和产品升级的趋势，着力构筑“一心两带五区”旅游发展新平台。“一心”指洞头城市休闲中心，重点推进海西湖欢乐海岸，海洋运动公园等项目建设，突出商务休闲、海上运动等产品。“两带”指77省道沿线渔乡风情景观带和大小门临港旅游休闲景观带，重点开展沿线古村民居、渔岛风情、自然岸线、建筑遗迹等优质资源整合，开发77省道“港、桥、岛、海”特色产品，做好大门景区提升和鹿西“慢岛”建设，打造大小门浙南新兴滨海旅游带。“五区”，指借助国家海洋公园建设推进，力争半屏山、仙叠岩及周边岛屿创建国家AAAAA级旅游景区，推进打造离岛生活风情休闲区、生态岛屿主题度假区、都市生态农业休闲区、海霞红色旅游度假区等接待设施和旅游产品开发，积极推进大竹峙、大瞿、南策等主题岛开发。

（三）做特现代渔业

推进传统渔业转型升级。加快渔船更新改造，增强海上抗风险能力。引导发展远洋捕捞，培育远洋捕捞冷链物流、渔船补给、金融保险、劳务管理等综合配套服务，提高船运保鲜、保活率，提升单产效益。提高渔农产品精深加工水平。积极发展电子商务，引导水产企业依托网络平台开展线上线下营销。引导扶持新型渔旅结合产业发展，建成鹿西白龙屿海洋生态牧场、“黄鱼岛”等，大力培育“养殖+休闲+观光”现代渔业模式。

大力推广现代种养技术。推广海水养殖新模式、新品种、新技术。鼓励扩大新型围栏式养殖、岛礁增养殖、紫菜全浮式养殖等现代工厂化养殖、企业化养殖模式。推广紫菜、羊栖菜、大黄鱼、南美白对虾等新品种开发，推广彩玻杆、全浮流技术等深水养殖技术，探索藻贝类套养轮养立体养殖技术。

加快建设现代渔港平台。建成鹿西渔港，完成东沙渔港疏浚工程，启动洞头中心渔港提升改造工程，基本完成我区主要渔港建设和升级改造工作，进一步夯实渔港经济发展基础。加快霓屿海藻类创业园、吉庆和紫菜加工产业园等建设，突出产业集聚效应。

提升农业现代化水平。坚持绿色化、健康化、设施化和精品化发展，鼓励发展循环农业，减少化肥、农药使用量，生产安全优质农产品。大力发展灵昆都市农业，做精做优大门、鹿西、东屏蔬菜精品园，加快特色农产品基地建设，着力打造一批集蔬菜种植、果蔬采摘、休闲观光为一体的生态农业精品园。积极发展农产品商务经济，推广电商经营新模式。

（四）加快产业融合

全面提升现代制造业竞争力。积极发展机械汽配、电子电器、医药、水产品加工、建材、服装加工等产业，通过建设和发展电子电器园、机械汽配园、藻类创业园、花岗岩产业园、服装加工小微园等小微园建设，引导传统产业集聚抱团发展。依托浅滩一期、二期围垦和大小门等工业功能区块，积极对接和引进国内外行业龙头，培育发展高性能轻工机械、轨道交通装备、石油及石化装备等产业，并积极引进清洁能源、海洋生物医药、海水利用等新兴产业。深入实施“四换三名”“两化”融合，支持重点工业企业技术中心、研发中心建设，加快企业技改升级。培育市场主体，推动企业上市。引导企业向部件化、模块化、智能化发展，积极延伸产业链，争取培育一批产值十亿元以上企业。

提质提升现代服务业水平。坚持“设施健全，品质提升”发展，重点打造环海西湖商务核心区，串联环岛西片围垦区、新城区、三盘岛、状元南片围垦区等区块，加快建设商务中心、购物中心、步行商业街、旅游服务配套等项目。依托瓯江口新区一期，培育发展现代时尚名品街区、商业综合体，建设“东方时尚岛”。依托S1、S2线站点，培育站场商务商贸服务业。大力发展生产资料专业市场、大宗商品集散交易和中高端进口商品展示交易。促进房地产业健康发展，将房地产开发与“东方时尚岛”建设等相结合，打造洞头房产品牌。积极发展文化创意、健康养生、教育培训、体育健身等新兴服务业。

全力推动产业融合与重组提升。实施“互联网+”，积极引入电商企业，搭建电子商务产业平台，发展网络经济，推进电商与旅游、金融、物流、渔业、工业等融合发展。推进产业组织、商业模式、供应链、物流链创新，培育新经济、新业态、新模式。促进先进制造业与生产性服务业融合发展，带动提升制造业现代化水平。紧密对接省产业升级基金，设立洞头产业整合与升级基金，培育海洋新能源、海洋生物医药、海洋新材料等新兴产业。鼓励开展跨行业、跨企业、跨所有制兼并重组和战略性改组，积极培育企业集团，开展规模经营，优化产业结构，提高质量效益。继续加大建筑产业培育扶持力度，做大工程承包企业规模，培育工程咨询服务体系，发展建筑产业总部经济。

强力推进重点领域招商引资。坚持招大引强，谋划引进一批带动性、支撑性强的重大项目，积极吸引和承担产业转移，培育智能制造产业、传统产业上游产业等。实施精准招商，持续开展临港石化、港口物流、旅游休闲、网络经济、健康养生、现代渔业、民办教育、装备制造、商贸服务等领域招商，更好推动经济增量提质。提前完善项目落户的政策、服务和要素等支撑，提高项目招商的成功率。引导社会资本参与平台建设，搭建特色小镇、电商创业、科技孵化等平台。

重点谋划推进一批特色小镇。坚持企业主体、资源整合、项目组合、产业融合的原则，落实省市关于加快特色小镇规划建设指导意见，积极开展特色小镇申报培育工作。重点开展蓝色度假小镇和海峡两岸同心小镇（岛）培育建设，谋划鹿港风情小镇等特色小镇。到2020年末，确保创成1个省级特色小镇。

五、生态优先，持续推进美丽洞头建设

坚持绿色发展，以深化生态文明体制改革为契机，以国家海洋生态文明示范区、浙江省海岛综合开发与保护试验区建设为特色，推进国家生态保护与建设示范区建设，加快建设美丽洞头。

（一）构建和谐生态格局

加强生态环境功能区保护。根据《浙江省洞头区环境功能区划》，划定自然生态红线区10个，生态功能保障区8个，农产品安全保障区1个，人居环境保障区5个，环境优化准入区3个，环境重点准入区1个。“十三五”期间应切实加强准入控制，对现有项目不符合空间管制要求的，要限期予以退出，加强生态保护红线区内自然生态环境和生态功能的原真性、完整性保护，确保空间面积不减少，生态功能不降低，用地性质不改变，资源使用不超限，实现红线区生态环境现状及其变化动态监管。

加强国家海洋公园分区监管。按照重点保护区、生态与资源恢复区、适度利用区的功能分区要求，对海洋公园的建设进行分区管理。充分发挥洞头国家海洋公园建设促进中心作用，保障国家海洋公园的规范管理和高效运营。

构筑城乡生态格局。以海岛、海岸线和山体森林为依托，建设连岛绿色生态带、环岛蓝色生态带；以湿地生态系统、丘陵森林生态系统、海洋生态系统为核心，将环海西湖湿地与丘陵保护区、南北爿山省级海洋特别保护区、南部离岛生态抚育区作为洞头生态格局的重要板块；立足“海、港、岛、礁、滩、湾”海洋特色资源，在各个组团间安排若干绿色通廊、蓝色走廊，布设各类生态景观节点，让城市“显山、露水、通海”。

（二）加大生态资源保护

保护海洋生态环境。落实海洋生态红线制度，加强重要海区生态保护。控制海洋污染，加强海洋生态环境监测与管理，协调推进瓯江口及洞头列岛海域河口整治，实施海洋污染监管与防治工程，监督管理海岸工程、海洋工程以及入海排污口环保设施。加强近岸海域污染防治，加大对港口作业活动、渔业养殖活动等海洋面源污染的防治力度，对重点区域海滩和海上漂浮垃圾、旅游风景区的海滨垃圾实行归位处理，严格控制入海排污总量，积极建设“清洁港区”“清洁海区”。以竹屿岛海域水生生物增殖区、鹿西白龙屿海洋生态牧场、“黄鱼岛”建设为核心，推动水生动植物繁殖、保护、增殖和移殖。严格把关涉海项目，强化对涉海项目的监测监管和过程评估。

切实加强海岛海岸保护。全面启动“蓝色海湾整治行动”，推进重要海湾、海岛、海岸和沙滩整治修复。全面实施“海岛资源呵护”工程，严格控制围垦造地规模；对无居民海岛实行分类保护管理和梯度开发强度控制。切实做好海洋环境评价和海域使用论证和审批工作，积极开展滨海湿地保护与修复，开展滩涂生态系统的调查和评估，保留足够的滩涂湿地资源，加大湿地生态养护，遏制湿地生态功能退化。加强海岛绿化美化，深化森林公园建设，加大裸露山体边坡治理和植被修复，对主要通道沿线山体实施彩化提升，构建景观靓丽、功能健康的海岛森林生态系统。

加强物种多样性保护。加强滨海生态建设，构建湿地植物群落，保护丘陵山地地带性植被群落，利用生态廊道将规划区内的各种生物多样性进行有机衔接。保护海洋物种多样性，有效保护温州（洞头）南、北爿山省级海洋特别保护区内丰富的珍稀鸟类资源，维持区内生物多样性与生态系统的稳定。优化城市绿地结构，促进鸟类等野生动物在城镇绿地中的栖息和繁衍。

（三）构建绿色发展体系

持续推进节能减排。完善节能减排政策，建立减排成本补偿机制。切实抓好工业、生活、建设、交通等领域节能减排，促进单位生产总值能耗及污染物排放量的进一步下降。结合区域内天然气供应工程，大力发展风能、太阳能等可再生能源，建设清洁低碳、安全高效的现代能源体系。加强对重点用能企业监管力度，开展重点用能单位用能总量确权工作。加强重点建设项目能耗管理，严格控制高能耗项目准入。支持开展节能、节水、节材和“三废”综合利用等方面的技术改造，每年实施一批重点节能工程。

大力发展生态产业。强化生态产业发展导向，提高项目准入门槛，引导发展生态型工业及以旅游为重点的现代服务业。深入推进海水养殖质量安全示范区建设，发展无公害海产品和绿色食品。加强工业区生态化建设，全面推行清洁生产。以汽配机电行业为突破口，鼓励企业、园区开展ISO14000环境管理体系认证。加快发展循环型服务业，进一步提升服务业的技术水平和档次，深化服务业的清洁生产和环境管理体系认证。

（四）打造舒适人居环境

持续深化“五水共治”。建立城区河道、河面、河岸一体化保洁管理体系，推进海岛美丽水乡建设。加大重点行业废水污染控制，严格控制新污染源企业的污染物排放，工业区企业做到“清污分流、雨污分流”。完善城区和工业区块污水处理设施，推进城北、元觉、大小门等片区污水处理厂的建设，完善老城区管网改造、新城区管网建设，实现城镇污水设施、截污纳管全覆盖，加快农村生活污水治理设施建设和改造。实施水源地保护和建设工程，加强长坑水库、龙潭坑水库、枫树坑水库、南山水库、杨梅田水库等重点水源地保护。

深入开展清洁空气行动。继续推进建成区“高污染燃料禁燃区”建设，通过燃煤锅炉改造，防治燃烧高污染燃料产生的大气污染。推广洁净煤技术，推行“煤改气”。加强机动车排气污染防治与监管，落实“黄标车”限行管控措施，加强加油站、储油库、油罐车油气回收设施长效管理，进一步控制机动车尾气排放。优先发展城市公共交通，鼓励和推广使用节能环保型汽车。

持续开展清洁土壤行动。深入开展土壤污染调查，建立土壤污染监测网络，以农产品种植区、工业园区、饮用水源保护区等为重点调查全区土壤质量状况，完成寮顶垃圾填埋场废转土壤环境质量评估和修复。加强农田土壤污染防治，推广商品有机肥和农作物秸秆还田，建立清洁耕地示范试点和农田土壤污染修复示范区。

推进“宁静海岛”建设。加强固定源噪声治理和监管，强化对建筑施工、工业生产和社会生活噪声的监管，及时解决噪声扰民问题。深化区域环境噪声防控，加强交通噪声管理，合理设置噪声隔离带，扩大城区机动车禁鸣范围，分流车流量，达到降低噪声的结果。

强化城乡环境综合整治。建设沿街亮丽线，加快城中村、旧村改造，加大街区保洁基础设施建设。推进城乡生态文明示范创建，着力做好农村面源污染防治，全面关停或搬迁禁养区内畜禽养殖场。深化开展美丽乡村建设，加快打造一批生态文明、美丽乡村精品线、精品村。加大城乡垃圾治理工作，逐步推进城乡垃圾分类处理，实现垃圾处理减量化、资源化。

六、共建共享，建设惠民安民幸福家园

坚持共享发展，加快从保基本向促发展转变，有力提高公共服务供给能力，优化公共资源普惠配置，实现“学有优教”“病有良医”“民有健体”“老有颐养”“居有所安”“劳有厚得”，持续改善民生，增进百姓福祉。

（一）推进文化强区建设

挖掘发扬海洋特色文化。坚持文化引领，深入挖掘海霞文化、妈祖文化等海洋文化，结合文化故事和民风习俗，鼓励创作一批接地气、有温度、有深度、带感情的文艺精品。积极开展文化遗产保护，实施传承海洋动物故事、洞头妈祖祭典等国遗项目，加快推进岙内叶宅、大门寨楼寨墙遗址等文化保护单位修缮，强化各类民俗节庆等保护、研究、推广宣传，加大渔民画、贝雕等生产性非物质文化遗产的保护力度。

完善公共文化服务体系。健全公共文化设施网络，建成区海洋文化博物馆等项目，高标准实现农村文化礼堂全覆盖，打造15分钟文化服务圈。构建数字文化设施体系，推进数字图书馆、数字文化馆、数字博物馆、数字档案馆、数字农家书屋等虚拟文化平台建设，实现区域间数字资源互联互通。加快海岛文化公园建设，打造海上花园开放空间体系。强化街道社区文化节点建设，扎实推进省级文化强镇和文化示范村（户）创建。

提高文化产业发展层次。积极推广互联网、大数据等信息化手段应用，加大公共文化服务、传播体系、文化遗产保护、文化产业发展与信息科技的深度融合。加快文化创意产业与旅游休闲融合发展，大力发展海洋文化旅游、海洋文化创意、海洋文化节庆产业，谋划建设小朴文创园、海霞红色旅游文创园、海洋文化特色小镇等重点项目，构建特色文化旅游产品体系。推进贝雕艺术、渔民画产业化，大力发展文化演艺、海洋摄影、海洋影视、海洋会展等新兴产业。

普及全民健身活动。积极谋划海上帆板帆船基地等项目，大力发展海钓、游艇、环岛骑行等运动项目，争取举办马拉松、山地自行车、海钓、水上运动、沙滩运动等具有较大影响力的运动赛事。完善健身俱乐部、游泳馆、羽毛球馆、乒乓球馆、室内篮球馆、体育培训中心等体育场所布局，培育体育健身市场，增强群众体育健身意识，丰富体育健身产品供给。

（二）全面实现教育现代化

高标准普及15年基础教育。优化教育设施空间布局，推进学前教育普惠发展，促进义务教育优质均衡发展，统筹推进教育设施布局与温州中心城区深度融合。积极引进各类优质名校，大力发展优质民办教育，使教育教学质量跻身温州市中上水平，在全市率先实现全面教育现代化。深入实施学前教育发展新一轮三年行动计划和中小学标准化达标行动，做好灵昆、大门、霓屿等地学前教育布局，完成华中小学、海霞中学、灵昆中学、霓屿义校等一批学校建设。鼓励普通高中特色发展，推进办学模式多元化和育人方式多样化。

发展高等教育和职业教育。探索建立职业教育与普通高中资源共享机制，推进普通高中教育和职业教育融通、普通高中和高校人才培养有效衔接发展，拓宽学生发展渠道。加快建立现代职业教育体系和职业教育课程改革实验区，推进产、学、研、训、职一体化。建成并投用温州医科大学仁济学院、温州教师教育院洞头分院、温州交通技术学校、职教中心迁建工程（二期），完善区职业技术学校专业结构和课程特色化设置，开发港口、港机、物流等具有海岛特色的新专业。

完善现代化教育支撑体系。加强教师队伍建设，到2020年，高级教师比例达到25%，幼儿教师大专及以上学历不低于90%，小学教师本科及以上学历不低于75%，初中教师本科及以上学历不低于95%，普通高中教师研究生学历（含硕士学位）不低于15%。强化教师工资保障机制，完善教师表彰奖励机制。全面提升学生综合素质水平，坚持立德树人，加强心理健康教育，积极开展校园文化建设，全面推进阳光体育运动、文体“2+1”活动工程。

（三）积极打造“健康岛城”

加强城乡医疗卫生一体化建设。全面深化20分钟服务圈，建成区公共卫生服务中心、区中医院和霓屿、鹿西社区卫生服务中心迁建工程，加快瓯江口产业集聚区医院一期项目建设，建成灵昆、鹿西“120”急救分站。加强体制机制创新，健全完善洞头区人民医院与温州医科大学附属第二医院的合作办医机制，优化区域医疗卫生资源配置，探索建立区乡村三级医疗机构紧密型一体化发展模式，推进优质资源下沉，提升基层服务能力。建立完善分级诊疗体系，实现基层就诊比例达60%，区域内就诊比例达90%。

打造居民卫生计生均等化服务。巩固省级卫生强区和省级慢性病综合防治示范区等创建成果，逐步提高人均基本公共卫生服务经费标准。推进城乡居民公共卫生服务，实施渔农民健康体检、妇女“两癌”筛查等工作，强化孕产妇、儿童、老年人以及高血压、糖尿病、重性精神疾病患者的规范化管理。提高疾病防控水平，提升卫生应急能力，加大重大传染病的防控力度。坚持计生基本国策，稳妥实施一对夫妇生育两个孩子政策。

提升卫生信息应用智能化水平。加强区域卫生数据中心建设，对接省、市信息化平台，全面构建区域“健康云”。加快推进区卫生信息化建设，进一步完善以电子病历为核心的医院信息系统和以居民健康档案为核心的社区健康管理信息系统，加快搭建由公共卫生服务平台、医疗服务平台、公共信息服务平台和综合管理服务平台组成的全区健康信息服务应用系统。建成投用"温州易诊云互联网+医疗"项目、"健康洞头"手机APP系统等，大力推广居民自助服务应用。

推进健康养生产业均衡化发展。大力发展老龄服务事业，加强医疗机构康复病区建设，推进医养结合项目，打造形成以居家为基础、社区为依托、机构为支撑的城乡养老养生服务体系，到2020年每千名老人养老机构床位数达到50张。修建或重建灵昆街道敬老院，修缮大门、鹿西养老敬老院，建成城南社区南苑休养院、寮顶养老服务中心等。大力推进健康养生产业，发挥海洋生态优势，结合海洋文化和颐养要素，规划建设一批健康医养旅游区，引进发展一批集医疗保健、健康体检、养生养老、休闲旅游为一体的综合性医养项目，力争引入1-2家企业建设高端养老设施项目，满足养老高层次需求。

（四）完善就业和社会保障体系

着力提升就业质量。实施更加积极的就业和创业政策，加强就业和创业技能培训，提高劳动者就业创业能力，重点做好以高校毕业生为重点的青年就业和被征地农民、退渔退海渔民、城镇低保户和残疾人等困难人员、退役军人就业援助工作，实现城镇每年新增就业人员1000人以上，登记失业率控制在3%以内。加强劳动保障监察工作，巩固和谐劳动关系，继续推进"双爱"活动，提升劳动争议处理效能，确保案件调解率达75%以上，按期结案率达93%以上。

构筑城乡一体的社会保障体系。大力推进全民参保计划，基本实现法定人员全覆盖。加快推进各类保险政策标准提升，全面实现同城同待遇。加快推进各类养老保险制度并轨，提高城乡居民社会养老保险基础养老金标准和被征地农民基本生活保障标准。推进各类医疗保险制度统筹整合，健全医疗保险稳定可持续筹资和报销比例调整机制；全面落实温州市大病保险制度。鼓励发展补充医疗保险和商业健康保险。健全社会救助体系，提升残疾人等特殊困难群体服务保障水平。以扶老、助残、救孤、济困为重点，开展志愿服务活动，发展适度普惠型社会福利和慈善事业，探索多元化社会福利供给模式。

完善城乡住房保障体系。加快保障性住房和安置房建设，解决下山移民、农村住房困难群众、城市中低收入家庭住房难问题。建成并交付霓屿布袋岙安置房一期、二期工程，完成东屏街道蓝港二期、元觉街道兴港家园等农房集聚项目，探索多样化保障房集聚建设模式。探索扩大住房补贴制度和住房公积金制度的有效覆盖人群，逐步实现全覆盖。

（五）创新现代社会治理体系

构建现代社会治理体系。完善党委领导、政府主导、社会协同、公众参与、法制保障的社会治理体系，推进社会治理现代化、精细化、人性化。不断提升"海上枫桥"品牌，扎实推进街道（乡镇）社会服务管理中心规范化建设，深化完善基层社会治理"一张网"，提升"网格化管理、组团式服务"和"平安建设信息平台"两网融合。探索基于大数据、物联网的基层治理信息体系建设，提升基层治理信息化水平。推进社会信用体系建设，研究制定社会信用建设中长期规划，完善守法诚信褒奖机制和违法失信惩戒机制。加强专职化社工和志愿者队伍建设，加大民办社工机构扶持和社工岗位开发力度；建设区级社会组织孵化园，实现区级社会组织服务平台实体化、规范化。

切实保障社会公共安全。全面实行网格化管理模式，构建立体化社会治安防控体系，确保2017年夺得"平安金鼎"。完善和落实安全生产责任和管理制度，维护公共安全稳定。健全统一灵敏的应急指挥体系，全面提高自然灾害和重大公共事件的监测、预警和处置能力。实施公共安全隐患清单式管理，提高公共突发事件和群体事件的处置力，依法处置、妥善化解民间金融风险和妨害重点建设的各类不稳定问题。规范市场秩序，依法严惩制假售假、商业欺诈、哄抬物价、串通涨价、囤积居奇等违法行为。实施粮食、食品、药品安全战略，推进食品和餐饮安全治理创新，强化从农田到餐桌的全过程监管。做好国防建设、国防动员、国防教育、双拥优抚安置等工作，实现海霞女子民兵连创新发展。完善互联网应用和管理机制，加大依法管理网络力度，确保网络信息安全。

第三篇 动力转换：改革创新驱动

七、创新引领，培育经济发展核心动力

着眼于温州实体经济提质提效，坚持创新发展，强化科创平台建设，全力推进产业转型升级和人才引进培育，支持科创金融和中介服务发展，加快科技成果交流与转化，着力打造温州海洋科技创新发展重要载体。

（一）建设"一园一区一岛"创新平台

做大做强科技创业孵化园。积极推进科技创业孵化园和产学研合作平台建设，充分发挥温州大院名校联合研究院洞头分院的作用，积极发展众创空间，通过市场化机制、专业化服务和资本化途径构建低成本、便利化、开放式的新型创新创业孵化服务机构，加快集聚一批初创型科技小企业，加快转化推进一批科技成果。

加快培育创业创新特色小微园区。以创新创业理念为指导，加快机械汽配产业园、电子电器科技园等“众创”空间（小微企业园）建设，统筹布局配套服务。协同建设电商创业平台，加快与互联网融合创新，打造线上线下相结合、传统与新兴相结合、加快众创、众包、众扶、众筹“四众”等新模式、新业态发展。

加快建设瓯江口东方活力创客岛。以建设“中国制造2025”浙江标杆为目标，坚持“科学家+民间企业家”为主的温州高新产业发展模式，培育国家级的行业大数据研究中心、电器研发中心、轨道标准中心，谋划建设大数据、时尚消费、轨道交通等一批特色小镇，集聚一批创客空间、创业咖啡、创新工场等新型孵化机构，打造瓯江口东方活力创客平台。

（二）加大人才培育引进

培养引进创新人才。依托各类科技创新载体，加快落实区人才引进专项资金和高端人才项目资金，实行“人才+项目”发展模式，重点培养引进能够突破关键技术、对发展产业具有重大作用的创新创业人才。利用省市网上技术市场，积极开展人才柔性引进。

实施创新团队培育。完善创新团队扶持政策，建立政府引导、部门参与、企事业单位为主体、上下联动的人才工作培育机制。依托“一园一区一岛”创新平台、重大科技项目、企业研发中心等各类载体，加快培养一批科创团队。

（三）营造创业创新环境

深化科技体制改革。改革科技计划管理体制机制，优化科技经费投入导向。深化温州金融改革试验区建设，重点引导推进科技贷款贴息、科技风险投资、科技担保等金融服务的发展，拓宽企业投融资渠道。加大政府购买服务力度，全面推广“创新券”制度，强化科技资源开放共享。

深化科技中介服务。重点加强科技促进、科技创业、网上技术市场、科技信息、科技服务和科技企业孵化器的建设与发展，加强科技中介机构与高校、科研机构、其他中介机构的联合与协作，增强其科技服务功能，为企业技术创新提供多渠道、多功能、多层次和全方位的咨询与服务。

深化科技合作交流。以主导产业创新需求为导向，充分利用国家大院名校温州联合研究院洞头分院等载体，鼓励和支持我区企业开展与高校、科研院所的科技合作交流活动，共建长期稳定的科技创新服务中心，不断拓展科技合作领域，提高合作层次，促进企业自主创新能力的提升。

八、开放改革，激发区域协同发展活力

坚持开放发展，积极融入国家、省发展战略，加强对台合作和区域交流，谋划高能级开放合作平台，打造温州对外开放的主窗口。创新同城发展、政府管理、资源利用等体制机制，构筑洞头经济社会协同发展新活力。

（一）加快区域合作开放

积极融入国家区域发展战略。突出温州港在国家东南沿海经济发展中的作用，加强与浙江省海洋港口发展委员会沟通，积极争取对温州港口开发的有力支持。积极融入“一带一路”、长江经济带等国家发展战略，紧密对接舟山江海联运服务业中心建设。深化与“海西区”和“长三角”经济区经贸联系，加强与上海小洋山深水港、宁波—舟山港的合作发展，积极争取航线资源。主动对接中国（福建）自由贸易试验区建设，拓展新型贸易方式，提升航运服务功能，使洞头成为长三角和海西区双向经济辐射的重要承接地、温州参与海西一体化发展的桥头堡。

加强对台交流合作。充分发挥洞头港口、文化优势，探索两岸合作新模式。争取开通对台客运直航，打造对台经贸合作平台，创成省级两岸半屏山旅游文化交流基地，谋划建设海峡两岸同心小镇（岛）等。加快推进对台小额贸易工作，积极打造永宏跨境电商服务中心、两岸商贸服务中心。争取设立台商投资区，整体开发大小门岛和大小门岛港区，在两岸贸易、产业对接、项目审批等方面积极争取政策扶持。力争对台旅游文化经贸合作走在省市前列。

（二）创新同城发展机制

着重理顺同城管理机制。加快区行政管理体制的调整优化，理顺与瓯江口产业集聚区管委会的行政管理职能，争取省市在设施共建、产业协同、资源要素共享等方面的体制机制支持。探索实施洞头区与瓯江口产业集聚区管委会两大管理主体交叉互派机制，有序推进行政职能整合。深化联席会议制度，定期召开洞头区与集聚区管委会领导的联席会议，就基础设施、社会管理、公共服务、经济发展等重大政策、制度、项目进行沟通协商。

推动市区一体化发展。探索研究提出建立市区基础设施、公用事业、社会事业共建共管共享体制机制，切实提升洞头对市区公共资源辐射的有效吸纳。推进规划一体化，主动衔接、融入温州市区规划。推进城区城市服务功能一体化，尽快实现供水、供气等领域资源同城同价同网同标准。推进基本公共服务一体化，缩短与其他三区社会保障、就业、教育、医疗、文体服务等差距。推进基础设施一体化，主动纳入公共基础设施共用共管范畴。促进经济运行与管理机制一体化，使各类市场主体享受与其他三区同等的市场准入条件、共同的优惠政策和优质的服务资源。

推进城乡一体化改革。加快户籍管理制度改革，健全城乡统一的户口登记制度。有效推进农村“三权”市场化改革，探索宅基地有偿退出和使用机制。深化农村产权制度改革，探索农民住房财产权转让。探索以社区为依托的城乡社会管理服务体系创新，将公共管理服务职能延伸到农村，着力构建社区党组织、社区居委会和社区公共服务中心“三位一体”的基层社会管理体系。

（三）改革政府管理体制

加快行政管理制度改革。全面推动“五张清单一张网”，加快推动政府部门工作重心向制订标准规则和强化监管转移，管理方式由事前审批为主向事中、事后监管为主转变。强化“两集中两到位”，完善实体和网络两大审批平台，区、街镇、社区和村居审批服务中心（站点）功能更健全，网上审批成为新常态。加强基本公共服务保障职能，积极培育发展社会组织，扩大社会组织直接登记范围，完善政府向社会组织购买服务制度。

创新政府投融资机制。健全资源要素市场化配置，完善土地、港口岸线、海域使用权等要素配置，加强“亩产效益”综合绩效评价。在城市基础设施和公共服务等领域，大力推广运用政府和社会资本合作模式（PPP），探索通过成立基础设施投资基金、开展BOT+EPC招商等模式吸引社会投资，推进融资平台公司向资产运营公司转型。积极争取发行政府债券，有效拓宽融资渠道。紧抓温州市金融综合改革试验区建设的契机，围绕重大投资项目开展融资创新，推动银行创新信贷方式，综合运用信托、保险、融资租赁、证券化等金融工具，为重大产业项目、基础设施建设等提供融资保障。

（四）完善资源利用机制

完善土地和海域资源保护利用机制。探索适宜海岛特点的土地利用与耕地保护新模式，开展土地利用总体规划定期评估，积极争取滩涂及围填海形成土地综合开发利用试点，发挥海域海岛使用权储备（交易）中心功能，积极争取悬水小岛及生产生活条件较差、发展潜力小的萎缩性管理海岛村享受“小岛迁 大岛建”相关政策。科学利用海域资源，全面推行依据海域使用权证实施基本建设制度，加强海域使用管理与土地管理的衔接。切实发挥海洋产权交易中心作用，完善海域使用权招拍挂制度，探索建立海域使用二级市场试点。开展区域用岛规划试点，探索无居民海岛开发整体出让和用地分类管理模式。

探索建立跨区域海洋生态共保和补偿机制。重点推进与瓯江上游、乐清湾流域等周边地区的跨区域海洋污染防治协作和污染应急机制，加强在入海污染源联合监控、海洋环境立体监测、海洋污染协同治理、涉海环境联合执法等领域的深入合作，建立完善海洋生态共建、环境共保的长效机制。探索建立跨区域的海洋生态环境补偿机制，积极争取海域使用金适度返还；推动设立海岛生态保护补偿专项资金，争取加大省市财政对省级海洋特别保护区和国家海洋公园的建设、海岛整治修复、海岸带整治修复、渔业资源修复等的扶持力度。

探索建立入海污染物总量控制和海洋排污权交易制度。科学确定重点海域环境容量，逐步建立以排污总量控制制度为核心的海洋环境监管新模式，建立各有关部门联合监管陆源污染物排海的工作机制和部门生态考核机制。实行排污许可证制度，明确允许污染物排放数量，对超标排放企业给予经济和法律方面的严惩。探索建立海洋排污权交易制度，研究制定排污有偿使用权交易管理办法，开展排污权转让交易，建立健全价格约束和价格补偿机制。探索建立海洋保险制度、围海总量控制制度、自然岸线保有率控制制度等，引导、控制和规划各类用海行为。

为确保“十三五”规划顺利实施，必须在发挥市场配置资源决定性作用的同时，更好发挥政府作用，调控引导社会资源，建立责任明确、分类指导、高效协调的规划实施机制。要以“十三五”规划为统领，建立健全层次分明、功能清晰、统一完整的规划体系，深入推进“多规合一”，确保“一张蓝图干到底”；要科学分解落实五年规划目标任务，加强对规划实施的年度监测和中期评估，建立健全重要目标任务实施跟踪反馈机制和规划实施监督长效机制；要加强规划及相关信息公开，在全社会形成共同参与规划实施和依规划办事的良好环境。

重要文件选目

2016年洞头区委及其办公室的重要文件选目

表60

序号	文　号	标　　题
1	洞委发（2016）1号	中共温州市洞头区委关于制定温州市洞头区国民经济和社会发展第十三个五年规划的建议
2	洞委发（2016）2号	中共洞头区委 洞头区人民政府 关于开展“重点工作落实年”和“行政服务优化年”作风效能专项整治活动的实施意见
3	洞委发（2016）3号	中共洞头区委　瓯江口产业集聚区管委会委员会 关于撤销原洞头县相关职能部门所增挂涉及瓯江口新区部门牌子的通知
4	洞委发（2016）10号	中共温州市洞头区委 温州市洞头区人民政府 关于评定2015年度落实党风廉政建设责任制考核优秀单位的通报
5	洞委发（2016）11号	中共温州市洞头区委 温州市洞头区人民政府关于评定2015年度民主评议行风活动满意单位的通报
6	洞委发（2016）13号	中共洞头区委 洞头区人民政府关于表彰2015年度全区各类先进的通报
7	洞委发（2016）14号	中共洞头区委 洞头区人民政府 关于印发《温州市洞头区2016年度重点工作“八大攻坚”行动实施方案》的通知
8	洞委发（2016）18号	中共温州市洞头区委关于印发《温州市洞头区作风巡查工作实施办法》的通知
9	洞委发（2016）19号	中共温州市洞头区委　温州市洞头区人民政府 关于印发《2016年度街道（乡镇）绩效考核办法》和《2016年度区直单位绩效考核办法》的通知
10	洞委发（2016）22号	中共温州市洞头区委关于表彰洞头区“百岛先锋”的通报
11	洞委发（2016）23号	中共温州市洞头区委关于补短板的实施意见
12	洞委发（2016）26号	中共温州市洞头区委关于从严从实加强换届风气监督的通知
13	洞委发（2016）28号	中共温州市洞头区委关于调整区委常委分工的通知
14	洞委发（2016）30号	中共温州市洞头区委　温州市洞头区人民政府关于给予刘友山等34名优秀公务员奖励的通报
15	洞委发（2016）31号	中共温州市洞头区委 温州市洞头区人民政府关于加快推进全域景区化的实施意见
16	洞委发（2016）32号	中共温州市洞头区委 温州市洞头区人民政府关于加强城市规划建设管理工作的实施意见
17	洞委发（2016）38号	中共温州市洞头区委　温州市洞头区人民政府 印发《关于在全区开展“大拆大整”专项行动的实施方案》的通知
18	洞委发（2016）45号	中共温州市洞头区委　温州市洞头区人民政府 关于表扬2011-2015年全区法治宣传教育先进集体和先进个人的通报
19	洞委发（2016）53号	中共温州市洞头区委　温州市洞头区人民政府 关于表扬洞头区服务保障G20杭州峰会工作先进集体和先进个人的通报
20	洞委发（2016）87号	中共温州市洞头区委　温州市洞头区人民政府关于命名洞头区文明村（单位）的通报
21	洞委办发（2016）6号	区委办公室　区政府办公室关于进一步健全突发事件和紧急敏感信息报送工作机制的通知
22	洞委办发（2016）7号	区委办公室　区政府办公室关于印发《洞头区综合环境提升整治攻坚行动实施方案》的通知
23	洞委办发（2016）9号	中共温州市洞头区委办公室关于印发《2016年全区党委（党组）理论学习中心组学习意见》的通知
24	洞委办发（2016）12号	中共温州市洞头区委办公室关于印发《区委全面深化改革领导小组2016年工作要点》的通知
25	洞委办发（2016）13号	中共温州市洞头区委办公室关于进一步建立健全改革工作机制体制切实推进改革举措落地生根的通知
26	洞委办发（2016）14号	区委办公室　区政府办公室关于进一步规范外出学习参观考察等活动的通知
27	洞委办发（2016）15号	中共温州市洞头区委办公室 印发《关于落实党风廉政建设党委主体责任和纪委监督责任的实施办法（试行）》的通知
28	洞委办发（2016）17号	区委办公室　区政府办公室关于印发《洞头区2016年普法依法治理工作要点》的通知
29	洞委办发（2016）18号	区委办公室　区政府办公室 关于印发《温州市洞头区2016年度重点工作“八大攻坚”专项行动实施方案》的通知
30	洞委办发（2016）21号	区委办公室　区政府办公室关于实施第一批区重点工作“三年行动计划”的通知
31	洞委办发（2016）23号	区委办公室　区政府办公室关于实施强村惠民三年行动计划的意见
32	洞委办发（2016）36号	区委办公室　区政府办公室关于印发《2016年党风廉政建设和反腐败工作组织领导与责任分工》的通知
33	洞委办发（2016）37号	区委办公室　区政府办公室关于在全区开展平安隐患整治攻坚月行动实施方案
34	洞委办发（2016）39号	中共温州市洞头区委办公室印发《关于进一步加强社会组织党的建设工作的实施意见》的通知
35	洞委办发（2016）40号	区委办公室　区政府办公室关于印发《洞头区创造省教育现代化区行动计划》的通知
36	洞委办发（2016）41号	区委办公室　区政府办公室关于进一步加强中小学校德育工作的实施意见
37	洞委办发（2016）43号	区委办公室　区政府办公室 关于印发《洞头区护航G20杭州峰会开展五大重点领域消防安全专项整治工作方案》的通知
38	洞委办发（2016）44号	区委办公室　区政府办公室 关于印发《温州市洞头区新城区开发建设三年行动计划（2016—2018年）》的通知

续表60

序号	文　号	标　　题
39	洞委办发（2016）45号	区委办公室　区政府办公室 关于印发《温州市洞头区环东沙港蓝色度假小镇创建培育三年行动计划（2016—2018年）》的通知
40	洞委办发（2016）46号	区委办公室　区政府办公室关于印发《温州市洞头区停车场建设三年行动计划（2016—2018年）》的通知
41	洞委办发（2016）47号	区委办公室　区政府办公室 关于印发《温州市洞头区古渔村（历史文化村落）保护开发三年行动计划（2016—2018年）》的通知
42	洞委办发（2016）48号	区委办公室　区政府办公室 关于印发《温州市洞头区全域景区化建设三年行动计划（2016—2018年）》的通知
43	洞委办发（2016）49号	区委办公室　区政府办公室 关于印发《温州市洞头区医疗卫生服务能力提升三年行动计划（2016—2018年）》的通知
44	洞委办发（2016）50号	区委办公室　区政府办公室 关于印发《温州市洞头区农贸市场改造升级三年行动计划（2016—2018年）》的通知
45	洞委办发（2016）53号	区委办公室　区政府办公室关于印发《温州市洞头区优质教育发展三年行动计划（2016—2018年）》的通知
46	洞委办发（2016）54号	区委办公室　区政府办公室 关于印发《温州市洞头区文明城市创建巩固提升三年行动计划（2016—2018年）》的通知
47	洞委办发（2016）55号	区委办公室　区政府办公室 关于印发《温州市洞头区主题岛保护开发三年行动计划（2016—2018年）》的通知
48	洞委办发（2016）56号	区委办公室　区政府办公室关于印发《温州市洞头区精品民宿发展三年行动计划（2016—2018年）》的通知
49	洞委办发（2016）57号	区委办公室　区政府办公室关于印发《温州市洞头区现代渔业发展三年行动计划（2016—2018年）》的通知
50	洞委办发（2016）58号	区委办公室　区政府办公室 关于印发《温州市洞头区创建国家5A级旅游景区三年行动计划（2016—2018年）》的通知
51	洞委办发（2016）59号	区委办公室　区政府办公室 关于印发《温州市洞头区国家级海洋公园建设三年行动计划（2016—2018年）》的通知
52	洞委办发（2016）60号	区委办公室　区政府办公室 关于印发《温州市洞头区国家生态文明建设示范区创建三年行动计划（2016—2018年）》的通知
53	洞委办发（2016）61号	区委办公室　区政府办公室 关于印发《温州市洞头区养老服务业发展三年行动计划（2016—2018年）》的通知
54	洞委办发（2016）62号	中共温州市洞头区委办公室关于印发《乡镇纪委书记、副书记提名考察办法（试行）》 《区纪委派驻纪检组组长提名考察办法（试行）》的通知
55	洞委办发（2016）64号	区委办公室　区政府办公室关于印发《洞头区成品油市场突出问题集中专项整治方案》的通知
56	洞委办发（2016）67号	区委办公室　区政府办公室 关于印发《2016年度洞头区“多规合一“推进建设项目审批改革实施方案》的通知
57	洞委办发（2016）68号	区委办公室　区政府办公室关于印发洞头区智慧海岛城市改革方案的通知
58	洞委办发（2016）69号	区委办公室　区政府办公室关于印发《洞头区机关公务用车制度改革实施方案》的通知
59	洞委办发（2016）71号	区委办公室　区政府办公室关于印发《洞头区“无违建区”创建工作实施方案》的通知
60	洞委办发（2016）72号	区委办公室　区政府办公室关于印发《洞头区争创省美丽乡村示范县实施方案》的通知
61	洞委办发（2016）73号	区委办公室　区政府办公室关于印发《洞头区加快推进全域旅游服务规范化实施方案》的通知
62	洞委办发（2016）74号	区委办公室　区政府办公室关于印发《洞头区市民文明素质提升实施方案》的通知
63	洞委办发（2016）75号	区委办公室　区政府办公室关于印发《洞头区农村土地承包经营权确权登记颁证工作实施方案》的通知
64	洞委办发（2016）76号	区委办公室　区政府办公室关于印发《温州市洞头区小门临港石化产业起步区开发 （含港口促淤堤区块）三年行动计划（2016—2018年）》的通知
65	洞委办发（2016）77号	区委办公室　区政府办公室 关于印发《温州市洞头区大门花岗岩产业集聚区建设三年行动计划（2016—2018年）》的通知
66	洞委办发（2016）78号	区委办公室　区政府办公室 印发《关于建立区域融合型医疗卫生联合体推进城乡医疗卫生一体化发展改革的实施方案》的通知
67	洞委办发（2016）79号	中共温州市洞头区委办公室印发《关于在全区党员干部中开展廉政谈话提醒教育活动的实施方案》的通知
68	洞委办发（2016）80号	区委办公室　区政府办公室 关于印发《区委十届十一次全会〈关于补短板的实施意见〉重要工作任务责任分工》的通知
69	洞委办发（2016）81号	区委办公室　区政府办公室关于印发《温州市洞头区安全生产“党政同责、一岗双责”暂行规定》的通知
70	洞委办发（2016）84号	区委办公室　区政府办公室关于建立重点单位法治宣传教育责任清单制度的意见
71	洞委办发（2016）85号	区委办公室　区政府办公室转发《中共温州市洞头区委宣传部 温州市洞头区司法局 关于在全区公民中开展法治宣传教育的第七个五年规划（2016-2020年）》的通知
72	洞委办发（2016）86号	区委办公室　区政府办公室关于组织开展经济社会发展重点工作百日攻坚行动的通知
73	洞委办发（2016）87号	区委办公室　区政府办公室 关于印发《温州市洞头区智慧海岛城市建设管理三年行动计划（2016—2018年）》的通知
74	洞委办发（2016）89号	中共温州市洞头区委办公室关于一步规范党委（党组）会议记录的通知
75	洞委办发（2016）92号	区委办公室　区政府办公室关于构建乡镇（街道）“四个平台”完善基层治理体系的实施意见

2016年洞头区政府及其办公室的重要文件选目

表61

序号	文号	标题
1	洞政发〔2016〕1号	温州市洞头区人民政府关于印发《洞头县海洋生态红线划定方案》的通知
2	洞政发〔2016〕4号	温州市洞头区人民政府关于印发《温州市洞头区政府产业基金暂行管理办法》的通知
3	洞政发〔2016〕5号	温州市洞头区人民政府关于加快发展现代职业教育的实施意见
4	洞政发〔2016〕6号	温州市洞头区人民政府关于转发温州市区医疗救助办法的通知
5	洞政发〔2016〕12号	温州市洞头区人民政府 关于印发《温州市洞头区国民经济和社会发展第十三个五年规划纲要》的通知
6	洞政发〔2016〕15号	温州市洞头区人民政府关于进一步降低企业成本优化发展环境的若干意见
7	洞政发〔2016〕19号	温州市洞头区人民政府关于印发洞头区征兵工作奖惩办法的通知
8	洞政发〔2016〕21号	温州市洞头区人民政府关于加快特色小镇规划建设的实施意见
9	洞政发〔2016〕26号	温州市洞头区人民政府关于加强新时期爱国卫生工作的实施意见
10	洞政发〔2016〕27号	温州市洞头区人民政府关于进一步推进户籍制度改革的实施意见
11	洞政发〔2016〕28号	温州市洞头区人民政府 关于进一步加大国有土地上危旧住宅房屋改造货币化安置试点工作力度的意见
12	洞政发〔2016〕32号	温州市洞头区人民政府关于鼓励工业企业"退二进三"的实施意见
13	洞政发〔2016〕37号	温州市洞头区人民政府关于征收2016年度计划第一批次建设用地的公告
14	洞政发〔2016〕39号	温州市洞头区人民政府关于印发温州市洞头区妇女发展规划（2016—2020年）和 温州市洞头区儿童发展规划（2016—2020年）的通知
15	洞政办发〔2016〕4号	区政府办公室关于印发《洞头区宗教活动场所建设审批管理办法（试行）》的通知
16	洞政办发〔2016〕17号	区政府办公室关于印发洞头区深化危险化学品领域安全综合整治方案的通知
17	洞政办发〔2016〕21号	区政府办公室 关于印发洞头区2015—2017年城镇危险住宅房屋治理改造工作三年行动专项规划的通知
18	洞政办发〔2016〕22号	区政府办公室 关于印发《洞头区国有土地上危旧住宅房屋改造货币化安置实施办法（试行）》的通知
19	洞政办发〔2016〕25号	区政府办公室关于印发洞头区2016年地质灾害防治方案的通知
20	洞政办发〔2016〕40号	区政府办公室关于印发2016年度洞头区市级领军、高成长型工业企业培育工作实施方案的通知
21	洞政办发〔2016〕41号	区政府办公室关于印发温州市洞头区百日环保执法专项行动工作方案的通知
22	洞政办发〔2016〕50号	区政府办公室关于印发《温州市洞头区耕地保护补偿机制实施办法》的通知
23	洞政办发〔2016〕51号	区政府办公室关于印发《温州市洞头区众创空间认定管理办法（试行）》的通知
24	洞政办发〔2016〕52号	区政府办公室关于印发《关于增强科技创新能力的若干优惠政策》的通知
25	洞政办发〔2016〕53号	区政府办公室关于印发温州市洞头区畜禽养殖管理办法的通知
26	洞政办发〔2016〕55号	区政府办公室关于实施《温州市市区建设项目容积率指标计划规定》的通知
27	洞政办发〔2016〕66号	区政府办公室关于印发洞头区渔家乐小餐饮消防安全整治、民宿行业大管控、网店行业 大规范、两类民房电气线路改造整治、居住出租房及合用场所登记管理等方案制度的通知
28	洞政办发〔2016〕68号	区政府办公室关于印发《洞头区县域经济体制综合改革2016年实施方案》的通知
29	洞政办发〔2016〕70号	区政府办公室关于印发进一步严格实施危化品生产经营单位专项整治方案的通知
30	洞政办发〔2016〕72号	区政府办公室 关于印发洞头区鼓励和支持金融业发展改革与创新促进地方经济发展业绩考核办法的通知
31	洞政办发〔2016〕88号	区政府办公室关于转发《温州市人民政府关于支持大众创业促进就业的实施意见》的通知
32	洞政办发〔2016〕89号	区政府办公室关于印发洞头区全面推进居家养老服务工作实施意见的通知
33	洞政办发〔2016〕90号	区政府办公室关于印发洞头区鼓励支持企业挂牌上市实施意见的通知
34	洞政办发〔2016〕91号	区政府办公室关于印发洞头区开展小额贷款保证保险试点工作实施意见的通知
35	洞政办发〔2016〕93号	区政府办公室关于印发洞头区招投标市场专项整治工作方案的通知
36	洞政办发〔2016〕94号	区政府办公室关于印发加强海岸线统筹管理和保护工作实施意见的通知
37	洞政办发〔2016〕98号	区政府办公室关于印发洞头区产业平台提升实施方案（2016—2018）的通知
38	洞政办发〔2016〕99号	区政府办公室关于推行政府投资项目业主公司化的实施意见
39	洞政办发〔2016〕101号	区政府办公室关于推进基层综合性文化服务中心建设实施意见
40	洞政办发〔2016〕103号	区政府办公室 关于印发洞头区南塘片区工业企业"退二进三"三年行动计划（2016—2018年）的通知
41	洞政办发〔2016〕104号	区政府办公室关于印发洞头区"多规合一"改革管理办法的通知
42	洞政办发〔2016〕106号	区政府办公室关于印发温州市洞头区危旧房屋安全应急处置预案的通知
43	洞政办发〔2016〕107号	区政府办公室关于印发洞头区道路交通事故社会救助基金管理操作规程（试行）的通知
44	洞政办发〔2016〕110号	区政府办公室关于印发政府投资重点项目验收及移交专项行动工作方案的通知
45	洞政办发〔2016〕113号	区政府办公室关于集体土地个人建房违法建设及权属登记相关问题处置的若干意见
46	洞政办发〔2016〕114号	区政府办公室关于印发洞头区互联网金融风险专项整治工作实施方案的通知
47	洞政办发〔2016〕117号	区政府办公室关于印发温州市洞头区生态环境保护"十三五"规划的通知
48	洞政办发〔2016〕118号	区政府办公室关于建立责任医生签约服务制度推行家庭医生契约式服务的实施意见

续表61

序号	文 号	标 题
49	洞政办发〔2016〕120号	区政府办公室关于印发《温州市洞头区文体发展“十三五”规划》的通知
50	洞政办发〔2016〕124号	区政府办公室关于印发《温州市洞头区科技创新发展“十三五”规划》的通知
51	洞政办发〔2016〕127号	区政府办公室关于印发《温州市洞头区科学技术奖励办法》的通知
52	洞政办发〔2016〕133号	区政府办公室关于印发《温州市洞头区社会信用体系建设规划（2016—2020）》的通知
53	洞政办发〔2016〕136号	区政府办公室 转发浙江省人民政府办公厅关于进一步减轻企业负担降低企业成本的若干意见的通知
54	洞政办发〔2016〕139号	区政府办公室关于印发《温州市洞头区卫生和计划生育事业发展“十三五”规划》的通知

重要表彰

2015年度平安建设工作先进

先进单位：区委渔农办（农林水利局）、公安洞头分局指挥中心、区市场监管局、区金融办（处置办）、北岙街道、元觉街道；

先进个人：南琴慧（区委政法委）、林玉燕（区信访局）、余克新（区统计局）、何建东（区公安分局）、叶华友（区海洋渔业局）、黄耀（区安监局）、郑鹏（北岙街道）、倪瑞瑜（灵昆街道）、蒋贤琦（东屏街道）、陈勇旭（元觉街道）、张益敏（霓屿街道）、张杰（鹿西乡）、蔡燕（北岙海霞妈妈）、林涛、叶明铁、马荣团、张奇峰、王建财（区处置办）。

2015年度信访工作先进

先进单位：公安洞头分局、北岙街道、东屏街道；

先进个人：吴爱芬（区委政法委）、许荣选（区信访局）、王祖妙（区人力社保局）、宋志鹏（大门镇）、林文军（元觉街道）、郑志敏（霓屿街道）。

2015年度党管武装（武装工作）先进

武装工作先进单位：霓屿街道；

党管武装先进个人：郭显玉（东屏街道）、郭海辉（霓屿街道）；

武装工作先进个人：周正茂、邱少华（区人武部）、颜孙空（北岙街道）、林凌（霓屿街道）。

2015年度计划生育工作先进

先进单位：区法院、北岙街道、霓屿街道、北岙街道九厅村、灵昆街道双昆村、大门镇乌仙头村、东屏街道松柏园村、元觉街道深门村、霓屿街道上社村；

先进个人：吕虹虹（区法院）、曾华东（区卫生计生局）、陈海燕（北岙街道）、方晓秋（灵昆街道）、张良彩（大门镇）、陈嘉慧（元觉街道）、甘丽微（北岙街道银海社区）、张丽萍（北岙街道风门村）、卢岳芬（大门镇甲山村）、黄丽琴（东屏街道惠民村）、林阿招（霓屿街道桐岙村）。

2015年度企业各类先进

十强企业：浙江诚意药业股份有限公司、温州中石油燃料沥青有限责任公司、浙江中燃华电能源有限公司、温州金源化工有限公司、浙江永宏电器有限公司、温州市东启汽车零部件制造有限公司、浙江华胜海运有限公司、洞头县宏泰混凝土有限公司、浙江方舟工程机械设备有限公司、温州市三峻轿车配件有限公司。

十大优秀企业家：任秉钧（浙江诚意药业股份有限公司）、李天伟（温州中石油燃料沥青有限责任公司）、黄莉莉（温州金源化工有限公司）、张玉萍（浙江中燃华电能源有限公司）、胡成业（洞头县宏泰混凝土有限公司）、陈集（温州市东启汽车零部件制造有限公司）、郭华斌（浙江方舟工程机械设备有限公司）、虞冷霜（温州市三峻轿车配件有限公司）、郑西平（浙江恒博电气制造有限公司）、陈剑林（洞头县农村信用合作联社）。

2015年度区长质量奖

浙江迪特高强度螺栓有限公司。

2015年度“十佳”村干部

许荣华（北岙街道海霞村）、梁亦传（北岙街道打水鞍村）、韩远泉（北岙街道九厅村）、陈民存（大门镇小荆村）、朱荣飞（大门镇豆岩村）、蔡继勇（东屏街道惠民村）、洪求伟（东屏街道东岙村）、蔡明新（元觉街道小北岙村）、沈上法（霓屿街道下社村）、金文林（鹿西乡鲳鱼礁村）。

2015年度招商引资工作先进

先进单位：区发改局、大门镇、元觉街道；

先进个人：蔡素娟（区发改局）、沈境（区财政局）、江晓燕（区旅委）、童佩暖（区工务局）、朱显妙（大门镇）、杨建国（鹿西乡）。

2015年度旅游工作先进

先进单位：区发改局、北岙街道、鹿西乡；

先进个人：倪晓珍（区财政局）、金建华（区住建局）、林宣志（区公路管理局）、林进尊（区海洋与渔业局）、连晓（区旅委）、周国伟（灵昆街道）、杨祝琦（东屏街道）。

2015年度重点建设·政策处理等项目工作先进

先进单位：区委渔农办（农林水利局、海涂围垦工程建设指挥部）、区财政局、区交通运输局（交通工程建设指挥部）、区工务局、大门镇、霓屿街道；

先进个人：郭敏（区委渔农办〈农林水利局、海涂围垦工程建设指挥部〉）、方智森（区发改局）、朱建宇（区财政局）、黄建敏（区交通运输局〈交通工程建设指挥部〉）、黄正宝（区旅委）、姚绍学（区工务局）、王振永（北岙街道）、陈献明（大门镇〈大门海洋经济示范区〉）、郑海东（元觉街道）、柯受华（霓屿街道）。

2015年度渔业生产先进

先进集体：北岙街道大王殿村；

先进个人：尤国仪（北岙街道鸽尾礁村）、林春刚（大门镇）、浙洞渔03389林进财（北岙街道大王殿村）、浙洞渔02977曾国省（东屏街道岙仔村）、浙洞渔10717石建光（鹿西乡鹿西村）。

2015年度“五水共治”工作先进

先进单位：区综合执法局、区工务局、元觉街道；

先进个人：林苗琳（区新闻中心）、林雄（区委渔农办〈农林水利局、治水办〉）、虞翼品（区发改局）、张文平（区财政局）、张于江（区住建局）、洪正金（区治污办）、应兆哲（大门镇）、蔡志文（东屏街道）、侯宣荣（元觉街道）。

2015年度“三改一拆”行动先进

先进单位：区经信局、东屏街道、元觉街道；

先进个人：郭建新（区国土资源局）、陈哲（区住建局）、陈建海（区综合执法局）、彭进胜（区“三改一拆”办）、陈超凡（区广电台）、颜海涛（北岙街道）、朱小才（大门镇）、郭显敏（霓屿街道）、金许阳（鹿西乡）。

2015年度向上争资工作先进

先进单位：区发改局、区财政局、区交通运输局；

先进个人：林声俊（区发改局）、张胜鹏（区财政局）、柯立军（区交通运输局）。

2016年洞头区“百岛先锋”

先进基层党组织：北岙街道城中社区党总支、北岙街道打水鞍社区党支部、大门镇潭头村党支部、东屏街道洞头村党支部、元觉街道沙岗村党支部、霓屿街道下社村党支部、鹿西乡新鹿党支部、区委渔农办（农林水利局）党总支、区市场监督管理局机关党委、洞头先锋女子民兵连党支部。

优秀共产党员：陈胭脂（北岙街道上新社区党支部党员）、蔡燕（北岙街道城中社区老人协会会长）、陈佩秋（北岙街道新城社区党支部书记）、陈后友（北岙街道大王殿村渔民）、张孚世（北岙街道大长坑村党支部书记）、陈素贞（北岙街道计生办主任）、吴夏民（洞头区信达电器有限公司总经理）、陈承松（大门镇杨梅田村党支部副书记）、郑晓光（大门镇中心小学校长）、童艳艳（大门镇党政办主任）、陈贤尧（大门镇农业公共服务中心主任、大门镇消防中队队长）、黄丽琴（东屏街道惠民村计生员）、周明福（东屏街道大瞿村党支部党员）、柯吉榜（东屏小学退休教师）、杨建立（洞头区添尚电子信息技术有限公司总经理）、庄宝霜（元觉街道状元村计生员、报账员）、吉海英（元觉街道小北岙村妇代会主任）、黄忠兴（洞头区灵潭藻类养殖专业合作社负责人）、李小微（霓屿街道组织员）、吴德球（鹿西乡东臼村渔民）、林黎明（区人大机关退休干部）、蔡宏伟（区检察院反贪局副局长）、陈声明（洞头区粮食收储有限公司经理）、郭妍妍（洞一中教师）、郭其长（区公安分局交警大队民警）、朱红波（区财政局预算局局长）、郭兰杰（区人社局办公室副主任）、庄瑞兴（区住建局党组成员、副局长）、林加群（区道路运输管理局局长）、吕海棠（区海洋与渔业局办公室主任）、郭丁伟（区人民医院麻醉科主任）、庄永煜（区综合执法局协管员）、周立群（区广电台播音员）、陈盈盈（洞头先锋女子民兵连连长）、符帮武（浙江诚意药业股份有限公司车间主任）。

优秀党务工作：李玉红（北岙街道岭背社区党总支书记）、陈素丽（北岙街道城中社区党总支书记）、梁亦传（北岙街道打水鞍社区党支部书记）、朱友贵（大门镇兰湖洞居党支部书记）、王昌权（大门镇枫树坑村党支部书记）、林振平（东屏街道东岙村党支部书记）、郭岁进（东屏街道寮顶村党支部书记）、余定方（元觉街道深门村党支部书记）、潘步总（霓屿街道下郎村党支部书记）、陈余飞（鹿西乡鹿西村党支部书记）、童王平（区绩效考核办主任、区委办党支部书记）、曾华鸿（区府办秘书二科科长、党支部委员）、庄燕妮（区纪委机关党支部副书记）、郭仕堆（区司法局政治处主任、党支部副书记）、郑晓华（温州金源化工有限公司行政副总经理、党总支书记）。

2011—2015年洞头区法治宣传教育先进

先进集体：北岙街道城中社区、北岙街道九厅村、灵昆街道上岩头村、大门镇人民政府、大门镇朝阳社区、东屏街道东岙顶村、元觉街道沙岗村、霓屿街道下社村、鹿西公安边防派出所、区委宣传部、区委渔农办（农林水利局）、区发改局、区公安分局法制预审大队、区国土资源局、区海洋与渔业局、区环保局、区综合执法局 、区总工会、区阳光义工协会、区公安消防分局。

先进个人：叶艳艳（北岙街道办事处、叶玉萍（北岙街道岭背社区）、张孚世（北岙街道大长坑村）、沈海琴（灵昆街道办事处）、王振宇（大门镇人民政府）、王志敏（大门镇人民政府）、柯朝旭、柯　超（东屏街道办事处）、蔡晓琼（元觉街道办事处）、张志胜（霓屿街道办事处）、朱明炬（鹿西乡人民政府）、朱　江（区法院）、林士臻（区检察院）、陈后安（区委组织部）、林玉燕（区信访局）、郑海燕（区档案局）、苏友尊（区教育局）、江卫兵（区科技局）、彭德金（区民宗局）、王　艺（区民政局）、林声响（区司法局）、庄建新（区财政〈地税〉局）、周必杰（区人力社保局）、曾华东（区计生卫生局）、周苗苗（区安监局）、李碧峰（区市场监管局）、叶明宁（区旅委）、叶双双（区妇联）、陈松才（区国税局）、卓桂贞（区普法办）。

2013—2015年度考核个人优秀

刘友山（区检察院）、陈松听（区检察院）、金岳燕（区委组织部）、黄根忠（区委政法委）、余克新、洪　星（区发改局）、郑元阳（区教育局）蔡小贞、陈群挺、吕海坎、叶志班、王　梁、周文渊（区公安分局）、张海环（区民政局）、陈　静、林舒蓉、施翼鸿、许旭东、陈　伟、周必利（区财政<地税>局）、张素朋、周必杰（区人力社保局）、金培委（区劳动监察大队）、许生坚（区卫生计生局）、占亦琴（区市场监督管理局）、何掌霞（团区委）、赵海山、陈坤明、郑　华（北岙街道）、诸乐伦（大门镇）、张方任、周必东（东屏街道）、林忠星（霓屿街道）、杨建国（鹿西乡）。注：上述人员按原所在单位排序。

2015年度落实党风廉政建设责任制考核优秀单位

区委宣传部、区委统战部、区公安分局、区民政局、区委渔农办（农林水利局）、区审计局、区海洋与渔业局、区国税局、区直机关工委、区委老干部局、区妇联、北岙街道、元觉街道、中国电信洞头分公司。

2015年度民主评议行风活动满意单位

满意单位：区纪委（监察局）、区委统战部、区委渔农办（农林水利局）、区海洋渔业局、区财政局（地税局）、区文体局、区民政局。

满意机关中层科室：区民政局优抚科、区委渔农办（农林水利局）水利科 、区国税局纳税服务科、区财政局（地税局）纳税服务科。

满意基层站所：区社保中心、区出入境管理大队服务大厅、区劳动保障监察大队、区环境监察大队（固废管理中心）、区农信联社、公积金洞头分中心。

满意基层站所（办事窗口）：海霞供电营业所、大门供电营业所、东屏信用社、元觉供电营业所、元觉供电营业所（霓屿片区）、鹿西供电营业所。

洞头区G20杭州峰会维稳安保工作先进

先进集体：区委宣传部（网信办、外宣办）、 区委政法委、区教育局、区住建局、区海洋与渔业局、区安监局、区道路运输管理局、公安消防局、区水务发展有限公司、北岙街道银海社区、北岙街道大岙村、灵昆边防派出所、国网灵昆供电所、大门派出所、大门市场监管所、东屏街道中仑村、东屏街道松柏园村、元觉街道沙岗村、元觉派出所、霓屿街道郎等村、霓屿派出所、鹿西乡东臼村、鹿西边防派出所。

先进个人：邱东明（区法院）、彭书隆（区检察院）、吴励光（区委办）、庄瑞鹏（区府办）、陈坤沈（区委宣传部〈网信办、外宣办〉）、许生然（区委统战部〈民宗局、外侨办〉）、吴爱芬、林兴栋（区委政法委）、褚志攀（区信访局）、方跃罴（区委渔农办〈农林水利局〉）、吴建中（区经信局）、郭建忠、南光参（区教育局）、叶信智（区公安分局霓屿派出所）、杨攀攀（区公安分局交警大队）、林振华（区公安分局元觉派出所）、方　杰、叶小川（区公安分局）、黄　芳（区民政局）、方跃周（区司法局）、翁坚强（区财政局）、王祖妙（区人力社保局）、叶志疆（区国土资源局）、许永出（区住建局）、郑元师（区交通运输局）、张丹丹（区港航局）、陈国伟（区海洋与渔业局）、陈书航（区文体局）、叶　成（区卫生计生局）、余烘亮（区环保局）、林芝耀（区安监局）、林璐（区市场监督局）、张独特（东屏市场监管所）、赖朝伟（景区管理中队）、黄昕岗（区处置办）、方雯君（团区委）、孙　伟（公安消防分局）、罗文平（区海事处）、张小林（区综合行政执法局）、王　曼（区妇联）、林加平（区总工会）、许建伟、庄玉香、金建平、郭道演（北岙街道）、郑荣战（北岙街道小三盘村）、蔡桂英（北岙街道城南社区）、张小春、沈海琴、谢良云（灵昆街道）、王剑妙（灵昆街道沙塘村）、黄晓乐（灵昆街道九村村）、黄小萍（灵昆街道海思村）、朱小才、宋志鹏（大门镇）李　大（大门司法所）、蔡后琮（大门交运所）、李　静（大门岙面村）、林　佳（大门交警中队）、杨祝琦、周世友、姜少谊、方静静、陈强胜（东屏街道）、黄志新（东屏街道渔农村综合服务中心）、石耀光、詹育代、苏剑培（元觉街道）、赵军军（元觉司法所）、郑建忠（元觉街道状元村）、林忠星、陈林波（霓屿街道）、林 斌（霓屿派出所）、郑志敏（霓屿街道社会建设和管理服务中心）、林川川（霓屿司法所）、朱明炬、孔繁隆、张维建（鹿西乡）、陈齐武（鹿西乡口筐村）、仇建国（鹿西乡东臼村）。

2015年度征兵工作先进

先进单位：元觉街道办事处、区新闻中心、区公安分局大门派出所、区人民医院检验科。

先进个人：郑祥飞（区府办）、邱少华、陈增胜、吴兹空（区人武部）、郭建春（区委宣传部）、何志珍、叶 帆（区公安分局）、黄 芳（区民政局）、陈 首、南爱珍（区人民医院）、李玉红、叶秀梅（北岙街道）、李晓度、林政宇（大门镇）、姜少谊（东屏街道）、陈 义（元觉街道）、叶方胜（霓屿街道）、朱明炬（鹿西乡）。

2016年洞头区文明村（单位）命名名单

文明村：海霞村（北岙街道）、大长坑村（北岙街道）、甲山村（大门镇）、长沙村（大门镇）、花岗村（元觉街道）、沙岗村（元觉街道）、昌鱼礁村（鹿西乡）、山坪村（鹿西乡）。

文明单位：区海洋与渔业局、交通运输部东海航海保障中心温州航标处洞头航标管理站、区房屋交易中心、温州银行股份有限公司洞头支行、中国银行股份有限公司洞头支行。

说明：以上系区委、区政府表彰的各类先进单位。

统计资料

2016年洞头区国民经济和社会发展统计公报

洞头区统计局

（2017年4月11日）

2016年是“十三五”规划的开局之年，全区上下在区委、区政府的正确领导下，紧紧围绕海上花园建设目标，坚持稳增长、扩投资、优环境、促改革、惠民生，实施全域景区化、推进供给侧结构性改革等系列工作，一年来在全区人民合心合力下，国民经济在新常态下取得均衡、协调、持续发展。

一、综合经济

全年实现地区生产总值79.42亿元（考核口径66.77亿元），比上年增长7.9%（考核口径同比增长8.2%）。分产业看，第一产业实现增加值6.04亿元，增长4.0%；第二产业实现增加值29.65亿元，增长4.9%，其中工业完成增加值16.78亿元，增长6.4%；第三产业实现增加值43.73亿元，增长10.6%。三次产业结构由上年7.4：39.6：53.0调整为7.6：37.3：55.1。人均地区生产总值（按年平均户籍人口计算）51753元，（按年平均汇率折算7791美元，比上年增长8.2%。

二、渔农业经济

全区以渔农业增产、渔农民增收为核心，以高效生态渔农业为主方向，以渔农业转型升级为主动力，推进现代渔农业发展，全区农林牧渔业生产保持平稳发展。全年实现农林牧渔业总产值127046万元，比上年增长6.4%；其中农业产值10271万元，增长9.6%，林业产值547万元，增长29.6%；牧业产值5267万元，增长5.3%。农作物播种面积2481公顷，比上年下降1.9%；其中粮食作物播种面积909公顷，下降0.5%；粮食作物中谷物播种面积76公顷，下降24.8%，番薯播种面积490公顷，增长4.5%，马铃薯播种面积122公顷，下降14.7%。水产品总产量18.66万吨，比上年增长4.2%；渔业总产值11.48亿元，比上年增长5.8%。捕捞稳中趋好，实现捕捞产量16.82万吨，捕捞产值7.77亿元，分别增长4.3%、2.5%，积极引进远洋捕捞企业，大洲远洋公司6艘渔船主体工程基本完成，实现全市远洋捕捞零突破。养殖取得新成效，黄鱼生态养殖形成一定规模，贝类岛礁增养殖、海参深水桶养等试验获得成功，紫菜、羊栖菜产量产值稳步提升。全区实现养殖产量1.84万吨，养殖产值3.71亿元，分别增长3.4%、13.6%。

三、工业经济和节能降耗

受大企业停产影响，工业经济呈前高后低态势。全年规模以上工业实现产值53.88亿元，比上年下降4.7%，规模以上工业增加值8.79亿元，增长

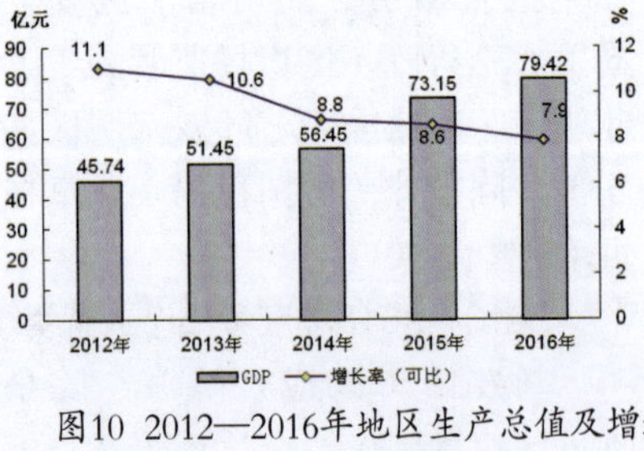

图10 2012—2016年地区生产总值及增速

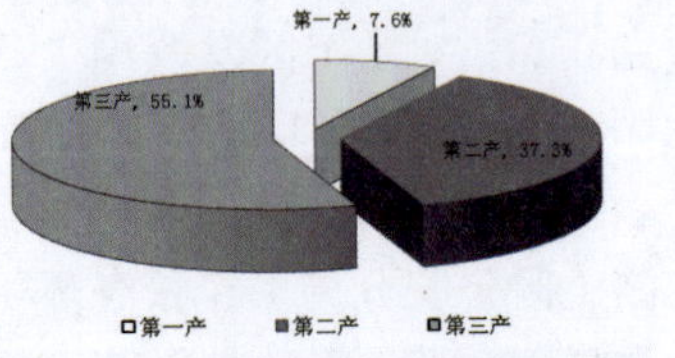

图11 2016年3次产业结构

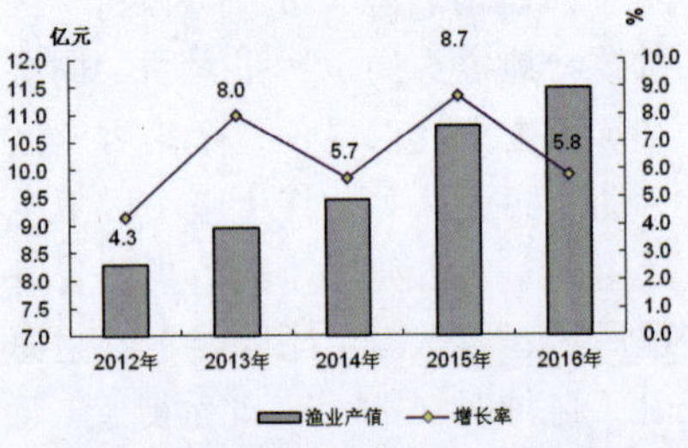

图12 2012—2016年渔业总产值及增速

主要行业产值

表62 （万元）

行业	产值	同比增长%	占总产值的%
六大行业小计	524827	−7.4	92.6
其中：化学工业	321032	−13.0	56.6
机械汽配	67744	4.0	12.0
电子电器	54137	11.8	9.5
医药工业	32817	−4.9	5.8
水产品加工	17860	15.0	3.2
建材工业	31238	−9.3	5.5
临港工业	343424	−11.8	60.6

6.8%。六大行业三升三降，其中机械汽配、电子电器、水产品加工产值分别增长4.0%、11.8%、15.0%；医药工业、化学工业和建材工业产值分别下降4.9%、13.0%和9.3%。企业经营效益有所好转，全区30家规模以上工业企业实现利润总额1.56亿元，利润总额净增3.39亿元。

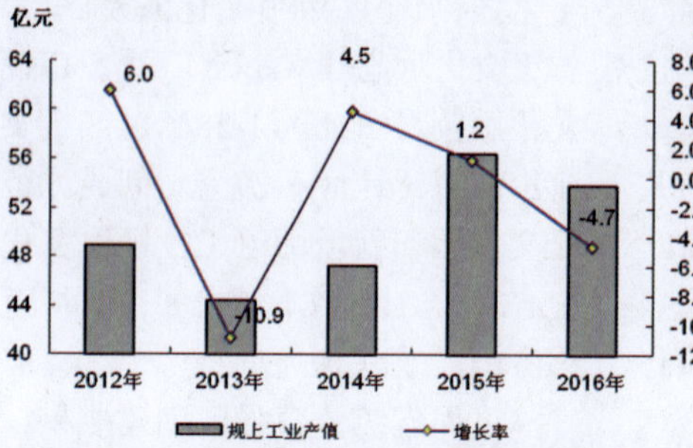

图13 2012—2016年规上工业产值及增速

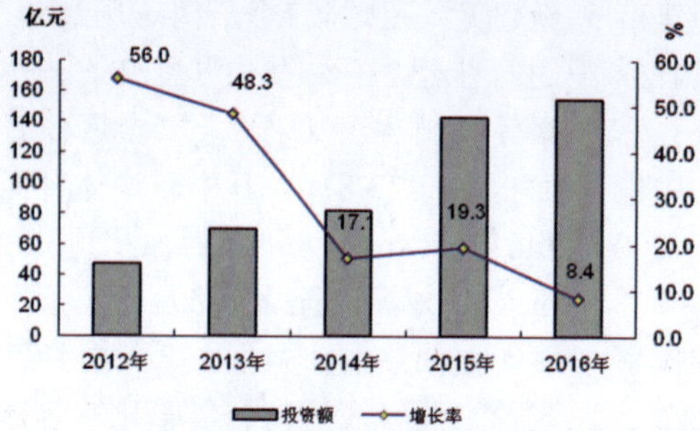

图14 2012—2016年限额以上固定资产投资及增速

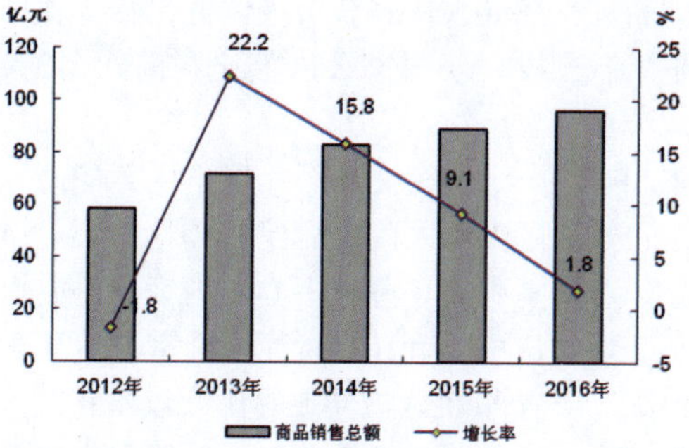

图15 2012—2016年商品销售总额及增速

全年单位GDP能耗呈先升后降，前三季度在高耗能企业增产工业用电量大幅增长等因素影响下，单位GDP能耗不降反升，进入第四季度，随着个别高耗能企业停产，及前期加大能效监管和开展一系列节能降耗措施等共同带动下，能源消费总量增速明显回落，据初步测算，全年单位GDP能耗降低率为2.0%。

四、固定资产投资和房地产业

全年完成限额以上固定资产投资154.55亿元，比上年增长8.4%。考核完成口径56.45亿元，比上年下降6.7%，其中民间投资20.04亿元，下降3.2%；由于市级建设项目推进缓慢，缺乏大项目支撑，基础设施投资仅完成32.26亿元，下降30.6%。分产业看（考核口径），第一产业投资3.64亿元，增长198.4%；工业投资10.89亿元，增长548.9%，工业投资中工业技改投资完成7.75亿元，增长511.5%，增速均居全市第一；第三产业投资41.92亿元，下降27.3%。全年限额以上投资施工项目119个，比上年减少18个，其中新开工项目57个，增加8个。

全年完成房地产投资2.88亿元，比上年下降25.8%，房地产开发投资占限额以上固定资产投资比重为1.9%，较上年回落0.8个百分点。实施房地产项目11个，完成房屋施工面积63.58万平方米，比上年下降5.5%；因无新楼盘推出及二手房处理较多影响，商品房现（期）房销售明显下降，销售总面积5.33万平方米，比上年下降7.5%。

五、内外贸易和旅游

在城乡居民收入不断提高、消费环境日益改善、消费结构不断升级，以及旅游市场持续活跃等合力驱动下，我区消费品市场呈较快增长态势，全年实现社会消费品零售总额28.71亿元，比上年增长9.3%；受个别大型批发企业停产以及同期数较大影响，完成商品销售总额96.01亿元，比上年增长1.8%。

全年外贸进出口总额11.77亿元，比上年增长18.3%，其中自营出口额3.03亿元，增长9.9%。按企业类型分，外贸企业自营出口额1.02亿元，增长289.0%；生产企业自营出口1.46亿元，下降25.1%；三资企业自营出口额0.55亿元，增长4.1%。

全年共接待游客541.14万人次，比上年增长20.7%，实现旅游总收入24.54亿元，比上年增长20.8%。顺利完成仙叠岩、半屏山景区提升工程及海霞军事主题公园改扩建工程，百岛梦幻冰雪王国、华中水乐园、中鹿旅游台湾观光工场相继建成投用，成功签约总投资3.57亿美元的欢乐海岸项目，旅游产品和旅游经济继续提质升效。

六、交通运输、通信和电力

交通设施建设取得新进展，岛际交通环境日趋完善。全区共有海运企业16家，总运力规模48.5万载重吨，继续保持全市第一，拥有万吨级以上船舶8艘（其中5万吨级以上1艘）；全国首艘14000立方米 LNG运输船已建造完工，目前正在进行船舶调试。全社会客运量1043万·人次，比上年下降2.0%，客运周转量16968万人·公里，下降4.5%；全社会货运量1414万吨，增长5.7%，货物周转量192.46亿吨·公里，增长10.1%；港口货物吞吐量574万吨，下降3.1%。

全年通信行业业务收入10004万元，比上年下降9.0%。固定电话用户14803户，比上年增加710户；移动电话用户115586户，比上年增加2334户，其中3G移动电话用户68861户，增加27204户；互联网用户121603户，比上年增加16822户，其中宽带用户33843户，增加7287户，移动互联网用户87760户，增加9535户；本地电话交换机容量1304门，移动电话装机容量40万门。

电网建设有序推进，供电服务持续提升。全年全社会用电量27857万千瓦时，比上年增长13.8%，其中第一产业用电量116万千瓦时，下降8.2%；第二产业用电量11370万千瓦时，增长 15.3%；其中工业用电量9369万千瓦时，增长19.0%；第三产业用电量6476万千瓦时，增长19.6%；居民生活用电量9895万千瓦时，增长9.0%。

七、财政和金融

全区实现财政总收入11.51亿元，比上年增长20.1%，其中一般公共预算收入6.52亿元，增长20.0%，同口径增长27.6%，两项收入增速均居全市首位。全区一般公共预算支出20.34亿元，增长8.2%，国土海洋气象、医疗卫生与计划生育、公共安全等领域支出增长较快。

加大提升金融服务实体经济能力，积极推进信贷产品创新，金融信贷保持平稳增长。年末金融机构人民币存款余额70.99亿元，比年初增长2.2%，其中住户存款余额33.29亿元，增长22.2%。金融机构人民币贷款余额61.79亿元，比年初增长7.6%，其中短期贷款31.16亿元，增长3.3%；中长期贷款余额30.56亿元，增长12.6%。

八、教育和科学技术

年末各类学校在校学生11053人，拥有学校21所，其中中等职业教育学校2所，中学8所，小学11所。专任教师1013人，其中中等职业教育学校教师60人，中学教师473人，小学教师480人。全年各类学校招生2955人，毕业2909人。学前教育普惠优质，累计创成省等级幼儿园20所，其中，省一级幼儿园 1所、省二级幼儿园5所、省三级幼儿园14所，等级园比例100%;认定普惠园15所，普惠园覆盖率80%，学前教育达标乡镇比例86%。促进义务教育高位均衡，海霞中学、实验小学创建市首批新优质学校，3所学校通过省标准化学校评估验收，省义务教育标准化学校比例100%。小学、初中生均公用经费分别提高到900元和1200元。小学、初中均衡系数分别达0.33和0.24，小学和初中入学率、巩固率均保持在100%。

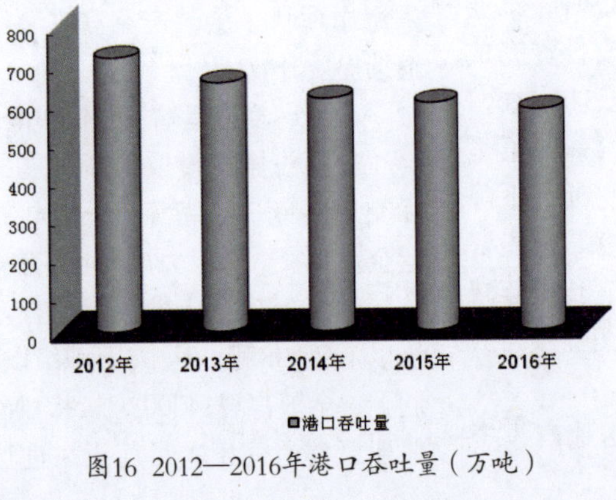

图16 2012—2016年港口吞吐量（万吨）

通过实施科技企业梯队培育计划、开展专利“清零”行动和专利“三进”活动，科技创新再取新成效。新增高成长科技型企业2家，省科技型企业8家，市科技（创新）型企业11家，市级企业研发中心企业1家。5家省科技型企业入围新三板后备名单，其中浙江金海蕴生物股份有限公司成为我区首家“新三板”挂牌上市的省科技型企业。实施科技发展计划项目32项，科技成果鉴定23项，专利申请284项，授权171项，其中发明13项。实现新产品产值6.87亿元，新产品产值率14.8%。

九、文化、体育和卫生

年末共有文化馆数1个，乡镇文化站7个，图书馆1个，总藏书26.06万册；艺术表演84场，受益群众5.03万人次；拥有文化设施建筑面积2.2万平方米；国家级非物质文化遗产2个，省级非物质文化遗产12个，市级非物质文化遗产52个；拥有省文化信息资源共享基层支中心1个，省文化强镇1个，市级文化强镇1个，省级文化示范村（社区）8个，市级文化示范村（社区）28个，区级文化示范村（社区）29个。创成九亩丘文创园，新增街道（乡镇）文化中心3个，社区文化中心8 个，城市书房1个，图书流通点2个。

巩固省级体育强区创建成果，推进 “小康体育村提升工程”，新建笼式足球场1个，门球场2个，健身步道2条，登山步道2条，小康体育村提升工程8个。全区体育面积292977.8㎡，其中新增体育面积61777.8㎡，人均体育面积达3.22㎡。首次承办全国公路自行车冠军赛（温州站洞头赛区），举办浙江省第二届社团运动会风筝比赛等体育赛事。全年参加体育运动会人数2800人次，获市级体育比赛金牌15枚，获国家级以上比赛前八名3人次。

持续提升医疗卫生服务能力，区人民医院先后建成体检中心、康复中心、急救中心、内镜中心、血透中心和ICU等重点科室，更新配置CT机、磁共振等医疗设备；区人民医院中医馆和四个社区卫生服务中心中医诊疗区相继建成投用。年末共有医疗卫生机构72家，其中医院2家，社区服务中心6家，社区服务站13家，各类诊所（医务室）21家；卫生技术人员546人，其中执业（助理）医师202人，注册护士162人；病床221张，医院年诊疗31.78万人次，比上年增长0.8%。强化妇幼健康管理服务，连续11年实现孕产妇零死亡，产妇住院分娩比例达100%。5岁以下儿童死亡率4.76‰，婴儿死亡率1.9‰。全年法定报告传染病1141例，总发病率为884.50/10万。

十、人口、人民生活

据公安部门人口统计资料显示，年末户籍总户数5.0158万户，户籍总人口15.3846万人，其中城镇人口5.89万人，乡村人口9.49万人。按性别分，男性人口7.88万人，女性人口7.50万人，分别占总人口的51.2%和48.8%。据计生部门统计，全年出生人口1788人，出生率为11.65‰；死亡人口956人，死亡率为6.23‰；全年自然增长人口832人，自然增长率为5.42‰。

在劳动工资、养老金退休金标准提高等有利因素带动下，城镇居民工资性收入呈较快增长，全年城镇常住居民人均可支配收入37827元，比上年增长9.1%，增速居全市第二。在转产转业加快、日薪标准提高、养殖效益较好等拉动下，农村居民经营净收入持续较快增长，全年农村常住居民人均可支配收入19907元，比上年增长8.4%，增速居全市第六。城乡收入比为1.90，与上年基本持平。

全年城镇居民人均消费支出23596元，农村居民人均消费支出16182元，比上年分别增长12.2%、8.1%。在城乡居民消费水平不断提高的同时，消费结构持续优化。全年城镇和农村常住居民人均教育文化娱乐消费支出分别达到2148元和1602元，占消费支出的比重分别为9.1%和9.9%，成为仅次于“吃住行”的第四大居民消费项目。2016年城镇居民恩格尔系数35.4%，比上年略有下降；农村居民恩格尔系数37.4%，与上年基本持平。

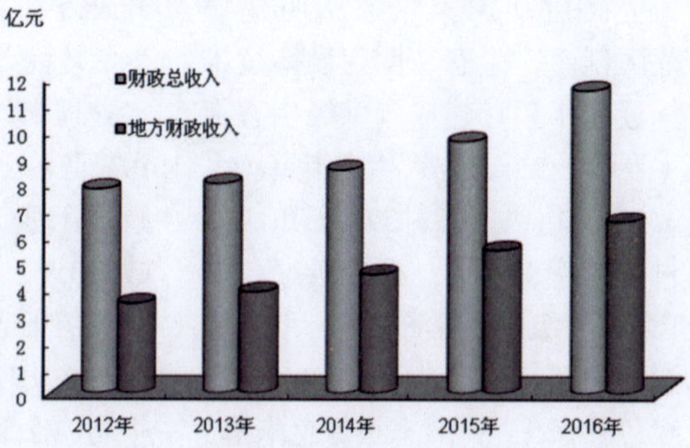

图17 2012—2016年财政收入（亿元）

2012-2016年城镇居民消费性支出情况

表63 单位：元

名称	2016年	2012年	五年递增%
消费性支出	23596	14514	13.3
食品烟酒	8345	6019	8.6
衣 着	1627	1291	8.5
居 住	5945	1781	31.5
生活用品及服务	1576	1106	11.3
交通通信	2260	1746	9.7
教育文化娱乐	2148	1335	14.3
医疗保健	1168	507	23.5
其他用品及服务	527	729	-4.7

十一、劳动就业与社会保障

全年城镇新增就业1383人，下岗失业人员实现再就业375人。年末城镇登记失业人员403人，城镇登记失业率为2.10%。举办大型专场招聘会5场，其中赴外招聘1场，共提供就业岗位1582个，达成就业意向951人，开发公益性岗位16个，安置就业困难人员上岗13人。全年劳动合同签订率为97.6%，比上年提高0.1个百分点。

年末参加城镇基本养老保险人数34300人，比上年增加1425人；参加城镇基本医疗保险人数15733人，比上年增加710人；参加失业保险人数7339人，比上年增加271人；参加工伤保险人数22265人，比上年增加223人；参加生育保险人数10895人，比上年增加436人；参加城乡居民合作医疗保险人数103308人，比上年增加8人；参加城乡居民农村社会养老保险人数41838人，比上年减少568人；全年实缴基本养老保险费40652万元，发放养老金36441万元。

城乡社会救助体系继续完善，医疗救助实现同城化，养老机构建设和服务能力持续提升，困难群众社会福利救助得到适度普惠。年末城镇最低生活保障人数53人，发放最低生活保障金31.41万元；年末农村最低生活保障人数1916人，发放最低生活保障金930.9万元。城镇低保补助标准每人每月765元，农村低保补助标准每人每月575元；医疗救助2200人，医疗救助资金支出420万元。共有居家养老服务照料中心55家，其中本年新建15家；中心敬老院3家，民办养老机构6家，养老机构床位数901张。全年办理结婚登记825对。

十二、环境保护

全面启动国家生态文明建设示范区创建，生态文明建设持续推进。近几年累计建成国家级生态街道（乡镇）5个，省级生态街道（乡镇）1个，市级生态村72个，市级生态村覆盖率85.7%；国家级绿色学校1家，省级绿色学校8家，市级绿色学校10家；省级绿色社区3个，市级绿色社区5个；国家级绿色家庭1个，省级绿色家庭23个，市级绿色家庭10个。

全年污水处理厂集中处理率64.43%，城南污水厂排水管网处于提升改造中，污水处理能力有所降低；生活垃圾无害化处理率和城镇生活污水处理率均达100%；强势推进大气污染防治工作，加大环境整治与污染减排管理，全年空气质量有效监测天数353天，其中空气质量达到及好于二级的天数349天，空气质量优良率为98.9%，比上年提升3.2个百分点，年均PM2.5指数29微克每立方米，空气质量级别处于二级良。

注：

1.受调查项目限制，以上的节能降耗、外贸、旅游、交通运输、通信、电力、财政、金融、科学技术、卫生、劳动就业、社会保险及环境保护数据不包括灵昆街道。

2.本公报的地区生产总值及其相关数据为初步核算数据，速度采用不变价，其他经济类数据来自年报，速度采用现价。

3.部门数据采用市县社会经济基本情况表，为部门上报汇总数据。

4.个别数据口径与上年不一致，增长速度采用同口径对比。

2015—2016年洞头区主要经济社会发展指标

表64

项目	2015年完成数	2016年完成数	增速（%）	全市排名
地区生产总值（亿元）	73.15	79.42	7.9	10
#第一产业增加值	5.4	6.04	4.0	—
第二产业增加值	29.0	29.65	4.9	9
#规上工业增加值	8.1	7.3	7.7	9
第三产业增加值	38.75	39.9	10.4	1
渔业产值（亿元）	10.84	11.5	5.8	—
渔业产量（万吨）	17.70	18.7	4.2	—
规上工业产值（亿元）	56.39	53.8	-4.82	—
财政总收入（亿元）	9.56	11.51	20.1	1
#公共财政预算收入（亿元）	5.42	6.52	27.6	1
工业用电量（亿千瓦时）	0.78	0.94	19.0	2
限额以上消费品零售总额（亿元）	6.1	5.7	-5.3	11
限额以上批发、零售、住宿和餐饮业销售总额（亿元）	57.8	54.9	-5.1	11
限额以上固定资产投资（亿元）	142.6	154.55	8.4	11
#工业投资（亿元）	6.36	21.14	232.4	1
#工业技改投资（亿元）	1.69	9.07	435	1
#房地产投资（亿元）	3.89	2.88	-25.8	10
金融机构人民币存款（亿元）	65.45	70.9	2.1	—
金融机构人民币贷款（亿元）	57.41	61.8	7.6	—
城镇常住居民人均可支配收入（元）	34674	37827	9.1	2
农村常住居民人均可支配收入（元）	18365	19907	8.4	6
全社会货运周转量（亿吨公里）	174.73	192.46	10.1	—

2016年温州市各县（市、区）主要经济指标

表65

县（市、区）	年末户籍总人口（万人）	地区生产总值（亿元）		第一产业增加值（亿元）		第二产业增加值（亿元）		第三产业增加值（亿元）	
		累计	累计±%	累计	累计±%	累计	累计±%	累计	累计±%
温州市	818.22	5045.4	8.4	138.81	4.1	2112.68	6.3	2793.91	10.4
鹿城区	75.77	877.05	7.5	1.85	4.3	244.1	2.1	631.1	9.9
龙湾区	33.11	589.18	8.8	2.94	2.2	360.69	7.4	225.55	11.4
瓯海区	43.78	487.01	8.6	6.79	4	257.17	6.9	223.05	10.8
洞头区	15.38	79.42	7.9	6.04	4	29.65	4.9	43.73	10.6
瑞安市	123.52	783.84	8.6	22.27	3.6	338.75	6.8	422.81	10.5
乐清市	129.59	838.4	8.9	21.46	3.7	404.24	7.4	412.71	10.9
永嘉县	97.17	359.27	8.6	13.31	4.3	176.98	7	168.97	10.6
平阳县	88.38	372.91	8.9	15.97	5.2	150.8	7	206.14	10.8
苍南县	134.2	460.17	8.4	31.93	4.5	180.37	6.3	247.87	10.5
文成县	40.2	79.07	8.4	8.44	3.8	22.51	5	48.13	10.9
泰顺县	37.11	81.31	8.3	7.84	3.9	23.71	4.8	49.76	10.8

续表65

县（市、区）	人均生产总值（元）		规上工业总产值（亿元）		规上工业增加值（亿元）		限额以上投资（亿元）	
	累计	累计±%	累计	累计±%	累计	累计±%	累计	累计±%
温州市	61928	8.1	5333.86	8.2	1149.76	7.9	3905.74	13
鹿城区	116578	6.5	317.28	7.7	77	6.6	372.73	13.6
龙湾区	178609	8.5	815.7	8.3	174.99	8.4	347.49	13.7
瓯海区	112121	7.5	533.35	9.6	125.48	8	401.15	13.8
洞头区	51753	8.2	53.88	-4.7	8.79	6.8	56.45	-6.7
瑞安市	63623	8.4	964.06	9	200.38	7.9	564.15	13.6
乐清市	65086	8.6	1371.49	7.2	292.83	8.6	631.56	13.8
永嘉县	37104	8.8	398.42	10.3	92.22	8.1	311.45	13.7
平阳县	42226	8.9	320.12	10.3	67.18	8.9	384.12	13.5
苍南县	34428	7.9	324.89	8.3	70.15	7.4	456.37	13
文成县	19820	8.4	25.84	5.2	6.46	10	72.02	10.8
泰顺县	21968	7.6	17.87	5.8	4.22	6.3	75.22	10.3

续表65

县（市、区）	社会消费品零售总额（亿元）		财政总收入（亿元）		一般公共预算收入（亿元）		一般公共预算支出（亿元）	
	累计	累计±%	累计	累计±%	累计	累计±%	累计	累计±%
温州市	3006.9	12.3	723.96	6.4	439.87	7.7	666.75	16.9
鹿城区	862.76	9.6	44.08	4.1	28.53	7.1	38.25	15.3
龙湾区	420.91	15.1	59.96	5.8	36.36	9.9	39.76	6
瓯海区	265.02	15	54.95	10.4	32.19	12.1	36.91	19.4
洞头区	28.71	9.3	11.51	20.1	6.52	27.6	20.34	8.2
瑞安市	351.75	12.5	98.01	3.1	59.05	4	92.8	26.3
乐清市	355.69	13	128.19	3.3	72.23	4.2	86.21	22.7
永嘉县	157.83	14.4	49.09	6.6	29.59	8.9	60.86	13.3
平阳县	175.17	13.1	43.89	7.7	27.7	8	54.7	19.6
苍南县	308.77	12.3	51.66	11.3	31.82	9.2	70.13	28.8
文成县	38.57	9.5	10	10.4	7.92	13.7	41.23	21.2
泰顺县	41.71	12.3	10.66	14.1	7.81	13.6	38.85	24.8

续表65

县（市、区）	出口总额（亿美元）		城镇常住居民人均可支配收入（元）		农村常住居民人均可支配收入（元）		金融机构人民币存款余额（亿元）		金融机构人民币贷款余额（亿元）	
	累计	累计±%	累计	累计±%	累计	累计±%	累计	累计±%	累计	累计±%
温州市	1060.4	-0.1	47785	8.5	22985	8.2	10213.31	11.9	8011.47	6.4
鹿城区	217.37	-2	53535	8	27747	8.3	1806.96	—	1405.32	—
龙湾区	239.01	-0.4	48217	8.7	28855	7.7	743.05	—	658.81	—
瓯海区	127.73	-5.3	49521	8.3	28062	8.2	782.26	—	571.61	—
洞头区	11.76	18.2	38469	9.1	22627	8.4	70.93	2.1	61.79	7.6
瑞安市	218.03	3.3	50904	8.4	25570	8	1179.54	14	994.08	6.2
乐清市	128.35	-0.2	50263	8.4	26943	8.2	1208.08	11.7	1113.01	1.3
永嘉县	46.63	5.6	38246	8.8	18391	8.6	542.13	15.5	487.65	4.3
平阳县	51.76	4.3	39628	8.9	18861	8.6	455.72	16.8	422.65	11.1
苍南县	36.2	-17	39729	8.8	18470	8.5	568.78	16	673.9	6.8
文成县	3.11	29	32747	9	14414	9.4	234.98	28.8	102.12	8.5
泰顺县	2.65	3.9	31337	9.5	14130	8.9	152.73	17.4	99.5	6.1
							（以上均系区统计局提供）			

说明：地区生产总值及三次产业增加值均为初步核算数，未另外注明的鹿城均含市直属部分，龙湾含开发区部分。

2016年全国海岛县（区）主要经济指标

表66

所在省	县区名称	地区生产总值（亿元）		地区生产总值分三次产业（亿元）							
		实绩	同比±%	第一产业	同比±%	第二产业	同比±%	工业	同比±%	第三产业	同比±%
辽宁省	长海县	92.6	7.5	49.9	5.6	6.6	−7.1	5.8	−7.2	36.1	16.8
山东省	长岛县	67.17	6.3	37.75	3.2	3.89	9	2.27	8.1	25.53	10.8
上海市	崇明县	311.69	7	22.45	−1.8	136.57	4.5	95.91	2.8	152.67	10.9
浙江省	嵊泗县	98.99	11.5	27.93	9.5	12.81	10.6	5.41	18.6	58.25	12.6
	岱山县	231.73	11.4	36.88	7.2	116.55	12	102.92	13	78.3	12.3
	普陀区	395.27	11.2	51.68	7.8	132.24	11.1	121.39	12.8	211.35	12
	定海区	502.14	11.6	13.65	7.8	226.6	11.1			261.89	12.1
	玉环县	465.13	7.8	33.06	3.9	244.23	6.7	226.25	7.2	187.84	10
	洞头区	79.42	7.9	6.04	4	29.65	4.9	16.78	6.4	43.73	10.6
福建省	平潭县	206.1	6.2	36.19	−8	59.85	2.7	7.48	−16	110.06	13.6
	东山县	175.9	9.7	33.66	5.2	82.37	9.9	72.38	10.2	59.87	12.3
广东省	南澳县	17.12	6	4.24	1.8	5.6	6	3.37	0.9	7.28	8.4

续表66

所在省	县区名称	全部工业总产值（万元）				固定资产投资额（万元）					
		实绩	同比±%	规模以上工业	同比±%	实绩	同比±%	工业投资	同比±%	第三产业	同比±%
辽宁省	长海县	23.51	−17.7	5.65	−29.2	7	−77	1.1	44	3.19	−11.8
山东省	长岛县	9.73	17.2	2.76	55.3	7.41	12.6			7.14	11.4
上海市	崇明县	377.54	1.5	346.68	1.8	140.05	3.3	13.03	−4.2	125.24	4
浙江省	嵊泗县	31.18	15.4	10.85	26	87	16	2.56	−37.5	82.27	16.4
	岱山县	502.62	15.3	412.26	16.4	169.04	16.1	76.76	6.2	88.43	25.1
	普陀区	792.02	13.1	603.5	14	336.92	15.2	81.18	17	253.93	15.2
	定海区	1011.9	14.6	805.06	15.7	614.76	15.6	139.23	16	473.36	15.7
	玉环县	1458.03	2.2	629.78	2.7	194.94	19.2	69.14	25.2	123.43	14.5
	洞头区			53.88	−4.7	154.55	8.4	21.14	232.3	129.77	−3.9
福建省	平潭县			28.78	−23.9	396.81	15.6	19.37	79.8	257.82	21.4
	东山县	311.83	10.9	298.12	11.1	176.12	9.9	166.79	16.1	106.77	1.5
广东省	南澳县	8.29	1.9	2.63	−1.8	15.35	8.4	0.22	−26.6	15.13	10.7

续表66

所在省	县区名称	水产品总产量（吨）		社会消费品零售额（万元）		港口货物吞吐量（万吨）		财政总收入（万元）		公共财政预算收入（万元）	
		实绩	同比±%	实绩	同比±%	实绩	同比±%	实绩	同比±%	实绩	同比±%
辽宁省	长海县	656614	7.6	165000	11.3	189	−0.8	47231	4.7	46706	7.1
山东省	长岛县	453074	3.1	209140	10.7	506	6	12630	9.5	12630	9.5
上海市	崇明县	53808	−5.7	1072201	10.3			1613265	35.1	1050185	23.9
浙江省	嵊泗县	384173	8.5	324835	11.6	11526	9.2	84372	5.1	67301	10
	岱山县	439852	7.1	697265	11.4	7692	50.3	207270	7.6	140863	10
	普陀区	901335	7.1	1693403	11.7	9481	5	358280	5.3	253095	8
	定海区	177184	12	1858453	10.6	13888	5.1	271690	7.2	174662	7.5
	玉环县	291853	5.5	1700075	12.2	3219	4	743437	2.8	426217	23.5
	洞头区	186558	4.2	287150	9.3	574	−3.1	115137	20.1	65182	27.6
福建省	平潭县	398813	−9.7	592980	4.2			375747	50.2	264562	35.4
	东山县	409744	6.9	386382	10.9	254	−4.5	179370	−4.8	116989	3.4
广东省	南澳县	182333	2.5	220411	10.1	3.07	39.5	105264	2.9	21858	2.1

续表66

所在省	县区名称	地方外贸进出口总额（万美元）				旅游接待人数（万人次）		旅游总收入（亿元）		金融机构人民币存款余额（亿元）		金融机构贷人民币款余额（亿元）	
		实绩	同比±%	出口总额	同比±%	实绩	同比±%	实绩	同比±%	实绩	同比±%	实绩	同比±%
辽宁省	长海县	1300	32.3	1000	34.8	123	12	11.9	13.3	47.03	3.5	28.76	−1.6
山东省	长岛县	7999	40.8	6371	39.1	353	1	38.7	10.6	46.24	1.9	13.51	−14.1
上海市	崇明县	53990	−9.1	37523	13.9	490	5	10.9	9.1	820.15	6.6	568.71	15.6
浙江省	嵊泗县	61508	3.8	9610	349.5	497.6	16.3	70.11	18	75.86	13.7	36.6	−6.5
	岱山县	130691	9	98335	7.5	458.8	15.9	65.26	16.1	212.29	8.1	96.36	−12.8
	普陀区	501629	−8.5	372304	−5.9	2773.61	16.1	324.7	24.3	389.41	14.6	373.68	−3.8
	定海区	321366	−24.7	128800	6.9	963.2	18.7	137.26	18.7	1136.82	4.4	979.45	6.3
	玉环县	316328	−10	308207	−9.6					559.97	10.7	422.75	−1
	洞头区	17784	11.7			541	20.7	24.54	20.8	70.99	2.2	61.79	7.6
福建省	平潭县	42783	62.8	10983	74.5	289.56	25.2	10.96	66.3	394.28	9.5	261.19	11.5
	东山县	162505	−7.3	157671	−7.8	602.1	24.5	60	24.3	95.66	7.6	82.16	10.3
广东省	南澳县	813	105.8	632	75.6	537.2	17.9	14.58	19.3	34.13	−1.6	17.17	33.8

（以上均系区统计局提供）

外地媒体看洞头

【概况】2016年，全区域外报刊及网站刊发洞头相关新闻304条，其中温州本地报刊、网站刊发157条，省级媒体82条，国家级媒体65条。

2016年外地报纸、网站看洞头新闻篇目选录

表67

刊发媒体	刊发日期	新闻标题
人民日报	2016.8.9	在洞头过七夕
浙江日报	2016.1.2	洞头:冬泳渡海峡
浙江日报	2016.3.15	洞头“无违建公路”精品示范点
浙江日报	2016.3.15	争创“无违建区”美丽洞头换新颜
浙江日报	2016.3.15	洞头“无违建村（居）”精品示范点
浙江日报	2016.4.25	洞头“两个年”纠风助企解难题
浙江日报	2016.4.29	“海上花园”踏浪而来丨半岛通车十年 洞头演绎神奇
浙江日报	2016.5.9	洞头打造外快内畅海岛交通
浙江日报	2016.6.15	增殖放流修复渔场 温州水生生物增殖放流月在洞头启动
浙江日报	2016.8.16	海岛闲置农房华丽变身
浙江日报	2016.8.30	洞头“多规合一”改革
浙江日报	2016.9.4	洞头渔政执法先锋，坚守蔚蓝23载
浙江日报	2016.10.9	洞头审批改变服务模式
浙江日报	2016.10.20	洞头集体经济薄弱村“脱帽”
浙江日报	2016.12.15	洞头地税创新“双轨日志法”
浙江日报	2016.12.15	洞头的海虾山上养
浙江日报	2016.12.29	“五海优势”激活开发新引擎
浙江日报	2016.12.29	“三区战略”引领发展新航向
浙江日报	2016.12.29	洞头：实施三区战略 建设海上花园
温州日报	2016.1.5	“多规合一”优化土地空间开发利用格局
温州日报	2016.1.12	温州动车站到洞头和文成的快客1月15日将开通
温州日报	2016.1.22	大门大桥试通车 实现与乐清的陆岛相连
温州日报	2016.2.14	洞头创成温州首个省级教育基本现代化区
温州日报	2016.2.22	张耕：全面加快同城发展 阔步迈入“东海时代”
温州日报	2016.3.1	洞头“海上花园”扬起时代风帆
温州日报	2016.3.14	洞头“多规合一”改革的实践与思考
温州日报	2016.3.16	全市中小学生绘画大赛 邀你画出洞头美丽风景
温州日报	2016.3.28	洞头三年三改一拆超6倍完成 城市乱点变民生亮点
温州日报	2016.4.19	“海上花园”洞头踏浪而来
温州日报	2016.4.25	增强妇女就业能力 打造洞头月嫂品牌
温州日报	2016.4.25	省人大赴洞头开展防污染、“五水共治”督查
温州日报	2016.4.28	同城融入正当时 打造滨海小城镇
温州日报	2016.4.28	元觉街道助力“海上花园”建设
温州日报	2016.4.28	北岙的十年变奏曲
温州日报	2016.4.28	“连创佳绩”构筑海上和谐网
温州日报	2016.4.28	新兴临港产业 扬帆起航
温州日报	2016.4.28	海上都市新区 迈步走来
温州日报	2016.4.28	陆岛相连，海上崛起新都市
温州日报	2016.4.28	坚持生态文明战略 洞头拒绝数十亿元污染项目
温州日报	2016.4.29	东海之滨 瓯江口新城的十年巨变
温州日报	2016.4.29	畅想绿色海岛的美丽未来
温州日报	2016.4.29	投入基础设施 做足海洋文章
温州日报	2016.4.29	描绘“海上花园”美丽图景
温州日报	2016.4.29	做精海岛游 开辟温州旅游新纪元
温州日报	2016.4.29	奏响海洋蔚蓝“畅想曲”
温州日报	2016.4.29	温集聚海洋产业 永葆碧海蓝天

续表67

刊发媒体	刊发日期	新闻标题
温州日报	2016.4.29	未来要围绕海岛做文章
温州日报	2016.4.29	打造温州城市 东拓主平台
温州日报	2016.4.29	“海上花园”高歌前行
温州日报	2016.5.9	洞头霓屿新措施彰显拥军 服役期间可享120%村股份分红
温州日报	2016.5.9	洞头成功开出 首张增值税代开发票
温州日报	2016.5.9	洞头“五一”掘金超亿元 相比上年稳中有升
温州日报	2016.5.9	洞头特色海产亮相香港
温州日报	2016.5.23	“海上花园”旅游项目日益时尚
温州日报	2016.5.31	洞头海钓“鲈鱼”上钩
温州日报	2016.5.31	羊栖菜也要标准化生产
温州日报	2016.6.6	“5·19”中国旅游日 万人免费游洞头
温州日报	2016.6.17	“海上花园”签约开工启用一批重大工程
温州日报	2016.7.11	徐立毅赴洞头调研时强调 注重质量 提升效益 以重大项目带动经济转型发展
温州日报	2016.7.18	洞头区教师杨燕燕入围“马云乡村教师奖”初选
温州日报	2016.7.18	温州至洞头的151路公交车将换新颜
温州日报	2016.7.18	洞头海岛上来了两“外教”
温州日报	2016.7.18	洞头渔村夏令营 关爱公益行
温州日报	2016.7.18	洞头事业单位招考报名结束 944人报考34个岗位 最热岗位162:1
温州日报	2016.7.18	2016年洞头金秋助学活动启动
温州日报	2016.7.18	洞头海钓，钓起休闲大产业
温州日报	2016.8.22	洞头企业组团参加智能制造 专场科技成果推介会
温州日报	2016.8.30	第三届最美洞头人颁奖仪式举行
温州日报	2016.8.30	省农业厅领导 到洞头调研美丽乡村建设
温州日报	2016.8.30	洞头启动多规合一改革 全域规划审批流程一目了然
温州日报	2016.9.4	洞头将打造梦幻海湾度假城
温州日报	2016.9.23	洞头愿“送”一个“岛”，等你来开发！
温州日报	2016.9.27	台湾经贸合作投资考察团赴洞头考察 台商看好温州“第四区”
温州日报	2016.10.9	走，洞头买正宗台湾货
温州日报	2016.10.17	半屏！打造浙江沿海最大的黄金沙滩
温州日报	2016.10.20	诚意药业成立50周年
温州日报	2016.10.20	洞头区“大拆大整”实施方案
温州日报	2016.10.27	洞头“拆整”空地 打造福祉工程
温州日报	2016.11.2	一座孤岛的十年变迁
温州日报	2016.11.17	洞头签订首个整岛搬迁协议
温州日报	2016.11.17	洞头本土研发坛紫菜烘干机上市
温州日报	2016.12.1	洞头霓屿街道率全省之先探索规范海区管理
温州日报	2016.12.1	一人“跑”一岛：十五年的坚守
温州日报	2016.12.7	洞头全省率先探索“融合型医联体”
温州日报	2016.12.9	争取年内大见成效 加快打造“海上花园”——访洞头区委书记王蛟虎
温州日报	2016.12.13	洞头精准巡察树清风破难题
温州日报	2016.12.29	立足新方位 迈向新征程
温州日报	2016.12.29	洞头：实施三区战略 建设海上花园
青年时报（杭州）	2016.10.12	桐庐与洞头的一次心灵之旅
中国能源报	2016.7.18	洞头风车“绿电”送渔家
泉州晚报	2016.6.15	百家镜头聚焦百岛洞头
钱江晚报	2016.6.15	海上有花园 洞头别有天
中国妇女报	2016.6.15	温州洞头打造“妇女之家联盟”
厦门晚报	2016.6.15	洞见洞头 邂逅海霞
郑州晚报	2016.6.15	梦中的这片海上花园
苍梧晚报	2016.6.15	百家晚报 聚焦温州洞头
大连晚报	2016.6.15	到洞头逛逛别样“海上花园”
大连晚报	2016.6.7	全国晚报摄影大腕儿齐汇温州 看看他们怎么拍自己
中国晚报摄影	2016.6.7	全国晚报摄影大腕儿齐汇温州 聚焦洞头
京九晚报	2016.6.7	百家晚报聚焦温州洞头

索 引

夕照渔村 · 陈建辉

“海霞精神”

爱岛尚武 励志奉献

“五岛连桥”精神

小县办大事 小岛创大业

说 明

一、本栏目设主题索引、图索引和表格索引。

二、主题索引中文标目按汉语拼音字母（同音字按声调）顺序排列，同音同调按第二字母的音序排列，依次类推。数字开头的标目按数字0—9顺序排列。

三、部分标引词下面编有二级索引。

四、标目后的阿拉伯数字表示内容所在页码。

五、图索引和表格索引按序号排列，仅标注所在页码，不标注分栏。

主题索引

E

F

G

R

S

图索引

表格索引